2023
백광훈
경찰형사법

판례집 1권 형법총론

백광훈 편저

경단기

박영사

머리말

본서는 경찰공무원(순경) 공개경쟁채용시험(순경공채), 경찰공무원 경력경쟁채용시험(전의경·경행·법학경채), 해양경찰공무원(순경) 공개경쟁채용시험, 경찰간부후보생 선발시험(경찰간부) 및 경찰공무원 정기 승진시험(경찰승진) 등을 준비하는 수험생들을 위한 경찰형사법 전문수험서이다.

2022년 7월, 필자는 서울 경단기학원에 출강하게 됨에 따라, 위에서 나열한 시험들을 준비하는 수험생들만을 위한 경찰형사법 전용 기본서, 판례집, 기출문제집, OX문제집 등의 강의교재 시리즈를 모두 새롭게 다시 만들게 되었다.

'백광훈 경찰형사법 교재 시리즈'는 필자의 기존 형법·형사소송법 교재들의 방대한 분량을 경찰형사법의 각 단계별 강의에 맞추어 확 줄인 것이다. 즉, ① 기본이론강의에 필요한 '기본서', ② 심화총정리강의에 필요한 '판례집', ③ 기출문제총정리강의에 필요한 '기출문제집'이 바로 그것이다. 본서는 이 중 제2단계의 교재인 판례집에 해당한다.

특히 최근 경찰공무원 시험과목이 개편되어 형사법에서는 형법총론 35%, 형법각론 35%, 형사소송법의 수사와 증거 30%의 비중으로 출제되고 있는바, 이는 형사법에서 특히 형법의 비중이 상당히 높다는 것을 보여주는 것이다. 특히 경찰형사법에서 판례의 출제비중은 가히 절대적이라 할 만하다. 이에 본서에서는 형법총론 분야의 방대한 판례의 이해와 정리에 꼭 맞는 콘텐츠를 제공하고자 하였다.

필자가 가장 역점을 둔 것은 '제1단계 교재인 기본서와의 일치된 내용구성'이다. 앞으로 독자들은 필자의 강의를 들으면서 형법총론의 이론과 그와 관련된 판례들을 쉽게 연결할 수 있을 것이다. 늘 강조하지만, '단순암기'보다 '이유 있는 암기'가 훨씬 오래 가고, 실전에서의 활용도도 높다.

본서의 특징을 간단히 소개하자면 아래와 같다.

1 무질서한 판례의 나열로서는 수많은 판례들을 효과적으로 정리할 수 없다는 점에서, 형법총론의 기본서 목차의 흐름과 일치시켜서 판례를 질서 있게 배치하였다.

2 각 장과 절의 내용 안에서도 형법총론의 논점별로 판례를 정리하여 해당 이론과 연결하여 판례를 이해할 수 있도록 하였다.

3 각 쟁점에 대하여 긍정하는 판례와 부정하는 판례를 비교하는 방법으로 정리하여 시험장에서 바로 연상될 수 있는 판례 정리가 되도록 하였다.

4 2022년 2월 11일까지 판시된 최신판례들을 수록하였다. 이후의 최신판례들은 각 시험 전 최신판례 특강을 통해 업데이트될 것임도 동시에 알려두고자 한다.

아무쪼록 본서가 독자들의 판례실력 향상에 이바지하기를 바라는 마음뿐이다. 끝으로 경찰형사법 교재 시리즈를 집필함에 있어서 필자의 까다로운 여러 요청들을 묵묵히 수용해주시고, 본서의 출간을 기꺼이 맡아주신 도서출판 박영사의 임직원들에 대한 심심한 감사의 마음을 지면을 빌려 기록해둔다.

2022년 7월

백 광 훈

학습문의 | cafe.daum.net/jplpexam (백광훈형사법수험연구소)

✔ 아웃라인

	목차	난도	출제율	대표지문
제1장 형법의 기본개념	01 형법의 의의	下	★	• 의사결정규범-형벌이 무가치하다고 평가한 불법을 일반 국민이 결의하지 않도록 한다. (O)
	02 형법의 성격	下	★	
	03 형법의 기능	下	★	
제2장 죄형법정주의	01 죄형법정주의 의의	下	★	• 법률주의란 범죄와 형벌은 성문의 법률로 규정되어야 한다는 원칙 을 말하며 여기서의 법률은 형식적 의미의 법률을 의미한다. (O)
				• 독일에서 거주하다가 대한민국 국적을 상실한 사람이 국적 상실을 전후하여 북한을 방문한 사안에서, 대한민국 국적을 상실하기 전과 국적 상실 후의 모든 방문행위는 국가보안법 제6조 제2항의 탈출에 해당한다. (X)
	02 죄형법정주의의 연혁과 사상적 기초	下	–	• 사고피해자를 유기한 도주차량 운전자에게 살인죄보다 무거운 법정형을 규정하였다 하여 그것만으로 적정성의 원칙에 반한다고 할 수 없다. (X) • 보안처분 중 신상정보공개명령, 위치추적전자장치부착명령에는 소급처벌금지의 원칙이 적용된다. (X)
	03 죄형법정주의의 내용	中	★★★	• 형법이나 국가보안법의 '자수'에는 범행이 발각되고 지명수배된 후의 자진출두도 포함되는 것으로 해석하고 있으므로 공직선거법 의 '자수'를 '범행발각 전에 자수한 경우'로 한정하는 해석은 유추해 석금지의 원칙에 위반된다. (O)
제3장 형법의 적용범위	01 시간적 적용범위	中	★★★	• 범죄의 성립과 처벌은 행위시의 법률에 따른다고 할 때의 '행위'라 함은 범죄행위의 종료시를 의미한다. (O)
	02 장소적 적용범위	中	★★★	• 형법 제·조 제·항을 적용함에 있어 형의 경중의 비교는 원칙적으로 법정형을 표준으로 할 것이고 처단형이나 선고형에 의할 것이 아니 다. (O)
	03 인적 적용범위	中	★★	
제4장 형법이론	01 형벌이론	中	★	• 형법을 과거의 범죄행위에 대한 책임의 상쇄로 이해하는 응보형주 의는 인간의 자기결정능력을 신뢰하는 자유주의 사상의 산물로서 국가형벌권 행사를 확대하는 데 기여하고 있다. (X)
	02 범죄이론	中	★	• 장래의 범죄를 예방하는 데 형벌의 목적이 있다고 이해하는 일반 방주의는 심리강제설의 영향을 받고 있다. (O)

1 아웃라인

각 편·장의 목차별 난도 및 출제율과 함께 반복출제된 주요 대표지문을 OX문제로 수록하였습니다.

✔ 출제경향

구 분	경찰채용						경찰간부						경찰승진					
	17	18	19	20	21	22	17	18	19	20	21	22	17	18	19	20	21	22
제1절 범죄론의 기초			2								1			1		1	1	1
제2절 행위론																		
제3절 행위의 주체와 객체		1									1				1	1		1
출제빈도			3/220						2/240						7/240			

2 출제경향

경찰채용·간부·승진 외에도 형법이 포함된 주요시험의 기출문제를 철저히 분석하였습니다.

3 대법원 1994.12.23, 93도1002

형법 제33조 단서는 형법 제31조 제1항에 우선한다는 사례

형법 제31조 제1항은 협의의 공범의 일종인 교사범이 그 성립과 처벌에 있어서 정범에 종속한다는 일반적인 원칙을 선언한 것에 불과하고, 신분관계로 인하여 형의 경중이 있는 경우에 신분이 있는 자가 신분이 없는 자를 교사하여 죄를 범하게 한 때에는 형법 제33조 단서가 형법 제31조 제1항에 우선하여 적용됨으로써 신분이 있는 교사범이 신분이 없는 정범보다 중하게 처벌된다. 따라서 모해위증교사(제31조 제2항)에서 모해의 목적을 가진 제3자가 이러한 목적이 없는 자를 교사한 경우에 정범은 단순위증죄(제152조 제1항)로 처벌되는 데 반해 교사자는 모해위증교사죄(제152조 제2항)로 처벌된다. [경행1채용 22 1차/ 경찰채용 10 2차/ 경찰간부 17·18·20/ 경찰승진경찰승진 10/ 국가9급 12/ 국가7급 14/ 법원9급 11/ 법원행시 05·08·09·14·15/ 사시 11·12·13·14 / 변호사시험 14]

4 대법원 1999.4.27, 99도883

비신분자가 신분자와 공모하여 업무상 배임죄를 범한 경우의 처단방법

업무상 배임죄는 업무상 타인의 사무를 처리하는 지위라는 점에서 보면 단순배임죄에 대한 가중규정으로서 신분관계로 인하여 형의 경중이 있는 경우라고 할 것이므로, 그와 같은 신분관계가 없는 자가 그러한 신분관계가 있는 자와 공모하여 업무상 배임죄를 저질렀다면(제33조 본문 : 업무상 배임죄 성립

3 기출표시

해당 판례가 기출제된 시험의 직렬과 기출연도를 최대한 빠짐없이 표기하였습니다.

CHAPTER 03 형법의 적용범위

01 시간적 적용범위

1. 의의

시간적 적용범위란 어느 때의 형법을 기준으로 하여 적용되는가의 문제를 말한다.

2. 원칙 – 행위시법주의

제1조【범죄의 성립과 처벌】 ① 범죄의 성립과 처벌은 행위시의 법률에 따른다. 〈우리말 순화 개정 2020.12.8.〉
[법원9급 08]

---

2. 속지주의의 원칙

(1) 속지주의

제2조【국내범】 본법은 대한민국 영역 내에서 죄를 범한 내국인과 외국인에게 적용한다. [법원7급 07/08]

① 의의 : 장소적 적용범위에 관한 우리 형법의 원칙은 속지주의(영토주의)이다. [법무행시 02]
② 영역의 범위 : 영토·영해·영공을 말하며, 북한도 포함된다(판례).
③ 범죄지

> **판례연구**
>
> **1** 대법원 2000.4.21, 99도3403
> 부분범행지도 범죄지에 속한다는 사례
> 외국인이 대한민국 공무원에게 알선한다는 명목으로 금품을 수수하는 행위가 대한민국 영역 내에서 이루어진 이상, 비록 금품수수의 명목이 된 알선행위를 하는 장소가 대한민국 영역 외라 하더라도 대한민국 영역 내에서 죄를 범한 것이라고 하여야 할 것이므로, 형법 제2조에 의하여 대한민국의 형벌법규인 구 변호사법 제90조 제1호가 적용되어야 한다. [경찰채용 14·21 1차/경찰간부 14/국가9급 09·14·16/ 국가7급 08/법원행시 05·07]

> **사례연구** 피해자의 승낙은 사회상규의 제한을 받는다 : 잡귀 사례
>
> 甲은 乙에 대하여 몸속에 있는 잡귀 때문에 乙에게 병이 있다고 하자 乙은 잡귀를 물리쳐 줄 것을 부탁하였다. 이에 甲은 乙의 집에 찾아와 잡귀를 물리친다면서 乙의 뺨 등을 때리며 팔과 다리를 붙잡고 배와 가슴을 손과 무릎으로 힘껏 누르고 밟는 등 하여 乙로 하여금 내출혈로 사망에 이르게 하였다. 甲의 죄책은?
>
> **해결** 폭행에 의하여 사람을 사망에 이르게 하는 따위의 일에 있어서 피해자의 승낙은 범죄성립에 아무런 장애가 될 수 없으며, 또한 윤리적·도덕적으로 허용될 수 없는, 즉 사회상규에 반하는 것이라고 할 것이므로 피고인들의 행위가 피해자의 승낙에 의하여 위법성이 조각된다는 상고논지는 받아들일 수가 없다(대법원 1985.12.10, 85도1892). → 폭행치사죄 성립

4 **기본서와의 동기화**

이론학습의 흐름을 유지할 수 있도록 기본서와 판례집의 각 항목을 동기화하였습니다.

5 **판례연구**

2022.2.11.까지 판시된 가장 최신의 판례와 더불어, 반드시 학습하여야 하는 필수판례만을 선별하여 담았습니다.

6 **사례연구**

보다 확실한 판례이해를 위하여 사례문제를 관련판례 사이사이에 배치하였습니다.

목 차

백광훈 경찰형사법 판례집 **형법총론**

PART 01

형법의 일반이론

✔ 아웃라인

목 차		난 도	출제율	대표지문
제1장 형법의 기본개념	01 형법의 의의	下	★	• 의사결정규범-형법이 무가치하다고 평가한 불법을 일반 국민이 결의하지 않도록 한다. (○)
	02 형법의 성격	下	★	
	03 형법의 기능	下	★	
제2장 죄형법정주의	01 죄형법정주의의 의의	下	★	• 법률주의란 범죄와 형벌은 성문의 법률로 규정되어야 한다는 원칙을 말하며 여기서의 법률은 형식적 의미의 법률을 의미한다. (○) • 독일에서 거주하다가 대한민국 국적을 상실한 사람이 국적 상실을 전후하여 북한을 방문한 사안에서, 대한민국 국적을 상실하기 전과 국적 상실 후의 모든 방문행위는 국가보안법 제6조 제2항의 탈출에 해당한다. (×)
	02 죄형법정주의의 연혁과 사상적 기초	下	–	• 사고피해자를 유기한 도주차량 운전자에게 살인죄보다 무거운 법정형을 규정하였다 하여 그것만으로 적정성의 원칙에 반한다고 할 수 없다. (×) • 보안처분 중 신상정보공개명령, 위치추적전자장치부착명령에는 소급처벌금지의 원칙이 적용된다. (×)
	03 죄형법정주의의 내용	中	★★★	• 형법이나 국가보안법의 '자수'에는 범행이 발각되고 지명수배된 후의 자진출두도 포함되는 것으로 해석하고 있으므로 공직선거법의 '자수'를 '범행발각 전에 자수한 경우'로 한정하는 해석은 유추해석금지의 원칙에 위반된다. (○)
제3장 형법의 적용범위	01 시간적 적용범위	中	★★★	• 범죄의 성립과 처벌은 행위시의 법률에 따른다고 할 때의 '행위시'라 함은 범죄행위의 종료시를 의미한다. (○) • 형법 제1조 제2항을 적용함에 있어 형의 경중의 비교는 원칙적으로 법정형을 표준으로 할 것이고 처단형이나 선고형에 의할 것이 아니다. (○)
	02 장소적 적용범위	中	★★★	
	03 인적 적용범위	中	★★	
제4장 형법이론	01 형벌이론	中	★	• 형벌을 과거의 범죄행위에 대한 책임의 상쇄로 이해하는 응보형주의는 인간의 자기결정능력을 신뢰하는 자유주의 사상의 산물로서 국가형벌권 행사를 확대하는 데 기여하고 있다. (×) • 장래의 범죄를 예방하는 데 형벌의 목적이 있다고 이해하는 일반예방주의는 심리강제설의 영향을 받고 있다. (○)
	02 범죄이론	中	★	

✔ 출제경향

구 분	경찰채용						경찰간부						경찰승진					
	17	18	19	20	21	22	17	18	19	20	21	22	17	18	19	20	21	22
제1장 형법의 기본개념																		
제2장 죄형법정주의	2	1	1	1	1	1	1	1	2	1	1	2	1	1	1	1	1	1
제3장 형법의 적용범위	1	2	2	1	1	1	1	1				1	1	1	1	1	1	1
제4장 형법이론																		
출제빈도	15/220						11/240						12/240					

PART 01

형법의 일반이론

✔ 키포인트

제1장 형법의 기본개념
• 협의의 형법과 광의의 형법
• 보호적 기능과 보장적 기능

제2장 죄형법정주의
• 법률주의
• 명확성원칙
• 관습형법금지원칙
• 소급효금지원칙
• 보안처분의 소급효

• 공소시효의 연장
• 확장해석과 유추해석
• 입법재량권
• 적정성의 원칙
• 죄형균형주의

• 진정소급입법과 부진정소급입법
• 절대적 부정기형과 상대적 부정기형
• 피고인에게 유리한 유추해석
• 포괄위임입법금지원칙

제3장 형법의 적용범위
• 행위시법주의와 재판시법주의
• 경한 신법 우선의 원칙
• 형이 구법보다 가벼워진 때

• 한시법과 추급효
• 동기설
• 속지주의

• 보호주의
• 속인주의
• 세계주의

제4장 형법이론
• 응보형주의와 목적형주의
• 일반예방주의와 특별예방주의

• 고전학파와 근대학파

• 객관주의와 주관주의

	국가9급						법원9급						법원행시						변호사시험					
17	18	19	20	21	22	17	18	19	20	21	22	17	18	19	20	21	22	17	18	19	20	21	22
1	1		1	1	1			1				2	1	2	5	1		1	1				1
	1	1				1	1					1	1	1		1				1			1
7/120						3/150						15/240						5/140					

CHAPTER 01 형법의 기본개념

죄형법정주의

01 **죄형법정주의의 의의**

02 **죄형법정주의의 연혁과 사상적 기초**

03 **죄형법정주의의 내용** ─파생원칙─

1. 법률주의

> **판례연구**　포괄위임입법금지원칙에 위반된다는 판례
>
> **1** 대법원 1998.6.18, 97도2231
> 외국환관리규정의 '도박 기타 범죄 등 선량한 풍속 및 사회질서에 반하는 행위' 사례
> 외국환관리규정(재정경제원 고시 제1996─13호) 제6─15조의4 제2호 나목 소정의 '도박 기타 범죄 등 선량한 풍속 및 사회질서에 반하는 행위'라는 요건은, 이를 한정할 합리적인 기준이 없다면, 형벌법규의 구성요건요소로서는 지나치게 광범위하고 불명확하므로 죄형법정주의가 요구하는 형벌법규의 명확성의 원칙에 반하고 외국환관리법 및 동법시행령과 같은 모법의 위임범위를 벗어난 것이라고 보지 않을 수 없다. [경찰간부 21 / 경찰승진 12]
>
> **2** 대법원 1998.10.15, 98도1759 전원합의체
> 청산기일연장을 제한한 근로기준법 시행령
> 구 근로기준법 제30조 단서에서 임금·퇴직금 청산기일의 연장합의의 한도에 관하여 아무런 제한을 두고 있지 아니함에도 불구하고, 같은 법 시행령 제12조에 의하여 같은 법 제30조 단서에 따른 기일연장을 3월 이내로 제한한 것은 죄형법정주의의 원칙에 위배되고 위임입법의 한계를 벗어난 것으로서 무효이다.
>
> **3** 대법원 1999.2.11, 98도2816 전원합의체
> 총포의 부품까지 규정한 총포 등 단속법 시행령
> 총포·도검·화약류 등 단속법 제2조 제1항은 총포에 관하여 규정하고 있는데, 여기서 말하는 총은 적어도 금속성 탄알 등을 발사하는 성능을 가지고 있는 것을 가리키는 것이므로, 같은 법 시행령 제3조 제1항에서 모법의 위임 범위를 벗어나 총의 부품까지 총포에 속하는 것으로 규정한 것은 위임입법의 한계를 벗어나고 죄형법정주의 원칙에 위배된 것으로 무효라고 하지 않을 수 없다.

4 헌법재판소 2000.7.20, 99헌가15

약국관리에 필요한 사항을 포괄적으로 위임한 사례

약사법 제19조 제4항은 "약국을 관리하는 약사 또는 한약사는 보건복지부령으로 정하는 약국관리에 필요한 사항을 준수하여야 한다."고 규정하고 위반자를 200만 원 이하의 벌금에 처하고 있는데, '약국관리에 필요한 사항'을 모두 하위 법령인 보건복지부령에 포괄적으로 위임한 것은 헌법상 포괄위임입법금지 원칙 및 죄형법정주의의 명확성 원칙에 위반된다고 보아야 한다.

5 대법원 2017.2.16, 2015도16014 전원합의체

의료법에 없는 당직의료인의 인원수를 규정한 의료법 시행령은 위헌·무효라는 사례

법률의 시행령은 모법인 법률의 위임 없이 법률이 규정한 개인의 권리·의무에 관한 내용을 변경·보충하거나 법률에서 규정하지 아니한 새로운 내용을 규정할 수 없고, 특히 법률의 시행령이 형사처벌에 관한 사항을 규정하면서 법률의 명시적인 위임 범위를 벗어나 처벌의 대상을 확장하는 것은 죄형법정주의의 원칙에도 어긋나는 것이므로, 그러한 시행령은 위임입법의 한계를 벗어난 것으로서 무효이다. 의료법 제41조는 각종 병원에 응급환자와 입원환자의 진료 등에 필요한 당직의료인을 두어야 한다고만 규정하고 있을 뿐, 각종 병원에 두어야 하는 당직의료인의 수와 자격에 아무런 제한을 두고 있지 않고 이를 하위 법령에 위임하고 있지도 않다. 의료법 제41조가 "환자의 진료 등에 필요한 당직의료인을 두어야 한다."라고 규정하고 있을 뿐인데도 시행령 조항은 당직의료인의 수와 자격 등 배치기준을 규정하고 이를 위반하면 의료법 제90조에 의한 처벌의 대상이 되도록 함으로써 형사처벌의 대상을 신설 또는 확장하였다. 그러므로 시행령 조항은 위임입법의 한계를 벗어난 것으로서 무효이다. [국가7급 18]

판례연구　**포괄위임입법금지원칙에 위반되지 않는다는 판례**

1 헌법재판소 2000.6.29, 99헌가16

청소년보호위원회의 청소년유해매체물 결정 사례

청소년보호법에서 직접 청소년유해매체물의 범위를 확정하지 아니하고 행정기관(청소년보호위원회 등)에 위임하여 그 행정기관으로 하여금 청소년유해매체물을 확정하도록 하는 것은 부득이하다고 할 것이다.

2 대법원 2000.10.27, 2000도4187

유해화학물질관리법 시행령상 환각물질 규정 사례

유해화학물질관리법 제35조 제1항에서 금지하는 환각물질을 구체적으로 명확하게 규정하지 아니하고 같은 법 시행령 제22조에서 이를 구체적으로 규정하게 한 취지는 과학 기술의 급격한 발전으로 말미암아 흥분·환각 또는 마취의 작용을 일으키는 유해화학물질이 수시로 생겨나기 때문에 이에 신속하게 대처하려는 데에 있으므로, 위임의 한계를 벗어난 것으로 볼 수 없다.

3 대법원 2005.1.13, 2004도7360

설치가 허용되는 간판의 규격을 정한 선관위 규칙

공직선거 및 선거부정방지법(현 공직선거법, 이하 '공직선거법')에서 제90조 전문은 선거일 전 180일부터 선거에 영향을 미치게 하기 위하여 법정의 방법 이외의 방법으로 시설물설치 등을 하는 것을 금지한 규정으로서, 설치가 허용되는 간판의 규격과 같은 세부적이고 기술적인 사항을 중앙선거관리위원회 규칙에서 정하도록 위임하였다 하여 이를 죄형법정주의와 포괄위임금지의 원칙에 어긋난다고 볼 수도 없다.

4 대법원 2007.2.22, 2006도9234

학교환경위생정화구역 안에서 이른바 피시(PC)방 시설을 금지한 학교보건법 시행령 사례

학교보건법 제6조 제1항 제15호 및 구 학교보건법 시행령의 각 규정에 의하면, 학교환경위생정화구역 안에서 폐지 전 음비법 제2조 제10호의 규정에 의한 멀티미디어문화콘텐츠설비 제공업 시설을 하는 것은 원칙적으로 금지되어 있는바, 이는 죄형법정주의 및 포괄위임금지의 원칙을 위반하는 등 헌법의 규정에 위반된다고 할 수는 없다.

5 대법원 2007.11.30, 2007도6556

농업협동조합을 특가법상 정부관리기업체로 정한 특가법 시행령 사례

농업협동조합중앙회는 특정범죄 가중처벌 등에 관한 법률 제4조 제1항 제2호 소정의 정부관리기업체에 해당한다고 보기에 충분하므로, 특가법 제4조 제1항의 위임을 받은 특가법 시행령 제2조 제48호가 농업협동조합중앙회를 '정부관리기업체'의 하나로 규정한 것이 위임입법의 한계를 벗어난 것으로서 위헌·위법이라고 할 수 없다.[1] [경찰채용 14 2차]

6 대법원 2009.3.26, 2007도9182; 헌법재판소 2008.11.27, 2005헌마161

사행성간주게임물의 개념 및 이에 해당하는 경우 경품제공을 금지한 문광부고시 사례

구 음비법 제32조 제3호는 게임제공업자에 대하여 문화관광부고시에서 정한 경품의 종류와 경품제공방법을 위반하여 사행성을 조장하거나 청소년에게 해로운 영향을 미칠 수 있는 경품제공행위의 금지를 규정하고 있다. … 따라서 그에 기한 '경품제공업소에서의 경품취급기준' 고시(문화관광부) 중 사행성간주게임물의 개념을 설정하고'이에 해당하는 경우 경품제공 등을 금지하는 규정은 음비법 제32조 제3호의 위임범위 내에 속하고 그 위임범위를 일탈하였다고 할 수 없다.

7 대법원 2009.4.23, 2008도11017

게임머니 및 이에 유사한 것을 게임산업진흥법 시행령에서 정하도록 한 사례

게임산업법 제32조 제1항 제7호가 '환전, 환전 알선, 재매입 영업행위를 금지하는 게임머니 및 이와 유사한 것'을 대통령령이 정하도록 위임하고, 같은 법 시행령 제18조의3 각 호에 규정된 '게임머니 및 이에 유사한 것'은 게임산업법 제32조 제1항 제7호에 규정된 '게임물의 이용을 통하여 획득한 유·무형의 결과물'에 해당한다고 보이므로, 게임산업법 제32조 제1항 제7호, 같은 법 시행령 제18조의3은 형벌법규의 포괄위임입법금지 원칙이나 죄형법정주의에 위배되지 않는다. [경찰채용 11·12 1차]

> 유사 사행성간주게임물에 대하여 경품제공을 금지하고 있는 문화관광부의 경품취급기준에 관한 고시는 1시간당 총 이용금액이 90,000원을 초과하는 게임물, 최고당첨액이나 경품누적액이 경품한도액을 초과하는 게임물 등에 대하여 경품 제공을 금지하고 있는데, 이는 구 음비법 제32조 제3호의 위임 한계를 일탈하거나 죄형법정주의 등에 위배되지 않는다(대법원 2008.12.11, 2006도7642).

8 대법원 2010.4.29, 2009도8537

새마을금고법이 새마을금고 여유자금의 운용에 관하여 시행령에 위임한 사례

구 새마을금고법이 새마을금고의 여유자금의 운용에 관하여 구체적 방법을 정하지 아니한 채 시행령에 위임하였다거나, 위 시행령이 여유자금의 운용방법으로 국채, 지방채의 매입과 더불어 '연합회장이 정하는 유가증권의 매입'이라고 규정하였다 하더라도 죄형법정주의에 위반되거나 위임입법의 한계를 일탈한 것으로는 볼 수 없다.

---

1 유사 : 수산업협동조합중앙회와 그 회원조합을 정부관리기업체로 규정한 것도 위임입법의 한계를 벗어나지 않았다는 판례는 대법원 2007.4.27, 2007도1038 참조

9 대법원 2013.3.28, 2012도16383

고래포획금지 고시와 바다로 돌아가게 된 돌고래 사건

구 수산업법 시행령 제41조는 구 수산업법 제61조 제1항 제5호에서 규정한 내용 중 일부를 좀 더 세부적으로 규정하면서 위임받은 사항에 관하여 대강을 정하고 그중의 특정사항을 범위를 정해 농림수산식품부장관에게 재위임하여 고래포획금지에 관한 고시(농림수산식품부 고시)가 발령되었는데, 이는 포괄위임입법금지 원칙 내지 죄형법정주의에 위반되지 아니한다.

10 대법원 2013.6.13, 2013도1685

한국수력원자력의 직원을 공무원으로 의제한 공공기관운영법 시행령 및 기획재정부 고시 사건

공공기관의 운영에 관한 법률의 입법목적과 경제상황이나 정책상 목적에 따라 공공기관의 사업 내용이나 범위 등이 계속적으로 변동할 수밖에 없는 현실 등을 감안할 때 공무원 의제규정의 적용을 받는 공기업 등의 정의규정을 법률이 아닌 시행령이나 고시 등 그 하위규범에서 정하는 것에 부득이한 측면이 있는 것이므로, 구체적인 공기업의 지정에 관하여는 그 하위규범인 기획재정부장관의 고시에 의하도록 규정하였다 하더라도 죄형법정주의에 위반한 것으로 볼 수 없다. [경찰채용 14 1차 / 경찰승진 14 / 법원행시 13]

11 대법원 2014.5.16, 2012도12867

정치적 행위의 한계를 국가공무원복무규정에 위임한 사례

국가공무원법의 위임을 받아 제정된 국가공무원복무규정 제27조 제2항 제4호는 "정당 기타 정치단체의 표지로 사용되는 기·완장·복식 등을 제작 또는 배부하거나 이를 착용·착용권유 또는 착용을 방해하는 행위 등 기타 명목 여하를 불문하고 금전 또는 물질로 특정정당 또는 정치단체를 지지 또는 반대하는 것"을 정치적 행위의 한계로 규정하고 있는데, 위 규정은 모법인 국가공무원법의 위임범위를 벗어난 것이라 할 수 없다.[2] [경찰간부 16]

12 대법원 2019.7.25, 2018도7989

결혼중개업의 신상정보의 제공시기를 만남 이전으로 정한 결혼중개업법 시행령 사례

결혼중개업법 제26조 제2항 제4호는 '제10조의2 제1항을 위반하여 신상정보를 제공하지 아니한 자는 3년 이하의 징역 또는 2천만 원 이하의 벌금에 처한다.'라고 규정하고, … 그 위임에 따른 결혼중개업법 시행령 제3조의2 제3항은 '국제결혼중개업자는 신상정보를 이용자와 상대방이 각각 이해할 수 있는 언어로 번역·제공한 후 이용자와 상대방이 모두 만남에 서면 동의한 경우에 만남을 주선하여야 한다.'라고 규정하여 국제결혼중개업자에게 '이용자와 상대방의 만남 이전'에 신상정보를 제공할 의무를 부과하고 있다. … 결혼중개업법 시행령 제3조의2 제3항은 결혼중개업법 제10조의2 제4항에서 위임한 범위를 일탈하여 위임입법의 한계를 벗어났다고 볼 수 없다.

---

2 판례 : 구 국가공무원법 제65조 제4항의 위임을 받아 제정된 구 국가공무원복무규정 제27조 제2항 제4호도 모법이 금지하는 행위를 고려하여 제한적으로 해석하여야 하는 점, 구 국가공무원복무규정 제27조 제2항 본문은 "제1항의 규정에 의한 정치적 목적을 가지고 다음 각 호의 1에 해당하는 행위를 함을 말한다."고 규정하고 있으므로, 위 규정 동조 동항 제1호부터 제3호의 행위도 목적이 없는 행위는 여기에 해당하지 않는 점 등에 비추어 보면, 구 국가공무원복무규정 제27조 제2항 제4호는 특정 정당 또는 정치단체에 대한 일체의 금전적 또는 물질적 후원행위를 금지한다는 것이 아니고, 금전 또는 물질의 이름이나 구실 또는 이유에 구애되지는 않지만 정당활동이나 선거와 직접적으로 관련되거나 특정 정당과의 밀접한 연계성을 인정할 수 있는 경우 등 공무원의 정치적 중립성을 훼손할 가능성이 큰 행위로서 특정 정당 또는 정치단체를 지지 또는 반대하는 것이라는 요소가 있는 행위만을 금지하는 것이라고 해석하여야 하며, 그러한 해석 하에서 보면 구 국가공무원복무규정 제27조 제2항 제4호가 명확성의 원칙에 위배되었거나 모법인 국가공무원법 제65조 제4항의 위임범위를 벗어났다고 할 수 없다(대법원 2014.5.16, 2012도12867).

보충 : 또 다른 논점 구 정당법 제53조, 제22조 제1항에서 규정하는 공무원이나 사립학교의 교원이 정당의 당원이 된 죄와 구 국가공무원법 제84조, 제65조 제1항에서 규정하는 공무원이 정당 그 밖의 정치단체에 가입한 죄는 공무원이나 사립학교의 교원 등이 정당 등에 가입함으로써 즉시 성립하고 그와 동시에 완성되는 즉시범이므로 그 범죄성립과 동시에 공소시효가 진행한다.

2. 소급효금지의 원칙

(1) 판례 정리

> **판례연구** 소급효금지원칙에 위반되지 않는다는 판례
>
> **대법원 2012.11.29, 2012도10269**
> 음주운전 전과와 3진아웃제에 관한 형벌불소급의 원칙
> 도로교통법 제148조의2 제1항 제1호는 도로교통법 제44조 제1항(음주운전금지)을 2회 이상 위반한
> 사람으로서 다시 같은 조 제1항을 위반하여 술에 취한 상태에서 자동차 등을 운전한 사람에 대해
> 1년 이상 3년 이하의 징역이나 500만 원 이상 1,000만 원 이하의 벌금에 처하도록 규정하고 있는
> 바, 도로교통법 제148조의2 제1항 제1호의 '도로교통법 제44조 제1항을 2회 이상 위반한' 것에 '구'
> 도로교통법 제44조 제1항 위반 음주운전 전과도 포함된다고 해석하는 것은 형벌불소급원칙이나 일사부재
> 리원칙 또는 비례원칙에 위배된다고 할 수 없다.
>
> 유사 도로교통법(2018.12.24. 개정) 제148조의2 제1항의 '도로교통법 제44조 제1항 또는 제2항을 2회
>   이상 위반한 사람'에 개정된 도로교통법이 시행된 2019.6.25. 이전 위반 전과가 포함되는 것으로
>   해석하는 것은 형벌불소급의 원칙에 위반되지 아니한다(대법원 2020.8.20, 2020도7154).

> **판례연구** 소급효금지원칙에 위반된다는 판례
>
> **1 대법원 2009.4.23, 2008도11017**
> 게임머니 환전행위에 대한 소급효금지원칙 적용 사례
> 게임산업법 시행령의 시행일 이전에 위 시행령 조항 각 호에 규정된 게임머니를 환전, 환전 알선, 재매입한
> 영업행위를 처벌하는 것은 형벌법규의 소급효금지 원칙에 위배된다. [국가9급 10]
>
> **2 대법원 2009.1.15, 2004도7111**
> 형벌조항에 대한 헌법불합치결정의 효력과 소급효금지원칙 사례
> 헌법불합치결정의 전면적인 소급효가 미치는 형사사건에서 법원은 헌법에 합치되지 않는다고 선언된
> 법률조항을 더 이상 피고인에 대한 처벌법규로 적용할 수 없기 때문에,[3] 유치원 인근의 극장영업행위에
> 대하여 구 학교보건법 제6조 제1항 본문 제2호, 제19조를 적용하여 공소제기하였으나 당해 법률조항이
> 헌법불합치결정된 경우, 헌법불합치결정에 따라 개정된 학교보건법 조항을 소급적용하여 피고인을 처벌하
> 는 것은 헌법에 위배된다.
>
> **3 대법원 2010.6.10, 2010도4416**
> 전자금융거래법상 접근매체 양도·양수 알선죄 입법 이전의 알선행위 사례
> 전자금융거래법 시행일 이전의 법 제6조 제3항 제호에 규정된 접근매체 양도·양수의 알선행위를 처벌하는
> 것은 형벌법규의 소급효금지 원칙에 위배된다.

---

3 법원이 헌법 제107조 제1항 등에 근거하여 법률의 위헌 여부의 심판제청을 하는 것은 그 전제가 된 당해 사건에서 위헌으로 결정된
법률조항을 적용하지 않으려는 데 그 목적이 있다는 점과 헌법재판소법 제45조, 제47조의 규정 취지에 비추어 볼 때, 당해 사건에
적용되는 법률조항에 대한 헌법재판소의 헌법불합치결정은 위헌결정에 해당한다. 또한 형벌에 관한 법률조항에 대하여 위헌결정이
선고되는 경우 그 법률조항의 효력이 소급하여 상실되고, 당해 사건뿐만 아니라 위헌으로 선언된 형벌조항에 근거한 기존의 모든
유죄확정판결에 대해서까지 전면적으로 재심이 허용된다(헌법재판소법 제47조 제2항·제3항·제4항)(헌법재판소 1989.7.14, 89헌가5;
1996.2.16, 96헌가2 등 참조).

4 대법원 2020.10.15, 2020도7307

법무사 등록증을 빌려주거나 빌린 법무사법위반 사건

법무사법 제21조 제2항이 정하고 있는 법무사 등록증을 빌려준다 함은 타인이 법무사 등록증을 이용하여 법무사로 행세하면서 법무사업을 하려는 것을 알면서도 법무사 등록증 자체를 빌려주는 것을 의미하는데 (대법원 2002.5.10, 2002도1226 판결 참조), … 법무사 사무소 직원이 법무사 사무소의 업무 전체가 아니라 일정 부분의 업무에 한하여 실질적으로 법무사의 지휘·감독을 받지 않고 자신의 책임과 계산으로 해당 사무를 법무사 명의로 취급·처리하였다면, 설령 법무사가 나머지 업무에 관하여 정상적인 활동을 하고 있더라도 직원과 법무사에게는 법무사법 제72조 제1항 위반죄가 성립될 수 있다. … 2017.12.12. 법률 제15151호로 일부 개정된 법무사법(이하 '개정된 법무사법')에는 제72조 제2항이 신설되어 등록증을 다른 사람에게 빌려준 법무사, 법무사의 등록증을 빌린 사람 등이 취득한 금품이나 그 밖의 이익은 몰수하고 이를 몰수할 수 없을 때에는 그 가액을 추징한다고 규정하고 있고, 부칙 제2조는 "제72조 제2항의 개정규정은 이 법 시행 후 최초로 법무사 등록증을 다른 사람에게 빌려준 경우부터 적용한다."라고 규정하고 있다. 위와 같이 개정된 법무사법 제72조 제2항, 부칙 제2조, 헌법 제13조 제1항 전단과 형법 제1조 제1항에서 정한 형벌법규의 소급효 금지 원칙에 비추어 보면, 법무사가 등록증을 다른 사람에게 빌려주거나 법무사의 등록증을 빌린 행위가 개정된 법무사법 시행 이전부터 계속되어 온 경우에는 개정된 법무사법이 시행된 이후의 행위로 취득한 금품 그 밖의 이익만이 개정된 법무사법 제72조 제2항에 따른 몰수나 추징의 대상이 된다고 보아야 한다.

(2) 적용범위

① 보안처분의 소급효

㉠ 보호관찰처분의 소급효 : '보호관찰' 등의 보안처분에는 소급효금지의 원칙이 적용되지 않고 재판시 법주의가 적용된다(대법원 1997.6.13, 97도703). [경찰채용 13 1차 / 경찰승진 13·15·16 / 국가9급 07·08 / 국가7급 10 / 법원승진 13 / 법원행시 08]

판례연구

대법원 1997.6.13, 97도703

보호관찰처분의 소급효 인정

1997년 1월 1일부터 시행된 개정 형법 제62조의2에서 말하는 보호관찰은 형벌이 아니라 보안처분의 성격을 갖는 것으로서, 과거의 불법에 대한 책임에 기초하고 있는 제재가 아니라 장래의 위험성으로부터 행위자를 보호하고 사회를 방위하기 위한 합목적적인 조치이므로, 그에 관하여 반드시 행위 이전에 규정되어 있어야 하는 것은 아니며, 재판시의 규정에 의하여 보호관찰을 받을 것을 명할 수 있다고 보아야 할 것이고, 이와 같은 해석이 형벌불소급의 원칙 내지 죄형법정주의에 위배되는 것은 아니다. [법원9급 08]

㉡ 사회봉사명령의 소급효 : 사회봉사명령은 형사처벌 대신 부과되는 것으로서, 범죄를 범한 자에게 의무적 노동을 부과하고 여가시간을 박탈하여 실질적으로는 신체적 자유를 제한하게 되므로, 이에 대하여는 원칙적으로 형벌불소급의 원칙에 따라 행위시법을 적용함이 상당하다(대법원 2008.7.24, 2008어4). [경찰채용 11·12 1차 / 경찰승진 10 / 국가9급 18 / 법원9급 11·15 / 사시 16 / 변호사시험 12]

판례연구

대법원 2008.7.24, 2008어4

사회봉사명령의 소급효 부정

가정폭력범죄의 처벌 등에 관한 특례법상 사회봉사명령을 부과하면서, 행위시법상 사회봉사명령 부과시간의 상한인 100시간을 초과하여 상한을 200시간으로 올린 신법을 적용한 것은 위법하다. [경찰채용 11 · 16 1차 / 경찰승진 10 / 국가7급 10 · 11 · 14 / 법원9급 11 / 변호사시험 12]

© 전자감시장치부착명령의 소급효

ⓐ 전자감시제도는 형벌과는 다른 보안처분이므로 소급효금지원칙이 적용되지 않는다(대법원 2010.12.23, 2010도11996). [사시 12]

판례연구

대법원 2010.12.23, 2010도11996
전자감시장치부착명령의 소급효 인정
특정 범죄자에 대한 위치추적 전자장치 부착 등에 관한 법률에 의한 전자감시제도는 일종의 보안처분으로서, 전자감시제도는 범죄행위를 한 자에 대한 응보를 주된 목적으로 그 책임을 추궁하는 사후적 처분인 형벌과 구별되어 그 본질을 달리하는 것으로서 형벌에 관한 소급입법금지의 원칙이 그대로 적용되지 않으므로, 위 법률이 개정되어 부착명령 기간을 연장하도록 규정하고 있더라도 그것이 소급입법금지의 원칙에 반한다고 볼 수 없다. [국가7급 17 / 사시 12]

ⓑ 전자장치부착명령에 관하여 피고인에게 실질적 불이익을 추가하는 전자장치 부착명령기간 하한 가중규정은 소급효가 부정된다(대법원 2013.7.25, 2013도6181). [법원행시 15]

판례연구

대법원 2013.7.25, 2013도6181
전자장치 부착명령기간 하한가중규정의 소급효 부정
특정 범죄자에 대한 보호관찰 및 전자장치 부착 등에 관한 법률은 제9조 제1항 단서에서 '19세 미만의 사람에 대하여 특정범죄를 저지른 경우에는 부착기간 하한을 같은 항 각 호에 따른 부착기간 하한의 2배로 한다.'고 규정하여 구 특정 범죄자에 대한 위치추적 전자장치 부착 등에 관한 법률보다 부착명령청구 요건 및 부착기간 하한가중 요건을 완화·확대하였음에도, 위 법 부칙은 -다른 조항에 대해서는 소급효를 규정하면서도- 위 법 제9조 제1항 단서에 대하여는 그 소급적용에 관한 명확한 경과규정을 두지 않았으므로, 전자장치 부착명령에 관하여 피고인에게 실질적인 불이익을 추가하는 내용의 법 개정이 있고, 그 규정의 소급적용에 관한 명확한 경과규정이 없는 한 그 규정의 소급적용은 이를 부정하는 것이 피고인의 권익 보장이나, 위 법 부칙에서 일부 조항을 특정하여 그 소급적용에 관한 경과규정을 둔 입법자의 의사에 부합한다고 할 것이다. [법원행시 15]

---

② 신상정보 공개명령 · 고지명령의 소급효

ⓐ 소급효 허용

판례연구

1 대법원 2011.3.24, 2010도14393,2010전도120
신상정보 공개명령 · 고지명령의 본질이 범죄행위를 한 자에 대한 응보 등을 목적으로 그 책임을 추궁하는 사후적 처분인 형벌과는 다르기 때문에, 아청법상 공개명령 제도가 시행된 2010.1.1. 이전에 범한 범죄에 대하여도 공개명령 제도를 적용하도록 한 것이 소급입법금지 원칙에 반하지 않는다. [사시 14]

2 대법원 2011.9.29, 2011도9253,2011전도152
성폭법상 등록대상 성폭력범죄를 범한 자에 대해서 성폭법 시행 전에 범죄를 범하고 그에 대해 공소제기가 이루어졌더라도 성폭법상 공개명령·고지명령의 대상이 된다.

ⓑ 소급효 금지

판례연구

1 대법원 2012.11.15, 2012도10410,2012전도189
아동·청소년 대상 성폭력범죄의 경우, '법률 제10260호 아동성보호법' 제38조의2 규정이 시행된 2011.1.1. 이후에 범죄를 저지른 자에 대하여만 고지명령을 선고할 수 있다(신상정보고지명령은 소급효 부정 – 필자 주). [경찰간부 16]

2 대법원 2014.10.31, 2014모1166
이미 유죄판결이 확정된 아동·청소년 대상 성폭력범죄의 경우에도 성폭법(법률 제11556호) 부칙 제7조에 따른 소급적인 공개명령 및 고지명령의 대상이 되지 않는다.

ⓜ 수강명령의 소급효 : 2011.4.7. 개정된 성폭법에 의하여 실형 선고시 병과하는 수강명령은 위 법이 시행된 2011.10.8. 이전에 성폭력범죄를 범한 사람에 대해서는 내릴 수 없다(소급효 부정, 대법원 2013.4.11, 2013도1525).

판례연구

대법원 2013.4.11, 2013도1525
성폭법상 수강명령의 소급효 부정
2011.4.7. 법률 제10567호로 개정된 성폭법 제16조 제2항은 "법원이 성폭력범죄를 범한 사람에 대하여 유죄판결(선고유예는 제외한다)을 선고하는 경우에는 300시간의 범위에서 재범예방에 필요한 수강명령 또는 성폭력 치료프로그램의 이수명령을 병과할 수 있다."라고 정하였는데, 부칙(2011.4.7.) 제1항은 "이 법은 공포 후 6개월이 경과한 날부터 시행한다."라고 규정하고, 제2항은 "제16조의 개정규정은 이 법 시행 후 최초로 성폭력범죄를 범한 사람부터 적용한다."라고 규정하였으므로, 법원으로서는 위 개정 특례법이 시행된 2011.10.8. 이후에 성폭력범죄를 범한 사람에 대하여만 실형을 선고하는 경우에도 수강명령을 병과할 수 있다.

② 공소시효 연장 등 소송법규정의 소급효
ⓖ 소급효금지원칙의 소송법에 대한 적용 여부 : 소급효금지원칙은 공소시효의 변경과 같은 소송법규정의 변경에 대하여는 적용되지 않는다. [경찰승진 16 / 국가7급 11 / 법원9급 08 / 변호사시험 12]

판례연구

헌법재판소 1996.2.16, 96헌가2,96헌바7·13
형벌불소급의 원칙은 "행위의 가벌성" 즉 형사소추가 "언제부터 어떠한 조건하에서" 가능한가의 문제에 관한 것이고, "얼마동안" 가능한가의 문제에 관한 것은 아니므로, 과거에 이미 행한 범죄에 대하여 공소시효를 정지시키는 법률이라 하더라도 그 사유만으로 헌법 제12조 제1항 및 제13조 제1항에 규정한 죄형법정주의의 파생원칙인 형벌불소급의 원칙에 언제나 위배되는 것으로 단정할 수는 없다.
[경찰승진 10]

ⓛ 공소시효의 사후적 연장의 허용 여부

　　ⓐ 부진정소급입법(부진정소급효) : 경우에 따라 인정되거나 부정된다.

판례연구　부진정소급입법 관련판례

1 대법원 2015.5.2, 2015도1362,2015전도19

부진정소급효 부정례 : 공소시효를 정지·연장·배제하는 내용의 특례조항을 신설하면서 소급적용에 관한 명시적인 경과규정을 두지 아니한 경우, 그 조항을 소급하여 적용할 것인지 판단할 때 고려할 사항
공소시효를 정지·연장·배제하는 내용의 특례조항을 신설하면서 소급적용에 관한 명시적인 경과규정을 두지 아니한 경우에 그 조항을 소급하여 적용할 수 있다고 볼 것인지에 관하여는 이를 해결할 보편타당한 일반원칙이 존재할 수 없는 터이므로 적법절차원칙과 소급금지원칙을 천명한 헌법 제12조 제1항과 제13조 제1항의 정신을 바탕으로 하여 법적 안정성과 신뢰보호원칙을 포함한 법치주의 이념을 훼손하지 아니하도록 신중히 판단하여야 한다.

→ 판례는 구 성폭법 제20조 제3항(공소시효정지·연장·배제조항, 현재는 제21조 제3항)에서 13세 미만의 사람 및 신체적·정신적 장애가 있는 사람에 대한 강간·준강간 등 죄를 범한 경우에는 형사소송법 등 규정의 공소시효를 적용하지 아니한다는 공소시효 배제조항을 신설하면서 명시적 경과규정을 두지 아니한 경우에는(2011.11.17. 법률 제11088호), 법적 안정성과 신뢰보호원칙을 포함한 법치주의 이념에 따라 피고인에게 유리한 종전 규정을 적용하여 공소시효 완성을 이유로 면소판결을 한 것이다.

2 대법원 2016.9.28, 2016도7273

부진정소급효 긍정례 : 아동학대처벌법 시행일 당시 범죄행위가 종료되었으나 아직 공소시효가 완성되지 아니한 아동학대범죄에 대하여 같은 법 제34조 제1항이 적용되는지 여부(적극)
아동학대처벌법(2014.1.28. 법률 제12341호 제정, 2014.9.29. 시행)(구 아동복지법) 제2조 제4호 (타)목은 아동복지법 제71조 제1항 제2호, 제17조 제3호에서 정한 '아동의 신체에 손상을 주거나 신체의 건강 및 발달을 해치는 신체적 학대행위'를 아동학대범죄의 하나로 규정하고, 나아가 제34조는 '공소시효의 정지와 효력'이라는 표제 밑에 제1항에서 "아동학대범죄의 공소시효는 형사소송법 제252조에도 불구하고 해당 아동학대범죄의 피해아동이 성년에 달한 날부터 진행한다."라고 규정하며, 부칙은 "이 법은 공포 후 8개월이 경과한 날부터 시행한다."라고 규정하고 있다. … 아동학대처벌법의 입법 목적 및 같은 법 제34조의 취지를 공소시효를 정지하는 특례조항의 신설·소급에 관한 법리에 비추어 보면, 비록 아동학대처벌법이 제34조 제1항의 소급적용 등에 관하여 명시적인 경과규정을 두고 있지는 아니하나, 위 규정은 완성되지 아니한 공소시효의 진행을 일정한 요건 아래에서 장래를 향하여 정지시키는 것으로서, 시행일인 2014.9.29. 당시 범죄행위가 종료되었으나 아직 공소시효가 완성되지 아니한 아동학대범죄에 대하여도 적용된다.

　　ⓑ 진정소급입법(진정소급효) : 진정소급입법은 법적 안정성과 신뢰보호를 깨뜨릴 수 있다는 점에서 원칙적으로 허용될 수 없다(다수설·판례, 헌법재판소 1996.2.16, 96헌가2,96헌바7·13; 1999.7.22, 97헌바76,98헌바50·51·52·54·55).

판례연구

헌법재판소 1996.2.16, 96헌가2,96헌바7·13

5·18특별법 합헌 결정
(공소시효의 완성 여부 및 그 시점에 대해서는 법원이 담당해야 하기 때문에 법원이 내릴 두 가지 판단의 경우에 따라서) ① 공소시효가 아직 완성되지 않은 경우 위 법률조항은 단지 진행 중인 공소시효를 연장하는 법률로서 이른바 부진정소급효를 갖게 되나, 공소시효제도에 근거한 개인의 신뢰와 공소시효의 연장을 통하여 달성하려는 공익을 비교형량하여 공익이 개인의 신뢰보호이익에 우선하는 경우에는 소급효를

갖는 법률도 헌법상 정당화될 수 있다. ② 공소시효가 이미 완성되어 진정소급입법으로 보는 경우라 하더라도 기존의 법을 변경하여야 할 공익적 필요는 심히 중대한 반면에 그 법적 지위에 대한 개인의 신뢰를 보호하여야 할 필요가 상대적으로 적어 개인의 신뢰이익을 관철하는 것이 객관적으로 정당화될 수 없는 경우에는 예외적으로 허용될 수 있다. 진정소급입법이 허용되는 예외적인 경우로는 일반적으로, 국민이 소급입법을 예상할 수 있었거나, 법적 상태가 불확실하고 혼란스러웠거나 하여 보호할 만한 신뢰의 이익이 적은 경우와 소급입법에 의한 당사자의 손실이 없거나 아주 경미한 경우, 그리고 신뢰보호의 요청에 우선하는 심히 중대한 공익상의 사유가 소급입법을 정당화하는 경우를 들 수 있다. [경찰간부 14 / 국가9급 10 / 국가7급 11·13] … 이 법률조항은 위 행위자들의 신뢰이익이나 법적 안정성을 물리치고도 남을 만큼 월등히 중대한 공익을 추구하고 있다고 평가할 수 있어, 공소시효가 완성된 뒤에 시행된 사후적 소급입법이라고 하더라도 위에서 살펴본 바와 같이 죄형법정주의에 반하지 않음은 물론, 법치국가의 원리, 평등원칙, 적법절차의 원리에도 반하지 아니하고, 따라서 헌법에 위반되지 아니한다(참고로, 재판관 김용준, 김문희, 황도연, 고중석, 신창언의 한정위헌 의견도 있었으나 위헌결정 정족수 미달이므로 합헌결정할 수밖에 없다).

③ 판례의 변경과 소급효 : 판례는 법원(法源)이 아니기 때문에 판례에 대해서는 소급효금지의 원칙이 적용되지 않는다(대법원 1999.7.15, 95도2870 전원합의체; 1999.9.17, 97도3349). [경찰채용 11 1차 / 경찰간부 11·14 / 경찰승진 13·15·16 / 국가9급 07·08·09·10 / 국가7급 11·12·13 / 법원9급 05·08·11 / 법원승진 13 / 법원행시 05·08·10·11 / 변호사시험 12]

> **판례연구**
>
> 대법원 1999.9.17, 97도3349
> 행위 당시의 판례에 의하면 처벌대상이 아니었던 행위를 판례의 변경에 따라 처벌하는 것이 평등의 원칙과 형벌불소급의 원칙에 반하는지 여부
> 형사처벌의 근거가 되는 것은 법률이지 판례가 아니고, 형법 조항에 관한 판례의 변경은 그 법률조항의 내용을 확인하는 것에 지나지 아니하여 이로써 그 법률조항 자체가 변경된 것이라고 볼 수는 없으므로, 행위 당시의 판례에 의하면 처벌대상이 되지 아니하는 것으로 해석되었던 행위를 판례의 변경에 따라 확인된 내용의 형법 조항에 근거하여 처벌한다고 하여 그것이 헌법상 평등의 원칙과 형벌불소급의 원칙에 반한다고 할 수는 없다. [경찰채용 18 1차]

3. 명확성의 원칙

(1) 의 의

명확성의 원칙이란 구성요건(구성요건의 명확성)과 그 법적 결과(형사제재의 명확성)를 명확하게 규정해야 한다는 원칙을 말한다.

> **판례연구**
>
> **1** 대법원 2006.5.11, 2006도920 등
> 다소 광범위하게 규정함으로써 법관의 보충적인 해석을 필요로 하는 개념(규범적 구성요건요소)을 사용하였다고 하더라도 통상의 해석방법에 의하여 건전한 상식과 통상적인 법감정을 가진 사람(일반인)이면 당해 처벌법규의 보호법익과 금지된 행위 및 처벌의 종류와 정도를 알 수 있도록 규정하였다면 명확성원칙에 배치되지 아니한다. [경찰간부 16 / 국가9급 20 / 국가7급 12]

2 헌법재판소 1998.4.30, 95헌가16

명확성의 원칙이란 기본적으로 최대한이 아닌 최소한의 명확성을 요구하는 것이다. [경찰채용 22 1차]

(2) 내 용

판례연구   **명확성원칙에 위반된다는 판례**

1 헌법재판소 1995.9.28, 93헌바50
'정부관리기업체'는 명확성 결여

특가법 제4조 제1항의 '정부관리기업체'라는 용어는 전체로서의 구성요건의 명확성을 결여한 것으로 죄형법정주의에 위배되고 위임입법의 한계를 일탈한 것으로서 위헌이다.

2 대법원 1998.6.18, 97도2231

외국환관리규정 소정의 '도박 기타 범죄 등 선량한 풍속 및 사회질서에 반하는 행위'라는 요건은 형벌법규의 구성요건요소로서는 지나치게 광범위하고 불명확하므로 위헌으로서 무효이다. [경찰승진 12]

3 헌법재판소 1998.10.15, 98헌마168
'가정의례의 참뜻에 비추어 합리적인 범위 안'은 명확성 결여

하객들에 대한 음식접대에 있어서 "가정의례의 참뜻"이란 개념은 그 대강의 범위를 예측하여 이를 행동의 준칙으로 삼기에 부적절하고, "합리적인 범위 안"이란 개념도 주류 및 음식물을 어떻게 어느 만큼 접대하는 것이 합리적인 범위인지를 일반국민이 판단하기란 어려울 뿐 아니라 그 대강을 예측하기도 어렵다.

4 헌법재판소 2002.2.28, 99헌가8
'잔인성을 조장할 우려가 있거나 범죄의 충동을 일으키게 하는' 불량만화

미성년자보호법 조항의 불량만화에 대한 정의 중 "음란성 또는 잔인성을 조장할 우려"라는 표현을 보면, '음란성'은 법관의 보충적인 해석을 통하여 그 규범내용이 확정될 수 있는 개념이라고 할 수 있으나, 한편 '잔인성'에 대하여는 아직 판례상 개념규정이 확립되지 않은 상태이고 그 처벌범위도 너무 광범위해지고, 다음으로 불량만화에 대한 정의 중 후단 부분의 "범죄의 충동을 일으킬 수 있게"라는 표현은 그 규범내용이 확정될 수 없는 것이다.

5 헌법재판소 2002.6.27, 99헌마480
'공공의 안녕질서 또는 미풍양속을 해하는' 불온통신은 명확성 결여

전기통신사업법 제53조는 '공공의 안녕질서 또는 미풍양속을 해하는'이라는 불온통신의 개념을 전제로 하여 규제를 가하는 것으로서 불온통신 개념의 모호성, 추상성, 포괄성으로 말미암아 필연적으로 규제되지 않아야 할 표현까지 다함께 규제하게 되어 과잉금지원칙에 어긋난다. [국가7급 16]

6 대법원 2010.12.23, 2008도4233
산자부 고시상 수출제한지역인 '국제평화와 지역안전을 저해할 우려가 있는 지역' 부분은 명확성 결여

전략물자수출입공고(산업자원부 고시) 제48조는 '수출제한지역'이라는 제목 하에 '국제평화와 지역안전을 저해할 우려가 있는 지역에 대하여는 전략물자의 수출을 제한할 수 있다'고 규정하고 있는데 이는 지나치게 광범위하고 불명확하다고 할 것이다.

7 대법원 2012.6.14, 2010도14409
지방공무원법상 특수경력직공무원에게 경력직 공무원에 대한 처벌조항 적용 부정

특수경력직공무원의 구 지방공무원법 위반행위에 대한 형사처벌과 관련하여서는 아무런 적용 근거조항을 두지 않고 있는 점 등 구 지방공무원법의 체계와 관련 조항의 내용과 아울러 형벌 조항은 구체적이고 명확하여야 한다는 죄형법정주의의 원칙 등을 종합해 보면, 특수경력직공무원에 대하여는 공무 외의 집단행위를 금지하는 구 지방공무원법 제58조 제1항은 적용되나 그 위반행위에 대한 형사처벌 조항인 구 지방공무원법 제82조는 적용되지 않는다.

판례연구 명확성원칙에 위반되지 않는다는 판례

1 대법원 1994.1.14, 93도2579
주택건설촉진법상 '사위 기타 부정한 방법'은 명확성 인정
구 주택건설촉진법에 의하여 처벌되는 "사위 기타 부정한 방법으로 주택을 공급받거나 공급받게 하는" 행위란 위 법에 의하여 공급되는 주택을 공급받을 자격이 없는 자가 그 자격이 있는 것으로 가장하는 등 정당성이 결여된 부정한 방법으로 주택을 공급받는 행위 등을 의미하므로 위 규정이 죄형법정주의에 위반된다고 볼 수 없다.

2 대법원 1995.6.16, 94도2413
음화반포죄(제243조)의 '음란' 개념은 평가적·규범적 판단을 요하는 규범적 구성요건요소이고, 일반 보통인의 성욕을 자극하여 성적 흥분을 유발하고 정상적인 성적 수치심을 해하여 성적 도의관념에 반하는 것이라고 풀이된다는 점에서 이를 불명확하다고는 볼 수 없다. [법원행시 07·10]

3 대법원 2000.10.27, 2000도1007
'전래적인 식생활이나 통념상 식용이 아니거나 식품원료로서 안전성·건전성이 입증되지 아니한 것'
식품위생법에 의한 보건복지부장관의 고시인 구 식품공전(보건복지부장관 고시)에서는 "일반인들의 전래적인 식생활이나 통념상 식용으로 하지 아니하는 것, 식품원료로서 안전성 및 건전성이 입증되지 아니한 것"을 식품의 제조·가공·조리용으로 사용할 수 없도록 하고 있는 바, 위 규정은 어떤 행위가 이에 해당하는지 의심을 가질 정도로 명확성을 결한 것이라고는 할 수 없다.

4 대법원 2003.4.11, 2003도451
주택건설촉진법상 '주택 관리업무'는 명확성 인정
주택건설촉진법상 금지규정에 규정된 '주택관리사 등의 자격이 없는 자가 수행한 관리업무'의 유형, 범위 등을 한정할 합리적 해석 기준이 분명하여 처벌규정으로서의 명확성을 지니는 것이어서 헌법 제12조의 죄형법정주의에 위반되지 아니한다.

5 대법원 2003.4.25, 2002도1722
향군법상 '소집통지서 수령의무자'는 명확성 인정
향토예비군설치법 제15조(벌칙) 제9항 후문은 '소집통지서를 수령할 의무가 있는 자'를 그 범죄행위의 주체로 규정하면서도 당해 조문에 '소집통지서를 수령할 의무가 있는 자'의 의미나 범위에 관하여 아무런 규정도 두지 않았지만, 법 소정의 훈련소집 대상 예비군대원 본인이 소집통지서의 수령의무자가 된다는 점은 일반인의 이해와 판단으로서도 충분히 알 수 있다고 할 것이다.

6 대법원 2003.12.26, 2003도5980
청소년보호법상 '풍기 문란' 영업행위죄는 명확성 인정
청소년보호법상 "풍기를 문란하게 하는 영업행위를 하거나 그를 목적으로 장소를 제공하는 행위"는 그 구체적인 예가 "청소년에 대하여 이성혼숙을 하게 하거나 그를 목적으로 장소를 제공하는 행위"

등이라고 보이는 바, 위 법률조항은 명확성의 원칙에 반하지 아니하여 실질적 죄형법정주의에도 반하지 아니한다. [경찰채용 12 3차]

7 헌법재판소 2004.12.16, 2002헌바57; 대법원 2005.4.15, 2002도3453
노노법상 '간여'는 명확성 인정
노동조합 및 노동관계조정법(노노법)에서 '간여'의 의미는 자의를 허용하지 않는 통상의 해석방법에 의하여 누구나 파악할 수 있으므로, 위 법률조항이 죄형법정주의가 요구하는 처벌법규의 명확성원칙에 위반되어 헌법에 위반된다고 할 수 없다.

8 대법원 2005.1.28, 2002도6931
수질환경보전법 시행규칙 중 '구리(동) 및 그 화합물'은 명확성 인정
수질환경보전법 시행규칙의 특정수질유해물질 중의 한 종류로서 법관의 보충적 해석도 거의 필요가 없는 서술적 개념인 '구리(동) 및 그 화합물'을 규정하고 있는 바, 위 규정 내용 자체는 사물의 변별능력을 제대로 갖춘 일반인의 이해와 판단으로서 그 의미를 명확하게 파악할 수 있는 것이어서 수범자인 국민의 예측가능성이 충분히 보장된 규정일 뿐만 아니라 법집행자의 자의적 집행 가능성도 거의 없다고 봄이 상당하므로 명확성의 원칙에 반하는 규정이라고 볼 수 없다.[4]

9 대법원 2005.12.8, 2004도5529
대기환경보전법상 '소량'은 명확성 인정
(대기환경보전법상 '첨가제'라 함은 탄소와 수소만으로 구성된 물질을 제외한 화학물질로서 자동차의 연료에 소량을 첨가함으로써 자동차의 성능을 향상시키거나 자동차 배출물질을 저감시키는 화학물질로서 환경부령이 정하는 것을 말한다고 규정하고 있고,) 위 조항의 '소량'의 의미는 휘발유를 대체하여 자동차의 연료로 사용될 수 없는 정도로서 '자동차 연료의 용량에 비해 극히 적은 분량을 의미하는 것으로 봄이 상당하므로, 죄형법정주의 등에 위반되는 것이라고 볼 수 없다.

10 대법원 2006.5.11, 2006도920
당해 거주자와 비거주자 간 '채권발생에 관한 거래와 관련이 없는 지급'은 명확성 인정
구 외국환관리규정(재정경제원 고시)의 '당해 거주자와 비거주자 간 채권의 발생 등에 관한 거래와 관련이 없는 지급'은 경상적 거래나 자본거래 등 일반적으로 외국환의 지급 등의 원인행위가 되는 거래를 수반하지 않는 외국환의 지급을 뜻하는 것으로 새기는 것이 타당하므로, 위 규정은 그 의미가 불명확하다고 할 수 없으므로 명확성의 원칙에 위배되는 것이라고 할 수 없다.[5]

11 대법원 2006.5.11, 2006도631
폐기물의 특성에 따라 사업장폐기물배출자의 신고시기를 달리 정한 폐기물관리법 시행규칙 사례
폐기물관리법 시행규칙 제10조 제1항 제1호 내지 제3호, 제5호에 해당하는 사업장폐기물배출자와 같은 항 제4호에 해당하는 사업장폐기물배출자는 폐기물 배출의 유형이 크게 다르다고 할 것이므로 신고시기에 신고대상이 되는 기준 폐기물 배출량을 명확히 규정하고 있는 이상 법 시행규칙 제10조 제2항 제2호가 죄형법정주의의 요청인 명확성의 원칙에 반한다고 할 수 없다.

---

4 또 다른 논점 : 포괄위임입법금지원칙 위반 × 위 시행규칙이 특정수질유해물질 중 하나로서 구리(동) 및 그 화합물을 규정하면서 그 기준수치를 정하지 않은 것은 모법의 기본적인 입법목적, 폐수배출시설설치의 허가제도에 담긴 취지 등에 부합하는 것으로서, 이를 두고 모법의 위임범위에 벗어났다고는 할 수 없다.
5 또 다른 논점 : '채권의 발생 등에 관한 거래와 관련이 없는 지급'을 한국은행 총재의 허가사항으로 정한 구 외국환관리규정은 구 외국환관리법 또는 동시행령의 위임의 범위를 벗어난 것으로 볼 수 없다.

12 대법원 2006.5.12, 2005도6525

'불건전 전화서비스 등'은 명확성 인정

피고인의 광고 내용인 화상채팅 서비스는 화상대화방 서비스 제공자의 물적 시설 이용이라는 공간적 개념의 차이 외에는 화상대화방 서비스와도 별다른 차이가 없다고 보이므로 화상채팅 서비스는 폰팅 및 화상대화방 서비스와 동일시 할 수 있을 정도의 것으로서 이 사건 고시의 '불건전 전화 서비스 등'에 포함된다고 보는 것이 상당하며, 이러한 해석이 형벌법규의 명확성의 원칙에 반하는 것이거나 금지되는 확장해석이나 유추해석에 해당한다고 할 수도 없다.

13 대법원 2006.12.22, 2006도1623

정치자금법위반죄의 '이 법에 의하지 아니한 방법'은 명확성 인정

구 정치자금에 관한 법률 제2조 제1항의 "이 법에 의하지 아니한 방법"이라는 것은 '위 법률의 각 개별조항에서 구체적으로 정한 방법 이외의 모든 방법'을 의미하는 것임이 문언적으로 명백하고, 나아가 위 법률에 정해진 방법이 아닌 방법으로 정치자금을 수수하면 처벌된다는 점 또한 명백히 알 수 있으므로, 헌법상 명확성의 원칙이나 죄형법정주의 원칙 등에 위반된다고 할 수 없다.

14 대법원 2008.5.29, 2008도1857

폭처법상 범죄단체 구성원으로서의 '활동'은 명확성 인정

폭력행위 등 처벌에 관한 법률 제4조 제1항에서 규정하고 있는 범죄단체 구성원으로서의 "활동"의 개념이 다소 추상적이고 포괄적인 측면이 있지만, 어떠한 행위가 위 "활동"에 해당할 수 있는지는 법관의 합리적인 해석과 조리에 의하여 보충될 수 있는 점 등을 종합적으로 판단하면, 이 사건 법률조항 중 "활동" 부분은 죄형법정주의 명확성의 원칙에 위배된다고 할 수 없다. [경찰채용 15 1차 / 사시 10]

15 대법원 2008.12.24, 2008도9581

소위 사이버스토킹죄의 구성요건 중 '불안감'은 명확성 인정

구 정보통신망 이용촉진 및 정보보호 등에 관한 법률 제65조 제1항 제3호에서 규정하는 "불안감"은 평가적·정서적 판단을 요하는 규범적 구성요건요소이고, "불안감"이란 개념이 사전적으로 "마음이 편하지 아니하고 조마조마한 느낌"이라고 풀이되고 있어 이를 불명확하다고 볼 수는 없으므로, 위 규정 자체가 죄형법정주의 및 여기에서 파생된 명확성의 원칙에 반한다고 볼 수 없다. [경찰간부 15]

16 대법원 2009.4.23, 2008도11017

'게임머니환전·환전알선·재매입영업죄'는 명확성 인정

게임산업법 제32조 제1항 제7호에서 "누구든지 게임물의 이용을 통하여 획득한 유·무형의 결과물을 환전 또는 환전 알선하거나 재매입을 업으로 하는 행위를 하여서는 아니 된다."고 규정하고, 같은 법 시행령에서 "대통령령이 정하는 게임머니 및 대통령령이 정하는 이와 유사한 것"을 규정하고 있는 바, 이는 죄형법정주의 명확성의 원칙에 위배되지 않는다.

17 대법원 2009.5.14, 2008도11040

공선법상 정당의 후보자 추천 관련 금품수수에 대한 처벌규정은 명확성 인정

공직선거법 제47조의2 제1항에 규정된 '후보자로 추천하는 일과 관련하여'란 금품 또는 재산상 이익의 제공이 후보자 추천의 대가 또는 사례에 해당하거나, 그렇지 않다 하더라도 후보자 추천에 있어서 정치자금의 제공이 어떠한 형태로든 영향을 미칠 수 있는 경우를 의미하므로, 위 규정은 죄형법정주의의 명확성의 원칙에 위배된다고 할 수 없다.

18 헌법재판소 2009.5.28, 2006헌바24
'유사석유제품'은 명확성 인정

구 석유사업법상 '유사석유제품'은 "석유제품에 다른 석유제품 또는 석유화학제품을 혼합하거나 석유화학제품에 다른 석유화학제품을 혼합하는 등의 방법으로 제조된 것으로서 대통령령이 정하는 제품"이라고 정의되어 통상 "석유제품에 유사한 것" 따라서 "정품이 아닌 가짜 석유제품"으로 넉넉히 파악될 수 있으므로 죄형법정주의 명확성의 원칙을 위반하였다고 볼 수 없다.

19 대법원 2009.9.24, 2007도6185
건산법상 배임수재죄의 주체로 규정된 이해관계인은 명확성 인정

건설산업기본법의 입법 목적, 같은 법 제38조의2의 문언, 규정체계 등을 종합하여 볼 때, 같은 법 제38조의2의 '이해관계인'이란 건설공사를 도급 또는 하도급을 받을 목적으로 도급계약을 체결하기 위하여 경쟁하는 자로서 도급계약의 체결 여부에 직접적이고 법률적인 이해관계를 가진 자를 의미하고, 이러한 의미를 가진 '이해관계인' 규정이 죄형법정주의 명확성의 원칙에 위배된다고 할 수 없다.
[경찰간부 12 / 법원승진 10 / 사시 11]

20 대법원 2009.10.29, 2009도5945
교육감 선거에 관하여 공직선거법의 시·도지사선거에 관한 규정을 준용하는 경우

지방교육자치에 관한 법률에서 "교육감 선거에 관하여 이 법에 정한 것을 제외하고는 그 성질에 반하지 않는 범위 안에서 공직선거법의 시·도지사선거에 관한 규정을 준용한다."고 정한 것은 죄형법정주의가 요구하는 명확성의 원칙에 위반된다고 볼 수 없다.

21 대법원 2009.10.29, 2009도7569
특가법 시행령에서 한국방송공사의 '임원'을 공무원으로 보도록 규정한 것은 명확성 인정

특가법상 뇌물죄의 적용에 있어서 정부관리기업체의 간부직원을 공무원으로 의제하도록 하면서 동법 시행령 조항에서 정한 한국방송공사의 '임원'에 해당하기 위해서는 간부직원 중 '과장대리급 이상의 직원'과 구별되는 중요한 의사결정권자이어야 할 것이므로, 한국방송공사의 '임원'의 의미를 이에 따라 해석하고 부사장과 본부장이 그에 포함된다는 결론을 도출할 수 있으므로, 특가법 시행령 조항의 위 '임원' 부분이 명확성의 원칙에 위배된다고 할 수 없다.

22 대법원 2012.2.23, 2010도8981; 헌법재판소 2011.4.28, 2009헌바90
정비사업시행 관련 서류 등 열람·등사요청거부죄의 명확성원칙 위반 여부

정비사업 시행에 관한 서류와 관련 자료에 대한 열람·등사 요청에 즉시 응할 의무를 규정하고 이를 위반하는 행위를 처벌하는 구 도시 및 주거환경정비법 제86조 제6호, 제81조 제1항은 죄형법정주의 명확성원칙에 위배되지 아니한다.

23 대법원 2012.9.27, 2012도4637
곽노현 서울시교육감 사례

공직선거법 제232조 제1항 제2호는 "후보자가 되고자 하는 것을 중지하거나 후보자를 사퇴한 데 대한 대가(代價)를 목적으로 후보자가 되고자 하였던 자나 후보자이었던 자에게 금전 등을 제공하는 등 행위를 한 자 또는 그 이익이나 직의 제공을 받거나 제공의 의사표시를 승낙한 자"를 처벌하고 있는데, 위 규정은 그 처벌 대상을 후보자를 사퇴한 데 대한 대가를 목적으로 '후보자이었던 사람에게 재산상의 이익이나 공사의 직을 제공하는 행위' 및 '후보자이었던 사람이 이를 수수하는 행위'에 한정하고 있으므로 죄형법정주의 명확성원칙 등에 위배된다고 볼 수 없다.[6]

---

6 또 다른 논점 : 위 규정은 과잉금지원칙이나 책임과 형벌의 비례원칙 등에도 위배되지 않는다.

24 대법원 2012.10.11, 2012도7455

형사소송법 제122조 단서의 급속을 요하는 때의 규정

피의자 또는 변호인은 압수·수색영장의 집행에 참여할 수 있고(형사소송법 제219조, 제121조), 압수·수색영장을 집행함에는 원칙적으로 미리 집행의 일시와 장소를 피의자 등에게 통지하여야 하나(형사소송법 제122조 본문), '급속을 요하는 때'에는 위와 같은 통지를 생략할 수 있다(형사소송법 제122조 단서). 여기서 급속을 요하는 때라고 함은 압수·수색영장 집행 사실을 미리 알려주면 증거물을 은닉할 염려 등이 있어 압수·수색의 실효를 거두기 어려울 경우라는 합리적 해석이 가능하므로 형사소송법 제122조 단서가 명확성의 원칙 등에 반하여 위헌이라고 볼 수 없다.

25 대법원 2013.7.26, 2013도2511

국가보안법 중 반국가단체목적수행(간첩)죄와 명확성원칙 : 왕재산간첩단 사건

국가보안법 제4조 제1항 제2호 나목에 규정된 '국가기밀'은 공지의 사실이 아닌 실질적 기밀개념으로 제한된다고 해석되고, 위 규정이 그 행위주체를 '반국가단체의 구성원 또는 그 지령을 받은 자'로 한정하고 있을 뿐 아니라 그 행위가 '반국가단체의 목적수행을 위한 행위'일 것을 그 구성요건으로 하고 있어, 그 행위주체와 행위태양의 면에서 제한을 하고 있는 점 등에 비추어 보면, 위 규정이 헌법에 위반된다고 할 정도로 죄형법정주의가 요구하는 명확성의 원칙에 반한다고 할 수 없다. [경찰채용 16 1차]

26 대법원 2013.11.28, 2013도9003

공무원 의제규정과 명확성원칙

건설기술관리법 제45조 제1호에서 지방위원회 위원 중 공무원이 아닌 위원을 형법 제129조 내지 제132조까지의 규정을 적용함에 있어서 공무원으로 의제하는 규정을 둔 취지와 그 내용 등에 비추어 보면, 위 조항이 형벌법규의 명확성의 원칙에 반한다거나 과잉금지원칙 또는 평등원칙을 침해하는 것이라고 볼 수 없다.

27 대법원 2014.1.29, 2013도12939

사업자등록번호·통관고유부호를 물품수입시 신고사항으로 정하고 있는 관세법 시행령 사례

관세법 시행령에서 '사업자등록번호·통관고유부호'를 물품 수입시 신고사항으로 정하고 있는 것은 납세의무자의 특정을 위한 것이므로, 처벌법규의 명확성의 원칙에 반한다거나 자의적으로 처벌 범위를 넓히는 해석이라고 할 수 없다.[7]

28 대법원 2019.9.25, 2016도1306

관리처분계획의 수립과 주요 부분의 실질적 변경

구 도시 및 주거환경정비법 제69조 제1항 제6호에서 정한 "관리처분계획의 수립"에는 경미한 사항이 아닌 관리처분계획의 주요 부분을 실질적으로 변경하는 것이 포함된다고 해석함이 타당하고, 이러한 해석이 죄형법정주의 내지 형벌법규 명확성의 원칙을 위반하였다고 보기 어렵다.

---

7 보충 : 관세법 시행령 제246조 제1항 제5호가 '사업자등록번호·통관고유부호'를 물품 수입시의 신고사항으로 정하고 있는 것은 대체로 수입신고명의 대여 등으로 인하여 물품의 수입신고명의인과 실제로 납세의무를 부담하는 이가 상이한 경우에 있어서 관세의 부과·징수 및 수입물품의 통관을 적정하게 하고 관세수입을 확보하려는 의도에서 형식상의 신고명의인과는 별도로 실제로 물품을 수입한 자, 즉 화주인 납세의무자에 관한 신고의무를 정하였다고 봄이 상당하다. 그리하여 위 시행령 규정은 이러한 납세의무자에 관한 신고의무를 전제로 그 납세의무자의 구체적인 특정을 위하여 그의 사업자등록번호 등을 신고하도록 정한 것으로 보아야 할 것이다. 그리고 이러한 해석은 통상의 해석방법에 의하여 그 의미내용을 합리적으로 파악할 수 있는 것으로서, 처벌법규의 명확성의 원칙에 반한다거나 자의적으로 처벌 범위를 넓히는 해석이라고 할 수 없다(대법원 2014.1.29, 2013도12939).

4. 유추해석금지의 원칙

(1) 의 의

법률에 규정이 없음에도 그것과 유사한 성질을 가지는 사항에 관한 법률을 적용하는 것을 금지하는 원칙을 말한다.

> **판례연구**
>
> **1** 대법원 2003.1.10, 2002도2363; 2007.6.14, 2007도2162; 2011.10.13, 2011도6287
> 형벌법규는 문언에 따라 엄격하게 해석·적용하여야 하고 피고인에게 불리한 방향으로 지나치게 확장해석하거나 유추해석하여서는 아니 되나, 형벌법규의 해석에 있어서도 가능한 문언의 의미 내에서 당해 규정의 입법 취지와 목적 등을 고려한 법률체계적 연관성에 따라 그 문언의 논리적 의미를 분명히 밝히는 체계적·논리적 해석방법은 그 규정의 본질적 내용에 가장 접근한 해석을 위한 것으로서 죄형법정주의의 원칙에 부합한다. [국가9급 12]
>
> **2** 대법원 2002.2.21, 2001도2819 전원합의체; 2010.6.24, 2010도3358; 2011.4.14, 2011도453,2011전도12 등
> 형벌법규의 해석에서도 법률문언의 통상적인 의미를 벗어나지 않는 한 그 법률의 입법취지와 목적, 입법연혁 등을 고려한 목적론적 해석이 배제되는 것은 아니다. [법원9급 20]
>
> **3** 대법원 2004.11.11, 2004도4049
> 형벌법규의 해석에 있어서 유추해석이나 확장해석도 피고인에게 유리한 경우에는 가능한 것이나, 문리를 넘어서는 이러한 해석은 그렇게 해석하지 아니하면 그 결과가 현저히 형평과 정의에 반하거나 심각한 불합리가 초래되는 경우에 한하여야 할 것이고, 그렇지 아니하는 한 입법자가 그 나름대로의 근거와 합리성을 가지고 입법한 경우에는 입법자의 재량을 존중하여야 하는 것이다.

(2) 내 용

유추해석금지원칙은 모든 형벌법규의 구성요건과 가벌성에 관한 규정에 적용된다. [국가9급 12]

> **판례연구**
>
> 대법원 2007.6.29, 2006도4582
> 이러한 법해석의 원리는 그 형벌법규의 적용대상이 행정법규가 규정한 사항을 내용으로 하고 있는 경우에 그 행정법규의 규정을 해석하는 데에도 마찬가지로 적용된다.

> **판례연구**　**유추해석금지원칙에 위반된다는 판례**
>
> **1** 대법원 1977.9.28, 77도405
> 염소와 양은 다르다는 사례
> 죄형법정주의의 정신에 비추어 형벌법규인 축산물가공처리법 소정의 "수축" 중의 하나인 "양"의 개념 속에 "염소"가 당연히 포함되는 것으로 해석할 수 없다.
>
> **2** 대법원 1995.7.28, 94도3325
> 법인을 처벌하는 양벌규정이 법인격 없는 사단이나 구성원 개개인에게 적용될 수는 없다는 사례

자동차운수사업법은 허가를 받지 아니하고 자가용자동차를 유상으로 운송용에 제공하거나 임대한 자를 처벌하고, 같은 법 제74조는 이른바 양벌규정으로서 법인격 없는 사단에 대하여서도 위 양벌규정을 적용할 것인가에 관하여는 아무런 명문의 규정을 두고 있지 아니하므로, 죄형법정주의의 원칙상 법인격 없는 사단에 대하여는 같은 법 제74조에 의하여 처벌할 수 없다. [경찰채용 15 1차/국가7급 12]

3 대법원 1996.3.26, 95도3073

시중은행의 세금수납영수증은 공문서에 해당하지 않는다는 사례

형법 제225조의 공문서변조나 위조죄의 객체인 공문서는 공무원 또는 공무소가 그 직무에 관하여 작성하는 문서이므로 계약 등에 의하여 공무와 관련되는 업무를 일부 대행하는 경우가 있다 하더라도 공무원 또는 공무소가 될 수는 없다. [경찰채용 11·20 1차/경찰승진 12/법원행시 13]

4 대법원 1997.3.20, 96도1167 전원합의체

자수는 범행발각 전에 한정되지 않는다는 사례

공직선거법 제262조의 '자수'를 '범행발각 전에 자수한 경우'로 한정하는 것은 '자수'라는 단어가 통상 관용적으로 사용되는 용례에서 갖는 개념 외에 '범행발각 전'이라는 또 다른 개념을 추가하는 것으로서 결국은 '언어의 가능한 의미'를 넘어 공직선거법의 '자수'의 범위를 그 문언보다 제한함으로써 그 처벌범위 를 확대한 것이 되므로 유추해석금지의 원칙에 위반하게 된다. [경찰채용 10·18 1차/경찰간부 17/경찰승진 15 / 국가7급 08·17]

5 대법원 1998.4.10, 97도3392

성폭법상 신체장애에 정신장애가 포함되지 않는다는 사례

구 성폭법 제8조는, 신체장애로 항거불능인 상태에 있음을 이용하여 여자를 간음하거나 사람에 대하여 추행한 자는 형법 제297조(강간) 또는 제298조(강제추행)에 정한 형으로 처벌한다고 규정하고 있는 바, '신체장애'에 정신박약 등으로 인한 정신장애도 포함된다고 해석하기는 어렵다.

6 대법원 1999.3.26, 97도1769

저작권법상 복제죄에는 '배포'가 포함되지 않는다는 사례

저작권법 제98조 제1호는 저작재산권 그 밖의 저작권법에 의하여 보호되는 재산적 권리를 복제·공연·방송·전시 등의 방법으로 침해한 자를 처벌한다고 규정하고 있는 바, 처벌규정에 명시적으로 규정되어 있지 아니한 '배포'행위를 복제행위 등과 별도로 처벌하는 것은 허용되지 않는다.

7 대법원 1999.7.9, 98도1719

군용물분실죄에는 편취당한 것은 포함되지 않는다는 사례

군형법상 군용물분실죄는 소위 과실범을 말하고 이는 행위자의 의사에 기해 재산적 처분행위를 하여 재물의 점유를 상실함으로써 편취당한 것과는 구별된다고 할 것이다. [사시 16]

8 대법원 2002.2.8, 2001도5410

문화재보호법 위반행위의 대상이 되는 천연기념물에 죽은 것(소쩍새)이 포함되지 않는다는 사례

구 문화재보호법 제89조 제1항 제2호는 허가 없이 지정문화재 또는 가지정문화재의 현상을 변경하거나 기타 그 관리·보존에 영향을 미치는 행위를 한 자를 처벌하도록 규정하고 있는데, 위 조항의 위반행위의 대상이 되는 천연기념물은 살아 있는 것만이 그에 해당한다.

9 대법원 2002.3.26, 2001도6503

공정증서원본에는 공정증서정본이 포함되지 않는다는 사례

형법 제229조, 제228조 제1항의 위 각 조항에서 규정한 '공정증서원본'에는 공정증서의 정본이 포함된다고 볼 수 없으므로 부실의 사실이 기재된 공정증서의 정본을 그 정을 모르는 법원 직원에게 교부한 행위는 형법 제229조의 부실기재공정증서원본행사죄에 해당하지 아니한다. [경찰승진(경위) 10 / 경찰승진 14 / 법원9급 07(상) / 사시 16 / 변호사시험 20]

10 대법원 2002.12.27, 2002도2539
전화로 모욕하는 것은 면전모욕이 아니라는 사례
군형법 제64조 제1항의 상관면전모욕죄의 구성요건은 '상관을 그 면전에서 모욕하는' 것인데, 여기에서 '면전에서'라 함은 얼굴을 마주 대한 상태를 의미하는 것임이 분명하므로, 전화를 통하여 통화하는 것을 면전에서의 대화라고는 할 수 없다. [경찰채용 14 1차 / 경찰채용 15 2차 / 경찰간부 12 / 경찰승진 16 / 사시 11]

11 대법원 2003.7.22, 2003도2297
선거일 공고일 전의 금품제공행위가 농협법상 선거인에 대한 금품제공에 해당하지 않는다는 사례
농업협동조합의 경우 농업협동조합법 제50조 제1항 제1호의 '선거인'인지의 여부가 임원선거규약의 규정에 따라 선거일 공고일에 이르러 비로소 확정된다면 같은 법 위반죄는 선거일 공고일 이후의 금품 제공 등의 경우에만 성립하고, 그 전의 행위는 선거인에 대한 금품제공이라고 볼 수 없다.

12 대법원 2003.12.12, 2003도4533
친족 간 특례에 사실혼상 배우자는 포함되지 않는다는 사례
범인은닉죄와 증거인멸죄의 친족 간의 특례(제151조 제2항 및 제155조 제4항)는 그 '친족'에 법률혼상의 배우자만 포함되고 사실혼상의 배우자는 포함되지 않는다.

13 대법원 2004.2.27, 2003도6535
타인에 의하여 이미 생성된 주민등록번호를 단순히 사용한 행위는 허위생성·사용이 아니라는 사례
주민등록법 제21조 제2항 제3호는 같은 법 제7조 제4항의 규정에 의한 주민등록번호 부여 방법으로 허위의 주민등록번호를 생성하여 자기 또는 다른 사람의 재물이나 재산상의 이익을 위하여 이를 사용한 자를 처벌한다고 규정하고 있으므로, 타인에 의하여 이미 생성된 주민등록번호를 단순히 사용한 것에 불과하다면 위 법조 소정의 구성요건을 충족시켰다고 할 수 없다. [경찰간부 17]

14 대법원 2004.4.9, 2004도606
공직선거법의 분리재판규정을 농협법상 선거범 재판절차에 유추적용할 수 없다는 사례
공직선거법 제18조 제3항에서 선거범과 다른 죄의 경합범은 이를 분리 심리하여 따로 선고한다고 규정한 것은 어디까지나 경합범의 처리에 관한 일반 규정인 형법 제38조에 대한 예외규정이므로 그 적용 범위를 대통령선거·국회의원선거 등 선거에 국한하고 있는 공직선거법 제18조 제3항을 농업협동조합 임원의 선거범 재판절차에 유추적용할 수는 없다.

15 대법원 2004.5.14, 2003도3487
외국에서 통용할 것이라고 오인할 가능성이 있는 지폐는 통용하는 지폐가 아니라는 사례
외국에서 통용하지 아니하는 즉, 강제통력을 가지지 아니하는 지폐는 그것이 비록 일반인의 관점에서 통용할 것이라고 오인할 가능성이 있다고 하더라도 위 형법 제207조 제3항에서 정한 외국에서 통용하는 외국의 지폐에 해당한다고 할 수 없다. [경찰채용 10 1차 / 경찰간부 11 / 국가9급 12 / 국가7급 07]

16 대법원 2005.2.17, 2004도8029
전화 벨소리는 정보통신망법상 소위 사이버스토킹죄의 '음향'에 해당하지 않는다는 사례

정보통신망법 제65조 제1항 제3호는 "정보통신망을 통하여 공포심이나 불안감을 유발하는 말, 음향, 글, 화상 또는 영상을 반복적으로 상대방에게 도달하게 한 자"를 처벌한다고 규정하고 있는데 여기에서 상대방에게 도달하게 한 '음향'에는 상대방에게 전화를 하여 상대방의 전화기의 벨이 울리도록 한 경우의 그 벨소리가 포함되지 아니한다.

17 대법원 2005.2.18, 2003도4158
가지정문화재와 국가지정문화재는 구별해야 한다는 사례
구 문화재보호법 제90조 제1항 제1호에서 규정한 경우는 '문화재청장 등이 국가지정문화재의 소유자 등에 대하여 하는 국가지정문화재의 관리·보호상 필요한 조치에 위반한 행위' 등인데, 이러한 행위들 이외에 가지정문화재의 소유자 등에 대하여 하는 조치에 위반한 행위까지 같은 법에 의하여 처벌된다고 해석하는 것은 죄형법정주의의 원칙상 허용될 수 없다.

18 대법원 2005.4.15, 2004도7977
향토예비군설치법상 '소집통지서를 수령할 의무가 있는 자'에는 전달의무자가 포함되지 않는다는 사례
'소집통지서를 수령할 의무가 있는 자'는 향토예비군 대원 본인을 말하므로 그 외에 '그와 동일 세대 내의 세대주나 가족 중 성년자 또는 그의 고용주'와 같은 전달의무자에게 수령의무를 부과한 것으로 해석하는 것은 허용되지 아니한다. [경찰채용 12 2차]

19 대법원 2005.11.24, 2002도4758
의료인이 진료기록부를 허위로 작성한 행위는 상세히 기록하지 않은 죄에는 해당하지 않는다는 사례
구 의료법 제21조 제1항은 "의료인은 각각 진료기록부·조산기록부 또는 간호기록부를 비치하여 그 의료행위에 관한 사항과 소견을 상세히 기록하고 서명하여야 한다."라고 하고 있으므로, 의료인이 진료기록부를 허위로 작성한 경우에는 면허정지사유에 해당함은 별론으로 하고 그것이 형사처벌 규정인 제69조 소정의 제21조 제1항의 규정에 위반한 경우에 해당한다고 해석할 수는 없다.

20 대법원 2006.6.2, 2006도265
경품구매대장을 보관하지 않은 행위는 음비법상 불법경품제공행위로 볼 수 없다는 사례
음비법 제32조 제3호에 따라 문화관광부장관이 고시한 '게임제공업소의 경품취급기준(문화관광부 고시)'의 규정은 문화관광부장관이 게임제공업자에게 경품구매대장을 1년 이상 보관할 것을 요구하는 내용일 뿐이므로, 경품구매대장을 보관하지 아니한 행위를 음비법 제32조 제3호에 위반한 경우에 해당한다고 보는 것은 죄형법정주의의 원칙에 어긋나는 것으로서 허용될 수 없다.

21 대법원 2006.8.24, 2006도3039
업무상 횡령이 기수에 이르지 아니한 상태의 재산은 범죄수익에 해당하지 않는다는 사례
범죄수익은닉의 규제 및 처벌 등에 관한 법률 제3조에 규정된 범죄수익 등의 은닉·가장죄의 객체가 되는 '범죄수익'에는 횡령범행이 기수에 이르지 아니한 상태에서 그에 의하여 생긴 재산은 포함되지 아니한다.

22 대법원 2006.8.25, 2006도2621
성폭력특별법상 특수강도강제추행죄의 행위주체에 준강도가 포함되지 않는다는 사례
성폭법 제5조 제2항에 정하는 특수강도강제추행죄의 주체는 형법의 제334조 소정의 특수강도범 및 특수강도미수범의 신분을 가진 자에 한정되는 것으로 보아야 하고, 형법 제335조, 제342조에서 규정하고 있는 준강도범 내지 준강도미수범은 성폭법 제5조 제2항의 행위주체가 될 수 없다. [경찰승진(경위) 10/ 법원행시 07]

23 대법원 2006.9.22, 2006도4842; 2011.5.13, 2010도16970

무등록으로 부동산 거래를 중개하면서 수수료를 약속·요구한 행위는 처벌할 수 없다는 사례
중개대상물의 거래당사자들로부터 수수료를 현실적으로 받지 아니하고 단지 수수료를 받을 것을 약속하거나 거래당사자들에게 수수료를 요구하는 데 그친 경우 위와 같은 수수료 약속·요구행위를 별도로 처벌하는 규정 또는 부동산중개업법 위반죄의 미수범을 처벌하는 규정도 존재하지 않으므로, 이를 구 부동산중개업법 위반죄로 처벌할 수는 없다.

24 대법원 2006.10.19, 2004도7773 전원합의체

지방세법상 도축세 특별징수의무자에 대해 조세범처벌법의 규정을 적용할 수 없다는 사례
지방세법상의 범칙행위 처벌과 관련하여 도축세 특별징수의무자를 원천징수의무자로 간주하는 등의 별도의 규정이 없는 이상, 지방세법 제84조 제1항의 일괄적 준용규정만으로 원천징수의무자에 대한 처벌규정인 조세범처벌법 제11조를 지방세법상 도축세 특별징수의무자에 대하여 그대로 적용하는 것은 수범자인 일반인의 입장에서 이를 쉽게 예견하기 어려운 점에 비추어 형벌법규의 명확성의 원칙이나 유추해석금지원칙에 반하는 것으로서 허용될 수 없다. [경찰승진(경위) 10]

25 대법원 2006.10.26, 2006도5147

수표발행인이 허위의 사고신고를 하여 수표가 지급거절된 경우 부도수표발행에 해당하지 않는다는 사례
부정수표단속법 제2조 제2항은 수표를 발행하거나 작성한 자가 수표를 발행한 후에 예금부족·거래정지 처분이나 수표계약의 해제 또는 해지로 인하여 제시기일에 지급되지 아니하게 하는 행위를 처벌하는 것으로 위 부도 사유는 제한적으로 열거된 것이라고 보아야 하므로, 수표발행인이 허위의 사고신고를 하여 지급거절되었다 하여도 부정수표단속법 위반죄가 성립된다고는 할 수 없다.

26 대법원 2006.10.26, 2005도4331

특수경력직 공무원은 국가공무원법상 공무원의 집단행위 금지규정의 적용대상이 아니라는 사례
국가공무원법의 체계와 관련 조항의 내용에 형벌 조항은 구체적이고 명확하여야 한다는 죄형법정주의의 원칙 등을 종합해 보면, 국가공무원법상 공무원의 집단행위 금지규정 위반행위에 대한 형사 처벌조항인 국가공무원법 제84조는 경력직공무원에 대하여만 적용되고 특수경력직공무원(의문사진상규명위원회의 임기 2년의 비상임위원)에 대하여는 적용되지 않는다.

27 대법원 2006.11.16, 2006도4549 전원합의체

한국수자원공사 사장은 변호사법상 법령에 의하여 공무원으로 보는 자에 해당하지 않는다는 사례
정부투자기관관리기본법의 공무원 의제조항만으로는 정부투자기관의 임원인 한국수자원공사 사장이 변호사법 제111조의 '법령에 의하여 공무원으로 보는 자'에 해당한다고 볼 수 없다.

> **보충** 앞서 명확성원칙에서는 한국방송공사의 부사장·본부장이 뇌물죄의 공무원인 정부관리기업체의 임원에 해당되었는데, 여기서는 수자원공사 사장이 변호사법상 알선수재죄의 공무원에 해당되지 않고 있다. 뇌물죄인가 아닌가에 따라 공무원 해당 여부가 정해지는 것이다.

28 대법원 2007.2.9, 2006도8797

보건범죄단속법상 소매가격은 진정한 의약품의 소매가격은 아니라는 사례
보건범죄단속에 관한 특별조치법 제3조 제1항 제2호, 제2항에 정한 '소매가격'이라 함은, 죄형법정주의에 따른 엄격해석의 원칙 등을 고려할 때, 위 법 규정에 해당하는 의약품 그 자체의 소매가격을 가리키는 것으로 보아야 할 것이지 그 의약품에 대응하는 허가된 의약품 또는 위·변조의 대상이 된 제품의 소매가격을 의미하는 것으로 볼 것은 아니다. [경찰승진 10]

29 대법원 2007.4.26, 2005도9259

인터넷상 공개된 전화번호는 정보통신망법상 비밀에 해당하지 않는다는 사례

정보통신망법 제22조에서 말하는 '타인의 비밀'이란 일반적으로 알려져 있지 않은 사실로서 이를 다른 사람에게 알리지 않는 것이 본인에게 이익이 있는 것을 의미하므로, 인터넷을 통해 공개되는 전화가입자들의 전화번호에 관한 정보를 '타인의 비밀'로 볼 수 없다.

30 대법원 2007.6.28, 2007도873

제공된 경품을 재매입하는 행위는 음비법상 불법경품제공죄에 해당하지 않는다는 사례

제공된 경품을 재매입하는 행위는 음비법 제32조 제3호, 제50조 제3호에서 금지하는 '문화관광부장관이 정하여 고시하는 방법에 의하지 아니하고 경품을 제공하는 행위'에 해당하지 않는다.

31 대법원 2007.6.29, 2006도4582

대기환경보전법의 모페드형 이륜자동차에는 50cc 미만 이륜자동차는 포함되지 않는다는 사례

대기환경보전법 시행규칙에서 "엔진배기량이 50cc 미만인 이륜자동차는 모페드형에 한한다"고 하였다면, 모페드형을 '50cc 미만의 경량 오토바이'까지 포괄하는 의미로 해석하는 것은 형벌규정을 피고인에게 불리한 방향으로 지나치게 확장해석하거나 유추해석하는 것으로서 허용될 수 없다.

32 대법원 2007.8.23, 2005도4401

게임 결과와는 상관없는 경품제공 사례

음비법 및 게임제공업소의 경품취급기준(문화관광부 고시)에서 규제하는 경품제공행위는 게임제공업자가 게임제공업소에서 게임물을 이용한 '게임의 결과에 따라' 경품을 제공하는 행위에 한정되고, 게임제공업자가 '게임의 결과와 상관없이' 경품을 제공하는 행위는 해당하지 아니한다.

33 대법원 2007.10.12, 2007도6519

'단독주택 20호, 공동주택 20세대'의 규정을 '합하여 20호'로 해석할 수 없다는 사례

주택법 제9조 제1항, 제97조 제1호는 '연간 대통령령이 정하는 호수 이상의 주택건설사업을 시행하고자 하는 자'가 건설부장관에게 등록하지 않고 사업을 하는 경우를 처벌하도록 규정하고 있고, 구 주택법 시행령 제10조 제1항은 위 '대통령령이 정하는 호수'를 '단독주택의 경우에는 20호, 공동주택의 경우에는 20세대를 말한다고 규정하고 있다면, 단독주택과 공동주택에 대한 위 각 기준에는 미달하지만 단독주택과 공동주택을 '합하여' 20호(또는 세대) 이상의 주택건설사업을 시행하고자 하는 자의 경우에까지 위 규정을 적용하는 것은 죄형법정주의 원칙상 허용될 수 없다.

34 대법원 2008.3.27, 2007도7561

지방세법상 조세범처벌법령에 특가법이 포함될 수 없다는 사례

지방세법에서는 "지방세에 관한 범칙행위에 대하여는 조세범처벌법령을 준용한다."고 규정하고 있는바, '조세범처벌법령'은 조세범처벌법과 그 부속 하위법령을 의미한다고 할 것이므로, 지방세법 제84조 제1항의 '조세범처벌법령'에 특정범죄 가중처벌 등에 관한 법률도 포함된다고 해석하는 것은 명확성의 원칙에 위배되는 것이거나 유추해석금지원칙에 위반되어 허용되지 않는다. [경찰간부 17 / 사시 11]

35 대법원 2008.4.17, 2004도4899 전원합의체

외국인이 외국에서 북한으로 들어가는 것은 국가보안법상 탈출에 해당하지 않는다는 사례

국가보안법 제6조 제1항, 제2항의 탈출(脫出)이란 대한민국의 통치권 또는 지배력으로부터 벗어나는 행위를 뜻한다고 볼 것이므로, 대한민국 국민이 아닌 사람이 외국에 거주하다가 그곳을 떠나 반국가단체의 지배하에 있는 지역으로 들어가는 행위는, 대한민국의 영역에 대한 통치권이 실지로 미치는 지역을

떠나는 행위 또는 대한민국의 국민에 대한 통치권으로부터 벗어나는 행위 어디에도 해당하지 않으므로, 국가보안법상 탈출 개념에 포함되지 않는 것이다. [경찰채용 20 1차/경찰승진(경위) 10/사시 11/변호사시험 15]

36 대법원 2008.5.8, 2008도533

타인 명의로 허가받아 운영하는 자는 액화석유가스충전사업자에 포함되지 않는다는 사례
액화석유가스 안전관리사업법에서 정한 액화석유가스충전사업자는 같은 법에서 정의하고 있는 '법 제3조의 규정에 의하여 액화석유가스충전사업의 허가를 받은 자'라고 해석하여야 하므로, 타인 명의로 허가받아 액화석유가스충전사업을 운영하는 자는 같은 법 위반죄로 처벌할 수 없다.

37 대법원 2008.6.26, 2008도3014

집회 예정장소 인근에 잠시 머문 것은 집회에 해당하지 않는다는 사례
집시법이 보장 및 규제의 대상으로 삼고 있는 집회란 '특정 또는 불특정 다수인이 공동의 의견을 형성하여 이를 대외적으로 표명할 목적 아래 일시적으로 일정한 장소에 모이는 것'을 말하므로, 적법한 신고 없이 집회를 개최하려던 사회단체 회원 등이 집회 예정장소가 사전봉쇄되자 인근 교회에 잠시 머문 것은 집시법상 해산명령의 대상인 '집회'에 해당하지 않는다.

38 대법원 2008.7.24, 2008도3211

유흥주점 운영자가 술을 주문받은 즉시 미성년자인지 의심하고 신분증 제시를 요구한 사례
유흥주점 운영자가 업소에 들어온 미성년자의 신분을 의심하여 주문받은 술을 들고 룸에 들어가 신분증의 제시를 요구하고 밖으로 데리고 나온 경우, 미성년자가 실제 주류를 마시거나 마실 수 있는 상태에 이르지 않았으므로 술값의 선불지급 여부 등과 무관하게 주류판매에 관한 청소년보호법 위반죄가 성립하지 않는다.

39 대법원 2009.8.20, 2009도4590

'등급분류를 받지 않은' 게임물을 관할 관청의 허가 없이 공중의 이용에 제공한 행위
게임산업법은 '일반게임제공업'을 "제21조의 규정에 따라 등급분류된 게임물을 설치하여 공중의 이용에 제공하는 영업"으로 정의하고 있으므로, 등급분류를 받지 아니한 게임물을 공중의 이용에 제공하는 것은 위 법률 제2조에 규정된 일반게임제공업에 해당하지 않으므로, 그러한 영업을 관할 관청의 허가 없이 하였다고 하더라도 이를 위 법률에 의하여 처벌할 수는 없다.

40 대법원 2009.9.10, 2008도10177

줄빠따를 맞고 입단속을 잘 하라는 지시를 받은 행위는 범죄단체활동에 해당하지 않는다는 사례
범죄단체의 상위 구성원들로부터 조직의 위계질서를 잘 지키라는 지시를 받으며 속칭 '줄빠따'를 맞고 그에 관하여 입단속을 잘하라는 지시를 받은 피고인들의 행위는, 상위 구성원들로부터 소극적으로 지시나 명령을 받고 폭행을 당한 것에 불과할 뿐 범죄단체의 존속·유지에 기여하기 위한 행위를 한 것이라고 볼 수 없어, 폭처법상 범죄단체 구성원으로서의 '활동'에 해당하지 않는다.

41 대법원 2009.12.10, 2009도3053

선박용 연료유를 공급하는 사업은 선박의 운항을 위한 용도로 사용되는 연료유로 제한된다는 사례
항만운송사업법 시행령에서 규정하는 '선박용 연료유를 공급하는 사업'이라 함은 '선박의 운항을 위한 용도로 사용되는 연료유를 선박에 공급하는 사업'이라고 해석함이 상당하고, 나아가 선박의 운항을 위한 용도와는 무관하게 단지 '선박에 연료유를 공급하는 사업'으로 해석하거나 '단순한 보관 목적에서 육상용 기계의 운행을 위한 용도로 사용되는 연료유를 선박에 공급하는 사업'에까지 확장하여 해석하는 것은 죄형법정주의의 원칙에 어긋나는 것으로서 허용될 수 없다. [법원승진 10]

42 대법원 2009.12.10, 2008도1191

사기업체의 대표이사가 아닌 실제 경영자는 병역법상 고용주에 해당하지 않는다는 사례

병역법 제2조 제1항 제5호는 산업기능요원 편입 관련 부정행위로 인한 병역법위반죄 등의 범행주체인 '고용주'를 "병역의무자를 고용하는 근로기준법의 적용을 받는 공·사기업체나 공·사단체의 장을 말한다"고 규정하고 있는 바, 여기서 '사기업체의 장'에 사기업체의 대표이사가 아닌 실제 경영자를 병역법에서 규정한 '고용주'에 해당하는 것으로 해석하는 것은 형벌법규를 피고인에게 불리한 방향으로 지나치게 유추하거나 확장해석하는 것으로서 허용될 수 없다.

43 대법원 2010.1.28, 2009도11666; 2010.1.28, 2009도12650; 2010.2.11, 2009도13169

'사행성게임물'을 공중의 이용에 제공하는 영업을 관할 관청의 허가 없이 한 사례

등급분류를 받지 아니한 게임물을 공중의 이용에 제공하는 것은 게임산업법 제2조 제6호의2 (나)목에 규정된 일반게임제공업에 해당하지 않으므로(대법원 2009.8.20, 2009도4590 참조), 게임물이 아닌 '사행성 게임물'을 공중의 이용에 제공하는 영업을 하는 경우에도 일반게임제공업에 해당하지 아니한다고 할 것이고, 그러한 영업을 관할 관청의 허가 없이 하였다고 하더라도 이를 게임산업법 제45조 제2호, 제26조 제1항에 의하여 처벌할 수는 없다.

44 대법원 2010.4.29, 2009도13435

게임산업법상 영상물의 이용을 주된 목적으로 하여 제작되지 않는 기기·장치 사례

게임산업법 제2조 제1호 본문에 규정된 영상물의 이용에 활용될 수 있지만 이를 주된 목적으로 하여 제작되었다고 할 수 없는 기기 및 장치는 게임산업법 제2조 제1호 본문의 '게임물'이 아니어서, 게임산업법 제44조 제2항을 근거로 이러한 기기·장치를 몰수할 수 없다고 봄이 상당하다.

45 대법원 2010.5.13, 2007도2666

농안법상 처벌대상 행위인 도매시장법인의 '도매시장 외의 장소에서의 농수산물 판매업무'

농안법 제35조 제1항은 "도매시장법인은 도매시장 외의 장소에서 농수산물의 판매업무를 하지 못한다"고 규정하고 있는 바, 도매시장에 반입·상장되어 행해지는 판매행위 중 '경매 또는 입찰' 등 같은 법 제32조 소정의 방법에 의하지 아니한 판매행위까지 명문의 근거도 없이 위 규정에 의한 처벌의 대상이 된다고 확장해석 할 수는 없다.

46 대법원 2010.7.22, 2010도63

정보통신망법 제48조 제1항의 '정당한 접근권한'에 관한 판단기준

인터넷온라인 게임인 '리니지'의 이용자이자 계정 개설자 겸 명의자가 자신의 계정을 양도한 이후 그 계정을 현재 사용 중인 전전양수인이 설정해 둔 비밀번호를 변경하여 접속을 불가능하게 한 경우, 유추해석금지원칙에 의해 위 계정에 대한 정보통신망법상 정당한 접근권한자가 누구인지를 밝혀 같은 법 제49조의 위반 여부를 판단하였어야 한다(계정개설자 겸 명의자 : 무죄).

47 대법원 2010.9.9, 2007도3681

특경법상 재산국외도피죄의 객체인 '국내에 반입하여야 할 재산'의 의미

특경법 제4조 제1항 후단의 국외에서의 은닉 또는 처분에 의한 재산국외도피죄는 법령에 의하여 국내로 반입하여야 할 재산을 이에 위반하여 은닉 또는 처분시킨 때에 성립하므로, '국내에 반입하여야 할 재산'을 법령상 국내로의 반입의무 유무와 상관없이 국내로의 반입이 예정된 재산을 의미하는 것으로 확장하여 해석하는 것은 허용될 수 없다.

48 대법원 2010.9.30, 2008도4762
공정거래법상 소추조건인 공정거래위원회의 '고발'에 '고소불가분의 원칙'의 유추적용은 불가함
친고죄에 관한 고소의 주관적 불가분원칙을 규정하고 있는 형사소송법 제233조가 공정거래법 제71조에 의한 공정거래위원회의 고발에도 유추적용된다고 해석한다면 이는 공정거래위원회의 고발이 없는 행위자에 대해서까지 형사처벌의 범위를 확장하는 것으로서, 결국 피고인에게 불리하게 형벌법규의 문언을 유추해석한 경우에 해당하므로 죄형법정주의에 반하여 허용될 수 없다. [경찰간부 17]

49 대법원 2010.12.23, 2008도2182
용제생산업체가 용제수급상황기록부를 작성·보고를 하였으나 보고내용 중에 허위내용이 포함된 경우
산업자원부장관이 발령한 용제수급조정명령에는 '용제생산업체는 용제수급상황기록부를 작성하여 산업자원부에 보고하여야 한다.'라고 규정하고 있을 뿐 보고의 진실성 여부에 대하여는 어떠한 명시적인 요구도 하고 있지 않으므로, 용제생산업체가 산업자원부장관의 용제수급조정명령에 따라 용제수급상황 기록부를 작성하여 보고를 한 이상 그 보고내용 중에 허위의 내용이 포함되어 있다고 하더라도, 이러한 행위를 들어 위 법상 '명령 위반'에 해당한다고 해석할 수는 없다.

50 대법원 2011.3.10, 2010도16942
어떤 단체가 특정 후보자를 지지·추천하는지 여부와 공선법상 허위사실공표죄의 '경력 등'에 관한 사실
공직선거법 제250조 제1항에 규정한 허위사실공표죄에서 '경력 등'이란 후보자의 '경력·학력·학위·상벌'을 말하고, 그중 '경력'은 후보자의 행동이나 사적(事跡) 등과 같이 후보자의 실적과 능력으로 인식되어 선거인의 공정한 판단에 영향을 미치는 사항을 말하므로, 어떤 단체가 특정 후보자를 지지·추천하는지 여부는 후보자의 행동이나 사적 등에 관한 사항이라고 볼 수 없어 위에서 말하는 '경력'에 관한 사실에 포함되지 아니한다.

51 대법원 2011.7.14, 2011도2471; 2016.6.23, 2014도7170
가축분뇨법상 '신고대상자'에 '배출시설을 설치하고자 하는 자'가 포함되는가의 사례
가축분뇨법에서 정한 신고대상자는 '대통령령이 정하는 규모 이상의 배출시설을 설치하고자 하는 자 … '를 말하고, 배출시설을 설치한 자가 설치 당시에 신고대상자가 아니었다면 그 후 법령의 개정에 따라 그 시설이 신고대상에 해당하게 되었더라도, 유추해석금지원칙상 위 규정상 신고대상자인 '배출시설을 설치하고자 하는 자'에 해당한다고 볼 수 없다.

> 유사 이 사건 법률조항의 '그 배출시설을 이용하여 가축을 사육한 자'는 '법 제11조 제3항의 신고대상자가 신고를 하지 아니하고 설치한 배출시설을 이용하여 가축을 사육한 자'만을 의미하는 것으로 한정적으로 해석하여야 하고, 그렇다면 배출시설을 설치할 당시에는 신고대상 시설이 아니었지만 그 후 법령의 개정에 따라 그 시설이 신고대상에 해당하게 된 경우 그 배출시설을 이용하여 가축을 사육한 자는 여기에 포함되지 아니한다고 할 것이다(대법원 2015.7.23, 2014도15510). [경찰채용 15 1차]

52 대법원 2011.8.25, 2011도7725
원동기장치자전거의 '운전면허를 받지 아니하고'와 '운전면허의 효력이 정지된 경우'
자동차 무면허운전과는 달리, 원동기장치자전거 무면허운전죄는 도로교통법 제154조 제2호에서 "원동기장치자전거면허를 받지 아니하고 원동기장치자전거를 운전한 사람"을 정하고 있을 뿐, 운전면허의 효력이 정지된 상태에서 원동기장치자전거를 운전한 경우에 대하여는 아무런 언급이 없으므로, 유추해석금지원칙상 '운전면허를 받지 아니하고'라는 법률문언의 통상적인 의미에 '운전면허를 받았으나 그 후 운전면허의 효력이 정지된 경우'가 당연히 포함된다고는 해석할 수 없다. [경찰채용 15 3차 / 경찰간부 14 / 사시 16 / 변호사시험 17]

53 대법원 2012.1.27, 2010도8336

블로그 운영자의 타인의 글 방치와 국가보안법상 이적표현물소지죄의 성부

'블로그', '미니 홈페이지', '카페' 등의 이름으로 개설된 사적(私的) 인터넷 게시공간의 운영자가 그 사적 인터넷 게시공간에 게시된 타인의 글을 삭제할 권한이 있음에도 이를 삭제하지 아니하고 그대로 두었다고 하더라도, 그 사정만으로 사적 인터넷 게시공간의 운영자가 그 타인의 글을 국가보안법 제7조 제5항에서 규정하는 바와 같이 '소지'하였다고 볼 수는 없다. [경찰채용 15 3차 / 경찰간부 14 / 국가7급 16 / 사시 14]

54 대법원 2012.3.22, 2011도15057,2011전도249 전원합의체

전자장치 부착명령의 요건과 소년보호처분을 받은 전력

특정 범죄자에 대한 위치추적 전자장치 부착 등에 관한 법률 제5조 제1항 제3호에서 부착명령청구 요건으로 정한 '성폭력범죄를 2회 이상 범하여(유죄의 확정판결을 받은 경우를 포함한다)'에는 소년법에 의한 보호처분(이하 '소년보호처분')이 포함되지 아니한다. [경찰채용 13 1차 / 경찰채용 16 2차 / 경찰간부 16 / 법원9급 15 / 사시 14]

55 대법원 2012.3.29, 2011도15137

공범 중 1인에 대한 정식재판청구권회복결정과 다른 공범자에 대한 공소시효 진행정지 여부

형사소송법이 공범 중 1인에 대한 공소의 제기로 다른 공범자에 대하여도 공소시효가 정지되도록 한 것(형사소송법 제253조 제2항)은 공소제기 효력의 인적 범위를 확장하는 예외를 마련하여 놓은 것이므로, 이는 엄격하게 해석하여야 하고 피고인에게 불리한 방향으로 확장하거나 축소하여 해석해서는 아니 된다는 점에서, 공범 중 1인에 대해 약식명령이 확정된 후 그에 대한 정식재판청구권회복결정이 있었다고 하더라도 그 사이의 기간 동안에는, 특별한 사정이 없는 한, 다른 공범자에 대한 공소시효는 정지함이 없이 계속 진행한다고 보아야 할 것이다.

56 대법원 2012.6.28, 2011도15097

일반음식점 영업자의 술과 안주판매행위에 대한 주류만을 판매하는 죄의 해석

일반음식점 영업자가 주로 술과 안주를 판매하는 행위는 '주류만을 판매하는 행위'를 금지한 식품위생법상 준수사항을 위반한 것으로 볼 수 없다. [경찰채용 15 2차]

57 대법원 2012.7.5, 2011도16167

접근매체를 빌려주는 행위에 대한 전자금융거래법상 접근매체 양도죄의 해석

일반적으로 양도라고 하면 권리나 물건 등을 남에게 넘겨주는 행위를 지칭하는데, 형벌법규의 해석은 엄격하여야 하므로, 전자금융거래법에서 말하는 '양도'에는 단순히 접근매체를 빌려 주거나 일시적으로 사용하게 하는 행위는 포함되지 아니한다고 보아야 한다.

58 대법원 2012.10.11, 2012도7455

적법한 북한 방문 후 돌아오는 행위에 대한 국가보안법상 잠입죄의 해석

통일부장관이 발급한 북한방문증명서에 의한 북한 방문행위를 국가보안법상 탈출행위로 처벌할 수 없는 경우 남한으로 다시 돌아오는 행위 또한 국가보안법상 잠입행위로 처벌할 수 없다.

59 대법원 2012.10.25, 2012도3575

횡성한우 사례

농산물품질관리법에서는 '원산지 표시를 허위로 하는 행위' 등을 처벌하는 바, 국내에서 출생한 소가 출생지 외의 지역에서 사육되다가 도축된 경우 해당 소가 어느 정도의 기간 동안 사육되면 비로소

사육지 등을 원산지로 표시할 수 있는지에 관하여 관계 법령에 아무런 규정이 없다면 특정 지역에서 단기간이라도 일정 기간 사육된 소의 경우 쇠고기에 해당 지역을 원산지로 표시하여 판매하였다고 하더라도 원산지 표시 규정 위반행위에 해당한다고 단정할 수는 없다. [법원행시 13]

> 유사 국내 특정 지역의 수삼과 다른 지역의 수삼으로 만든 홍삼을 주원료로 하여 특정 지역에서 제조한 홍삼절편의 제품명이나 제조·판매자명에 특정 지역의 명칭을 사용하였다고 하더라도 이를 곧바로 원산지를 혼동하게 할 우려가 있는 표시를 하는 행위라고 보기는 어렵다(대법원 2015.4.9, 2014도14191). [경찰채용 15 3차]

60 대법원 2012.10.25, 2010도6527; 2012.9.13, 2010도1763
의료법위반죄인 환자 유인행위와 의료광고행위
의료광고행위는 그것이 의료법 제27조 제3항 본문에서 명문으로 금지하는 환자 유인행위의 개별적 행위유형에 준하는 것으로 평가될 수 있거나 또는 의료시장의 질서를 현저하게 해치는 것인 등의 특별한 사정이 없는 한 의료법위반행위인 환자의 '유인'에 해당하지 아니하고, 그러한 광고행위가 의료인의 직원 또는 의료인의 부탁을 받은 제3자를 통하여 행하여졌다고 하더라도 이를 환자의 '소개·알선' 또는 그 '사주'에 해당하지 아니한다고 봄이 상당하다.

61 대법원 2012.12.13, 2010도10576
정보통신망법상 '정보통신망에 의하여 처리·보관 또는 전송되는 타인의 비밀 누설'의 의미
정보통신망법 제49조에 규정된 '정보통신망에 의하여 처리·보관 또는 전송되는 타인의 비밀 누설'이란 타인의 비밀에 관한 일체의 누설행위를 의미하는 것이 아니라, 정보통신망에 의하여 처리·보관 또는 전송되는 타인의 비밀을 정보통신망에 침입하는 등 부정한 수단 또는 방법으로 취득한 사람이나, 그 비밀이 위와 같은 방법으로 취득된 것을 알고 있는 사람이 그 비밀을 아직 알지 못하는 타인에게 이를 알려주는 행위만을 의미하는 것으로 제한하여 해석함이 타당하다.

62 대법원 2012.12.27, 2012도8421
후원회지정권자가 직접 기부받은 후원금을 적법하게 후원회 회계책임자에게 전달한 사례
후원회지정권자가 직접 기부받은 후원금을 정치자금법 제10조 제3항에서 정한 방식으로 후원회 회계책임자에게 전달한 이상 동법 제10조 제3항의 조치를 다한 후원회지정권자를 동법 제45조 제1항 위반죄로 처벌할 수는 없다.

63 대법원 2013.4.11, 2010도1388
전화진료가 무조건 의료법위반은 아니라는 사례
의사가 환자를 진찰하는 방법에는 시진, 청진, 촉진, 타진 기타 여러 가지 방법이 있다 할 것인데, 의료법상 '자신이 진찰한 의사'만이 처방전 등을 발급할 수 있다고 한 것에서 '자신이' 진찰하였다는 문언을 두고 그 중 대면진찰을 한 경우만을 의미한다는 등 진찰의 내용이나 진찰 방법을 규제하는 것이라고 새길 것은 아니다. [경찰채용 16 2차]

64 대법원 2013.6.27, 2013도4279
여중생 알몸화상채팅영상 재촬영 사건
성폭력범죄의 처벌 등에 관한 특례법상 카메라이용촬영죄의 촬영의 대상은 "성적 욕망 또는 수치심을 유발할 수 있는 다른 사람의 신체"라고 보아야 함이 문언상 명백하므로 위 규정의 처벌대상은 '다른 사람의 신체 그 자체'를 카메라 등 기계장치를 이용해서 '직접' 촬영하는 경우에 한정된다고 해석함이 타당하다는 점에서, 다른 사람의 신체 이미지가 담긴 영상이 위 규정의 "다른 사람의 신체"에 포함된다고 해석하는 것은 죄형법정주의 원칙상 허용될 수 없다. [경찰채용 15 1차/경찰간부 14]

다른 사람의 신체 이미지가 담긴 영상을 촬영하는 행위

성폭력처벌법 제14조 제1항은 촬영의 대상을 '다른 사람의 신체'로 규정하고 있으므로, 다른 사람의 신체 그 자체를 직접 촬영하는 행위만이 위 조항에서 규정하고 있는 '다른 사람의 신체를 촬영하는 행위'에 해당하고, 다른 사람의 신체 이미지가 담긴 영상을 촬영하는 행위는 이에 해당하지 않는다. (또한) 성폭력처벌법 제14조 제2항은 "제1항의 촬영이 촬영 당시에는 촬영대상자의 의사에 반하지 아니하는 경우에도 사후에 그 의사에 반하여 촬영물을 반포·판매·임대·제공 또는 공공연하게 전시·상영한 자는 3년 이하의 징역 또는 500만 원 이하의 벌금에 처한다."라고 규정하고 있다. 위 제2항은 촬영대상자의 의사에 반하지 아니하여 촬영한 촬영물을 사후에 그 의사에 반하여 반포하는 행위 등을 규율 대상으로 하면서 그 촬영의 대상과 관련해서는 '제1항의 촬영'이라고 규정하고 있다. 성폭력처벌법 제14조 제1항이 촬영의 대상을 '다른 사람의 신체'로 규정하고 있으므로, 위 제2항의 촬영물 또한 '다른 사람의 신체'를 촬영한 촬영물을 의미한다고 해석하여야 하는데, '다른 사람의 신체에 대한 촬영'의 의미를 해석할 때 위 제1항과 제2항의 경우를 달리 볼 근거가 없다. 따라서 다른 사람의 신체 그 자체를 직접 촬영한 촬영물만이 위 제2항에서 규정하고 있는 촬영물에 해당하고, 다른 사람의 신체 이미지가 담긴 영상을 촬영한 촬영물은 이에 해당하지 아니한다(대법원 2018.8.30, 2017도3443).

65 대법원 2013.7.25, 2011도14687

기업구매전용카드에 대한 여신전문금융업법 적용 부정 사건

여신전문금융업법 제70조 제2항 제2호 '가'목은 "물품의 판매 또는 용역의 제공 등을 가장하거나 실제 매출금액을 초과하여 신용카드에 의한 거래를 하거나 이를 대행하게 하는 행위"를 통하여 "자금을 융통하여 준 자"는 3년 이하의 징역 등에 처하도록 하고 있는 바, 기업구매전용카드에 의한 거래를 위 '신용카드에 의한 거래'에 해당한다고 보기는 어렵다. [경찰간부 14]

66 대법원 2013.9.12, 2013도502; 2014.9.24, 2013도4503[8]

아청법상 '아동·청소년이용음란물'에 해당하기 위한 요건

아동·청소년이용음란물은 '아동·청소년'이나 '아동·청소년 또는 아동·청소년으로 인식될 수 있는 사람이나 표현물'이 등장하여 그 아동·청소년 등이 아청법 제2조 제4호 각 목의 행위나 그 밖의 성적 행위를 하거나 하는 것과 같다고 평가될 수 있는 내용을 표현하는 것이어야 한다.[9]

67 대법원 2013.11.14, 2013도2190

선거운동 인터넷 카페 사조직 부정 사건

인터넷 공간에서의 선거활동을 목적으로 하여 인터넷 카페 등을 개설하고 인터넷 회원 등을 모집하여 일정한 모임의 틀을 갖추어 이를 운영하는 경우에, 이러한 인터넷상의 활동은 정보통신망을 통한 선거운동의 하나로서 허용되어야 할 것이며,[10] 이를 두고 공직선거법상 사조직에 해당한다고 보기 어렵다.[11]

---

8 **판례** : 아청법상 아동·청소년으로 인식될 수 있는 사람이 등장하는 아동·청소년이용음란물의 해석 2012.12.18. 법률 제11572호로 구 아청법을 개정하면서 '명백하게'라는 문구를 추가하여 '아동·청소년으로 명백하게 인식될 수 있는 사람이나 표현물'이라고 규정한 점 등 구 아청법의 입법 목적과 개정 연혁, 그리고 법 규범의 체계적 구조 등에 비추어 보면, 구 아청법 제2조 제5호의 '아동·청소년으로 인식될 수 있는 사람이 등장하는 아동·청소년이용음란물'이라고 하기 위해서는 주된 내용이 아동·청소년의 성교행위 등을 표현하는 것이어야 할 뿐만 아니라, 등장인물의 외모나 신체발육 상태, 영상물의 출처나 제작 경위, 등장인물의 신원 등에 대하여 주어진 여러 정보 등을 종합적으로 고려하여 사회 평균인의 시각에서 객관적으로 관찰할 때 외관상 의심의 여지 없이 명백하게 아동·청소년으로 인식되는 경우라야 하고, 등장인물이 다소 어려 보인다는 사정만으로 쉽사리 '아동·청소년으로 인식될 수 있는 사람이 등장하는 아동·청소년이용음란물'이라고 단정해서는 아니 된다(대법원 2014.9.24, 2013도4503).

9 **보충** : 원심이 같은 취지에서 피고인이 제작한 필름 또는 동영상이 위 법률들에서 정한 '아동·청소년이용음란물'에 해당하지 아니한다고 판단하여 이 사건 공소사실 중 피고인이 아동·청소년의 성보호에 관한 법률 위반(음란물제작·배포 등)죄를 저질렀다는 점에 대하여 무죄를 선고한 것은 정당하고, 거기에 상고이유의 주장과 같이 '아동·청소년이용음란물'에 관한 법리를 오해한 위법이 없다.

68 대법원 2013.11.28, 2010도12244

시청공무원 시장 선거운동 방안 보고는 선거운동 기획 참여로 볼 수 없다는 사례

공직선거법 제86조 제1항 제2호의 '선거운동의 기획에 참여하는 행위'라 함은 당선되게 하거나 되지 못하게 하기 위한 선거운동에는 이르지 아니한 것으로서, 선거운동의 효율적 수행을 위한 일체의 계획 수립에 참여하는 행위를 말하는 것으로 해석하여야 하고, 반드시 구체적인 선거운동을 염두에 두고 선거운동을 할 목적으로 그에 대한 기획에 참여하는 행위만을 의미하는 것으로 볼 수는 없으나(대법원 2007.10.25, 2007도4069 등), 공무원이 선거운동의 기획에 '참여'하였다고 하기 위해서는 그러한 선거운동방안 제시 등으로 후보자의 선거운동 계획 수립에 직접적·간접적으로 관여하였음이 증명되어야 할 것이고, 단지 공무원이 개인적으로 후보자를 위한 선거운동에 관한 의견을 표명하였다는 사정만으로 선거운동의 효율적 수행을 위한 일체의 계획수립에 참여하였다고 단정할 수는 없다.[12]

69 대법원 2013.12.12, 2011도9538

의료인은 의료법상 개인정보 변조행위의 주체가 될 수 없다는 사례

환자를 진료한 당해 의료인은 의무기록 작성권자로서 보다 정확하고 상세한 기재를 위하여 사후에 자신이 작성한 의무기록을 가필·정정할 권한이 있다고 보이는 점, 2011.4.7. 법률 제10565호로 의료법을 개정하면서 허위작성 금지규정(제22조 제3항)을 신설함에 따라 의료인이 고의로 사실과 다르게 자신이 작성한 진료기록부 등을 추가기재·수정하는 행위가 금지되었는데, 이때의 진료기록부 등은 의무기록을 가리키는 것으로 봄이 타당한 점, 문서변조죄에 있어서 통상적인 변조의 개념 등을 종합하여 보면, 전자의무기록을 작성한 당해 의료인이 그 전자의무기록에 기재된 의료내용 중 일부를 추가·수정하였다 하더라도 그 의료인은 의료법 제23조 제3항에서 정한 변조행위의 주체가 될 수 없다고 보아야 한다.

70 대법원 2014.1.23, 2013도9690

주식회사의 임원으로 등기되지 아니한 실질적 경영자는 임원에 해당하지 아니한다는 사례

도시정비법에서 정하는 '정비사업전문관리업자'가 주식회사인 경우 같은 법 제84조에 의하여 공무원으로 의제되는 '임원'은 형법 제129조 내지 제132조에 해당하는 수뢰행위 당시 상업등기부에 대표이사, 이사, 감사로 등기된 사람에 한정된다고 보아야 하며,[13] 설령 실질적 경영자라고 하더라도 해당 주식회사의 임원으로 등기되지 아니한 사람까지 도시정비법 제84조에 의하여 공무원으로 의제되는 정비사업전문관리업자의 '임원'에 해당한다고 해석하는 것은 형벌법규를 피고인에게 불리한 방향으로 지나치게 유추하거나 확장해석하는 것으로서 죄형법정주의의 원칙에 어긋나는 것이어서 허용될 수 없다.

---

10 보충 : 공직선거법 제87조 제2항은 누구든지 선거에서 후보자(후보자가 되고자 하는 자를 포함한다)의 선거운동을 위하여 그 명칭이나 표방하는 목적 여하를 불문하고 사조직 기타 단체를 설립하거나 설치할 수 없도록 금지하고 있다. 다만 공직선거법에서 정한 다른 선거운동과 달리 인터넷 홈페이지 또는 그 게시판·대화방 등에 선거운동을 위한 내용의 글이나 동영상 등 정보를 게시하거나 전자우편을 전송하는 방법을 통한 정보통신망을 이용한 선거운동은 선거운동기간 뿐 아니라 선거운동기간 전에도 허용된다(공직선거법 제82조의4 및 헌법재판소 2011.12.29, 2007헌마1001 등 참조). 따라서 정보통신망을 통한 선거운동과 그 밖의 선거운동은 구분되어야 하며, 정보통신망을 통한 선거운동과 관련한 공직선거법의 규정들은 이러한 정보통신망을 통한 선거운동의 특성 및 이를 폭넓게 허용한 입법취지 등을 고려하여 해석될 필요가 있다.

11 보충 : 나아가 위와 같은 인터넷 카페 개설을 위하여 별도로 준비 모임을 갖거나 카페 개설 후 일부 회원들이 오프라인에서 모임을 개최하였다 하더라도, 그러한 모임이 인터넷 카페 개설 및 그 활동을 전제로 하면서 그에 수반되는 일시적이고 임시적인 성격을 갖는 것에 그친다면 역시 공직선거법상 사조직에 해당한다고 단정할 수 없을 것이고, 이를 넘어서서 인터넷상의 카페 활동과 구별되는 별도의 조직적인 활동으로서 공직선거법상 사조직을 갖춘 것으로 볼 수 있는지 여부는 해당 인터넷 카페의 개설 경위와 시기, 구성원 및 온라인 및 오프라인상의 활동 내용 등 제반 사정들을 종합하여 판단하여야 한다. 그리고 이와 같은 해석은 특정 선거와 관련하여 후보자 또는 후보자가 되고자 하는 자를 위하여 인터넷상에 카페를 개설하는 경우에도 마찬가지라 할 것이다.

12 보충 : 별다른 지시가 없었음에도 불구하고 시장에게 일방적으로 시장의 선거운동 방안을 보고한 행위가 공직선거법 제86조 제1항 제2호에 정하는 '선거운동의 기획에 참여'한 것에 해당하지 않는다는 취지의 판례이다.

13 보충 : '임원'에 해당하는지 여부는 민법, 상법, 기타의 실체법에 의하여 결정하여야 할 것인데, 그중 주식회사의 법률관계를 규율하고 있는 상법 제312조는 '임원의 선임'이라는 표제하에 "창립총회에서는 이사와 감사를 선임하여야 한다."고 하면서, 구 상법 제317조 제2항은 주식회사의 설립에 있어 등기하여야 할 사항으로 "이사와 감사의 성명 및 주민등록번호"(제8호), "회사를 대표할 이사의 성명·주민등록번호 및 주소"(제9호) 등을 규정하고 있다(위 판례).

71 대법원 2015.2.12, 2012도4842

공범 중 1인에 대한 공소제기로 인한 공소시효정지규정의 공범과 필요적 공범

형사소송법은 공범 사이의 처벌에 형평을 기하기 위하여 공범 중 1인에 대한 공소의 제기로 다른 공범자에 대하여도 공소시효가 정지되도록 규정하고 있는데, 이는 공소제기 효력의 인적 범위를 확장하는 예외를 마련하여 놓은 것이므로 원칙적으로 엄격하게 해석하여야 하고 피고인에게 불리한 방향으로 확장하여 해석해서는 아니 된다. … 형사소송법 제253조 제2항에서 말하는 '공범'에는 뇌물공여죄와 뇌물수수죄 사이와 같은 대향범 관계에 있는 자는 포함되지 않는다.

72 대법원 2015.2.26, 2015도354

대가를 '약속받고'와 '받고'의 차이

'대가를 약속받고 접근매체를 대여하는 행위'를 처벌할 필요성이 있다고 하여도, 유추해석금지원칙에 의할 때 이를 전자금융거래법상 '대가를 받고 접근매체를 대여'하는 죄로 처벌할 수는 없다.

73 대법원 2015.9.10, 2014도12275

성매매처벌법상 '영업으로 성매매를 알선한다'는 것의 의미

일정액의 보수를 지급받는 종업원은 해당 사업의 경제적 효과가 자신에게 귀속되게 할 목적으로 해당 사업을 관리하고 운영하는 자의 지위에 있지 아니하므로 성매매특별법상 영업 성매매알선행위의 단독범이 될 수 없다.

74 대법원 2015.9.10, 2015도9307

식품위생법에서 정한 '진열'의 의미

구 식품위생법 제4조 제6호는 누구든지 수입신고를 하지 아니하고 수입한 식품을 판매할 목적으로 진열하여서는 아니 된다고 규정하고 있다. 여기서 진열이란 사람들에게 보이기 위하여 식품을 벌여 놓는 것을 의미한다. … 음식점의 주방 싱크대 밑에 편이양념과 껌, 라이터 등을 넣어 두는 행위는 위 진열행위에 해당하지 않는다.

75 대법원 2015.10.15, 2015도9569

사회복지법인의 기본재산 임대행위의 임대의 의미

사회복지사업법 제23조 제3항 제1호에서 보건복지부장관의 허가사항으로 정하고 있는 '사회복지법인의 기본재산 임대행위'는 차임을 지급받기로 하고 사회복지법인의 기본재산을 사용, 수익하게 하는 것을 의미하고, 차임의 지급 약정 없이 무상으로 기본재산을 사용, 수익하게 하는 경우는 이에 포함되지 않는다.

76 대법원 2015.12.24, 2013도8481

경찰공무원의 1차 음주측정에 불응하였고 곧이어 이어진 2차 음주측정에 응한 사례

도로교통법 제148조의2 제1항 제2호에서 말하는 '경찰공무원의 측정에 응하지 아니한 경우'란 전체적인 사건의 경과에 비추어 술에 취한 상태에 있다고 인정할 만한 상당한 이유가 있는 운전자가 음주측정에 응할 의사가 없음이 객관적으로 명백하다고 인정되는 때를 의미하고, 운전자가 경찰공무원의 1차 측정에만 불응하였을 뿐 곧이어 이어진 2차 측정에 응한 경우와 같이 측정거부가 일시적인 것에 불과한 경우까지 음주측정불응죄가 성립한다고 볼 것은 아니다.

77 대법원 2016.1.14, 2015도9133

선박안전법상 대행검사기관인 공단의 임직원과 공무원

선박안전법 제82조가 대행검사기관인 공단의 임직원을 형법 제129조 내지 제132조의 적용에 있어 공무원으로 의제하는 것으로 규정한다고 하여 이들이 공문서위조죄나 허위공문서작성죄에서의 공무원으로도 될 수 있다고 보는 것은 형벌법규를 피고인에게 불리하게 지나치게 확장해석하거나 유추해석

하는 것이어서 죄형법정주의 원칙에 반한다. 따라서 공단이 해양수산부장관을 대행하여 이사장 명의로 발급하는 선박검사증서는 공무원 또는 공무소가 작성하는 문서라고 볼 수 없으므로 공문서위조죄나 허위공문서작성죄에서의 공문서에 해당하지 아니한다.

78 대법원 2016.2.19, 2015도15101 전원합의체
사기이용계좌 송금액 인출 사례
전기통신금융사기 피해 방지 및 피해금 환급에 관한 특별법(이하 '통신사기피해환급법') 제15조의2 제1항에서 처벌하는 전기통신금융사기를 목적으로 하는 정보·명령 입력행위는 정보 또는 명령의 입력으로 자금이 사기이용계좌로 송금·이체되면 전기통신금융사기 행위는 종료되고 처벌조항 위반죄는 이미 기수에 이른 것이므로, 그 후에 사기이용계좌에서 현금을 인출하거나 다시 송금하는 행위는 범인들 내부 영역에서 그들이 관리하는 계좌를 이용하여 이루어지는 행위이어서, 이를 두고 새로 전기통신금융사기를 목적으로 하는 행위라고 할 수 없다. … 전기통신금융사기로 인하여 피해자의 자금이 사기이용계좌로 송금·이체된 후 계좌에서 현금을 인출하기 위하여 정보처리장치에 사기이용계좌 명의인의 정보 등을 입력한 행위는 위 구성요건에 해당하지 않는다.

79 대법원 2016.3.10, 2015도17847
통신매체이용음란죄의 '일반적으로 통신매체라고 인식되는 수단을 이용하여'의 의미
성폭법 제13조는 자기 또는 다른 사람의 성적 욕망을 유발하는 등의 목적으로 '전화, 우편, 컴퓨터 그 밖에 일반적으로 통신매체라고 인식되는 수단을 이용하여' 성적 수치심 등을 일으키는 말, 글, 물건 등을 상대방에게 전달하는 행위를 처벌하고자 하는 것임이 문언상 명백하므로, 위와 같은 통신매체를 이용하지 아니한 채 '직접' 상대방에게 말, 글, 물건 등을 도달하게 하는 행위까지 포함하여 위 규정으로 처벌할 수 있다고 보는 것은 법문의 가능한 의미의 범위를 벗어난 해석으로서 실정법 이상으로 그 처벌 범위를 확대하는 것이라 하지 않을 수 없다. [경찰채용 20 2차 / 국가9급 18]

80 대법원 2016.6.9, 2013도8503
자동차관리법상 '자동차를 양수한 자'의 의미
자동차관리법 제12조 제3항에서 말하는 '자동차를 양수한 자'란 매매나 증여를 비롯한 법률행위 등에 의하여 자동차의 소유권을 이전받는 자를 뜻한다. 채권자가 채무자로부터 그 소유의 자동차를 인도받았다 하더라도 소유권 이전의 합의 없이 단순히 채권의 담보로 인도받은 것에 불과하거나 또는 채권의 변제에 충당하기 위하여 자동차를 대신 처분할 수 있는 권한만을 위임받은 것이라면, 그러한 채권자는 자동차관리법 제12조 제3항의 자동차를 양수한 자라고 할 수 없다.

81 대법원 2016.6.23, 2014도16577
거짓 약력서 의원 내 게시는 거짓 의료광고에 해당하지 않는다는 사례
의료법 제56조 제3항의 거짓 의료광고에서 '의료광고'라 함은 의료법인·의료기관 또는 의료인이 그 업무 및 기능, 경력, 시설, 진료방법 등 의료기술과 의료행위 등에 관한 정보를 신문·인터넷신문, 정기간행물, 방송, 전기통신 등의 매체나 수단을 이용하여 널리 알리는 행위를 의미한다. 피고인이 거짓 경력이 포함된 약력서를 의원 내에 게시한 행위가 표시·광고의 공정화에 관한 법률 제3조 제1항의 거짓 표시행위에 해당함은 별론으로 하고, 의료법 제56조 제3항의 거짓 의료광고에 해당한다고는 볼 수 없다.

> 유사1 의료법은 제33조 제2항에서 의료인이나 의료법인 기타 비영리법인 등이 아닌 자의 의료기관 개설을 원칙적으로 금지하고 있는 바, 의료기관을 개설할 자격이 있는 의료인이 비영리법인 등 의료법에 따라 의료기관을 개설할 자격이 있는 자로부터 명의를 빌려 의료기관을 개설하는 행위는 의료법 제33조 제2항에 위배되지 아니한다(대법원 2014.9.25, 2014도7217).

유사2 환자의 안면부인 눈가와 미간에 보톡스를 시술한 피고인의 행위가 치과의사에게 면허된 것 이외의 의료행위라고 볼 수 없고, 시술이 미용 목적이라 하여 달리 볼 것은 아니라고 해야 한다(대법원 2016.7.21, 2013도850 전원합의체).

82 대법원 2016.10.27, 2016도5083
사냥개, 전파수신기, 수렵용 칼은 야생동물포획도구에 포함되지 아니한다는 사례
야생생물법 제70조 제3호 및 제10조에 규정되어 있는 '그 밖에 야생동물을 포획할 수 있는 도구'란 그 도구의 형상, 재질, 구조와 기능 등을 종합하여 볼 때 덫, 창애, 올무와 유사한 방법으로 야생동물을 포획할 용도로 만들어진 도구를 의미한다고 할 것이다. 그런데도 원심은 그 판시와 같은 이유로 피고인이 소지하였던 '전파발신기를 부착한 사냥개와 전파수신기, 수렵용 칼'이 야생생물법 제10조가 정한 '그 밖에 야생동물을 포획할 수 있는 도구'에 해당한다고 보아, 이 사건 공소사실을 유죄로 판단하였다. 이러한 원심 판단에는 형벌법규의 해석에 관한 법리를 오해함으로써 판결에 영향을 미친 잘못이 있다.

83 대법원 2016.11.24, 2015도18765
동물보호법 시행규칙상 소비자에는 동물판매업자 등 반려동물을 구매하여 다른 사람에게 판매하는 영업을 하는 자가 이에 포함되지 아니한다는 사례
동물보호법 시행규칙 제36조 제2호에 규정한 '소비자'는 반려동물을 구매하여 가정에서 반려 목적으로 기르는 사람을 의미한다. 여기서의 '소비자'에 동물판매업자 등 반려동물을 구매하여 다른 사람에게 판매하는 영업을 하는 자도 포함된다고 보는 것은 '소비자'의 의미를 (동물판매업자인지가 문제되는 사건의) 피고인에게 불리한 방향으로 지나치게 확장해석하거나 유추해석하는 것으로서 죄형법정주의에 어긋나므로 허용되지 아니한다.

84 대법원 2016.12.15, 2014도8908
대기환경보전법상 시설조치의무자는 최초수급인에 한한다는 사례
대기환경보전법의 시행령과 시행규칙은, 건설업을 도급에 의하여 시행하는 경우에는 '발주자로부터 최초로 공사를 도급받은 자'(이하 '최초수급인')가 비산먼지 발생 사업 신고를 하여야 하고, 신고를 할 때는 (비산먼지 발생억제 시설을 설치하거나 필요한 조치를 할 의무인) 시설조치의무의 이행을 위한 사항까지 포함하여 신고하도록 규정하고 있다. … 건설공사 하도급의 경우 대기환경보전법 제43조 제1항에 의한 시설조치의무자는 최초수급인인데, 최초수급인으로부터 도급을 받은 하수급인 등은 위 법 제43조 제1항의 시설조치의무자가 아니므로 (시설조치의무위반행위를 처벌하는) 그 적용대상에 해당하지 않는다. 이렇게 해석하는 것이 형벌법규는 엄격하게 해석하여야 한다는 기본 원칙에도 맞다.

85 대법원 2017.5.31, 2013도8389
외국환거래법이 범인이 해당 행위로 인하여 취득한 외국환 기타 지급수단 등을 몰수·추징의 대상으로 규정하는 취지 및 여기서 '취득'의 의미
외국환거래법 제30조가 규정하는 몰수·추징의 대상은 범인이 해당 행위로 인하여 취득한 외국환 기타 지급수단 등을 뜻하고, 이는 범인이 외국환거래법에서 규제하는 행위로 인하여 취득한 외국환 등이 있을 때 이를 몰수하거나 추징한다는 취지로서, 여기서 취득이란 해당 범죄행위로 인하여 결과적으로 이를 취득한 때를 말한다고 제한적으로 해석함이 타당하다.

보충 甲 재단법인의 이사 겸 사무총장으로서 자금관리 업무를 총괄하는 피고인이, 거주자인 甲 재단법인이 비거주자인 乙 회사로부터 원화자금 및 외화자금을 차입하는 자본거래를 할 때 신고의무를 위반하였다는 내용으로 외국환거래법 위반죄가 인정된 사안에서, 금전대차계약의 차용 당사자는 甲 재단법인으로서, 피고인이 위 계약에 의하여 결과적으로 외국환거래법에서 규제하는 차입금을 취득하였다고 인정하기 어려워 피고인으로부터 차입금을 몰수하거나 그 가액을 추징할 수 없다고 한 사례이다.

86 대법원 2017.9.21, 2017도7687

폭처법상 우범자규정의 흉기휴대죄는 폭처법위반 범죄에 공용될 우려가 있는 흉기이어야 한다는 사례

폭력행위 등 처벌에 관한 법률(이하 '폭력행위처벌법') 제7조는 "정당한 이유 없이 이 법에 규정된 범죄에 공용될 우려가 있는 흉기나 그 밖의 위험한 물건을 휴대하거나 제공 또는 알선한 사람은 3년 이하의 징역 또는 300만 원 이하의 벌금에 처한다."라고 규정하고 있는데, 폭력행위처벌법 제7조에서 말하는 '이 법에 규정된 범죄'란 '폭력행위처벌법에 규정된 범죄'만을 의미한다고 해석함이 타당하다. … 정당한 이유 없이 폭력행위처벌법에 규정된 범죄에 공용될 우려가 있는 흉기를 휴대하고 있었다면 다른 구체적인 범죄행위가 없더라도 그 휴대행위 자체에 의하여 폭력행위처벌법위반(우범자)죄의 구성요건을 충족하는 것이지만, 흉기나 그 밖의 위험한 물건을 소지하고 있다는 사실만으로 폭력행위처벌법에 규정된 범죄에 공용될 우려가 있는 것으로 추정된다고 볼 수는 없다. [국가7급 18]

87 대법원 2017.11.14, 2017도13421

단순 누락은 허위 제공에 포함될 수 없다는 사례

자동차관리법 제80조 제7호의2는 "제58조 제3항을 위반하여 자동차 이력 및 판매자정보를 허위로 제공한 자"를 처벌하고 있는데, 이는 보다 구체적·한정적으로 '자동차 이력 및 판매자정보를 허위로 제공한 자'만을 처벌하는 것으로 규정하고 있음이 그 문언상 명백하다. 따라서 자동차관리법 제80조 제7호의2의 '허위 제공'의 의미를 '단순 누락'의 경우도 포함하는 것으로 해석하는 것은 형벌법규의 의미를 피고인에게 불리한 방향으로 지나치게 확장하거나 유추하여 해석하는 것으로 죄형법정주의 원칙에 어긋나서 허용되지 않는다.

88 대법원 2017.12.21, 2015도8335 전원합의체

항공기 탑승구 복귀 사건(소위 땅콩회항 사건)

법률을 해석할 때 입법 취지와 목적, 제·개정 연혁, 법질서 전체와의 조화, 다른 법령과의 관계 등을 고려하는 체계적·논리적 해석 방법을 사용할 수 있으나, 문언 자체가 비교적 명확한 개념으로 구성되어 있다면 원칙적으로 이러한 해석 방법은 활용할 필요가 없거나 제한될 수밖에 없다. 죄형법정주의 원칙이 적용되는 형벌법규의 해석에서는 더욱 그러하다. … 항공보안법 제42조는 "위계 또는 위력으로써 운항 중인 항공기의 항로를 변경하게 하여 정상 운항을 방해한 사람은 1년 이상 10년 이하의 징역에 처한다."라고 규정하고 있다. 지상의 항공기가 이동할 때 '운항 중'이 된다는 이유만으로 그때 다니는 지상의 길까지 '항로'로 해석하는 것은 문언의 가능한 의미를 벗어난다. [경찰채용 18 1차]

> 보충　甲 항공사 부사장인 피고인이 외국 공항에서 국내로 출발 예정인 자사 여객기에 탑승하였다가, 담당 승무원의 객실서비스 방식에 화가 나 폭언하면서 승무원을 비행기에서 내리도록 하기 위해, 기장으로 하여금 계류장의 탑승교에서 분리되어 푸시백(Pushback, 계류장의 항공기를 차량으로 밀어 유도로까지 옮기는 것) 중이던 비행기를 다시 탑승구 쪽으로 돌아가게 함으로써 위력으로 운항 중인 항공기의 항로를 변경하게 하였다고 하여 항공보안법 위반으로 기소된 경우, 피고인이 푸시백 중이던 비행기를 탑승구로 돌아가게 한 행위는 항공기의 항로를 변경하게 한 것에 해당하지 않는다고 보아야 한다. 다만, 위 다수의견에 대해서는, 승객이 탑승한 후 항공기의 모든 문이 닫힌 때부터 내리기 위하여 문을 열 때까지 항공기가 지상에서 이동하는 경로는 항공보안법 제42조의 '항로'에 포함된다고 해석하여야 한다는 대법관 박보영, 대법관 조희대, 대법관 박상옥의 반대의견이 있었다.

89 대법원 2017.12.28, 2017도17762

운전면허 없이 아파트 단지 내 지하주차장에서 차량을 운전한 행위가 무면허운전에 해당하는지가 문제된 사례

도로교통법 제2조 제26호가 '술이 취한 상태에서의 운전' 등 일정한 경우에 한하여 예외적으로 도로 외의 곳에서 운전한 경우를 운전에 포함한다고 명시하고 있는 반면, 무면허운전에 관해서는 이러한 예외를 정하고 있지 않다. 따라서 … 도로가 아닌 곳에서 운전면허 없이 운전한 경우에는 무면허운전에 해당하지 않는다. 도로에서 운전하지 않았는데도 무면허운전으로 처벌하는 것은 유추해석이나 확장해석에 해당하여 죄형법정주의에 비추어 허용되지 않는다. 따라서 운전면허 없이 자동차 등을 운전한 곳이 위와 같이 일반교통경찰권이 미치는 공공성이 있는 장소가 아니라 특정인이나 그와 관련된 용건이 있는 사람만 사용할 수 있고 자체적으로 관리되는 곳이라면 도로교통법에서 정한 '도로에서 운전'한 것이 아니므로 무면허운전으로 처벌할 수 없다. … 이 사건의 아파트 단지 내 지하주차장이 아파트 주민이나 그와 관련된 용건이 있는 사람만 이용할 수 있고 경비원 등이 자체적으로 관리하는 곳이라면 도로에 해당하지 않을 수 있으므로 … 피고인의 자동차 운전행위가 도로교통법에서 금지하는 무면허운전에 해당하지 않는다고 볼 여지가 있다.

90 대법원 2018.1.24, 2017도18230
저작권법상 '공표'의 한 유형인 '발행'에 관한 정의규정인 저작권법 제2조 제24호에서 말하는 '복제·배포'의 의미

저작권법 제137조 제1항 제1호는 '저작자 아닌 자를 저작자로 하여 실명·이명을 표시하여 저작물을 공표한 자를 형사처벌한다'고 정하고 있고, 저작권법 제2조 제25호는 '공표'의 의미에 관해 "저작물을 공연, 공중송신 또는 전시 그 밖의 방법으로 공중에게 공개하는 것과 저작물을 발행하는 것을 말한다."라고 정하고 있다. 공표의 한 유형인 저작물의 '발행'에 관하여 2006.12.28. 법률 제8101호로 전부 개정된 저작권법은 "발행은 저작물 또는 음반을 공중의 수요를 충족시키기 위하여 복제·배포하는 것을 말한다."(제2조 제24호)라고 정하였으며, 현행 저작권법도 이와 같다. '공표'는 사전적으로 '여러 사람에게 널리 드러내어 알리는 것'을 의미하고, 저작물의 '발행'은 저작권법상 '공표'의 한 유형에 해당한다. 단순히 저작물을 복제하였다고 해서 공표라고 볼 수 없다. 그리고 가운뎃점(·)은 단어 사이에 사용할 때 일반적으로 '와/과'의 의미를 가지는 문장부호이다. 따라서 위 조항에서 말하는 '복제·배포'는 그 문언상 '복제하여 배포하는 행위'라고 해석할 수 있다. … 죄형법정주의의 원칙상 형벌법규는 문언에 따라 해석·적용하여야 하고 피고인에게 불리한 방향으로 지나치게 확장해석하거나 유추해석해서는 안 된다. 이러한 견지에서 '복제·배포'의 의미를 엄격하게 해석하여야 한다. 결국 저작물을 '복제하여 배포하는 행위'가 있어야 저작물의 발행이라고 볼 수 있고, 저작물을 복제한 것만으로는 저작물의 발행이라고 볼 수 없다.

91 대법원 2018.3.15, 2017도21656
성폭법상 카메라이용촬영·반포·유포죄의 객체

성폭력범죄의 처벌 등에 관한 특례법(이하 '성폭력처벌법') 제14조 제1항은 "카메라나 그 밖에 이와 유사한 기능을 갖춘 기계장치를 이용하여 성적 욕망 또는 수치심을 유발할 수 있는 다른 사람의 신체를 그 의사에 반하여 촬영하거나 그 촬영물을 반포·판매·임대·제공 또는 공공연하게 전시·상영한 자는 5년 이하의 징역 또는 1,000만 원 이하의 벌금에 처한다."라고 규정하고 있는데, … 성폭력처벌법 제14조 제1항의 촬영의 대상은 '성적 욕망 또는 수치심을 유발할 수 있는 다른 사람의 신체'라고 보아야 함이 문언상 명백하므로 위 규정의 처벌 대상은 '다른 사람의 신체 그 자체'를 카메라 등 기계장치를 이용해서 '직접' 촬영하는 경우에 한정된다고 보는 것이 타당하므로, 다른 사람의 신체 이미지가 담긴 영상도 위 조항의 '다른 사람의 신체'에 포함된다고 해석하는 것은 법률문언의 통상적인 의미를 벗어나는 것이어서 죄형법정주의 원칙상 허용될 수 없고, 성폭력처벌법 제14조 제2항 및 제3항의 촬영물은 '다른 사람'을 촬영대상자로 하여 그 신체를 촬영한 촬영물을 뜻하는 것임이 문언상 명백하므로, 자의에 의해 스스로 자신의 신체를 촬영한 촬영물까지 위 조항에서 정한 촬영물에 포함시키는 것은 문언의 통상적인 의미를 벗어난 해석이다. [변호사시험 21]

다만, 위 판례가 판시된 이후 2018.12.18. 동법이 개정·시행되어 이제는 자의에 의해 스스로 자신의 신체를 촬영한 촬영물을 촬영대상자의 의사에 반하여 유포한 경우에도 처벌할 수 있게 되었다. 따라서 위 판례의 후반부는 참고만 하여도 무방하다.

92 대법원 2018.4.12, 2017도20241,2017전도132

특가법상 무고죄를 범하였다고 허위로 신고한 자에게 특가법상 무고죄가 성립하는지 여부

특정범죄 가중처벌 등에 관한 법률(이하 '특가법') 제14조는 "이 법에 규정된 죄에 대하여 형법 제156조에 규정된 죄를 범한 사람은 3년 이상의 유기징역에 처한다."라고 규정하고 있다. 이는 특가법 제2조 이하에서 특정범죄를 중하게 처벌하는 데 상응하여, 그에 대한 무고행위 또한 가중하여 처벌함으로써 위 법이 정한 특정범죄에 대한 무고행위를 억제하고, 이를 통해 보다 적정하고 효과적으로 입법 목적을 구현하고자 하는 규정이다. … 형벌법규의 해석은 엄격하여야 하고, 명문의 형벌법규의 의미를 피고인에게 불리한 방향으로 지나치게 확장해석하거나 유추해석하는 것은 죄형법정주의의 원칙에 어긋나는 것으로서 허용되지 아니하는 점 등을 종합하여 보면, 특가법 제14조의 '이 법에 규정된 죄'에 특정범죄가중법 제14조 자체를 위반한 죄는 포함되지 않는다고 해석함이 타당하다.

93 대법원 2018.7.24, 2018도3443

특수폭행치상에 적용될 법정형은 상해인가 특수상해인가의 사례

특수폭행치상죄의 해당 규정인 형법 제262조, 제261조는 형법 제정 당시부터 존재하였는데, 형법 제258조의2 특수상해죄의 신설 이전에는 형법 제262조의 "전 2조의 죄를 범하여 사람을 사상에 이르게 한 때에는 제257조 내지 제259조의 예에 의한다."라는 규정 중 "제257조 내지 제259조의 예에 의한다"의 의미는 형법 제260조(폭행, 존속폭행) 또는 제261조(특수폭행)의 죄를 범하여 상해, 중상해, 사망의 결과가 발생한 경우, 그 결과에 따라 상해의 경우에는 형법 제257조, 중상해의 경우에는 형법 제258조, 사망의 경우에는 형법 제259조의 예에 준하여 처벌하는 것으로 해석·적용되어 왔고, 따라서 특수폭행치상죄의 경우 법정형은 형법 제257조 제1항에 의하여 "7년 이하의 징역, 10년 이하의 자격정지 또는 1천만 원 이하의 벌금"이었다. 그런데 2016.1.6. 형법 개정으로 특수상해죄가 형법 제258조의2로 신설됨에 따라 문언상으로 형법 제262조의 "제257조 내지 제259조의 예에 의한다"는 규정에 형법 제258조의2가 포함되어 특수폭행치상의 경우 특수상해인 형법 제258조의2 제1항의 예에 의하여 처벌하여야 하는 것으로 해석될 여지가 생기게 되었다. … 그러나 형벌규정 해석에 관한 법리와 폭력행위 등 처벌에 관한 법률의 개정 경과 및 형법 제258조의2의 신설 경위와 내용, 그 목적, 형법 제262조의 연혁, 문언과 체계 등을 고려할 때, 특수폭행치상의 경우 형법 제258조의2의 신설에도 불구하고 종전과 같이 형법 제257조 제1항의 예에 의하여 처벌하는 것으로 해석함이 타당하다.

94 대법원 2018.8.1, 2018도1481

수치심을 유발할 수 있는 피해자의 신체를 의사에 반하여 촬영한 후 피해자 본인에게 전송한 사건

성폭력범죄의 처벌 등에 관한 특례법(이하 '성폭력처벌법') 제14조 제1항에서는 '카메라나 그 밖에 이와 유사한 기능을 갖춘 기계장치를 이용하여 성적 욕망 또는 수치심을 유발할 수 있는 다른 사람의 신체를 그 의사에 반하여 촬영하거나 그 촬영물을 반포·판매·임대·제공 또는 공공연하게 전시·상영'하는 행위를 처벌하고 있다. … '반포'와 별도로 열거된 '제공'은, '반포'에 이르지 아니하는 무상 교부행위로서 '반포'할 의사 없이 '특정한 1인 또는 소수의 사람'에게 무상으로 교부하는 것을 의미하는데, 성폭력처벌법 제14조 제1항에서 촬영행위뿐만 아니라 촬영물을 반포·판매·임대·제공 또는 공공연하게 전시·상영하는 행위까지 처벌하는 것이 촬영물의 유포행위를 방지함으로써 피해자를 보호하기 위한 것임에 비추어 볼 때, 촬영의 대상이 된 피해자 본인은 성폭력처벌법 제14조 제1항에서 말하는 '제공'의 상대방인 '특정한 1인 또는 소수의 사람'에 포함되지 않는다고 봄이 타당하다. 따라서 피해자 본인에게 촬영물을 교부하는 행위는 다른 특별한 사정이 없는 한 성폭력처벌법 제14조 제1항의 '제공'에 해당한다고 할 수 없다. [변호사시험 21]

95 대법원 2018.10.25, 2018도7041

청탁금지법상 공직자에 대한 금품 등 제공 사건

부정청탁 및 금품 등 수수의 금지에 관한 법률(이하 '청탁금지법') 제8조는 '금품 등의 수수 금지'라는 제목 아래 제1항에서 "공직자 등은 직무 관련 여부 및 기부·후원·증여 등 그 명목에 관계없이 동일인으로부터 1회에 100만 원 또는 매 회계연도에 300만 원을 초과하는 금품 등을 받거나 요구 또는 약속해서는 아니 된다."라고 규정하고, … 그 제3항 각 호에서는 위와 같이 수수를 금지하는 금품 등에 해당하지 않는 경우를 열거하면서 제1호에서 "공공기관이 소속 공직자 등이나 파견 공직자 등에게 지급하거나 상급 공직자 등이 위로·격려·포상 등의 목적으로 하급 공직자 등에게 제공하는 금품 등"을 규정하고 있다. … 처벌규정의 소극적 구성요건을 문언의 가능한 의미를 벗어나 지나치게 좁게 해석하게 되면 피고인에 대한 가벌성의 범위를 넓히게 되어 죄형법정주의의 파생원칙인 유추해석금지원칙에 어긋날 우려가 있으므로 법률문언의 통상적인 의미를 벗어나지 않는 범위 내에서 합리적으로 해석할 필요가 있다. 청탁금지법의 위와 같은 입법목적, 금품 등 수수 금지 및 그 처벌규정의 내용과 체계, 처벌규정의 소극적 구성요건에 관한 제8조 제3항 제1호의 규정 내용 등을 종합하여 보면, 제8조 제3항 제1호에서 정한 '상급 공직자 등'이란 금품 등 제공의 상대방보다 높은 직급이나 계급의 사람으로서 금품 등 제공 상대방과 직무상 상하관계에 있고 그 상하관계에 기초하여 사회통념상 위로·격려·포상 등을 할 수 있는 지위에 있는 사람을 말하고, 금품 등 제공자와 그 상대방이 직무상 명령·복종이나 지휘·감독관계에 있어야만 이에 해당하는 것은 아니다.

96 대법원 2018.5.17, 2017도14749 전원합의체

국정농단 의혹사건 진상규명을 위한 국정조사 특별위원회의 위증 고발 사건 : 국회 국정농단 특위 활동기간 종료 후 위증 고발은 위법하다는 사례

국회에서의 증언·감정 등에 관한 법률(이하 '국회증언감정법') 제14조 제1항 본문은 같은 법에 의하여 선서한 증인이 허위의 진술을 한 때에는 1년 이상 10년 이하의 징역에 처한다고 규정하고, 제15조 제1항 본문은 본회의 또는 위원회는 증인이 제14조 제1항 본문의 죄를 범하였다고 인정한 때에는 고발하여야 한다고 규정하고 있는데, … 국회증언감정법은 국정감사나 국정조사에 관한 국회 내부의 절차를 규정한 것으로서 국회에서의 위증죄에 관한 고발 여부를 국회의 자율권에 맡기고 있고, 위증을 자백한 경우에는 고발하지 않을 수 있게 하여 자백을 권장하고 있으므로 국회증언감정법 제14조 제1항 본문에서 정한 위증죄는 같은 법 제15조의 고발을 소추요건으로 한다고 봄이 타당하다. … 한편, 국회증언감정법 제15조 제1항 본문에 따른 고발은 증인을 조사한 본회의 또는 위원회의 의장 또는 위원장의 명의로 한다(제15조 제3항). 따라서 그 위원회가 고발에 관한 의결을 하여야 하므로 제15조 제1항 본문의 고발은 위원회가 존속하고 있을 것을 전제로 한다. 한편 국회증언감정법 제15조 제1항 단서는 위와 같은 본문에 이어서 "다만 청문회의 경우에는 재적위원 3분의 1 이상의 연서에 따라 그 위원의 이름으로 고발할 수 있다."라고 규정하고 있다. … 국회증언감정법 제15조 제1항 단서에 의한 고발도 위원회가 존속하는 동안에 이루어져야 한다고 해석하는 것이 타당하다. 특별위원회가 존속하지 않게 된 이후에도 과거 특별위원회가 존속할 당시 재적위원이었던 사람이 연서로 고발할 수 있다고 해석하는 것은 유추해석금지의 원칙에 위배된다. … 이와 달리 특별위원회가 소멸하였음에도 과거 특별위원회가 존속할 당시 재적위원이었던 사람이 연서로 고발할 수 있다고 해석하는 것은 소추요건인 고발의 주체와 시기에 관하여 그 범위를 행위자에게 불리하게 확대하는 것이다. 이는 가능한 문언의 의미를 벗어나므로 유추해석금지의 원칙에 반한다.

97 대법원 2019.9.26, 2018도7682

대부업법상 금전의 대부와 물품의 매입은 다르다는 사례

대부업법 제2조 제1호가 규정하는 '금전의 대부'는 그 개념요소로서 거래의 수단이나 방법 여하를 불문하고 적어도 기간을 두고 장래에 일정한 액수의 금전을 돌려받을 것을 전제로 금전을 교부함으로써

신용을 제공하는 행위를 필수적으로 포함하고 있어야 한다고 보는 것이 타당하다. 따라서 재화 또는 용역을 할인하여 매입하는 거래를 통해 금전을 교부하는 경우, 해당 사안에서 문제 되는 금전 교부에 관한 구체적 거래 관계와 경위, 당사자의 의사, 그 밖에 이와 관련된 구체적·개별적 제반 사정을 종합하여 합리적으로 평가할 때, 금전의 교부에 관해 위와 같은 대부의 개념요소를 인정하기 어려운 경우까지 이를 대부업법상 금전의 대부로 보는 것은, 대부업법 제2조 제1호 등 조항의 문언의 가능한 의미를 벗어나 피고인에게 불리한 방향으로 지나치게 확장해석하거나 유추해석하는 것이 되어 죄형법정주의의 원칙에 위반된다.

> **보충** 피고인이 의뢰인들에게 일정한 할인료를 공제한 금전을 교부하고 이와 상환하여 교부받은 상품권은 소지자가 발행자 또는 발행자가 지정하는 일정한 자에게 이를 제시 또는 교부하는 등의 방법으로 사용함으로써 권면금액에 상응하는 물품 또는 용역을 제공받을 수 있는 청구권이 화체된 유가증권의 일종인 점, 피고인과 의뢰인들 간의 상품권 할인 매입은 매매에 해당하고, 피고인과 의뢰인들 간의 관계는 피고인이 의뢰인들로부터 상품권 핀 번호를 넘겨받고 상품권 할인 매입 대금을 지급함으로써 모두 종료되는 점 등의 여러 사정을 종합하면, 피고인이 의뢰인들로부터 상품권을 할인 매입하면서 그 대금으로 금전을 교부한 것은 대부의 개념요소를 갖추었다고 보기 어렵다.

> **유사** 대출의뢰자들로부터 휴대전화 단말기의 매입을 가장한 것이 아니라 실제로 휴대전화 단말기를 매입하는 등 피고인들과 대출의뢰자들 간의 계약은 매매계약에 해당하고, 피고인들은 이를 통해 유통이윤을 얻은 것에 불과하므로, 이를 금전의 대부로 볼 수 없다(대법원 2019.9.25, 2019도4368).

98 대법원 2019.11.28, 2019도12022

수표의 배서를 위조·변조한 행위는 부수법상 수표위조·변조에 해당하지 않는다는 사례
수표위조·변조죄에 관한 구 부정수표 단속법 제5조는 "수표를 위조 또는 변조한 자는 1년 이상의 유기징역과 수표금액의 10배 이하의 벌금에 처한다."라고 정하여 수표의 강한 유통성과 거래수단으로서의 중요성을 감안하여 유가증권 중 수표의 위조·변조행위에 관하여는 범죄성립요건을 완화하여 초과주관적 구성요건인 '행사할 목적'을 요구하지 않는 한편, 형법 제214조 제1항 위반에 해당하는 다른 유가증권 위조·변조행위보다 그 형을 가중하여 처벌하려는 규정이다. 형법 제214조에서 발행에 관한 위조·변조는 대상을 '유가증권'으로, 배서 등에 관한 위조·변조는 대상을 '유가증권의 권리의무에 관한 기재'로 구분하여 표현하고 있는데, 구 부정수표 단속법 제5조는 위조·변조 대상을 '수표'라고만 표현하고 있다. 구 부정수표 단속법 제5조는 유가증권에 관한 형법 제214조 제1항 위반행위를 가중처벌하려는 규정이므로, 그 처벌범위가 지나치게 넓어지지 않도록 제한적으로 해석할 필요가 있다. 따라서 구 부정수표 단속법 제5조에서 처벌하는 행위는 수표의 발행에 관한 위조·변조를 말하고, 수표의 배서를 위조·변조한 경우에는 수표의 권리의무에 관한 기재를 위조·변조한 것으로서, 형법 제214조 제2항에 해당하는지 여부는 별론으로 하고 구 부정수표 단속법 제5조에는 해당하지 않는다.

99 대법원 2020.3.12, 2016도19170

공전자기록위작·변작에 규정된 '공무원', '공무소', '공무원 또는 공무소의 전자기록'의 의미
형법 제227조의2(공전자기록위작·변작)는 "사무처리를 그르치게 할 목적으로 공무원 또는 공무소의 전자기록 등 특수매체기록을 위작 또는 변작한 자는 10년 이하의 징역에 처한다."라고 규정하고 있다. 여기에서 … 그 행위주체가 공무원과 공무소가 아닌 경우에는 형법 또는 특별법에 의하여 공무원 등으로 의제되는 경우를 제외하고는 계약 등에 의하여 공무와 관련되는 업무를 일부 대행하는 경우가 있더라도 공무원 또는 공무소가 될 수 없다. 형벌법규의 구성요건인 공무원 또는 공무소를 법률의 규정도 없이 확장해석하거나 유추해석하는 것은 죄형법정주의 원칙에 반하기 때문이다. … 한국환경공단이 환경부장관의 위탁을 받아 건설폐기물 인계·인수에 관한 내용 등의 전산처리를 위한 전자정보처리프로그램인

올바로시스템을 구축·운영하고 있는 경우, 그 업무를 수행하는 한국환경공단 임직원을 공전자기록의 작성권한자인 공무원으로 보거나 한국환경공단을 공무소로 볼 수 없다.

100 대법원 2020.5.14, 2018도3690
출입국관리법이 규정한 외국인 근로자 '고용'의 의미
출입국관리법 제94조 제9호, 제18조 제3항의 '고용'의 의미는 취업활동을 할 수 있는 체류자격을 가지지 않은 외국인으로부터 노무를 제공 받고 이에 대하여 보수를 지급하는 행위를 말한다고 봄이 타당하다. 따라서 사용사업주가 근로자파견계약 또는 이에 준하는 계약을 체결하고 파견사업주로부터 그에게 고용된 외국인을 파견받아 자신을 위한 근로에 종사하게 하였다고 하더라도 이를 출입국관리법 제94조 제9호, 제18조 제3항이 금지하는 고용이라고 볼 수 없다.

101 대법원 2020.12.30, 2020도9994
자동차의 시동을 걸지 못한 상태에서 운전 의도로 제동장치를 조작하여 차량이 뒤로 진행된 사례
도로교통법 제2조 제26호는 '운전'이란 차마 또는 노면전차를 본래의 사용방법에 따라 사용하는 것을 말한다고 정하고 있다. 그중 자동차를 본래의 사용방법에 따라 사용했다고 하기 위해서는 엔진을 걸고 발진조작을 해야 한다(대법원 1999.11.12, 98다30834; 2009.5.28, 2009다9294·9300 참조). 피고인이 이 사건 차량에 장착된 STOP&GO 기능 조작 미숙으로 시동을 걸지 못한 상태에서 제동장치를 조작하다 차량이 뒤로 밀려 추돌사고를 야기한 경우, 피고인이 운전하려는 의사로 제동장치를 조작했어도 시동을 걸지 못한 이상 발진조작을 했다고 볼 수 없으므로, 자동차를 본래의 사용방법에 따라 사용했다고 보기 어렵다.

102 대법원 2021.1.14, 2016도7104
대통령에 대한 보고절차에 사용한 원본 문서가 아니라 컴퓨터에 저장된 문서파일을 이용하여 별도로 출력하거나 사본한 문건을 유출한 사례
대통령기록물법 제30조 제2항 제1호, 제14조에 의해 유출이 금지되는 대통령기록물에 원본 문서나 전자파일 이외에 그 사본이나 추가 출력물까지 포함된다고 해석하는 것은 죄형법정주의 원칙상 허용되지 아니한다(대통령기록물의 사본 등은 대통령기록물로 볼 수 없음).

103 대법원 2021.4.15, 2020도16468
대출금·이자를 상환하기 위해 필요하다는 기망에 속아 접근매체를 교부한 사례
전자금융거래법 제6조 제3항 제2호에서 정한 '접근매체의 대여'란 대가를 수수·요구 또는 약속하면서 일시적으로 다른 사람으로 하여금 접근매체 이용자의 관리·감독 없이 접근매체를 사용해서 전자금융거래를 할 수 있도록 접근매체를 빌려주는 행위를 말하고(대법원 2017.8.18, 2016도8957 참조), 여기에서 '대가'란 접근매체의 대여에 대응하는 관계에 있는 경제적 이익을 말한다(대법원 2019.6.27, 2017도16946 참조). 이때 접근매체를 대여하는 자는 접근매체 대여에 대응하는 경제적 이익을 수수·요구 또는 약속하면서 접근매체를 대여한다는 인식을 가져야 한다(기망에 속아 교부한 행위는 접근매체 대여에 해당하지 않음).

104 대법원 2018.7.12, 2017도1589; 헌법재판소 2019.11.28, 2017헌가23 등; 대법원 2021.6.24, 2019도 110
분리형 캠퍼를 화물자동차 적재함에 설치한 것은 자동차관리법상 승인이 필요한 자동차의 튜닝에 해당하지 않는다는 사례
자동차관리법 제2조 제11호는 "자동차의 튜닝"을 "자동차의 구조·장치의 일부를 변경하거나 자동차에 부착물을 추가하는 것"으로 정의하고 있고, 제34조 제1항은 자동차소유자가 국토교통부령으로 정하는

항목에 대하여 튜닝을 하려는 경우에는 시장·군수·구청장의 승인을 받도록 규정하고 있다. 자동차관리법 시행령 제8조 및 같은 법 시행규칙 제55조는 '길이, 높이, 총중량 등 시장·군수·구청장의 승인이 필요한 구조·장치의 변경사항'을 상세하게 규정하고 있다. 자동차관리법 제81조 제19호는 시장·군수·구청장의 승인을 받지 않고 자동차에 튜닝을 한 자에 대하여 1년 이하의 징역 또는 1,000만 원 이하의 벌금에 처하도록 규정하고 있다. 위와 같은 관련 규정과 그 입법취지 및 형벌법규의 명확성이나 그 엄격해석을 요구하는 죄형법정주의 원칙에 비추어, 자동차관리법상 승인이 필요한 '자동차의 튜닝'은 '자동차의 안전운행에 필요한 성능과 기준이 설정되어 있는 자동차의 구조·장치가 일부 변경되거나 자동차에 부착물을 추가함으로써 그러한 자동차 구조·장치의 일부 변경에 이르게 된 경우'를 의미한다고 해석함이 타당하다.

105 대법원 2021.6.24, 2019도13687
공직선거법상 '왜곡된 여론조사결과의 공표 금지'의 의미

공직선거법 제96조 제1항의 행위태양인 '공표'는 불특정 또는 다수인에게 왜곡된 여론조사결과를 널리 드러내어 알리는 것을 말한다. 비록 개별적으로 한 사람에게만 왜곡된 여론조사결과를 알리더라도 그를 통하여 불특정 또는 다수인에게 전파될 가능성이 있다면 이 요건을 충족하나, 전파될 가능성에 관하여서는 검사의 엄격한 증명이 필요하다(대법원 2011.12.22, 2008도11847; 2020.11.19, 2020도5813 전원합의체 참조). 한편 공직선거법 제96조 제1항의 입법취지에 비추어 공직선거법 제96조 제1항에 따라 공표 또는 보도가 금지되는 '왜곡된 여론조사결과'는 선거인으로 하여금 객관성·공정성을 신뢰할 만한 수준의 여론조사가 실제 이루어진 결과에 해당한다고 믿게 할 정도의 구체성을 가지는 정보로서 그것이 공표 또는 보도될 경우 선거인의 판단에 잘못된 영향을 미치고 선거의 공정성을 저해할 개연성이 있는 내용일 것을 요한다. 따라서 전파가능성을 이유로 개별적으로 한 사람에게 알리는 행위가 '왜곡된 여론조사결과의 공표' 행위에 해당한다고 하기 위해서는 그 한 사람을 통하여 '왜곡된 여론조사결과'로 인정될 수 있을 정도의 구체성이 있는 정보가 불특정 또는 다수인에게 전파될 가능성이 있다는 점이 인정되어야 한다.

106 대법원 1979.9.25, 79도1309; 2021.7.21, 2020도10970
형법 제48조 소정의 "취득"의 의미

형법 제48조가 규정하는 몰수·추징의 대상은 범인이 범죄행위로 인하여 취득한 물건을 뜻하고, 여기서 '취득'이란 해당 범죄행위로 인하여 결과적으로 이를 취득한 때를 말한다고 제한적으로 해석함이 타당하다.

107 대법원 2021.9.30, 2017도13182
'농업기계'는 무면허운전 처벌규정의 적용대상인 '자동차'에 해당하지 않는다는 사례

구 도로교통법 제152조 제1호, 제43조의 무면허운전 처벌규정의 적용대상인 구 도로교통법 제2조 제18호에서 정한 자동차는 구 자동차관리법 제2조 제1호에서 정한 자동차로서 같은 법 제3조에서 정한 각종 자동차에 해당하는 것에 한정된다고 보아야 한다(대법원 1993.2.23, 92도3126 참조). … 한편 구 자동차관리법 제2조 제1호는 '자동차란 원동기에 의하여 육상에서 이동할 목적으로 제작한 용구 또는 이에 견인되어 육상을 이동할 목적으로 제작한 용구를 말한다. 다만 대통령령으로 정하는 것은 제외한다'고 정하고 있고, 자동차관리법 시행령 제2조 제2호는 구 자동차관리법 제2조 제1호 단서의 위임에 따라 자동차에서 제외되는 것 중 하나로 '농업기계화 촉진법에 따른 농업기계'를 정하고 있다. 위에서 본 규정을 체계적·종합적으로 살펴보면, … 피고인이 운전한 차량은 농업기계화법에 따른 농업기계로서 구 자동차관리법 제2조 제1호에서 정한 자동차나 이를 전제로 하는 구 자동차관리법 제3조에서 정한 각종 자동차에 해당하지 않으므로 무면허운전 처벌규정의 적용대상인 구 도로교통법 제2조 제18호에 정한 자동차에도 해당하지 않는다.

1 대법원 1994.12.20, 94모32
실화죄의 '자기의 소유에 속하는 제166조 또는 제167조에 기재한 물건'에 대한 해석
형법 제170조 제2항에서 말하는 '자기의 소유에 속하는 제166조 또는 제167조에 기재한 물건'이라 함은 '자기의 소유에 속하는 제166조에 기재한 물건 또는 자기의 소유에 속하든, 타인의 소유에 속하든 불문하고 제167조에 기재한 물건'을 의미하는 것이라고 해석하여야 하며, 이렇게 해석한다고 하더라도 그것이 법규정의 가능한 의미를 벗어나 법형성·법창조행위에 이른 것이라고는 할 수 없어 죄형법정주의의 원칙상 금지되는 유추해석·확장해석에 해당한다고 볼 수는 없다.

2 대법원 1998.5.21, 95도2002 전원합의체
외국환관리법상의 추징은 일반 형사법과는 달리 관세법상 추징처럼 징벌적 공동연대추징 법리 적용
외국환관리법상의 몰수와 추징은 범죄사실에 대한 징벌적 제재의 성격을 띠고 있다고 할 것이므로, 여러 사람이 공모하여 범칙행위를 한 경우 몰수대상인 외국환 등을 몰수할 수 없을 때에는 각 범칙자 전원에 대하여 그 취득한 외국환 등의 가액 전부의 추징을 명하여야 하고, 그중 한 사람이 추징금 전액을 납부하였을 때에는 다른 사람은 추징의 집행을 면할 것이나, 그 일부라도 납부되지 아니하였을 때에는 그 범위 내에서 각 범칙자는 추징의 집행을 면할 수 없다.

3 대법원 2002.2.21, 2001도2819 전원합의체
후보자의 배우자와 선거사무원 사이의 금품 수수도 공직선거법상 기부행위에 해당한다는 사례
후보자의 배우자와 선거사무원 사이의 현금 수수는 후보자의 배우자가 특정의 선거인에게 전달하기 위하여 선거사무원에게 단순히 보관시키거나 돈 심부름을 시킨 것이 아니라 그로 하여금 불특정 다수의 선거인들을 매수하여 지지표를 확보하는 등의 부정한 선거운동에 사용하도록 제공한 것으로서 공직선거법 제112조 제1항 소정의 '기부행위'에 해당한다 할 것이고, 이를 들어 기부행위를 실행하기 위한 준비 내지 예비 행위에 불과하다고 할 수는 없다.

4 대법원 2003.7.8, 2001도1335
음란부호 링크는 음란부호 전시와 다를 바 없다는 사례
음란한 부호 등으로 링크(link)를 해 놓는 행위와 관련하여, 그 실질에 있어서 음란한 부호 등을 직접 전시하는 것과 다를 바 없다고 평가되고, 이에 따라 불특정·다수인이 이러한 링크를 이용하여 별다른 제한 없이 음란한 부호 등에 바로 접할 수 있는 상태가 실제로 조성되었다면, 그러한 행위는 전체로 보아 음란한 부호 등을 공연히 전시한다는 구성요건을 충족한다고 봄이 상당하며, 이러한 해석은 죄형법정주의에 반하는 것이 아니다. [경찰채용 13 2차 / 사시 11]

5 대법원 2005.11.25, 2005도870
이용자가 자신의 아이디와 비밀번호를 알려주며 사용을 승낙한 경우에도 해킹이 가능하다는 사례
피고인이 업무상 알게 된 직속상관의 아이디와 비밀번호를 이용하여 직속상관이 모르는 사이에 군 내부전산 망 등에 접속하여 직속상관의 명의로 군사령관에게 이메일을 보낸 경우, 정보통신망 이용촉진 및 정보보호 등에 관한 법률 제48조 제1항에 규정한 정당한 접근권한 없이 정보통신망에 침입하는 행위에 해당한다.

6 대법원 2006.2.24, 2005도9114
노래연습장에서 손님이 직접 부른 '티켓걸'을 용인한 행위가 유흥주점영업에 해당한다는 사례
특정다방에 대기하는 이른바 '티켓걸'이 노래연습장에 티켓영업을 나가 시간당 정해진 보수를 받고 그 손님과 함께 춤을 추고 노래를 불러 유흥을 돋우게 한 경우, 손님이 직접 전화로 '티켓걸'을 부르고

그 티켓비를 손님이 직접 지급하였더라도 업소주인이 이러한 사정을 알고서 이를 용인하였다면 관련 식품위생법령의 입법 취지에 비추어 유흥종사자를 둔 경우에 해당한다.

7 대법원 2007.3.15, 2006도9453
미성년자의제강간·의제강제추행죄에도 미수범 처벌규정이 적용된다는 사례
형법 제305조가 "13세 미만의 부녀를 간음하거나 13세 미만의 사람에게 추행을 한 자는 제297조, 제298조, 제301조 또는 제301조의2의 예에 의한다."로 되어 있는데, 제297조와 제298조의 '예에 의한다'는 의미는 미성년자의제강간·강제추행죄의 처벌에 있어 그 법정형뿐만 아니라 미수범에 관하여도 강간죄와 강제추행죄의 예에 따른다는 취지로 해석된다. [사시 11]

8 대법원 2007.6.14, 2007도2162
정보통신망법상 비밀침해죄의 비밀의 주체에 사망한 자도 포함된다는 사례
정보통신망에 의하여 처리·보관 또는 전송되는 타인의 정보를 훼손하거나 타인의 비밀을 침해·도용 또는 누설하는 행위를 금지·처벌하는 규정인 정보통신망 이용촉진 및 정보보호 등에 관한 법률 제49조 및 제62조 제6호 소정의 '타인'에는 생존하는 개인뿐만 아니라 이미 사망한 자도 포함된다고 해석하는 것은 유추해석금지원칙에 위배되지 않는다. [경찰채용 15 3차 / 경찰간부 14 / 경찰승진 10 / 사시 11]

9 대법원 2008.2.1, 2007도8286
음란웹사이트 바로가기 아이콘 설치행위는 정보통신망이용 음란영상공연전시죄에 해당한다는 사례
피고인(PC방 운영자)이 자신의 PC방 컴퓨터의 바탕화면 중앙에 음란한 영상을 전문적으로 제공하는 웹사이트로 연결되는 바로가기 아이콘을 설치하고 접속에 필요한 성인인증까지 미리 받아둠으로써 불특정·다수인이 아무런 제한 없이 음란한 영상을 접할 수 있는 상태를 조성한 경우, 이는 그 실질에 있어 위 웹사이트의 음란한 영상을 피고인이 직접 전시한 것과 다를 바 없다.

10 대법원 2008.4.17, 2003도758
북한 방문증명서를 발급받아 북한을 방문한 기간 동안 반국가단체 구성원과 회합한 사례
통일부장관의 북한 방문증명서를 발급받아 북한을 방문하였다고 하더라도 그 기회에 이루어진 반국가단체 구성원 등과의 회합행위 등이 남북교류와 협력을 목적으로 하는 행위로서 정당하다고 인정되는 범위 내에 있다고 볼 수 없고, 오히려 대한민국의 존립·안전이나 자유민주적 기본질서에 실질적 해악을 끼칠 명백한 위험성이 인정되는 경우에는 그로 인한 죄책을 면할 수 없다.

11 대법원 2008.4.24, 2006도8644
이메일 출력물이 정보통신망상 비밀의 내용에 해당한다는 사례
자신의 뇌물수수 혐의에 대한 결백을 주장하기 위하여 제3자로부터 사건 관련자들이 주고받은 이메일 출력물을 교부받아 징계위원회에 제출한 경우, 이메일 출력물 그 자체는 정보통신망 이용촉진 및 정보보호 등에 관한 법률에서 말하는 '정보통신망에 의하여 처리·보관 또는 전송되는' 타인의 비밀에 해당하지 않지만, 이를 징계위원회에 제출하는 행위는 '정보통신망에 의하여 처리·보관 또는 전송되는 타인의 비밀'인 이메일의 내용을 '누설하는 행위'에 해당한다. [경찰채용 14 1차 / 경찰채용 15 2차 / 경찰채용 12 3차 / 경찰간부 11·15]

12 대법원 2008.8.21, 2008도3975
동영상 파일 재생 기계장치에 저장된 음란 동영상이 풍속법상 비디오물에 해당한다는 사례
풍속영업소인 모텔에서 그 내부 하드디스크에 저장된 수많은 디빅(DivX : Digital Internet Video Express) 형식의 동영상 파일을 TV수상기를 통하여 재생시켜 볼 수 있는 기계장치인 디빅 플레이어

(DivX Player)를 설치하여 투숙객으로 하여금 디빅 플레이어에 저장된 음란 동영상을 관람하게 한 행위는 풍속법 제3조 제2호가 정하는 음란한 비디오물을 관람하게 한 행위에 해당한다.

13 대법원 2008.9.25, 2008도7007
치마 밑으로 드러난 허벅다리 부분도 성적 욕망 또는 수치심을 유발할 수 있는 신체라는 사례
야간에 버스 안에서 휴대폰 카메라로 옆 좌석에 앉은 여성(18세)의 치마 밑으로 드러난 허벅다리 부분을 촬영한 경우, 그 촬영 부위는 성폭법상의 '성적 욕망 또는 수치심을 유발할 수 있는 타인의 신체'에 해당하므로 성폭법위반죄(소위 몰래카메라이용촬영죄)의 성립이 인정된다.

14 대법원 2010.1.28, 2009도9484
범죄단체 활동죄의 해당 여부
① '범죄단체의 간부급 조직원들이 조직생활의 자부심을 심어 주고, 조직 결속력 강화 및 조직 이탈을 방지하기 위하여 개최한 회식에 참석한 행위' 및 '다른 폭력조직의 조직원의 장례식, 결혼식 등 각종 행사에 참석하여 하부 조직원들이 행사장에 도열하여 상부 조직원들이 도착할 때와 나갈 때 90°로 인사하는 이른바 병풍 역할을 하여 조직의 위세를 과시한 행위'는 폭력행위 등 처벌에 관한 법률 제4조 제1항의 '활동'에 해당하지 않지만, ② '다른 폭력조직과의 싸움에 대비하고 조직의 위세를 과시하기 위하여 비상연락체계에 따라 다른 조직원들과 함께 집결하여 대기한 일련의 행위'는 '활동'에 해당한다.

15 대법원 2010.2.25, 2008도4844; 2010.3.25, 2008도4228
게임제공업자가 경품을 제공한 다음 바로 현금으로 환전해 준 행위와 음비법상 현금 경품제공죄
게임제공업자가 처음부터 게임장 영업을 하는 방법으로 게임장 이용자들이 게임물을 통하여 취득한 경품을 현금으로 교환해 주기로 약속하고 경품을 제공한 다음 바로 환전하여 준 경우에는 결국 환전을 통해 게임장 이용자들에게 지급된 현금을 게임제공업자가 제공한 경품으로 봄이 상당하다 할 것인 바, 이는 음비법 및 경품취급기준에서 처벌되는 현금 경품제공에 해당된다.

16 대법원 2010.4.8, 2009도13542
신용정보법의 적용대상에 신용정보업자 이외의 자도 포함된다는 사례
신용정보업자 등이 아닌 자의 경우에도 개인신용정보를 신용정보보호법 제24조 제1항 소정의 목적 외로 사용한다면 해당 정보가 오용, 남용되어 사생활의 비밀 등이 침해될 우려가 높다는 점 등을 종합하면, 같은 법의 적용대상에는 '신용정보업자등 이외의 자'도 포함된다고 보는 것이 체계적이고도 논리적인 해석이라 할 것이고, 그와 같은 해석이 죄형법정주의에 위배된다고 볼 수는 없다.

17 대법원 2010.5.13, 2009도13332
꽃불류의 설치행위도 꽃불류의 사용에 포함된다는 사례
총포·도검·화약류 등 단속법 시행령 제23조 제2항에서의 '사용'에는 쏘아 올리는 꽃불류의 '설치행위'도 포함되는 것으로 해석되고, 이러한 해석이 형벌법규의 명확성의 원칙에 반하는 것이거나 죄형법정주의에 의하여 금지되는 확장해석이나 유추해석에 해당하는 것으로 볼 수는 없다. [경찰채용 12 2차]

18 대법원 2010.7.15, 2009도4545
외국의 음란한 위성방송프로그램이 풍속법상 음란한 물건에 해당한다는 사례
풍속영업소인 숙박업소에서 음란한 외국의 위성방송프로그램을 수신하여 투숙객 등으로 하여금 시청하게 하는 행위는, 구 풍속영업의 규제에 관한 법률 제3조 제2호에 규정된 '음란한 물건'을 관람하게 하는 행위에 해당한다.

19 대법원 2010.7.29, 2009도10487

기립불능의 젖소와 축산물가공처리법상 '병원성 미생물에 의하여 오염의 우려가 있다'는 것의 의미

기립불능의 젖소 41마리를 다른 소에 대한 브루셀라병검사증명서를 제출하여 도축하게 한 후 그 식육을 경매의 방법으로 판매하도록 한 경우, 위 행위는 구 축산물가공처리법상 금지되는 병원성 미생물에 의하여 오염되었을 우려가 있는 축산물을 '판매할 목적으로 처리'한 경우에 해당한다.

20 대법원 2010.11.11, 2010도8265

범죄경력자료불법취득죄의 성립범위 사례

형실효법 제6조 제3항은 누구든지 위 법에서 정하는 경우 외의 용도에 사용할 목적으로 범죄경력자료 등을 취득하여서는 아니 된다고 규정하고 있는 바, 위 법 제6조 제3항에서 말하는 '범죄경력자료 등의 취득'은 수사자료표를 관리하는 사람이나 직무상 수사자료표에 의한 범죄경력조회를 하는 사람으로부터 직접 취득하는 경우에 한정된다고 볼 수는 없다.

21 대법원 2010.12.23, 2010도9110; 2005.2.18, 2004도6795; 2005.9.15, 2005도2246; 2006.6.27, 2006도2370; 헌법재판소 2002.4.25, 2001헌바26

공직선거법상 '선거운동과 관련하여'의 의미

공직선거법 제135조 제3항 위반죄는 선거운동과 관련하여 금품 기타 이익의 제공 또는 그 제공의 의사를 표시하거나 그 제공을 약속하는 행위를 처벌대상으로 하는 것으로서, 여기서 '선거운동과 관련하여'는 '선거운동에 즈음하여, 선거운동에 관한 사항을 동기로 하여'라는 의미로서 '선거운동을 위하여'보다 광범위하고, … 반드시 금품제공이 선거운동의 대가일 필요는 없다.

22 대법원 2011.4.14, 2008도6693

화물자동차 운수사업법상 '자가용화물자동차를 유상으로 화물운송용에 제공하거나 임대하는 행위'의 의미

구 화물자동차 운수사업법 제48조 제4호는 '법에 위반하여 자가용화물자동차를 유상으로 화물운송용에 제공하거나 임대한 자'를 처벌하도록 규정하고 있는데, 이는 자가용화물자동차를 '유상으로 화물운송용에 제공하는 행위'와 '임대하는 행위'를 의미한다고 보아야 한다(甲 등은 乙에게 자가용화물자동차를 유상으로 임대하였다고 하여 위 법 위반으로 기소되었는바, 乙이 위 화물자동차를 가지고 화물운송용에 사용한 것은 아니었고, 甲 등도 화물운송용으로 임대한 것은 아니었다 하더라도 甲 등의 행위는 위 법 위반죄에 해당한다는 사례).

[경찰채용 12 1차]

23 대법원 2011.11.10, 2011도3934

이미 성매매의사를 가지고 있는 청소년에게 성을 팔도록 권유하는 행위

아청법 제10조 제2항은 '아동·청소년의 성을 사기 위하여 아동·청소년을 유인하거나 성을 팔도록 권유한 자'를 처벌하도록 규정하고 있는데, 위 법률조항의 문언 및 체계, 입법 취지 등에 비추어, 아동·청소년이 이미 성매매 의사를 가지고 있었던 경우에도 그러한 아동·청소년에게 성을 팔도록 권유하는 행위도 '성을 팔도록 권유하는 행위'에 포함된다고 보아야 한다.

24 대법원 2012.2.23, 2010도8981

도시정비법상 의사록 관련 자료에 관한 유추해석금지원칙 관련 사례

도시 및 주거환경정비법 제81조 제1항 제3호에서 정한 열람·등사요청에 응해야 하는 의사록 관련 자료에 참석자명부와 서면결의서가 포함된다고 보는 것은 체계적이고 논리적인 해석이라 할 것이고, 그와 같은 해석이 죄형법정주의에 위배된다고 볼 수는 없다.

25 대법원 2012.5.24, 2010도11381

집시법상 집회의 의미와 2인이 모인 집회

집회 및 시위에 관한 법률에 의하여 보장 및 규제의 대상이 되는 집회란 '특정 또는 불특정 다수인이 공동의 의견을 형성하여 이를 대외적으로 표명할 목적 아래 일시적으로 일정한 장소에 모이는 것'을 말하고, 모이는 장소나 사람의 다과에 제한이 있을 수 없으므로, 2인이 모인 집회도 위 법의 규제 대상이 된다고 보아야 한다.

26 대법원 2012.8.17, 2012도5862
위치추적 전자장치의 구성부분에 대한 분실신고를 하지 않은 행위와 그 효용을 해하는 행위의 해석
특정 범죄자에 대한 위치추적 전자장치 부착 등에 관한 법률 제38조에서 정한 '그 효용을 해하는 행위'에는 위치추적 전자장치 자체의 기능을 직접적으로 해하는 행위뿐만 아니라 부작위라도 고의적으로 그 효용이 정상적으로 발휘될 수 없도록 한 경우도 포함된다(위치추적 전자장치의 구성부분을 피부착자가 분실하고 분실신고를 하지 않고 일정기간 돌아다니는 행위도 처벌됨).

27 대법원 2012.12.13, 2012도11505
게임산업법상 게임머니환전의 의미와 게임결과물을 교부하고 돈을 수령하는 행위
게임산업법 제32조 제1항 제7호의 '환전'에는 '게임결과물을 수령하고 돈을 교부하는 행위'뿐만 아니라 게임결과물을 교부하고 돈을 수령하는 행위도 포함되는 것으로 해석함이 상당하고, 이를 지나친 확장해석 이나 유추해석이라고 할 수 없다.

28 대법원 2013.3.28, 2011도2393
플래시 몹이 그 목적·내용에 따라서 집시법상 사전신고대상인 집회에 해당될 수도 있다는 사례
플래시 몹이 행위예술의 한 형태인 퍼포먼스 형식으로 진행되었다 하더라도, 정부의 청년실업 문제 정책을 규탄하는 등 그 주장하고자 하는 정치·사회적 구호를 대외적으로 널리 알리려는 의도 하에 개최된 경우, 집시법의 신고대상에서 제외되는 오락·예술 등에 관한 집회라고 볼 수 없다.

29 대법원 2013.8.23, 2013도4004
은행통장 양도·양수 사건
전자금융거래법상 처벌대상인 '접근매체의 양수'는 양도인의 의사에 기하여 접근매체의 소유권 내지 처분권을 확정적으로 이전받는 것을 의미하고, 단지 대여받거나 일시적인 사용을 위한 위임을 받는 행위는 이에 포함되지 않는다고 봄이 상당한데, 같은 법 제6조 제3항 제1호는 접근매체의 양도, 양수행위의 주체에 제한을 두지 않고 있으므로 반드시 접근매체의 명의자가 양도하거나 명의자로부터 양수한 경우에만 처벌대상이 된다고 볼 수 없다.[14]

30 대법원 2013.12.12, 2013도4555
군형법상 상관모욕죄의 객체인 '상관'에 대통령이 포함된다는 사례
군형법상 상관모욕죄는 상관에 대한 사회적 평가, 즉 외부적 명예 외에 군 조직의 질서 및 통수체계 유지 역시 보호법익으로 하는 점, 상관모욕죄의 입법 취지, 군형법·헌법·국군조직법 등의 체계적 구조 등을 종합하면, 상관모욕죄의 '상관'에 대통령이 포함된다고 보아야 한다.

31 대법원 2015.6.25, 2014도17252 전원합의체
소송촉진법상 1심판결에 대한 재심규정을 항소심판결에 적용할 수 있다는 사례
소촉법 제23조(사형, 무기 또는 장기 10년이 넘는 징역·금고에 해당하지 아니하는 사건에 대하여는 피고인에

---

14 보충 : 이 판례는 대포통장 명의자로부터 통장을 넘겨받은 모집책뿐만 아니라 중간거래상들에게도 전자금융거래법 위반죄를 적용할 수 있다는 사례이다. 즉 주로 보이스피싱(전화금융사기)에 사용되는 다른 사람 명의의 예금통장이나 현금카드를 제3자(보이스피싱조 직)에게 넘겨주는 행위도 전자금융거래법 위반죄로 처벌할 수 있다는 것이다.

대한 송달불능보고서가 접수된 때부터 6개월이 지나도록 피고인의 소재를 확인할 수 없는 경우에는 대법원규칙으로 정하는 바에 따라 피고인의 진술 없이 재판할 수 있음)에 따라 유죄판결을 받고 그 판결이 확정된 피고인이 책임을 질 수 없는 사유로 공판절차에 출석할 수 없었던 경우에는, 피고인 등이 소촉법 제23조의2 제1항에 의하여 그 판결이 있었던 사실을 안 날부터 14일 이내에 제1심 법원에 재심을 청구할 수 있는데, 소촉법 제23조에 따라 진행된 제1심의 불출석 재판에 대하여 검사만 항소하고 항소심도 불출석 재판으로 진행한 후에 제1심판결을 파기하고 새로 또는 다시 유죄판결을 선고하여 유죄판결이 확정된 경우, 위 제23조의2 제1항을 유추 적용하여 항소심 법원에 재심을 청구할 수 있다. … 이때 피고인이 상고권회복에 의한 상고를 제기하여 위 사유를 상고이유로 주장하는 경우, 형사소송법 제383조 제3호에서 상고이유로 정한 원심판결에 '재심청구의 사유가 있는 때'에 해당한다.

> **보충** 위 사유로 파기되는 사건을 환송받아 다시 항소심 절차를 진행하는 원심으로서는 피고인의 귀책사유 없이 특례 규정에 의하여 제1심이 진행되었다는 파기환송 판결 취지에 따라, 제1심판결에 형사소송법 제361조의5 제13호의 항소이유에 해당하는 재심 규정에 의한 재심청구의 사유가 있어 직권 파기 사유에 해당한다고 보고, 다시 공소장 부본 등을 송달하는 등 새로 소송절차를 진행한 다음 새로운 심리 결과에 따라 다시 판결을 하여야 한다.

32 대법원 2015.12.23, 2015도13488
아동의 정신건강 및 발달에 해를 끼치는 정서적 학대행위의 의미

구 아동복지법 제17조 제5호 "아동의 정신건강 및 발달에 해를 끼치는 정서적 학대행위"는 유형력 행사를 동반하지 아니한 정서적 학대행위나 유형력을 행사하였으나 신체의 손상에까지 이르지는 않고 정서적 학대에 해당하는 행위를 가리킨다고 보아야 한다. 여기에서 "아동의 정신건강 및 발달에 해를 끼치는 정서적 학대행위"라 함은 현실적으로 아동의 정신건강과 그 정상적인 발달을 저해한 경우뿐만 아니라 그러한 결과를 초래할 위험 또는 가능성이 발생한 경우도 포함되며, 반드시 아동에 대한 정서적 학대의 목적이나 의도가 있어야만 인정되는 것은 아니고 자기의 행위로 인하여 아동의 정신건강 및 발달을 저해하는 결과가 발생할 위험 또는 가능성이 있음을 미필적으로 인식하면 충분하다고 할 것이다.

33 대법원 2016.2.18, 2015도1185
성매매처벌법 제2조 제1항 제1호의 '불특정인을 상대로'의 의미

성매매알선 등 행위의 처벌에 관한 법률 제2조 제1항 제1호는 '성매매'를 불특정인을 상대로 금품이나 그 밖의 재산상의 이익을 수수하거나 수수하기로 약속하고 성교행위나 유사 성교행위를 하거나 그 상대방이 되는 것을 말한다고 규정하고 있는데, 여기서 '불특정인을 상대로'라는 것은 행위 당시에 상대방이 특정되지 않았다는 의미가 아니라, 그 행위의 대가인 금품 기타 재산상의 이익에 주목적을 두고 상대방의 특정성을 중시하지 않는다는 의미라고 보아야 한다.

34 대법원 2016.5.12, 2015도6781
아동복지법상 "아동의 신체에 손상을 주는 학대행위"의 의미

구 아동복지법 제17조 제3호는 "아동의 신체에 손상을 주는 학대행위"를 금지행위의 하나로 규정하고 있는데, 여기에서 '신체에 손상을 준다'란 아동의 신체에 대한 유형력의 행사로 신체의 완전성을 훼손하거나 생리적 기능에 장애를 초래하는 '상해'의 정도에까지는 이르지 않더라도 그에 준하는 정도로 신체에 부정적인 변화를 가져오는 것을 의미한다.

35 대법원 2016.5.24, 2015도10254
총검단속법상 '사용'의 의미

구 총검단속법 제17조 제2항에서 정한 총포 등의 '사용'이란 총포 등의 본래의 목적이나 기능에 따른 사용으로서 공공의 안전에 위험과 재해를 일으킬 수 있는 행위를 말하므로, 총포 등의 사용이 본래의 목적이나 기능과는 전혀 상관이 없거나 그 행위로 인하여 인명이나 신체에 위해가 발생할 위험이 없다면 이를 위 규정에서 정한 '사용'이라고 할 수는 없으나, 반드시 탄알·가스 등의 격발에 의한 발사에까지 이르지 아니하였더라도 그와 밀접한 관련이 있는 행위로서 그로 인하여 인명이나 신체에 대하여 위해가 발생할 위험이 초래된다면 이는 총포 등의 본래의 목적이나 기능에 따른 사용으로서 위 규정에서 정한 '사용'에 해당한다.

36 대법원 2016.6.23, 2014도8514
마약류관리법상 '업무 외의 목적을 위하여'의 의미
구 마약류 관리에 관한 법률 제5조 제1항 및 제61조 제1항 제7호에서 '업무 외의 목적을 위하여'라는 전제 아래 그에 정한 행위를 금지하고 처벌하는 것은 고의 외에 위법요소로서 '업무 외의 목적'을 범죄성립요건으로 규정한 것으로서, … 마약류취급자인 의사가 의학적인 판단에 따라 질병에 대한 치료 기타 의료 목적으로 그에 필요한 범위 내에서 마약 또는 향정신성의약품을 투약하는 것은 허용되지만, 질병에 대한 치료 기타 의료 목적을 위하여 통상적으로 필요한 범위를 넘어서서 의료행위 등을 빙자하여 마약 등을 투약하는 행위는 '업무 외의 목적'을 위하여 마약 등을 투약하는 경우에 해당한다.

37 대법원 2016.7.22, 2016도5399
여신전문금융업법에서 금지하는 신용카드 매출채권 양수행위 사례
구 여신전문금융업법 제20조 제1항은 "신용카드에 의한 거래에 의하여 발생한 매출채권은 이를 신용카드업자 외의 자에게 양도하여서는 아니 되며, 신용카드업자 외의 자는 이를 양수하여서는 아니 된다."라고 규정하고 있고, 구 여신전문금융업법 제20조 제1항은 "신용카드가맹점은 신용카드에 따른 거래로 생긴 채권(신용카드업자에게 가지는 매출채권을 포함한다)을 신용카드업자 외의 자에게 양도하여서는 아니 되고, 신용카드업자 외의 자는 이를 양수하여서는 아니 된다."라고 규정하고 있다. … 위 각 규정의 후단은 신용카드업자 외의 자가 '신용카드에 의한 거래로 생긴 채권'을 양수하는 행위를 금지하는 것이고, 양수행위의 상대방이 신용카드가맹점으로 제한된다고 해석할 것은 아니다.

38 대법원 2016.12.15, 2016도8070
실외에 설치된 것도 유흥주점에 포함된다는 사례
식품위생법령상 유흥시설을 설치한 유흥주점은 주로 주류를 조리·판매하는 곳으로 춤을 출 수 있도록 무도장을 설치한 장소를 가리킨다. 설치장소가 실내로 제한되는 것은 아니고 실외에 설치된 것도 유흥주점에 포함된다.

39 대법원 2018.9.13, 2017도16732
전기 쇠꼬챙이로 개를 감전시켜 도살한 사건
구 동물보호법(2017.3.21. 법률 제14651호로 개정되기 전의 것, 이하 '구 동물보호법'이라고 한다) 제8조 제1항은 "누구든지 동물에 대하여 다음 각호의 행위를 하여서는 아니 된다."라고 규정하면서 그 제1호에서 "목을 매다는 등의 잔인한 방법으로 죽이는 행위"를 들고 있고, 구 동물보호법 제46조 제1항은 같은 법 제8조 제1항 제1호를 위반한 사람을 처벌하도록 규정하고 있다. … 형사처벌의 구성요건인 구 동물보호법 제8조 제1항 제1호에서 금지하는 잔인한 방법인지 여부는 특정인이나 집단의 주관적 입장에서가 아니라 사회 평균인의 입장에서 그 시대의 사회통념에 따라 객관적이고 규범적으로 판단하여야 한다.

> 보충 | 개 농장을 운영하는 甲은 농장 도축시설에서 개를 묶은 상태에서 전기가 흐르는 쇠꼬챙이를 개의 주둥이에 대어 감전시키는 방법으로 개를 도살하였다. 이는 위 구 동물보호법에 규정된 잔인한 방법으로 죽이는 행위에 해당할 수 있다.

40 대법원 2018.5.11, 2018도2844

의료법상 사망한 자의 비밀도 보호되는지 여부에 관한 사건

구 의료법 제19조는 "의료인은 이 법이나 다른 법령에 특별히 규정된 경우 외에는 의료·조산 또는 간호를 하면서 알게 된 다른 사람의 비밀을 누설하거나 발표하지 못한다."라고 정하고, 제88조는 "제19조를 위반한 자"를 3년 이하의 징역이나 1천만 원 이하의 벌금에 처하도록 정하고 있다. 이렇게 의료인의 비밀누설 금지의무를 규정한 구 의료법 제19조에서 정한 '다른 사람'에는 생존하는 개인 이외에 이미 사망한 사람도 포함된다.

41 대법원 2018.11.15, 2018도11378; 2018.12.27, 2018도6870

음주운전 3진아웃의 위반횟수

도로교통법 제44조 제1항은 술에 취한 상태에서 자동차 등의 운전을 금지하고, 동법 제148조의2 제1항 제1호는 '제44조 제1항을 2회 이상 위반한 사람'으로서 다시 같은 조 제1항을 위반하여 술에 취한 상태에서 자동차 등을 운전한 사람을 1년 이상 3년 이하의 징역이나 500만 원 이상 1천만 원 이하의 벌금에 처한다고 정하고 있다. … 위 조항 중 '제44조 제1항을 2회 이상 위반한 사람'은 문언 그대로 2회 이상 음주운전 금지규정을 위반하여 음주운전을 하였던 사실이 인정되는 사람으로 해석해야 하고, 그에 대한 형의 선고나 유죄의 확정판결 등이 있어야만 하는 것은 아니다. 동법 제148조의2 제1항 제1호를 적용할 때 위와 같은 음주운전 금지규정 위반자의 위반전력 유무와 그 횟수는 법원이 관련 증거를 토대로 자유심증에 따라 심리·판단해야 한다. 다만 이는 공소가 제기된 범죄의 구성요건을 이루는 사실이므로, 그 증명책임은 검사에게 있다.

42 대법원 2018.11.15, 2018도14610

정보통신망법상 '공포심이나 불안감을 유발하는 문언을 반복적으로 상대방에게 도달하게 하는 행위'의 의미

정보통신망 이용촉진 및 정보보호 등에 관한 법률 제74조 제1항 제3호, 제44조의7 제1항 제3호는 정보통신망을 통하여 공포심이나 불안감을 유발하는 부호·문언·음향·화상 또는 영상을 반복적으로 상대방에게 도달하게 하는 행위를 처벌하고 있다. … '도달하게 한다'는 것은 '상대방이 공포심이나 불안감을 유발하는 문언 등을 직접 접하는 경우뿐만 아니라 상대방이 객관적으로 이를 인식할 수 있는 상태에 두는 것'을 의미한다. 따라서 피고인이 상대방의 휴대전화로 공포심이나 불안감을 유발하는 문자메시지를 전송함으로써 상대방이 별다른 제한 없이 문자메시지를 바로 접할 수 있는 상태에 이르렀다면, 그러한 행위는 공포심이나 불안감을 유발하는 문언을 상대방에게 도달하게 한다는 구성요건을 충족한다고 보아야 하고, 상대방이 실제로 문자메시지를 확인하였는지 여부와는 상관없다.

43 대법원 2018.12.27, 2017도15226

직장 동료의 사내메신저 대화를 열람·복사한 사건

정보통신망법 제49조는 "누구든지 정보통신망에 의하여 처리·보관 또는 전송되는 타인의 정보를 훼손하거나 타인의 비밀을 침해·도용 또는 누설하여서는 아니 된다."라고 정하고, 제71조 제1항 제11호는 이를 위반한 자는 5년 이하의 징역 또는 5천만 원 이하의 벌금에 처한다'고 정하고 있다. … 정보통신망법 제49조 위반행위의 객체인 '정보통신망에 의해 처리·보관 또는 전송되는 타인의 비밀'에는 … 정보통신망으로 처리·전송이 완료된 다음 사용자의 개인용 컴퓨터(PC)에 저장·보관되어 있더라도, 그 처리·전송과 저장·보관이 서로 밀접하게 연계됨으로써 정보통신망과 관련된 컴퓨터 프로그램을 활용해서만 열람·검색이 가능한 경우 등 정보통신체제 내에서 저장·보관 중인 것으로 볼 수 있는 비밀도 여기서 말하는 '타인의 비밀'에 포함된다고 보아야 한다. 또한 … 정보통신망법 제49조의 '타인의 비밀 침해 또는 누설'에서 요구되는 '정보통신망에 침입하는 등 부정한 수단 또는 방법'은 부정하게 취득한 타인의 식별부호(아이디와 비밀번호)를 직접 입력하거나 보호조치에 따른 제한을 면할 수

있게 하는 부정한 명령을 입력하는 등의 행위에 한정되지 않는다. 이러한 행위가 없더라도 사용자가 식별부호를 입력하여 정보통신망에 접속된 상태에 있는 것을 기화로 정당한 접근권한 없는 사람이 사용자 몰래 정보통신망의 장치나 기능을 이용하는 등의 방법으로 타인의 비밀을 취득·누설하는 행위도 포함된다.

44 대법원 2019.7.25, 2019도5283
토렌트 사이트 사건
음란물 영상을 공유하기 위해 생성된 정보이자 토렌트를 통해 그 음란물 영상을 전송받는 데에 필요한 정보인 해당 음란물 영상의 토렌트 파일은, 정보통신망법 제44조의7 제1항 제1호에서 정보통신망을 통한 유통을 금지한 '음란한 영상을 배포하거나 공공연하게 전시하는 내용의 정보'에 해당한다. 따라서 음란물 영상의 토렌트 파일을 웹사이트 등에 게시하여 불특정 또는 다수인에게 무상으로 다운로드 받게 하는 행위 또는 그 토렌트 파일을 이용하여 별다른 제한 없이 해당 음란물 영상에 바로 접할 수 있는 상태를 실제로 조성한 행위는 정보통신망법 제74조 제1항 제2호에서 처벌 대상으로 삼고 있는 '같은 법 제44조의7 제1항 제1호를 위반하여 음란한 영상을 배포하거나 공공연하게 전시'한다는 구성요건을 충족한다.

45 대법원 2019.11.14, 2019도9269
납세의무자를 대리하여 세무신고를 하는 자의 의미
조세범 처벌법 제9조 제1항(이하 '처벌조항')은 '납세의무자를 대리하여 세무신고를 하는 자'가 조세의 부과 또는 징수를 면하게 하기 위하여 타인의 조세에 관하여 거짓으로 신고를 하였을 때 2년 이하의 징역 또는 2천만 원 이하의 벌금에 처한다고 정하고 있다. 처벌조항은 행위주체를 단순히 '납세의무자를 대리하여 세무신고를 하는 자'로 정하고 있을 뿐, 세무사법 등의 법령에 따라 세무대리를 할 수 있는 자격과 요건을 갖춘 자 등으로 한정하고 있지 않다. 또한 처벌조항은 납세의무자를 대리하여 거짓으로 세무신고를 하는 경우 그 자체로 조세포탈의 결과가 발생할 위험이 매우 크다는 점 등을 고려하여 조세포탈행위와 별도로 그 수단이자 전 단계인 거짓신고행위를 처벌하는 것으로 볼 수 있다. 위와 같은 처벌조항의 문언 내용과 입법 취지 등을 종합하여 보면, 처벌조항 중 '납세의무자를 대리하여 세무신고를 하는 자'에는 세무사 자격이 없더라도 납세의무자의 위임을 받아 대여받은 세무사 명의로 납세의무자를 대리하여 세무신고를 하는 자도 포함된다.

46 대법원 2020.11.5, 2015도13830
의료인이 전화 등을 통해 원격지에 있는 환자에게 행하는 의료행위 사건
의료법 제33조 제1항은 "의료인은 이 법에 따른 의료기관을 개설하지 아니하고는 의료업을 할 수 없으며, 다음 각 호의 어느 하나에 해당하는 경우 외에는 그 의료기관 내에서 의료업을 하여야 한다."라고 규정하고 있다. 아울러 의료법 제34조 제1항은 "의료인은 제33조 제1항에도 불구하고 컴퓨터·화상통신 등 정보통신기술을 활용하여 먼 곳에 있는 의료인에게 의료지식이나 기술을 지원하는 원격의료를 할 수 있다."라고 규정하여 의료인이 원격지에서 행하는 의료행위를 의료법 제33조 제1항의 예외로 보는 한편, 이를 의료인 대 의료인의 행위로 제한적으로만 허용하고 있다. 이와 같은 사정 등을 종합하면 의료인이 전화 등을 통해 원격지에 있는 환자에게 행하는 의료행위는 특별한 사정이 없는 한 의료법 제33조 제1항에 위반되는 행위로 봄이 타당하다.

> 보충1 위 판례는 피고인이 환자의 요청이 있다 하여 전화로 환자를 진료한 것은 의료법 제33조 제1항을 위반한 행위라고 본 사안이다. 이에 비하여, 의사가 환자와 대면하지 아니하고 전화나 화상 등을 이용하여 환자의 용태를 스스로 듣고 판단하여 처방전 등을 발급한 행위는 의료법에서 정한 '직접 진찰한 의사'(구 의료법 제17조 제1항, 현 의료법 제17조의2 제1항) 아닌 자가 처방전 등을 발급한 경우에 해당하지 않는다는 판례가 있다(대법원 2013.4.11, 2010도1388). 이는 위 조항이 스스로 진찰을 하지 않고 처방전을 발급하는 행위를 금지하는 규정일 뿐 대면진찰을 하지 않았거나 충분한

진찰을 하지 않은 상태에서 처방전을 발급하는 행위 일반을 금지하는 조항이 아니라는 점에서, 유추해석금지의 원칙상 전화진찰을 하였다는 사정만으로 '자신이 진찰'하거나 '직접 진찰'을 한 것이 아니라고 볼 수는 없다는 취지의 판례이다.

보충2 진찰의 개념 및 진찰이 치료에 선행하는 행위인 점, 진단서와 처방전 등의 객관성과 정확성을 담보하고자 하는 이 사건 조항의 목적 등을 고려하면, 현대 의학 측면에서 보아 신뢰할만한 환자의 상태를 토대로 특정 진단이나 처방 등을 내릴 수 있을 정도의 행위가 있어야 '진찰'이 이루어졌다고 볼 수 있고, 그러한 행위가 전화 통화만으로 이루어지는 경우에는 최소한 그 이전에 의사가 환자를 대면하고 진찰하여 환자의 특성이나 상태 등에 대해 이미 알고 있다는 사정 등이 전제되어야 한다(대법원 2020.5.14, 2014도9607).

47 대법원 2021.2.4, 2020도13899
의사가 존재하지 않는 허무인(虛無人)에 대한 처방전을 작성하여 제3자에게 교부한 사건
구 의료법 제17조 제1항은 '의료업에 종사하고 직접 진찰하거나 검안한 의사, 치과의사, 한의사(이하 '의사 등')가 아니면 진단서·검안서·증명서 또는 처방전(전자처방전을 포함한다)을 작성하여 환자(환자가 사망한 경우에는 배우자, 직계존비속 또는 배우자의 직계존속을 말한다) 또는 형사소송법 제222조 제1항에 따라 검시를 하는 지방검찰청 검사(검안서에 한한다)에게 교부하거나 발송(전자처방전에 한한다)하지 못한다'고 규정하고, 같은 법 제89조는 제17조 제1항을 위반한 자를 처벌하고 있다. … 따라서 의사 등이 구 의료법 제17조 제1항에 따라 직접 진찰하여야 할 환자를 진찰하지 않은 채 그 환자를 대상자로 표시하여 진단서·증명서 또는 처방전을 작성·교부하였다면 구 의료법 제17조 제1항을 위반한 것으로 보아야 하고, 이는 환자가 실제 존재하지 않는 허무인(虛無人)인 경우에도 마찬가지이다.

48 대법원 2021.3.11, 2018도12270
병사인 분대장도 상관모욕죄의 상관에 해당한다는 사례
군형법 제64조 제1항은 "상관을 그 면전에서 모욕한 사람은 2년 이하의 징역이나 금고에 처한다."라고 규정하고, 제2조 제1호는 "'상관'이란 명령복종 관계에서 명령권을 가진 사람을 말한다. 명령복종 관계가 없는 경우의 상위 계급자와 상위 서열자는 상관에 준한다."라고 규정하고 있다. … 부대지휘 및 관리, 병영생활에 있어 분대장과 분대원은 명령복종 관계로서 분대장은 분대원에 대해 명령권을 가진 사람 즉 상관에 해당하고, 이는 분대장과 분대원이 모두 병(兵)이라 하더라도 달리 볼 수 없다.

49 대법원 2005.11.25, 2005도870 등; 2021.6.24, 2020도17860
정보통신망의 접근권한은 서비스제공자가 부여한 접근권한이 기준이 된다는 사건
구 정보통신망법 제48조 제1항은 '정당한 접근권한 없이 또는 허용된 접근권한을 초과하여 정보통신망에 침입'하는 행위를 금지하고 있으므로, 정보통신망법은 그 보호조치에 대한 침해나 훼손이 수반되지 않더라도 부정한 방법으로 타인의 식별부호(아이디와 비밀번호)를 이용하거나 보호조치에 따른 제한을 면할 수 있게 하는 부정한 명령을 입력하는 등의 방법으로 침입하는 행위도 금지한다고 보아야 한다. 위 규정은 정보통신망 자체의 안정성과 그 정보의 신뢰성을 보호하기 위한 것이므로, 위 규정에서 접근권한을 부여하거나 허용되는 범위를 설정하는 주체는 서비스제공자이고 따라서 서비스제공자로부터 권한을 부여받은 이용자가 아닌 제3자가 정보통신망에 접속한 경우 그에게 접근권한이 있는지 여부는 서비스제공자가 부여한 접근권한을 기준으로 판단하여야 한다(토플 모의고사 프로그램 가맹계약 중개 역할을 하는 피고인이 가맹학원의 관리자 ID로 접속한 것은 정보통신망 침입에 해당함).

50 대법원 2021.7.21, 2020도16062
경상남도 도지사 컴퓨터장애업무방해 및 공직선거법 위반 사건

공직선거법 제230조 제1항 제4호, 제135조 제3항 위반죄는 선거운동과 관련하여 금품 기타 이익의 제공 또는 그 제공의 의사를 표시하거나 그 제공을 약속하는 행위를 처벌대상으로 하는 것으로서, 그 처벌대상은 위 법이 정한 선거운동기간 중의 금품제공 등에 한정되지 않는다(대법원 2010.12.23, 2010도9110; 2017.12.5, 2017도13458 등 참조). … 위와 같은 공직선거법 관련 법리 및 규정에 비추어 보면, 공직선거법 제230조 제1항 제4호, 제135조 제3항 위반죄는 금품 기타 이익의 제공, 그 제공의 의사표시 및 약속이 특정 선거에서의 선거운동과 관련되어 있음이 인정되면 충분하다고 할 것이므로, 장래에 있을 선거에서의 선거운동과 관련하여 이익의 제공 등을 할 당시 선거운동의 대상인 후보자가 특정되어 있지 않더라도 장차 특정될 후보자를 위한 선거운동과 관련하여 이익의 제공 등을 한 경우에는 위 공직선거법 제230조 제1항 제4호, 제135조 제3항 위반죄가 성립한다고 보아야 하고, 이익의 제공 등을 할 당시 반드시 특정 후보자가 존재하고 있어야 한다고 볼 수 없다.[15]

51 대법원 2021.7.29, 2021도6092
약사 또는 한약사가 아닌 자에 의한 약국 개설 사건
약사법 제20조 제1항은 "약사 또는 한약사가 아니면 약국을 개설할 수 없다."라고 정하고 있다. … 약사 등이 아닌 사람이 이미 개설된 약국의 시설과 인력을 인수하고 그 운영을 지배·관리하는 등 종전 개설자의 약국 개설·운영행위와 단절되는 새로운 개설·운영행위를 한 것으로 볼 수 있는 경우에도 약사법에서 금지하는 약사 등이 아닌 사람의 약국 개설행위에 해당한다(대법원 2011.10.27, 2009도2629 등 참조).

5. 적정성의 원칙

① 형사처벌법규 자체가 입법 자체의 정당성을 갖추고 있어야 하고, ② 법률에 규정된 범죄와 형벌 간의 균형성(비례성의 원칙 내지 과잉금지의 원칙, 죄형균형의 원칙, 책임주의)이 지켜져야 한다.

판례연구 적정성원칙에 위반된다는 판례

1 헌법재판소 1992.4.28, 90헌바24
특가법 제5조의3(도주차량운전자의 가중처벌) 제2항 제1호에 대한 헌법소원 사건 : 위헌
과실로 사람을 치상하게 한 자가 구호행위를 하지 아니하고 도주하거나 고의로 유기함으로써 치사의 결과에 이르게 한 경우에 살인죄와 비교하여 그 법정형을 더 무겁게 한 것은 형벌체계상의 정당성과 균형을 상실한 것으로서 헌법 제10조의 인간으로서의 존엄과 가치를 보장한 국가의 의무와 헌법 제11조의 평등의 원칙 및 헌법 제37조 제2항의 과잉입법금지원칙에 반한다. [경찰승진 14]

2 헌법재판소 2007.11.29, 2006헌가13
군형법상 상관살해죄의 절대적 법정형인 사형 규정 : 위헌
상관을 살해한 경우 사형만을 유일한 법정형으로 규정하고 있는 군형법 제53조 제1항은 형벌과 책임 간의 비례원칙에 위배되는 것이다.

---

15 보충 : 피고인은 드루킹 등과 공모해 2016년 12월부터 2018년 4월까지 네이버와 다음, 네이트 기사 7만 6000여 개에 달린 댓글 118만 8000여 개에 총 8840만여 회의 공감·비공감(추천·반대) 클릭신호를 보내 댓글순위 산정업무를 방해한 혐의(컴퓨터등장애업무방해)와 자신이 경남지사로 출마하는 6·13지방선거를 도와주는 대가로 드루킹의 측근 도모 변호사를 일본 센다이 총영사직에 제안한 혐의(공직선거법 위반)로 기소되었는데, 대법원은 공직선거법 위반 혐의는 무죄, 컴퓨터 등 장애업무방해 등의 혐의는 유죄로 인정해 징역 2년을 선고한 원심을 확정했다.

3 헌법재판소 2015.2.26, 2014헌가16·19·23(병합)

특가법상 상습절도·상습장물취득죄의 법정형의 적정성 부정

형법상의 범죄와 똑같은 구성요건을 규정하면서 법정형만 상향 조정(무기 또는 3년 이상의 징역)한 구 특가법 제5조의4 제1항 중 형법 제329조에 관한 부분, 같은 법률 제5조의4 제1항 중 형법 제329조의 미수죄에 관한 부분, 같은 법률 제5조의4 제4항 중 형법 제363조 가운데 형법 제362조 제1항의 '취득'에 관한 부분과 같은 심판대상조항은 별도의 가중적 구성요건표지를 규정하지 않은 채 형법 조항과 똑같은 구성요건을 규정하면서 법정형만 상향 조정하여 어느 조항으로 기소하는지에 따라 벌금형의 선고 여부가 결정되고, 선고형에 있어서도 심각한 형의 불균형을 초래하게 함으로써 형사특별법으로서 갖추어야 할 형벌체계상의 정당성과 균형을 잃어 인간의 존엄성과 가치를 보장하는 헌법의 기본원리에 위배될 뿐만 아니라 그 내용에 있어서도 평등원칙에 위반되어 위헌이다.

4 헌법재판소 2015.9.24, 2014헌바154·398, 2015헌가3·9·14·18·20·21·25(병합)

구 폭처법 제3조 제1항의 흉기휴대 폭행·협박·손괴죄의 법정형은 적정성 부정

형법 제261조(특수폭행), 제284조(특수협박), 제369조(특수손괴)(이하 모두 합하여 '형법조항들'이라 한다)의 '위험한 물건'에는 '흉기'가 포함된다고 보거나, '위험한 물건'과 '흉기'가 동일하다고 보는 것이 일반적인 견해이며, 심판대상조항의 '흉기'도 '위험한 물건'에 포함되는 것으로 해석된다. 그렇다면 심판대상조항의 구성요건인 '흉기 기타 위험한 물건을 휴대하여'와 형법조항들의 구성요건인 '위험한 물건을 휴대하여'는 그 의미가 동일하다. 그런데 심판대상조항은 형법조항들과 똑같은 내용의 구성요건을 규정하면서 징역형의 하한을 1년으로 올리고, 벌금형을 제외하고 있다. 흉기 기타 위험한 물건을 휴대하여 폭행죄, 협박죄, 재물손괴죄를 범하는 경우, 검사는 심판대상조항을 적용하여 기소하는 것이 특별법 우선의 법리에 부합하나, 형법조항들을 적용하여 기소할 수도 있다. 그런데 위 두 조항 중 어느 조항이 적용되는지에 따라 피고인에게 벌금형이 선고될 수 있는지 여부가 달라지고, 징역형의 하한을 기준으로 최대 6배에 이르는 심각한 형의 불균형이 발생한다(예컨대, 폭처법상 흉기휴대폭행은 1년 이상의 징역, 형법상 특수폭행은 5년 이하의 징역 또는 1천만 원 이하의 벌금 – 필자 주). 심판대상조항은 가중적 구성요건의 표지가 전혀 없이 법적용을 오로지 검사의 기소재량에만 맡기고 있으므로, 법집행기관 스스로도 법적용에 대한 혼란을 겪을 수 있고, 이는 결과적으로 국민의 불이익으로 돌아올 수밖에 없다. 법집행기관이 이러한 사정을 피의자나 피고인의 자백을 유도하거나 상소를 포기하도록 하는 수단으로 악용할 소지도 있다. 따라서 심판대상조항은 형벌체계상의 정당성과 균형을 잃은 것이 명백하므로, 인간의 존엄성과 가치를 보장하는 헌법의 기본원리에 위배될 뿐만 아니라 그 내용에 있어서도 평등원칙에 위배된다.

> **보충** 폭처법 중 특수폭행죄 가중처벌 등 일부규정에 대한 헌법재판소가 위헌결정을 내림에 따라, 2016년 1월 개정형법에서는, 존속중상해죄의 법정형을 정비하고(제258조 제3항), 특수상해죄를 신설하며 (제258조의2 신설), 이에 대한 상습범과 자격정지의 병과 규정을 정비하고(제264조 및 제265조), 특수강요죄 및 특수공갈죄를 신설(제324조 제2항 및 제350조의2 신설)하였다(2016.1.6. 개정, 법률 제13719호).

5 헌법재판소 2021.11.25, 2019헌바446, 2020헌가17(병합), 2021헌바77(병합)

음주운전 2회 이상 가중처벌규정은 위헌

구 도로교통법 제148조의2(벌칙) 제1항은 "제44조 제1항 또는 제2항을 2회 이상 위반한 사람(자동차등 또는 노면전차를 운전한 사람으로 한정한다)은 2년 이상 5년 이하의 징역이나 1천만 원 이상 2천만 원 이하의 벌금에 처한다."고 규정하고 있다. … 형사법상 책임원칙은 형벌은 범행의 경중과 행위자의 책임 사이에 비례성을 갖추어야 하고, 특별한 이유로 형을 가중하는 경우에도 형벌의 양은 행위자의 책임의 정도를 초과해서는 안 된다는 것을 의미한다(헌법재판소 2004.12.16, 2003헌가12 참조). 또한 형사법상 범죄행위의 유형이 다양한 경우에는 그 다양한 행위 중에서 특히 죄질이 불량한 범죄를 무겁게 처벌해야 한다는 것은 책임주의의 원칙상 당연히 요청되지만, 그 다양한 행위 유형을 하나의 구성요건으로

포섭하면서 법정형의 하한을 무겁게 책정하여 죄질이 가벼운 행위까지를 모두 엄히 처벌하는 것은 책임주의에 반한다. … 심판대상조항은 음주운전 금지규정 위반 전력을 가중요건으로 삼으면서 해당 전력과 관련하여 형의 선고나 유죄의 확정판결을 받을 것을 요구하지 않는데다 아무런 시간적 제한도 두지 않은 채 재범에 해당하는 음주운전행위를 가중처벌하도록 하고 있어, 예컨대 10년 이상의 세월이 지난 과거 위반행위를 근거로 재범으로 분류되는 음주운전 행위자에 대해서는 책임에 비해 과도한 형벌을 규정하고 있다고 하지 않을 수 없다. … 따라서 심판대상조항이 구성요건과 관련하여 아무런 제한도 두지 않은 채 법정형의 하한을 징역 2년, 벌금 1천만 원으로 정한 것은, 음주운전 금지의무 위반 전력이나 혈중알코올농도 수준 등을 고려할 때 비난가능성이 상대적으로 낮은 음주운전 재범행위까지 가중처벌 대상으로 하면서 법정형의 하한을 과도하게 높게 책정하여 죄질이 비교적 가벼운 행위까지 지나치게 엄히 처벌하도록 한 것이므로, 책임과 형벌 사이의 비례성을 인정하기 어렵다. … 그러므로 심판대상조항은 책임과 형벌 간의 비례원칙에 위반된다.

판례연구 **적정성원칙에 위반되지 않는다는 판례**

1 헌법재판소 1998.3.26, 97헌바83
교통사고로 치상케 한 후 도주한 사고운전자에 대한 법정형이 1년 이상의 징역인 것은 적정성 인정
특가법 제5조의3 제1항 제2호는 입법자가 교통현실과 동 조항의 입법목적, 보호법익, 죄질 등을 고려하여 입법정책적 차원에서 상해죄나 중상해죄보다 법정형을 무겁게 정한 것으로 형벌체계상의 정당성이나 균형 등을 상실하였다고 할 수 없다.

2 대법원 2002.2.5, 2001초632
특가법상 마약류관리에 관한 법률 위반행위의 가중처벌규정은 ─단순매수·소지 외에는─ 적정성 인정
특가법이 마약류관리에 관한 법률 중 마약에 관련된 죄를 범한 자에 대한 법정형을 사형·무기 또는 10년 이상의 징역으로 가중한 것은 마약과 향정신성 의약품의 규제에 관한 우리나라의 국민 일반의 가치관 내지 법감정 등을 고려한다면 헌법에 위반된다고 볼 수 없다.
→ 단, 헌재(헌법재판소 2003.11.27, 2002헌바24)는 '단순매수 및 소지'에 대하여는 위헌으로 본다.

3 대법원 2007.2.8, 2006도7882
특수강도강간죄와 특수강도강제추행죄의 법정형을 동일하게 규정한 성폭법은 적정성 인정
성폭법 제5조 제2항이 특수강도죄를 범한 자가 강간죄를 범한 경우와 강제추행죄를 범한 경우를 구별하지 않고 법정형을 동일하게 규정하고 있다고 하여도, 위 규정이 특수강도죄를 범하고 강간죄를 범한 자와 강제추행죄를 범한 자를 합리적 이유 없이 차별하는 것이라고 볼 수 없다.

4 대법원 2007.8.23, 2007도4818
청소년성보호법상 위계·위력에 의한 청소년간음죄의 형량이 청소년강간죄와 동일한 사례
청소년성보호법 제10조 제4항이 위계 또는 위력을 사용하여 여자 청소년을 간음한 자에 대한 법정형을 여자 청소년을 강간한 자에 대한 법정형과 동일하게 정하였다고 하여 형벌체계상의 균형을 잃은 입법이라고 할 수는 없다.

5 대법원 2008.6.26, 2007도6188
특수공무방해치상죄의 형량이 3년 이상의 유기징역인 것은 적정하다는 사례
형법 제144조 제2항 전단의 "단체 또는 다중의 위력을 보이거나 위험한 물건을 휴대하여 형법 제136조(공무집행방해)의 죄를 범하여 공무원을 상해에 이르게 한 자는 3년 이상의 유기징역에 처한다"는

부분과 폭력행위 등 처벌에 관한 법률 제3조 제1항 중 "단체나 다중의 위력으로써 또는 흉기 기타 위험한 물건을 휴대하여 형법 제257조 제1항(상해)의 죄를 범한 자는 3년 이상의 유기징역에 처한다"는 부분이 책임과 형벌의 비례성의 원칙에 위배된다고 할 수 없다.

6 대법원 2009.5.14, 2009도1947,2009전도5
특강법 중 특정강력범죄로 형 집행 종료·면제 후 3년 내 성폭력범죄를 범한 경우의 가중처벌
특강법 제3조 중 "특정강력범죄로 형을 받아 그 집행을 종료하거나 면제받은 후 3년 이내에 다시 성폭법 제9조 제1항, 제6조 제1항, 형법 제297조 소정의 죄를 범한 때에는 그 죄에 정한 형의 장기 및 단기의 2배까지 가중한다"라는 부분이 위 입법 목적에 비하여 비례의 원칙에 반할 정도로 합리적인 입법재량의 범위를 일탈하였다고 볼 수는 없다.

7 대법원 2009.9.10, 2009도6061,2009전도13
성폭력 전자장치법상 전자감시는 보안처분이고 합헌이라는 사례
특정 성폭력범죄자에 대한 위치추적 전자장치 부착에 관한 법률에 의한 전자감시제도는, … 일종의 보안처분이므로, 형벌에 관한 일사부재리의 원칙이 그대로 적용되지 않으므로 위 법률이 형 집행의 종료 후에 부착명령을 집행하도록 규정하고 있다 하더라도 그것이 일사부재리의 원칙에 반한다고 볼 수 없고, … 오로지 형기를 마친 성폭력범죄자의 감시를 위한 방편으로만 이용함으로써 피부착자의 기본권을 과도하게 제한하는 과잉입법에 해당한다고 볼 수도 없다.

8 대법원 2009.11.12, 2009도9249
특가법상 소위 누범절도 규정은 적정성 인정
특가법 제5조의4 제5항은, 형법 제329조 내지 제331조와 제333조 내지 제336조, 제340조, 제362조의 죄 또는 그 미수죄로 3회 이상 징역형을 받은 자로서 다시 이들 죄를 범하여 누범으로 처벌할 경우도 제1항 내지 제4항과 같다고 규정하고 있는 바, 이 규정의 취지는 같은 항 해당의 경우에는 상습성이 인정되지 않는 경우에도 상습범에 관한 제1항 내지 제4항 소정의 법정형으로 처벌한다는 뜻으로서(대법원 1982.10.12, 82도1865,82감도383 참조), 헌법에 위배된다고 할 수 없다. [법원행시 11]

9 대법원 2011.10.13, 2011도9584; 2004.2.13, 2003도3090; 헌법재판소 1998.11.26, 97헌바67
공직선거법상 선출직 공직자의 재임 중 뇌물 관련 범죄와 나머지 죄의 분리선고는 적정성 인정
동시적 경합범의 가중 방법은 입법자의 재량에 맡겨진 사항이라고 할 것이고, 공직선거법은 대통령, 국회의원, 지방자치단체장 등 선출직 공직자가 재임 중 뇌물 관련 죄를 범하는 경우 선거범과 마찬가지로 선거권 및 피선거권이 제한되므로 다른 죄가 재임 중 뇌물 관련 죄의 양형에 영향을 미치는 것을 최소화하기 위하여 형법상 경합범 처벌례에 관한 조항의 적용을 배제하고 분리하여 형을 따로 선고하도록 한 것으로서 입법 목적의 정당성이 인정되고, 위 법률조항이 형법상 경합범 처벌례를 규정한 조항과 비교하여 불합리하게 차별하는 자의적인 입법이라고 단정할 수 없다.

10 헌법재판소 2016.10.27, 2016헌바31
형법상 상습절도 가중처벌조항 위헌소원 사건 : 합헌
형법 제332조 중 제329조(절도죄)에 관한 부분(상습절도)은 죄형법정주의의 명확성원칙에 위반된다고 볼 수 없고 형벌에 관한 입법재량이나 형성의 자유를 현저히 일탈하여 책임과 형벌의 비례원칙에 위반된다고 할 수도 없다.

CHAPTER 03 형법의 적용범위

01 시간적 적용범위

1. 의 의

시간적 적용범위란 어느 때의 형법을 기준으로 하여 적용되는가의 문제를 말한다.

2. 원칙 – 행위시법주의

제1조【범죄의 성립과 처벌】① 범죄의 성립과 처벌은 행위시의 법률에 따른다. 〈우리말 순화 개정 2020.12.8.〉
[법원9급 08]

(1) 의 의

형법은 그 법이 제정된 이후의 행위에 대하여 적용된다.

(2) 내 용

① '행위시'의 의의 : '행위시'란 '범죄행위의 종료시'를 말한다. [경찰승진 15·16 / 국가9급 07 / 국가7급 08 / 법원9급 11 / 사시 13]

> **판례연구**
>
> 대법원 1994.5.10, 94도963
> 일반인의 법률사건에 관한 화해관여행위를 처벌하는 변호사법의 개정 전에 착수된 행위라도 관여행위가 법률개정 이후에 종료된 것이라면 (개정된) 변호사법 위반죄에 해당한다. [국가7급 09]

② 포괄일죄에의 적용
　㉠ 원칙 : 포괄일죄 전체에 대한 신법적용

> **판례연구**
>
> **1** 대법원 1986.7.22, 86도1012 전원합의체; 1998.2.24, 97도183
> 어떠한 행위가 포괄일죄의 관계로 처벌되는 경우라면 그 사이에 법률의 변경이 있어서 신법의 법정형이 무거워졌다 하더라도 '신법'에 의한다. [경찰채용 12·14 2차 / 경찰간부 13 / 경찰승진 10·13·14 / 국가9급 14 / 법원9급 05 / 법원행시 05·06·11·12 / 사시 13·14·15 / 변호사시험 15]

2 대법원 2009.4.9, 2009도321

일정기간 동안 등급분류를 받은 게임물과 다른 내용의 것을 이용에 제공한 게임산업법위반의 포괄일죄가 있는 경우 이러한 기간 동안의 전체 행위에 대하여 행위의 종료시에 시행중인 게임산업법이 적용되고 그 기간 동안에 발생한 전체의 범죄수익을 위 법률에 따라 추징해야 한다. [경찰채용 18 3차]

3 대법원 2009.9.10, 2009도5075

개정된 방문판매 등에 관한 법률 제23조 제2항이 시행된 이후에도 포괄일죄인 위 법률 위반 범행이 계속된 경우 그 범죄실행 종료시의 법이라고 할 수 있는 신법을 적용하여 포괄일죄로 처단하여야 하고, 또한 "이 법 시행 전의 행위에 대한 벌칙의 적용에 있어서는 종전의 규정에 따른다."는 방문판매 등에 관한 법률 부칙 제3조가 적용될 수도 없다.

ⓒ 예외 : 신법시행시 범죄에만 신법적용

판례연구   **행위시법상 죄가 아니면 재판시법상 죄와 포괄일죄가 될 수 없다는 사례**

1 대법원 2016.1.28, 2015도15669

구성요건이 신설된 상습강제추행죄가 시행되기 이전의 범행을 상습강제추행죄로 처벌할 수 없다는 사례
포괄일죄에 관한 기존 처벌법규에 대하여 그 표현이나 형량과 관련한 개정을 하는 경우가 아니라 애초에 죄가 되지 아니하던 행위를 구성요건의 신설로 포괄일죄의 처벌대상으로 삼는 경우에는 신설된 포괄일죄 처벌법규가 시행되기 이전의 행위에 대하여는 신설된 법규를 적용하여 처벌할 수 없다(제1조 제1항). 이는 신설된 처벌법규가 상습범을 처벌하는 구성요건인 경우에도 마찬가지이어서, 구성요건이 신설된 상습강제추행죄(제305조의2)가 시행되기 이전의 범행은 상습강제추행죄로는 처벌할 수 없고 행위시 법에 기초하여 강제추행죄로 처벌할 수 있을 뿐이다. 그 소추요건도 상습강제추행죄에 관한 것이 아니라 강제추행죄(구 형법상 친고죄)에 관한 것이 구비되어야 한다. [경찰간부 20]

2 대법원 2011.6.10, 2011도4260

수뢰액의 2배 이상 5배 이하의 벌금형 병과 규정이 신설된 개정 특가법 제2조 제2항의 시행 전후에 걸쳐 포괄일죄인 뇌물수수 범행이 행하여진 경우, 위 조항에 규정된 벌금형 산정 기준이 되는 수뢰액의 범위는 위 규정이 신설된 이후에 수수한 금액으로 한정된다. [법원행시 12 / 시시 14]

3 대법원 2016.10.13, 2016도8347

사기개인회생죄의 포괄일죄 자체를 구성하지 아니한다는 사례
채무자회생법의 시행 전에는 구 개인채무자회생법 제48조에서 정한 개인회생절차의 개시를 신청할 자격이 없던 개인채무자가 채무자회생법의 시행 전후에 걸쳐서 각각 구 개인채무자회생법 제87조 각 호의 사기개인회생죄 및 구 채무자회생법 제643조 제1항 각 호의 사기회생죄에서 정한 행위를 하고 구 채무자회생법의 시행 후에 그 채무자에 대하여 회생절차개시의 결정이 확정되었더라도, 그 시행 전의 행위는 행위 시의 법률인 구 개인채무자회생법에서 정한 사기개인회생죄의 주체가 될 수 없는 사람의 행위로서 범죄를 구성할 수 없으므로, 구 개인채무자회생법에서 정한 사기개인회생죄나 구 채무자회생법에서 정한 사기회생죄의 어느 것으로도 처벌할 수 없고, 그 행위가 범죄행위 자체에 해당하지 아니하는 이상 채무자회생법 시행 후의 행위와 포괄하여 일죄를 구성할 여지도 없다.

③ 행위시법과 재판시법의 형의 경중에 차이가 없는 경우 : 구법적용 [국가9급 08 / 국가7급 08 / 변호사시험 15]

판례연구

대법원 2002.4.12, 2000도3350
법원이 인정하는 범죄사실이 공소사실과 차이가 없이 동일한 경우에는 비록 검사가 재판시법인 개정

후 신법의 적용을 구하였더라도 그 범행에 대한 형의 경중의 차이가 없으면 피고인의 방어권 행사에 실질적으로 불이익을 초래할 우려도 없어 공소장 변경절차를 거치지 않고도 정당하게 적용되어야 할 행위시법인 구법을 적용할 수 있다.

3. 예외 – 재판시법주의(경한 신법 우선의 원칙)

> **제1조【범죄의 성립과 처벌】** ② 범죄 후 법률이 변경되어 그 행위가 범죄를 구성하지 아니하게 되거나 형이 구법(舊法) 보다 가벼워진 경우에는 신법(新法)에 따른다. 〈우리말 순화 개정 2020.12.8.〉 [경찰승진 15 / 국가9급 07 / 법원9급 08 · 11 / 법원행시 11]
> ③ 재판이 확정된 후 법률이 변경되어 그 행위가 범죄를 구성하지 아니하게 된 경우에는 형의 집행을 면제한다. 〈우리말 순화 개정 2020.12.8.〉 [경찰간부 11 / 경찰승진 15 / 국가9급 07 / 국가7급 08 · 13 / 법원9급 05 · 08 / 법원행시 14]

(1) 의 의

신법이 구법보다 가벼운 경우 신법이 적용된다.

(2) 재판시법주의의 요건·효과

① **범죄 후**(제1조 제2항) : 범죄 후는 '범죄종료 후'를 말한다. 따라서 범죄 종료 후에 법률의 변경이 있는 경우에만 구법과 신법 간의 형의 경중을 판단해보는 것이며, 이와 달리 실행행위의 도중에 법률의 변경이 있는 경우에는 행위시법인 신법이 적용된다. [국가9급 08 / 법원승진 12]

판례연구

1 대법원 1986.7.22, 86도1012 전원합의체

포괄일죄의 경우 종료시를 기준으로 신법적용

상습으로 사기의 범죄행위를 되풀이한 경우에 특정경제범죄 가중처벌 등에 관한 법률 시행 이후의 범행으로 인하여 취득한 재물의 가액이 같은 법 제3조 제1항 제3호의 구성요건을 충족하는 때에는 그 중 나머지 행위를 포괄시켜 특정경제범죄 가중처벌 등에 관한 법률 위반죄로 처단하여야 한다. [법원승진 12 / 사시 13 · 14]

2 대법원 1992.12.8, 92도407

페놀방류행위 종료시의 법이 행위시법

수질환경보전법이 시행된 1991년 2월 1일 전후에 걸쳐 계속되다가 1991년 3월 10일에 종료된 수질오염물 배출행위에 대해 그 행위가 종료된 때에 시행되고 있는 수질환경보전법을 적용한 것은 행위시법주의 · 법률불소급 원칙에 반하지 아니한다.

3 대법원 2005.3.24, 2004도8651

포괄일죄인 시세조종행위가 개정 증권거래법 시행 전후에 걸쳐 있는데 개정법 시행 이후의 범행이 개정법의 요건을 충족하지 못하는 경우의 적용법률은 구법

구 증권거래법은 위반행위로 얻은 이익액의 3배에 해당하는 금액이 2천만 원을 초과하는 때에는 그 이익액의 3배에 해당하는 금원 이하의 벌금에 처한다고 규정하고 있음에 반하여, 개정 증권거래법에서 는 위반행위로 얻은 이익 또는 회피한 손실액이 5억 원 이상 50억 원 미만인 경우와 50억 원 이상인 때를 구분하여 가중처벌하는 규정을 두고 있는 바, 포괄일죄인 시세조종행위가 개정법 시행 전후에 걸쳐 있는 경우 개정법 시행 이후의 범행으로 인하여 얻은 이익액이 개정법 소정의 구성요건을 충족하는

때에는 개정법을 적용하여 처벌할 수 있으나, 그렇지 않은 경우에는 법률불소급의 원칙상 구법을 적용하여 처벌하여야 한다.

② **법률의 변경**(제1조 제2항) : 형벌에 영향을 미치는 총체적 법률상태가 고려된다. [국가7급 09]

판례연구

대법원 1994.1.14, 93도2579
개정법 시행 전에 다시 구법과 동일하게 처벌대상으로 포함시키는 개정이 있었던 사례
구 주택건설촉진법이 1992.12.8. 법률 제4530호로 개정되어(시행일은 1993.3.1.) 개정 전의 법률이 처벌대상으로 삼았던 "사위 기타 부정한 방법으로 위 법에 의하여 건설, 공급되는 주택을 공급받거나 공급받게 하는" 행위를 처벌대상에서 제외하였으나, 위 개정법률은 시행되기 전인 1993.2.24. 법률 제4540호로 다시 개정되어(시행일은 1993.3.1.) "사위 기타 부정한 방법으로 위 법에 의하여 건설, 공급되는 주택을 공급받거나 공급받게 하는" 행위를 다시 처벌대상에 포함시켰으므로 피고인이 부정한 방법으로 주택을 공급받았다는 범죄사실은 범죄 후 법령이 변경된 경우에 해당된다고 볼 수 없다.

---

③ **범죄를 구성하지 아니하게 된 경우**(제1조 제2항)
　㉠ **면소판결** : 범죄 후의 법령개폐로 형이 폐지되었을 경우 면소판결을 해야 한다(형사소송법 제326조 제4호, 대법원 1961.12.7, 4292형상705; 1969.12.30, 69도2018 등). [법원9급 08 / 법원행시 11·14]

판례연구　　**형법 제1조 제2항의 범죄를 구성하지 아니하게 된 경우 관련판례**

1 **대법원 1991.2.26, 91도37**
유죄의 항소심 판결선고 후 구법이 폐지되고 신법에서는 피고인의 행위가 처벌대상에서 제외된 경우 항소심 판결은 법률적용을 그르친 것이 된다는 사례
당국의 허가 없이 종업원 7명, 면적 약 50평의 공장을 운행하였다는 이유로 구 공업배치법을 적용하여 유죄의 1심판결을 유지한 항소심판결 선고 후인 신법에 의하여 구 공업배치법은 폐지되었는바, (신법에서는 공장건축면적 200제곱미터 이상 또는 상시 사용하는 종업원의 수가 16인 이상인 공장을 신설하는 행위 등에 한하여 처벌하므로) 피고인의 위 행위는 처벌대상에서 제외되었으므로 형법 제1조 제2항의 규정에 따라 행위시법인 구 공업배치법의 규정에 의하여 처벌할 수 없게 되었으니 결국 항소심판결이 법률적용을 그르친 결과가 되어 유지될 수 없다.

2 **대법원 2010.7.15, 2007도7523**
범죄 후 법령개폐로 형이 폐지된 경우 면소판결을 해야 한다는 사례
범죄 후 법령의 개폐로 그 형이 폐지되었을 경우에는 형사소송법 제326조에 의하여 실체적 재판을 하기에 앞서 면소판결을 하여야 할 것이므로, 원심이 이에 관하여 무죄로서의 실체적 재판을 한 것은 위법하여 파기를 면할 수 없다.

　비교　사회보호법에 규정된 보호감호처분은 형이 아니므로 형사소송법 제326조 제4호의 적용대상이 되지 않는 것이고, 또 개정된 사회보호법 부칙 제2조 제1항의 규정내용에 비추어 보더라도, 개정되기 전의 사회보호법에 의하여 보호감호의 판결을 받은 자에 대하여 법령개폐를 이유로 면소의 판결을 선고하거나 보호감호의 집행을 면제할 수는 없다(대법원 1991.8.13, 91감도72).

　㉡ **위헌결정이 있는 때** : 형벌에 관한 법률규정이 소급하여 그 효력을 상실하므로(헌법재판소법 제47조 제2항) 무죄판결에 의한다(형사소송법 제325조, 대법원 1992.5.8, 91도2825; 1999.12.24, 99도3003; 2009.9.10,

2008도7537; 2010.12.16, 2010도5986 전원합의체; 2011.5.13, 2009도9949; 2011.6.23, 2008도7562 전원합의체).
[경찰승진 10·13/법원승진 13/법원행시 10·14/사시 12]

판례연구   헌법재판소의 위헌결정에 의해 무죄판결이 내려져야 한다는 사례

1 대법원 2011.6.23, 2008도7562 전원합의체
집시법 중 야간옥외집회금지규정에 대한 헌법불합치결정은 위헌결정이므로 소급하여 무효가 된다는 사례

헌법재판소의 위헌결정은 헌법과 헌법재판소법이 규정하고 있지 않은 변형된 형태이지만 법률조항에 대한 위헌결정에 해당하므로 당해 조항을 적용하여 공소가 제기된 피고사건은 범죄로 되지 아니한 때에 해당하고, 법원은 형사소송법 제325조 전단에 따라 무죄를 선고하여야 한다. [국가7급 14/사시 14] 헌법재판소가 이 사건 헌법불합치결정의 주문에서 이 사건 법률조항이 개정될 때까지 계속 적용되고, 이유 중 결론에서 개정시한까지 개선입법이 이루어지지 않는 경우 그 다음날부터 효력을 상실하도록 하였더라도, 이 사건 헌법불합치결정을 위헌결정으로 보는 이상 이와 달리 해석할 여지가 없다. [국가7급 14]

유사1 이러한 법리는 그 형벌에 관한 법률 또는 법률조항이 대통령령에 형벌법규를 위임한 경우 그 대통령령의 위임 근거인 법률 또는 법률조항이 위헌결정으로 인하여 소급하여 효력을 상실하고, 대통령령에 규정된 형벌법규 또한 소급하여 그 효력을 상실한 때에도 마찬가지로 적용된다(대법원 2011.5.13, 2009도9949).

유사2 헌법재판소는 국회의사당 경계 지점으로부터 100미터 이내의 장소에서의 집회를 금지한 집시법 제11조 제1호에 대하여 헌법불합치 결정을 선고하였는데[헌법재판소 2018.5.31, 2013헌바322,2016헌바354,2017헌바360·398·471,2018헌가3·4·9(병합) 결정], 위 헌법불합치결정은 형벌에 관한 법률조항에 대한 위헌결정이라 할 것이고, 헌법재판소법 제47조 제3항 본문에 따라 형벌에 관한 법률조항에 대하여 위헌결정이 선고된 경우 그 조항은 소급하여 효력을 상실하므로, 법원은 당해 조항이 적용되어 공소가 제기된 피고사건에 대하여 형사소송법 제325조 전단에 따라 무죄를 선고하여야 한다(대법원 2020.5.28, 2019도8453; 2020.6.4, 2018도17454 등 참조). 또한 관할경찰서장이 '국회의사당'이 집시법 제11조 제1호에 정해진 시위금지장소라는 이유로 같은 법 제20조 제1항 제호에 의하여 해산명령을 하고 집회참가자가 이에 따르지 않았다는 내용의 해산명령불응죄(집시법 제24조 제5호, 제20조 제2항)의 경우, 집시법 제20조 제2항, 제1항과 결합하여 앞서 본 바와 같이 헌법불합치결정으로 소급하여 효력을 상실한 집시법 제11조 제1호를 구성요건으로 하므로 해산명령불응 부분 피고사건 역시 범죄가 되지 아니한 때에 해당한다(대법원 2020.7.9, 2019도2757; 2020.11.26, 2019도9694).

2 대법원 2011.4.14, 2010도5605
동일한 형벌조항에 대하여 헌법재판소가 합헌결정을 하였으나 사정변경을 이유로 위헌결정을 한 경우 형벌조항에 대한 위헌결정의 경우, 죄형법정주의 등 헌법과 형사법하에서 형벌이 가지는 특수성에 비추어 위헌결정의 소급효와 그에 따른 재심청구권을 명시적으로 규정한 법률의 문언에 반하여 해석으로 소급효 및 피고인의 재심에 관한 권리를 제한하는 것은 허용되기 어렵고, 그에 따른 현저한 불합리는 결국 입법으로 해결할 수밖에 없다.[16] 그에 앞서 합헌으로 선언된 바 있다거나, 위 위헌결정이 위 합헌결정 이후에 발생한 관련 법률의 개정 등 외부 사정변경을 이유로 한 법원의 위헌법률심판제청에 따른 것이더라도 법률상 달리 볼 수 없다. [사시 12]

---

16 **주의** : 피고인에게 불리한 소급효 금지 다만 헌법재판소는 형벌조항에 대하여 위헌결정이 내려졌다 하더라도, 그것이 불벌의 특례를 규정한 법률조항에 대한 위헌결정에 대해서는 소급효를 인정하지 않는다. 이 경우 위헌결정의 소급효를 그대로 인정했다가는 불벌의 특례를 받은 행위자들에게 다시 형사처벌을 해야 한다는 불이익이 발생될 것이기 때문이다. 즉 피고인에게 불리한 소급효까지 인정하지는 않는 것이다. 관련판례는 헌법재판소 1997.1.16, 90헌마110(교통사고처리특례법 제4조 등에 대한 헌법소원) 등 참조

3 대법원 2013.5.16, 2011도2631 전원합의체; 2011.6.23, 2008도7562 전원합의체; 2011.5.13, 2009도 9949; 2010.12.16, 2010도5986 전원합의체; 2004.9.24, 2004도3532; 1964.4.7, 64도57 등

폐지된 형벌 관련법령이 당초부터 위헌인 경우의 효과 : 면소판결과 무죄판결의 구별

형벌에 관한 법령이 헌법재판소의 위헌결정으로 인하여 소급하여 그 효력을 상실하였거나 법원에서 위헌·무효로 선언된 경우, 형사소송법 제325조에 따라 무죄를 선고해야 하고, 나아가 재심이 개시된 사건에서 형벌에 관한 법령이 재심판결 당시 폐지되었다 하더라도 그 폐지가 당초부터 헌법에 위반되어 효력이 없는 법령에 대한 것이었다면 형사소송법 제325조의 무죄사유에 해당하는 것이지, 형사소송법 제326조 제4호의 면소사유에 해당한다고 할 수 없다(면소판결에 대하여 무죄판결인 실체판결을 주장하면서 상고할 수 없음이 원칙이나, 위 경우에는 면소판결에 대하여 상고가 가능함). [법원행시 15]

판례연구 법률조항의 개정과 위헌결정의 효력에 관한 사례

대법원 2020.2.21, 2015모2204

① 어느 법률조항의 개정이 자구만 형식적으로 변경된 데 불과하여 개정 전후 법률조항들 자체의 의미내용에 아무런 변동이 없고, 개정 법률조항이 해당 법률의 다른 조항이나 관련 다른 법률과의 체계적 해석에서도 개정 전 법률조항과 다른 의미로 해석될 여지가 없어 양자의 동일성이 그대로 유지되고 있는 경우에는 '개정 전 법률조항'에 대한 위헌결정의 효력은 그 주문에 개정 법률조항이 표시되어 있지 아니하더라도 '개정 법률조항'에 대하여도 미친다. 그러나 ② 이와 달리 '개정 법률조항'에 대한 위헌결정이 있는 경우에는, 비록 그 법률조항의 개정이 자구만 형식적으로 변경된 것에 불과하여 개정 전후 법률조항들 사이에 실질적 동일성이 인정된다 하더라도, '개정 법률조항'에 대한 위헌결정의 효력이 '개정 전 법률조항'에까지 그대로 미친다고 할 수는 없다.

---

④ 형이 구법보다 가벼워진 때(2020.12.8. 우리말 순화 개정형법 제1조 제2항)

　　㉠ 형이 구법보다 가벼워진 때

판례연구 형법 제1조 제2항의 형이 구법보다 가벼워진 때에 해당한다는 사례

1 대법원 1996.7.26, 96도1158

형법의 개정으로 인하여 형이 가볍게 변경되었다는 이유로 원심판결을 파기한 사례

1995.12.29. 법률 제5057호로 개정되어 1996.7.1.부터 시행되는 형법 제231조, 제234조에 의하면 구 형법의 같은 조항의 법정형이 "5년 이하의 징역"이었던 것이 "5년 이하의 징역 또는 1천만 원 이하의 벌금"이 되어 벌금형이 추가됨으로써 원심판결 후에 형이 가볍게 변경되었음이 분명하므로, 원심판결 중 사문서위조 및 동행사죄에 관한 부분은 그대로 유지될 수 없다고 하면서 위 죄들과 형법 제37조 전단의 경합범 관계에 있는 사기죄에 대하여 단일한 형을 선고한 원심판결 전부를 파기한다. [경찰채용 12 2차 / 경찰간부 15]

2 유사 대법원 1992.11.13, 92도2194

형의 경중 비교시의 기준형(=법정형) 및 병과형 또는 선택형이 있는 경우 법정형의 경중 비교방법

형의 경중의 비교는 원칙적으로 법정형을 표준으로 할 것이고 처단형이나 선고 형에 의할 것이 아니며, 법정형의 경중을 비교함에 있어서 법정형 중 병과형 또는 선택형이 있을 때에는 이 중 가장 중한 형을 기준으로 하여 다른 형과 경중을 정하는 것이 원칙이다. 원심이 적용한 구 외국환관리법(외환밀반출)은 그 법정형이 10년 이하의 징역 또는 천만 원 이하의 벌금에 처하는 등으로 규정되어 있음에 비하여, 신법인 개정 후의 외국환관리법 제31조 제1항의 법정형은 3년 이하의 징역 또는 2천만 원 이하의 벌금으로 규정되어 있는바, 신법인 개정 후 외국환관리법의 형이 구법의 형보다 경하다고 할 것이다.

따라서 피고인의 위 범죄사실에 대하여는 경한 법인 신법이 적용되어야 할 것이므로 위 범죄사실에 대하여 구법을 적용한 원심판결은 형사소송법 제383조 제2호에 의하여 유지될 수 없다. 논지는 이유 있다. 또한 위 범죄사실과 경합범으로 처벌할 무인가환전상업무죄에 경합범 가중한 형은 오히려 신법이 더 중하게 된다 하더라도, 형의 경중의 비교는 원칙적으로 법정형을 표준으로 할 것이고, 처단형이나 선고형에 의할 것이 아니다(법정형을 기준으로 할 때 여전히 신법이 경함).

3 유사 **대법원 1996.2.13, 95도2843**
개정법에 의하여 벌금형의 하한이 없어진 경우 직권으로 구법을 적용한 원심판결을 파기한 사례
원심은 군의회 의원선거에서 최종학력에 관하여 허위사실을 공표하게 한 범죄사실에 대하여 당시 시행 중인 공직선거법 제250조 제1항을 적용하였는데, 위 법이 상고심 계속 중 개정되었고 개정된 법 제250조 제1항에 의하면 개정 전의 '3년 이하의 징역 또는 200만 원 이상 1천만 원 이하의 벌금'이 '3년 이하의 징역 또는 1천만 원 이하의 벌금'으로 되어 형법 제1조 제2항에 따라 개정된 법률에 의하여 처벌하여야 할 것이므로 개정 전의 법조를 적용한 원심판결은 결과적으로 법률적용이 잘못된 것이므로 직권으로 파기한다.

4 **대법원 2004.1.27, 2001도3178**
2004.1.20. 법률 제7077호로 개정된 형법 제37조 후단 경합범의 요건의 소급적용
2004.1.20. 법률 제7077호로 공포, 시행된 형법 중 개정법률에 의해 형법 제37조 후단의 "판결이 확정된 죄"가 "금고 이상의 형에 처한 판결이 확정된 죄"로 개정되었는바, 위 개정법률은 특별한 경과규정을 두고 있지 않으나, 형법 제37조는 경합범의 처벌에 관하여 형을 가중하는 규정으로서 일반적으로 두 개의 형을 선고하는 것보다는 하나의 형을 선고하는 것이 피고인에게 유리하므로 위 개정법률을 적용하는 것이 오히려 피고인에게 불리하게 되는 등의 특별한 사정이 없는 한 형법 제1조 제2항을 유추적용하여 위 개정법률 시행 당시 법원에 계속 중인 사건 중 위 개정법률 전에 벌금형에 처한 판결이 확정된 경우에도 적용되는 것으로 보아야 한다. [경찰간부 17]

5 유사 **대법원 2005.10.28, 2005도6088**
원심판결 선고 후 형법 제39조 제1항이 개정되어 '판결 후 형의 변경이 있는 때'에 해당하는 사유가 있게 되었다고 보아 원심판결을 파기한 사례
원심판결이 선고된 뒤인 2005.7.29. 법률 제7623호로 형법 제39조 제1항이 개정되어 경합범 중 판결을 받지 아니한 죄가 있는 때에는 그 죄와 판결이 확정된 죄를 동시에 판결할 경우와 형평을 고려하여 그 죄에 대하여 형을 선고하되, 이 경우 그 형을 감경 또는 면제할 수 있게 되었고, 부칙에서는 종전의 규정을 적용하는 것이 행위자에게 유리한 경우를 제외하고 원칙적으로 개정법률을 그 시행 전에 행하여진 죄에 대하여도 적용하도록 규정하고 있다. 따라서 종전의 규정을 적용하는 것이 피고인에게 유리한 경우에 해당하지 않는 이 사건에 있어서 종전 판결의 확정 전에 범한 피고인 3의 판시 제9의 죄 부분에 대하여 개정법률이 적용되게 되었으므로, 원심판결 중 이 부분 범죄사실에 관하여는 형사소송법 제383조 제2호 소정의 "판결 후 형의 변경이 있는 때"에 해당하는 사유가 있다고 보아야 할 것이고, 이 점에서 원심판결 중 피고인 3의 판시 제9의 죄에 대한 부분은 더 이상 유지될 수 없다.

6 **대법원 2005.10.28, 2005도4462**
원심판결 선고 후에 근로기준법이 개정되어 반의사불벌죄로 개정된 사례
이른바 반의사불벌죄에 있어서 처벌불원의 의사표시의 부존재는 소극적 소송조건으로서 직권조사사항이라 할 것이고(대법원 2002.3.15, 2002도158 참조), 2005.3.31. 법률 제7465호로 개정되어 2005.7.1.부터 시행된 근로기준법 제112조 제2항에 의하면, 종전에는 피해자의 의사에 상관없이 처벌할 수 있었던 근로기준법 제112조 제1항, 제36조 위반죄가 반의사불벌죄로 개정되었고, 부칙에는 그 적용과 관련한

경과규정이 없지만 개정법률이 피고인에게 더 유리할 것이므로 형법 제1조 제2항에 의하여 피고인에 대하여는 개정법률이 적용되어야 할 것인바, 처벌을 원하지 아니한다고 진술한 위 피해자들에 대한 부분에 있어서는 개정법률에 따라 형사소송법 제327조 제2호에 따라 공소제기의 절차가 법률의 규정에 위반된다고 하여 공소기각의 판결을 선고하여야 할 것임에도, 이에 대하여 종전의 규정을 적용한 원심판결에는 결국 형사소송법 제383조 제2호 소정의 "판결 후 형의 변경이 있는 때"에 준하는 사유가 있다고 보아야 할 것이어서 파기를 면할 수 없다.

판례연구 　　**형법 제1조 제2항의 형이 구법보다 가벼워진 때에 해당하지 않는다는 사례**

대법원 1983.11.8, 83도2499
병과형 또는 선택형이 있는 경우 법정형의 경중 비교
행위시법인 구 변호사법 제54조에 규정된 형은 징역 3년이고 재판시법인 현행 변호사법 제78조에 규정된 형은 5년 이하의 징역 또는 1천만원 이하의 벌금으로서 신법에서는 벌금형의 선택이 가능하다 하더라도 법정형의 경중은 병과형 또는 선택형 중 가장 중한 형을 기준으로 하여 다른 형과 경중을 정하는 것이므로 행위시법인 구법의 형이 더 경하다. [경찰승진(경위) 11 / 경찰승진 10·22 / 국가9급 11]

　　ⓛ 신법에 따른다 : 경한 신법의 형으로 처벌

판례연구

1 대법원 1991.1.8, 90도2485
특가법 적용 기준 뇌물액수가 증액된 경우 신법적용
구 특가법 제2조 제1항 제1호가 항소심판결선고 후에 개정되어 피고인의 행위가 동법상 범죄구성요건을 충족할 수 없게 된 경우(특가법상 가중처벌되는 뇌물액수의 증액이 있게 된 경우) 위 특가법이 적용될 수 없으므로 경한 신법(일반형법)이 적용되어야 한다.

2 대법원 1987.12.22, 87도84; 2008.12.11, 2008도4376
법정형이 가벼워진 경우 공소시효기간도 경한 신법 기준
범죄 후 법률의 개정에 의하여 법정형이 가벼워진 경우에는 형법 제1조 제2항에 의하여 당해 범죄사실에 적용될 가벼운 법정형(신법의 법정형)이 공소시효기간의 기준이 된다. [경찰채용 14 2차 / 경찰간부 11·13 / 경찰승진 16·22 / 국가9급 20 / 국가7급 10·12 / 법원승진 12 / 사시 13]

3 대법원 2021.9.9, 2019도5371
공소시효 특례 규정이 더 중해진 경우 개정법의 적용범위는 개정 후 행위에 한한다는 사례
구 군형법 제94조는 '정치관여'라는 표제 아래 "정치단체에 가입하거나 연설, 문서 또는 그 밖의 방법으로 정치적 의견을 공표하거나 그 밖의 정치운동을 한 자는 2년 이하의 금고에 처한다."라고 규정하였다. 그런데 2014.1.14. 법률 제12232호로 개정된 군형법 제94조는 '정치관여'라는 표제 아래 제1항에서는 처벌대상이 되는 정치관여 행위를 제1 내지 제6의 각호로 열거하면서 각호의 어느 하나에 해당하는 행위를 한 사람은 5년 이하의 징역과 5년 이하의 자격정지에 처한다고 규정하고, 제2항에서는 "제1항에 규정된 죄에 대한 공소시효의 기간은 군사법원법 제291조 제1항에도 불구하고 10년으로 한다."라고 규정하였다. 위와 같은 법률 개정 전후의 문언에 따르면, 군형법상 정치관여죄는 2014.1.14.자 법률 개정을 통해 구성요건이 세분화되고 법정형이 높아짐으로써 그 실질이 달라졌다고 평가할 수 있고, 공소시효 기간에 관한 특례 규정인 개정 군형법 제94조 제2항은 개정 군형법상의 정치관여죄에 대하여

규정하고 있음이 분명하다. 따라서 개정 군형법 제94조 제2항에 따른 10년의 공소시효 기간은 개정 군형법 시행 후에 행해진 정치관여 범죄에만 적용된다.[17]

ⓒ **특별법에 무거운 구법을 적용한다는 부칙 등을 둔 경우**

> **판례연구**
>
> **1** 대법원 1995.1.24, 94도2787
> 부칙에서 중한 구법을 적용한다고 정했으면 구법적용
> 형을 종전보다 가볍게 형벌법규를 개정하면서 그 부칙으로 개정 전 범죄에 대하여는 종전의 형벌법규를 적용하도록 규정한다 하여 죄형법정주의에 반하거나 범죄 후 형의 변경이 있는 경우라 할 수 없으므로 제1조 제2항의 신법우선주의가 적용될 여지가 없다. [경찰채용 14 2차 / 경찰승진 15 / 국가9급 11·14 / 국가7급 07·13 / 법원9급 05·08·09·11 / 법원행시 05·06·08·11·10·13 / 사시 13·14·15]
>
> **2** 대법원 2001.9.25, 2001도3990
> 시기별로 적용법률을 특정해야 한다고 한 사례
> 일반적으로 계속범의 경우 실행행위가 종료되는 시점에서의 법률이 적용되어야 할 것이나, 법률이 개정되면서 그 부칙에서 '개정된 법 시행 전의 행위에 대한 벌칙의 적용에 있어서는 종전의 규정에 의한다'는 경과규정을 두고 있는 경우 개정된 법이 시행되기 전의 행위에 대해서는 개정 전의 법을, 그 이후의 행위에 대해서는 개정된 법을 각각 적용하여야 한다(계속범의 성질을 갖는 건축법상 무단 용도변경·사용에 대하여 시기별로 각각의 독립된 행위로 평가하여 적용 법률을 특정하고 그에 따라 유·무죄의 판단을 달리하여야 한다고 본 사례).

⑤ 재판이 확정된 후 법률이 변경되어 범죄를 구성하지 않게 된 경우(2020.12.8. 우리말 순화 개정형법 제1조 제3항) : 형의 집행을 면제한다.

4. 한시법과 추급효

(1) 의 의

한시법이라 함은 유효기간을 정해 놓은 법률을 말한다.

(2) 한시법의 추급효

판례는 법률변경의 동기가 법률이념의 변경에 기인하는 경우에는 추급효를 부정하여 면소판결 등을 하고, 사실관계의 변경에 기인한 경우에는 추급효를 긍정하여 유죄판결을 해야 한다는 소위 동기설을 취한다. [경찰채용 11 2차 / 국가9급 08·14 / 국가7급 12·16 / 법원9급 22 / 법원행시 05]

동기설에 대해서는 무엇이 법률변경의 동기인지 파악하기 어렵다는 점에서, 법률이념의 변경과 사실관계의 변경의 구별기준이 명확하지 않다는 비판이 있다.

(3) 동기설의 판례

> **판례연구** **법률의 변경이 법률이념의 변경에서 기인하였다고 보아 (가벼운) 재판시법을 적용한 예**
> **: 양/자/내/청/개/교/추/위, 소/화/자, 운/재/깡(강)/약/체, 정/영/무/특/선**
>
> **1** 대법원 1974.9.24, 74도2318
> 판매금지되는 특정외래품에서 주류(미제 깡통맥주)가 제외된 경우 : 깡(통맥주)

---

17 **보충** : 원심은 위 법리와 같은 취지에서 구 군형법 시행 당시에 행해진 공소사실에 대하여 개정 군형법 제94조 제2항이 아닌 군사법원법 제291조 제1항에서 정한 공소시효 기간(5년)에 따라 그 공소시효가 완성되었다고 보아 이유에서 면소로 판단하였고, 대법원은 원심의 위와 같은 판단을 수긍한 사례이다.

이 사건에서 문제되고 있는 물품인 주류(미제깡통맥주)가 이 사건 범죄 후에 특정외래품으로서의 지정에서 제외되었으면 위 법령이 한시법이라고 할 수 없어 면소의 판결을 하는 것이 상당하다.

2 대법원 1979.2.27, 78도1690
사전검사를 받지 않고 견육을 판매목적으로 진열한 경우(소위 개고기 사례) : 개(고기)
식육점 경영자가 사전검사를 받지 않고 견육을 판매목적으로 진열한 행위는 행위시법에 따르면 축산물가공처리법 위반행위가 되나, 원심에서 유죄판결이 선고된 후 동법 시행규칙 개정으로 개에 대하여는 동법의 적용을 받지 않게 되었고, 이는 이와 같은 경우를 처벌대상으로 삼은 종전 조처가 부당하다는 데에서 온 반성적 조처로 볼 것이므로 위 사유는 형사소송법 제383조 제2호의 판결 후 형의 폐지가 있는 때에 해당되며, 또한 이 건은 범죄 후 법령개폐로 형이 폐지된 때에 해당되어 같은 법 제326조 제4호에 정한 면소사유가 된다.

3 대법원 1983.2.28, 81도165
화학용 부피계에 대해 검정제도가 폐지된 경우 : 화(학용 부피계)
원심판결선고 후 전문개정된 현행 계량법 시행령 제24조 제3호 및 동법 제25조에 의하여 화학용 부피계에 대하여는 검정제도를 폐지한 것은 본 건과 같은 경우를 처치대상으로 삼은 종전의 조처가 부당한 데에서 나온 반성적 조처라고 볼 것이므로, 이 건과 같은 행위를 처벌할 수 없게 되었으므로 이 건은 범죄 후의 법령의 개폐로 형이 폐지되었을 때에 해당한다.

4 대법원 1988.3.22, 88도47
자동차운수사업법상 벌금형이 과태료로 변경된 경우 : 자(동차운수사업법)
범행 당시에는 자동차운수사업법에 해당되어 형벌인 벌금형에 처하게끔 규정되어 있다가 원심판결 당시에는 행정벌인 과태료에 처하여지도록 변경된 취지는 형벌로서 처벌대상으로 삼은 종전의 조치가 부당하다는 데서 나온 반성적 조치라고 보아야 할 것이다. [경찰간부 15]

5 대법원 1992.11.27, 91도2106
소규모 종교집회장·대중음식점에 대한 용도변경 허가 불요 : 소(규모 종교집회장·음식점)
피고인의 건축법위반행위가 범행 당시에는 구 건축법에 해당되어 처벌받도록 규정되어 있었으나, 그 후 재판 당시에는 같은 법률의 개정된 시행령에 의하여 당해 용도에 쓰이는 바닥면적 300㎡ 미만의 종교집회장과 대중음식점은 허가를 받아야 하는 용도변경이 아닌 것으로 변경되었다면, 이는 소규모 종교집회장에 대하여 특별히 용도변경의 허가를 받지 않아도 되는데 이를 처벌대상으로 삼은 종전의 조치가 부당하다는 데에서 나온 반성적 조치라고 보아야 할 것이다.

6 대법원 1999.6.11, 98도3097
'단순한 등록법인'의 미공개 중요정보를 이용한 내부자거래 : 내(부자거래)
증권거래법이 개정되면서 등록법인이지만 아직 한국증권업협회에의 등록을 마치지 아니하여 장외등록법인 내지 협회등록법인에까지는 이르지 못한 회사의 미공개 중요정보를 이용한 내부자거래를 처벌의 대상에서 제외한 취지는 단순한 등록법인의 경우까지 내부자거래의 규제 대상으로 삼은 종전의 조치가 부당하다는 데에서 나온 반성적 조치라고 보아야 할 것이다. [경찰간부 16]

7 대법원 2000.12.8, 2000도2626
청소년숙박허용죄 폐지 사례(소위 여관 차 배달 사례) : 청(소년숙박업소 출입)
개정된 청소년보호법에서는 숙박업은 청소년유해업소 중 청소년의 출입은 가능하나 고용은 유해한 것으로 인정되는 업소에 해당하는 것으로 변경된 점 및 같은 법 개정 당시 그 부칙 등에 같은 법 시행 전의 위와 같은 출입허용행위에 대한 벌칙의 적용에 있어 이에 대한 아무런 경과규정을 두지 아니한 점 등을 종합하여 보면, 그 변경은 청소년의 숙박행위까지 처벌대상으로 삼은 종전의 조치가 부당하다는 데에서 나온 반성적 조치라고 보아야 한다. [경찰간부 16·17]

8 대법원 2002.8.27, 2002도2086
구 민사소송법하의 재산명시의무 위반자에 대해 형사처벌규정이 폐지된 경우 : 재(산명시의무)
정당한 사유 없이 명시기일에 출석하지 않은 자에 대하여 구 민사소송법은 3년 이하의 징역 또는 500만 원 이하의 벌금에 처하도록 규정하고 있었으나, 2002년 7일 1일부터 시행된 민사집행법은 민사채무 불이행에 대한 간접강제수단의 성격을 가지고 있는 재산명시신청에 성실히 응하지 아니한 채무자에 대하여 바로 형벌을 과하는 것은 부당하다는 반성적 고려에서 위와 같은 형벌조항 대신에 민사집행법의 특수한 처벌인 감치규정을 신설하였다면, 위와 같은 법률의 변경은 형사소송법 제326조 제4호의 범죄 후의 법령개폐로 형이 폐지되었을 때에 해당한다. [경찰간부 17 / 법원행시 06·12]

9 대법원 2003.10.10, 2003도2770
자동차 폐차시 원동기를 재사용할 수 있게 된 경우 : 재(동차 폐차)
자동차관리법 시행규칙이 개정되어 자동차 폐차시 원동기를 재사용할 수 있게 된 취지는 자동차 생산기술의 발달로 폐차되는 자동차의 원동기를 재사용할 필요가 있고, 이를 일정한 조건 아래에서 허용하더라도 문제가 발생할 여지가 많지 않음에도 불구하고 폐차시 원동기를 압축·파쇄 또는 절단하도록 한 종전의 조치가 부당하다는 데에서 나온 반성적 조치라고 보아야 할 것이다. [경찰간부 16 / 사시 10]

10 대법원 2004.8.16, 2004도3062
공직선거법상 선거기간 중 후보자가 명함을 직접 주는 행위 사례
공직선거법의 개정 경과에 비추어 고비용 정치구조를 개혁하자는 취지에서 명함을 선거운동에 사용하지 못하도록 전면적으로 제한하였다가 선거기간 중 후보자가 명함을 직접 주는 행위까지 처벌대상으로 삼은 종전의 조치가 부당하였다는 반성적 고려에서 구 공직선거법 제93조 제1항 단서가 신설된 것으로 보이므로, 후보자가 명함을 '직접 주는' 행위는 허용되는 것으로 보아야 한다.

11 대법원 2002.11.8, 2002도4597; 2008.1.31, 2007도9220
운전면허취소처분 철회 또는 취소시의 무면허운전에 대한 판단 : 무죄판결 : 운(전면허취소 후 운전)
특정범죄 가중처벌 등에 관한 법률 위반(도주차량)으로 운전면허취소처분을 받은 자가 자동차를 운전한 경우, 그 후 위 피의사실에 대하여 무혐의 처분을 받고 이를 근거로 행정청이 운전면허 취소처분을 철회하였다면, 이 경우 운전면허 취소처분은 행정쟁송절차에 의하여 취소된 경우와 마찬가지로 그 처분시에 소급하여 효력을 잃게 되므로, 무면허운전죄는 성립하지 아니하는 것이다. [법원행시 12]

12 대법원 2009.2.26, 2006도9311
의료법상 약효에 관한 광고를 허용하고 그에 대한 벌칙조항을 삭제한 경우 : 약(효광고)
구 의료법이 약효에 관한 광고를 허용하고 그에 대한 벌칙조항을 삭제하면서 부칙에 그 시행 전의 약효에 관한 광고행위에 대한 벌칙의 적용에 관하여 아무런 경과규정을 두지 않은 것은 약효에 대한 광고행위까지 처벌대상으로 삼은 종전의 조치가 부당하다는 반성적 고려에 의한 것이다. [경찰간부 17 / 경찰승진 14 / 사시 10]

13 대법원 2009.9.24, 2007도6185
도정법상 정비사업전문관리업 무등록자의 자문에 응하는 행위 : 정(비사업 무등록자 단순자문)
도시정비법이 원심판결 선고 후 개정되어, 정비사업전문관리업 등록을 하지 아니한 자가 정비사업

시행을 위하여 필요한 추진위원회 또는 사업시행자의 자문에 응하는 행위에 대한 기존의 벌칙조항이 삭제된 것은 이를 처벌대상으로 삼은 종전의 조치가 부당하다는 반성적 고려에 의한 것이다.

14 대법원 2010.7.15, 2007도7523

후원회의 연간 모금한도액에 전년도 이월금을 포함시키지 않도록 한 것은 반성적 조치 : 정(치자금)
개정된 정치자금법이 전년도 이월금을 연간 모금한도액에서 제외하는 것으로 규정하면서 경과규정을 별도로 두지 않고 있는 점에 비추어 볼 때, 그 개정 취지는 범죄구성요건인 연간 모금한도액을 규정함에 있어 전년도 이월금을 포함하도록 하고 있는 구법의 처벌규정이 부당하다는 데에서 나온 반성적 조치라고 봄이 상당하다.

15 대법원 2011.4.14, 2010도2540; 2012.12.27, 2012도8421

국회의원이 후원인으로부터 직접 정치자금을 받아 단기간 내에 후원회에 전달한 사례 : 정(치자금)
개정·신설된 정치자금법 제10조 제3항은 "후원인이 후원회지정권자에게 직접 후원금을 기부한 경우 해당 후원회지정권자가 기부받은 날부터 30일 이내에 기부받은 후원금과 기부자의 인적사항을 자신이 지정한 후원회의 회계책임자에게 전달한 경우에는 해당 후원회가 기부받은 것으로 본다."고 규정하게 된 것은 국회의원 등 후원회지정권자가 후원인으로부터 직접 정치자금을 받아 단기간 내에 후원회 회계책임 자에게 전달한 경우까지 후원인이 후원회에 직접 입금한 경우와 다르게 보아 처벌대상으로 삼은 종전의 조치가 부당하다고 보았기 때문이므로, 후원회지정권자의 행위 시점이 위 법률 개정 이전이었다 하더라 도, 이는 "범죄 후 법률의 변경에 의하여 그 행위가 범죄를 구성하지 아니한 때(형법 제1조 제2항)"에 해당하므로 신법을 적용해야 한다. [경찰채용 18 1차]

16 대법원 2009.9.24, 2009도6443

영상물등급위원회의 임직원이 공무원으로 의제되는 것이 뇌물관련범죄로 축소된 경우 : 영(상물)
구 음비법이 폐지됨에 따라 제정·시행된 영화 및 비디오물의 진흥에 관한 법률은 그 벌칙의 적용에 있어서 영상물등급위원회 임직원이 공무원으로 의제되는 형법 등의 조문을 뇌물 관련 범죄로 축소시켰는 데, 이는 모든 범죄에 대하여 공무원으로 의제하여 처벌대상으로 삼은 종전의 조치는 형사처벌의 범위가 너무 넓어 부당하다는 반성적 고려에 의한 것이다.

17 대법원 2010.3.11, 2009도12930

군형법상 무단이탈죄의 법정형에 벌금형이 추가된 경우 : 무(단이탈)
군형법이 개정되어 무단이탈죄에 벌금형이 법정형으로 추가된 취지는 무단이탈의 형태와 동기가 다양함에도 불구하고 죄질이 경미한 무단이탈에 대하여도 반드시 징역형 내지 금고형으로 처벌하도록 한 종전의 조치가 과중하다는 데에서 나온 반성적 조치라고 보아야 할 것이다. [국가7급 10]

18 대법원 2011.3.24, 2009도7230; 2010.12.9, 2010도12069

양벌규정이 개정되면서 사업주에 대한 면책규정이 추가된 경우 : 양(벌규정 면책규정)
구 주택법 제100조의 양벌규정은 2009년 개정되면서 사업주인 법인이 그 위반행위를 방지하기 위하여 해당 업무에 관하여 상당한 주의와 감독을 게을리하지 아니한 경우에는 양벌규정에 의하여 처벌하지 않는다는 내용의 단서 규정이 추가되었는 바, 이는 범죄 후 법률의 변경에 의하여 그 행위가 범죄를 구성하지 아니하거나 형이 구법보다 경한 경우에 해당한다고 할 것이다. [변호사시험 13]

19 대법원 2013.2.28, 2012도14810

후보자의 선거사무소의 1개의 선거대책기구 사례 : 선(거사무소 선거대책기구)
유사기관 설치금지를 규정한 구 공직선거법 제89조 제1항이 개정되어 '후보자 또는 예비후보자의 선거사무소에 설치되는 각 1개의 선거대책기구'가 처벌 대상에서 제외된 것은 종전의 처벌규정이 부당하다는 데에서 나온 반성적 조치로서 형법 제1조 제2항의 '범죄 후 법령의 변경에 의하여 그 행위가 범죄를 구성하지 아니한 때'에 해당한다.

20 대법원 2013.7.11, 2013도4862,2013전도101

추행목적 유인죄 가중처벌 삭제의 의미 : 추(행목적 유인)

구 특가법 제5조의2 제4항의 삭제는 '추행목적의 유인죄'를 가중처벌하도록 한 종전의 조치가 과중하다는 데서 나온 반성적 조치로서 형법 제1조 제2항에 따라 신법이 적용되는 경우에 해당한다.[18] [경찰간부 14]

21 대법원 2014.4.24, 2012도14253

위계간음죄를 규정한 구 형법 제304조의 삭제는 반성적 고려에서 비롯된 것이라는 사례 : 위(계간음)

구 형법 제304조[19]는 2012.12.18. 법률 제11574호로 형법이 개정되면서 삭제되었다. 또한 위 개정에 앞서 구 형법 제304조 중 혼인빙자간음죄 부분은 헌법재판소 2009.11.26, 2008헌바58 등 결정에 의하여 위헌으로 판단되었고, 또한 위 개정 형법 부칙 등에서 그 시행 전의 행위에 대한 벌칙의 적용에 관하여 아무런 경과규정을 두지 아니하였다. 이러한 사정 등에 비추어 보면, 구 형법 제304조의 삭제는 법률이념의 변천에 따라 과거에 범죄로 본 음행의 상습 없는 부녀에 대한 위계간음 행위에 관하여 현재의 평가가 달라짐에 따라 이를 처벌대상으로 삼는 것이 부당하다는 반성적 고려에서 비롯된 것으로 봄이 타당하므로, 이는 범죄 후의 법령개폐로 범죄를 구성하지 않게 되어 형이 폐지되었을 때에 해당한다. [변호사시험 15]

22 대법원 1983.9.13, 80도902

특가법상 포탈세액의 하한이 인상되어 그 하한에 못 미치게 된 관세포탈 사례 : 특(가법)

특가법이 개정되어 포탈세액의 하한이 개정 전의 "금 100만 원 이상"에서 "금 500만 원 이상"으로 인상되었으므로 피고인의 금 2,469,632원의 관세포탈행위는 이제 위 개정 전의 특가법에 의하여 처단할 수 없게 되었다 할 것이다.

> 유사1 특가법상 가중처벌되는 뇌물액수가 증액된 경우 : 경한 신법 적용 : 특(가법)
>
> 피고인의 행위시에 시행되던 구 특가법 제2조 제1항 제1호가 원심판결 선고 후인 1990.12.31. 법률 제4291호의 같은 법 제2조 제1항 제1호로 개정시행됨에 따라 피고인의 행위는 위 개정법조문에 따른 범죄구성요건을 충족할 수 없게 되었다면 결과적으로 원심판결은 법령의 적용을 잘못한 것이 되어 파기할 수밖에 없다(대법원 1991.1.8, 90도2485).

---

18 보충 : 구 특가법(2013.4.5. 법률 제11731호로 개정되기 전의 것) 제5조의2 제4항은 "형법 제288조·제289조 또는 제292조 제1항의 죄를 범한 사람은 무기 또는 5년 이상의 징역에 처한다."라고 규정하고, 구 형법(2013.4.5. 법률 제11731호로 개정되기 전의 것) 제288조 제1항은 "추행, 간음 또는 영리의 목적으로 사람을 약취 또는 유인한 자는 1년 이상의 유기징역에 처한다."라고 규정하였으나, 원심판결 선고 전 시행된 특정범죄 가중처벌 등에 관한 법률(2013.4.5. 법률 제11731호로 개정된 것)에는 제5조의2 제4항이 삭제되고, 형법(2013.4.5. 법률 제11731호로 개정된 것) 제288조 제1항은 "추행, 간음, 결혼 또는 영리의 목적으로 사람을 약취 또는 유인한 사람은 1년 이상 10년 이하의 징역에 처한다."라고 규정하여 추행 목적의 유인죄에 대한 법정형이 변경되었는데, 그 취지는 추행 목적의 유인의 형태와 동기가 다양함에도 불구하고 무기 또는 5년 이상의 징역으로 가중처벌하도록 한 종전의 조치가 과중하다는 데서 나온 반성적 조치라고 보아야 할 것이어서, 이는 형법 제1조 제2항의 '범죄 후 법률의 변경에 의하여 그 행위가 범죄를 구성하지 아니하거나 형이 구법보다 경한 때'에 해당한다(위 판례). [경찰간부 14]

19 보충 : 구 형법(2012.12.18. 법률 제11574호로 개정되기 전의 것) 제304조는 '혼인을 빙자하거나 기타 위계로써 음행의 상습 없는 부녀를 기망하여 간음한 자는 2년 이하의 징역 또는 500만 원 이하의 벌금에 처한다'라고 규정하고 있었다.

유사2 특경법상 가중처벌되는 사기죄의 액수가 증액된 경우 : 경한 신법 적용 : 특(경법)
피고인이 사기죄로 인하여 취득하거나 제3자로 하여금 취득하게 한 재산상 이익의 가액이 1억 원 이상 10억 원 미만인 때에 해당한다는 이유로 구 특경법 제3조 제1항 제3호를 적용하여 가중처벌하는 항소심판결이 선고된 뒤인 법률이 개정되어 위의 이득액이 5억 원 이상인 때에만 그 죄를 범한 자를 가중 처벌할 수 있도록 개정되었다면 형사소송법 제383조 제2호 소정의 "판결 후 형의 변경이 있는 때"에 해당하는 사유가 있다고 보아야 한다(대법원 1991.1.25, 90도2560). [경찰채용 21 1차]

23 대법원 2010.10.28, 2010도7997

단순강간상해죄가 특정강력범죄에 해당하지 않게 된 경우 : 특(강법)

2010.3.31. 법률 제10209호로 개정된 특강법 제2조 제1항 제3호의 개정취지 등을 고려하면 '흉기나 그 밖의 위험한 물건을 휴대하거나 2인 이상이 합동하여 범한'이라는 요건은 개정 전 특강법에서의 해석과 달리 형법 제301조에도 요구되는 것으로 보는 것이 합리적이므로 이는 피고인에게 유리하게 이루어진 것으로 형법 제1조 제2항에 규정된 범죄 후 법률의 변경에 해당한다.

24 대법원 2012.9.13, 2012도7760

단순강간 등 상해·치상죄가 특강범죄이었다가 삭제된 후 다시 포함된 경우의 적용법률 : 특(강법)

특정강력범죄의 처벌에 관한 특례법이 2010.3.31. 개정되기 전에 단순 강간행위에 의한 강간 등 상해·치상죄가 이루어진 경우, 위 죄가 위와 같이 개정된 같은 법 제2조 제1항 제3호에 규정된 '특정강력범죄'에 해당하지 않게 되었다가, 다시 위 규정이 2011.3.7. 개정되면서 2010.3.31. 개정 전과 같은 내용이 된 경우, 범죄행위 시와 재판 시 사이에 여러 차례 법령이 개정되어 형의 변경이 있는 경우에는 이 점에 관한 당사자의 주장이 없더라도 형법 제1조 제2항에 의하여 직권으로 그 전부의 법령을 비교하여 그 중 가장 형이 가벼운 법령을 적용하여야 하므로, 법률 제10209호 특강법 개정 전에 이루어진 단순 강간행위에 의한 상해·치상의 죄는 2011.3.7.의 개정에도 불구하고 여전히 특정강력범죄에 해당하지 않는다. [경찰승진 15·16 / 변호사시험 15]

25 대법원 2016.1.28, 2015도17907

형법에 신설된 특수상해죄와 구 폭처법상 동 가중처벌규정의 삭제 : 특(별법 – 폭처법 조항 삭제)

형법 제257조 제1항의 가중적 구성요건을 규정하고 있던 구 폭력행위 등 처벌에 관한 법률 제3조 제1항(3년 이상의 징역)을 삭제하는 대신 같은 구성요건을 형법 제258조의2 제1항에 신설하면서 법정형을 구 폭력행위 등 처벌에 관한 법률 제3조 제1항보다 낮게 규정한 것(1년 이상 10년 이하의 징역)이 종전의 형벌규정이 과중하다는 데에서 나온 반성적 조치로서 형법 제1조 제2항의 '범죄 후 법률의 변경에 의하여 형이 구법보다 경한 때'에 해당한다.

유사1 구 폭처법상 흉기휴대 등 존속상해를 삭제하고 형법에 특수존속상해를 신설 : 특(별법 – 폭처법)
형법 제257조 제2항의 가중적 구성요건을 규정하고 있던 구 폭력행위 등 처벌에 관한 법률 제3조 제1항(3년 이상의 징역)을 삭제하는 대신 같은 구성요건을 형법 제258조의2 제1항에 신설하면서(특수존속상해) 법정형을 구 폭력행위 등 처벌에 관한 법률 제3조 제1항보다 낮게 규정한 것(1년 이상 10년 이하의 징역)이 종전의 형벌규정이 과중하다는 데에서 나온 반성적 조치로서 형법 제1조 제2항의 '범죄 후 법률의 변경에 의하여 형이 구법보다 경한 때'에 해당한다(대법원 2016.1.28, 2015도18280).

유사2 구 폭처법 제2조 제1항의 상습폭력범죄의 삭제의 의미 : 특(별법 – 폭처법)
구 폭처법(2016.1.6. 법률 제13718호로 개정되기 전의 것) 제2조 제1항은 "상습적으로 다음 각 호의 죄를 범한 사람은 다음의 구분에 따라 처벌한다."라고 규정하면서 그 각 호에서 형법이 정한 폭력범죄들을 열거하고 그에 따른 법정형을 규정하고 있었으나, 2016.1.6. 법률 제13718호로 개정·시행된 폭처법은 제2조 제1항을 삭제하면서 경과규정을 별도로 두지 아니하였다. 이와 같이 형법에서 정한 폭력범죄들에 대한 가중적 구성요건을 규정하고 있던 구 폭처법 제2조 제1항을 삭제한 취지는, 그 가중적 구성요건의 표지인 상습적인 폭력행위가 가지는 일반적인 위험성을 고려하더라도 개별 범죄의 범행경위, 구체적인 행위태양과 법익침해의 정도 등이 매우 다양함에도 불구하고 일률적으로 해당 범죄를 가중처벌하도록 한 종전의 조치가 부당하였거나 그 과형이 과중하다는 데에서 나온 반성적 조치라고 보아야 할 것이다. 따라서 이는 형법 제1조 제2항에서 정한 '범죄 후 법률의 변경에 의하여 그 행위가 범죄를 구성하지 아니하거나 형이 구법보다 경한 때'에 해당하므로, 위 규정에 따라 신법을 적용하여야 한다(대법원 2016.2.18, 2015도18636).

26 대법원 2016.2.18, 2015도17848
특가법 제5조의5 제5항의 누범절도에 대한 법정형의 감경 : 특(가법)
구 특가법(2016.1.6. 법률 제13717호로 개정되기 전의 것) 제5조의4 제5항은 형법 제329조부터 제331조까지의 죄 등으로 세 번 이상 징역형을 받은 사람이 다시 이들 죄를 범하여 누범으로 처벌하는 경우에는 같은 조 제1항부터 제4항까지의 형과 같은 형에 처하도록 규정하고, 같은 조 제1항은 상습적으로 형법 제329조부터 제331조까지의 죄 또는 그 미수죄를 범한 사람은 무기 또는 3년 이상의 징역에 처하도록 규정하였다. 그런데 2016.1.6. 법률 제13717호로 개정된 특가법 제5조의4 제5항은 위와 같이 누범으로 처벌하는 경우에는 같은 항 각 호의 구분에 따라 가중처벌하도록 규정하면서, 그 제1호에서 형법 제329조부터 제331조까지의 죄나 그 미수죄를 범한 경우에는 2년 이상 20년 이하의 징역에 처하도록 규정하여 법정형을 변경하였다. … (법률변경의 동기는) 구 특가법 제5조의4 제5항에서 정한 범죄전력의 요건을 갖춘 절도 등의 누범자라 하더라도 그 절도 등의 형태와 동기가 매우 다양하므로 무기 또는 3년 이상의 징역으로 가중처벌하도록 한 종전의 형벌규정이 과중하다는 데에서 나온 반성적 조치라고 보인다. 따라서 이는 형법 제1조 제2항에서 정한 '범죄 후 법률의 변경에 의하여 그 행위가 범죄를 구성하지 아니하거나 형이 구법보다 경한 때'에 해당하므로, 개정 전의 범죄에 대하여도 신법인 특가법 규정을 적용하여야 한다.

27 대법원 2016.3.24, 2016도836; 2016.4.12, 2016도1784; 2016.6.23, 2016도1473
강요죄의 법정형에 벌금형을 추가한 것과 형법 제1조 제2항 : 강(요죄)
2016.1.6. 법률 제13719호로 개정·시행된 형법 제324조 제1항은 "폭행 또는 협박으로 사람의 권리행사를 방해하거나 의무 없는 일을 하게 한 자는 5년 이하의 징역 또는 3천만 원 이하의 벌금에 처한다."라고 규정하여, 구 형법 제324조와 달리 법정형에 벌금형을 추가하였다. 이는 행위의 형태와 동기가 다양함에도 죄질이 경미한 강요행위에 대하여도 반드시 징역형으로 처벌하도록 한 종전의 조치가 과중하다는 데에서 나온 조치로서, 형법 제1조 제2항에서 정한 '범죄 후 법률의 변경에 의하여 형이 구법보다 경한 때'에 해당하므로, 위 규정에 따라 신법을 적용하여야 한다.

28 대법원 2016.8.24, 2013도841
임금채권보장법상 체당금 관련 허위보고·증명·서류제출죄의 법정형이 경해진 경우 : 체(당금)
개정된 임금채권보장법 제28조는 체당금(현재는 대지급금 – 필자 주) 등이 지급되었는지에 따라 제1항과 제2항으로 구분하여 법정형을 달리 규정하고 있고, 구 임금채권보장법 제28조 제2호에 대응하는 개정된 임금채권보장법 제28조 제2항은 징역형에 관하여 구법에 비해 법정형을 낮게 규정하고 있다. 이는 체당금의 지급 여부와 무관하게 일률적으로 동일한 법정형을 적용하도록 한 종전의 형벌규정이 적어도 체당금이 지급되지 않은 경우에는 과중하다는 데에서 나온 반성적 조치라고 보아야 한다. 그러므로 이는 형법 제1조 제2항의 '범죄 후 법률의 변경에 의하여 형이 구법보다 경한 때'에 해당한다.

29 대법원 2021.12.30, 2017도15175
해직교원의 전교조 조합원 가입의 허용 : 교(해직교원)

구「노동조합 및 노동관계조정법」(이하 '구 노동조합법') 제93조 제2호 위반죄는 구 노동조합법 제21조 제1항에 의한 시정명령을 이행하지 아니한 행위를 처벌하는 것으로서, 이 사건 시정명령은 해직 교원에게 조합원 자격을 인정하는 피고인 노동조합의 규약이 구 교원노조법 제2조에 위반된다는 이유로 이를 시정하라는 취지로서, 그 처분사유의 근거법령으로 구 교원노조법 제2조를 적시하고 있었다(해직 교원의 조합원 자격을 인정하는 전교조 규약에 대한 고용노동부장관의 시정명령을 불이행한 것을 구성요건으로 하는 시정명령 위반죄). 그런데 그 후 이 사건 법률 개정에 따라 구 교원노조법 제2조 단서가 삭제되고 제4조의2가 신설됨으로써 종전까지 금지하던 해직 교원의 교원 노동조합 가입을 허용하는 것으로 법령이 변경되었다. 따라서 이 사건 시정명령은 그 처분사유의 법령상 근거를 유지할 수 없게 되었고, 이 사건 시정명령을 통하여 달성하고자 하는 행정목적도 더 이상 존재하지 않게 되었다. … 이 사건 법률 개정은 법령상 해직 교원의 교원 노동조합 가입을 허용하지 아니한 종전의 조치가 부당하였다는 법률이념의 변천에 따른 것으로서, 해직 교원에게 조합원 자격을 인정하는 교원 노동조합의 규약에 대하여 시정을 명하거나 그 시정명령 위반행위를 범죄로 인정하고 처벌한 것 역시 부당하였다는 반성적 고려를 전제하고 있다고 봄이 상당하므로, 이 사건 시정명령 위반행위는 형법 제1조 제2항의 '범죄 후 법령의 변경에 의하여 그 행위가 범죄를 구성하지 아니한 때'에 해당한다고 볼 것이다.

판례연구 **법률에서 특히 부칙으로 경과규정을 두어 행위시법을 적용하였거나 사실관계의 변화에 기인한 정책적 법률변경에 불과하다고 보아 (무거운) 행위시법을 여전히 적용한 사례**

1 대법원 1985.5.28, 81도1045
계엄기간 중의 계엄포고위반행위의 계엄 후 처벌가능

계엄은 국가비상사태에 당하여 병력으로서 국가의 안전과 공공의 안녕질서를 유지할 필요가 있을 때에 선포되고 평상상태로 회복되었을 때에 해제하는 것으로서 계엄령의 해제는 사태의 호전에 따른 조치이고 계엄령이 부당하다는 반성적 고려에서 나온 조치는 아니므로 계엄이 해제되었다고 하여 계엄 하에서 행해진 위반행위의 가벌성이 소멸된다고 볼 수 없다. [국가9급 11 / 국가7급 07]

2 대법원 1988.3.22, 87도2678
부동산등기특별법(1985.1.1. 실효) 시행 중의 위반행위에 대한 그 폐지 후의 처벌가능

부동산소유권이전등기 등에 관한 특별조치법이 1985.1.1.부터 실효되었으나 이 법은 한시적으로 제정된 것이어서 그 폐지는 제정목적을 다하여 위 법을 존속시킬 필요성이 없다는 고려에서 폐지된 것이므로 위 법 시행 당시에 행하여진 위반행위에 대한 가벌성을 소멸시킬 이유가 없다.

3 대법원 1997.2.28, 96도2247
수입 냉동감자에 대하여 유통기한의 자율화된 경우, 가벌성 유지

수입 냉동감자에 대한 유통기한 표시기준은 구 식품위생법 시행규칙 제5조 별표 2에서 규정하고 있었으나,[20] 위 규정들은 법령의 개정으로 폐기되고, 냉동감자에 대한 유통기한의 규정도 그 후 시행된 보건복지부의 개정고시에 의하여 자율화하도록 변경되었는 바, 이러한 법령의 개정은 정책적으로 취하여진 조치에 불과한 것이므로, 이와 같이 식품의 유통기한 표시기준이 자율에 맡겨지게 되었다 하더라도 그 이전에 범한 식품위생법 위반행위에 대한 가벌성이 소멸되는 것은 아니다.

---

20 보충 : 전형적으로 보충규범(충전규범)에 세부적 사항을 위임한 백지형법의 경우이다. 후술하다시피 백지형법은 대체로 한시법이어서 여기에서 예시하는 판례들은 한시법이면서 백지형법인 경우들이 많다.

4 대법원 1997.12.9, 97도2682

한국전기통신공사를 더 이상 정부투자기관관리기본법상의 '정부투자기관'으로 보지 아니하도록 정한 것

법률이념의 변경에 의한 것이 아닌 다른 사정의 변천에 따라 그때 그때의 특수한 필요에 대처하기 위하여 법령을 개폐하는 경우에는 이미 그 전에 성립한 위법행위시를 현재에 관찰하여도 행위 당시의 행위로서는 가벌성이 있는 것이어서 그에 대한 형이 폐지된 것이라고는 할 수 없다. [국가7급 12]

5 대법원 1999.11.12, 99도3567

도로교통법상 지정차로 제도가 폐지된 경우, 그 이전에 범하여진 지정차로 위반행위의 가벌성 유지

도로교통법상의 지정차로 제도가 한때 폐지된 일이 있었으나 그 폐지는 법률이념의 변천으로 종래의 규정에 따른 처벌 자체가 부당하다는 반성적 고려에서 비롯된 것이라기보다는 당시의 특수한 필요에 대처하기 위한 정책적 조치에 따른 것이라고 판단되므로 그 제도 폐지 전에 이미 범하여진 위반행위에 대한 가벌성은 소멸되지 않는 것이다. [경찰간부 13·15]

6 대법원 2000.8.18, 2000도2943

부동산중개보조원 고용인원수 제한의 규정이 폐지된 경우, 그 전에 범한 위반행위의 가벌성 유지

부동산중개업법령의 개정으로 부동산중개업자가 인원수의 제한 없이 중개보조원을 고용할 수 있게 된 것은 사회·경제상황의 변화에 따라 부동산중개업자의 중개보조원 고용인원수를 제한할 필요성이 감소됨으로써 취하여진 정책적인 조치에 불과한 것이므로, 중개보조원 고용인원수 제한 규정이 폐지되었다고 하더라도 그 이전에 이미 범하여진 위반행위에 대한 가벌성이 소멸되는 것은 아니다. [경찰간부 16 / 경찰승진(경감) 10 / 법원9급 22 / 법원행시 06 / 사시 10]

7 대법원 2005.12.23, 2005도747

사용이 금지되었던 식품첨가물이 그 제한적 사용이 가능하도록 법률이 변경된 경우, 가벌성 유지

사용이 금지되었던 식품첨가물이 건강기능식품에 관한 법률 등에 의하여 그 제한적 사용이 가능하도록 변경된 것은 건강기능식품의 국내 수요 확대 등 여건의 변화에 따른 규제범위의 합리적 조정의 필요와 건강기능식품의 안전성 제고 등 그때 그때의 특수한 필요에 대처하기 위한 정책적 조치에 따른 것이기 때문에 위 법률 시행 전의 위반행위에 대한 가벌성이 소멸되는 것은 아니다. [사시 10]

8 대법원 2006.5.11, 2006도1715

사기 범행의 기망행위와 관련된 국토이용법 시행령 개정과 추급효 긍정

국토계획법 시행령이 개정되어 상가 등의 제1종근린생활시설이나 주택의 건축을 목적으로 이 사건 토지 중 일부를 분양받은 피해자들의 경우는 개발행위허가를 받을 수 있게 되었다고 하더라도, 이는 법령의 개정에 의하여 이 사건 사기 범행의 피해가 완화된 것으로 볼 수 있을 뿐 '범죄 후 법률의 변경에 의하여 그 행위가 범죄를 구성하지 아니하는 때'에 해당한다고 할 수 없다.

9 대법원 2007.9.6, 2007도4197

개발제한구역 내 비닐하우스 설치와 건설교통부령이 정한 경미한 행위 및 추급효 긍정

개정된 개발제한구역 지정 및 관리에 관한 특별조치법에 의하여 종전에 허가를 받거나 신고를 하여야만 할 수 있던 행위의 일부를 허가나 신고 없이 할 수 있도록 법령이 개정되었다 하더라도, 이는 사정의 변천에 따른 규제 범위의 합리적 조정의 필요에 따른 것이라고 보이므로, 위 법령 시행 전에 이미 범하여진 개발제한구역 내 비닐하우스 설치행위에 대한 가벌성이 소멸하는 것은 아니다. [사시 10]

10 대법원 2010.4.29, 2009도7017

'법을 위반한 자'에서 '법을 위반한 상호저축은행'으로 바뀐 경우, 가벌성 유지

상호저축은행법의 문언이 '법 제12조 제1항을 위반한 자'에서 '법 제12조 제1항을 위반한 상호저축은행'으로

바뀌었다 하더라도 같은 법의 양벌규정의 해석을 달리할 것은 아니므로, 위 법 개정 이후에도 위 양벌규정에 의하여 같은 법을 위반한 행위자 개인에 대한 처벌이 가능한 이상 위 개정은 형법 제1조 제2항의 '범죄를 구성하지 아니하게 된 경우'에 해당한다고 볼 수 없다.

11 대법원 2010.6.24, 2007도9051
일정한 금원대여결정에 대한 법인의 신고의무를 규정한 '유가증권의 발행 및 공시 등에 관한 규정'의 삭제
일정한 금원대여결정에 대한 법인의 신고의무를 규정한 유가증권의 발행 및 공시 등에 관한 규정이 삭제된 것은 처벌 자체가 부당하다는 반성적 고려에서 비롯된 것이라고는 볼 수 없으므로, 위 규정의 폐지 이전에 범한 위반행위에 대한 가벌성이 소멸되는 것은 아니라고 해야 한다.

12 대법원 2011.7.14, 2011도1303
'납세의무자가 정당한 사유 없이 1회계연도에 3회 이상 체납하는 경우'를 처벌하는 조세범 처벌법 삭제
구 조세범 처벌법 제10조의 삭제는 그 개정이유에 비추어 보면 경제·사회적 여건의 변화를 반영한 정책적 조치에 따른 것으로 보일 뿐이므로, 구 조세범 처벌법 시행 당시에 행하여진 각 조세범 처벌법 위반의 범행에 대하여 구 조세범 처벌법 제10조를 적용하여 처벌한 것은 정당하다.

13 대법원 2011.9.8, 2011도7635
마약류에 해당하지 않는 약물을 마약류로 인식하고 양도하는 행위의 가벌성 유지
구 마약류 불법거래 방지에 관한 특례법 제9조 제2항의 처벌대상이 '약물 기타 물품을 마약류로 인식하고 양도·양수하거나 이를 소지한 행위'에서 '약물이나 그 밖의 물품을 마약류라는 사실을 알면서도 양도·양수하거나 소지한 행위'로 개정되었더라도, 위 법률 개정이 종전에 마약류에 해당하지 않는 약물 기타 물품을 마약류로 인식하고 양도·양수하거나 소지한 행위를 형사처벌한 것이 부당하였다는 반성적 고려에서 비롯된 것으로 볼 수 없다.

14 대법원 2012.4.26, 2011도17639
미신고 자본거래행위의 형이 가벼워진 것은 정책적 변경에 불과하다는 사례
미신고 자본거래행위를 처벌하는 외국환거래법령의 형이 가볍게 개정되면서 형사처벌의 대상이 모든 미신고행위에서 미신고금액 10억 원을 초과하는 행위로, 다시 미신고금액 50억 원을 초과하는 행위로 변경된 경우, 위와 같은 법규 개정은 법률이념의 변경이 아니라 다른 사정의 변천에 따라 그때 그때의 특수한 필요에 대처하기 위하여 법령이 개폐된 경우에 불과하다. [경찰채용 18 1차 / 경찰채용 18 3차]

15 대법원 2013.2.28, 2012도13737
광업법 개정 전 분리된 규석 광물에 대한 토지소유자의 손괴는 여전히 처벌되어야 한다는 사례
개정 광업법 제5조 제1항 단서 신설이 구 광업법에 의하여 광업권자 등에게 소유권이 귀속되던 광물에 관한 토지소유자 등의 훼손 등 행위를 범죄로 처벌하였던 것이 부당하다는 반성적 고려에서 이루어진 법령의 개폐로 볼 수 없는 이상, 광업법 시행 이전에 분리되어 구 광업법 규정에 의하여 이미 광업권자 등에게 소유권이 귀속되었던 규석 광물에 관하여, 개정 광업법 제5조 제1항 단서가 적용되어 당해 광물의 소유권을 토지소유자 등에게 있다고 보아 토지소유자의 규석 광물 매립행위를 손괴죄로 기소한 검사의 공소제기에 대하여 면소를 선고한 것은 정당하지 않다.

16 대법원 2016.10.27, 2016도9954
주택재개발사업조합의 임원의 금품수수 처벌에 관한 도시정비법의 신설의 의미
주택재개발사업 등의 시공자, 설계자 또는 정비사업전문관리업자의 선정과 관련하여 금품을 수수하는 등의 행위를 처벌하는 규정인 도시 및 주거환경정비법 제84조의2의 신설은 도시정비법에 의한

주택재개발사업이나 주택재건축사업을 시행하는 조합의 임원을 형법상의 수뢰죄 또는 특정범죄 가중 처벌 등에 관한 법률 위반죄로 처벌하는 것이 너무 과중하여 부당하다는 반성적 고려에서 형을 가볍게 한 것이라고 인정되지 아니한다.

(4) 관련 문제 : 백지형법과 추급효

한시법의 추급효이론과 마찬가지로 **판례**는 동기설을 취한다.

02 장소적 적용범위

1. 의 의

형법이 어느 장소에까지 효력을 미칠 수 있는가의 문제이다.

2. 속지주의의 원칙

(1) 속지주의

> 제2조【국내범】 본법은 대한민국 영역 내에서 죄를 범한 내국인과 외국인에게 적용한다. [법원9급 07(하)]

① 의의 : 장소적 적용범위에 관한 우리 형법의 원칙은 속지주의(영토주의)이다. [법원행시 05]
② 영역의 범위 : 영토·영해·영공을 말하며, 북한도 포함된다(판례).
③ 범죄지

판례연구

1 대법원 2000.4.21, 99도3403

부분범행지도 범죄지에 속한다는 사례

외국인이 대한민국 공무원에게 알선한다는 명목으로 금품을 수수하는 행위가 대한민국 영역 내에서 이루어진 이상, 비록 금품수수의 명목이 된 알선행위를 하는 장소가 대한민국 영역 외라 하더라도 대한민국 영역 내에서 죄를 범한 것이라고 하여야 할 것이므로, 형법 제2조에 의하여 대한민국의 형벌법규인 구 변호사법 제90조 제1호가 적용되어야 한다. [경찰채용 14·21 1차 / 경찰간부 14 / 국가9급 09·14· 16 / 국가7급 08 / 법원행시 05·07]

2 대법원 1998.11.27, 98도2734

공모공동정범에 있어서의 공모지도 범죄지에 해당하므로, 공모한 지역이 대한민국 영역 내이면 우리 형법이 적용된다. [경찰간부 14 / 국가9급 15·18 / 법원승진 11 / 법원행시 05·08 / 사시 11·13·16]

3 대법원 2008.12.11, 2008도3656

속지주의에 따라 어떠한 범죄를 처벌하지 않는 외국 국가의 국적을 가진 외국인도 국내에서 일어난 해당 범죄에 대한 고소권을 가진다.

---

(2) 기국주의

> **제4조【국외에 있는 내국선박 등에서 외국인이 범한 죄】** 본법은 대한민국 영역 외에 있는 대한민국의 선박 또는 항공기 내에서 죄를 범한 외국인에게 적용한다. [국가9급 15 / 법원9급 07(하)]

3. 속인주의의 가미

> **제3조【내국인의 국외범】** 본법은 대한민국 영역 외에서 죄를 범한 내국인에게 적용한다. [법원9급 07(하) / 법원행시 05]

판례연구

1 대법원 1986.6.24, 86도403

미국문화원에서 범죄한 국민에게도 속인주의 적용

국제협정이나 관행에 의하여 대한민국 내에 있는 미국문화원이 치외법권지역이고 그 곳을 미국영토의 연장으로 본다고 하더라도 그 곳에서 죄를 범한 대한민국 국민에 대하여 우리 법원에 먼저 공소가 제기되고 미국이 자국의 재판권을 주장하지 않고 있는 이상, 속인주의를 함께 채택하고 있는 우리나라의 재판권은 동인들에게도 당연히 미친다 할 것이며, 미국문화원측이 동인들에 대한 처벌을 바라지 않았다고 하여 그 재판권이 배제되는 것도 아니다. [법원행시 05 / 사시 11]

2 대법원 2001.9.25, 99도3337

필리핀국에서는 외국인에게 카지노출입이 허용되나 필리핀국에서 도박을 한 한국 국민의 경우에는 형법 제3조의 적용을 받는다. [경찰채용 14 1차 / 경찰채용 11 2차 / 법원9급 09 / 법원행시 09·12·15 / 사시 11·16]

3 대법원 2004.4.23, 2002도2518

형법 제3조는 "본법은 대한민국 영역 외에서 죄를 범한 내국인에게 적용한다."고 하여 형법의 적용범위에 관한 속인주의를 규정하고 있고, 또한 국가 정책적 견지에서 도박죄의 보호법익보다 좀더 높은 국가이익을 위하여 예외적으로 내국인의 출입을 허용하는 폐광지역 개발지원에 관한 특별법 등에 따라 카지노에 출입하는 것은 법령에 의한 행위로 위법성이 조각된다고 할 것이나, 도박죄를 처벌하지 않는 외국 카지노에서의 도박(미국의 네바다주에 있는 미라지 호텔 카지노)이라는 사정만으로 그 위법성이 조각된다고 할 수 없다. [경찰간부 14 / 법원행시 05·07 / 사시 11 / 변호사시험 15]

4 대법원 2020.4.29, 2019도19130

내국인의 국외에서의 무면허의료행위 사례

의료법상 의료제도는 대한민국 영역 내에서 이루어지는 의료행위를 규율하기 위하여 체계화된 것으로 이해된다. 그렇다면 구 의료법 제87조 제1항 제2호, 제27조 제1항이 대한민국 영역 외에서 의료행위를 하려는 사람에게까지 보건복지부장관의 면허를 받을 의무를 부과하고 나아가 이를 위반한 자를 처벌하는 규정이라고 보기는 어렵다. 따라서 내국인이 대한민국 영역 외에서 의료행위를 하는 경우에는 구 의료법 제87조 제1항 제2호, 제27조 제1항의 구성요건해당성이 없다.

> 보충 속인주의가 적용될 수 없다는 점을 주의하여야 하는 판례이다.

---

4. 보호주의의 예외

> **제5조【외국인의 국외범】** 본법은 대한민국 영역 외에서 다음에 기재한 죄를 범한 외국인에게 적용한다. [경찰채용 11 2차 / 법원9급 14]

1. 내란의 죄 [법원행시 06]
2. 외환의 죄 [법원행시 06]
3. 국기에 관한 죄 [법원행시 06]
4. 통화에 관한 죄 [국가9급 10 / 사시 11]
5. 유가증권, 우표와 인지에 관한 죄 [법원행시 14]
6. 문서에 관한 죄 중 제225조 내지 제230조 [경찰채용 21 1차 / 법원행시 06 / 사시 13]
7. 인장에 관한 죄 중 제238조

제6조【대한민국과 대한민국 국민에 대한 국외범】 본법은 대한민국 영역 외에서 대한민국 또는 대한민국 국민에 대하여 전조에 기재한 이외의 죄를 범한 외국인에게 적용한다. 단, 행위지의 법률에 의하여 범죄를 구성하지 아니하거나 소추 또는 형의 집행을 면제할 경우에는 예외로 한다.

판례연구   **제6조의 보호주의 관련판례 : 제6조 본문의 '대한민국 또는 대한민국 국민'에 대하여 범한 죄**

① 대법원 2017.3.22, 2016도17465
내국 법인의 대표자인 외국인이 내국 법인이 외국에 설립한 특수목적법인에 위탁해 둔 자금을 임의로 사용한 사례
법인 소유의 자금에 대한 사실상 또는 법률상 지배·처분 권한을 가지고 있는 대표자 등은 법인에 대한 관계에서 자금의 보관자 지위에 있으므로, 법인이 특정 사업의 명목상의 주체로 특수목적법인을 설립하여 그 명의로 자금 집행 등 사업진행을 하면서도 자금의 관리·처분에 관하여는 실질적 사업주체인 법인이 의사결정권한을 행사하면서 특수목적법인 명의로 보유한 자금에 대하여 현실적 지배를 하고 있는 경우에는, 사업주체인 법인의 대표자 등이 특수목적법인의 보유 자금을 정해진 목적과 용도 외에 임의로 사용하면 위탁자인 법인에 대하여 횡령죄가 성립할 수 있다. 이는 법인의 대표자 등이 외국인인 경우에도 마찬가지이므로, 내국 법인의 대표자인 외국인이 내국 법인이 외국에 설립한 특수목적법인에 위탁해 둔 자금을 정해진 목적과 용도 외에 임의로 사용한 데 따른 횡령죄의 피해자는 당해 금전을 위탁한 내국 법인이다. 따라서 그 행위가 외국에서 이루어진 경우에도 행위지의 법률에 의하여 범죄를 구성하지 아니하거나 소추 또는 형의 집행을 면제할 경우가 아니라면 그 외국인에 대해서도 우리 형법이 적용되어(형법 제6조 : '대한민국 국민에 대한 죄'), 우리 법원에 재판권이 있다.

② 대법원 2002.11.26, 2002도4929
중국 국민이 중국에서 대한민국 국적 주식회사의 인장을 위조한 경우 사인위조죄(제239조 제1항)는 형법 제6조의 '대한민국 또는 대한민국 국민에 대하여 범한 죄'에 해당하지 아니하므로 우리나라의 재판권이 없다. [경찰채용 14 1차 / 국가9급 18 / 법원9급 09 / 법원승진 11 / 사시 13·16]

③ 대법원 2006.9.22, 2006도5010
외국인이 중국 북경시에 소재한 대한민국 영사관 내에서 여권발급신청서를 위조한 경우 중국 북경시에 소재한 대한민국 영사관 내부는 중국의 영토에 속하고 우리의 영토가 아니고 사문서위조죄(제231조)도 형법 제6조의 '대한민국 또는 대한민국 국민에 대한 죄'에 해당하지 않아 재판권이 없다. [경찰채용 20 1차 / 법원승진 11 / 법원행시 07·09·15 / 사시 12·16 / 변호사시험 15]

④ 대법원 2008.4.17, 2004도4899 전원합의체
독일인(독일 국적을 취득한 송두율 교수)이 독일 내에서 북한의 지령을 받아 베를린 주재 북한이익대표부를 방문하고 그 곳에서 북한공작원을 만났다면(국가보안법상 잠입·탈출죄나 회합·통신죄[21]) 위 각 구성요건상

---

21 보충 : 국가보안법 제6조 제2항에서는 "반국가단체나 그 구성원의 지령을 받거나 받기 위하여 또는 그 목적수행을 협의하거나 협의하기 위하여 잠입하거나 탈출한 자"를, 같은 법 제8조 제1항에서는 "국가의 존립·안전이나 자유민주적 기본질서를 위태롭게 한다는 정을 알면서 반국가단체의 구성원 또는 그 지령을 받은 자와 회합·통신 기타의 방법으로 연락을 한 자"를 처벌하는 규정을 두고 있다.

범죄지는 모두 독일이므로 이는 외국인의 국외범에 해당하여, 형법 제5조와 제6조에서 정한 요건에 해당하지 않는 이상 위 각 조항을 적용하여 처벌할 수 없다. [국가9급 16 / 사시 11]

5 대법원 2011.8.25, 2011도6507
형법 제5조, 제6조의 각 규정에 의하면, 외국인이 외국에서 죄를 범한 경우(캐나다 시민권자가 캐나다에서 위조사문서를 행사한 경우)에는 형법 제5조 제1호 내지 제7호에 열거된 죄를 범한 때와 형법 제5조 제1호 내지 제7호에 열거된 죄 이외에 대한민국 또는 대한민국 국민에 대하여 죄를 범한 때에만 대한민국 형법이 적용되어 우리나라에 재판권이 있게 되고, 여기서 '대한민국 또는 대한민국 국민에 대하여 죄를 범한 때'란 대한민국 또는 대한민국 국민의 법익이 직접적으로 침해되는 결과를 야기하는 죄를 범한 경우를 의미하는바, 위조사문서행사죄(제234조)를 형법 제6조의 '대한민국 또는 대한민국 국민의 법익을 직접적으로 침해하는 행위'라고 볼 수 없으므로 우리나라에 재판권이 없다. [경찰채용 14 1차 / 경찰간부 14 / 법원행시 17]

6 대법원 2008.7.24, 2008도4085
한국인이 뉴질랜드 시민권을 취득한 후 뉴질랜드에서 대한민국 국민에 대하여 사기행위를 한 경우, 사기행위에 관하여 뉴질랜드법률에 의하여 범죄를 구성하는지 여부 및 소추 또는 형의 집행이 면제되는지 여부를 엄격한 증명에 의하여 검사가 입증해야 한다.

7 대법원 2011.8.25, 2011도6507
캐나다 시민권자 A가 한국인 B 등을 기망하여 투자금 명목의 돈을 편취한 경우, A를 우리의 법으로 처벌하기 위해서는 행위지인 캐나다 법률에 의하여 범죄를 구성하는지 등에 관하여 엄격한 증명에 의하여 검사가 이를 증명하여야 한다.

5. 세계주의의 예외

2013.4.5. 형법 개정에 의하여 약취·유인 및 인신매매의 죄에 대해서는 세계주의 규정이 신설되었다(제296조의2). [국가9급 16] 또한 종래 판례는 소위 중국민항기 납치사건에서 항공기운항안전법, 토오쿄협약, 헤이그협약을 근거로 한 해석을 통하여 외국인의 국외범에 대하여도 재판관할권이 생긴다고 보고 있다(대법원 1984.5.22, 84도39). [사시 12]

6. 외국에서 받은 형집행의 효력

제7조【외국에서 집행된 형의 산입】 죄를 지어 외국에서 형의 전부 또는 일부가 집행된 사람에 대해서는 그 집행된 형의 전부 또는 일부를 선고하는 형에 산입한다. 〈개정 2016.12.20.〉 [경찰승진 11 / 법원9급 07(하) / 법원9급 12 / 법원행시 12 / 사시 14]

판례연구

1 대법원 1979.4.10, 78도831
외국에서 처벌받은 경우에는 이중처벌을 원칙적으로 허용
구형법 제7조의 규정은 그 취지가 범죄에 대하여 외국에서 형의 전부 또는 일부의 집행을 받은 자에 대하여는 법원의 재량에 의하여 형을 감경 또는 면제할 수 있다는 것으로서 외국에서 형을 받은 자라고 해서 반드시 감경 또는 면제를 하지 않으면 안 된다는 것이 아니므로, 이 건에 있어서 피고인 등이 일본국에서 형의 집행을 받았다고 해서 피고인 등에게 형을 선고한 것이 (구)형법 제7조에 위배된다고 할 수 없다.

2 대법원 1977.5.24, 77도629

'외국판결에 의해 몰수·추징의 선고가 있었던 경우'라도 관세법 제198조의 몰수할 수 없는 때에 해당한다 할 것이므로, 그 물품의 국내도매가격에 상당한 금액을 피고인으로부터 추징하여야 마땅하다.

3 대법원 1979.4.10, 78도831

국내에 밀수입하려다가 외국에서 적발되어 물품이 몰수된 경우 추징은 불가

국내에 밀수입하여 관세포탈을 기도하다가 외국에서 적발되어 압수된 물품이 그 후 ① 몰수되지 아니하고 피고인의 소유 또는 점유로 환원되었으나 몰수할 수 없게 되었다면 관세법 제198조에 의하여 범칙 당시의 국내 도매가격에 상당한 금액을 추징하여야 할 것이나, ② 동 물품이 외국에서 몰수되어 그 소유가 박탈됨으로써 몰수할 수 없게 된 경우에는 위 법조에 의하여 추징할 수 없다.

4 대법원 2017.8.24, 2017도5977 전원합의체

외국에서 집행된 형의 산입의 의미

형법 제7조는 "죄를 지어 외국에서 형의 전부 또는 일부가 집행된 사람에 대해서는 그 집행된 형의 전부 또는 일부를 선고하는 형에 산입한다."라고 규정하고 있다. 이 규정의 취지는, 형사판결은 국가주권의 일부분인 형벌권 행사에 기초한 것이어서 피고인이 외국에서 형사처벌을 과하는 확정판결을 받았더라도 그 외국 판결은 우리나라 법원을 기속할 수 없고 우리나라에서는 기판력도 없어 일사부재리의 원칙이 적용되지 않으므로, 피고인이 동일한 행위에 관하여 우리나라 형벌법규에 따라 다시 처벌받는 경우에 생길 수 있는 실질적인 불이익을 완화하려는 것이다. 그런데 여기서 '외국에서 형의 전부 또는 일부가 집행된 사람'이란 문언과 취지에 비추어 '외국 법원의 유죄판결에 의하여 자유형이나 벌금형 등 형의 전부 또는 일부가 실제로 집행된 사람'을 말한다고 해석하여야 한다. 따라서 형사사건으로 외국 법원에 기소되었다가 무죄판결을 받은 사람은, 설령 그가 무죄판결을 받기까지 상당 기간 미결구금 되었더라도 이를 유죄판결에 의하여 형이 실제로 집행된 것으로 볼 수는 없으므로, '외국에서 형의 전부 또는 일부가 집행된 사람'에 해당한다고 볼 수 없고, 그 미결구금 기간은 형법 제7조에 의한 산입의 대상이 될 수 없다. [경찰채용 20·21 1차 / 국가9급 18 / 국가7급 18·20 / 변호사시험 18]

> **보충** 미결구금이 자유 박탈이라는 효과 면에서 형의 집행과 일부 유사하다는 점만을 근거로, 외국에서 형이 집행된 것이 아니라 단지 미결구금되었다가 무죄판결을 받은 사람의 미결구금일수를 형법 제7조의 유추적용에 의하여 그가 국내에서 같은 행위로 인하여 선고받는 형에 산입하여야 한다는 것은 허용되기 어렵다.

03 인적 적용범위

판례연구

대법원 2006.5.11, 2005도798

한반도의 평시상태에서 대한민국에 통상적으로 거주하는 미합중국 군대의 군속에 대하여는 우리가 바로 형사재판권을 행사할 수 있다(SOFA가 적용되지 않음). [국가9급 16 / 법원행시 07]

PART 02

범죄론

✔ 아웃라인

목 차		난 도	출제율	대표지문
제1절 범죄론의 기초	01 범죄의 의의	下	–	• 처벌조건에 대한 인식은 고의의 내용이 되지 않으므로 이에 대한 착오는 범죄의 성립에 영향을 미치지 아니한다. (○) • 구체적 위험범은 현실적 위험의 발생을 객관적 구성요건요소로 하지만 그 위험은 고의의 인식 대상이 아니다. (×) • 위조통화취득죄, 자격모용에 의한 유가증권작성죄, 사전자기록위작·변작죄는 목적범에 해당한다. (○) • 부진정신분범은 신분이 범죄의 성립에 영향을 미치지 않지만 형의 경중에 영향을 미치는 범죄이다. (○)
	02 범죄론 체계	下	★	
	03 범죄의 성립조건·처벌조건·소추조건	中	★★	
	04 범죄의 종류	下	★★	
제2절 행위론	01 행위개념의 기능	下	★	• 자연적·인과적 행위론은 의사에 따라 수행되는 신체활동 또는 인간에 의해 야기된 외부세계의 인과적 변화를 행위로 보는데, 미수범, 부작위범을 잘 설명해 줄 수 있다는 평가를 받는다. (×) • 목적적 행위론은 고의·과실을 주관적 구성요건요소로 보게 되는데, 고의는 잘 설명할 수 있으나 과실을 잘 설명해주지 못한다는 평가를 받는다. (○)
	02 인과적 행위론	中	★	
	03 목적적 행위론	中	★	
	04 사회적 행위론	中	★	
	05 인격적 행위론	中	★	
제3절 행위의 주체와 객체	01 행위의 주체	中	★★	• 법인이 아닌 약국을 실질적으로 경영하는 약사가 다른 약사를 고용하여 그 고용된 약사를 명의상의 개설약사로 등록하게 해두고 약사 아닌 종업원을 직접 고용하여 영업하던 중 그 종업원이 약사법 위반행위를 한 경우에 형사책임은 그 실질적 경영자가 진다. (○)
	02 행위의 객체와 보호의 객체	下	★★	

✔ 출제경향

구 분	경찰채용						경찰간부						경찰승진					
	17	18	19	20	21	22	17	18	19	20	21	22	17	18	19	20	21	22
제1절 범죄론의 기초			2								1			1		1	1	
제2절 행위론																		
제3절 행위의 주체와 객체		1								1			1		1	1		1
출제빈도	3/220						2/240						7/240					

범죄론의 일반이론

국가9급						법원9급						법원행시						변호사시험					
17	18	19	20	21	22	17	18	19	20	21	22	17	18	19	20	21	22	17	18	19	20	21	22
			1	2	1			1								1				1	1	1	
		1												1	1	2	1					1	
5/120						1/150						6/240						4/140					

CHAPTER 01 범죄론의 일반이론

제1절 범죄론의 기초

01 범죄의 의의

02 범죄론 체계

03 범죄의 성립조건 · 처벌조건 · 소추조건

판례연구 **범죄의 소추조건 : 반의사불벌죄 관련판례**

1 대법원 1994.2.25, 93도3221; 2001.12.14, 2001도4283; 2008.2.29, 2007도11339
반의사불벌죄의 처벌불원 의사표시의 부존재는 소극적 소송조건으로서 직권조사사항
이른바 반의사불벌죄에 있어서 처벌불원의 의사표시의 부존재는 소위 소극적 소송조건으로서 직권조사사항이라 할 것이므로 당사자가 항소이유로 주장하지 아니하였다고 하더라도 원심은 이를 직권으로 조사 · 판단하여야 할 것이다(대법원 2001.4.24, 2000도3172; 2009.12.10, 2009도9939 등 참조). [법원승진 11] … 또한 위 경우 피해자는 위 합의서를 제출함으로써 피고인에 대한 처벌을 희망하지 아니한다는 의사를 명시적으로 표시한 것으로 봄이 상당하다고 할 것이다.

2 대법원 1999.2.9, 98도2074; 1999.5.14, 99도947 등
반의사불벌죄의 처벌불원 의사표시는 자유로운 증명의 대상
반의사불벌죄에서 피고인 또는 피의자의 처벌을 희망하지 않는다는 의사표시 또는 처벌희망 의사표시 철회의 유무나 그 효력 여부에 관한 사실은 엄격한 증명의 대상이 아니라 증거능력이 없는 증거나 법률이 규정한 증거조사방법을 거치지 아니한 증거에 의한 증명, 이른바 '자유로운 증명'의 대상이다.
[법원승진 11]

3 대법원 2001.6.15, 2001도1809; 2010.11.11, 2010도11550,2010전도83
반의사불벌죄에 있어서 피해자가 처벌을 희망하지 아니하는 의사표시나 처벌을 희망하는 의사표시의 철회를 하였다고 인정하기 위해서는 피해자의 진실한 의사가 명백하고 믿을 수 있는 방법으로 표현되어야 한다. [법원행시 08]

4 대법원 2007.9.6, 2007도3405

반의사불벌죄의 처벌불원의 의사는 한번 명시적으로 표시된 이후에는 다시 처벌을 희망하지 아니하는 의사표시를 철회하거나 처벌을 희망하는 의사를 표시할 수 없다.

5 대법원 2010.5.13, 2009도5658

반의사불벌죄에서 법정대리인의 처벌불원 의사표시에 피해자의 의사가 포함되어 있는지의 판단기준
피해자가 나이 어린 미성년자인 경우 그 법정대리인이 피고인 등에 대하여 밝힌 처벌불원의 의사표시에 피해자 본인의 의사가 포함되어 있는지는 대상 사건의 유형 및 내용, 피해자의 나이, 합의의 실질적인 주체 및 내용, 합의 전후의 정황, 법정대리인 및 피해자의 태도 등을 종합적으로 고려하여 판단하여야 할 것이다(포함되어 있다는 판례임).

6 대법원 2010.5.27, 2010도2680

반의사불벌죄의 피해자 사망 후 상속인이 처벌불원 의사표시를 할 수 없다는 사례
폭행죄는 피해자의 명시한 의사에 반하여 공소를 제기할 수 없는 반의사불벌죄로서 처벌불원의 의사표시는 의사능력이 있는 피해자가 단독으로 할 수 있는 것이고(대법원 2009.11.19, 2009도6058 전원합의체 참조), 피해자가 사망한 후 그 상속인이 피해자를 대신하여 처벌불원의 의사표시를 할 수는 없다고 보아야 한다. [경찰채용 13·20 1차 / 경찰간부 20 / 국가9급 18 / 법원승진 11 / 변호사시험 14]

> **보충** 피해자가 사망한 때에는 그 배우자·직계친족·형제자매는 고소할 수 있으나(형사소송법 제225조 제2항 본문), 피해자의 명시한 의사에 반할 수는 없으므로(동 단서), 피해자 사망시 그 배우자 등은 유서 등을 통하여 확인된 피해자의 명시한 의사에 반하여 고소할 수 없다. 또한 피해자는 고유의 고소권자이므로 고소의 대리권자가 한 고소를 취소할 수 있으나, 고소의 대리권자는 피해자가 한 고소를 취소할 수 없다. 예컨대 피해자가 고소를 제기한 후 사망하였다면, 피해자의 부(父)가 그 고소를 취소하더라도 고소취소의 효력이 인정되지 않는다.

7 대법원 2010.10.14, 2010도5610,2010전도31; 2009.11.19, 2009도6058 전원합의체

반의사불벌죄의 경우 의사능력 있는 피해 청소년이 단독으로 처벌불원의 의사표시를 할 수 있다는 사례
다른 반의사불벌죄와 마찬가지로 청소년 성보호법상 반의사불벌죄의 경우에도 피해자인 청소년에게 의사능력이 있는 이상 단독으로 피고인 또는 피의자의 처벌을 희망하지 않는다는 의사표시 또는 처벌희망 의사표시의 철회를 할 수 있고, 법정대리인의 동의가 있어야 하는 것은 아니다. [경찰채용 13·14 1차 / 법원승진 11 / 법원행시 15 / 시시 10·14·16 / 변호사시험 14·17]

8 대법원 2012.2.23, 2011도17264

친고죄의 고소취소나 반의사불벌죄의 처벌 희망 의사표시의 철회가능 시기 및 그 상대방
형사소송법 제232조 제1항, 제3항에 의하면 친고죄에서 고소의 취소 및 반의사불벌죄에서 처벌을 희망하는 의사표시의 철회는 제1심판결 선고 전까지만 할 수 있고, 따라서 제1심판결 선고 후에 고소가 취소되거나 처벌을 희망하는 의사표시가 철회된 경우에는 효력이 없으므로 형사소송법 제327조 제5호 내지 제6호의 공소기각 재판을 할 수 없다. 그리고 고소의 취소나 처벌을 희망하는 의사표시의 철회는 수사기관 또는 법원에 대한 법률행위적 소송행위이므로 공소제기 전에는 고소사건을 담당하는 수사기관에, 공소제기 후에는 고소사건의 수소법원에 대하여 이루어져야 한다.

9 대법원 2005.10.7, 2005도4435; 2009.12.10, 2009도9939

부도수표 회수시는 처벌불원의 의사표시로 본다는 사례
부정수표단속법 제2조 제4항에서 부정수표가 회수된 경우 공소를 제기할 수 없도록 하는 취지는 부정수표가 회수된 경우에는 수표소지인이 부정수표 발행자 또는 작성자의 처벌을 희망하지 아니하는

것과 마찬가지로 보아 같은 조 제2항 및 제3항의 죄를 이른바 반의사불벌죄로 규정한 취지로서 부도수표 회수나 수표소지인의 처벌을 희망하지 아니하는 의사의 표시가 제1심판결 선고 이전까지 이루어지는 경우에는 공소기각의 판결을 선고하여야 할 것이고(대법원 1995.2.3, 94도3122 등 참조), 이는 부정수표가 공범에 의하여 회수된 경우에도 마찬가지이다.

04 범죄의 종류

1. 위험범 관련판례

판례연구

1 대법원 2007.9.28, 2007도606 전원합의체
협박죄는 침해범이 아니라 위험범이라는 판례
협박죄는 공포심을 일으키게 할 만한 해악을 고지함으로써 상대방이 그 의미를 인식한 이상 상대방이 현실적으로 공포심을 일으켰는지 여부와 관계없이 기수가 된다.

2 대법원 2010.12.23, 2010도11272
도로교통법상 약물운전죄는 이른바 위태범으로서 약물 등의 영향으로 인하여 '정상적으로 운전하지 못할 우려가 있는 상태'에서 운전을 하면 바로 성립하고, 현실적으로 '정상적으로 운전하지 못할 상태'에 이르러야만 하는 것은 아니다.

2. 즉시범 관련판례

판례연구

1 대법원 1979.8.31, 79도622
도주죄는 도주상태가 계속되는 것이므로 도주 중에는 시효가 진행 안된다는 소론을 채용할 수 없다(도주죄는 계속범이 아니라 즉시범으로 본 것임).

2 대법원 1992.2.25, 91도3192
구 폭력행위등처벌에관한법률 제4조 소정의 단체 등의 조직죄는 같은 법에 규정된 범죄를 목적으로 한단체 또는 집단을 구성함으로써 즉시 성립하고 그와 동시에 완성되는 즉시범이지 계속범이 아니다.

3. 계속범 관련판례

판례연구

1 대법원 2009.4.16, 2007도6703 전원합의체
즉시범과 계속범의 성질을 모두 가지고 있는 무허가농지전용죄

구 농지법 제2조 제9호에서 말하는 '농지의 전용'이 이루어지는 태양은, 첫째로 농지에 대하여 절토, 성토 또는 정지를 하거나 농지로서의 사용에 장해가 되는 유형물을 설치하는 등으로 농지의 형질을 외형상으로뿐만 아니라 사실상 변경시켜 원상회복이 어려운 상태로 만드는 경우가 있고, 둘째로 농지에 대하여 외부적 형상의 변경을 수반하지 않거나 외부적 형상의 변경을 수반하더라도 사회통념상 원상회복이 어려운 정도에 이르지 않은 상태에서 그 농지를 다른 목적에 사용하는 경우 등이 있을 수 있다. 전자의 경우는 그와 같은 행위가 종료됨으로써 즉시 성립하고 그와 동시에 완성되는 '즉시범'이라고 보아야 하지만, 후자의 경우와 같이 당해 토지를 농업생산 등 외의 다른 목적으로 사용하는 행위를 여전히 농지전용으로 볼 수 있는 때에는 허가 없이 그와 같이 농지를 전용하는 죄는 '계속범'으로 보아야 한다.

2 대법원 2010.9.30, 2008도7678
공유수면인 바닷가를 허가 없이 점·사용하는 행위(공유수면관리법상 공유수면무단점용죄)는 그로 인하여 공유수면의 외부적 형상이 변경되었는지 여부와 관계없이 그 공유수면을 무단으로 점·사용하는 한 가벌적인 위법행위가 계속 반복되고 있는 계속범이라고 보아야 한다.

3 대법원 2011.1.13, 2010도10029
청소년고용 금지의무 위반행위(청소년보호법상 청소년유해업소고용죄)는 일반적으로 고용이 노무의 제공이라는 계속적 상태를 요구한다는 점에서 계속범의 실질을 가지는 것으로서 청소년에 대한 고용을 중단하지 않는 한 가벌적 위법상태가 지속되므로, 그 위반죄의 성립 여부 및 범의는 청소년 고용이 지속된 기간을 전체적으로 고려하여 판단하여야 한다.

4 대법원 2018.1.24, 2017도11408; 2018.5.11, 2017도9146
일반교통방해죄에서 교통방해 행위는 계속범의 성질을 가지는 것이어서 교통방해의 상태가 계속되는 한 위법상태는 계속 존재한다.

4. 신분범 관련판례

판례연구

대법원 1994.12.23, 93도1002
모해위증죄는 부진정신분범이라는 판례
형법 제33조 소정의 이른바 신분관계라 함은 남녀의 성별, 내·외국인의 구별, 친족관계, 공무원인 자격과 같은 관계뿐만 아니라 널리 일정한 범죄행위에 관련된 범인의 인적관계인 특수한 지위 또는 상태를 지칭하는 것이다. 형법 제152조 제1항과 제2항은 위증을 한 범인이 형사사건의 피고인 등을 '모해할 목적'을 가지고 있었는가 아니면 그러한 목적이 없었는가 하는 범인의 특수한 상태의 차이에 따라 범인에게 과할 형의 경중을 구별하고 있으므로, 이는 바로 형법 제33조 단서 소정의 "신분관계로 인하여 형의 경중이 있는 경우"에 해당한다고 봄이 상당하다. [국가7급 14/법원행시 05·08·09/사시 11·12·13·14/변호사시험 14]

5. 자수범 관련판례

대법원 1985.11.26, 85도711
위증죄는 자수범이라는 판례
위증죄의 행위자는 자기가 경험했거나 타인이 경험한 바를 전해 들어서 알게 된 사실을 직접 증언하는
자이므로, 타인을 통한 위증죄 성립이란 불가능하다.

6. 목적범 관련판례

대법원 1992.3.31, 90도2033 전원합의체
목적범에 있어서 목적은 미필적 인식으로 족하다는 판례(새벽6호 사건)
구 국가보안법 제7조 제5항 위반의 죄(이적표현물취득·소지 등)는 목적범임이 명백하므로 고의 외에
별도로 초과주관적 위법요소인 목적이 요구되는 것이고, 그 목적은 같은 법 제1항 내지 제4항의 행위에
대한 적극적 의욕이나 확정적 인식까지는 필요 없고 미필적 인식으로 족한 것이다. [사시 15]

7. 경향범 관련판례

대법원 2006.1.13, 2005도6791
경향범을 부정한 판례
미성년자의제강제추행죄(형법 제305조)에 있어서 추행을 한다는 고의만 있으면 되고 여기에서 더 나아가
성욕의 흥분 또는 만족이라는 성적 경향은 필요 없다.

  유사 공연음란죄(형법 제245조)에 있어서도 마찬가지이다(대법원 2000.12.22, 2000도4372).

8. 망각범 관련판례

대법원 1994.8.26, 94도1291
과실에 의한 부진정부작위범(망각범)의 성립을 인정한 판례
함께 술을 마신 후 만취한 친구의 발 옆 30cm 가량 떨어진 방바닥에 켜져 있는 촛불을 끄지 않고
그냥 나와 친구가 화재로 사망한 경우 과실치사죄와 실화죄가 성립한다. [법원행시 14]

제2절 | 행위론

제3절 | 행위의 주체와 객체

01 행위의 주체 : 법인의 형사책임

1. 법인의 범죄능력 관련판례

> **판례연구**
>
> **① 대법원 1984.10.10, 82도2595 전원합의체**
> 법인은 배임죄의 범죄능력이 없다는 판례
> 형법 제355조 제2항의 배임죄에 있어서 타인의 사무를 처리할 의무의 주체가 법인이 되는 경우라도 법인은 다만 사법상의 의무주체가 될 뿐 범죄능력이 없는 것이며, 그 타인의 사무는 법인을 대표하는 자연인인 대표기관의 의사결정에 따른 대표행위에 의하여 실현될 수밖에 없어 그 대표기관은 마땅히 법인이 타인에 대하여 부담하고 있는 의무내용대로 사무를 처리할 임무가 있다 할 것이므로, 법인이 처리할 의무를 지는 타인의 사무에 관하여는 법인이 배임죄의 주체가 될 수 없고 그 법인을 대표하여 사무를 처리하는 자연인인 대표기관이 바로 타인의 사무를 처리하는 자, 즉 배임죄의 주체가 된다. [경찰채용 15 1차 / 국가9급 09·13 / 변호사시험 13]
>
> **② 대법원 1997.1.24, 96도524**
> 법인격 없는 사단도 범죄능력이 없고 그 대표기관인 자연인이 범죄의 주체가 된다는 판례
> 법인격 없는 사단과 같은 단체는 법인과 마찬가지로 사법상의 권리·의무의 주체가 될 수 있음은 별론으로 하더라도 법률에 명문의 규정이 없는 한 그 범죄능력은 없고 그 단체의 업무는 단체를 대표하는 자연인인 대표기관의 의사결정에 따른 대표행위에 의하여 실현될 수밖에 없는 바, 구 건축법 제26조 제1항의 규정에 의하여 건축물의 유지·관리의무를 지는 '소유자 또는 관리자'가 법인격 없는 사단인 경우에는 자연인인 대표기관이 그 업무를 수행하는 것이므로, 같은 법 제79조 제4호에서 같은 법 제26조 제1항의 규정에 위반한 자라 함은 법인격 없는 사단의 '대표기관'인 자연인을 의미한다. [경찰채용 11 2차 / 국가9급 10]
>
> **③ 대법원 1994.2.8, 93도1483**
> 법인은 기관인 자연인을 통하여 행위를 하게 되는 것이기 때문에(법인은 범죄능력이 없기 때문에), 자연인이 법인의 기관으로서 범죄행위를 한 경우에도 행위자인 자연인이 범죄행위에 대한 형사책임을 지는 것이고, 다만 법률이 그 목적을 달성하기 위하여 특별히 규정하고 있는 경우에만(양벌규정) 행위자를 벌하는 외에 법률효과가 귀속되는 법인에 대하여도 벌금형을 과할 수 있을 뿐이다. [국가9급 13 / 국가7급 20 / 법원행시 07]

2. 양벌규정의 사용인 기타 종업원 관련판례

> **판례연구**
>
> **① 대법원 2003.9.2, 2003도3073; 2009.9.24, 2009도5302; 2010.4.15, 2009도9624**
> 지입제[22]에 있어 자동차가 지입회사의 소유로 등록되어 있고 지입회사만이 화물자동차운송사업면허를

---

22 **보충 : 지입제의 의미** 화물자동차운송사업면허를 가진 운송사업자와 실질적으로 자동차를 소유하고 있는 차주 간의 계약으로 외부적

가지고 있는 이상, 지입차주는 객관적 외형상으로 보아 그 차량의 소유자인 지입회사와의 위탁계약에 의하여 그 위임을 받아 운행·관리를 대행하는 지위에 있는 자로서 도로법상 양벌규정의 '대리인· 사용인 기타의 종업원'에 해당한다.

2 대법원 2006.2.24, 2003도4966
다단계판매원은 다단계판매업자의 통제·감독을 받으면서 다단계판매업자의 업무를 직접·간접으로 수행하는 자로서, 방문판매법의 양벌규정의 적용에 있어서는 다단계판매업자의 사용인의 지위에 있다.

3 대법원 2007.8.23, 2007도3787
도로법상 양벌규정에 정한 '사용인 기타의 종업원'이라 함은 법인 또는 개인과 정식으로 고용계약을 체결하고 근무하는 자뿐만 아니라 법인 또는 개인의 대리인, 사용인 등이 자기의 업무보조자로서 사용하면서 직접·간접으로 법인·개인의 통제·감독 아래에 있는 자도 포함된다.

4 대법원 2003.6.10, 2001도2573
토지의 소유자가 토지 임차인에 대하여 소유자로서의 권리를 행사할 수 있다는 이유만으로, 토지의 임차인을 도시계획법상 양벌규정에서 정한 토지 소유자의 '사용인 기타의 종업원'에 해당한다고 볼 수는 없다.

3. 양벌규정에 의하여 처벌받는 법인·개인 등 업무주

판례연구

1 대법원 2005.11.10, 2004도2657
청소차 과적운행으로 인한 도로법위반 사례
지방자치단체 소속 공무원이 지방자치단체 고유의 자치사무를 수행하던 중 도로법 위반행위를 한 경우에는 지방자치단체는 도로법 제86조의 양벌규정에 따라 처벌대상이 되는 법인에 해당한다고 할 것이다.
[경찰채용 15 1차 / 경찰채용 18 3차 / 경찰간부 15 / 경찰승진 22]

2 대법원 2009.6.11, 2008도6530
기관위임에 관하여 지자체는 법인이 아니라는 사례
지방자치단체 소속 공무원이 지정항만순찰 업무를 위해 관할관청의 승인 없이 개조한 승합차를 운행함으로써 자동차관리법을 위반한 경우, 위 항만순찰 등의 업무는 지방자치단체의 장이 국가로부터 위임받은 기관위임사무에 해당하여, 해당 지방자치단체는 자동차관리법의 양벌규정에 따른 처벌대상이 될 수 없다.

3 대법원 2021.10.28, 2020도1942
양벌규정상의 '법인'에 공공기관이 포함되지 않는다는 사례
구 「개인정보 보호법」은 제2조 제5호, 제6호에서 공공기관 중 법인격이 없는 '중앙행정기관 및 그 소속 기관' 등을 개인정보처리자 중 하나로 규정하고 있으면서도, 양벌규정에 의하여 처벌되는 개인정보처리자로는 같은 법 제74조 제2항에서 '법인 또는 개인'만을 규정하고 있을 뿐이고, 법인격 없는 공공기관에 대하여도 위 양벌규정을 적용할 것인지 여부에 대하여는 명문의 규정을 두고 있지 않으므로, 죄형법정주

으로는 자동차를 운송사업자 명의로 등록하여 운송사업자에게 귀속시키고 내부적으로는 각 차주들이 독립된 관리 및 계산으로 영업을 하며 운송사업자에 대하여는 지입료를 지불하는 운송사업형태를 말한다(위 판례).

의의 원칙상 '법인격 없는 공공기관'을 위 양벌규정에 의하여 처벌할 수 없고, 그 경우 행위자 역시 위 양벌규정으로 처벌할 수 없다고 봄이 타당하다.

4 대법원 2000.10.27, 2000도3570; 2010.7.8, 2009도6968

업무주는 명의나 형식이 아니라 실질적으로 자기의 계산으로 경영하는 자를 말한다는 판례

양벌규정에 의하여 처벌되는 업무주로 규정되어 있는 '법인 또는 개인'은 단지 형식상의 사업주가 아니라 자기의 계산으로 사업을 경영하는 실질적인 사업주를 말한다. [경찰간부 14]

5 대법원 2000.10.27, 2000도3570

약국을 실질적으로 경영하는 약사가 다른 약사를 고용하여 명의상의 개설약사로 등록해두고 약사 아닌 종업원을 직접 고용하여 그 종업원이 약사법위반죄를 범한 경우, 약사법상 양벌규정은 '실질적 경영자'에게 적용된다. [국가7급 12]

> 유사 수산업법(대법원 1992.11.10, 92도2034), 도로법(대법원 2007.8.23, 2007도3787), 컴퓨터프로그램보호법(대법원 2010.7.8, 2009도6968)의 양벌규정의 해석에서도 동일하다.

6 대법원 2007.8.23, 2005도4471

합병으로 소멸한 경우 양벌규정상 형사책임은 승계되지 않는다는 판례

양벌규정에 의한 처벌은 어디까지나 형벌의 일종으로서 행정적 제재처분이나 민사상 불법행위책임과는 성격을 달리하는 점, 형사소송법 제328조가 '피고인인 법인이 존속하지 아니하게 되었을 때'를 공소기각결정의 사유로 규정하고 있는 것은 형사책임이 승계되지 않음을 전제로 한 것임을 고려할 때, 합병으로 인하여 소멸한 법인이 그 종업원 등의 위법행위에 대해 양벌규정에 따라 부담하던 형사책임은 그 성질상 이전을 허용하지 않는 것으로서 합병으로 인하여 존속하는 법인에 승계되지 않는다. [경찰채용 16 2차 / 경찰채용 18 3차 / 국가9급 10 / 국가7급 12 / 사시 16 / 변호사시험 13]

7 대법원 2017.12.28, 2017도13982

법인격 없는 사단의 구성원 개개인은 업무주가 아니라는 판례

법인격 없는 사단에 고용된 사람이 위반행위를 하였더라도 법인격 없는 사단의 구성원 개개인이 위법 제112조에서 정한 '개인'의 지위에 있다 하여 그를 처벌할 수는 없다. 甲 교회의 총회 건설부장인 피고인이 관할시청의 허가 없이 건물 옥상층에 창고시설을 건축하는 방법으로 건물을 불법 증축하여 건축법 위반으로 기소된 경우, 甲 교회는 乙을 대표자로 한 법인격 없는 사단이고, 피고인은 甲 교회에 고용된 사람이므로, 乙을 구 건축법 제112조 제4항 양벌규정의 '개인'의 지위에 있다고 보아 피고인을 같은 조항에 의하여 처벌할 수는 없다.

> 유사 '법인격 없는 사단'의 경우 '대표기관인 자연인'이 형사책임을 지나, 법인격 없는 사단의 구성원 개개인을 처벌할 수는 없다(대법원 1995.7.28, 94도3325). [국가7급 12]

4. 양벌규정에 의하여 처벌대상이 되는 행위자 관련판례

판례연구

1 대법원 1980.12.9, 80도384

행정형법상 범죄주체가 한정된 때에도 양벌규정을 통한 확장이 가능하다는 사례

석유사업법 제24조, 제22조 위반죄의 범죄주체는 동법 소정의 석유판매업자 또는 석유정제업자나 석유수출

입업자뿐만 아니라 그 종업원도 동 법조 위반죄의 범죄주체가 됨은 동법 제29조의 규정(양벌규정)에 비추어 명백하다 할 것이다.

2 대법원 1995.5.26, 95도230; 2010.9.9, 2008도7834
산업안전보건법상 양벌규정에 의하여 사업자가 아닌 행위자도 벌칙규정의 적용대상이 되는지 여부
산업안전보건법 소정의 벌칙규정의 적용대상은 사업자임이 그 규정 자체에 의하여 명백하나, 한편 같은 법에서는 양벌규정을 두고 있고 그 취지는 같은 법의 위반행위를 사업자인 법인이나 개인이 직접 하지 않은 경우에는 그 행위자와 사업자 쌍방을 모두 처벌하려는 데에 있으므로, 이 양벌규정에 의하여 사업자가 아닌 행위자도 사업자에 대한 각 같은 법의 적용대상이 된다. [경찰채용 18 3차 / 국가7급 09]

3 대법원 1999.7.15, 95도2870 전원합의체; 2009.2.12, 2008도9476
행정형법상 범죄주체가 한정된 때에도 양벌규정을 통한 확장이 가능하다는 사례
건축법의 벌칙규정에서 그 적용대상자를 건축주, 공사감리자, 공사시공자 등 일정한 업무주로 한정한 경우에 있어서, 같은 법의 양벌규정은 업무주가 아니면서 당해 업무를 실제로 집행하는 자가 있는 때에 위 벌칙규정의 실효성을 확보하기 위하여 그 적용대상자를 당해 업무를 실제로 집행하는 자에게까지 확장하여 처벌할 수 있도록 한 행위자의 처벌규정임과 동시에 그 위반행위의 이익귀속주체인 업무주에 대한 처벌규정이라고 할 것이다. [경찰간부 18]

4 대법원 2005.11.25, 2005도6455
청소년유해업소의 업주로부터 위임을 받은 종업원이 업무와 관련하여 청소년을 고용한 사례
청소년보호법은 청소년을 고용한 청소년유해업소의 업주를 3년 이하의 징역 등에 처하도록 규정하고 있고, 같은 법의 양벌규정은 벌칙규정의 실효성을 확보하기 위하여 그 행위자와 업주 쌍방을 모두 처벌하려는 데에 그 취지가 있다고 할 것이므로, 청소년유해업소의 업주로부터 위임을 받은 종업원이 업무와 관련하여 청소년을 고용하였다면 그 종업원과 업주는 모두 처벌대상이 된다.

5 대법원 2005.12.22, 2003도3984
건축법상 양벌규정에 의해 '실제 업무집행자인 민법상 조합의 대표자'를 처벌한 사례
건축법이 그 적용대상자를 건축주, 공사시공자 등 일정한 업무주로 한정한 경우, 같은 법의 양벌규정은 어떠한 자가 업무집행과 관련하여 위 벌칙규정의 위반행위를 한 경우 행위자의 처벌규정임과 동시에 그 위반행위의 이익귀속주체인 업무주에 대한 처벌규정이다.

6 대법원 2010.4.29, 2009도7017; 2010.4.29, 2009도13867
상호저축은행법상 벌칙규정의 적용대상자가 상호저축은행으로 변경되어도 행위자는 여전히 처벌대상
상호저축은행법상 양벌규정은 상호저축은행이 아니면서 당해 업무를 실제로 집행하는 자가 있는 때에 그러한 자가 당해 업무집행과 관련하여 위 벌칙규정의 위반행위를 한 경우 위 양벌규정에 의하여 처벌할 수 있도록 한 행위자의 처벌규정임과 동시에 그 위반행위의 귀속주체인 상호저축은행에 대한 처벌규정이고, 제1조 제2항이 적용되지 않으므로 행위자에 대한 가벌성은 유지된다.

판례연구 **양벌규정의 적용대상이 되는 행위자로의 확대는 인정되나, 구성요건 자체에 해당하지 않는 경우**

대법원 2009.5.28, 2009도988
발주자 등의 사용인이 배임수증재적 명목으로 재산 취득시 건산법상 양벌규정 적용 부정례
건설산업법상 처벌대상이 되는 행위는 발주자 등이 도급계약의 체결 또는 건설공사의 시공과 관련하여

스스로 영득하기로 하는 명목으로 재물 또는 재산상의 이익을 취득하거나 그와 같은 명목으로 이를 공여하는 행위에 한정되고, 그와 달리 발주자 등의 사용인 기타 종업원 등이 개인적으로 영득하기 위하여 배임수증재적 명목으로 재물 또는 재산상의 이익을 취득하거나 그와 같은 명목으로 이를 공여하는 행위는 위 조항에 의하여 처벌되는 행위에 포함되지 아니한다(구성요건해당성 자체가 없으므로 양벌규정에 의한 행위자 처벌불가 - 필자 주).

5. 종업원의 행위에 대한 업무주 처벌의 근거

판례연구   **법인처벌의 근거에 관하여 과실책임설을 취한 헌법재판소와 대법원의 판례**

1 대법원 1969.8.26, 69도1151
양조장 공동경영 중 공동업무집행자가 주세를 포탈한 경우 그를 방지하지 못한 과실책임이 있다는 사례
피고인들은 공동으로 약주제조 면허를 받고 공동으로 용건 양조장을 경영 중 그 공동업무집행자로 둔 공소외인이 부정한 방법으로 주세를 포탈하였다는 것이므로 피고인들이 그것을 전연 몰랐다 하여도 사업주로서 공소외인의 탈세행위를 막는 데 필요한 주의를 다하지 못한 선임·감독상이 과실책임을 면하지 못한다 할 것이고, ○○주조협회가 권리·의무의 주체성이 있다 할 수 없을 뿐더러 이 협회는 주세법상의 약주 제조면허 대상자이거나 약주 제조자이거나 납세의무자가 아니고 '내부적인 동업계약 관계'(민법상 조합과 같은 법리적용 - 필자 주)에 불과하다 할 것이므로 이와 같은 견지에서 그 동업자인 피고인들 각자에게 본건 탈세 책임을 인정한 것은 정당하다.

2 대법원 1987.11.10, 87도1213
미성년자보호법(현 청소년보호법)상 양벌규정에 의한 영업주의 책임은 과실책임이라는 사례
종업원의 동법 위반죄의 구성요건상 자격흠결과 양벌규정에 의한 영업주의 범죄성립 여부 : 양벌규정에 의한 영업주의 처벌은 금지위반행위자인 종업원의 처벌에 종속하는 것이 아니라 독립하여 그 자신의 종업원에 대한 선임감독상의 과실로 인하여 처벌되는 것이므로 영업주의 위 과실책임을 묻는 경우 금지위 반행위자인 종업원에게 구성요건상의 자격이 없다고 하더라도 영업주의 범죄성립에는 아무런 지장이 없다. 또한 종업원의 행위가 객관적 외형상으로 영업주의 업무에 관한 행위이고 종업원이 그 영업주의 업무를 수행함에 있어서 위법행위를 한 것이라면 그 위법행위의 동기가 종업원 기타 제3자의 이익을 위한 것에 불과하고 영업주의 영업에 이로운 행위가 아니라 하여도 영업주는 그 감독해태에 대한 책임을 면할 수 없다.

3 대법원 1992.8.18, 92도1395
공중위생법상 양벌규정에 의한 업무주의 책임에 대해 과실추정설을 취한 사례
공중위생법상 양벌규정에 의한 법인의 처벌은, 엄격한 무과실책임은 아니라 하더라도 그 과실의 추정을 강하게 하고, 그 입증책임도 법인에게 부과함으로써 양벌규정의 실효를 살리자는 데 그 목적이 있다고 할 것인 바, 이 사건에서 피고인 법인이 종업원들에게 소론과 같이 윤락행위알선을 하지 않도록 교육을 시키고, 또 입사시에 그 다짐을 받는 각서를 받는 등 '일반적이고 추상적인 감독'을 하는 것만으로는 위 법 제45조 단서의 면책사유에 해당할 수는 없는 것이다.

4 대법원 2006.2.24, 2005도7673; 1987.11.10, 87도1213
여행사 홈페이지 저작권법 위반사진 게재 사례
양벌규정에 의한 영업주의 처벌은 금지위반행위자인 종업원(여행사 종업원이 여행사 홈페이지에 타인의 저작물-사진-을 영리를 위하여 임의로 게시한 저작권 침해행위)의 처벌에 종속하는 것이 아니라 독립하여

그 자신의 종업원에 대한 선임감독상의 과실로 인하여 처벌되는 것이므로 종업원의 범죄성립이나 처벌이 영업주 처벌의 전제조건이 될 필요는 없다. [경찰채용 18 3차/경찰간부 14/변호사시험 13]

5 헌법재판소 2007.11.29, 2005헌가10

무과실책임적 양벌규정 위헌 사례 : 치과기공소 직원의 위반행위에 대한 업주의 책임 사례

보건범죄단속에 관한 특별조치법의 양벌규정은 개인이 고용한 종업원(대리인, 사용인 등)이 업무와 관련하여 위 법을 위반한 범죄행위를 저지른 사실이 인정되면, 곧바로 그 종업원을 고용한 개인(영업주)도 종업원과 똑같이 처벌하도록 규정하고 있다. … '책임 없는 자에게 형벌을 부과할 수 없다'는 형벌에 관한 책임주의는 형사법의 기본원리로서, 헌법상 법치국가의 원리에 내재하는 원리인 동시에, 헌법 제10조의 취지로부터 도출되는 원리이다. … 이 사건 법률조항은 영업주가 고용한 종업원이 그 업무와 관련하여 무면허의료행위를 한 경우에, 그와 같은 종업원의 범죄행위에 대해 영업주가 비난받을 만한 행위가 있었는지 여부, 가령 종업원의 범죄행위에 실질적으로 가담하였거나 지시 또는 도움을 주었는지, 아니면 영업주의 업무와 관련한 종업원의 행위를 지도하고 감독하는 노력을 게을리 하였는지 여부와는 전혀 관계없이 종업원의 범죄행위가 있으면 자동적으로 영업주도 처벌하도록 규정하고 있다. 이것은 형사법의 기본원리인 책임주의에 반하므로 결국 법치국가의 원리와 헌법 제10조의 취지에 위반하여 헌법에 위반**된다**.

6 대법원 2007.11.29, 2007도7920

종업원의 무허가 유흥주점 영업 당시 식품영업주가 교통사고로 입원한 사례

식품위생법상 양벌규정은 식품영업주의 그 종업원 등에 대한 감독태만을 처벌하려는 규정인 바(대법원 1977.5.24, 77도412 참조), 피고인의 종업원인 공소외인이 이 사건 무허가 유흥주점 영업을 할 당시 피고인이 교통사고로 입원하고 있었다는 사유만으로 위 양벌규정에 따른 식품영업주로서의 감독태만에 대한 책임을 면할 수는 없다고 할 것이다. [국가9급 09]

7 헌법재판소 2009.7.30, 2008헌가10

무과실책임적 양벌규정 위헌 사례 : 청소년보호법상 청소년에 대한 주류판매시 업주책임 관련사례

청소년보호법상 양벌규정은 영업주가 고용한 종업원 등이 그 업무와 관련하여 위반행위를 한 경우에, 그와 같은 종업원 등의 범죄행위에 대해 영업주가 비난받을 만한 행위가 있었는지 여부와는 전혀 관계없이 종업원 등의 범죄행위가 있으면 자동적으로 영업주도 처벌하도록 규정하고 있으므로 책임주의에 반하므로 헌법에 위반된다.[23]

8 대법원 2010.2.25, 2009도5824; 2010.7.8, 2009도6968; 2010.9.9, 2008도7834; 2011.7.14, 2009도5516; 2011.7.14, 2010도1444; 2012.5.9, 2011도11264

행정형법상 '양벌조항'의 적용요건

형벌의 자기책임원칙에 비추어 보면 위반행위가 발생한 그 업무와 관련하여 법인이 상당한 주의 또는 관리감독 의무를 게을리한 때에 한하여 위 양벌조항이 적용된다고 봄이 상당하다. [경찰채용 16 2차/경찰간부 15/사시 16]

9 대법원 2010.4.15, 2009도9624

도로법위반에 관한 지입차주와 지입회사의 형사책임

도로법상의 양벌규정에서 지입회사인 법인은 지입차주의 위반행위가 발생한 그 업무와 관련하여 상당한 주의 또는 관리감독 의무를 게을리 한 과실로 인하여 처벌되는 것이다.

---

23 **판례** : 양벌규정에 대해 위헌결정이 내려진 경우 헌법재판소의 2008헌가10 위헌결정에 의하여 위 법률조항 부분은 소급하여 그 효력을 상실하였으므로, 당해 법조를 적용하여 기소한 피고 사건은 범죄로 되지 아니한 때에 해당한다(대법원 1992.5.8, 91도2825; 2005.4.15, 2004도9037; 2009.9.10, 2008도7537). [법원행시 08]

10 대법원 2011.3.10, 2009도13080

대외무역법상 양벌규정상 면책규정의 신설에 따른 적용법조와 과실책임설

법인 직원이 중대한 과실로 원산지를 거짓으로 표시한 의류를 수입한 데 대하여 구 대외무역법을 적용하여 유죄를 인정하면서 사업주인 법인에도 같은 법의 양벌규정을 적용하여 유죄를 인정한 경우, 범죄 후 위 규정이 개정되어 법인이 직원의 업무에 관한 관리감독의무를 게을리 하지 않은 경우 양벌규정에 의해 처벌하지 않는다는 내용의 단서가 추가되었음에도 개정 전 양벌규정을 그대로 적용한 것은 잘못이나,[24] 위 법인에 직원의 위반행위를 방지하기 위해 필요한 상당한 관리감독의무를 다하지 않은 과실이 인정되므로, 개정 후 양벌규정에 의하더라도 유죄라고 해야 한다.

11 대법원 2018.8.1, 2015도10388

법인설립 전 행위에 대해서는 법인에게 양벌규정을 적용할 수 없다는 사례

일반적으로 자연인이 법인의 기관으로서 범죄행위를 한 경우에도 행위자인 자연인이 그 범죄행위에 대한 형사책임을 지는 것이고, 다만 법률이 그 목적을 달성하기 위하여 특별히 규정하고 있는 경우에만 행위자를 벌하는 외에 법률효과가 귀속되는 법인에 대하여도 벌금형을 과할 수 있는 것인 만큼, 법인이 설립되기 이전에 어떤 자연인이 한 행위의 효과가 설립 후의 법인에게 당연히 귀속된다고 보기 어려울 뿐만 아니라, 양벌규정에 의하여 사용자인 법인을 처벌하는 것은 형벌이 자기책임원칙에 비추어 위반행위가 발생한 그 업무와 관련하여 사용자인 법인이 상당한 주의 또는 관리감독 의무를 게을리한 선임감독 상의 과실을 이유로 하는 것인데, 법인이 설립되기 이전의 행위에 대하여는 법인에게 어떠한 선임감독상의 과실이 있다고 할 수 없으므로, 특별한 근거규정이 없는 한 법인이 설립되기 이전에 자연인이 한 행위에 대하여 양벌규정을 적용하여 법인을 처벌할 수는 없다고 봄이 타당하다. [경찰간부 20]

6. 대표자의 행위에 대한 업무주 처벌의 근거

판례연구

헌법재판소 2010.7.29, 2009헌가25·29·36, 2010헌가6·25(병합); 2011.10.25, 2010헌바307; 2011.11.24, 2011헌가34; 2011.12.29, 2010헌바117

법인의 대표자의 행위에 대한 법인의 책임은 직접책임이라는 판례

법인의 대표자의 행위와 종업원 등의 행위는 달리 보아야 한다는 전제에서, 법인의 대표자가 행정형법상 법규를 위반한 경우 양벌규정에 의하여 법인의 책임을 물을 때에는 '직접책임'의 성질을 가진다. 즉, 법인 대표자의 법규위반행위에 대한 법인의 책임은 법인 자신의 법규위반행위로 평가될 수 있는 행위에 대한 법인의 직접책임으로서, 대표자의 고의에 의한 위반행위에 대하여는 법인 자신의 고의에 의한 책임을, 대표자의 과실에 의한 위반행위에 대하여는 법인 자신의 과실에 의한 책임을 지는 것이므로(대법원 2010.9.30, 2009도3876 참조), 법인 대표자의 행위에 대하여 법인의 처벌을 규정한 양벌조항은 설사 면책규정을 두지 않더라도 ―법인의 종업원의 행위의 경우와는 달리― 책임주의원칙에 반하지 않으므로 위헌이 아니다.

---

24 기술한 형법의 시간적 적용범위 중 추급효에 관한 동기설 판례 정리 참조

7. 양벌규정에 의한 불가분원칙의 적용 관련판례

> **판례연구**
>
> **1** 대법원 1996.3.12, 94도2423
> 친고죄의 고소에 대한 주관적 불가분 원칙은 적용된다는 판례
> 친고죄의 경우 행위자의 범죄에 대한 고소가 있으면, 저작권법상 양벌규정에 의해 처벌받는 업무주에 대해 별도의 고소를 요하지 않는다. [국가9급 09 / 국가7급 20 / 법원행시 08]
>
> **2** 대법원 1962.1.11, 4293형상883; 1973.9.25, 72도1610; 2004.9.24, 2004도4066
> 즉시고발사건의 고발에 대해서는 주관적 불가분원칙은 적용되지 않는다는 판례
> 피고발인을 법인으로 명시한 다음, 법인의 등록번호와 대표자의 인적 사항을 기재한 고발장의 표시를 자연인인 개인까지를 피고발자로 표시한 것이라고 볼 수는 없다. 조세범처벌법상 고발에 있어서는 이른바 고소·고발 불가분의 원칙이 적용되지 아니하므로, 고발의 구비 여부는 양벌규정에 의하여 처벌받는 자연인인 행위자와 법인에 대하여 개별적으로 논하여야 하기 때문이다.

02 행위의 객체와 보호의 객체

MEMO

✔ 아웃라인

목 차		난 도	출제율	대표지문
제1절 구성요건이론	01 구성요건의 의의	下	★	• 소극적 구성요건표지이론에 따르면 범죄의 성립단계는 총체적 불법구성요건(불법)과 책임으로 나누어지고, 위법성조각사유의 전제사실에 관한 착오는 구성요건착오가 되어 고의가 부정되고 과실범 성립의 문제만 남는다. (O)
	02 구성요건이론의 발전	中	★	
	03 구성요건과 위법성의 관계	中	★★	
	04 구성요건의 유형	中	★★	
	05 구성요건의 요소	中	★	
제2절 결과반가치와 행위반가치	01 형법상 불법의 개념과 의미	中	★	• 일원적 인적불법론에 의하면 구성요건적 행위는 주관적 정당화요소가 있는 경우에만 행위반가치가 탈락하여 정당화될 수 있다. (O)
	02 결과반가치론과 행위반가치론	中	★★	
제3절 인과관계와 객관적 귀속	01 인과관계와 객관적 귀속의 의의	中	★★	• 조건설은 결과발생과 논리적 조건관계가 있는 모든 행위를 동등하게 결과에 대한 원인으로 인정한다. (O) • 운전자가 시동을 끄고 시동열쇠는 꽂아 둔 채로 하차한 동안에 조수가 이를 운전하다가 사고를 낸 경우에 시동열쇠를 그대로 꽂아 둔 행위와 상해의 결과발생 사이에는 특별한 사정이 없는 한 인과관계가 없다. (O)
	02 인과관계에 대한 학설	中	★★	
	03 객관적 귀속이론	中	★★	
	04 형법 제17조의 해석	下	★	
제4절 고 의	01 고의의 의의	中	★	• 고의의 체계적 지위에 관한 학설 중 책임요소설은 불법의 무한정한 확대를 초래하고 고의범과 과실범이 구성요건단계에서는 구별되지 않는 불합리가 있다. (O) • 새로 목사로 부임한 자가 전임목사에 관한 교회 내의 불미스러운 소문의 진위를 확인하기 위하여 이를 교회집사들에게 물어본 경우 명예훼손에 대한 미필적 고의가 있다. (X)
	02 고의의 체계적 지위	中	★	
	03 고의의 본질	中	★	
	04 고의의 대상	中	★★★	
	05 고의의 종류	中	★★	
제5절 구성요건적 착오	01 서 설	中	★★	• 甲을 살해한다는 것이 비슷한 외모에 착오를 일으켜 丙을 甲으로 오인하여 살해한 경우에는 丙에 대한 살인기수의 책임을 진다(판례의 태도). (O) • 형수를 향하여 살의를 갖고 몽둥이로 힘껏 내리쳤으나 형수의 등에 업힌 조카의 머리부분에 맞아 조카가 현장에서 즉사한 경우, 조카에 대한 살인죄가 성립한다. (O)
	02 구성요건적 착오의 종류	中	★★	
	03 구성요건적 착오와 고의의 성부	上	★★★	
	04 인과관계의 착오	中	★★	

✔ 출제경향

구 분	경찰채용						경찰간부						경찰승진					
	17	18	19	20	21	22	17	18	19	20	21	22	17	18	19	20	21	22
제1절 구성요건이론								1										
제2절 결과반가치와 행위반가치																		
제3절 인과관계와 객관적 귀속	1	1	1				2	1			1	1	1		1	1	1	1
제4절 고의	1				1	1		1	1	1	1	1				1		2
제5절 구성요건적 착오		2	1		1	1						1			1	1	1	
출제빈도	11/220						12/240						11/240					

구성요건론

국가9급						법원9급						법원행시						변호사시험					
17	18	19	20	21	22	17	18	19	20	21	22	17	18	19	20	21	22	17	18	19	20	21	22
1						1																	
1			1	1							1			1			1		1				1
	1		1									1	1					1	2	1			
1	1	2														1				1			
10/120						2/150						5/240						7/140					

제1절 구성요건이론

판례연구 양심적 병역거부와 병역법 제88조 제1항의 정당한 사유

1 대법원 2018.11.1, 2016도10912 전원합의체

다수의견 병역법 제88조 제1항은 국방의 의무를 실현하기 위하여 현역입영 또는 소집통지서를 받고도 정당한 사유 없이 이에 응하지 않은 사람을 처벌함으로써 입영기피를 억제하고 병력구성을 확보하기 위한 규정이다. 위 조항에 따르면 정당한 사유가 있는 경우에는 피고인을 벌할 수 없는데, 여기에서 정당한 사유는 구성요건해당성을 조각하는 사유이다. 이는 형법상 위법성조각사유인 정당행위나 책임조 각사유인 기대불가능성과는 구별된다. … 요컨대, 자신의 내면에 형성된 양심을 이유로 집총과 군사훈련을 수반하는 병역의무를 이행하지 않는 사람에게 형사처벌 등 제재를 해서는 안 된다. … 따라서 진정한 양심에 따른 병역거부라면, 이는 병역법 제88조 제1항의 '정당한 사유'에 해당한다. … 정당한 사유가 없다는 사실은 범죄구성요건이므로 검사가 증명하여야 한다. 다만 진정한 양심의 부존재를 증명한다는 것은 마치 특정되지 않은 기간과 공간에서 구체화되지 않은 사실의 부존재를 증명하는 것과 유사하다. 위와 같은 불명확한 사실의 부존재를 증명하는 것은 사회통념상 불가능한 반면 그 존재를 주장·증명하는 것이 좀 더 쉬우므로, 이러한 사정은 검사가 증명책임을 다하였는지를 판단할 때 고려하여야 한다. 따라서 양심적 병역거부를 주장하는 피고인은 자신의 병역거부가 그에 따라 행동하지 않고서는 인격적 존재가치가 파멸되고 말 것이라는 절박하고 구체적인 양심에 따른 것이며 그 양심이 깊고 확고하며 진실한 것이라는 사실의 존재를 수긍할 만한 소명자료를 제시하고, 검사는 제시된 자료의 신빙성을 탄핵하는 방법으로 진정한 양심의 부존재를 증명할 수 있다. 이때 병역거부자가 제시해야 할 소명자료는 적어도 검사가 그에 기초하여 정당한 사유가 없다는 것을 증명하는 것이 가능할 정도로 구체성을 갖추어야 한다.

2 대법원 2021.2.25, 2019도18442

'인간에 대한 폭력과 살인 거부'라는 윤리적·도덕적·철학적 신념 등을 이유로 예비군훈련과 병력동원훈련 소집에 따른 입영을 거부하였다는 이유로 예비군법위반죄 등으로 기소된 사건

양심에 따른 병역거부, 이른바 양심적 병역거부는 종교적·윤리적·도덕적·철학적 또는 이와 유사한 동기에서 형성된 양심상 결정을 이유로 집총이나 군사훈련을 수반하는 병역의무의 이행을 거부하는 행위를 말한다. 진정한 양심에 따른 병역거부라면, 이는 병역법 제88조 제1항의 '정당한 사유'에 해당한다 고 보아야 한다. 이때 진정한 양심이란 그 신념이 깊고, 확고하며, 진실한 것을 말한다. … 예비군훈련과 병력동원훈련소집에 따른 입영도 집총이나 군사훈련을 수반하는 병역의무의 이행이라는 점에서 병역법 제88조 제1항에서 정한 '정당한 사유'에 관한 위 전원합의체 판결의 법리에 따라 이 사건 각 조항에서 정한 '정당한 사유'를 해석함이 타당하다. 따라서 진정한 양심에 따른 예비군훈련과 병력동원훈련소집에

따른 입영을 거부한 경우 이 사건 각 조항에서 정한 '정당한 사유'에 해당한다고 보아야 한다(대법원 2021.1.28, 2018도8716; 2021.2.4, 2016도10532 등 참조).

제2절　결과반가치와 행위반가치

제3절　인과관계와 객관적 귀속

제17조【인과관계】어떤 행위라도 죄의 요소되는 위험발생에 연결되지 아니한 때에는 그 결과로 인하여 벌하지 아니한다. [경찰채용 15 1차 / 경찰채용 10 2차 / 경찰간부 12]

판례연구　　상당인과관계 관련판례 : 상당인과관계가 인정된 판례들[25]

1 대법원 1966.6.28, 66도758
무면허자를 화약류취급책임자로 선임한 과실 : 업무상 과실치사상죄
화약류취급면허 없는 자를 화약류취급책임자로 선임하여 그 책임자의 과실로 인하여 발파작업 중 사상의 사고가 발생한 경우 위 사상과 그 선임자의 과실 사이에는 인과관계가 있다.

2 대법원 1982.12.28, 82도2525
자상행위가 다른 원인과 결합하여 사망의 결과를 야기한 경우 인과관계 인정
피고인의 자상행위가 피해자를 사망하게 한 직접적 원인은 아니었다 하더라도 이로부터 발생된 다른 간접적 원인이 결합되어 사망의 결과를 발생하게 한 경우라도 그 행위와 사망 간에는 인과관계가 있다고 할 것인 바, 피해자가 부상한 후 1개월이 지난 후에 위 패혈증 등으로 사망하였다 하더라도 그 패혈증이 위 자창으로 인한 과다한 출혈과 상처의 감염 등에 연유한 것인 이상 자상행위와 사망과의 사이에 인과관계의 존재를 부정할 수 없다. [국가7급 16]

3 대법원 1988.11.8, 88도928
피고인의 차량에 치어 반대차선에 넘어진 피해자가 다른 차량에 치어 사망한 경우 : 업무상 과실치사
피고인이 운행하던 자동차로 도로를 횡단하던 피해자를 충격하여 피해자로 하여금 반대차선의 1차선상에 넘어지게 하여 피해자가 반대차선을 운행하던 자동차에 역과되어 사망하게 하였다면 피고인은 그와 같은 사고를 충분히 예견할 수 있었고 또한 피고인의 과실과 피해자의 사망 사이에는 인과관계가 있다고 할 것이므로 피고인은 업무상과실치사죄의 죄책을 면할 수 없다. [국가7급 13]

4 대법원 1990.5.22, 90도580
도로 교통사고시 최초 과실행위자와 최종적인 사망 사이(인정) : 업무상 과실치사죄
피고인이 야간에 오토바이를 운전하다가 도로를 무단횡단하던 피해자를 충격하여 피해자로 하여금 위 도로상에 전도케 하고, 그로부터 약 40초 내지 60초 후에 다른 사람이 운전하던 타이탄트럭이

---

25 여기서는 고의범 및 과실범의 상당인과관계 판례들을 정리한다. 결과적 가중범의 상당인과관계에 대한 판례 정리는 제7장 범죄의 특수한 출현형태론 중 결과적 가중범 부분에서 이루어질 것이다.

도로 위에 전도되어 있던 피해자를 역과하여 사망케 한 경우, 피고인의 과실행위는 피해자의 사망에 대한 직접적 원인을 이루는 것이어서 양자 간에는 상당인과관계가 있다. [경찰간부 14 / 국가9급 07 / 국가7급 16 / 법원행시 07 / 사시 14·15]

> 유사 선행차량에 이어 피고인 운전 차량이 피해자를 연속하여 역과하는 과정에서 피해자가 사망한 경우, 역과와 사망 사이의 인과관계가 인정된다(대법원 2001.12.11, 2001도5005). [경찰간부 11 / 경찰승진 14·15 / 국가9급 10·12 / 국가7급 14 / 법원행시 06]

> 비교 역과 판례 중 업무상 과실 부정례 : 중앙선을 넘어 반대차선에 떨어진 경우
> ① 오토바이가 도로에 박힌 돌에 충돌하면서 운전자가 튕겨져 반대차선으로 넘어진 것을 반대차선 차량 운전자가 역과한 경우에는 업무상 과실치사죄가 성립하지 않는다(대법원 1984.7.10, 84도 813). ② 중앙선상에 서 있던 자가 뒷걸음질치다가 차에 충격되어 갑자기 자신의 차량 앞으로 떨어진 자를 충격한 경우 업무상 과실이 부정된다(대법원 1987.9.22, 87도516).

5 대법원 1990.12.13, 90도2106
헹가래 사례 : 과실치사죄의 공동정범
바다에 면한 위험한 곳에서 피해자와 같은 내무반원인 피고인 등 여러 사람이 곧 전역할 병사 甲을 손발을 붙잡아 헹가래를 쳐서 장난삼아 바다에 빠뜨리려고 하다가 그가 발버둥치자 동인의 발을 붙잡고 있던 피해자가 몸의 중심을 잃고 미끄러지면서 바다에 빠져 사망한 경우, 甲을 헹가래쳐서 바다에 빠뜨리려고 한 행위와 피해자가 바다에 빠져 사망한 결과와의 사이에는 인과관계가 있다고 할 것이고, 또 위와 같은 경우 결과발생에 관한 예견가능성도 있다.

6 대법원 1991.2.12, 90도2547
병명을 가르쳐주지 않은 의사의 과실과 연탄가스 중독 : 업무상 과실치상죄
일산화탄소에 중독되어 병원에서 회복된 환자가 의사에게 자신의 병명을 물었으나 이에 응답하지 아니하고 아무런 요양방법을 지도하여 주지 아니하여 환자가 병명도 모른 채 중독된 방에서 다시 잠을 자다가 재차 중독되었다면 의사의 과실과 일산화탄소 중독 사이에는 인과관계가 인정된다. [경찰간부 18 / 국가9급 07·10 / 법원행시 09 / 사시 15]

7 대법원 1994.3.22, 93도3612
자상(刺傷)피해자의 음식물(김밥·콜라)섭취에 의한 합병증(인정) : 살인기수죄
살인의 실행행위가 피해자의 사망이라는 결과를 발생하게 한 유일한 원인이거나 직접적인 원인이어야만 되는 것은 아니므로, 살인의 실행행위와 피해자의 사망 사이에 다른 사실이 개재되어 그 사실이 치사의 직접적인 원인이 되었다고 하더라도, 그와 같은 사실이 통상 예견할 수 있는 것에 지나지 않는다면 인과관계가 있는 것으로 보아야 한다. [경찰채용 11·18 2차 / 경찰간부 12 / 경찰승진 14 / 국가7급 13 / 법원9급 13 / 법원행시 08·11 / 사시 15 / 변호사시험 18]

8 대법원 1995.9.15, 95도906
현장감독 공무원의 감독의무 위반과 붕괴사고로 인한 치사상의 결과 사이 : 업무상 과실치사상죄
공사감독관이 건축공사가 불법하도급되어 무자격자에 의하여 시공되고 있는 점을 알고도 이를 묵인하였거나 그와 같은 사정을 쉽게 적발할 수가 있었음에도 직무상의 의무를 태만히 하여 무자격자로 하여금 공사를 계속하게 함으로써 붕괴사고 등의 재해가 발생한 경우, 공사감독관의 그와 같은 직무상의 의무 위반과 붕괴사고 등의 재해로 인한 치사상의 결과 사이에 상당인과관계가 있다.

9 대법원 1996.9.24, 95도245
전원 전 진료담당의사의 과실의 인과관계 문제

일반외과 전문의인 피고인이 피해자의 후복막 전체에 형성된 혈종을 발견한 지 14일이 지나도록 전산화단층촬영 등 후복막 내의 장기 손상이나 농양 형성 여부를 확인하기에 적절한 진단방법을 시행하지 않았고, 피해자가 다른 병원으로 전원할 당시 이미 후복막에 농양이 광범위하게 형성되어 장기 등 조직의 괴사로 이미 회복하기 어려운 상태에 빠져 있었다면, 피해자가 다른 병원으로 전원하여 진료를 받던 중 사망하였다는 사실 때문에 인과관계가 단절된다고 볼 수는 없다.

10 대법원 1996.12.20, 96도2030
미등과 차폭등을 켜지 않은 채 주차한 사례 : 업무상 과실치사죄
야간에 2차선의 굽은 도로 상에 미등과 차폭등을 켜지 않은 채 화물차를 주차시켜 놓음으로써 오토바이가 추돌하여 그 운전자가 사망한 경우, 주차행위와 사고발생 사이에 인과관계가 있다. [경찰채용 15 2차/국가9급 07 / 국가7급 13]

11 대법원 1997.1.24, 96도776
건설기술자 현장배치의무 위반과 가스폭발사고 사이 : 업무상 과실치사상죄 및 업무상 과실폭발물파열죄
건설업자가 건설업법 소정의 건설기술자를 현장에 배치할 의무를 위반하여 건설기술자조차 현장에 배치하지 아니한 과실은 공사현장 인접 소방도로이 지반침하 방지를 위한 그라우팅공시 과정에서 발생한 가스폭발사고와 상당한 인과관계가 있다.

12 대법원 2001.6.1, 99도5086
가스설비의 휴즈 콕크의 제거와 가스폭발사고 사이의 상당인과관계 ○ : 과실폭발성물건파열죄
임차인이 자신의 비용으로 설치·사용하던 가스설비의 휴즈 콕크를 아무런 조치없이 제거하고 이사를 간 후 가스공급을 개별적으로 차단할 수 있는 주밸브가 열려져 가스가 유입되어 폭발사고가 발생한 경우, 주밸브가 열리는 경우 유입되는 가스를 막을 아무런 안전장치가 없어 가스 유출로 인한 대형사고의 가능성이 있다는 것은 평균인의 관점에서 객관적으로 볼 때 충분히 예견할 수 있기 때문에 임차인의 과실과 가스폭발사고 사이의 상당인과관계는 인정된다. [경찰채용 14 1차 / 경찰채용 15 2차 / 경찰간부 18 / 국가9급 12 / 사시 13]

판례연구 **상당인과관계 관련판례 : 상당인과관계가 부정된 판례들**

1 대법원 1970.9.22, 70도1526
삼륜차의 한쪽 뒷바퀴를 구둣발로 찬 사례 – 중과실치상죄 부정 : 무죄
완전한 제동장치를 아니하고 화물(3톤)을 적재한 채 단지 양쪽 뒷바퀴에 받침돌만 괴어 경사진 포장도로 상에 세워 둔 삼륜차의 한쪽 뒷바퀴를 구둣발로 찬 행위와 그 삼륜차의 후진으로 인한 사고발생 간에는 특별한 사정이 없는 한 인과관계를 인정할 수 없다.

2 대법원 1971.9.28, 71도1082
운전사가 시동을 끄고 열쇠는 꽂아둔 채 하차한 동안 조수가 운전 – 업무상 과실치사상죄 부정 : 무죄
운전사가 시동을 끄고 시동열쇠는 꽂아둔 채로 하차한 동안에 조수가 이를 운전하다가 사고를 냈다면, 시동열쇠를 꽂아둔 행위와 조수의 운전으로 인한 사고 사이에는 인과관계가 없다. [경찰간부 11 / 법원9급 13 / 법원행시 05]

비교 1단 기어를 넣고 시동열쇠를 끼워놓은 채 11세 남짓한 어린이를 두고 차에서 떠난 경우
운전자가 차를 세워 시동을 끄고 1단 기어가 들어가 있는 상태에서 시동열쇠를 끼워놓은 채 11세 남짓한 어린이를 조수석에 남겨두고 차에서 내려온 동안 동인이 시동열쇠를 돌리며 액셀러레이터 페달을 밟아 차량이 진행하여 사고가 발생한 경우, 사고를 미리 막을 수 있는 제반조치를

게을리 한 과실은 사고결과와 인과관계가 있다고 볼 수 있다(대법원 1986.7.8, 86도1048). [경찰채용 14 1차 / 경찰승진 13 / 사시 16]

3 대법원 1981.9.8, 81도53
화약고 열쇠를 맡긴 사례 : 형법상 무죄
탄광덕대인 피고인이 화약류취급책임자면허가 없는 甲에게 화약고 열쇠를 맡겼는데, 甲이 경찰관의 화약고검열에 대비하여 임의로 화약고에서 뇌관, 폭약 등을 꺼내어 노무자 숙소 아궁이에 감추었고, 이 사실을 모르는 자가 아궁이에 불을 때다 폭발물에 인화되어 폭발위력으로 사람을 사상에 이르게 한 경우, 피고인이 甲에게 열쇠를 보관시킨 행위와 사고발생 간에는 인과관계가 있다고 할 수 없다.

4 대법원 1983.8.23, 82도3222
안전거리 미준수와 추돌사고 : 형법상 무죄
피고인 운전 택시가 정차하였음에도 뒤쫓아 오던 택시가 충돌하는 바람에 앞의 차를 추돌한 경우, 설사 피고인에게 안전거리를 준수하지 아니한 위법이 있어도 인과관계가 있다고 할 수 없다.

5 대법원 1984.4.10, 83도3365
작업반장이 현장소장의 작업중단지시를 무시하고 작업을 지시함으로써 발생한 사고 사례
배관공사 작업공정의 일부인 터파기작업을 함에 있어 현장소장인 피고인이 구덩이의 흙벽이 마사이고 전날 밤의 비로 붕괴의 위험이 있음을 엿보고 현장기사를 시켜 작업반장에게 구덩이 안의 작업을 중단할 것을 지시까지 하였으나 작업반장이 피고인의 지시를 무시하고 피해자 등에게 작업을 지시한 결과, 작업하던 피해자가 흙벽이 붕괴되어 흙에 묻히는 사고가 발생하였다면 위 붕괴사고는 피고인의 과실에 인한 것이라고 볼 수 없다.

6 대법원 1987.4.28, 87도297
하도급을 준 경우 도급인의 감독하지 않은 과실 : 산림실화죄 불성립
초지조성공사를 도급받은 수급인이 산불작업의 하도급을 준 이후 그 작업을 감독하지 않은 과실과 하수급인의 과실로 인한 산림실화 사이에는 상당인과관계가 없다. [경찰채용 15·18 2차 / 경찰간부 11 / 국가7급 16 / 법원행시 05]

7 대법원 1990.12.11, 90도694
할로테인 마취 사례 : 무죄(합법적 대체행위이론이 표현되고 있음)
혈청에 의한 간기능검사를 시행하지 않거나 이를 확인하지 않은 피고인들의 과실과 피해자의 사망 간에 인과관계가 있다고 하려면 피고인들이 수술 전에 피해자에 대한 간기능검사를 하였더라면 피해자가 사망하지 않았을 것임이 입증되어야 할 것이다(수술 전에 피해자에 대하여 혈청에 의한 간기능검사를 하였더라면 피해자의 간기능에 이상이 있었다는 검사결과가 나왔어야 함). [국가9급 16 / 사시 10]

8 대법원 1991.2.26, 90도2856
중앙선침범과 S자 사례
피고인 甲이 트럭을 도로의 중앙선 위에 왼쪽 바깥바퀴가 걸친 상태로 운행하던 중 피해자가 승용차를 운전하여 피고인이 진행하던 차선으로 달려오다가 급히 자기 차선으로 들어가면서 피고인이 운전하던 트럭과 교행할 무렵 다시 피고인의 차선으로 들어와 그 차량의 왼쪽 앞부분으로 트럭의 왼쪽 뒷바퀴 부분을 스치듯이 충돌하고 이어서 트럭을 바짝 뒤따라가던 차량을 들이받았다면, 설사 피고인이 중앙선 위를 달리지 아니하고 정상차선으로 달렸다 하더라도 사고는 피할 수 없다 할 것이므로 피고인이 트럭의 왼쪽 바퀴를 중앙선 위에 올려 놓은 상태에서 운전한 것만으로는 사고의 직접적인 원인이 되었다고 할 수 없다. → 다수설에 의하면 '적법한 대체행위의 이론'에 의하여 객관적 귀속을 부정할 수 있다.

9 대법원 1993.1.15, 92도2579

신뢰의 원칙 및 과속운전과 상대방의 중앙선침범에 의한 사고(삼거리 사례) : 형법상 무죄

신호등에 의하여 교통정리가 행하여지고 있는 `ㅏ`자형 삼거리의 교차로를 녹색등화에 따라 직진하는 차량의 운전자는 대향차선 위의 다른 차량이 신호를 위반하고 직진하는 자기 차량의 앞을 가로질러 좌회전할 경우까지 예상하여 그에 따른 사고발생을 미리 방지하기 위한 특별한 조치까지 강구하여야 할 업무상의 주의의무는 없고, 직진차량 운전자가 사고지점을 통과할 무렵 제한속도를 위반하여 과속운전한 잘못이 있었다 하더라도 상당인과관계가 있다고 볼 수 없다. [국가7급 16 / 법원9급 12 / 법원행시 06]

10 대법원 1996.11.8, 95도2710

농배양을 하지 않은 사례

치과의사인 피고인이 농배양을 하지 않은 과실이 피해자의 사망에 기여한 인과관계 있는 과실이 된다고 하려면, 농배양을 하였더라면 피고인이 투약해 온 항생제와 다른 어떤 항생제를 사용하게 되었을 것이라거나 어떤 다른 조치를 취할 수 있었을 것이고, 따라서 피해자가 사망하지 않았을 것이라는 점[26]을 심리·판단하여야 한다.

11 대법원 1990.9.22, 98도1854

2차선의 접속도로 운행차량이 갑자기 금지된 좌회전을 함으로써 발생한 교통사고 사례

운전자가 제한속도를 지키며 진행하였더라면 피해자가 좌회전하여 진입하는 것을 발견한 후에 충돌을 피할 수 있었다는 등의 사정이 없는 한 운전자가 제한속도를 초과하여 과속으로 진행한 잘못이 있다 하더라도 그러한 잘못과 교통사고의 발생 사이에 상당인과관계가 있다고 볼 수는 없다. [경찰간부 16]

12 대법원 2000.6.27, 2000도1155

차용인의 기망과 체계적 신용조사를 행하는 금융기관의 대출과의 인과관계를 부정한 사례

전문적으로 대출을 취급하면서 차용인에 대한 체계적인 신용조사를 행하는 금융기관이 금원을 대출한 경우에는 비록 대출 신청 당시 차용인에게 변제기 안에 대출금을 변제할 능력이 없었고, 자체 신용조사 결과에는 관계없이 "변제기 안에 대출금을 변제하겠다."는 취지의 차용인의 말만을 그대로 믿고 대출을 하였다 하더라도, 금융대출을 위한 차용인의 기망행위와 금융기관의 대출행위 사이에 인과관계를 인정할 수 없다. [경찰채용 18 2차 / 변호사시험 18]

13 대법원 2007.10.26, 2005도8822

선행 교통사고와 후행 교통사고 중 인과관계가 판명되지 않은 경우

선행 교통사고와 후행 교통사고 중 어느 쪽이 원인이 되어 피해자가 사망에 이르게 되었는지 밝혀지지 않은 경우 후행 교통사고를 일으킨 사람의 과실과 피해자의 사망 사이에 인과관계가 인정되기 위해서는 후행 교통사고를 일으킨 사람이 주의의무를 게을리하지 않았다면 피해자가 사망에 이르지 않았을 것이라는 사실이 증명되어야 하고, 그 증명책임은 검사에게 있다. [경찰승진 13·14 / 법원9급 15 / 법원행시 08]

> 보충 종래의 소위 역과시 상당인과관계를 인정한 판례들과는 달리, 후행 교통사고자의 과실과 피해자의 사망 사이에 인과관계를 인정하지 않았고, 과실범의 공동정범에 관한 행위공동설의 입장을 적용하지 않았으며, 과실범(업무상 과실치사죄)에 대하여 제263조의 동시범의 특례도 적용하지 않은 판례이다.

---

26 여기에서 객관적 귀속의 기준인 주의의무위반관련성의 적법한 대체행위의 이론이 표현되고 있다.

110m 간격을 두고 고속도로 갓길에서 3차로로 진입한 사례

피고인(화물차 운전자)이 고속도로 3차로를 진행하던 중 갓길에 잠시 정차하였다가 다시 도로로 진입하게 되면서 110m 후방에서 진행 중인 피해자 차량이 피고인 차량을 충격하여 피해자가 복부장기손상 등으로 사망한 경우, 피해자 차량의 운전자로서는 제동장치 또는 조향장치를 적절히 조작하여 위와 같이 3차로로 진입하는 피고인 차량을 충분히 충격하지 않을 수 있을 것으로 보인다.

15 대법원 2011.4.14, 2010도10104

한의사 봉침 사건 : 상당인과관계 부정례

한의사인 피고인이 피해자에게 문진하여 과거 봉침(蜂針)을 맞고도 별다른 이상반응이 없었다는 답변을 듣고 알레르기 반응검사를 생략한 채 환부에 봉침시술을 하였는데, 피해자가 위 시술 직후 쇼크반응을 나타내는 등 상해를 입은 경우, 피고인이 알레르기 반응검사를 하지 않은 과실과 피해자의 상해 사이에 상당인과관계를 인정하기 어렵다(또한 설명의무 위반과 상해 사이에도 상당인과관계가 인정되지 않음). [경찰채용 13 1차 / 경찰간부 12 / 국가9급 15 / 법원9급 22 / 사시 13]

제4절 고 의

제13조【고 의】 죄의 성립요소인 사실을 인식하지 못한 행위는 벌하지 아니한다. 다만, 법률에 특별한 규정이 있는 경우에는 예외로 한다. 〈우리말 순화 개정 2020.12.8.〉

01 고의의 의의

02 고의의 체계적 지위

03 고의의 본질

판례연구 절충설 관련판례

1 대법원 1984.12.11, 84도2002

버린 빵인 줄 알고 가져온 것은 절도의 인식 자체가 없다는 판례

甲은 평소 동네 乙의 S제과회사 대리점에서 부패되어 도로상에 쌓아두거나 쓰레기통에 버린 빵을 가져와 개먹이로 써왔는데, 어느날 밤 甲은 乙의 종업원들이 유통기한이 지난 빵을 바꿔오기 위하여 가게문 앞에 쌓아 놓았기에 버린 것인 줄 알고 가져왔다. 甲에게는 타인의 재물을 절취한다는 인식조차 없는 경우이므로 절도죄의 고의가 부정된다(과실절도는 처벌규정도 없으므로 무죄).

2 대법원 1989.1.17, 88도971

절도의 범의는 타인의 점유하에 있는 타인소유물을 그 의사에 반하여 자기 또는 제3자의 점유하에 이전하는 데에 대한 인식을 말하므로, 피고인(고물행상)이 타인(슈퍼마켓 주인)이 그 소유권을 포기하고 버린 물건(빈 두부상자)으로 오인하여 이를 취득하였다면 이와 같이 오인하는 데에 정당한 이유가 인정되는 한 절도의 범의를 인정할 수 없다.

3 대법원 1987.2.10, 86도2338 등

절충설 중 인용설을 취한 판례

미필적 고의라 함은 결과의 발생이 불확실한 경우, 즉 행위자에 있어서 결과발생에 대한 확실한 예견은 없으나 그 가능성은 인정하는 것으로서, 이러한 미필적 고의가 있었다고 하려면 결과발생의 가능성에 대한 인식이 있음은 물론 나아가 결과발생을 용인하는 내심의 의사가 있음을 요한다. [경찰채용 16 1차/ 국가9급 11 / 국가7급 07]

04 고의의 대상

판례연구   고의의 대상 관련판례

대법원 1966.6.28, 66도104

친족상도례에 대한 착오는 범죄의 성립과 처벌에 영향이 없다는 판례

'피고인이 본가의 소유물로 오신하여 이를 절취'하였다 할지라도 그 오신은 형의 면제사유(친족상도례)에 관한 것으로서 이에 범죄의 구성요건 사실에 관한 형법 제15조 제1항은 적용되지 않는 것이므로 그 오신은 범죄의 성립이나 처벌에 아무런 영향도 미치지 아니한다. [경찰채용 10 1차]

05 고의의 종류

1. 미필적 고의 관련판례

판례연구   미필적 고의를 인정한 판례[27]

1 대법원 1982.11.23, 82도2024

인용설에 의한 판례 : 미성년자 유괴 후 부작위에 의한 살인 사례

피고인이 (유인하고 감금하여 탈진상태에 이른 미성년자인) 피해자의 얼굴에 모포를 덮어씌워 놓고 그냥 나오면서 피해자를 그대로 두면 죽을 것 같다는 생각이 들었다면, 결과발생의 가능성을 인정하고 있으면서

---

27 조언 : 사실 미필적 고의 관련판례들은 이외에도 상당히 많으며, 대부분은 각론의 각 구성요건별로 검토될 것이다. 아래에서는 몇 개의 판례만 예시해보도록 한다.

도 사경에 이른 피해자를 그대로 방치한 소위에는 피해자가 사망하는 결과에 이르더라도 용인할 수밖에 없다는 내심의 의사, 즉 살인의 미필적 고의가 있었다고 할 것이다. [경찰채용 11 2차 / 국가9급 10 / 국가7급 11 / 법원행시 07]

2 대법원 1987.1.20, 85도221
재물손괴에 관한 미필적 고의를 인정한 사례
피조개양식장까지의 거리가 약 30미터까지 근접하였음에도 닻줄을 50미터 더 늘여서 7샤클로 묘박하였다면 선박이 태풍에 밀려 피조개양식장을 침범하여 물적 손해를 입히리라는 것은 당연히 예상되는 것이고, 그럼에도 불구하고 선박의 닻줄을 7샤클로 늘여 놓았다면 이는 피조개양식장의 물적 피해를 인용한 것이라 할 것이어서 재물손괴의 점에 대한 미필적 고의를 인정할 수 있다.[28] [국가9급 20]

3 대법원 1994.12.22, 94도2511
피고인이 9세 여아를 목을 졸라 실신시킨 후 떠나버린 이상 살인의 범의가 있었다고 한 사례
피고인이 9세의 여자 어린이에 불과하여 항거를 쉽게 제압할 수 있는 피해자의 목을 감아서 졸라 실신시킨 후 그곳을 떠나버린 이상 그와 같은 자신의 가해행위로 인하여 피해자가 사망에 이를 수도 있다는 사실을 인식하지 못하였다고 볼 수 없다. [국가7급 11]

4 대법원 1995.11.21, 94도1598
증권회사 직원이 고객의 예탁금으로 주식을 무단 매수하였다가 주식시세의 하락으로 손해가 발생한 경우
증권회사의 직원으로서 고객과의 매매거래 계좌설정 계약에 따라 고객의 사무를 처리하는 지위에 있는 자가 고객의 동의를 얻지 않고 주식을 매입한 것이라면 주식의 시세의 하락으로 인하여 고객에게 손해가 발생될 염려가 있다는 인식이 미필적으로나마 있었다고 할 것이고, 그가 근무하는 증권회사가 주식의 매입으로 인하여 수수료를 취득한 이상, 그 직원에게 자기 또는 제3자가 재산상의 이익을 얻는다는 인식도 있었다고 보이므로 결국 업무상 배임죄의 고의가 있었다고 해야 한다.

5 대법원 1997.12.26, 97도2609
어음이 지급기일에 결제되지 않으리라는 점을 예견하였거나 지급기일에 지급될 수 있다는 확신이 없으면서도 이를 수취인에게 고지하지 아니하고 할인을 받았다면 사기죄가 성립한다고 할 것이다.

6 대법원 1998.6.9, 98도980
가로 15cm, 세로 16cm, 길이 153cm, 무게 7kg의 각이 진 목재로 길바닥에 누워 있던 피해자의 머리를 때려 피해자가 외상성뇌지주막하출혈로 사망한 경우에 살인의 미필적 고의가 인정된다. [경찰승진 10]

7 대법원 2000.8.18, 2000도2231
인체의 급소를 잘 알고 있는 무술교관 출신의 피고인이 무술의 방법으로 피해자의 울대(聲帶)를 가격하여 사망케 한 행위에는 살인의 범의가 있다. [경찰승진 10]

8 대법원 2001.3.9, 2000도5590
건장한 체격의 군인이 왜소한 체격의 피해자를 폭행하고 특히 급소인 목을 설골이 부러질 정도로 세게 졸라 사망케 한 행위에는 살인의 범의가 있다. [경찰승진 15 / 국가9급 11 / 변호사시험 18]

---

28 또 다른 논점 : 위급한 상황에서 선박과 선원들의 안전을 위하여 사회통념상 가장 적절하고 필요불가결하다고 인정되는 조치를 취하였다면 긴급피난으로서 위법성이 없어서 범죄가 성립되지 아니한다.

9 대법원 2002.2.8, 2001도6425

강도가 베개로 피해자의 머리 부분을 약 3분간 누르던 중 피해자가 저항을 멈추고 사지가 늘어졌음에도 계속하여 누른 행위에는 살해의 고의가 있다. [경찰채용 16 1차 / 경찰승진 11 / 국가9급 07·14 / 국가7급 14]

10 대법원 2005.4.29, 2005도741

체계적인 사업계획 없이 무리하게 상가 분양을 강행한 사례

쇼핑몰 상가 분양사업을 계획하면서 사채와 분양대금만으로 사업부지 매입 및 공사대금을 충당할 수 있다는 막연한 구상 외에 체계적인 사업계획 없이 무리하게 쇼핑몰 상가 분양을 강행한 경우 편취의 범의를 인정할 수 있다(이후 위 분양대금을 횡령하는 것은 별도의 횡령죄 성립). [사시 14]

11 대법원 2006.3.23, 2006도477

청소년고용금지업소의 업주가 주민등록증 확인 없이 청소년을 고용한 사례

차용증 또는 현금보관증상의 주민등록번호 기재를 그대로 믿었다거나, 성년자의 주민등록번호가 기재된 보건증을 확인하였다는 등의 사정만으로는 피고인들이 청소년유해업소 업주로서의 청소년연령확인에 관하여 필요한 조치를 다하였다고는 할 수 없고, 그렇다면 피고인들에게는 위 공소외 1등이 청소년임에도 이들을 고용한다는 점에 관하여 적어도 미필적 고의가 있었다고 볼 것이다.

12 대법원 2006.4.28, 2006도941

마약류 수사에 협조하는 과정이지만 마약류 매매의 고의가 인정된 사례

피고인이 수사기관의 마약류 수사에 협조하기로 하고 마약류 매매행위의 알선에 착수하였다고 하더라도, 그 과정에서 수사기관에 매매의 일시, 장소, 매수인 등에 관한 구체적인 보고를 하지 아니한 채 수사기관의 지시나 위임의 범위를 벗어나 마약류 매매대금을 개인적으로 취득할 의도 하에 마약류 매매 행위를 하였다면, 피고인에게 마약류 매매 범행의 범의가 없었다고 할 수는 없다.

13 대법원 2007.8.23, 2007도4171

퇴직금을 월급 등에 포함하여 지급하는 약정을 이유로 퇴직금지급을 거절한 사례

① 임금지급의무의 존부 및 범위에 관하여 다툴 만한 근거가 있는 경우에는 사용자가 임금을 지급하지 아니한 데에 상당한 이유가 있다고 보아야 할 것이어서 근로기준법상 임금 등의 기일 내 지급의무 위반죄에 관한 고의가 있었다고 보기 어렵다(대법원 2004.12.24, 2004도6969; 2005.6.9. 2005도1089 등 참조). 그러나 ② 사용자가 사법상의 효력이 없는 매월의 월급이나 매일의 일당 속에 퇴직금을 포함시켜 지급한다는 내용의 약정을 내세워 퇴직한 근로자에 대한 퇴직금의 지급을 거절하는 경우, 사용자가 퇴직금을 지급하지 아니한 데에 상당한 이유가 있는 경우라고 볼 수 없어 사용자에게 근로기준법상 임금 등의 기일 내 지급의무 위반죄에 관한 고의가 없다고 할 수는 없다.

14 대법원 2007.11.16, 2007도7770; 2004.4.23, 2003도8039; 2014.7.10, 2014도5173[29]

청소년출입금지업소에서 연령확인조치를 취하지 아니한 사례

청소년출입금지업소의 업주 및 종사자는 객관적으로 보아 출입자를 청소년으로 의심하기 어려운 사정이 없는 한 청소년일 개연성이 있는 연령대의 출입자에 대하여 주민등록증이나 이에 유사한 정도로 연령에 관한 공적 증명력이 있는 증거에 의하여 대상자의 연령을 확인하여야 할 것이고(대법원 1994.1.14, 93도2914; 2002.6.28, 2002도2425 등 참조), 연령확인의무에 위배하여 연령확인을 위한 아무런 조치를

---

29 판례 : 성매매 알선업자의 청소년 고용시 연령확인의무 성을 사는 행위를 알선하는 행위를 업으로 하는 자가 알선영업행위를 위하여 아동·청소년인 종업원을 고용하는 경우에도 청소년유해업소 업주의 종업원 고용시 연령확인의무와 동일한 법리가 적용된다(대법원 2014.7.10, 2014도5173).

취하지 아니하였다면 청소년보호법위반죄의 미필적 고의는 인정된다고 할 것이다. [경찰채용 15 2차 / 국가9급 17·14 / 국가7급 11 / 법원행시 17 / 사시 14]

15 대법원 2014.4.10, 2012도8374
정기적성검사를 받지 않은 것에는 미필적 고의가 있다는 사례
제1종 운전면허 소지자인 피고인이 정기적성검사기간 내에 적성검사를 받지 아니하였다고 하여 구도로교통법 위반으로 기소된 경우, 운전면허증 소지자가 운전면허증만 꺼내 보아도 쉽게 알 수 있는 정도의 노력조차 기울이지 않는 것은 적성검사기간 내에 적성검사를 받지 못하게 되는 결과에 대한 방임이나 용인의 의사가 존재한다고 봄이 타당한 점 등에 비추어 볼 때, 피고인이 적성검사기간 도래 여부에 관한 확인을 게을리 하여 기간이 도래하였음을 알지 못하였더라도 적성검사기간 내에 적성검사를 받지 않는 데 대한 미필적 고의는 있었다고 봄이 상당하다. [경찰채용 15 2차]

16 대법원 2016.2.18, 2015도153664
아동·청소년 성매매 알선행위의 고의
아동·청소년의 성을 사는 행위를 알선하는 행위를 업으로 하여 청소년성보호법 제15조 제1항 제2호의 위반죄가 성립하기 위해서는 그러한 알선행위를 업으로 하는 사람이 아동·청소년을 알선의 대상으로 삼아 그 성을 사는 행위를 알선한다는 것을 인식하여야 하지만, 이에 더하여 위와 같은 알선행위로 아동·청소년의 성을 사는 행위를 한 사람이 그 행위의 상대방이 아동·청소년임을 인식하여야 한다고 볼 수는 없다. [변호사시험 18]

판례연구 미필적 고의를 인정하지 않은 판례

1 대법원 1975.1.28, 73도2207
어로저지선이나 군사분계선을 넘어가 어로작업을 하다가 북괴경비정에 납치된 사례
어부인 피고인들이 어로저지선을 넘어 어업을 하였다고 하더라도 북괴경비정이 출현하는 경우 납치되어 가더라도 좋다고 생각하면서 어로저지선을 넘어서 어로작업을 한 것이 아니라면 북괴집단의 구성원들과 회합이 있을 것이라는 미필적 고의가 있었다고 단정할 수 없다. [경찰승진 12 / 법원행시 07]

2 대법원 1985.5.28, 85도588
목사가 진위확인을 위하여 교회집사들에게 전임목사의 불미스런 소문에 관하여 물은 사례
새로 목사로서 부임한 피고인이 전임목사에 관한 교회 내의 불미스러운 소문의 진위를 확인하기 위하여 이를 교회집사들에게 물어보았다면 이는 경험칙상 충분히 있을 수 있는 일로서 명예훼손의 고의 없는 단순한 확인에 지나지 아니하여 사실의 적시라고 할 수 없다 할 것이므로 이 점에서 피고인에게 명예훼손의 고의 또는 미필적 고의가 있을 수 없다고 할 수 밖에 없다. [경찰채용 15 2차 / 경찰승진 15 / 국가9급 17 / 국가7급 11]

3 대법원 1987.2.10, 86도2338; 1985.6.25, 85도660
도미니카국 사례 : 인용설에 의한 고의 부정
미국 휴스턴의 회사에 취업하기 위해 피해자들과 피고인 등은 정식여권을 발급받고 피고인의 사촌처남의 의뢰를 받은 미국 뉴욕에 사는 교포라는 공소외 김모, 이모의 인솔 아래 미국에 입국할 의도 아래 도미니카국에 이르렀는데, 위 인솔자인 김모, 이모 등이 몰래 귀국하여 버리거나 잠적하여 버리고 미국에 입국할 수도 없어 도미니카국에 불법체류하다가 귀국하게 된 것이라면, 피고인에게 이 사건 기망과 편취의 고의가 있었다거나 미필적 고의가 있었다고 보기는 어렵다.

4 대법원 1998.9.8, 98도1949
무고죄에 있어서 고소사실의 허위성에 대한 인식을 요한다는 사례
무고죄에서 허위사실의 신고라 함은 신고사실이 객관적 사실에 반한다는 것을 확정적이거나 미필적으로 인식하고 신고하는 것을 말하는 것으로서, 설령 고소사실이 객관적 사실에 반하는 허위의 것이라 할지라도 그 허위성에 대한 인식이 없을 때에는 무고에 대한 고의가 없다. [국가7급 14]

5 대법원 2000.11.28, 2000도1089
허위감정죄에 있어서 감정내용의 허위성에 대한 인식을 요한다는 사례
허위감정죄는 고의범이므로, 비록 감정내용이 객관적 사실에 반한다고 하더라도 감정인의 주관적 판단에 반하지 않는 이상 허위의 인식이 없어 허위감정죄로 처벌할 수 없다. [경찰채용 18 2차]

6 대법원 2001.10.9, 2001도4069; 2009.4.9, 2008도11282
청소년보호법상 '청소년에게 술을 판매하는 행위'에 해당하기 위한 요건
술을 내어 놓을 당시에는 성년자들만이 자리에 앉아서 그들끼리만 술을 마시다가 나중에 청소년이 들어와서 합석하게 된 경우에는 처음부터 음식점 운영자가 나중에 그렇게 청소년이 합석하리라는 것을 예견할 만한 사정이 있었거나, 청소년이 합석한 후에 이를 인식하면서 추가로 술을 내어 준 경우가 아닌 이상, 합석한 청소년이 상 위에 남아 있던 소주를 일부 마셨다고 하더라도 음식점 운영자가 청소년에게 술을 판매하는 행위를 하였다고는 할 수 없다.

7 대법원 2004.5.14, 2004도74
대구지하철화재 사고 현장을 수습하기 위한 청소 작업을 지시한 대구지하철공사 사장 사례
대구지하철화재 사고 현장을 수습하기 위한 청소 작업이 한창 진행되고 있는 시간 중에 실종자 유족들로부터 이의제기가 있었음에도 대구지하철공사 사장이 즉각 청소 작업을 중단하도록 지시하지 아니하였고 수사기관과 협의하거나 확인하지 아니하였다고 하여, 위 사장에게 증거인멸의 결과가 발생할 가능성을 용인하는 내심의 의사까지 있었다고 단정하기는 어렵다고 해야 한다.

8 대법원 2004.12.10, 2004도6480
무면허운전에 의한 도로교통법 위반죄에 있어서 범의를 부정한 예
도로교통법상 무면허운전죄는 고의범이므로, 정기적성검사 미필로 기존 운전면허가 취소된 상태에서 자동차를 운전하였더라도 운전자가 면허취소사실을 인식하지 못한 이상 이를 무면허운전죄에 해당한다고 볼 수 없고, 관할 경찰당국이 운전면허취소처분의 통지에 갈음하는 적법한 공고를 거쳤다 하더라도, 그것만으로 운전자가 면허가 취소된 사실을 알게 되었다고 단정할 수는 없다. [경찰채용 13 2차/국가7급 07 /법원행시 07·14]

9 대법원 2008.4.10, 2007도9689
바다이야기 사업자가 세무사의 상담으로 다른 게임장처럼 부가가치세 신고·납부한 사례
조세범처벌법상 조세포탈죄에 있어서 범의(犯意)가 있다고 함은 납세의무를 지는 사람이 자기의 행위가 사기 기타 부정한 행위에 해당하는 것을 인식하고 그 행위로 인하여 조세포탈의 결과가 발생한다는 사실을 인식하면서 부정행위를 감행하거나 하려고 하는 것이다(대법원 1999.4.9, 98도667; 2006.6.29, 2004도817 등). 따라서 바다이야기 게임장 사업자가 세무사의 상담을 받고 다른 게임장들과 동일한 방법으로 부가가치세를 신고·납부한 경우에는 조세포탈의 범의가 부정된다.

10 대법원 2008.9.25, 2008도5618
분양대금 편취에 의한 사기죄와 관련하여 편취범의의 판단시점 및 판단기준

사기죄의 성립여부는 그 행위 당시를 기준으로 판단하여야 하고, 그 행위 이후의 경제사정의 변화 등으로 인하여 피고인이 채무불이행 상태에 이르게 된다고 하여 이를 사기죄로 처벌할 수는 없다.

11 대법원 2009.3.26, 2008도12065
심야시간에 찜질방에 청소년이 보호자와 동행한 것으로 오인하고 출입시킨 사례
객관적으로 성명불상남이 청소년들에 대하여 청소년보호법상 규정에서 말하는 보호자에 해당하지 않는다고 의심할 만한 사정을 찾아보기 어려운 이상 공소외 찜질방 종업원에게 이들의 관계를 확인할 의무가 있었다고 보기도 어려우며, 달리 공소외 3에게 성명불상남이 위 청소년들의 보호자가 아니라는 점에 대한 미필적 인식이 있었음을 인정할 만한 자료도 없다.

12 대법원 2010.7.22, 2010도6960
도로법상 과적차량운행의 고의 부정례
덤프트럭 운전자인 피고인이 도로법상의 축 하중 제한기준 및 총 중량 제한기준을 초과하여 모래를 적재한 상태로 위 차량을 운행하다가 과적으로 단속된 경우, 출발 당시의 총 중량 계측결과, 축 중량 및 총 중량 초과 정도가 크지 않은 점 등의 사정을 종합할 때, 피고인이 제한기준 초과 상태로 운행한다는 인식을 가지고 있었다고 보기는 어렵다.

2. 개괄적 고의 관련판례

판례연구 **개괄적 고의를 인정한 판례**

1 대법원 1988.6.28, 88도650
살해의도 구타행위에 이은 죄적인멸 매장행위 : 개괄적 고의 인정례
(피고인측은 제1행위 부분은 살인미수이고 제2행위는 사체은닉의 불능미수와 과실치사의 상상적 경합에 해당한다고 주장하나) 사실관계가 위와 같이 피해자가 피고인들이 살해의 의도로 행한 구타행위에 의하여 직접 사망한 것이 아니라 죄적을 인멸할 목적으로 행한 매장행위에 의하여 사망하게 되었다 하더라도 전과정을 개괄적으로 보면 피해자의 살해라는 처음에 예견된 사실이 결국은 실현된 것으로서 피고인들은 살인죄의 죄책을 면할 수 없다 할 것이므로 … 원심은 정당하다. [경찰채용 18 3차/국가9급 12·14·18/법원승진 12/사시 12/변호사시험 13]

2 대법원 1994.11.4, 94도2361
낙산비치호텔 자살 위장 사례 : 상해치사죄(소위 개괄적 과실 또는 인과관계의 착오)
피고인이 피해자에게 우측 흉골골절 및 늑골골절상과 이로 인한 우측 심장벽좌상과 심낭내출혈 등의 상해를 가함으로써, 피해자가 바닥에 쓰러진 채 정신을 잃고 빈사상태에 빠지자, 피해자가 사망한 것으로 오인하고, 피고인의 행위를 은폐하고 피해자가 자살한 것처럼 가장하기 위하여 피해자를 베란다로 옮긴 후 베란다 밑 약 13m 아래의 바닥으로 떨어뜨려 피해자로 하여금 현장에서 좌측 측두부 분쇄함몰골절에 의한 뇌손상 및 뇌출혈 등으로 사망에 이르게 하였다면, 피고인의 행위는 포괄하여 단일의 상해치사죄에 해당한다. [경찰채용 16 1차/경찰채용 14 2차/경찰승진 10·14/국가7급 10/법원행시 14/변호사시험 13·14/사시 10·11·12]

제5절 구성요건적 착오

제13조 【고 의】 죄의 성립요소인 사실을 인식하지 못한 행위는 벌하지 아니한다. 다만, 법률에 특별한 규정이 있는 경우에는 예외로 한다. 〈우리말 순화 개정 2020.12.8.〉

제15조 【사실의 착오】 ① 특별히 무거운 죄가 되는 사실을 인식하지 못한 행위는 무거운 죄로 벌하지 아니한다. 〈우리말 순화 개정 2020.12.8.〉 [사시 11]

01 서 설

1. 의 의

2. 구성요건적 착오의 효과

> **판례연구**
>
> **1** 대법원 1983.9.13, 83도1762
> 甲은 乙이 경영하는 ○○닭집 앞 노상에서 그 곳 평상 위에 있던 乙 소유의 고양이 1마리(시가 7,000원 상당)를 甲이 다른 데에서 빌려 가지고 있다가 잃어버린 고양이인 줄로 잘못 알고 가져가다가 주인 乙이 뒤쫓아와서 자기 것이라고 하여 돌려주었다. 절도죄에 있어서 재물의 타인성을 오신하여 그 재물이 자기에게 취득(빌린 것)할 것이 허용된 동일한 물건으로 오인하고 가져온 경우에는 범죄사실에 대한 인식이 있다고 할 수 없으므로 범의를 조각하여 절도죄가 성립되지 아니한다(과실절도도 처벌규정이 없으므로 무죄). [국가9급 12 / 법원9급 07(하) / 사시 10]
>
> **2** 대법원 1977.1.11, 76도3871
> 타인들에게 식도를 휘두르며 무차별 횡포를 부리던 중에 존속까지 식도로 찌르게 된 결과 그를 사망에 이르게 한 경우에도 '존속살해의 범의'를 인정하기 어렵다. [경찰채용 18 3차]

02 구성요건적 착오의 종류

03 구성요건적 착오와 고의의 성부

> **판례연구**　**법정적 부합설 관련판례**
>
> **1** 대법원 1984.1.24, 83도2813
> 구체적 사실에 대한 타격(방법)의 착오에 대하여 법정적 부합설을 취한 판례

피고인이 먼저 피해자를 향하여 살의를 갖고 소나무 몽둥이를 양손에 집어들고 힘껏 후려친 가격으로 피를 흘리며 마당에 고꾸라진 피해자와 피해자의 등에 업힌 피해자의 子를 몽둥이로 머리 부분을 내리쳐 피해자의 子를 현장에서 두개골절 및 뇌좌상으로 사망케 한 소위를 살인죄로 의율한 원심조치는 정당하고, 소위 타격의 착오가 있는 경우라 할지라도 행위자의 살인의 범의 성립에 방해가 되지 아니한다.
[경찰채용 14 1차 / 경찰채용 11·18 2차 / 경찰채용 18 3차 / 국가9급 09·16 / 국가7급 10 / 법원9급 14 / 법원행시 05·07]

2 대법원 1987.10.26, 87도1745
甲이 乙 등 3명을 상대로 싸움을 하다가 힘이 달리자 옆 포장마차로 달려가 길이 30cm의 식칼을 가지고 나와 이들 3명에게 휘두르다가, 이를 말리면서 식칼을 뺏으려던 丙의 귀를 찔러 상처를 입힌 경우, 甲에게 상해의 범의가 인정되며 피해를 입은 사람이 목적한 사람이 아닌 다른 사람이라 하여 과실상해죄에 해당한다고 할 수 없다. [경찰채용 14·18 2차 / 경찰간부 12·17 / 법원승진 12 / 사시 10]

 MEMO

목 차		난 도	출제율	대표지문
제1절 위법성의 일반이론	01 위법성의 의의	下	★	• 위법성이 조각되기 위해서는 객관적 정당화상황과 더불어 주관적 정당화요소가 필요하다는 견해에 의하면 우연방위는 위법성이 조각되지 않는다. (○) • 순수한 결과반가치론에 의하면 위법성이 조각되기 위해서는 객관적 정당화상황만 있으면 족하고 주관적 정당화요소는 불필요하다고 보기 때문에 우연방위는 위법성이 조각된다. (○)
	02 위법성의 본질	中	★★	
	03 위법성의 평가방법	中	★★	
	04 위법성조각사유	下	★	
	05 주관적 정당화요소	中	★★★	
제2절 정당방위	01 서 설	下	★	• 고의에 의한 방위행위가 위법성이 조각되기 위해서는 정당방위상황뿐 아니라 행위자에게 방위의사도 인정되어야 한다. (○) • 부작위나 과실에 의한 침해에도 정당방위가 가능하다. (○) • 위법성조각설에서는 생명과 생명의 법익이 충돌하는 경우와 같이 이익형량이 불가능한 경우의 불처벌 근거를 적법행위에 대한 기대불가능성에서 찾는다. (○)
	02 성립요건	中	★★★	
	03 정당방위의(사회윤리적) 제한	中	★★	
	04 과잉방위와 오상방위	中	★★	
제3절 긴급피난	01 서 설	中	★	• 정당방위는 부당한 침해에 대한 방어행위인 데 반해 긴급피난은 부당한 침해가 아닌 위난에 대해서도 가능하다. (○) • 임신의 지속이 모체의 건강을 해칠 우려가 현저할 뿐더러 기형아 내지 불구아를 출산할 가능성마저도 없지 않다는 판단하에 부득이 취하게 된 산부인과 의사의 낙태수술행위는 긴급피난에 해당한다. (○) • 위난을 피하지 못할 책임 있는 자에 대한 긴급피난의 제한은 절대적인 것이 아니라 직무수행상 의무적으로 감수해야 할 범위 내에서 긴급피난을 인정하지 않는 것이다. (○)
	02 성립요건	中	★★★	
	03 긴급피난의 제한의 특칙	下	★	
	04 과잉피난과 면책적 과잉피난	下	★	
	05 의무의 충돌	中	★★	
제4절 자구행위	01 서 설	下	★	• 자구행위의 본질은 부정(不正) 대 정(正)의 관계에 있다는 점에서 정당방위와 동일하다. (○) • 길에서 우연히 만난 아내의 채무자를 붙잡아 집으로 데려온 행위는 자구행위에 해당한다. (✕)
	02 성립요건	中	★★	
	03 과잉자구행위	中	★★	
제5절 피해자의 승낙	01 양해와 피해자의 승낙 및 추 정적 승낙의 의의	下	★	• 형법 제24조는 '처분할 수 있는 자의 승낙에 의하여 그 법익을 훼손한 행위는 법률에 특별한 규정이 있는 경우에 한하여 벌하지 아니한다.'라고 규정하고 있다. (✕) • 형법상 승낙은 명시적으로 외부로 표시될 것을 요하며 묵시적 승낙은 유효한 승낙이 될 수 없다. (✕)
	02 승낙과 양해의 구별	下	★	
	03 양 해	中	★★	
	04 피해자의 승낙	中	★★	
	05 추정적 승낙	中	★★	
제6절 정당행위	01 서 설	下	★	• 직장의 상사가 범법행위를 하는 데 가담한 부하에게 직무상 지휘·복종관계에 있다 하여 범법행위에 가담하지 않을 기대가능성이 없다고 할 수 없다. (○)
	02 정당행위의 내용	中	★★★	

✔ 출제경향

구 분	경찰채용						경찰간부						경찰승진					
	17	18	19	20	21	22	17	18	19	20	21	22	17	18	19	20	21	22
제1절 위법성의 일반이론		2		3	1			2										
제2절 정당방위											1		1	1	1		1	
제3절 긴급피난		1																
제4절 자구행위																	1	
제5절 피해자의 승낙				1			1	1	1	1		1			1	1		
제6절 정당행위			1		1	1	1				1	1	1	1				1
출제빈도	11/220						11/240						10/240					

위법성론

✔ 키포인트

국가9급						법원9급						법원행시						변호사시험					
17	18	19	20	21	22	17	18	19	20	21	22	17	18	19	20	21	22	17	18	19	20	21	22
	2	2						1						1	2					1			
	1								1		1						1	1			1		1
					1																		
		1	1	1										1		1						1	
		1	1			1				1	2		1										
11/120						7/150						7/240						5/140					

CHAPTER 03 위법성론

제1절 위법성의 일반이론

01 위법성의 의의

02 위법성의 본질

03 위법성의 평가방법

04 위법성조각사유

05 주관적 정당화요소

판례연구 **주관적 정당화요소 필요설 관련판례**

대법원 1999.2.23, 98도1869; 1992.9.25, 92도1520; 2000.3.10, 99도4273; 2000.4.25, 98도2389
주관적 정당화요소가 있어야 위법성이 조각된다는 판례
어떠한 행위가 위법성조각사유로서의 정당행위가 되는지의 여부는 구체적인 경우에 따라 합목적적,
합리적으로 가려야 하는바, 정당행위로 인정되려면 첫째 행위의 동기나 목적의 정당성, 둘째 행위의
수단이나 방법의 상당성, 셋째 보호법익과 침해법익의 균형성, 넷째 긴급성, 다섯째 그 행위 이외의
다른 수단이나 방법이 없다는 보충성의 요건을 모두 갖추어야 한다. [국가9급 12 / 국가7급 08·11]

---

01 서 설

제21조【정당방위】 ① 현재의 부당한 침해로부터 자기 또는 타인의 법익(法益)을 방위하기 위하여 한 행위는 상당한 이유가 있는 경우에는 벌하지 아니한다. 〈우리말 순화 개정 2020.12.8.〉 [법원9급 07(상)]

02 성립요건

1. 자기 또는 타인의 법익에 대한 현재의 부당한 침해

(1) 자기 또는 타인의 법익

판례연구 **보리밭 사례 : 개인적 법익을 위한 정당방위**

대법원 1997.5.24, 76도3460
국유토지가 공개입찰에 의하여 매매되고 그 인도집행이 완료되었다 하더라도 그 토지의 종전 경작자인 피고인이 파종한 보리가 30센티 이상 성장하였다면 그 보리는 피고인의 소유로서 그가 수확할 권한이 있다 할 것이어서 토지매수자가 토지를 경작하기 위하여 소를 이용하여 쟁기질을 하고 성장한 보리를 갈아엎게 하는 행위는 피고인의 재산에 대한 현재의 부당한 침해라 할 것이므로 이를 막기 위하여 그 경작을 못 하도록 소 앞을 가로막고 쟁기를 잡아당기는 등의 피고인의 행위는 정당방위에 해당된다.
[경찰채용 12 3차]

판례연구 **국가적 법익을 위한 정당방위는 허용되지 않는다는 판례**

1 대법원 1993.6.8, 93도766
서면화된 인사발령 없이 국군보안사령부 서빙고분실로 배치되어 이른바 "혁노맹"사건 수사에 협력하게 된 사정만으로 군무이탈행위에 군무기피목적이 없었다고 할 수 없고, 국군보안사령부의 민간인에 대한 정치사찰을 폭로한다는 명목으로 군무를 이탈한 행위는 정당방위나 정당행위에 해당하지 아니한다.

2 대법원 2017.3.15, 2013도2168
타인의 법익을 위한 정당방위도 가능하다는 판례 : 위법체포에 항의한 변호사 사건
(2009년 6월경 쌍용자동차 평택공장 점거농성 현장에서 발생한 민변 노동위원장인 피고인 권○○ 변호사에 대한 공무집행방해 등 사건) 피고인이 위 현장에서 경찰의 노조원에 대한 불법체포를 목격하고 이를 항의하는 과정에서 유형력을 행사하였다고 하더라도 경찰의 노조원에 대한 체포행위가 적법한 공무집행이라 할 수 없는 이상 공무집행방해죄가 성립하지 아니하고, 그 과정에서 전투경찰대원들에게 가볍지 아니한 상해를 입게 하였다고 하더라도 피고인이 유형력을 행사한 경위와 동기, 상해 발생 경위, 상해 부위 등을 종합하여 볼 때 정당방위에 해당한다.

---

(2) 침해 - 인간에 의해 행해지는 법익에 대한 침해

판례연구   정당방위의 침해에 해당하지 않는 경우

1 대법원 1957.5.10, 4290형상73
언어에 의한 명예훼손에 대한 정당방위 성부
노상에서 종놈, 개새끼 같은 놈이라는 욕설을 하는 것만으로는 현재의 급박·부당한 침해라 할 수 없으니 그 욕설을 한 자를 가래로 흉부를 1회 구타하여 상해를 입힌 것은 정당방위로 볼 수 없다.

2 대법원 1971.6.22, 71도814
소송상 청구가 부당한 주장이었다 하여도 그것이 정당방위의 요건인 급박·부당한 법익의 침해행위에 해당한다고 볼 수 없다(이에 사문서위조·동행사로 대항한 것은 정당방위가 될 수 없음).

---

(3) 침해의 현재성 - 정당방위의 시간적 한계

(4) 침해의 부당 - 위법

판례연구   위법한 침해임을 인정하여 정당방위를 인정한 판례

1 대법원 1999.12.18, 98도138
임의동행요구에 거절하자 강제연행하려 한 사례
경찰관이 임의동행을 요구하며 손목을 잡고 뒤로 꺾어 올리는 등으로 제압하자 거기에서 벗어나려고 몸싸움을 하는 과정에서 경찰관에게 경미한 상해를 입힌 경우, 위법성이 조각된다. [국가7급 10·13]

2 대법원 2006.9.8, 2006도148
검사의 위법한 긴급체포에 대항한 변호사 사례
① 검사나 사법경찰관이 수사기관에 자진출석한 사람을 긴급체포의 요건을 갖추지 못하였음에도 실력으로 체포하려고 하였다면 적법한 공무집행이라고 할 수 없으므로, 이를 거부하는 방법으로써 폭행을 하였다고 하여 공무집행방해죄가 성립하지 않고, [법원9급 08] ② 검사가 참고인 조사를 받는 줄 알고 검찰청에 자진출석한 변호사사무실 사무장을 합리적 근거 없이 긴급체포하자 그 변호사가 이를 제지하는 과정에서 위 검사에게 상해를 가한 것은 정당방위에 해당한다. [경찰간부 18 / 경찰승진 11·13·14 ·16 / 국가9급 15 / 법원9급 08]

3 대법원 2011.5.26, 2011도3682; 2002.5.10, 2001도300
현행범인이 경찰관의 불법한 체포를 면하려고 반항하는 과정에서 경찰관에게 상해를 가한 사례
피고인이 경찰관의 불심검문을 받아 운전면허증을 교부한 후 경찰관에게 큰 소리로 욕설을 하였는데, 경찰관이 모욕죄의 현행범으로 체포하겠다고 고지한 후 피고인의 오른쪽 어깨를 붙잡자 반항하면서 경찰관에게 상해를 가한 경우, (현행범체포의 요건이 구비되지 못한 경우이므로) 경찰관이 피고인을 체포한 행위는 적법한 공무집행이라고 볼 수 없고, 피고인이 체포를 면하려고 반항하는 과정에서 상해를 가한 것은 정당방위에 해당한다. [경찰채용 12·16 1차 / 경찰채용 16·18 2차 / 경찰간부 13·16 / 경찰승진 15 / 국가9급 13·15 ·18 / 국가7급 12·14·18 / 법원9급 13]

판례연구   위법한 침해가 아니므로 정당방위를 인정하지 않은 판례

1 대법원 1962.8.23, 62도93
적법한 강제집행에 대한 정당방위는 불가하다는 사례

채권자가 가옥명도강제집행에 의하여 적법하게 점유를 이전받아 점유하고 있는 방실에 채무자가 무단히 침입한 때에는 주거침입죄가 성립하고, 적법한 강제집행에 대한 정당방위나 자구행위는 인정될 수 없다.

2 대법원 2006.4.27, 2003도4735
명예훼손의 내용이 들어있지 않은 아파트 게시판 공고문의 경우
아파트 게시판의 공고문은 입주자대표회의에서 발생한 여러 분쟁들을 아파트 주민들에게 알리려는 것에 불과하고, 거기에 피고인의 명예를 훼손하는 내용도 없기 때문에 이를 떼어간 피고인의 행위는 정당방위에 해당하지 않는다.

2. 방위하기 위한 의사에 기한 행위

판례연구 **방위의사를 인정한 판례**

대법원 1970.9.17, 70도1473
손톱깎이 줄칼 사례
절도범으로 오인 받은 자가 야간에 군중들로부터 무차별 구타를 당하자 이를 방위하기 위하여 소지하고 있던 손톱깎이 칼을 휘둘러 상해를 입힌 행위는 정당방위에 해당한다. [경찰승진 16 / 법원9급 15]

판례연구 **방위의사를 인정하지 않은 판례**

1 대법원 1968.12.24, 68도1229
피고인이 피해자로부터 뺨을 맞고 손톱깎이 칼에 찔려 약 1cm의 상처를 입었다 하여 약 20cm의 과도로 피해자의 복부를 찔렀다면 정당방위에 해당한다고 볼 수 없다. [경찰승진 15 / 국가7급 13]

2 대법원 1986.2.11, 85도2642
침해행위에서 벗어난 후 설분의 목적으로 행한 공격행위의 정당방위에의 해당 여부
피해자의 침해행위에 대하여 자기의 권리방위상 부득이한 것이 아니고 그 침해행위에서 벗어난 후에 설분의 목적에서 나온 공격행위는 정당방위에 해당한다고 할 수 없다.

3 대법원 1989.12.12, 89도2049
피고인이 길이 26센티미터의 과도로 복부와 같은 인체의 중요한 부분을 3, 4회나 찔러 피해자에게 상해를 입힌 행위는 비록 그와 같은 행위가 피해자의 구타행위에 기인한 것이라 하여도 정당방위나 과잉방위에 해당한다고 볼 수 없다.

4 대법원 1996.4.9, 96도241
침해행위에서 벗어난 후에 분을 풀려는 목적에서 나온 공격행위(빠루=배척 사례)
피해자의 침해행위에 대하여 자기의 권리를 방위하기 위한 부득이한 행위가 아니고, 그 침해행위에서 벗어난 후 분을 풀려는 목적에서 나온 공격행위는 정당방위에 해당한다고 할 수 없다.[30] [경찰채용 12 1차 / 경찰채용 12·15 3차 / 경찰승진 11 / 사시 10]

---

30 사실관계 : 피고인은 집주인으로부터 계약기간이 지났으니 방을 비워 달라는 요구를 수회 받고서도 그때마다 행패를 부려 위 집주인이 무서워서 다른 집에 가서 잠을 자기도 하였는데 본건 범행 당일에도 위 공소외인이 방세를 돌려 줄 테니 방을 비워달라고 요구하

방위행위 관련판례

대법원 1992.12.22, 92도2540
적극적 반격방어도 정당방위에 포함된다는 판례

정당방위가 성립하려면 침해행위에 의하여 침해되는 법익의 종류, 정도, 침해의 방법, 침해행위의 완급과 방위행위에 의하여 침해될 법익의 종류, 정도 등 일체의 구체적 사정들을 참작하여 방위행위가 사회적으로 상당한 것이어야 하고, 정당방위의 성립요건으로서의 방어행위에는 순수한 수비적 방어뿐 아니라 적극적 반격을 포함하는 반격방어의 형태도 포함되나, 그 방어행위는 자기 또는 타인의 법익침해를 방위하기 위한 행위로서 상당한 이유가 있어야 한다. [경찰채용 15 1차 / 경찰간부 16 / 경찰승진 12 / 법원9급 20 / 사시 12 / 변호사시험 12]

3. 상당한 이유 — 필요성(적합성) · 요구성(사회윤리적 제한)

사례연구 **자식으로부터 폭언 · 폭행을 당한 아버지의 정당방위 사례**

甲의 차남 乙(21세)은 평소 부모에게 행패를 부려오던 중, 어느 날 술에 만취되어 집에 돌아와서 甲에게 "내 술 한잔 먹어라"하고 소주병을 甲의 입에 들어 부으면서 甲의 멱살을 잡아당기고 다시 식도를 들고 나와서 행패를 부리므로 甲은 이를 피하여 밖으로 나왔지만 乙이 따라 나와 甲에게 달려들자, 甲은 이에 주먹으로 乙의 뒤통수를 1회 강타하였는데, 乙은 지면에 넘어져 두개골 파열상으로 사망하였다. 甲의 죄책은?

> 해결 타인이 보는 자리에서 자식으로부터 인륜상 용납할 수 없는 폭언과 함께 폭행을 가하려는 피해자를 1회 구타한 것이 지면에 넘어져서 머리부분에 상처를 입은 결과로 인하여 사망에 이르렀다 하여도 이는 아버지의 신체와 신분에 대한 현재의 부당한 침해를 방위하기 위한 행위로서 아버지로서는 아들에게 일격을 가하지 아니할 수 없는 상당한 이유가 있는 경우에 해당한다(대법원 1974.5.14, 73도2401). ➔ 정당방위로서 무죄 [법원행시 11 / 사시 15]

사례연구 **의붓아버지 살해 사례**

甲(여)은 12살 때부터 의붓아버지 乙에게 강간당한 이후 계속적으로 성관계를 강요받아 왔다. 17세가 된 甲이 남자친구인 丙에게 위 사실을 이야기하자, 甲과 丙은 공모하여 강도로 위장하기로 하고 乙을 살해하기로 하였다. 乙이 잠든 틈에 甲이 열어 준 문을 통하여 乙의 집에 들어간 丙은 乙의 머리맡에서 식칼을 한 손에 들어 乙을 겨누고 양 무릎으로 乙의 양팔을 눌러 꼼짝 못하게 한 후 乙을 깨워 乙이 제대로 반항할 수 없는 상태에서 더 이상 甲을 괴롭히지 말라는 몇 마디 말을 하다가 들고 있던 식칼로 乙의 심장을 1회 찔러 그 자리에서 乙을 살해하였다. 이후 丙은 도망을 가고 甲은 미리 계획했던 대로 경찰관서에 강도가 들었다고 허위신고하였다. 甲과 丙의 형사책임은?

> 해결 판례는 乙의 甲에 대한 신체나 자유 등에 대한 현재의 부당한 침해상태가 있었다고 볼 여지가 없는 것은 아니라고 보고 있다(현재성 인정). 그러나 정당방위가 성립하려면 침해행위에 의하여 침해되는 법익의 종류 · 정도, 침해의 방법, 침해행위의 완급과 방위행위에 의하여 침해될 법익의 종류 · 정도 등 일체의 구체적 사정들을 참작하여 방위행위가 사회적으로 상당한 것이었다고

자 방안에서 나오지도 아니하고 금 20,000,000원을 주어야 방을 비워준다고 억지를 쓰며 폭언을 하므로, 위 공소외인의 며느리가 화가 나 피고인 방의 창문을 쇠스랑으로 부수자, 이에 격분하여 배척(속칭 빠루)을 들고 나와 마당에서 이 장면을 구경하다 미처 피고인을 피하여 도망가지 못한 마을주민인 피해자 1, 2을 배척(속칭 빠루)으로 때려 각 상해를 가한 것이다.

인정할 수 있는 것이어야 한다. 위 행위는 법익을 보호하기 위해 적합한 수단이 될 수 없다는 점에서 정당방위가 될 수 없는 것이다(상당성 부정)(대법원 1992.12.22, 92도2540). [국가9급 07 / 법원9급 06 / 법원행시 11 / 사시 12] ➡ 살인죄의 위법성이 조각되지 아니한다. 더불어 판례는 과잉방위(제21조 제2항)도 부정하였다.

판례연구 **방위행위의 상당성이 인정된 사례**

1 대법원 1981.8.25, 80도800
피고인 경영의 주점에서 甲 등 3인이 통금시간이 지나도록 외상술을 마시면서 접대부와 동침시켜 줄 것을 요구하고 이를 거절한 데 불만을 품고 내실까지 들어와 피고인의 처가 있는데서 소변까지 하므로 피고인이 항의하자 甲이 그 일행과 함께 피고인을 집단구타하므로 피고인이 甲을 업어치기식으로 넘어뜨려 그에게 전치 12일의 상해를 입힌 경우에는 피고인의 甲에 대한 위 폭행행위는 정당방위로 죄가 되지 아니한다.

2 대법원 1986.10.14, 86도1091
父의 신체 등에 대한 위해를 방위하기 위한 정당방위로서 위법성이 조각된다고 본 사례
차량통행문제를 둘러싸고 피고인의 父와 다툼이 있던 피해자가 그 소유의 차량에 올라타 문 안으로 운전해 들어가려 하자 피고인의 父가 양팔을 벌리고 이를 제지하였으나 위 피해자가 이에 불응하고 그대로 그 차를 피고인의 父 앞쪽으로 약 3미터 가량 전진시키자, 위 차의 운전석 부근 옆에 서 있던 피고인이 위 차를 정지시키기 위하여 운전석 옆 창문을 통하여 피해자의 머리털을 잡아당겨 그의 흉부가 위 차의 창문틀에 부딪혀 약간의 상처를 입게 한 행위는 父의 생명, 신체에 대한 현재의 부당한 침해를 방위하기 위한 행위로서 정당방위에 해당한다. [경찰채용 12 3차 / 경찰간부 13 / 경찰승진 16]

3 대법원 1989.3.14, 87도3674
공사의 시공 및 공사현장의 점유를 방해하는 데 대하여 방위한 사례
甲회사가 乙이 점유하던 공사현장에 실력을 행사하여 들어와 현수막 및 간판을 설치하고 담장에 글씨를 쓴 행위는 乙의 시공 및 공사현장의 점유를 방해하는 것으로서 乙의 법익에 대한 현재의 부당한 침해라고 할 수 있으므로 乙이 그 현수막을 찢고 간판 및 담장에 쓰인 글씨를 지운 것은 그 침해를 방어하기 위한 행위로서 상당한 이유가 있다. [법원행시 06·11]

판례연구 **방위행위의 상당성이 인정되지 않는다는 사례**

1 대법원 1984.6.12, 84도683
상관의 심한 기합에 격분하여 상관을 사살한 사례
전투경찰대원이 상관의 다소 심한 기합에 격분하여 상관을 사살한 행위는 자신의 신체에 대한 침해를 방위하기 위한 상당한 방법이었다고 볼 수 없다.

2 대법원 2003.11.13, 2003도3606
공직선거 후보자 합동연설회장에서 다른 후보자의 연설을 물리적으로 방해한 사례
공직선거 후보자 합동연설회장에서 후보자 甲이 적시한 연설 내용이 다른 후보자 乙에 대한 명예훼손 또는 후보자비방의 요건에 해당하나 그 위법성이 조각되는 경우, 甲의 연설 도중에 乙이 마이크를 빼앗고 욕설을 하는 등 물리적으로 甲의 연설을 방해한 행위는 甲의 '위법하지 않은 정당한 침해'에 대하여 이루어진 것이며 '상당성'을 결여하여 정당방위의 요건을 갖추지 못한 것이다. [경찰승진 13 / 법원행시 08·10]

3 대법원 2004.12.23, 2004도6184

피고인이 경찰관의 임의동행을 거부하는 과정에서 저항하는 정도를 벗어난 사례

나이트클럽에서의 폭행사건 신고를 받고 3명의 경찰관들이 현장에 도착하였을 때는 싸움은 이미 종결된 상태여서 비록 경찰관들의 임의동행 여부를 거부한 피고인에 대하여 물리력을 행사하여 연행하려고 한 시도가 부적법한 것으로서 이에 저항하기 위하여 ① 피고인이 경찰관들을 밀치고 몸싸움을 한 행위가 부당한 법익침해를 방위하기 위하여 상당한 이유가 있는 행위라고 하더라도, 여기에서 더 나아가 ② 피고인이 경찰관들의 모자를 벗겨 모자로 머리를 톡톡 치고 뺨을 때린 행위는 저항의 상당한 정도를 벗어나는 것이어서 부당한 법익침해를 방위하기 위하여 상당한 이유가 있는 행위라고 볼 수 없으므로 (폭행죄의 현행범에 해당하고) 결국 경찰관들이 피고인을 현행범으로 체포한 것은 적법하다고 할 것이고, 따라서 그 이후 ③ 피고인이 순찰차 뒷좌석에 누운 상태에서 경찰관들을 발로 차 상해를 가한 행위가 정당방위에 해당한다고 할 수 없을 것이다.

4 대법원 2007.4.26, 2007도1794

말다툼 중 낫을 들고 반항하는 피해자의 낫을 빼앗아 살해한 사례

피고인이 피해자와 말다툼을 하다가 건초더미에 있던 낫을 들고 반항하는 피해자로부터 낫을 빼앗아 그 낫으로 피해자의 가슴, 배, 등, 뒤통수, 목, 왼쪽 허벅지 부위 등을 10여 차례 찔러 피해자로 하여금 다발성 자상에 의한 기흉 등으로 사망하게 한 경우, 피고인에게는 이 사건 범행 당시 적어도 살인의 미필적 고의는 있었다고 인정되고, 형법 제21조 소정의 정당방위가 성립하려면 침해행위에 의하여 침해되는 법익의 종류, 정도, 침해의 방법, 침해행위의 완급과 방위행위에 의하여 침해될 법익의 종류, 정도 등 일체의 구체적 사정들을 참작하여 방위행위가 사회적으로 상당한 것이어야 하지만, 이 경우 ① 침해를 예방하기 위한 행위로 상당한 이유가 있는 경우에 해당한다고 볼 수 없고, 또 ② 피고인의 이 사건 범행행위는 방위행위가 그 정도를 초과한 때에 해당하거나 정도를 초과한 방위행위가 야간 기타 불안스러운 상태 하에서 공포, 경악, 흥분 또는 당황으로 인한 때에 해당한다고 볼 수도 없기 때문에 살인죄의 기수가 인정된다. [사시 14]

(1) 필요성

(2) 보충성과 균형성은 불요

> **판례연구**   **혀 절단 사건 : 엄격한 균형성은 필요 없다는 사례**
>
> 대법원 1989.8.8, 89도358
> 甲과 乙이 공동으로 인적이 드문 심야에 혼자 귀가 중인 丙(女)에게 뒤에서 느닷없이 달려들어 양팔을 붙잡고 어두운 골목길로 끌고 들어가 담벽에 쓰러뜨린 후 甲이 음부를 만지며 반항하는 丙(女)의 옆구리를 무릎으로 차고 억지로 키스를 하므로, 丙(女)이 정조와 신체를 지키려는 일념에서 엉겁결에 甲의 혀를 깨물어 설(혀)절단상을 입혔다면 丙의 범행은 자기의 신체에 대한 현재의 부당한 침해에서 벗어나려고 한 행위로서 그 행위에 이르게 된 경위와 그 목적 및 수단, 행위자의 의사 등 제반 사정에 비추어 위법성이 결여된 행위이다. [경찰채용 12 3차 / 경찰승진 15 / 법원9급 13 / 법원행시 11]

(3) 요구성 - 정당방위의 제한요건

정당방위의 (사회윤리적) **제한**

1. 정당방위권 제한의 의의

2. 정당방위권 제한이 문제되는 상황

(1) 행위불법이나 책임이 결여·감소된 침해행위

(2) 침해법익과 보호법익 간의 현저한 불균형

> **판례연구** **침해법익과 보호법익 간의 현저한 불균형이 있는 사례**
>
> **1 대법원 1984.9.25, 84도1611**
> 위법한 법익침해 행위가 있더라도 긴박성 또는 방위행위의 상당성이 결여된 경우
> 피고인은 자기 소유의 밤나무 단지에서 피해자 L이 밤 18개를 푸대에 주워 담는 것을 보고 푸대를
> 뺏으려다가 반항하는 그녀의 뺨과 팔목을 때려 상처를 입혔다는 것이므로, 피고인의 행위가 절취행위를
> 방지하기 위한 것이더라도 긴박성과 상당성을 결여하여 정당방위라고 볼 수 없다.[31] [국가9급 09 / 서시
> 11]
>
> **2 대법원 2001.5.15, 2001도1089**
> 이혼소송 중인 남편의 변태적 성행위 강요에 대하여 칼로 찔러 즉사케 한 사례
> 피고인이 피해자로부터 먼저 변태적 성행위를 강요받으면서 폭행·협박을 당하다가 이를 피하기 위하여
> 피해자를 칼로 찔렀다고 하더라도, 피해자의 폭행·협박의 정도에 비추어 피고인이 칼로 피해자를
> 찔러 즉사하게 한 행위는 피해자의 폭력으로부터 자신을 보호하기 위한 방위행위로서의 한도를 넘어선
> 것이라고 하지 않을 수 없고, 이러한 방위행위는 사회통념상 용인될 수 없는 것이므로, 자기의 법익에
> 대한 현재의 부당한 침해를 방어하기 위한 행위로서 상당한 이유가 있는 경우라거나, 방위행위가
> 그 정도를 초과한 경우에 해당한다고 할 수 없어 정당방위나 과잉방위에 해당하지 아니한다. → 상해치사죄
> 성립 [경찰채용 15·16 1차 / 경찰간부 16 / 경찰승진 13·15 / 국가7급 14 / 법원9급 13 / 법원행시 11]

(3) 방위행위자에게 상반된 보호의무가 인정되는 경우

일반인으로부터 침해를 받았다면 상당성이 인정되는 방위행위라 하더라도, 부부관계나 가까운 친족으로
부터 동일한 침해를 받은 경우에는 방위행위의 폭이 제한되는 것을 말한다.

> **예** 남편으로부터 심하게 폭행을 당하던 아내가 더 이상 맞지 않기 위해 부엌칼로 방어하다가 남편이 사망하게
> 된 경우에 아내의 행위는 이와 같은 이유로 정당화될 수 없다. 그러나 만일 아내가 임신 중이었다면 아내
> 자신뿐만 아니라 태아의 생명보호를 위하여 정당방위가 허용된다.

(4) 도발행위

> **판례연구** **싸움이므로 정당방위가 인정되지 않는다는 사례**
>
> **1 대법원 1968.11.12, 68도912**
> 도발행위에 의한 침해상황에서는 정당방위·과잉방위가 부정된다는 판례

---

31 보충 : 보호하려는 법익(재산권 내지 소유권)에 비하여 침해한 법익(신체의 완전성)이 지나치게 중하다고 보아 정당방위의 성립을
부정하고 있다.

피고인과 그의 형 甲은 시비를 따지기 위해 함께 피해자들을 찾아가서 그 집 문전에서 먼저 甲과 戊 사이에 싸움이 시작되자 피해자들이 뛰어나오는 것을 보고 피고인도 甲에게 가세하여 그들과 싸우게 되었던 것이고 싸움 중에 피해자 乙이 쥐고 있던 칼을 빼앗아 동인을 찌르고 다른 피해자들이 달려들므로 그들에 대하여도 그 칼을 휘두르며 공격하여 피해자들에게 그 판시와 같은 살상을 입히게 된 것이라면 피고인의 살인행위는 정당방위나 과잉방위에 해당한다고 할 수 없다.[32]

> 유사 피해자가 칼을 들고 피고인을 찌르자 '그 칼을 뺏어 그 칼로 반격'을 가한 결과 피해자에게 상해를 입게 하였다 하더라도, 피고인에 대한 현재의 부당한 침해를 방위하기 위한 행위로서 상당한 이유가 있는 경우에 해당한다고 할 수 없다(대법원 1984.1.24, 83도1873). [사시 11]

2 대법원 1983.9.13, 83도1467
피해자를 살해하려고 먼저 가격한 사건
피고인이 피해자를 살해하려고 먼저 가격한 이상 피해자의 반격이 있었더라도 피해자를 살해한 소위가 정당방위에 해당한다고 볼 수 없다.

3 대법원 1984.6.26, 83도3090
언쟁 중 흥분 끝에 격투하여 상해를 입힌 사례
언쟁 중 흥분 끝에 싸우다가 상해를 입힌 행위는 서로 상대방의 상해행위를 유발한 것이어서 정당방위는 성립하지 아니한다.

4 대법원 1996.9.6, 95도2945
싸움 중에 이루어진 구타행위와 정당방위의 성부(소극)
싸움과 같은 일련의 상호 투쟁 중에 이루어진 구타행위는 서로 상대방의 폭력행위를 유발한 것이므로 정당방위가 성립되지 않는다고 할 것인데, 피고인 甲은 피해자 L이 동생의 혼인길을 막는다면서 피고인에게 시비를 걸고 머리채를 잡아 흔들자 이에 대항하여 위 피해자의 오른손을 비틀면서 넘어뜨린 다음 발로 전신을 수회 찼다는 것인 바, 이는 피해자의 부당한 공격에서 벗어나거나 이를 방어하려고 한 행위였다고 볼 수는 없다. [법원행시 08]

5 대법원 1971.4.30, 71도527; 1993.8.24, 92도1329; 2000.3.28, 2000도228; 2021.6.10, 2021도4278
싸움 중에 이루어진 가해행위가 정당방위 또는 과잉방위행위에 해당할 수 있는지 여부(소극)
가해자의 행위가 피해자의 부당한 공격을 방위하기 위한 것이라기보다는 서로 공격할 의사로 싸우다가 먼저 공격을 받고 이에 대항하여 가해하게 된 것이라고 봄이 상당한 경우, 그 가해행위는 방어행위인 동시에 공격행위의 성격을 가지므로 정당방위 또는 과잉방위행위라고 볼 수 없다. [경찰채용 12·15 1차 / 경찰승진 16 / 국가9급 07 / 국가7급 13 / 법원9급 13 / 변호사시험 14]

판례연구 **싸움 중이지만 예외적으로 정당방위가 인정되는 사례**

1 대법원 1957.3.8, 4290형상18
싸움이 중지된 이후 갑자기 행해진 공격에 대한 방어행위는 정당방위
싸움이 중지된 후 다시 피해자들이 새로이 도발한 별개의 가해행위를 방어하기 위하여 단도로써 상대방의 복부에 자상을 입힌 행위는 정당방위에 해당된다.

---

32 보충 : 위 판례의 피고인의 행위는 의도적 도발의 경우라기보다는 유책한 도발에 의한 침해상황의 경우로 볼 수 있다. 유책한 도발에 의한 침해의 경우에는 정당방위가 전혀 불가능한 것은 아니다. 그럼에도 불구하고, 위 사안에서는 이미 칼과 같은 흉기를 빼앗았음에도 상대방을 찌르는 공격행위로 나아갔다는 점에서 '방위행위'의 성질을 인정할 수 없었던 것으로 이해될 수 있다.

2 대법원 1968.5.7, 68도370

빈 칼빈소총 사건

싸움을 함에 있어서 격투를 하는 자 중의 한사람의 공격이 그 격투에서 당연히 예상할 수 있는 정도를 초과하여 살인의 흉기 등을 사용하여온 경우에는 이를 '부당한 침해'라고 아니할 수 없으므로 이에 대하여는 정당방위를 허용하여야 한다고 해석하여야 할 것이다. [경찰채용 12 1차]

사례연구 외관상 격투라 하더라도 정당방위(또는 정당행위)의 성립을 인정한 사례

A(54세, 여)가 남편인 B(59세, 남)와 함께 1998년 5월 19일 10:00 피고인 甲(66세, 여)이 묵을 만드는 외딴 집에 찾아와 피고인이 A가 첩의 자식이라는 헛소문을 퍼뜨렸다며, 먼저 피고인의 멱살을 잡고 밀어 넘어뜨리고 배 위에 올라타 주먹으로 팔, 얼굴 등을 폭행하였다. 이에 B도 가세하여 피고인 甲의 얼굴에 침을 뱉으며 발로 밟아 폭행을 한 사실, 이에 연로한 탓에 힘에 부쳐 달리 피할 방법이 없던 피고인 甲은 이를 방어하기 위하여 A·B의 폭행에 대항하여 A의 팔을 잡아 비틀고, 다리를 무는 등으로 하여 A에게 오른쪽 팔목과 대퇴부 뒤쪽에 멍이 들게 하여 약 2주간의 치료를 요하는 상해를 가하였다. 甲의 죄책은?

해결 서로 격투를 하는 자 상호간에는 공격행위와 방어행위가 연속적으로 교차되고 방어행위는 동시에 공격행위가 되는 양면적 성격을 띠는 것이므로 어느 한쪽 당사자의 행위만을 가려내어 방어를 위한 정당행위라거나 또는 정당방위에 해당한다고 보기 어려운 것이 보통이나, 외관상 서로 격투를 하는 것처럼 보이는 경우라고 할지라도 실지로는 한쪽 당사자가 일방적으로 불법한 공격을 가하고 상대방은 이러한 불법한 공격으로부터 자신을 보호하고 이를 벗어나기 위한 저항수단으로 유형력을 행사한 경우라면, 그 행위가 적극적인 반격이 아니라 소극적인 방어의 한도를 벗어나지 않는 한 그 행위에 이르게 된 경위와 그 목적·수단 및 행위자의 의사 등 제반 사정에 비추어 볼 때 사회통념상 허용될 만한 상당성이 있는 행위로서 위법성이 조각된다고 보아야 할 것이다(대법원 1999.10.12, 99도3377). [국가7급 13 / 법원9급 20 / 사시 10]

보충 소극적 방어행위에 대한 법적용의 혼란 위 판례는 그 적용법조에서 제20조의 정당행위와 제21조의 정당방위를 모두 적시함으로써 정당행위도 될 수 있고 정당방위도 될 수 있다고 판시하고 있다. 특히 '소극적 방어행위'의 경우에는 판례가 우선 정당행위 중 '사회상규에 위배되지 않는 행위'로 보고 있으며 경우에 따라 정당방위까지 덤으로 적용될 수도 있다는 식의 입장인 것이다.[33]

판례연구 외관상 격투라 하더라도 일방적 공격을 받고 이에 대항하는 행위로서 정당방위를 인정한 사례

1 대법원 1984.9.11, 84도1440 등

외관상 서로 격투를 하는 것처럼 보이는 경우라고 할지라도 한쪽 당사자가 일방적으로 불법한 공격을 가하고 상대방은 이러한 불법한 공격으로부터 자신을 보호하고 이로부터 벗어나기 위한 저항수단으로 유형력을 행사한 경우라면 그 행위가 적극적인 반격이 아니라 소극적인 방어의 한도를 벗어나지 않는 한 그 행위에 이르게 된 경위와 그 목적, 수단 및 행위자의 의사 등 제반사정에 비추어 사회통념상 허용될만한 상당성이 있는 행위로서 위법성이 조각된다. [사시 10]

---

33 참고 : 판례입장의 심화검토 판례의 입장을 자세히 들여다보면 약간의 차이는 있다. 즉, 판례는 ① 피해자의 공격이 신체 또는 물건을 사용해서 비교적 적극적으로 이루어진 경우에 이에 대항하는 피고인의 행위에 대해서는 정당방위(또는 정당방위와 정당행위 모두)를 적용하는 편이고, ② 피해자의 행위가 멱살이나 넥타이를 잡고 늘어진다거나 다소 행패를 부린다거나 괴롭히거나 길을 막는 등 다소 소극적 공격으로 이루어진 경우 이를 벗어나거나 피하기 위한 행위는 사회상규에 위배되지 않는 행위를 적용하는 편이다. 다만 모두 그런 것은 아니므로 이것이 판례의 규칙이라고 할 수는 없다.

2 대법원 1989.10.10, 89도623 : 정당방위 적용례

피고인이 방안에서 피해자로부터 깨진 병으로 찔리고 이유 없이 폭행을 당하여 이를 피하여 방밖 홀로 도망쳐 나오자 피해자가 피고인을 쫓아 나와서까지 폭행을 하였다면 이때 피고인이 방안에서 피해자를 껴안거나 두 손으로 멱살부분을 잡아 흔든 일이 있고 홀 밖에서 서로 붙잡고 밀고 당긴 일이 있다고 하여도 특별한 사정이 없는 한 이는 피해자에 대항하여 폭행을 가한 것이라기보다는 피해자의 부당한 공격에서 벗어나거나 이를 방어하려고 한 행위였다고 보는 것이 상당하다.

3 대법원 1996.12.23, 96도2745 : 정당방위 적용례

피고인 甲은 식당에서 제1심 공동피고인 乙과 함께 술을 마시던 중 乙은 甲이 자신에게 욕설을 하였다는 이유로 주먹으로 甲의 얼굴을 수회 때리고, 발로 甲의 가슴을 걸어 찬 후 甲이 식당 밖으로 피신하자 따라 나가 의자로 甲의 팔 부위를 수회 내리치는 바람에 甲이 약 4주간의 치료를 요하는 골절상을 입었고, 그 과정에서 甲은 폭행을 가하는 乙의 손과 멱살 등을 잡고 밀친 것이라면, 이는 상대방의 부당한 공격에서 벗어나거나 이를 방어하려고 한 행위였다고 봄이 상당하다.

4 대법원 1999.6.11, 99도943 : 정당방위 적용례

피해자가 피고인 운전의 차량 앞에 뛰어 들어 함부로 타려고 하고 이에 항의하는 피고인의 바지춤을 잡아 당겨 찢고 피고인을 끌고 가려다가 넘어지자, 피고인이 피해자의 양 손목을 경찰관이 도착할 때까지 약 3분간 잡아 누른 경우, 정당방위에 해당한다. [사시 11·15]

5 대법원 2010.2.11, 2009도12958

상대방들이 합세하여 구타하는 데에서 벗어나기 위해 손을 휘저으며 발버둥치는 과정에서 상대방들에게 상해를 가하게 된 사례 : 정당방위, 정당행위를 모두 적용한 예

甲과 자신의 남편과의 관계를 의심하게 된 상대방이 자신의 아들 등과 함께 甲의 아파트에 찾아가 현관문을 발로 차는 등 소란을 피우다가, 출입문을 열어주자 곧바로 甲을 밀치고 신발을 신은 채로 거실로 들어가 상대방 일행이 서로 합세하여 甲을 구타하기 시작하였고, 甲은 이를 벗어나기 위하여 손을 휘저으며 발버둥치는 과정에서 상대방 등에게 상해를 가하게 된 경우, 甲의 행위는 위법한 공격으로부터 자신을 보호하고 이를 벗어나기 위한 사회관념상 상당성 있는 방어행위이다. [국가7급 12 / 사시 11 / 변호사시험 14]

04 과잉방위와 오상방위

제21조 【정당방위】 ② 방위행위가 그 정도를 초과한 경우에는 정황(情況)에 따라 그 형을 감경하거나 면제할 수 있다. 〈우리말 순화 개정 2020.12.8.〉 [경찰채용 10 1차 / 법원9급 07(상) / 법원9급 07(하)]

③ 제2항의 경우에 야간이나 그 밖의 불안한 상태에서 공포를 느끼거나 경악(驚愕)하거나 흥분하거나 당황하였기 때문에 그 행위를 하였을 때에는 벌하지 아니한다. 〈우리말 순화 개정 2020.12.8.〉 [경찰간부 17 / 국가9급 12 / 법원행시 16]

1. 과잉방위

판례연구 **과잉방위에 해당하는 경우**

1 대법원 1985.9.10, 85도1370

곡괭이 자루 사례

집단구타에 대한 반격행위로서 곡괭이 자루를 마구 휘둘러 사상의 결과를 일으킨 것은 과잉방어에 해당한다. [경찰채용 11 1차 / 국가7급 08]

2 대법원 1991.5.28, 91도30

깨진 병 사례

피고인이 피해자로부터 갑작스럽게 뺨을 맞는 등 폭행을 당하여 서로 멱살을 잡고 다투자 주위 사람들이 싸움을 제지하였으나 피해자에게 대항하기 위하여 깨진 병으로 피해자를 찌를 듯이 겨누어 협박한 경우, 피고인의 행위는 자기의 법익에 대한 현재의 부당한 침해를 방어하기 위한 것으로 볼 수 있으나, 맨손으로 공격하는 상대방에 대하여 위험한 물건인 깨진 병을 가지고 대항한다는 것은 사회통념상 그 정도를 초과한 방어행위로서 상당성이 결여된 것이고, 또 주위 사람들이 싸움을 제지하였다는 상황에 비추어 야간의 공포·당황으로 인한 것이었다고 보기 어렵다. [법원행시 08] → 협박죄의 위법성 및 책임이 모두 조각되지 않는다.

사례연구 **돌로 자신의 처를 때리려는 자를 발로 배를 차 사망에 이르게 한 사례**

甲은 야간에 그의 처 乙(31세)과 함께 극장구경을 마치고 귀가하는 도중에 丙(19세)이 甲의 질녀 丁(14세)에게 음경을 내놓고 키스를 하자고 달려들자, 甲은 술에 취했으니 집에 돌아가라고 타일렀다. 그러나 丙은 도리어 돌을 들어 구타하려고 따라오므로 甲이 피하자, 丙은 甲의 처 乙을 땅에 넘어뜨려 깔고 앉아서 구타하였다. 이에 甲이 다시 丙을 제지하였지만 듣지 아니하고 돌로써 乙을 때리려는 순간 甲은 발로 丙의 복부를 한 차례 차서 그로 하여금 장파열로 사망에 이르게 하였다. 甲의 죄책은?

해결 피고인의 행위가 형법 제21조 제2항 소정의 과잉방위에 해당한다 할지라도 위 행위가 당시 야간에 술에 취한 피해자의 불의의 행패와 폭행으로 인한 불안스러운 상태에서의 공포, 경악, 흥분 또는 당황에 기인된 것이라면 형법 제21조 제3항이 적용되어 피고인은 무죄이다(대법원 1974.2.26, 73도2380). → 정당방위로 보아야 한다는 지적(배종대)도 있다.

사례연구 **맥주병 이개절상 사례**

甲(여성인 乙과 역시 여성인 丙과 동행하고 있는 남자)은 A, B, C, D, E, F로부터 폭행을 당하던 중에 그들의 공격으로부터 벗어나기 위하여 맥주병을 들고 나와서 위협을 하던 중 A가 甲을 덮쳐 甲을 뒤에서 끌어안은 채 함께 넘어져 뒹굴며 옥신각신 하는 과정에서 맥주병이 깨지게 되고 그 깨진 맥주병에 A가 이개절상 등의 상해를 입게 되었다. 甲의 죄책을 정확히 제시해보면?

해결 야간에 6명의 남자인 피해자 일행으로부터 별다른 이유 없이 갑자기 주먹으로 맞는 등 폭행을 당하고 특히 자신뿐만 아니라 자신의 처까지 위협을 당하던 중에 피해자 일행으로 하여금 더 이상 가해행위를 하지 못하도록 겁을 주려는 목적에서 근처에 있던 빈 맥주병을 들었음에도 피해자 일행이 물러서지 않고 피고인에게 달려들어 붙잡고 쓰러뜨린 후 폭행을 계속하는 상황 하에서 순간적으로 공포, 흥분 또는 당황 등으로 말미암아 위와 같은 행위에 이르게 되었다면 형법 제21조 제3항에 의하여 벌할 수 없는 경우에 해당한다(대법원 2005.7.8, 2005도2807).

정답 형법 제21조 제3항에 의하여 무죄(책임조각사유).

유사 평소 정신이상자처럼 행동하며 가족들에게 심하게 행패를 부려오던 피고인의 오빠가 피고인들을 모두 죽여버리겠다면서 어머니에 칼을 들이대다가 남동생의 목을 조르고 있는 위급한 상황에서, 피고인(여동생)이 순간적으로 남동생을 구하기 위하여 피해자에게 달려들어 그의 목을 조르면서 뒤로 넘어뜨린 행위는 어머니와 남동생의 생명, 신체에 대한 현재의 부당한 침해를 방위하기 위한 상당한 행위라 할 것이고, 피고인이 피해자의 몸 위에 타고 앉아 그의 목을 계속하여 졸라 누름으로써 결국 피해자로 하여금 질식하여 사망에 이르게 한 행위는 정당방위의 요건인 상당성을 결여한 행위라고 보아야 할 것이나(과잉방위), 당시 야간에 흉포한 성격에 술까지 취한 피해자가 식칼을 들고 피고인을 포함한 가족들의 생명, 신체를 위협하는 불의의 행패와 폭행을 하여 온 불안스러운 상태 하에서 공포, 경악, 흥분 또는 당황 등으로 말미암아 저질러진 것이라고 보아야 할 것이다(대법원 1986.11.11, 86도1862). [경찰채용 18 2차]

2. 오상방위

사례연구 빈 칼빈소총 사례 : 오상방위와 엄격책임설

甲(상병)이 乙(상병)과 교대시간이 늦었다는 이유로 언쟁을 하다가 甲이 乙을 구타하자 乙이 소지하고 있던 칼빈소총으로 甲의 등 뒤를 겨누며 실탄을 장전하는 등 발사할 듯이 위협을 하자, 甲은 乙을 사살하지 않으면 위험하다고 느끼고 뒤로 돌아서면서 소지하고 있던 칼빈소총으로 乙의 복부를 향하여 발사하여 乙이 사망하였다. 甲의 형사책임은?

해결 ① 싸움을 함에 있어서 격투를 하는 자 중의 한 사람의 공격이 그 격투에서 당연히 예상할 수 있는 정도를 초과하여 살인의 흉기 등을 사용하여 온 경우에는 이를 '부당한 침해'라고 아니할 수 없으므로 이에 대하여는 정당방위를 허용하여야 한다. 즉 싸움을 하는 중이라도 싸움 중에 가해지는 공격이 당초의 예상을 벗어나는 경우 정당방위가 성립할 여지가 있다. 또한 ② 피해자에게 피고인을 살해할 의사가 없고 객관적으로 급박하고 부당한 침해가 없었다고 가정하더라도, 피고인으로서는 현재의 급박하고도 부당한 침해가 있을 것이라고 오인하는 데 대한 정당한 사유가 있는 경우에 해당한다(대법원 1968.5.7, 68도370).[34] [경찰채용 12 1차/국가9급 12] 즉 대법원은 정당방위 내지 오상방위로서 무죄가 된다고 본 것이다.

3. 오상과잉방위

제3절 **긴급피난**

01 **서 설**

제22조 【긴급피난】 ① 자기 또는 타인의 법익에 대한 현재의 위난을 피하기 위한 행위는 상당한 이유가 있는 때에는 벌하지 아니한다. [법원9급 07(상)]

---

34 이 판례에 대해서는 '오상방위'와 관련하여 '정당한 사유' 여부를 검토하는 자세를 취하여 허용구성요건의 착오에 관한 엄격책임설의 입장을 따르고 있음을 보여준다는 평석도 있다. 신동운, 「판례백선 형법총론」, 210면 참조

1. 자기 또는 타인의 법익에 대한 현재의 위난

(1) 자기 또는 타인의 법익 [경찰간부 11 / 경찰승진(경장) 11 / 경찰승진 15]

(2) 현재의 위난

> **판례연구** 강간범에 대한 자초위난 사례 : 강간치상죄 성립
>
> **대법원 1995.1.12, 94도2781**
> 스스로 야기한 강간범행의 와중에서 피해자가 피고인의 손가락을 깨물며 반항하자, 물린 손가락을
> 비틀며 잡아뽑다가 피해자에게 치아결손의 상해를 입힌 경우를 가리켜 법에 의하여 용인되는 피난행위라
> 할 수 없다. [경찰채용 18 3차 / 경찰승진 15 / 국가9급 10·13 / 국가7급 12·14 / 법원9급 15]

2. 위난을 피하기 위한 의사에 의한 행위

3. 상당한 이유

> **판례연구** 긴급피난의 상당한 이유
>
> **대법원 2006.4.13, 2005도9396**
> 긴급피난행위가 '상당한 이유 있는 행위'에 해당하려면, 첫째 피난행위는 위난에 처한 법익을 보호하기
> 위한 유일한 수단이어야 하고(보충성), 둘째 피해자에게 가장 경미한 손해를 주는 방법을 택하여야
> 하며(상대적 최소피난성), 셋째 피난행위에 의하여 보전되는 이익은 이로 인하여 침해되는 이익보다
> 우월해야 하고(균형성), 넷째 피난행위는 그 자체가 사회윤리나 법질서 전체의 정신에 비추어 적합한
> 수단일 것(적합성)을 요하는 등의 요건을 갖추어야 한다. [법원9급 22]

(1) 보충성 - 최후수단성의 원칙 [국가9급 13]

> **판례연구** 긴급피난에 해당되지 않는다는 판례
>
> **1** 대법원 1969.6.10, 69도690
> 피고인의 모(母)가 갑자기 기절을 하여 이를 치료하기 위하여 군무를 이탈한 행위는 긴급피난이 될
> 수 없다. [경찰간부 17 / 법원9급 14]
>
> **2** 대법원 1990.8.14, 90도870
> 신고된 대학교에서의 집회가 경찰관들에 의하여 저지되자, 신고 없이 타 대학교로 옮겨 집회를 한 사례
> 집회장소 사용 승낙을 하지 않은 甲대학교 측의 집회 저지 협조요청에 따라 경찰관들이 甲대학교
> 출입문에서 신고된 甲대학교에서의 집회에 참가하려는 자의 출입을 저지한 것은 경찰관직무집행법
> 제6조의 주거침입행위에 대한 사전 제지조치로 볼 수 있고, 그 때문에 소정의 신고 없이 乙대학교로
> 장소를 옮겨서 집회를 한 행위는 긴급피난에 해당한다고도 할 수 없다. [경찰승진 15·16 / 국가9급 10 / 법원9급
> 14 / 사시 11]

3 대법원 2016.1.28, 2014도2477

로트와일러 전기톱 살해 사건

피고인으로서는 자신의 진돗개를 보호하기 위하여 몽둥이나 기계톱 등을 휘둘러 피해자의 개들을 쫓아버리는 방법으로 자신의 재물을 보호할 수 있었을 것이므로 피해견을 기계톱으로 내리쳐 등 부분을 절개한 것은 피난행위의 상당성을 넘은 행위로서 형법 제22조 제1항에서 정한 긴급피난의 요건을 갖춘 행위로 보기 어려울 뿐 아니라, 그 당시 피해견이 피고인을 공격하지도 않았고 피해견이 평소 공격적인 성향을 가지고 있었다고 볼 자료도 없는 이상 형법 제22조 제3항에서 정한 책임조각적 과잉피난에도 해당하지 아니한다(공소사실 중 재물손괴의 점을 무죄로 판단한 제1심판결을 파기하고 이 부분 공소사실을 유죄로 인정한 것은 정당함). … (또한) 동물보호법 제8조 제1항 제1호에서 규정하는 '잔인한 방법으로 죽이는 행위'는 같은 항 제4호의 경우와는 달리 정당한 사유를 구성요건 요소로 규정하고 있지 아니하여 행위를 하는 것 자체로 구성요건을 충족하고, 행위를 정당화할 만한 사정 또는 행위자의 책임으로 돌릴 수 없는 사정이 있다 하더라도, 이로 인해 위법성이나 책임이 조각될 수 있는지는 별론으로 하고 구성요건 해당성이 조각되는 것은 아니다. [경찰간부 18]

(2) 균형성 – 이익형량의 원칙(우월한 이익의 보호)

사례연구　**피조개양식장 사례 : 긴급피난 인정**

甲이 乙의 피조개양식장 앞의 해상에 허가 없이 甲(선장)의 선박을 정박시켜 놓은바, 乙은 위 선박을 이동시키도록 요구하였다. 그런데 갑자기 태풍이 내습하게 되자, 甲은 당시 7, 8명의 선원이 승선해 있었던 자신의 선박이 전복되는 것을 막기 위하여 닻줄을 늘여 놓았다. 심한 풍랑이 이는 과정에서 위 선박의 늘어진 닻줄이 乙의 양식장 바다 밑을 휩쓸고 지나가면서 피조개양식장에 중대한 피해가 발생하였다. 甲의 형사책임은?

> **해결**　선박의 이동에도 새로운 공유수면점용허가가 있어야 하고 휴지선을 이동하는 데는 예인선이 따로 필요한 관계로 비용이 많이 들어 다른 해상으로 이동을 하지 못하고 있는 사이(이 점이 유책한 자초위난에 해당될 수 있음 – 필자 주)에 태풍을 만나게 되고 그와 같은 위급한 상황에서 선박과 선원들의 안전을 위하여 사회통념상 가장 적절하고 필요불가결하다고 인정되는 조치를 취하였다면 형법상 긴급피난으로서 위법성이 조각된다고 보아야 하고, 미리 선박을 이동시켜 놓아야 할 책임을 다하지 아니함으로써 위와 같은 긴급한 위난을 당하였다는 점만으로는 긴급피난을 인정하는 데 아무런 방해가 되지 아니한다(대법원 1987.1.20, 85도221). [경찰간부 17 / 경찰승진 16 / 국가9급 20 / 국가7급 12 / 변호사시험 14]

사례연구　**긴급피난의 균형성 : 사람의 생명 > 태아의 생명**

산부인과 전문의 甲은 임신의 지속이 모체의 건강을 해칠 우려가 현저할 뿐더러 기형아 내지는 불구아를 출산할 가능성마저도 없지 않다고 판단하여 임부 乙녀의 승낙을 받아 부득이 낙태수술을 하였다. 甲의 죄책은?

> **해결**　임신의 지속이 '모체의 건강을 해칠 우려가 현저할 뿐더러 '기형아 내지 불구아를 출산할 가능성마저도 없지 않다'는 판단하에 부득이 취하게 된 산부인과 의사의 낙태수술행위는 정당행위 내지 긴급피난에 해당되어 위법성이 없는 경우에 해당된다(대법원 1976.7.13, 75도1205). [경찰간부 17 / 경찰승진 12·16 / 국가9급 10 / 국가7급 12 / 법원9급 14 / 법원행시 06]

(3) 적합성 및 상대적 최소피난의 원칙

03 긴급피난의 제한의 특칙

제22조 【긴급피난】 ② 위난을 피하지 못할 책임이 있는 자에 대하여는 전항의 규정을 적용하지 아니한다. [법원9급 07(상)]

04 과잉피난과 면책적 과잉피난

제22조 【긴급피난】 ③ 전조 제2항과 제3항의 규정은 본조에 준용한다.

05 의무의 충돌

사례연구 의사의 환자의 생명보호의무와 자기결정권 존중의무의 충돌 : 여호와의 증인 수혈거부 사건

여호와의 증인 신도인 환자의 명시적인 수혈거부의사가 존재하여 수혈하지 아니함을 전제로 환자의 승낙(동의)을 받아 수술하였는데 수술과정에서 수혈을 하지 않으면 생명에 위험이 발생할 수 있는 응급상태에 이른 경우에, 환자의 자기결정권을 존중한 의사에게는 업무상 과실치사죄의 성립이 부정될 수 있는가?

> 해결 어느 경우에 수혈을 거부하는 환자의 자기결정권이 생명과 대등한 가치가 있다고 평가될 것인지는 환자의 나이, 지적 능력, 가족관계, 수혈 거부라는 자기결정권을 행사하게 된 배경과 경위 및 목적, 수혈 거부 의사가 일시적인 것인지 아니면 상당한 기간 동안 지속되어 온 확고한 종교적 또는 양심적 신념에 기초한 것인지, 환자가 수혈을 거부하는 것이 실질적으로 자살을 목적으로 하는 것으로 평가될 수 있는지 및 수혈을 거부하는 것이 다른 제3자의 이익을 침해할 여지는 없는 것인지 등 제반 사정을 종합적으로 고려하여 판단하여야 할 것이다. 다만 환자의 생명과 자기결정권을 비교형량하기 어려운 특별한 사정이 있다고 인정되는 경우에 의사가 자신의 직업적 양심에 따라 환자의 양립할 수 없는 두 개의 가치 중 어느 하나를 존중하는 방향으로 행위하였다면, 이러한 행위는 처벌할 수 없다(대법원 2014.6.26, 2009도14407). [경찰채용 20 2차/법원행시 16]

> 보충 의사에게 환자의 자기결정권을 존중할 의무와 환자의 생명을 보호할 의무가 충돌하는 경우 ① 원칙적으로 환자의 생명 보호의무가 우월한 가치를 가지지만, ② 예외적으로 환자의 자기결정권이 생명과 대등한 가치가 있다고 평가되는 특별한 사정이 있는 경우 일종의 동가치적 의무의 충돌이 인정되어 의사가 자신의 직업적 양심에 따라 위 2개의 의무 중 어느 하나를 존중하는 방향으로 행위하였다면 정당화적 의무충돌에 의해 위법성이 조각되어 이를 처벌할 수 없다.

> 정답 부정될 수 있다.

01 서 설

제23조【자구행위】① 법률에서 정한 절차에 따라서는 청구권을 보전(保全)할 수 없는 경우에 그 청구권의 실행이 불가능해지거나 현저히 곤란해지는 상황을 피하기 위하여 한 행위는 상당한 이유가 있는 때에는 벌하지 아니한다. 〈우리말 순화 개정 2020.12.8.〉 [법원9급 07(상)]

02 성립요건

1. 청구권 침해 / 법정절차에 의한 청구권 보전불가능

(1) 청구권

> **판례연구** 청구권 : 원상회복 가능성 要
>
> 대법원 1969.12.30, 69도2138
> 명예훼손(다른 친구들 앞에서 자신의 전과사실을 폭로하는 행위)에 대한 폭행행위는 자구행위가 아니다.

(2) 청구권에 대한 불법한 침해

(3) 법정절차에 의한 청구권 보전불가능

> **판례연구** 법정절차에 의하여 청구권 보전이 불가능하지 않아 자구행위가 부정된 사례
>
> **1** 대법원 1966.7.26, 66도469
> 채무자가 유일한 재산인 가옥을 방매하고 부산 방면으로 떠나려는 급박한 순간이라 하더라도 채권자가 그 가옥대금을 채무자가 받는 현장에서 자기의 채권을 추심한 행위는 자구행위에 해당하지 아니한다.
>
> **2** 대법원 1970.1.21, 70도996
> 절의 주지가 호를 메워버린 행위
> 절의 출입구와 마당으로 약 10년 전부터 사용하고 또 그 곳을 통하여서만 출입할 수 있는 대지를 전 주지의 가족으로부터 매수하여 등기를 마쳤다는 구실로 불법침입하여 담장을 쌓기 위한 호를 파 놓았기 때문에 그 절의 주지가 신도들과 더불어 그 호를 메워버린 소위는 자구행위로서의 요건을 갖추었다고 볼 수 없고 그와 같은 사정 하에서의 주지의 소위는 사회상규에 위배되지 아니한 행위라고 단정할 수도 없다(자구행위, 정당행위 모두 부정).
>
> **3** 대법원 1976.10.29, 76도2828
> 암장된 분묘라 하더라도 당국의 허가 없이 자구행위로 이를 발굴하여 개장할 수는 없는 것이다.

4 대법원 1984.12.26, 84도2582

대금지급청구권의 강제적 채권추심 : 화랑의 석고납품대금 사례

피고인은 피해자에게 금 16만 원 상당의 석고를 납품하였으나 피해자가 그 대금의 지급을 지체하여 오다가 판시 화랑을 폐쇄하고 도주한 사실이 엿보이고 피고인은 판시와 같은 야간에 폐쇄된 화랑의 베니어 합판문을 미리 준비한 드라이버로 뜯어내고 판시와 같은 물건을 몰래 가지고 나왔다는 것인데(특수절도, 제331조 제1항), 위와 같은 피고인의 강제적 채권추심 내지 이를 목적으로 하는 물품의 취거행위는 형법 제23조 소정의 자구행위의 요건에 해당하는 경우라고 볼 수 없다. [사시 11]

5 대법원 1985.7.9, 85도707

민사소송 중인 건물에 침입한 행위

소유권의 귀속에 관한 분쟁이 있어 현재 민사소송이 계속 중인 건조물에 관하여 현실적으로 관리인이 있음에도 위 건조물의 자물쇠를 쇠톱으로 절단하고 침입한 소위는 자구행위라 할 수 없다. [법원9급 07(하) / 사시 12·13]

6 대법원 2007.5.11, 2006도4328

토지인도청구권을 이유로 진입로를 폐쇄한 사례

토지소유권자가 피해자가 운영하는 회사에 대하여 그 토지의 인도 등을 구할 권리가 있다는 이유로 위 회사로 들어가는 진입로를 폐쇄한 것은, 그 권리를 확보하기 위하여 다른 적법한 절차를 취하는 것이 곤란하였던 것으로 보이지 않아 정당행위가 될 수 없고, 피고인이 법정절차에 의하여 자신의 피해자에 대한 토지인도 등 청구권을 보전하는 것이 불가능하였거나 현저하게 곤란하였다고 볼 수 없을 뿐만 아니라, 그 청구권의 보전불능 등을 피하기 위한 상당한 행위라 할 수도 없다. [사시 10]

유사 도로에 구덩이를 판 사례

이 사건 도로는 주민들이 농기계 등으로 그 주변의 농경지나 임야에 통행하는 데 이용하여 사실상 일반 공중의 왕래에 공용되는 육상의 통로에 해당하는 바, 甲은 육로인 위 도로에 깊이 1m 정도의 구덩이를 파는 등의 방법으로 그 통행을 방해한 것은, 청구권의 실행불능이나 현저한 실행곤란을 피하기 위한 상당한 이유가 있는 행위라고도 할 수 없다(대법원 2007.3.15, 2006도9418). [국가9급 18]

2. 청구권의 실행불능 또는 현저한 실행곤란을 피하기 위한 행위

3. 상당한 이유

03 과잉자구행위

제23조 【자구행위】 ② 제1항의 행위가 그 정도를 초과한 경우에는 정황에 따라 그 형을 감경하거나 면제할 수 있다.
[경찰채용 10 1차 / 법원9급 07(상)]

01 양해와 피해자의 승낙 및 추정적 승낙의 의의

02 승낙과 양해의 구별

03 양 해

사례연구   밍크 45마리 사례

甲은 乙에게 밍크 45마리에 대한 권리가 자신에게 있음을 주장하면서 이를 가져갔는데, 이때 乙은 甲이 가져가는 행위에 묵시적으로 동의해 주었다. 그러나 그 후 甲이 권리가 있다고 주장하는 근거는 허위임이 밝혀졌다. 甲의 형사책임은?

해결   甲이 乙에게 위 사건 밍크 45마리에 관하여 자기에게 권리가 있다고 주장하면서 이를 가져간데 대하여 乙의 묵시적 동의가 있었다면, 甲의 주장이 후에 허위임이 밝혀졌다 하더라도 甲의행위는 절도죄의 절취행위에는 해당하지 않는다(대법원 1990.8.10, 90도1211). [경찰승진(경위) 10 / 법원행시 10]

04 피해자의 승낙

제24조【피해자의 승낙】처분할 수 있는 자의 승낙에 의하여 그 법익을 훼손한 행위는 법률에 특별한 규정이 없는 한 벌하지 아니한다. [경찰승진 14 / 국가7급 14 / 사시 11]

1. 의 의

2. 위법성조각의 근거 – 법률정책설

3. 성립요건

(1) **승낙의 주체** – 법익주체의 승낙

(2) **승낙의 대상** – 처분가능한 개인적 법익

(3) **승낙의 유효성** – 승낙능력자의 유효한 승낙의 의사표시

판례연구 **아동복지법상 아동매매죄와 피해아동의 반대의사·동의·승낙의 관계**

대법원 2015.8.27, 2015도6480

아동복지법 제17조 제1호의 '아동을 매매하는 행위'는 '보수나 대가를 받고 아동을 다른 사람에게 넘기거나 넘겨받음으로써 성립하는 범죄'로서(대법원 2014.11.27, 2014도7998 참조), '아동'은 같은 법 제3조 제1호에 의하면 18세 미만인 사람을 말한다. 아동은 아직 가치관과 판단능력이 충분히 형성되지 아니하여 자기결정권을 자발적이고 진지하게 행사할 것을 기대하기가 어렵고, 자신을 보호할 신체적·정신적 능력이 부족할 뿐 아니라, 보호자 없이는 사회적·경제적으로 매우 취약한 상태에 있으므로, 이러한 처지에 있는 아동을 마치 물건처럼 대가를 받고 신체를 인계·인수함으로써 아동매매죄가 성립하고, 설령 위와 같은 행위에 대하여 아동이 명시적인 반대의사를 표시하지 아니하거나 더 나아가 동의·승낙의 의사를 표시하였다 하더라도 이러한 사정은 아동매매죄의 성립에 아무런 영향을 미치지 아니한다.

유사1 아청법상 아동·청소년이용음란물제작죄에 있어서 제작한 영상물이 객관적으로 아동·청소년이 등장하여 성적 행위를 하는 내용을 표현한 영상물에 해당하는 경우, 대상이 된 아동·청소년의 동의하에 촬영하거나 사적인 소지·보관을 1차적 목적으로 제작하더라도 아청법의 '아동·청소년이용음란물'을 '제작'한 것에 해당한다(대법원 2015.2.12, 2014도11501). [경찰간부 20 / 국가7급 18 / 법원행시 18]

유사2 아동복지법상 성적 학대행위죄에 있어서 행위자의 요구에 피해 아동이 명시적인 반대의사를 표시하지 아니하였거나 행위자의 행위로 인해 피해 아동이 현실적으로 육체적 또는 정신적 고통을 느끼지 아니하는 등의 사정이 있다 하더라도, 이러한 사정만으로 행위자의 피해 아동에 대한 성희롱 등의 행위가 구 아동복지법 제29조 제2호의 '성적 학대행위'에 해당하지 아니한다고 쉽사리 단정할 것은 아니다(대법원 2015.7.9, 2013도7787).

판례연구 **하자 있는 의사에 의한 승낙**

대법원 1976.9.14, 76도2072

미성년자유인죄의 피해 미성년자의 하자 있는 의사에 의한 승낙 사건

미성년자유인죄라 함은 기망 유혹과 같은 달콤한 말을 수단으로 하여 미성년자를 꾀어 현재의 보호상태로부터 이탈케 하여 자기 또는 제3자의 사실적 지배하에 옮기는 것으로서 사려없고 나이어린 피해자의 하자있는 의사를 이용하는데 있는 것이며 본죄의 범의는 피해자가 미성년자임을 알면서 유인행위에 대한 인식이 있으면 족하고 유인하는 행위가 피해자의 의사에 반하는 것까지 인식할 필요는 없으며 또 피해자가 하자 있는 의사로 자유롭게 승낙하였다 하더라도 본죄의 성립에 소장이 없다.

판례연구 **자궁적출수술 사례**

대법원 1993.7.27, 92도2345

의사의 부정확 또는 불충분한 설명을 근거로 이루어진 환자의 승낙은 유효하지 않다는 사례

피해자의 병명을 자궁근종으로 오진하고 이에 근거하여 의학에 대한 전문지식이 없는 피해자에게 자궁적출수술의 불가피성만을 강조하였을 뿐 위와 같은 진단상의 과오가 없었으면 당연히 설명받았을 자궁 외 임신에 관한 내용을 설명받지 못한 피해자로부터 수술승낙을 받았다면, 위 승낙은 부정확 또는 불충분한 설명을 근거로 이루어진 것으로서 수술의 위법성을 조각할 유효한 승낙이라고 볼 수 없다. → 의사에게는 업무상 과실치상죄가 성립한다. [경찰간부 18 / 국가9급 09·20 / 국가7급 08·14 / 법원승진 14 / 법원행시 10 / 사시 13]

(4) 승낙의 표시방법 및 시기 – 사전적 승낙

판례연구   **승낙의 표시방법은 묵시의 승낙도 가능하다는 사례 : 업무방해죄의 위법성 조각**

대법원 1983.2.8, 82도2486
피고인이 계원들로 하여금 공소외 甲 대신 피고인을 계주로 믿게 하여 계금을 지급하고 불입금을
지급받아 위계를 사용하여 甲의 계 운영 업무를 방해하였다고 하여도, 피고인에 대하여 다액의 채무를
부담하고 있던 甲으로서는 채권 확보를 위한 피고인의 요구를 거절할 수 없었기 때문에 피고인이
계주의 업무를 대행하는 데 대하여 이를 승인·묵인한 사실이 인정된다면 피고인의 소위는 피해자의
승낙에 의하여 위법성이 조각되는 것이다.

판례연구   **피해자의 승낙의 철회 관련판례**

1 대법원 2007.11.30, 2007도4812
명의신탁자의 포괄적 명의사용에 대한 수탁자의 철회 사례
수탁자가 명의신탁 받은 사실 자체를 부인하는 것은 아니더라도 신탁자의 신탁재산 처분권한을 다투는
등 신탁재산에 관한 처분이나 기타 권한행사에 있어서 신탁자에게 부여하였던 수탁자 명의사용에 대한
포괄적 허용을 철회한 것으로 볼 만한 사정이 있는 경우에는 신탁자가 그 재산의 처분 등과 관련하여
수탁자의 명의를 사용하는 것이 허용된다고 볼 수 없으므로, 수탁자가 신탁자에게 자신에 대한 차용금
채무를 변제하지 않는 한 신탁재산을 타인에게 매도하는 데 필요한 서류 작성에 협조하지 않겠다는
취지의 말을 한 경우에는, 신탁자에게 부여하였던 수탁자 명의사용에 대한 포괄적 허용을 철회한
것으로 보아야 한다(사문서위조·동행사죄 성립).

2 대법원 2011.5.13, 2010도9962
피해자의 승낙을 자유롭게 철회할 수 있는지 및 철회 방법에 아무런 제한이 없는지 여부(적극)
위법성조각사유로서의 피해자의 승낙은 언제든지 자유롭게 철회할 수 있다고 할 것이고, 그 철회의 방법에는
아무런 제한이 없다. 공소외 2가 피고인의 유리창 손괴행위 전에 피고인에게 임대차보증금 잔금 미지급을
이유로 하여 이 사건 상가에서의 공사 중단 및 퇴거를 요구하는 취지의 의사표시를 하였다면, 이로써
공소외 2는 위 임대차계약을 체결하면서 피고인에게 한 이 사건 상가 지층 및 1층의 시설물 철거에
대한 동의를 철회하였다고 봄이 상당하다(손괴죄 성립). [경찰채용 20 1차 / 경찰간부 18·20 / 국가9급 15]

---

4. 주관적 정당화요소 – 착오의 문제

5. 승낙에 의한 행위의 상당성 – 사회상규에 위배되지 않아야 함

판례연구   **피해자의 승낙에 의한 행위의 사회상규 적합성**

대법원 1985.12.10, 85도1892
형법 제24조 소정의 위법성이 조각되는 피해자의 승낙의 범위
형법 제24조의 규정에 의하여 위법성이 조각되는 피해자의 승낙은 개인적 법익을 훼손하는 경우에
법률상 이를 처분할 수 있는 사람의 승낙을 말할 뿐만 아니라 그 승낙이 윤리적, 도덕적으로 사회상규에
반하는 것이 아니어야 한다. [국가7급 10 / 법원9급 09 / 법원승진 14 / 법원행시 10 / 사시 13·16 / 변호사시험 12]

사례연구   피해자의 승낙은 사회상규의 제한을 받는다 : 잡귀 사례

甲은 乙에 대하여 몸속에 있는 잡귀 때문에 乙에게 병이 있다고 하자 乙은 잡귀를 물리쳐 줄 것을 부탁하였다.
이에 甲은 乙의 집에 찾아와 잡귀를 물리친다면서 乙의 뺨 등을 때리며 팔과 다리를 붙잡고 배와 가슴을
손과 무릎으로 힘껏 누르고 밟는 등 하여 乙로 하여금 내출혈로 사망에 이르게 하였다. 甲의 죄책은?

> 해결 폭행에 의하여 사람을 사망에 이르게 하는 따위의 일에 있어서 피해자의 승낙은 범죄성립에
> 아무런 장애가 될 수 없으며, 또한 윤리적·도덕적으로 허용될 수 없는, 즉 사회상규에 반하는
> 것이라고 할 것이므로 피고인들의 행위가 피해자의 승낙에 의하여 위법성이 조각된다는 상고논지
> 는 받아들일 수가 없다(대법원 1985.12.10, 85도1892). ➔ 폭행치사죄 성립

사례연구   보험사기를 목적으로 한 피해자의 승낙에 의한 상해 사례

甲이 乙과 공모하여 보험사기를 목적으로 乙에게 상해를 가한 경우, 피해자의 승낙으로 위법성이 조각되는
가?

> 해결 피고인이 피해자와 공모하여 교통사고를 가장하여 보험금을 편취할 목적으로 피해자에게 상해를
> 가하였다면 피해자의 승낙이 있었다고 하더라도 이는 위법한 목적에 이용하기 위한 것이므로
> 피고인의 행위가 피해자의 승낙에 의하여 위법성이 조각된다고 할 수 없다(대법원 2008.12.11, 2008도
> 9606). [경찰채용 18 3차 / 경찰간부 16 / 국가9급 11·18·20 / 국가7급 16 / 법원승진 14 / 사시 10·11·12·13]
>
> 정답 위법성이 조각되지 않는다(상해죄 성립).

6. 법률에 특별한 규정이 없을 것

05 추정적 승낙

1. 의 의

2. 법적 성질

3. 유 형

4. 요 건

> **판례연구**   추정적 승낙의 보충성요건
>
> 대법원 1997.11.28, 97도1741
> 현실적 승낙을 받을 수 없는 불가피한 사정이 있어야만 추정적 승낙이 인정된다는 사례
> (성수대교 붕괴 사건 중 안전점검결과통보서 위조·행사에 관하여 추정적 승낙이 인정되지 않는다는 사례) A나
> B는 피고인 甲 등과 종전부터 친분관계가 있었다거나 위 피고인들로부터 수시로 안전점검 부탁을
> 받은 일이 없고 … 제1심 법정에서 자신들이 점검하지 않은 교량에 대한 점검보고서에 날인할 의사가
> 없었다고 진술하고 있는 점, 위 피고인들이 위 A나 B의 승낙을 받지 못할 불가피한 사정도 없었던
> 점 등에 비추어 보면, 사문서인 안전점검결과통보서의 위조 및 동행사 부분에 관하여 추정적 승낙이
> 있었다고 볼 수 없다.

> **판례연구**   추정적 승낙의 객관적 승낙 추정의 요건
>
> 대법원 1989.9.12, 89도889
> 가옥소유자의 침입에 대한 피해자의 추정적 승낙이 인정되지 않는다는 사례
> 이 사건 가옥을 피해자가 점유관리하고 있었다면 그 건물이 가사 피고인의 소유였다 할지라도 주거침입
> 죄의 성립에 아무런 장애가 되지 않는다. 또한 건물의 소유자라고 주장하는 피고인과 그것을 점유관리하
> 고 있는 피해자 사이에 건물의 소유권에 대한 분쟁이 계속되고 있는 상황이라면 피고인이 그 건물에
> 침입하는 것에 대한 피해자의 추정적 승낙이 있었다고 볼 수 없다. [국가7급 10]

사례연구   사문서위조와 추정적 승낙(또는 추정적 양해) 사례 Ⅰ

甲의 명의로 소유권이전등기가 된 전남 강진군의 임야에 대하여 丁이 甲을 상대로 소유권이전등기말소청구
소송을 제기하여 그 소유권에 관하여 다툼이 있게 되자, 甲은 그 소송을 자신에게 유리하게 이끌기
위하여, 1990년 4월 30일 행사할 목적으로 백지에 검정색 볼펜으로 甲을 회장으로 하고 甲의 동생인
乙을 부회장, 丙을 임원으로 하는 광주이씨십운과공파종친회를 구성하고, 乙과 丙의 승낙을 얻어 "이
사건 임야 등은 甲의 장남인 A의 소유로서 이를 위 종친회에 증여한다"라는 내용의 결의서를 작성하여
위 종친회 임원 A·B·C(甲의 아들들), D(乙의 아들), E·F(丙의 아들들)의 명의를 기재하고 미리 조각하여
소지하고 있던 위 A·B·C·D·E·F의 6명의 인장을 그 이름 옆에 임의로 압날하여 결의서 1매를 작성하였다.
나아가 甲은 같은 해 7월 27일 전남 강진군청의 공무원 戊에게 이를 제출하였다. 甲의 형사책임은?

> 해결   통상 종친회의 모든 의안을 위 3형제만의 의결로 집행하여온 것으로 짐작되고, 만일 甲이 종친회의
> 통상관례에 따라 결정된 사항을 집행하기 위하여 이에 필요한 종친회원들 명의의 서류를 임의로
> 작성한 것이라면 비록 사전에 그들의 현실적인 승낙이 없었다고 하더라도 甲은 그들이 위와
> 같은 사정을 알았다면 당연히 승낙하였을 것이라고 믿고 한 행위일 수 있는 것이므로, 원심으로서는
> 이 점을 살펴서 과연 피고인에게 사문서위조의 죄책을 인정할 수 있을 것인지 살펴보아야
> 할 것이다. … 추정적 승낙을 인정할 여지가 있다고 할 것이다(대법원 1993.3.9, 92도3101). [국가9급
> 09·16 / 법원승진 14 / 법원행시 10 / 사시 10·13]

사례연구   사문서위조와 추정적 승낙 사례 Ⅱ : 법무사의 위임에 관한 확인절차 불이행 사례

문서명의인의 추정적 승낙이 예상되는 경우 사문서변조죄는 성립하지 않지만, 명의자의 승낙에 대한
막연한 기대나 예측만으로 추정적 승낙을 인정할 수는 없다. 그렇다면 법무사가 위임인이 문서명의자로부터

문서작성권한을 위임받지 않았음을 알면서도 법무사법 제25조에 따른 확인절차를 거치지 아니하고 권리의무에 중대한 영향을 미칠 수 있는 문서를 작성한 경우, 사문서위조 및 동행사죄의 고의를 인정할 수 있을까?

해결 명의자의 명시적인 승낙이나 동의가 없다는 것을 알고 있으면서도 명의자 이외의 자의 의뢰로 문서를 작성하는 경우 명의자가 문서작성 사실을 알았다면 승낙하였을 것이라고 기대하거나 예측한 것만으로 '그 승낙이 추정됨을 알았다고 단정할 수 없다.' 법무사가 타인의 권리의무에 중대한 영향을 미칠 수 있는 문서를 작성함에 있어 법무사법 제25조에 위반하여 문서명의자 본인의 동의나 승낙이 있었는지에 대한 아무런 확인절차를 거치지 아니하고 오히려 명의자 본인의 동의나 승낙이 없음을 알면서도 권한 없이 문서를 작성한 경우에는 사문서위조 및 동행사죄의 '고의'를 인정할 수 있다(대법원 2008.4.10, 2007도9987).

보충 판례의 입장대로 '추정적 승낙'의 법리로 접근한다면, 객관적으로 승낙이 추정되지 않지만 추정되는 경우라고 오인한 경우에는 −고의의 문제가 아니라− 허용구성요건의 착오(위법성조각사유의 객관적 전제사실에 관한 착오)의 문제로 접근해야 한다. 또한 판례의 입장대로 '고의'의 문제로 해결하기 위해서는, 문서위조·변조죄에 있어서 작성명의인의 허락은 구성요건해당성을 조각시키는 피해자의 의사(다수설에 의하면 양해)로 보아야 할 것이다. 그래야만 구성요건요소로서의 고의 여부의 문제가 될 수 있기 때문이다. 이렇듯 판례는 위 문제에 있어서 이론적으로 일관되지 못한 접근방법을 보여주고 있다.

정답 고의를 인정할 수 있다.

제6절 정당행위

01 서 설

제20조【정당행위】법령에 의한 행위 또는 업무로 인한 행위 기타 사회상규에 위배되지 아니하는 행위는 벌하지 아니한다. [법원9급 07(상)]

02 정당행위의 내용

1. 법령에 의한 행위

(1) 공무원의 직무집행행위

① 법령의 의한 행위

사례연구 **집행관의 강제집행 사례**

집행관 甲과 집행관 乙은 구상금청구사건의 집행력 있는 판결정본에 기하여 채무자인 丙의 유체동산을 압류하고자 丙의 집을 방문하였다. 丙의 아들인 丁(당시 16세 8개월, 고등학교 1학년 학생)이 현관문을 열어 주어 현관에 들어간 甲과 乙은 위 채무명의에 기한 강제집행을 하려고 하였는데, 丁이 판결정본과 신분증을 확인하고서도 집에 어른이 없다고 하면서 甲과 乙이 집안으로 들어가지 못하게 문 밖으로 밀어내고 문을 닫으려 하였다. 이에 甲과 乙은 丁이 문을 닫지 못하게 하려고 문을 잡은 채 서로 밀고 당기면서 몸싸움을 하던 도중 丁을 밀어 출입문에 우측 이마 등이 부딪히게 되었다. 丁은 약 2주간의 가료를 요하는 두부타박상을 입었다. 甲과 乙의 형사책임은?

> **해결** 위 채무자의 아들이 적법한 집행을 방해하는 등 저항하므로 이를 배제하고 채무자의 주거에 들어가기 위하여 동인을 떠민 것은 집행관으로서의 정당한 직무범위 내(현 민사집행법 제42조)에 속하는 위력의 행사라고 할 것이고, 이로 인하여 동인에게 원심판시의 상해를 가하였다 하더라도 그 행위의 ① 동기·목적의 정당성, ② 수단·방법의 상당성, ③ 보호법익과 침해법익과의 법익균형성, ④ 긴급성 및 행위의 보충성 등에 비추어 통상의 사회통념상 허용될 수 있는 상당성이 있는 행위로서 형법 제20조에 의하여 위법성이 조각된다(대법원 1993.10.12, 93도875). [경찰승진 10·12/사시 15] ➡ 甲과 乙의 행위는 폭행치상죄 내지 상해죄의 구성요건에 해당하나, 법령에 의한 행위(제20조)로서 위법성이 조각된다.

판례연구 **공무원의 직무집행과 사인에 의한 강제집행의 비교**

1 대법원 1971.6.22, 71도928
국세청 통첩에 따른 재산평가조서 작성 사례 : 정당행위 인정
임야와 개간된 밭을 구분평가하는 것이 오히려 전체 가격의 저락을 가져오게 된다 하여 국세청 통첩인 감정사무요령에 따라 임야로 일괄평가하여 재산평가조서를 작성한 소위는 이른바 법령에 의한 행위로 위법성이 없다.

2 대법원 2008.3.27, 2007도7933
강제집행을 따르지 아니하고 임의로 옹벽을 철거한 사례 : 사인에 의한 강제집행은 정당행위 부정
피해자들이 이 사건 옹벽의 철거에 동의하지 않았으면, 피고인으로서는 피해자들을 상대로 하여 주위토지통행권의 존부 및 범위에 관한 확인 및 이 사건 옹벽 중 주위통행을 위한 부분에 관한 철거 판결을 받고, 이를 이행하지 않을 경우 법령에서 정하는 절차를 따라 강제집행할 수 있을 뿐인데, 피고인이 위와 같은 절차를 따르지 아니하고 임의로 이 사건 옹벽을 철거한 행위(손괴)는 피고인에게 이 사건 도로에 관한 주위토지통행권을 인정할 수 있는지 여부와 관계없이 위법하다. [경찰간부 11]

② 상관의 명령에 의한 행위

사례연구 **여우고개에 나간 당번병 사례**

소속 중대장의 당번병인 甲은 근무시간 후에도 밤늦게까지 수시로 영외에 있는 중대장 乙의 관사에 머물면서 일을 해오다가 모월 모일 밤에도 乙의 지시에 따라 관사를 지키고 있던 중, 乙과 함께 외출을 나간 그 처 丙으로부터 같은 날 24:00경 비가 오고 밤이 늦어 혼자서는 도저히 여우고개를 넘어 귀가할 수 없으니 관사로부터 1.5km 가량 떨어진 여우고개까지 우산을 들고 마중을 나오라는 연락을 받고, 당번병으로 당연히 해야 할 일이라고 생각하면서 여우고개까지 나가 丙을 마중하여 그 다음 날 01:00경 귀가하였다. 甲의 형사책임은?

> **해결** 판례는 이와 같은 피고인의 관사이탈행위가 중대장의 직접적인 허가를 받지 아니하였다 하더라도 피고인은 당번병으로서 그 임무범위 내에 속하는 일로 오인한 행위로서 그 오인에 정당한 이유가 있으므로 위법성이 없다[35]고 하여 무죄를 선고하였다(대법원 1986.10.28, 86도1406). [경찰채용 20 1차]

> **판례연구** 절대적 구속력 없는 위법한 상관의 명령을 따른 사례

1 대법원 1988.2.23, 87도2358

故 박종철군 고문치사사건

공무원이 그 직무를 수행함에 있어 상관은 하관에 대하여 범죄행위 등 위법한 행위를 하도록 명령할 직권이 없는 것이고, 하관은 소속 상관의 적법한 명령에 복종할 의무는 있으나 그 명령이 참고인으로 소환된 사람에게 가혹행위를 가하라는 등과 같이 명백한 위법 내지 불법한 명령인 때에는 이는 벌써 직무상의 지시명령이라 할 수 없으므로 이에 따라야 할 의무는 없다. 설령 대공수사단 직원은 상관의 명령에 절대 복종하여야 한다는 것이 불문율로 되어 있다 할지라도, 국민의 기본권인 신체의 자유를 침해하는 고문행위 등이 금지되어 있는 우리의 국법질서에 비추어 볼 때 고문치사와 같이 중대하고도 명백한 위법명령에 따른 행위가 정당한 행위에 해당하거나 강요된 행위로서 적법행위에 대한 기대가능성이 없는 경우에 해당하게 되는 것이라고 볼 수 없다. [경찰승진 15 / 법원9급 09]

2 대법원 1999.4.23, 99도636

안기부 직원 불법 대선자료 배포사건

대통령 선거를 앞두고 특정후보에 대하여 반대하는 여론을 조성할 목적으로 확인되지도 않은 허위의 사실을 담은 책자를 발간·배포하거나 기사를 게재하도록 하라는 것과 같이 명백히 위법 내지 불법한 명령인 때에는 이는 벌써 직무상의 지시명령이라 할 수 없으므로 이에 따라야 할 의무가 없고, 설령 안기부가 그 주장과 같이 엄격한 상명하복의 관계에 있는 조직이라고 하더라도 안기부 직원의 정치관여가 법률로 엄격히 금지되어 있는 점 등에 비추어 보면, 이 사건 범행이 강요된 행위로서 적법행위에 대한 기대가능성이 없다고 볼 수는 없다.

(2) 징계행위 – 징계권자의 징계행위

> **판례연구** 학교장·교사의 징계행위로서 정당행위 인정례와 부정례

1 대법원 1976.4.27, 75도115

교장의 경미한 체벌 사례 : 정당행위 인정

중학교 교장직무대리자가 훈계 목적으로 교칙위반학생에게 뺨을 몇 차례 때린 정도는 감호교육상의 견지에서 볼 때 징계의 방법으로서 사회 관념상 비난의 대상이 될 만큼 사회상규를 벗어난 것으로는 볼 수 없어 처벌의 대상이 되지 아니한다.

2 대법원 2004.6.10, 2001도5380

교사의 징계행위의 한계 : 정당행위 부정

교사가 학생을 징계 아닌 방법으로 지도하는 경우에도 징계하는 경우와 마찬가지로 교육상의 필요가 있어야 될 뿐만 아니라 특히 학생에게 신체적, 정신적 고통을 가하는 체벌, 비하(卑下)하는 말 등의 언행은 교육상 불가피한 때에만 허용되는 것이다. [국가9급 07·11 / 법원행시 08]

---

35 보충 : 판례의 적용법조와 결론의 불일치 위 사안의 경우 판례는 "위법성이 없다."고 하여 상관의 명령에 의한 행위 정도로 파악하는 것으로 보인다. 다만 동시에 판례는 적용법조에서는 형법 제16조의 법률의 착오를 제시하고 있어 판례의 입장을 파악하는 데 있어서 어려움이 있다. 생각건대, 법률의 착오로 파악했다면 "그 오인에 정당한 이유가 있는 경우"로 보아 고의설에 의하여 범의를 조각하든가 책임설에 의하여 책임을 조각시켜 무죄로 보든가, 아니면 위법성조각사유의 객관적 전제사실의 착오('오상'정당행위)로 파악하고 법효과제한적 책임설(다수설)에 의해 불법고의는 인정되나 책임고의가 조각되는 것으로 보아 무죄(과실범처벌규정이 없음)로 보든가 엄격책임설에 의하여 책임이 조각되는 것으로 보아 무죄로 보는 식의 해결방법이 일관성이 있었을 것이다. 위 판례는 적용법조(제16조의 법률의 착오)와 결론(위법성이 없다)이 일관되지 않는 것이다.

여중 체육교사에게 폭행죄와 모욕죄의 성립을 인정한 판례이다('사회상규에 위배되지 않는 행위' 참조).

(3) 사인의 현행범인체포행위

판례연구   **사인의 현행범인체포행위 : 정당행위 인정**

대법원 1999.1.26, 98도3029
적정한 한계를 벗어나는 현행범인체포행위는 법령에 의한 행위로 될 수 없다고 할 것이나, 적정한 한계를 벗어나는 행위인가 여부는 결국 정당행위의 일반적 요건을 갖추었는지 여부에 따라 결정되어야 할 것이지, 그 행위가 소극적인 방어행위인가 적극적인 공격행위인가에 따라 결정되어야 하는 것은 아니다. … 피고인의 차를 손괴하고 도망하려는 피해자를 도망하지 못하게 멱살을 잡고 흔들어 피해자에게 전치 14일의 흉부찰과상을 가한 경우, 정당행위에 해당한다. [경찰승진(경장) 11 / 경찰승진(경위) 11 / 경찰승진 16 / 국가9급 11·16 / 법원9급 13 / 법원행시 07·08 / 사시 11]

(4) 노동쟁의행위

판례연구   **목적의 정당성이 인정되는 쟁의행위 사례**

대법원 2020.9.3, 2015도1927
사내하청업체 소속 근로자들이 사용자인 하청업체를 상대로 한 쟁의행위의 일환으로 원청업체 사업장에서 집회·시위를 하고, 대체 투입된 근로자의 업무를 방해한 사건
① 수급인 소속 근로자의 쟁의행위가 도급인의 사업장에서 일어나 도급인의 형법상 보호되는 법익을 침해한 경우(원칙적 정당행위 부정) : 단체행동권은 헌법 제33조 제1항에서 보장하는 기본권으로서 최대한 보장되어야 하지만 헌법 제37조 제2항에 의하여 국가안전보장, 질서유지 또는 공공복리 등의 공익상의 이유로 제한될 수 있고 그 권리의 행사가 정당한 것이어야 한다는 내재적인 한계가 있다(대법원 2011.3.17, 2007도482 전원합의체 참조). 쟁의행위가 정당행위로 위법성이 조각되는 것은 사용자에 대한 관계에서 인정되는 것이므로, 제3자의 법익을 침해한 경우에는 원칙적으로 정당성이 인정되지 않는다. 그런데 도급인은 원칙적으로 수급인 소속 근로자의 사용자가 아니므로, 수급인 소속 근로자의 쟁의행위가 도급인의 사업장에서 일어나 도급인의 형법상 보호되는 법익을 침해한 경우에는 사용자인 수급인에 대한 관계에서 쟁의행위의 정당성을 갖추었다는 사정만으로 사용자가 아닌 도급인에 대한 관계에서까지 법령에 의한 정당한 행위로서 법익 침해의 위법성이 조각된다고 볼 수는 없다. ② 위 ①의 행위도 사회상규에 위배되지 아니하는 행위가 될 수 있는 경우(예외적 정당행위 긍정) : (그러나) 수급인 소속 근로자들이 집결하여 함께 근로를 제공하는 장소로서 도급인의 사업장은 수급인 소속 근로자들의 삶의 터전이 되는 곳이고, 쟁의행위의 주요 수단 중 하나인 파업이나 태업은 도급인의 사업장에서 이루어질 수밖에 없다. 또한 도급인은 비록 수급인 소속 근로자와 직접적인 근로계약관계를 맺고 있지는 않지만, 수급인 소속 근로자가 제공하는 근로에 의하여 일정한 이익을 누리고, 그러한 이익을 향수하기 위하여 수급인 소속 근로자에게 사업장을 근로의 장소로 제공하였으므로 그 사업장에서 발생하는 쟁의행위로 인하여 일정 부분 법익이 침해되더라도 사회통념상 이를 용인하여야 하는 경우가 있을 수 있다. 따라서 사용자인 수급인에 대한 정당성을 갖춘 쟁의행위가 도급인의 사업장에서 이루어져 형법상 보호되는 도급인의 법익을 침해한 경우, 그것이 항상 위법하다고 볼 것은 아니고, 법질서 전체의 정신이나 그 배후에 놓여 있는 사회윤리 내지 사회통념에 비추어 용인될 수 있는 행위에 해당하는 경우에는 형법 제20조의 '사회상규에 위배되지 아니하는 행위'로서 위법성이 조각된다. 이러한 경우에 해당하는지 여부는 쟁의행위의 목적과 경위, 쟁의행위의 방식·기간과 행위 태양, 해당 사업장에서 수행되는 업무의 성격과 사업장의 규모, 쟁의행위에 참여하는 근로자의 수와 이들이 쟁의행위를 행한 장소 또는 시설의 규모·특성과

종래 이용관계, 쟁의행위로 인해 도급인의 시설관리나 업무수행이 제한되는 정도, 도급인 사업장 내에서의 노동조합 활동 관행 등 여러 사정을 종합적으로 고려하여 판단하여야 한다. ③ 위법한 대체근로에 대한 대항행위(정당행위 긍정) : 사용자는 쟁의행위 기간 중 그 쟁의행위로 중단된 업무의 수행을 위하여 당해 사업과 관계없는 자를 채용 또는 대체할 수 없다(노동조합 및 노동관계조정법 제43조 제1항). 사용자가 당해 사업과 관계없는 자를 쟁의행위로 중단된 업무의 수행을 위하여 채용 또는 대체하는 경우, 쟁의행위에 참가한 근로자들이 위법한 대체근로를 저지하기 위하여 상당한 정도의 실력을 행사하는 것은 쟁의행위가 실효를 거둘 수 있도록 하기 위하여 마련된 위 규정의 취지에 비추어 정당행위로서 위법성이 조각된다(대법원 1992.7.14, 91다43800 등 참조). 위법한 대체근로를 저지하기 위한 실력행사가 사회통념에 비추어 용인될 수 있는 행위로서 정당행위에 해당하는지는 그 경위, 목적, 수단과 방법, 그로 인한 결과 등을 종합적으로 고려하여 구체적인 사정 아래서 합목적적·합리적으로 고찰하여 개별적으로 판단하여야 한다.

판례연구 **목적의 정당성이 인정되지 않는 쟁의행위 사례**

1 대법원 1998.1.20, 97도588
노동조합 대표자가 단체협약을 하여도 조합원 총회의 결의를 거친 후 단체협약 체결을 명백히 한 경우
노동조합 대표자가 단체교섭의 결과에 따라 사용자와 단체협약의 내용을 합의한 후 다시 협약안의 가부에 관하여 조합원 총회의 의결을 거친 후에만 단체협약을 체결할 것임을 명백히 하였다면, 사용자측의 단체교섭 회피 또는 해태를 정당한 이유가 없는 것이라고 비난하기도 어렵다 할 것이므로 사용자측의 단체교섭 회피가 노동관계조정법이 정한 부당노동행위에 해당한다고 보기도 어려워 그에 대항하여 단행된 쟁의행위는 그 목적에 있어서 정당한 쟁의행위라고 볼 수 없다.

2 대법원 2001.4.24, 99도4893; 2012.5.24, 2010도9963
단체교섭사항이 될 수 없는 회사의 정리해고에 맞선 노동조합의 쟁의행위는 정당하지 않다는 사례
긴박한 경영상의 필요에 의하여 하는 정리해고의 실시는 사용자의 경영상의 조치라고 할 것이므로, 정리해고에 관한 노동조합의 요구내용이 사용자는 정리해고를 해서는 아니된다는 취지라면 이는 사용자의 경영권을 근본적으로 제약하는 것이 되어 원칙적으로 단체교섭의 대상이 될 수 없고, 단체교섭사항이 될 수 없는 사항을 달성하려는 쟁의행위는 그 목적의 정당성을 인정할 수 없다. [법원행시 13]

3 대법원 2002.2.26, 99도5380; 2003.11.13, 2003도687; 2003.12.26, 2001도3380; 2011.1.27, 2010도11030
노동조합이 실질적으로 구조조정 실시 자체를 반대할 목적으로 쟁의행위에 나아간 사례
쟁의행위에서 추구되는 목적이 여러 가지이고 그 중 일부가 정당하지 못한 경우에는 주된 목적 내지 진정한 목적의 당부에 의하여 그 쟁의목적의 당부를 판단하여야 할 것이고, 부당한 요구사항을 뺐더라면 쟁의행위를 하지 않았을 것이라고 인정되는 경우에는 그 쟁의행위 전체가 정당성을 갖지 못한다고 보아야 한다. 정리해고나 사업조직의 통폐합 등 기업의 구조조정의 실시 여부는 고도의 경영상 결단에 속하는 사항으로서 원칙적으로 단체교섭의 대상이 될 수 없고, 긴박한 경영상의 필요나 합리적인 이유 없이 불순한 의도로 추진되는 등의 특별한 사정이 없는 한, 노동조합이 실질적으로 그 실시 자체를 반대하기 위하여 쟁의행위에 나아간다면, 비록 그 실시로 인하여 근로자들의 지위나 근로조건의 변경이 필연적으로 수반된다 하더라도 그 쟁의행위는 목적의 정당성을 인정할 수 없다. [국가9급 20 / 법원행시 08 / 사시 13]

4 대법원 2008.9.11, 2004도746
대한항공 운항승무원 노조의 외국인 조종사 채용을 막기 위한 쟁의행위 사례
대한항공 운항승무원 노동조합이 외국인 조종사의 채용 및 관리에 관한 주장을 관철하기 위하여

한 쟁의행위는 사용자의 경영권을 본질적으로 침해하는 내용이어서 단체교섭의 대상이 될 수 없는 사항이므로, 그 주장의 관철을 목적으로 한 쟁의행위는 그 목적에 있어서 정당하다고 할 수 없어 목적의 정당성을 결여하였다고 보아야 한다. [경찰채용 15 3차 / 국가9급 11]

5 대법원 2011.1.27, 2010도11030; 2012.5.24, 2010도9963
단체협약상 정리해고에 관한 노조와의 '합의'조항과 쟁의행위의 목적의 정당성
사용자가 경영권의 본질에 속하여 단체교섭의 대상이 될 수 없는 사항에 관하여 노동조합과 '합의'하여 시행한다는 취지의 단체협약의 일부 조항이 있는 경우, '회사가 정리해고 등 경영상 결단을 하기 위해서는 반드시 노동조합과 사전에 합의하여야 한다는 취지가 아니라 사전에 노동조합에 해고 기준 등에 관하여 필요한 의견을 제시할 기회를 주고 그 의견을 성실히 참고하게 함으로써 구조조정의 합리성과 공정성을 담보하고자 하는 협의의 취지'로 해석하여야 하므로, 그와 같은 단체협약 조항에 의하더라도 쟁의행위의 목적이 정당화될 수는 없다.

판례연구   합법적 절차를 준수한 쟁의행위 사례

대법원 2001.6.26, 2000도2871
노동위원회의 조정결정 후에 쟁의행위를 하여야 절차상 정당한 것은 아니라는 사례
노동조합이 노동위원회에 노동쟁의 조정신청을 하여 조정절차가 마쳐지거나 조정이 종료되지 아니한 채 조정기간이 끝나면 노동조합은 쟁의행위를 할 수 있는 것으로 노동위원회가 반드시 조정결정을 한 뒤에 쟁의행위를 하여야지 그 절차가 정당한 것은 아니다. [경찰간부 16 / 경찰승진 10 / 사시 14]

유사1 쟁의행위가 '냉각기간'이나 '사전신고'의 규정이 정한 시기·절차에 따르지 아니하였다고 하여 곧 정당성이 결여된 쟁의행위라고 볼 것은 아니다(대법원 1992.9.22, 92도1855).

유사2 노노법 시행령 제17조에서 규정하고 있는 쟁의행위의 일시·장소·참가인원 및 그 방법에 관한 '서면신고의무'는 쟁의행위를 함에 있어 그 세부적·형식적 절차를 규정한 것으로서 쟁의행위에 적법성을 부여하기 위하여 필요한 본질적인 요소는 아니므로 노동쟁의 조정신청이나 조합원들에 대한 쟁의행위 찬반투표 등의 절차를 거친 후 이루어진 쟁의행위에 대하여 위와 같은 신고절차의 미준수만을 이유로 그 정당성을 부정할 수는 없다(대법원 2007.12.28, 2007도5204).

판례연구   합법적 절차를 준수하지 않은 쟁의행위 사례

대법원 2001.10.25, 99도4837 전원합의체
조합원의 찬반투표를 거치지 아니한 쟁의행위의 정당성(소극)
절차에 관하여 조합원의 직접·비밀·무기명 투표에 의한 찬성결정이라는 절차를 거쳐야 한다는 노노법의 규정은 노동조합의 자주적이고 민주적인 운영을 도모함과 아울러 쟁의행위에 참가한 근로자들이 사후에 그 쟁의행위의 정당성 유무와 관련하여 어떠한 불이익을 당하지 않도록 그 개시에 관한 조합의사의 결정에 더욱 신중을 기하기 위하여 마련된 규정이므로, 위의 절차를 위반한 쟁의행위는 그 절차를 따를 수 없는 객관적인 사정이 인정되지 않는 한 정당성을 인정받을 수 없다 할 것이다. … 이와 견해를 달리한 대법원 2000.5.26, 99도4836은 이와 저촉되는 한도 내에서 변경하기로 한다. [경찰채용 15 3차 / 경찰승진(경위) 11 / 법원행시 11·13]

유사 피고인들이 주도하는 비상대책위원회가 실시한 파업은 '사용자에 대하여 아무런 통지를 하지 아니하는 등 적법한 절차를 준수하지 아니한 것'이며, 그 당시 비상대책위원회가 요구조건으로 내세운 '회사 대표자의 형사처벌 및 퇴진이나 군내버스의 완전공영제 등'은 노사 간에 자치적으로

해결할 수 있는 사항이라고 할 수 없으므로, 위와 같은 피고인들의 파업행위가 정당행위의 요건을 구비하였다고 볼 수 없다(대법원 2008.1.18, 2007도1557). [국가9급 10]

판례연구 **수단의 상당성을 벗어나지 않은 쟁의행위 사례**

1 대법원 1991.4.23, 90도2961
업무방해죄의 위력에 해당하지 않는다는 사례
형법 제314조에서 규정하는 위력이란 사람의 자유의사를 제압할 만한 세력을 말하는 것이므로 전체 근로자 50명 중 29명이 노동조합에 가입된 회사의 노동조합 위원장이 다른 2명과 함께 조합원 1명을 대동하고 노동관계집회에 참석하기 위하여 3시간 정도 조기 퇴근한 것만 가지고 막바로 위력에 해당한다거나 위력으로 업무를 방해한 경우에 해당한다고 하기는 어렵다.

2 대법원 1994.2.22, 93도613
쟁의행위에 대한 찬반투표 실시를 위하여 전체 조합원이 참석할 수 있도록 근무시간 중에 노동조합 임시총회를 개최하고 3시간에 걸친 투표 후 1시간의 여흥시간을 가졌더라도 그 임시총회 개최행위가 전체적으로 노동조합의 정당한 행위에 해당한다. [경찰채용 16 2차 / 경찰승진 16 / 법원9급 13]

3 대법원 2007.3.29, 2006도9307; 2005.6.9, 2004도7218; 2002.9.24, 2002도2243
사용자의 직장폐쇄가 정당하지 않은 경우 퇴거요구에 불응한 사례
사용자의 직장폐쇄는 노사 간의 교섭태도, 경과, 근로자측 쟁의행위의 태양, 그로 인하여 사용자측이 받는 타격의 정도 등에 관한 구체적 사정에 비추어 형평의 견지에서 근로자측의 쟁의행위에 대한 대항·방위 수단으로서 상당성이 인정되는 경우에 한하여 정당한 쟁의행위로 평가받을 수 있는 것이고, 사용자의 직장폐쇄가 정당한 쟁의행위로 인정되지 아니하는 때에는 적법한 쟁의행위로서 사업장을 점거 중인 근로자들이 직장폐쇄를 단행한 사용자로부터 퇴거 요구를 받고 이에 불응한 채 직장점거를 계속하더라도 퇴거불응죄가 성립하지 아니한다. [법원9급 15 / 사시 13]

4 대법원 2007.12.28, 2007도5204
사업장시설의 부분적·병존적 점거행위는 정당행위
피고인들의 이 사건 회의실 점거행위는 협회의 사업장시설을 전면적, 배타적으로 점거한 것이라고 보기 어렵고 오히려 그 점거의 범위가 협회의 사업장시설의 일부분이고 사용자측의 출입이나 관리지배를 배제하지 않는 부분적·병존적 점거에 지나지 않으며 그 수단과 방법이 사용자의 재산권과 조화를 이루면서 폭력의 행사에 해당하지 아니하는 것으로 봄이 상당하다.

5 대법원 2008.9.11, 2004도746; 2004.10.15, 2004도4467
집회·시위에서 확성기를 사용하는 경우
집회나 시위의 목적 달성의 범위를 넘어 사회통념상 용인될 수 없는 정도로 타인에게 심각한 피해를 주는 소음을 발생시킨 경우에는 위법한 위력의 행사로서 정당행위라고는 할 수 없으나 합리적인 범위에서는 확성기 등 소리를 증폭하는 장치를 사용할 수 있고 확성기 등을 사용한 행위 자체를 위법하다고 할 수 없다.

6 대법원 2017.7.11, 2013도7896
노동조합이 주도한 쟁의행위에 참가한 일부 소수의 근로자가 폭력행위 등의 위법행위를 한 사례
노동조합이 주도한 쟁의행위 자체의 정당성과 이를 구성하거나 여기에 부수되는 개개 행위의 정당성은 구별하여야 하므로, 일부 소수의 근로자가 폭력행위 등의 위법행위를 하였더라도, 전체로서의 쟁의행위마저 당연히 위법하게 되는 것은 아니다.

1 대법원 1989.12.12, 89도875

농성제지를 위한 감금은 정당행위가 될 수 없다는 사례

회사의 관리사원들이 해고에 항의하는 농성을 제지하기 위하여 그 주동자인 해고근로자들을 다른 근로자와 분산시켜 귀가시키거나 불응시에는 경찰에 고발, 인계할 목적으로 위 근로자들을 봉고차에 강제로 태운 다음 그곳에서 내리지 못하게 하여 감금행위를 한 것이라고 하더라도 이를 정당한 업무행위라 거나 사회상규에 위배되지 않는 정당한 행위라고 보기는 어렵다. [법원행시 08]

2 대법원 1991.6.11, 91도383

전면적·배타적 점거행위 사례

구체적으로 직장 또는 사업장 시설의 점거는 적극적인 쟁의행위의 한 형태로서 ① 그 점거의 범위가 직장·사업장시설의 일부분이고 사용자측의 출입이나 관리지배를 배제하지 않는 병존적인 점거에 지나지 않을 때에는 정당한 쟁의행위로 볼 수 있으나, [법원행시 13] ② 직장·사업장시설을 전면적·배타적으로 점거하여 조합원 이외의 자의 출입을 저지하거나 사용자측의 관리지배를 배제하여 업무의 중단·혼란을 야기케 하는 행위는 이미 정당성의 한계를 벗어난 것이라고 볼 수밖에 없다. [국가9급 20]

3 대법원 1992.4.10, 91도3044

전보된 노조원의 원직 복귀를 요구하는 과정에서 병원 복도를 점거하고 농성하며 출입을 통제한 사례

전보된 노조원의 원직 복귀를 요구하였으나 거절당하고 그 과정에서 노조원이 폭행당하였음을 구실로 노조 간부 및 노조원 80여 명과 농성에 돌입한 후 병원 복도를 점거하여 철야농성하면서 노래와 구호를 부르고 병원 직원들의 업무 수행을 방해하고, 출입을 통제하거나 병원장을 방에서 나오지 못하게 한 행위는 다중의 위력을 앞세워 근무 중인 병원 직원들의 업무를 적극적으로 방해한 것으로서 노동조합활동 의 정당성의 범위를 벗어난 것이다.

4 대법원 2001.6.12, 2001도1012

특정인을 비방하는 내용의 연설은 정당한 쟁의행위가 될 수 없다는 사례

근로자의 단체행동이 형법상 정당행위가 되기 위해서는 그 수단과 방법이 사용자의 재산권과 조화를 이루어야 하며 폭력의 행사나 제3자의 권익을 침해하는 것이 아니어야 한다. 따라서 노사협상에서 유리한 위치를 차지할 생각으로 특정인을 비방하는 내용의 연설을 하고 유인물을 배포한 행위는 정당행위가 될 수 없다.

5 대법원 2005.6.9, 2004도7218

적법하게 직장폐쇄를 단행한 사용자로부터 퇴거요구를 받고도 불응한 직장점거 사례

사용자가 적법하게 직장폐쇄를 하게 되면 사용자는 사업장을 점거 중인 근로자들에 대하여 정당하게 사업장으로부터의 퇴거를 요구할 수 있고 퇴거를 요구받은 이후의 직장점거는 위법하게 되므로, 적법하게 직장폐쇄를 단행한 사용자로부터 퇴거요구를 받고도 불응한 채 직장점거를 계속한 행위는 퇴거불응죄를 구성한다고 할 것이다. [국가9급 10]

6 대법원 2010.3.11, 2009도5008

근로자들이 사용자가 제3자와 공동으로 관리·사용하는 공간을 관리자의 의사에 반해 침입·점거한 사례

사용자가 제3자와 공동으로 관리·사용하는 공간을 사용자에 대한 쟁의행위를 이유로 관리자의 의사에 반하여 침입·점거한 경우, 그 공간의 점거가 사용자에 대한 관계에서 정당한 쟁의행위로 평가될 여지가 있다 하여도, 공동으로 사용하는 제3자의 명시적·추정적 승낙이 없는 이상 제3자에 대하여서까지 이를

정당행위라고 하여 주거침입의 위법성이 조각된다고 볼 수는 없다.[36] [경찰채용 15 2차/경찰간부 12/법원행시 10·13/사시 12]

(5) 기타 법령에 의한 행위

> **판례연구**   **경찰관의 총기사용이 경찰관직무집행법 허용범위 내이거나 정당방위에 해당할 여지가 있다고 인정한 사례**
>
> 대법원 2004.3.25, 2003도3842
> 피고인이 공포탄 1발을 발사하여 경고를 하였음에도 불구하고 ○○○이 동료 경찰관의 몸 위에 올라탄 채 계속하여 그를 폭행하고 있었고, 또 그가 언제 소지하고 있었을 칼을 꺼내 동료 경찰관이나 피고인을 공격할지 알 수 없다고 피고인이 생각하고 있던 급박한 상황에서 동료 경찰관을 구출하기 위하여 ○○○을 향하여 권총을 발사한 것이라면, 이러한 피고인의 권총 사용이 경찰관직무집행법 제10조의4 제1항의 허용범위를 벗어난 위법한 행위라거나 피고인에 업무상과실치사의 죄책을 지울만한 행위라고 단정할 수는 없다.

> **판례연구**   **경찰관이 허가 없이 개인적으로 총기 등을 소지할 수 있는지 여부(개인적인 분사기 소지 사례)**
>
> 대법원 1996.7.30, 95도2408
> 경찰공무원법 제10조의 규정 취지는 경찰공무원이 직무수행을 위하여 필요하다고 인정되는 경우에 한하여 무기를 휴대할 수 있다는 것뿐이지, 경찰관이라 하여 허가 없이 개인적으로 총포 등을 구입하여 소지하는 것을 허용하는 것은 아니라 할 것이고, 이는 정당행위에 해당될 수 없고 위법성의 인식이 없는 경우도 아니다.

> **판례연구**   **이혼 후 자녀를 직접 양육하지 아니하는 모(母)의 면접교섭권 행사 : 주거침입죄 ✕**
>
> 대법원 2003.11.28, 2003도5931
> 이혼 후 자녀를 양육하지 아니하는 모(母)가 부(父)의 허락 없이 주거에 들어간 경우에는 자녀들의 양육실태, 피고인이 자녀들의 양육에 관여한 정도, 양육에 관한 자녀들의 태도, 이혼 후 피고인의 자녀들에 대한 면접교섭권이 제한·배제된 적이 있는지 등을 좀 더 자세히 심리한 후에 피고인의 행위가 주거침입죄에 해당하는지 여부를 판단하여야 한다.

> **판례연구**   **정당행위에 해당된다는 판례**
>
> 대법원 2021.10.14, 2017도10634
> 법원의 감정인 지정결정 또는 감정촉탁을 받아 감정평가업자가 아닌 사람이 토지 등에 대한 감정평가를 한 행위는 정당행위 해당
> 구 「부동산 가격공시 및 감정평가에 관한 법률」(이하 '구 부동산공시법') 제2조 제7호 내지 제9호, 제43조 제2호는 감정평가란 토지 등의 경제적 가치를 판정하여 그 결과를 가액으로 표시하는 것을

---

36 판례평석 : 이론적으로 주거침입죄에서 피해자의 동의는 구성요건해당성을 조각시키는 양해로 검토되어야 한다는 점에서, '주거침입죄의 위법성이 조각되려면 거주자의 승낙이 있어야 한다.'고 판시한 위 판례는 타당하지 않다. 기술한 피해자의 승낙 참조

말하고, 감정평가업자란 제27조에 따라 신고를 한 감정평가사와 제28조에 따라 인가를 받은 감정평가법인을 말한다고 정의하면서, 감정평가업자가 아닌 자가 타인의 의뢰에 의하여 일정한 보수를 받고 감정평가를 업으로 행하는 것을 처벌하도록 규정하고 있다. … 한편, 소송의 증거방법 중 하나인 감정은 법관의 지식과 경험을 보충하기 위하여 특별한 학식과 경험을 가진 제3자에게 그 전문적 지식이나 이를 구체적 사실에 적용하여 얻은 판단을 법원에 보고하게 하는 것으로, 감정신청의 채택 여부를 결정하고 감정인을 지정하거나 단체 등에 감정촉탁을 하는 권한은 법원에 있고(민사소송법 제335조, 제341조 제1항 참조), 행정소송사건의 심리절차에서 토지보상법상 토지 등의 손실보상액에 관하여 감정을 명할 경우 그 감정인으로 반드시 감정평가사나 감정평가법인을 지정하여야 하는 것은 아니다(대법원 2002.6.14, 2000두3450 등 참조). … 그렇다면 민사소송법 제335조에 따른 법원의 감정인 지정결정 또는 같은 법 제341조 제1항에 따른 법원의 감정촉탁을 받은 경우에는 감정평가업자가 아닌 사람이더라도 그 감정사항에 포함된 토지 등의 감정평가를 할 수 있고, 이러한 행위는 법령에 근거한 법원의 적법한 결정이나 촉탁에 따른 것으로 형법 제20조의 정당행위에 해당하여 위법성이 조각된다고 보아야 한다.

판례연구 **정당행위에 해당되지 않는다는 판례**

1 대법원 2001.2.23, 2000도4415

피해자를 정신의료기관에 강제입원시킨 조치는 정당행위가 아니라는 사례

피고인이 피해자를 정신병원에 강제입원시키기 전에 위 병원 정신과전문의와 상담하여 피고인의 설명을 들은 그로부터 피해자에 대한 입원치료가 필요하다는 의견을 들었으나, 아직 피해자를 대면한 진찰이나 위 정신병원장의 입원결정이 없는 상태에서 위 병원 원무과장에게 강제입원을 부탁하여 원무과장 자신의 판단으로 피해자를 강제로 구급차에 실어 위 병원에 데려온 경우, 피고인의 위와 같은 물리력의 행사를 정신보건법에 기한 행위 또는 정당한 업무로 인한 행위로 볼 수는 없을 것이다.

2 대법원 2015.11.27, 2014도191

공인회계사의 토지 감정평가는 정당행위가 아니라는 사례

타인의 의뢰를 받아 부동산 가격공시 및 감정평가에 관한 법률(이하 '부동산공시법')이 정한 토지에 대한 감정평가를 행하는 것은 회계서류에 대한 전문적 지식이나 경험과는 관계가 없어 공인회계사법 제2조의 공인회계사의 직무범위로 규정된 '회계에 관한 감정' 또는 '그에 부대되는 업무'에 해당한다고 볼 수 없고, 그 밖에 공인회계사가 행하는 다른 직무의 범위에 포함된다고 볼 수도 없다. 따라서 감정평가업자가 아닌 공인회계사가 타인의 의뢰에 의하여 일정한 보수를 받고 부동산공시법이 정한 토지에 대한 감정평가를 업으로 행하는 것은 부동산공시법 제43조 제2호에 의하여 처벌되는 행위에 해당하고, 특별한 사정이 없는 한 형법 제20조가 정한 '법령에 의한 행위'로서 정당행위에 해당한다고 볼 수는 없다. [경찰간부 17]

3 대법원 2014.10.30, 2014도3285; 2021.12.30, 2016도928

한의사 아닌 의사가 환자들의 허리 부위에 침을 꽂는 방법으로 시술한 IMS 시술 사건

의료인이 아니면 누구든지 의료행위를 할 수 없고 의료인도 면허를 받은 것 이외의 의료행위를 할 수 없으며(의료법 제27조 제1항 본문), 이를 위반한 사람은 형사처벌을 받는다(제87조 제1항). … 한편, 한방 의료행위는 '우리 선조들로부터 전통적으로 내려오는 한의학을 기초로 한 질병의 예방이나 치료행위'로서 앞서 본 의료법의 관련 규정에 따라 한의사만이 할 수 있고, 이에 속하는 침술행위는 '침을 이용하여 질병을 예방, 완화, 치료하는 한방 의료행위'로서, 의사가 위와 같은 침술행위를 하는 것은 면허된 것 외의 의료행위를 한 경우에 해당한다(대법원 2011.5.13, 2007두18710; 2014.10.30, 2014도3285 등 참조). 근육 자극에 의한 신경 근성 통증 치료법(Intramuscular Stimulation, 이하 'IMS')

시술이 침술행위인 한방 의료행위에 해당하는지 아니면 침술행위와 구별되는 별개의 시술에 해당하는지 여부를 가리기 위해서는 해당 시술행위의 구체적인 시술 방법, 시술 도구, 시술 부위 등을 면밀히 검토하여 개별 사안에 따라 이원적 의료체계의 입법목적 등에 부합하게끔 사회통념에 비추어 합리적으로 판단하여야 한다(IMS 시술은 한방의료행위로 볼 수 있으므로 의료법위반죄 성립).

4 대법원 2022.1.13, 2015도6329

공인노무사가 의뢰인을 대행하여 고소장 작성·제출하거나 피고소사건에 대하여 의견서를 작성·제출하여 변호사법위반으로 기소된 사건

근로감독관에 대하여 근로기준법 등 노동 관계 법령 위반 사실을 신고하는 행위라도 범인에 대한 처벌을 구하는 의사표시가 포함되어 있는 고소·고발은 노동 관계 법령이 아니라 형사소송법, 사법경찰직무법 등에 근거한 것으로서, 구 공인노무사법 제2조 제1항 제1호에서 공인노무사가 수행할 수 있는 직무로 정한 '노동 관계 법령에 따라 관계 기관에 대하여 행하는 신고 등의 대행 또는 대리'에 해당하지 아니하고, 고소·고발장의 작성을 위한 법률상담도 구 공인노무사법 제2조 제1항 제3호의 '노동 관계 법령과 노무관리에 관한 상담·지도'에 해당하지 않는다고 봄이 타당하다. 또한 근로기준법 제102조 제5항, 제105조에 따라 근로감독관이 노동 관계 법령 위반의 죄에 관하여 사법경찰관으로서 수행하는 수사 역시 개별 노동 관계 법령에 정해진 절차가 아니라 형사소송법상 수사절차의 일환이라고 할 것이므로, 노동조합법위반으로 고소당한 피고소인이 그 수사절차에서 근로감독관에게 답변서를 제출하는 행위 역시 구 공인노무사법 제2조 제1항 제1호에 따라 공인노무사가 대행 또는 대리할 수 있는 행위인 '노동 관계 법령에 따라 관계 기관에 대하여 행하는 진술에 해당한다거나 그 답변서가 같은 항 제2호에 정한 '노동 관계 법령에 따른 모든 서류'에 해당한다고 볼 수 없다(변호사법위반죄 성립).

2. 업무로 인한 행위

(1) 의사의 치료행위

> **판례연구** **정당행위로 본 판례 : 샥손 사례**
>
> 대법원 1978.11.14, 78도2388
> 의사가 인공분만기인 샥손을 사용하면 통상 약간의 상해 정도가 있을 수 있으므로 그 상해가 있다 하여(상해죄의 구성요건에 해당하더라도) 샥손을 거칠고 심하게 사용한 결과라고는 보기 어려워 의사의 정당업무의 범위를 넘는 위법행위라고 볼 수 없다.
>
> > 유사 피고인이 태반의 일부를 떼어낸 행위는 그 의도, 수단, 절단부위 및 그 정도 등에 비추어 볼 때 의사로서의 정상적인 진찰행위의 일환이라고 볼 수 있으므로 형법 제20조 소정의 정당행위에 해당한다(대법원 1976.6.8, 76도144).

(2) 안락사(安樂死)

> **판례연구** **소극적 안락사를 허용한 판례 : 세브란스병원 故 김 할머니 사례**
>
> 대법원 2009.5.21, 2009다17417 전원합의체
> 회복불가능한 사망의 단계에 이른 후에는 의학적으로 무의미한 신체 침해 행위에 해당하는 연명치료를 환자에게 강요하는 것이 오히려 인간의 존엄과 가치를 해하게 되므로, 이러한 예외적인 상황에서는 죽음을 맞이하려는 환자의 의사결정을 존중하여 환자의 인간으로서의 존엄과 가치 및 행복추구권을 보호하는 것이 사회상규에 부합되고 헌법정신에도 어긋나지 아니한다. 따라서 회복불가능한 사망의

단계에 이른 후에 환자가 인간으로서의 존엄과 가치 및 행복추구권에 기초하여 자기결정권을 행사하는 것으로 인정되는 경우에는(사전의료지시 또는 환자의 의사에 대한 객관적 추정) 특별한 사정이 없는 한 연명치료의 중단이 허용될 수 있다.

(3) 변호인·성직자의 행위

사례연구 천주교 사제 범인은닉 사례 : 범인은닉죄는 성립

천주교 사제 甲은 부산 미문화원에 방화하여 경비원이 사망한 사건의 주범인 乙이 자신에게 피신해 오자, 식사와 도피자금을 제공하고 은신처를 물색하던 중 수사기관원들이 乙을 연행하러 오자, 乙을 숨겨 준 사실을 부인하고 신병인도를 거부하였다. 甲의 형사책임은?

해결 성직자라 하여 초법규적인 존재일 수는 없다. 성직자의 직무상 행위가 사회상규에 반하지 아니한다 하여 그에 적법성이 부여되는 것은, 그것이 성직자의 행위이기 때문이 아니라 그 직무로 인한 행위에 정당성·적법성을 인정하기 때문이다. 죄지은 자를 맞아 회개하도록 인도하고 그 갈길을 이르는 것은 사제로서의 소임이라 할 것이나, 적극적으로 은신처를 마련하여 주고 도피자금을 제공하는 따위의 일은 이미 정당한 직무의 범위를 넘는 것이며 이를 가리켜 사회상규에 반하지 아니하여 위법성이 조각되는 정당행위라고 할 수 없다. 사제가 죄지은 자를 능동적으로 고발하지 않은 것은 종교적 계율에 따라 그 정당성이 용인되어야 한다고 할 수 있으나, 그에 그치지 아니하고 적극적으로 은닉·도피하게 하는 행위는 어느 모로 보나 이를 사제의 정당한 직무에 속하는 것이라 할 수 없다(대법원 1983.3.8, 82도3248).

(4) 운동경기행위

판례연구 비직업적 운동경기 사례

대법원 2008.10.23, 2008도6940
개인 운동경기를 사회상규에 위배되지 아니하는 행위로 검토한 사례
운동경기에 참가하는 자가 경기규칙을 준수하는 중에 또는 그 경기의 성격상 당연히 예상되는 정도의 경미한 규칙위반 속에 제3자에게 상해의 결과를 발생시킨 것으로서, 사회적 상당성의 범위를 벗어나지 아니하는 행위(제20조의 정당행위)라면 과실치상죄가 성립하지 않는다.

(5) 기자의 취재·보도행위

판례연구 기자의 취재·보도행위 관련판례

1 대법원 2011.7.14, 2011도639
기자의 기사작성을 위한 취재 및 법령에 저촉되지 않는 범위 내에서의 보도행위
신문은 헌법상 보장되는 언론자유의 하나로서 정보원에 대하여 자유로이 접근할 권리와 취재한 정보를 자유로이 공표할 자유를 가지므로(신문 등의 진흥에 관한 법률 제3조 제2항 참조), 종사자인 신문기자가 기사 작성을 위한 자료를 수집하기 위해 취재활동을 하면서 취재원에게 취재에 응해줄 것을 요청하고 취재한 내용을 '관계 법령에 저촉되지 않는 범위 내'에서 보도하는 것은 '신문기자의 일상적 업무 범위에 속하는 것'으로서, 특별한 사정이 없는 한 사회통념상 용인되는 행위라고 보아야 한다. [경찰채용 18 1차 / 경찰채용 15·13 2차 / 경찰간부 12 / 경찰승진 16 / 법원행시 14 / 사시 12·14]

2 대법원 2011.3.17, 2006도8839 전원합의체

소위 안기부 X파일 MBC 기자 보도 사건

불법 감청·녹음 등에 관여하지 아니한 언론기관이 그 통신 또는 대화의 내용이 불법 감청·녹음 등에 의하여 수집된 것이라는 사정을 알면서도 이를 보도하여 공개하는 행위가 정당행위로서 위법성이 조각된다고 하기 위해서는 ① 보도의 불가피성 내지 현저한 공익성, ② 자료 입수 방법의 적법·정당성, ③ 최소침해성, ④ 보도 이익의 우월성을 갖추어야 한다('안기부 X파일'을 보도한 MBC 기자에게 위 요건을 모두 갖추지 못하였다고 보아, 통신비밀보호법위반죄의 혐의를 인정해 징역 6월 및 자격정지 1년의 형을 선고유예한 원심을 확정한 대법원 전원합의체 판결임). [국가9급 16 / 국가7급 11 / 법원행시 14 / 사시 14]

3 대법원 2011.5.13, 2009도14442

안기부 X파일 국회의원 공개 사건

위 2006도8839 전원합의체 판결에서 제시한 위법성조각의 요건은 공개행위의 주체가 비언론인인 경우에도 그대로 적용된다. 국회의원이 위 불법 녹음한 자료를 입수한 후 그 대화내용과, 위 대기업으로부터 이른바 떡값 명목의 금품을 수수하였다는 검사들의 실명이 게재된 보도자료를 작성하여 자신의 인터넷 홈페이지에 게재한 행위는, 공개의 불가피성 내지 현저한 공익성이 인정되기 어렵고, 최소침해성도 인정될 수 없으며, 공개 이익의 우월성이 인정되지도 않기 때문에, −위 녹음 자료를 취득하는 과정에 위법이 없어 자료입수방법의 적법성이 인정된다 하더라도− 정당행위에 해당한다고 볼 수 없다는 것이다. [경찰채용 18 1차 / 경찰채용 15 2차]

(6) 기타 : 조합장의 업무행위

판례연구 **재건축조합장의 철거행위**

대법원 1998.2.13, 97도2877

재건축조합의 조합장이 조합탈퇴의 의사표시를 한 자를 상대로 "사업시행구역 안에 있는 그 소유의 건물을 명도하고 이를 재건축사업에 제공하여 행하는 업무를 방해하여서는 아니 된다."는 가처분결정을 받아 위 건물을 철거하는 행위는 업무로 인한 정당행위에 해당된다. [경찰채용 20 1차]

> 유사 조합의 긴급이사회에서 불신임을 받아 조합장직을 사임한 피해자가 그 후 개최된 대의원총회에서 피고인 등의 음모로 조합장직을 박탈당한 것이라고 대의원들을 선동하여 회의 진행이 어렵게 되자 새조합장이 되어 사회를 보던 피고인이 그 회의진행의 질서유지를 위한 필요조처로서 이사회의 불신임결의 과정에 대한 진상보고를 하면서 피해자는 긴급 이사회에서 불신임을 받고 쫓겨나간 사람이라고 발언한 것이라면, 명예훼손의 범의가 있다고 볼 수 없을 뿐만 아니라 그러한 발언은 업무로 인한 행위이고 사회상규에 위배되지 아니한다(대법원 1990.4.27, 89도1467).

---

3. 사회상규에 위배되지 아니하는 행위

판례연구 **사회상규의 의미**

대법원 2001.2.23, 2000도4415; 2002.1.25, 2000도1696

형법 제20조에서 말하는 '기타 사회상규에 위배되지 아니하는 행위'라 함은 법질서 전체의 정신이나 그 배후에 놓여 있는 사회윤리 내지 사회통념에 비추어 용인될 수 있는 행위를 가리킨다.

---

(1) 소극적 방어행위

사례연구   소극적 방어행위

甲이 乙(여)의 집에 술 취해 함부로 들어가서 유리창을 깨고 소변을 보는 등 행패를 부리자, 乙이 집 밖으로 나가라고 요구하였고 甲은 욕설을 하면서 나갔다. 甲이 유리창을 깬 사실을 뒤늦게 안 乙은 甲을 쫓아가 甲의 어깨를 붙잡고 변상을 요구하였는데, 甲이 엉뚱한 요구를 하며 "이 개 같은 년아"라는 등의 욕설을 퍼붓자, 더 이상 참지 못한 乙이 빨리 가자면서 甲의 어깨를 밀치자 만취한 甲이 시멘트바닥에 쓰러져 이마를 부딪혀 사망하였다. 乙의 형사책임은?

  해결   소위 소극적 방어행위의 경우라고 본 경우이다. 판결은 "乙의 위와 같은 행위는 甲의 부당한 행패를 저지하기 위한 본능적인 소극적 방어행위에 지나지 아니하여 사회통념상 용인될 수 있는 정도의 상당성이 있어 위험성이 없다고 봄이 상당하다."고 하여 제20조의 정당행위로 규율하였다(대법원 1992.3.10, 92도37). [법원행시 07] 싸움의 상황에서 정당방위를 제한하는 입장을 견지하는 대법원의 입장에서는 정당방위에 비하여 침해행위의 현재성을 검토하지 않아도 된다는 편리함이 있었으리라 생각된다.

사례연구   소극적 방어행위로서 정당행위 해당 사례

甲이 일행들과 함께 부동산 중개사무실에서 화투를 치는데 乙이 술에 취한 채 들어와 시비를 걸며 화투판을 깨지게 한 후 먼저 주먹으로 甲의 얼굴을 3회 때려 약 20일간의 치료를 요하는 좌측협골부 좌상 및 열상 등을 입히자, 甲은 이에 저항하여 乙의 멱살을 잡았을 뿐인데 그 과정에서 서로 머리가 부딪쳐 乙도 약 18일간의 치료를 요하는 우상미모부 좌상 등을 입게 되었다. 甲의 죄책은?

  해결   소극적 방어행위로서 정당행위에 해당한다고 본 사례이다(대법원 2000.1.18, 99도4748).

판례연구   소극적 방어행위 사례

1 대법원 1982.2.23, 81도2958
사회상규에 위반되지 않는 폭행행위로 본 사례
강제연행을 모면하기 위하여 팔꿈치로 뿌리치면서 가슴을 잡고 벽에 밀어 부친 행위는 소극적인 저항으로 사회상규에 위반되지 아니한다.

2 대법원 1985.10.22, 85도1455
외관상 서로 격투를 하는 것처럼 보이지만 위법성이 조각되는 경우
부친상을 당하여 상심 중에 있는 피고인이 바로 이웃집에서 술을 먹고 확성기를 틀어 노래를 부르는 등 소란스러운 행위를 한 피해자들에게 항의하러 갔다가 술에 취한 피해자 등과 시비가 되어 피해자에게 멱살을 잡히고 놓아주지 아니하여 이를 때려다가 넘어짐으로써 피해자가 다치게 된 것이라면, 피고인의 위와 같은 유형력 행사는 피해자의 불법한 공격으로부터 벗어나기 위한 저항수단으로서의 방어행위에 지나지 않는 것으로서 그 행위에 이르게 된 경위와 목적, 수단 및 행위자의 의사 등 제반사정에 비추어 사회통념상 허용될 만한 상당성 있는 행위라고 못 볼 바 아니다.

3 대법원 1985.11.12, 85도1978
피해자가 채권변제를 요구하면서 고함치고 욕설하며 안방에까지 뛰어 들어와 피고인이 가만히 있는데도 피고인의 런닝셔츠를 잡아당기며 찢기까지 하는 등의 상황 하에서 그를 뿌리치기 위하여 방 밖으로 밀어낸 소위는 사회통념상 용인되는 행위로서 위법성이 없다.

4 대법원 1987.4.14, 87도339

분쟁 중인 부동산관계로 따지러 온 피해자가 피고인의 가게 안에 들어와서 피고인 및 그의 부에게 행패를 부리므로 피해자를 가게 밖으로 밀어내려다가 피해자를 넘어지게 한 행위는 피해자측의 행패를 저지하기 위한 소극적 저항방법으로서 비록 그 과정에서 피해자가 넘어졌다 할지라도 여러 사정에 비추어 볼 때 사회통념상 용인될 만한 상당성이 있는 행위로 위법성이 없다. [법원행시 06]

5 대법원 1987.10.26, 87도464

피고인이 자기의 앞가슴을 잡고 있는 피해자의 손을 떼어 내기 위하여 피해자의 손을 뿌리친 것에 불과하다면 그 행위의 결과로 피해자가 사망하게 되었다 하더라도 그와 같은 행위는 피해자의 불법적인 공격으로부터 벗어나기 위한 본능적인 소극적 방어행위에 지나지 아니하여 사회통념상 허용될 상당성이 있는 위법성이 결여된 행위라고 볼 여지가 있어 폭행치사죄로 처벌할 수는 없다.

6 대법원 1989.11.14, 89도1426

택시운전사가 승객의 요구로 택시를 출발시키려 할 때 피해자가 부부싸움 끝에 도망 나온 위 승객을 택시로부터 강제로 끌어내리려고 운전사에게 폭언과 함께 택시 안으로 몸을 들이밀면서 양손으로 운전사의 멱살을 세게 잡아 상의단추가 떨어질 정도로 심하게 흔들어대었고, 이에 운전사가 위 피해자의 손을 뿌리치면서 택시를 출발시켜 운행하였을 뿐이라면 운전사의 이러한 행위는 사회상규에 위배되지 아니하는 행위라고 할 것이다.

7 대법원 1990.1.23, 89도1328

멱살을 잡아당기는 피해자의 옷자락을 잡고 밀친 행위가 정당행위에 해당된다고 본 사례

피해자가 갑자기 달려 나와 정당한 이유 없이 피고인의 멱살을 잡고 파출소로 가자면서 계속하여 끌어당기므로 피고인이 그와 같은 피해자의 행위를 제지하기 위하여 그의 양팔부분의 옷자락을 잡고 밀친 것이라면 이러한 피고인의 행위는 멱살을 잡힌 데에서 벗어나기 위한 소극적인 저항행위에 불과하고 형법 제20조의 사회통념상 허용될만한 정도의 상당성이 있는 행위에 해당한다. [국가7급 10]

8 대법원 1990.3.27, 90도292

불법적인 공격으로부터 벗어나기 위한 소극적 방어행위로서 정당행위에 해당한다고 본 사례

피고인이 피해자와 그 일행으로부터 더이상 맞지 않기 위하여 피해자의 손을 잡아 뿌리치고 목부분을 1회 밀어버림으로써 피해자가 땅에 넘어지게 된 것이라면 피고인의 행위는 그 동기나 당시의 정황으로 보아 불법한 공격적인 행위가 아니라 오히려 위 피해자 일행의 공격으로부터 벗어나기 위한 소극적인 방어행위로서 사회상규에 위배되지 않는 행위라고 볼 것이다.

9 대법원 1991.1.15, 89도2239

술에 취한 피해자의 돌연한 공격을 소극적으로 방어한 행위를 정당행위로 본 사례

피해자가 술에 취한 상태에서 별다른 이유 없이 함께 술을 마시던 피고인의 뒤통수를 때리므로 피고인도 순간적으로 이에 대항하여 손으로 피해자의 얼굴을 1회 때리고 피해자가 주먹으로 피고인의 눈을 강하게 때리므로 더 이상 때리는 것을 제지하려고 피해자를 붙잡은 정도의 행위의 결과로 인하여 피해자가 원발성쇼크로 사망하였다 하더라도 피고인의 위 폭행행위는 소극적 방어행위에 지나지 않아 사회통념상 허용될 수 있는 상당성이 있어 위법성이 없다.

10 대법원 1992.3.27, 91도2831

여자 화장실 내에서 백을 빼앗으려고 다가오는 남자의 어깨를 밀친 행위를 정당행위로 본 사례

남자인 피해자가 비좁은 여자 화장실 내에 주저앉아 있는 피고인으로부터 무리하게 쇼핑백을 빼앗으려고 다가오는 것을 저지하기 위하여 피해자의 어깨를 순간적으로 밀친 것은 피해자의 불법적인 공격으로부터

벗어나기 위한 본능적인 소극적 방어행위에 지나지 아니하므로 이는 사회통념상 허용될 수 있는 행위로서 그 위법성을 인정할 수 없다. [국가9급 18]

11 대법원 1995.8.22, 95도936

피해자의 부당한 행패를 저지하기 위한 본능적인 소극적 방어행위로서 정당행위라고 본 사례
피고인이 피해자로부터 며칠간에 걸쳐 집요한 괴롭힘을 당해 온데다가 피해자가 피고인이 교수로 재직하고 있는 대학교의 강의실 출입구에서 피고인의 진로를 막아서면서 피고인을 물리적으로 저지하려 하자 극도로 흥분된 상태에서 그 행패에서 벗어나기 위하여 피해자의 팔을 뿌리쳐서 피해자가 상해를 입게 된 경우(상해죄의 구성요건에 해당), 피고인의 행위는 피해자의 부당한 행패를 저지하기 위한 본능적인 소극적 방어행위에 지나지 아니한다. [경찰간부 15 / 법원행시 07]

12 대법원 1996.5.28, 96도979

피해자가 양손으로 피고인의 넥타이를 잡고 늘어져 후경부피하출혈상을 입을 정도로 목이 졸리게 된 피고인이 피해자를 떼어 놓기 위해 왼손으로 자신의 목 부근 넥타이를 잡은 상태에서 오른손으로 피해자의 손을 잡아 비틀면서 서로 밀고 당겼다면, 피고인의 그와 같은 행위는 목이 졸린 상태에서 벗어나기 위한 소극적인 저항행위에 불과하여 정당행위에 해당하여 죄가 되지 아니한다. [국가7급 10 / 법원9급 16]

13 대법원 2000.3.10, 99도4273

피해자가 피고인의 고소로 조사받는 것을 따지기 위하여 야간에 피고인의 집에 침입한 상태에서 문을 닫으려는 피고인과 열려는 피해자 사이의 실랑이가 계속되던 과정에서 문짝이 떨어져 그 앞에 있던 피해자가 넘어져 2주간의 치료를 요하는 요추부염좌 및 우측 제4수지 타박상의 각 상해를 입게 된 경우, 사회통념상 허용될 만한 정도를 넘어서는 위법성이 있는 행위라고 보기는 어렵다. [경찰승진(경위) 11]

14 대법원 2014.3.27, 2012도11204

34세 성인의 2세 유아에 대한 폭행이 정당행위에 해당된다는 사례
피고인의 이 사건 행위의 동기와 수단 및 그로 인한 피해의 정도 등의 사정을 앞서 본 법리에 비추어 살펴보면, 피고인의 이러한 행위는 피해자의 갑작스런 행동에 놀라서 자신의 어린 딸이 다시 얼굴에 상처를 입지 않도록 보호하기 위한 것으로 딸에 대한 피해자의 돌발적인 공격을 막기 위한 본능적이고 소극적인 방어행위라고 평가할 수 있고, 따라서 이를 사회상규에 위배되는 행위라고 보기는 어렵다고 할 것이다. [경찰간부 15]

판례연구   소극적 방어행위를 부정하여 위법하다고 본 사례

대법원 1985.3.12, 84도2929
겁을 먹고 주춤주춤 피하는 것을 밀어서 넘어뜨려 사망케 한 사례
① 피해자가 주전자로 피고인의 얼굴을 때린 다음 또 다시 때리려고 하여 이를 피하고자 피해자를 밀어 넘어뜨린 것이라면 이러한 행위는 피해자의 불법적인 공격으로부터 벗어나기 위한 부득이한 저항의 수단으로서 소극적인 방어행위에 지나지 않는다고 볼 여지가 있을 것이나, ② 이와 달리 술에 취한 피해자가 피고인을 때렸다가 피고인의 반항하는 기세에 겁을 먹고 주춤주춤 피하는 것을 피고인이 밀어서 넘어뜨렸다면 이러한 피고인의 행위는 피해자의 공격으로부터 벗어나기 위한 부득이한 소극적 저항의 수단이라기보다는 '보복을 위한 적극적 반격행위'라고 보지 않을 수 없다. [경찰간부 11]

(2) (법령상 명시적인 징계권 없는 자의) 징계행위

① 의 의

② 자기 또는 타인의 자녀에 대한 징계행위

> **판례연구**　**허용될 수 없는 친권자의 징계행위**
>
> **1** 대법원 1969.2.4, 68도1793
> 4세의 아들이 대소변을 가리지 못한다고 닭장에 가두고 전신을 구타한 행위는 학대죄의 구성요건에 해당하고 친권자의 징계권 행사에 해당되지 아니한다.
>
> **2** 대법원 2002.2.8, 2001도6468
> 친권자가 스스로의 감정을 이기지 못하고 야구방망이로 때릴 듯이 피해자(친권자의 子)에게 "죽여버린다"고 말하여 협박하는 것은 그 자체로 피해자의 인격 성장에 장해를 가져올 우려가 커서 이를 교양권의 행사라고 보기도 어렵다.

> **사례연구**　**타인의 자녀에 대한 징계행위**
>
> 甲은 야간에 어두운 골목길에서 술에 취한 연소자인 乙로부터 반말로 "담배 한 개 다오"라고 요구받았다. 甲이 "뉘 집 아이냐"고 반문하자 乙이 "이 자식, 담배 달라면 주지 웬 잔소리냐. 이래 보아도 내가 유도 4단인데 맛 좀 봐라"하며 덤벼들어 집어던지려고 하며 甲의 한복바지를 찢는 등 행패를 부리므로 甲은 乙의 신원을 파악하고 연장자로서 훈계를 하기 위하여 乙의 멱살을 잡아 부근에 있는 丙의 집 마당에 끌고 갔다. 그런데 乙이 때마침 동네 어른들이 모여 있는 추석 주연의 좌석에 뛰어들어 함부로 음식물을 취하고 자리를 어지럽게 할 뿐 아니라 또 60세가 넘은 어른에게 담배를 청하는 등 불손한 행동을 하였다. 丙이 乙을 수차 말려도 듣지 않고 乙은 급기야 丙의 동생 丁에게 유도를 하자고 마당으로 끌고 가서 丁을 넘어뜨리고 그 배 위에 올라타고 목을 조르고 있기에 丙은 이를 제지하기 위하여 방 빗자루로 乙의 엉덩이를 2회 때렸다. 甲과 丙의 형사책임은?
>
> 　해결　甲과 丙의 소위는 연소한 乙의 불손한 행위에 대하여 그 신원을 파악하고 훈계하는 한편, 乙의 행패행위를 제지하기 위한 것으로 乙의 행위에 의하여 침해당한 甲과 丙의 법익에 비하여 乙이 甲과 丙의 폭행행위로 입은 신체상 침해된 법익을 교량할 때 甲과 丙의 행위는 그 목적이나 수단이 상당하며 이는 사회상규에 위배되지 아니하며 위법성이 없다(대법원 1978.12.13, 78도2617).

③ 교사의 징계행위

> **판례연구**　**교사의 징계권을 일탈한 위법한 폭력 사례**
>
> 대법원 1980.9.9, 80도762
> 교사가 피해자인 학생이 욕설을 하였는지를 확인도 하지 못할 정도로 침착성과 냉정성을 잃은 상태에서 욕설을 하지도 아니한 학생을 오인하여 구타하였다면 그 교사가 비록 교육상 학생을 훈계하기 위하여 한 것이라고 하더라도 이는 징계권의 범위를 일탈한 위법한 폭력행위이다. [국가9급 10]

> **사례연구**　**교사의 징계행위의 한계 : 상해죄 성립**
>
> 초등학교 교사 甲은 징계행위로써 5학년 乙을 양손으로 교탁을 잡게 한 다음, 굵은 나무 몽둥이로 엉덩이를 두 번 때리고, 아파서 무릎을 굽히며 허리를 옆으로 틀자 허리를 때려 전치 6주의 상해를 입혔다. 甲의 죄책은?

해결 교사가 초등학교 5학년생을 징계하기 위하여 양손으로 교탁을 잡게 하고 길이 50cm, 직경 3cm 가량 되는 나무 지휘봉으로 엉덩이를 두 번 때리고, 학생이 아파서 무릎을 굽히며 허리를 옆으로 틀자 다시 허리부분을 때려 6주간의 치료를 받아야 할 상해를 입힌 경우 위 징계행위는 그 방법 및 정도가 교사의 징계권 행사의 허용한도를 넘어선 것으로서 정당행위로 볼 수 없다(대법원 1990.10.30, 90도1456).

유사 교사가 학생을 엎드리게 한 후 몽둥이와 당구큐대로 그의 둔부를 때려 3주간의 치료를 요하는 우둔부심부혈종좌이부좌상을 입혔다면 비록 학생주임을 맡고 있는 교사로서 제자를 훈계하기 위한 것이었다 하더라도 이는 징계의 범위를 넘는 것으로서 형법 제20조의 정당행위에는 해당하지 아니한다(대법원 1991.5.14, 91도513).

사례연구 교사의 징계행위의 한계 : 폭행죄와 모욕죄 사례

여자중학교 체육교사인 甲은 운동장에서 乙양 등 피해여학생들이 '무질서하게 구보한다'는 이유로 주먹으로 머리를 때리고 甲이 신고 있던 슬리퍼로 양손을 때렸으며, 감수성이 예민한 여학생인 乙양 등 2명에게 학생들이 보는 가운데 모욕감을 느낄 지나친 욕설을 하였다.

제1문 정당행위가 인정되는가? / 제2문 그 죄책은?

해결 초·중등교육법령에 따르면 교사는 학교장의 위임을 받아 교육상 필요하다고 인정할 때에는 징계를 할 수 있고 징계를 하지 않는 경우에는 그 밖의 방법으로 지도를 할 수 있는데 그 지도에 있어서는 교육상 불가피한 경우에만 신체적 고통을 가하는 방법인 이른바 체벌로 할 수 있고 그 외의 경우에는 훈육, 훈계의 방법만이 허용되어 있는 바, 특히 학생에게 신체적·정신적 고통을 가하는 체벌, 비하(卑下)하는 말 등의 언행은 교육상 불가피한 때에만 허용되는 것이어서, 학생에 대한 폭행, 욕설에 해당되는 지도행위는 학생의 잘못된 언행을 교정하려는 목적에서 나온 것이었으며 다른 교육적 수단으로는 교정이 불가능하였던 경우로서 그 방법과 정도에서 사회통념상 용인될 수 있을 만한 객관적 타당성을 갖추었던 경우에만 법령에 의한 정당행위로 볼 수 있을 것이다(정당행위로 볼 수 없다는 사례)(대법원 2004.6.10, 2001도5380). [국가9급 11/법원행시 07]

정답 제1문 정당행위가 인정되지 않는다. / 제2문 폭행죄와 모욕죄

④ 군인의 징계행위

판례연구 군인의 징계행위로서 적법한 행위 사례

대법원 1978.4.11, 77도3149
군대 내의 질서를 지키려는 목적에서 지휘관이 부하에게 가한 경미한 폭행은 지키려는 법익이 피해법익에 비하여 월등히 크다고 할 것이므로 그 위법성을 결여한다.

판례연구 군인의 징계행위로 볼 수 없어 위법한 행위 사례

1 대법원 1984.6.12, 84도799
상관인 피고인이 군 내부에서 부하인 방위병들의 훈련 중에 그들에게 군인정신을 환기시키기 위하여 한 일이라 하더라도 감금과 구타행위는 징계권 내지 훈계권의 범위를 넘어선 것으로 위법하다.

유사 부하를 훈계하기 위한 것이라 하여도 폭행행위가 훈계권의 범위를 넘었다고 보이고 그로 인하여 상해를 입은 이상 그 행위는 위법성이 조각된다고 할 수 없다(제263조의 동시범 특례에 의하여 폭행치상죄의 공동정범의 예에 따라 처벌된 사례)(대법원 1984.6.26, 84도603).

위법한 얼차려 사례 : 강요죄 성립

상사 계급의 군인이 그의 잦은 폭력으로 신체에 위해를 느끼고 겁을 먹은 상태에 있던 부대원들에게 청소 불량 등을 이유로 40~50분간 머리박아(속칭 '원산폭격')를 시키거나 양손을 깍지 낀 상태에서 약 2시간 동안 팔굽혀펴기를 50~60회 정도 하게 한 행위는 정당행위로 볼 수 없다. [경찰간부 13 / 국가9급 09 / 국가7급 13]

(3) 자기 또는 타인의 권리를 실행하기 위한 행위

판례연구　자기 또는 타인의 권리를 실행하기 위한 행위로 인정되는 경우

대법원 1980.11.25, 79도2565

권리행사를 위한 폭행·협박 : 비료회사 사례

피고인이 비료를 매수하여 시비한 결과 딸기묘목 또는 사과나무묘목이 고사하자, 비료를 생산한 회사에게 손해배상을 요구하면서 사장 이하 간부들에게 욕설을 하거나 응접탁자 등을 들었다 놓았다 하거나 현수막을 들어 보이면서 시위를 할 듯한 태도를 보이는 등 하였다 하여도 이는 손해배상청구권에 기한 것으로서 그 방법이 사회통념상 인용된 범위를 일탈한 것이라고 단정하기 어려우므로 공갈 및 공갈미수의 죄책을 인정할 수 없다.

판례연구　자기 또는 타인의 권리를 실행하기 위한 행위로 인정되지 않는 경우

1 대법원 1982.9.14, 82도1679

채권을 변제받기 위한 방편으로 기망하여 약속어음을 교부받은 경우 위법성조각 여부

피고인의 소위가 피해자에 의한 채권을 변제받기 위한 방편이었다 하더라도 이 사건에서와 같이 피해자에게 환전하여 주겠다고 기망하여 약속어음을 교부받는 행위는 위법성을 조각할 만한 정당한 권리행사방법이라고 볼 수 없다.

2 대법원 1990.11.23, 90도1864

피고인이 피해자를 상대로 목재대금청구소송 계속 중 피해자에게 피해자의 양도소득세포탈사실을 관계기관에 진정하여 일을 벌이려 한다고 말하여 겁을 먹은 피해자로부터 목재대금을 지급하겠다는 약속을 받아낸 행위는 사회상규에 어긋나지 않는다고 할 수 없다. [경찰9급 16]

3 대법원 1991.5.10, 91도346

피해어민들이 그들의 피해보상 주장을 관철하기 위하여 한 집단적 시위 사례

피해어민들이 그들의 피해보상 주장을 관철하기 위하여 집단적인 시위를 하고, 선박의 입·출항 업무를 방해하며 이를 진압하려는 경찰관들을 대나무 사앗대 등을 들고 구타하여 상해를 입히는 등의 행위를 한 경우 각 범행의 수단, 방법 및 그 결과 등에 비추어 위 각 범행이 사회통념상 용인될 만한 상당성이 있는 정당행위라고는 할 수 없다.

4 대법원 1991.9.10, 91도376

피고인이 피해자의 처에 대한 채권을 회수하기 위하여 피해자의 처와 공모하여 제3자를 매수인으로 내세워 피해자와의 사이에 피해자 소유의 부동산에 관한 매매계약을 체결하고, 그 매매대금을 위 채권에 충당한 행위는 사회상규상 정당한 권리행사의 범위를 벗어난 것으로서 재산상의 거래관계에 있어서 거래당사자가 지켜야 할 신의와 성실의 의무를 저버린 기망행위이다.

5 대법원 1991.9.24, 91도1824

피해자의 기망에 의하여 부동산을 비싸게 매수한 피고인이라도 그 계약을 취소함이 없이 등기를 피고인 앞으로 둔 채 피해자의 전매차익을 받아낼 셈으로 피해자를 협박하여 재산상의 이득을 얻거나 돈을 받았다면 이는 정당한 권리행사의 범위를 넘은 것으로서 공갈죄를 구성한다.

6 대법원 1991.12.13, 91도2127

공사부실로 하자가 발생하여 공사를 중단한 수급인이 도급인으로부터 공사대금 명목의 금품을 받은 사례

공사 수급인의 공사부실로 하자가 발생되어 도급인측에서 하자보수시까지 기성고 잔액의 지급을 거절하자 … 수급인이 권리행사에 빙자하여 도급인측에 대하여 비리를 관계기관에 고발하겠다는 내용의 협박 내지 사무실의 장시간 무단점거 및 직원들에 대한 폭행 등의 위법수단을 써서 기성고 공사대금 명목으로 금 80,000,000원을 교부받은 소위는 사회통념상 허용되는 범위를 넘는 것으로서 이는 공갈죄에 해당한다. [경찰채용 14 2차]

7 대법원 1994.11.8, 94도1657

행방불명된 남편에 대하여 불리한 민사판결이 선고되자 남편 명의의 항소장을 임의로 작성·제출한 사례

남편을 상대로 한 제소행위에 대하여 응소하는 행위가 처의 일상가사대리권에 속한다고 할 수 없고, 행방불명된 남편에 대하여 불리한 민사판결이 선고되었다 하더라도 그러한 사정만으로써는 적법한 다른 방법을 강구하지 아니하고 남편 명의의 항소장을 임의로 작성하여 법원에 제출한 행위가 사회통념 상 용인되는 극히 정상적인 생활형태의 하나로서 위법성이 없다 할 수는 없다. [경찰채용 14 2차 / 국가9급 11 / 법원9급 16]

8 대법원 2001.2.23, 2000도4415

권리실행행위의 한계 : 공갈죄

피해자의 정신병원에서의 퇴원 요구를 거절해 온 피해자의 배우자가 피해자에 대하여 재산이전 요구를 한 경우, 그 배우자가 재산이전 요구에 응하지 않으면 퇴원시켜 주지 않겠다고 말한 바 없더라도 이는 암묵적 의사표시로서 공갈죄의 수단인 해악의 고지에 해당하고, 이러한 해악의 고지가 권리의 실현수단으로 사용되었더라도 그 수단방법이 사회통념상 허용되는 정도나 범위를 넘는 것으로서 공갈죄를 구성한다.

9 대법원 2002.2.25, 99도4305

권리행사를 위한 협박 : 공갈죄

피고인이 피해자에 대하여 채권이 있다고 하더라도 그 권리행사를 빙자하여 사회통념상 용인되기 어려운 정도를 넘는 협박을 수단으로 상대방을 외포케 하여 재물의 교부 또는 재산상의 이익을 받았다면 공갈죄가 되는 것이다. [경찰간부 11 / 법원9급 09]

10 대법원 2011.5.26, 2011도2412

채권추심을 위하여 한 독촉 등 권리행사에 필요한 행위가 정당행위로 되기 위한 요건

채권자가 채권추심을 위하여 독촉 등 권리행사에 필요한 행위를 할 수 있기는 하지만, 법률상 허용되는 정당한 절차에 의한 것이어야 하며, 또한 채무자의 자발적 이행을 촉구하기 위해 필요한 범위 안에서 상당한 방법으로 그 권리가 행사되어야 한다. 따라서 사채업자인 피고인 A가 채무자 甲에게, 채무를 변제하지 않으면 甲이 숨기고 싶어 하는 과거 행적과 사채를 쓴 사실 등을 남편과 시댁에 알리겠다는 등의 문자메시지를 발송한 행위는, 협박의 고의도 인정되며, 정당한 절차와 방법을 통해 그 권리를 행사하지 아니하고 피해자에게 위와 같이 해악을 고지한 것은 사회의 관습이나 윤리관념 등 사회통념에 비추어 용인할 수 있는 정도의 것이라고 볼 수 없다(협박죄 성립). [경찰채용 13 1차 / 경찰채용 20 2차 / 사시 13]

(4) 경미한 불법

(5) 기타 사회상규에 위배되지 아니하는 행위 관련판례[37]

> **판례연구**   **사회상규에 위배되지 아니하는 행위를 인정한 사례**
>
> **1** 대법원 1980.2.12, 79도1349
> 모가 승낙한 정신병자에 대한 감금행위는 위법성이 없다고 한 사례
> 정신병자의 어머니의 의뢰 및 승낙 하에 그 감호를 위하여 그 보호실 문을 야간에 한해서 3일간 시정하여
> 출입을 못하게 한 감금행위는 그 병자의 신체의 안정과 보호를 위하여 사회통념상 부득이 한 조처로서
> 수긍될 수 있는 것이면, 위법성이 없다.
>
> **2** 대법원 1987.1.20, 86도2492
> 동생을 구타하여 지면에 넘어뜨린 후 도주하는 자의 허리띠를 잡고 파출소 동행을 요구한 사례
> 피해자가 피고인의 동생을 구타하여 지면에 넘어뜨린 후 도주하므로 피고인이 그를 뒤따라가 그의
> 허리띠를 잡고 파출소로 동행할 것을 요구하자 오히려 위 피해자가 피고인의 멱살을 잡고 늘어지면서
> 반항한 것이라면 그와 같은 사정에서 설사 피고인의 행위가 폭행에 해당된다고 하여도 이는 위 피해자의
> 불법한 공격으로부터 자신을 보호하고 그를 파출소로 데려가기 위하여 취한 필요한 최소한도의 조치로서
> 사회상규에 어긋나지 아니하여 위법성이 없다.
>
> **3** 대법원 1995.3.17, 93도923
> 자신의 주장의 정당성을 입증하기 위한 자료의 제출행위로써 고소장 사본을 첨부한 사례
> 피고인이 소속한 교단협의회에서 조사위원회를 구성하여 피고인이 목사로 있는 교회의 이단성 여부에
> 대한 조사활동을 하고 보고서를 그 교회 사무국장에게 작성토록 하자, 피고인이 조사보고서의 관련
> 자료에 피해자를 명예훼손죄로 고소했던 고소장의 사본을 첨부한 경우, 이는 자신의 주장의 정당성을
> 입증하기 위한 자료의 제출행위로서 정당한 행위로 볼 것이지, 고소장의 내용에 다소 피해자의 명예를
> 훼손하는 내용이 들어 있다 하더라도 이를 위법하다고까지는 할 수 없다.
>
> **4** 대법원 1999.10.22, 99도2971
> 후보자의 회계책임자가 자원봉사자인 후보자의 배우자 등에게 식사를 제공한 경우 : 정당행위 긍정
> 후보자의 회계책임자가 자원봉사자인 후보자의 배우자, 직계혈족 기타 친족에게 식사를 제공한 행위는
> 지극히 정상적인 생활형태의 하나로서 역사적으로 생성된 사회질서의 범위 안에 있는 것이어서 사회상규
> 에 위배되지 아니하여 위법성이 조각된다. [경찰승진(경사) 11]
>
> **5** 대법원 2000.4.25, 98도2389
> 무면허 의료행위 중 경미한 경우 : 무면허 수지침 시술 사례
> 일반적으로 면허 또는 자격없이 (수지침) 침술행위를 하는 것은 ① 의료법 제25조의 무면허 의료행위에
> 해당되어 처벌되어야 하고, 수지침 시술행위가 광범위하고 보편화된 민간요법이고, 그 시술로 인한
> 위험성이 적다는 사정만으로 그것이 바로 사회상규에 위배되지 아니하는 행위에 해당한다고 보기는
> 어렵다고 할 것이나, [경찰간부 16] … ② 구체적인 경우에 있어서 개별적으로 보아 법질서 전체의 정신이나
> 그 배후에 놓여 있는 사회윤리 내지 사회통념에 비추어 용인될 수 있는 행위에 해당한다고 인정되는
> 경우에는 형법 제20조 소정의 사회상규에 위배되지 아니하는 행위로서 위법성이 조각된다고 할 것이다.
> → 원칙적으로 의료법위반죄, 예외적으로 경미하면 정당행위 [경찰간부 15 / 법원행시 14]

---

37 아래에서는 판례들 중에서 사회상규에 위배되지 아니하는 행위와 사회상규에 위배되는 행위의 예들을 상당수 뽑아 예시해보기로
    한다. 이외에 이와 관련되는 판례들은 형법각론의 각 범죄별로 검토될 것이다.

6 대법원 2003.8.22, 2003도1697

이 사건에서 군의회 의원 선거 후보자의 마을회관 건립경비 기부행위는 공직선거관리규칙 제50조 제5항 제2호 (자)목에 해당한다고 보기 어려워 공직선거법 제257조 제1항 제1호의 기부행위 위반죄의 구성요건 해당성은 있으나 사회상규에 위배되지 아니하여 위법성이 조각된다.

> 유사   공직선거법 제112조 제1항에 해당하는 금품 등 제공행위가 같은 법 제112조 제2항 등에 규정된 의례적 행위나 직무상 행위에 해당하지 않더라도, 그것이 지극히 정상적인 생활형태의 하나로서 역사적으로 생성된 사회질서의 범위 안에 있는 것이라면 의례적 행위나 직무상의 행위로서 사회상규에 위배되지 아니하여 위법성이 조각된다(대법원 2017.4.28, 2015도6008).

7 대법원 2004.4.9, 2003도6351

일시오락에 불과한 도박행위에 대한 풍속영업자의 준수사항 위반 여부
피고인이 운영하는 여관에서 친구들과 도박을 한 경우 일시오락의 정도에 불과하여 도박죄가 성립하지 않더라도 풍속영업의 규제에 관한 법률 위반죄의 구성요건에는 해당하나, 사회상규에 위배되지 않는 행위로서 위법성이 조각된다.

8 대법원 2006.4.27, 2003도4735

주택관리사 없이 아파트 관리사무소의 직원급여, 전기요금 등 경비를 정당하게 지출한 사례
甲은 주택관리사의 자격을 가진 직원이 없는 상태에서 당장 지급하여야 할 직원급여, 전기요금 등의 필요적 경비를 지출하였다. 그런데 그 지출이 이루어지지 않을 경우 근로기준법을 위반하게 되고, 아파트 주민들이 연체료 등 더 큰 부담을 지게 될 상황이었다. 甲의 행위는 정당행위로서 무죄가 된다.

9 대법원 2010.2.25, 2009도8473

'재건축사업으로 철거가 예정되어 있고 그 입주자들이 모두 이사하여 아무도 거주하지 않는 아파트'도 재물손괴죄의 객체가 되지만(대법원 2007.9.20, 2007도5207 참조), 이를 가집행선고부 판결을 받아 철거한 행위는 형법 제20조의 정당행위에 해당한다.

10 대법원 2010.3.11, 2009도10425

짧은 연좌시간 집회는 적법한 집회라는 사례
피고인들이 이미 신고한 행진 경로를 따라 행진로인 하위 1개 차로에서 2회에 걸쳐 약 15분 동안 연좌하였다는 사실 외에 이미 신고한 집회방법의 범위를 벗어난 사항은 없고, 약 3시간 30분 동안 이루어진 집회시간 동안 연좌시간도 약 15분에 불과한 경우, 위 옥외집회 등 주최행위는 신고한 범위를 뚜렷이 벗어나는 경우에 해당하지 아니한다.

11 대법원 2010.4.8, 2009도11395

시위 방법의 하나로 행한 '삼보일배 행진'은 사회상규에 반하지 아니하는 정당행위에 해당한다. [경찰채용 10 1차 / 경찰채용 11 2차 / 국가7급 11 / 사시 14]

12 대법원 2017.10.26, 2012도13352

표현의 자유와 관련된 정당행위의 새로운 판단기준을 제시한 사건 : 결합 표현물 사건
음란물이 그 자체로는 하등의 문학적·예술적·사상적·과학적·의학적·교육적 가치를 지니지 아니하더라도, 음란성에 관한 논의의 특수한 성격 때문에, 그에 관한 논의의 형성·발전을 위해 문학적·예술적·사상적·과학적·의학적·교육적 표현 등과 결합되는 경우가 있다. 이러한 경우 음란 표현의 해악이 이와 결합된 위와 같은 표현 등을 통해 상당한 방법으로 해소되거나 다양한 의견과 사상의 경쟁메커니즘에 의해 해소될 수 있는 정도라는 등의 특별한 사정이 있다면, 이러한 결합 표현물에 의한 표현행위는 공중도덕이나 사회윤리를 훼손하는 것이 아니어서, 법질서 전체의 정신이나 그 배후에 놓여 있는

사회윤리 내지 사회통념에 비추어 용인될 수 있는 행위로서 형법 제20조에 정하여진 '사회상규에 위배되지 아니하는 행위'에 해당된다. … 방송통신심의위원회 심의위원인 甲은 자신의 인터넷 블로그에 위원회에서 음란정보로 의결한 '남성의 발기된 성기 사진'을 게시함으로써 정보통신망을 통하여 음란한 화상 또는 영상인 사진을 공공연하게 전시하였다고 하여 정보통신망 이용촉진 및 정보보호 등에 관한 법률 위반(음란물유포)으로 기소되었는데, 피고인의 게시물은 사진과 학술적, 사상적 표현 등이 결합된 결합 표현물로서, 사진은 음란물에 해당하나 결합 표현물인 게시물을 통한 사진의 게시는 형법 제20조에 정하여진 '사회상규에 위배되지 아니하는 행위'에 해당한다. [국가7급 18]

판례연구 **사회상규에 위배되므로 위법하다고 본 사례**

1 대법원 1982.12.14, 82도2357
변조된 채권증서에 의한 배당금수령이 사회상규에 위반되지 않는 것이라고 볼 수 없다고 한 사례
피고인의 변조 채권증서를 이용하여 채무청산위원회로부터 편취한 금원의 용도가 동 위원회가 채무자로부터 그 재산을 양도받는 데에 결정적인 역할을 한 자들에 대한 사례금으로 지급하기 위한 것이었다고 하여 동 변조증서에 의한 배당금취득이 채무청산위원회의 위원으로서 업무수행에 관련된 행위로서 사회상규에 위반되지 않는 것이라고 볼 수 없다.

2 대법원 1983.2.8, 82도357
국고수입을 늘린다는 일념에서 법령에 위반하여 지정 매도인 이외의 자에게 홍삼을 판매한 사례
전매공무원인 피고인이 홍삼판매할당량을 충실히 이행함으로써 국고수입을 늘린다는 일념 하에서 법령에 위반하여 지정판매인 이외의 자에게 판매하고 이를 법령상 허용된 절차와 부합시키기 위하여 허위의 공문서인 매도신청서와 영수증을 작성케 하였다면, 설사 그것이 일반화된 관례였고 상급관청이 이를 묵인하였다는 사정이 있다 하더라도, 사회적 상당성이 있다고 단정할 수 없다.

3 대법원 1990.2.23, 89도2466
회사를 위한 탈세행위로 형사재판을 받는 대표이사의 변호사비용과 벌금을 회사자금으로 지급한 사례
대표이사가 회사를 위한 탈세행위로 인하여 형사재판을 받는 경우 그 변호사비용과 벌금을 회사에서 부담하는 것이 관례라고 하여도 그러한 행위가 사회상규에 어긋나지 않는다고 할 만큼 사회적으로 용인되어 보편화된 관례라고 할 수 없다.

4 대법원 1990.8.14, 90도870
집시법 소정의 신고 없이 이루어진 옥외집회 또는 시위
옥외집회 또는 시위가 개최될 것이라는 것을 관할 경찰서가 알고 있었다거나 그 집회 또는 시위가 평화롭게 이루어진다 하여 집시법의 신고의무가 면제되는 것은 아니므로 소정의 신고서 제출 없이 이루어진 옥외집회 또는 시위를 사회상규에 반하지 아니하는 정당한 행위라고 할 수는 없다.

5 대법원 1991.12.27, 91도1169
피고인이 피해자에게 심한 욕설을 한 게 발단이 된 사례
택시 운전사인 피고인이 고객인 가정주부들에게 입에 담지 못할 욕설을 퍼부은 데서 발단이 되어 가정주부인 피해자 등으로부터 핸드백과 하이힐 등으로 얻어맞게 되자 그 때문에 입은 상처를 고발하기 위해 파출소로 끌고 감을 빙자하여 피해자의 손목을 잡아 틀어 상해를 가했다면 피고인의 행위가 사회통념상 용인될 만한 상당성이 있는 정당행위라고 볼 수는 없다.[38] [사시 12]

---

38 참고 : 이 판례는 이론적으로 정당방위의 사회윤리적 제한 중 '유책한 도발행위'에 해당되므로 정당방위의 범위가 일정한 수준으로 제한된다고 볼 수 있는 경우이다.

6 대법원 1999.2.23, 98도1869

새마을금고 이사장이 구 새마을금고법 및 정관에 반하여 비회원인 회사에게 대출해 준 경우, 그 회사가 위 대출금으로 회원인 회사근로자들의 상여금을 지급하였다 하더라도 정당행위에 해당하지 않는다(새마을금고법위반죄 성립).[39] [경찰승진(경사) 11]

7 대법원 1999.5.25, 99도983

선관위규칙 소정의 금액을 초과한 후보자의 경조품 제공행위 : 정당행위 부정

후보자가 선거구 내 거주자에 대한 결혼축의금으로서 선관위규칙이 정한 금액인 금 30,000원을 초과하여 금 50,000원을 지급한 사유가 후보자가 모친상시 그로부터 받은 같은 금액의 부의금에 대한 답례취지이었다 하더라도 그것이 미풍양속으로서 사회상규에 위배되지 않는다고 볼 수 없다.

8 대법원 1999.10.12, 99도3335

후보자의 선거비용 지출에 대해 회계책임자가 사후추인한 경우 : 정당행위 부정

공직선거법상 선거비용지출죄는 회계책임자가 아닌 자가 선거비용을 지출한 경우에 성립되는 죄인 바, 후보자가 그와 같은 행위가 죄가 되는지 몰랐다고 하더라도 회계책임자가 아닌 후보자가 선거비용을 지출한 이상 그 죄의 성립에 영향이 없고, 회계책임자가 후에 후보자의 선거비용지출을 추인하였다 하더라도 그 위법성이 조각되는 것도 아니다.

9 대법원 2002.1.25, 2000도1696

피고인의 군수 후보자 합동연설회장에서 유인물을 교부한 행위는 형법 제20조에서 말하는 '법령에 의한 행위 또는 업무로 인한 행위'에 해당하지 아니함은 물론, 공직선거법의 입법취지에 비추어 보면 사회상규에 위배되지 아니한 행위라고 할 수도 없다.

10 대법원 2003.9.26, 2003도3000

이혼소송에 제출할 증거서류를 수집할 목적으로 간통현장을 사진촬영하기 위하여 주택에 침입한 사례

피고인들은 甲과 乙이 주택 내의 乙의 방에서 간통할 것이라는 추측 하에 피고인 A와 甲 사이의 이혼소송에 사용할 증거자료 수집을 목적으로 그들의 간통 현장을 직접 목격하고 그 사진을 촬영하기 위하여 이 사건 주택에 침입한 것으로서, 그 목적이 乙의 주거생활의 평온이라는 법익침해를 정당화할 만한 이유가 될 수 없을 뿐 아니라, 그 수단과 방법에 있어서 상당성이 인정된다고 보기도 어려우며, 증거수집을 위하여 주거침입이 긴급하고 불가피한 수단이었다고 볼 수도 없다. [경찰채용 10 2차 / 경찰승진 10·14·16 / 국가9급 07 / 국가7급 10·13 / 법원행시 11·12 / 변호사시험 13]

11 대법원 2004.4.27, 2002도315

시민불복종운동 사례 : 특정후보자에 대한 낙선운동은 정당행위가 될 수 없다는 사례

확성장치사용, 연설회 개최, 불법행렬, 서명날인운동, 선거운동 기간 전 집회개최 등의 방법으로 특정후보자에 대한 낙선운동을 함으로써 공직선거법에 의한 선거운동 제한규정을 위반한 행위는 위법한 행위로서 허용될 수 없는 것이고, 이러한 행위가 시민불복종운동으로서 헌법상의 기본권 행사 범위 내에 속하는 정당행위이거나 형법상 사회상규에 위반되지 아니하는 정당행위 또는 긴급피난의 요건을 갖춘 행위로 볼 수는 없다. [경찰승진 15 / 사시 14]

12 대법원 2004.10.28, 2004도3405

시술비를 받는 등 부항 시술행위가 경미하지 않았던 경우

---

39 주의 : 새마을금고 임·직원이 동일인 대출한도 제한규정을 위반하여 초과대출을 한 행위는 새마을금고법위반에 해당하지만, 업무상 배임죄가 성립할 수 없다는 판례(대법원 2008.6.19, 2006도4876 전원합의체)와는 혼동하지 않아야 한다.

부항 시술행위가 광범위하고 보편화된 민간요법이고, 그 시술로 인한 위험성이 적다는 사정만으로 그것이 바로 사회상규에 위배되지 아니하는 행위에 해당한다고 보기는 어렵고, 다만 개별적인 경우에 사회통념에 비추어 용인될 수 있는 행위에 해당한다고 인정되는 경우에만 사회상규에 위배되지 아니하는 행위로서 위법성이 조각된다. [국가7급 16]

13 대법원 2004.11.25, 2004도6408
1인 시위 등이 명예훼손 및 업무방해에 해당한다고 본 사례
피고인이 적법한 구제절차를 밟지 아니한 채 피해자가 운영하는 병원 곳곳을 돌아다니며 '살인병원'이라고 소리를 지르고, 여러 날에 걸쳐 상복(喪服)을 입은 채 위 병원 앞 인도 위에서 베니어판을 피고인의 목에 앞뒤로 걸고 1인 시위를 벌이는 행위를 한 것은 집회·시위의 자유 및 표현의 자유의 한계를 넘어 선 것으로 그 수단이나 방법이 상당하다고 할 수 없고 또한 다른 구제수단이나 방법이 없어 불가피하게 한 행위라고 볼 수 없으므로 정당행위에 해당하지는 아니한다.

14 대법원 2006.4.13, 2003도3902
입주자대표회의 측과 기존 관리회사의 분쟁 사례
A아파트의 입주자대표회의로부터 새롭게 관리업무를 위임받은 B주식회사의 직원들인 甲 등은 저수조 청소를 위하여 중앙공급실에의 출입을 시도하여 오다가, 기존에 관리업무를 수행하던 C주식회사의 직원들로부터 계속 출입을 제지받자, ① 출입문에 설치된 자물쇠를 손괴하고 중앙공급실에 침입하였다. 그리고 위 아파트 입주자대표회의의 임원 乙과 B회사의 직원들인 丙 등은 ② C회사의 직원들로부터 관리비 고지서를 빼앗고 사무실의 집기 등을 들어내었다. 저수조 청소를 위하여 출입문에 설치된 자물쇠를 손괴하고 중앙공급실에 침입한 폭처법위반행위(① : 2인 이상의 손괴 및 주거침입)는 정당행위에 해당하나, 관리비 고지서를 빼앗거나 사무실의 집기 등을 들어낸 행위(② : 업무방해)는 정당행위에 해당하지 않는다. [경찰승진(경사) 11 / 경찰승진 15 / 사시 11]

15 대법원 2006.4.13, 2005도9396
아파트 입주자대표회의 회장이 다수 입주민들의 민원에 따라 위성방송 수신을 방해하는 케이블TV방송의 시험방송 송출을 중단시키기 위하여 위 케이블TV방송의 방송안테나를 절단하도록 지시한 행위를 긴급피난 내지는 정당행위에 해당한다고 볼 수 없다. [경찰채용 13.1차 / 경찰간부 16·17 / 국가9급 10 / 국가7급 07 ·16 / 법원9급 14·22]

16 대법원 2006.4.27, 2003도4735
무자격자가 입주자대표회의 운영비(업무추진비)를 지출한 행위
입주자대표회의 운영비(업무추진비)가 공동주택의 관리업무를 행하기 위한 분담할 수 있는 관리비에 포함된다고 인정한 것은 정당한 것으로서, 입주자대표회의 운영비가 그 성격상 주택관리사 등의 공백상태에서 반드시 지출되어야 할 것이 아니고, 그 당시 지출해야 할 특별한 사정이 있었다고 보이지도 아니하므로, 무자격자인 피고인의 지출행위는 정당행위에 해당하지 아니한다.

17 대법원 2006.4.27, 2003도4735
아파트 단지 내에서의 굴비 판매수수료를 동대표 일부에 추석 선물비용으로 지출한 사례
주주총회나 이사회, 부녀회 등에서 위법한 예산지출에 관하여 의결을 하였다 하더라도 횡령죄나 배임죄의 성립에 지장이 없고, 그 의결에 따른 예산집행이라고 하여 횡령행위나 배임행위가 정당화될 수 없다 할 것인 바(대법원 1990.2.23, 89도2466; 2000.5.26, 99도2781; 2004.7.22, 2003도8193 등 참조), [국가9급 18] 아파트 단지 내에서의 굴비 판매행위와 관련하여 받은 수수료는 주요시설의 보수 및 특별수선충당금으로 적립하여야 하므로, 피고인이 임의로 위 수수료를 동대표 일부에 대한 추석 선물비용으로

지출한 후 입주자대표회의에서 이를 추인하는 결의가 있었다 하더라도 피고인의 위 행위는 횡령죄를 구성하고, 정당행위에 해당하지 아니한다.

18 대법원 2006.4.27, 2003도4735
아파트 관리규약 개정을 위한 서명부를 가지고 간 사례
甲이 아파트 관리규약 개정을 위한 서명부를 가지고 감으로써 입주자대표회의의 관리규약 개정 등 관리업무를 방해하였다면 정당행위가 되지 않고 업무방해죄가 성립한다.

19 대법원 2007.1.11, 2006도7092
지자체장 세미나 지원경비 사례
차기 지방선거에 출마 예정인 지방자치단체장이 선거 전에 지방의회 의원 전원의 세미나 출장을 앞두고 의장을 직접 방문하여 세미나 지원경비를 지급한 행위는 공직선거법위반행위에 해당하며 평소 지자체장의 직무상 행위로서 관행이라는 이유로는 그 위법성이 배제될 수 없다.

유사1 행정자치부 업무추진비 집행기준을 준수한 지자체장의 간담회 개최 사례
지방자치단체장이 각종 간담회라는 명목으로 여러 모임을 개최하고 그 참석자들에게 음식물을 제공한 다음 행정자치부가 마련한 업무추진비 집행기준을 준수하여 지방자치단체장에게 지급되는 업무추진비로 그 비용을 지출하는 행위가 여러 지방자치단체장들에 의하여 관행적으로 행하여져 온 것임을 감안하더라도, 정당행위에 해당한다고 볼 수 없다(대법원 2007.11.16, 2007도7205).

유사2 지방의회의 업무추진비에서 예산집행절차를 거친 유권자들에 대한 음식물 제공 사례
지방의회의원이 음식물 등 제공에 사용한 금원이 지방의회의 예산에 편성되어 있는 업무추진비에서 예산집행절차를 거쳐 지급된 것이라고 하더라도, 기부행위의 지급상대방, 규모, 동기 등에 비추어 사회상규에 위배되지 아니하는 행위로 볼 수 없다(대법원 2009.4.9, 2009도676).

20 대법원 2007.6.28, 2005도8317
의사가 모발이식시술을 하면서 어느 정도 지식이 있는 간호조무사로 하여금 모발이식시술행위 중 일정 부분을 직접 하도록 맡겨둔 채 별반 관여하지 않은 것은 정당행위에 해당하지 않는다. [경찰채용 10 2차 / 경찰승진 10·16 / 사시 13·15]

21 대법원 2007.6.28, 2006도6389
정보통신망법상 타인의 비밀에 해당하는 급여명세서를 출력하여 소송에 증거로 제출한 사례
피고인이 타인의 급여번호와 비밀번호를 무단히 이용하여 학교법인의 정보통신망에 보관 중인 급여명세서를 열람·출력하는 행위는 상당성이 없고, 위 급여명세서를 위 방법으로 입수하여야 할 긴급한 상황에 있었다고 보기도 어려우며, 다른 수단이나 방법에 의하더라도 피고인이 의도한 소송상의 입증목적을 충분히 달성할 수 있다고 보이는 점 등을 종합하여 보면, 피고인의 이 사건 비밀침해 및 누설행위는 사회상규에 반하지 않는 정당행위에 해당한다고 볼 수도 없다.

22 대법원 2008.8.21, 2008도2695
정신분열증을 앓고 있는 피해자에 대한 기도원 운영자의 과도한 안수기도 사례 : 폭행치상죄 ○
종교적 기도행위를 마치 의료적으로 효과가 있는 치료행위인 양 내세워 환자를 끌어들인 다음, 통상의 일반적인 안수기도의 방식과 정도를 벗어나 환자의 신체에 비정상적이거나 과도한 유형력을 행사하고 신체의 자유를 과도하게 제압하여 환자의 신체에 상해까지 입힌 경우라면, 그러한 유형력의 행사가 비록 안수기도의 명목과 방법으로 이루어졌다 해도 정당행위라고 볼 수 없다. [경찰승진 15 / 국가7급 11 / 사시 11]

23 대법원 2009.4.23, 2008도6829

불법 건축물이라는 이유로 일반음식점 영업신고의 접수가 거부되었고, 이전에 무신고 영업행위로 형사처벌까지 받았음에도 계속하여 일반음식점 영업행위를 한 피고인의 행위는, 식품위생법상 무신고 영업행위로서 정당행위 또는 적법행위에 대한 기대가능성이 없는 경우에 해당하지 아니한다. [경찰간부 11 / 경찰승진(경장) 10 / 국가7급 20]

24 대법원 2009.10.15, 2006도6870

통합의학 사례 : 한의사 면허나 자격 없이 소위 '통합의학'에 기초하여 환자를 진찰 및 처방한 사례

한의사가 아니면 처방할 수 없고 한약사라고 하더라도 한약조제지침서에 정하여진 처방에 따라서 조제할 수 있을 뿐인 한약재로 구성된 소위 달인 물을 처방한 경우, 이러한 '통합의학'에 기초한 피고인의 질병에 대한 진찰 및 처방은 그 치료효과에 관한 과학적 근거가 부족하여 그로 인한 부작용 내지 위험 발생의 개연성이 적지 아니할 것으로 보이는 사실 등을 인정할 수 있는 바, 이러한 피고인의 진찰 및 처방은 사회통념에 비추어 용인될 수 있는 행위에 해당한다고 볼 수 없다. [국가9급 18]

25 대법원 2010.5.27, 2010도2680

속칭 '생일빵'을 한다는 명목 하에 피해자를 가격하였다면 폭행죄가 성립하고, 가격행위의 동기, 방법, 횟수 등 제반 사정에 비추어 정당행위에 해당하지 않는다고 볼 수 있다.[40]

26 대법원 2010.10.14, 2008도6578

운수회사 직원과 회사 대표가 공모하여 지입차주 점유의 차량을 무단 취거한 사례

피고인이 원심 공동피고인 1등과 공모하여 지입차주인 피해자들이 점유하는 각 차량 또는 번호판을 피해자들의 의사에 반하여 무단으로 취거함으로써 피해자들의 차량운행에 관한 권리행사를 방해한 경우, 피고인 등이 법적 절차에 의하지 아니하고 일방적으로 지입차량 등을 회수하지 않으면 안 될 급박한 필요성이 있다고 볼 만한 자료를 기록상 찾아볼 수 없으므로 피고인의 무단 취거 행위는 정당행위에 해당한다고 할 수 없다. [경찰채용 11 2차]

27 대법원 2011.2.24, 2010도14720

공직선거법상의 '기부행위'에 해당하는 행위가 위법이 조각되기 위한 요건

공직선거법상 기부행위의 구성요건에 해당하는 행위라 하더라도 그것이 지극히 정상적인 생활형태의 하나로서 역사적으로 생성된 사회질서의 범위 안에 있는 것이라고 볼 수 있는 경우에는 일종의 의례적 행위나 직무상의 행위로서 사회상규에 위배되지 아니하여 위법성이 조각되는 경우가 있을 수 있지만 그와 같은 사유로 위법성의 조각을 인정할 때에는 신중을 요한다. 따라서 현직 군수로서 전국동시지방선거 (제5회) 지방자치단체장 선거에 특정 정당 후보로 출마가 확실시되는 피고인이 같은 정당 지역청년위원장 등 선거구민 20명에게 약 36만 원 상당의 식사를 제공하여 기부행위를 한 경우에는, 사회상규에 위배되지 아니하는 행위로서 위법성이 조각된다고 볼 수 없다. [경찰승진 14]

28 대법원 2011.10.13, 2011도6287

약국개설자 아닌 자의 의약품 수여행위와 정당행위 여부

甲 주식회사 임원인 피고인들이 회사 직원들 및 그 가족들에게 수여[41]할 목적으로 전문의약품인

---

40 또 다른 논점 : 속칭 '생일빵'을 한다는 명목 하에 피해자를 가격하여 사망에 이르게 한 이 사안에서, 폭행과 사망 간에 인과관계는 인정되지만 폭행 당시 피해자의 사망을 예견할 수 없었다는 점에서 폭행치사죄는 인정할 수 없다(대법원 2010.5.27, 2010도2680).

41 보충 : 죄형법정주의 국내에 있는 불특정 또는 다수인에게 무상으로 의약품을 양도하는 수여행위도 구 약사법 제44조 제1항의 '판매'에 포함된다고 보는 것이 체계적이고 논리적인 해석이라 할 것이고, 그와 같은 해석이 죄형법정주의에 위배된다고 볼 수 없다(대법원 2011.10.13, 2011도6287).

타미플루 39,600정 등을 제약회사로부터 매수하여 취득하였다고 하여 구 약사법 위반죄로 기소된 경우, 불특정 또는 다수인에게 무상으로 의약품을 양도하는 수여행위도 '판매'에 포함되므로 위와 같은 행위가 같은 법 제44조 제1항 위반행위에 해당하며, 이는 사회상규에 위배되지 아니하는 정당행위에 속하지 않는다고 보아야 한다. [경찰채용 18 1차 / 경찰채용 15 2차 / 경찰채용 12 3차 / 경찰간부 12·14·16]

29 대법원 2018.2.8, 2015도7397

상법상 주주의 권리행사에 관한 이익공여의 죄와 사회상규에 위배되지 아니하는 행위

상법 제634조의2 제1항은 주식회사의 이사 등이 주주의 권리행사와 관련하여 회사의 계산으로 재산상의 이익을 공여한 경우에는 1년 이하의 징역 또는 300만 원 이하의 벌금에 처한다고 규정하고 있다. … 甲 주식회사 대표이사인 피고인이 甲 회사의 계산으로 사전투표와 직접투표를 한 주주들에게 무상으로 20만 원 상당의 상품교환권 등을 각 제공한 것은 주주총회 의결권 행사와 관련된 이익의 공여로서 사회통념상 허용되는 범위를 넘어서는 것이어서 상법상 주주의 권리행사에 관한 이익공여의 죄에 해당한다. [경찰채용 20 2차]

30 대법원 2022.1.4, 2021도14015

가정폭력처벌법상 임시보호명령위반을 피해자가 양해·승낙하여도 위법하다는 사건

① 가정폭력처벌법 제55조의4에 따른 임시보호명령은 피해자의 양해 여부와 관계없이 행위자에게 접근금지, 문언송신금지 등을 명하는 점, ② 피해자의 양해만으로 임시보호명령 위반으로 인한 가정폭력처벌법 위반죄의 구성요건해당성이 조각된다면 개인의 의사로써 법원의 임시보호명령을 사실상 무효화하는 결과가 되어 법적 안정성을 훼손할 우려도 있으므로, 설령 피고인의 주장과 같이 이 사건 임시보호명령을 위반한 주거지 접근이나 문자메시지 송신을 피해자가 양해 내지 승낙했다고 할지라도 가정폭력처벌법 위반죄의 구성요건에 해당할뿐더러, ① 피고인이 이 사건 임시보호명령의 발령 사실을 알면서도 피해자에게 먼저 연락하였고 이에 피해자가 대응한 것으로 보이는 점, ② 피해자가 피고인과 문자메시지를 주고받던 중 수회에 걸쳐 '더 이상 연락하지 말라'는 문자메시지를 보내기도 한 점 등에 비추어 보면, 피고인이 이 사건 임시보호명령을 위반하여 피해자의 주거지에 접근하거나 문자메시지를 보낸 것을 형법 제20조의 정당행위로 볼 수도 없다.

MEMO

목 차		난 도	출제율	대표지문
제1절 책임이론	01 책임의 의의	下	★	• 도의적 책임론은 형사책임의 근거를 행위자의 자유의사에서 찾으며, 가벌성 판단에서 행위보다 행위자에 중점을 두는 주관주의 책임론의 입장이다. (×) • 심리적 책임론은 행위자에게 고의는 있으나 기대불가능성을 이유로 책임이 조각되는 경우를 이론적으로 설명하기 어렵다. (○)
	02 책임의 근거	中	★★	
	03 책임의 본질	中	★★	
제2절 책임능력	01 책임능력의 의의·본질·평가 방법	下	★	• 형법 제10조 제1항의 책임무능력은 생물학적 방법과 심리학적 방법을 혼합하여 판단한다. (○) • 우리 형법은 독일 형법과 달리 '원인에 있어서 자유로운 행위'에 관해 명문의 규정을 두고 있다. (○) • 원인설정행위에서 책임의 근거를 찾는 견해에 대해 '행위–책임 동시존재의 원칙'에 대한 예외를 인정한다는 비판이 있다. (×)
	02 형사미성년자	下	★★	
	03 심신상실자	下	★	
	04 한정책임능력자	下	★	
	05 원인에 있어서 자유로운 행위	中	★★	
제3절 위법성의 인식	01 의 의	下	★	• 범죄의 성립에서 위법성에 대한 인식은 범죄사실이 사회정의와 조리에 어긋난다는 것을 인식하는 것뿐만 아니라 구체적인 해당 법조문까지 인식하여야 한다. (×)
	02 체계적 지위	下	★★	
제4절 법률의 착오	01 의 의	下	★	• 행위자가 자기의 행위와 관련된 금지규범을 알지 못한 경우도 그 부지에 정당한 이유가 있는 경우에는 벌하지 않는다. (×) • 남편이 부인을 구타하면서 징계권이 있다고 오인한 경우는 위법성 조각사유의 한계에 대한 착오가 법률의 착오에 해당한다. (×)
	02 유 형	下	★★★	
	03 형법 제16조의 해석	中	★★★	
제5절 책임조각사유 : 기대가능성	01 서 설	下	★	
	02 책임론에서의 체계적 지위	下	★	• '기대불가능성' 내지 '기대가능성의 감소'를 이유로 한 형법상 책임 감경 또는 책임감면의 규정에 오상피난이 있다. (×) • 저항할 수 없는 폭력에는 절대적 폭력 외에 강제적 폭력 내지 심리적 폭력도 포함된다. (×)
	03 기대가능성의 판단기준	中	★★	
	04 기대불가능성으로 인한 책임 조각사유	中	★★	
	05 강요된 행위	中	★★	

구 분	경찰채용						경찰간부						경찰승진					
	17	18	19	20	21	22	17	18	19	20	21	22	17	18	19	20	21	22
제1절 책임이론																		
제2절 책임능력		1	2	1	1		1		1	1		1	1		2	1	1	
제3절 위법성의 인식																		
제4절 법률의 착오	1		1	1		1	1	1	1	1	1	3	1	1	1	1	1	1
제5절 책임조각사유 : 기대불 가능성			1		1						2						1	1
출제빈도	11/220						14/240						13/240					

책임론

	국가9급						법원9급						법원행시						변호사시험					
17	18	19	20	21	22	17	18	19	20	21	22	17	18	19	20	21	22	17	18	19	20	21	22
	1																			1			1
1			1	1	1	1		1	1	1		1		1							1	1	
			1																			1	
				1	1	1				1		1	1	1	1	1						
1		1																1					
	9/120						6/150						5/240						7/140				

CHAPTER 04 책임론

제1절 책임이론

01 책임의 의의

> **판례연구** 책임주의는 헌법 제10조의 인간으로서의 존엄과 가치에서 도출되는 원리
>
> 헌법재판소 2009.7.30, 2008헌가10; 2007.11.29, 2005헌가10
> 형벌은 범죄에 대한 제재로서 그 본질은 법질서에 의해 부정적으로 평가된 행위에 대한 비난이다.
> 법질서가 부정적으로 평가할 만한 행위를 하지 않은 자에 대해서 형벌을 부과할 수는 없다. 왜냐하면
> 형벌의 본질은 비난가능성인데, 비난받을 만한 행위를 하지 않은 자에 대한 비난이 정당화될 수 없음은
> 자명한 이치이기 때문이다. 이와 같이 '책임 없는 자에게 형벌을 부과할 수 없다'는 형벌에 관한 책임주의는
> 형사법의 기본원리로서, 헌법상 법치국가의 원리에 내재하는 원리인 동시에, 국민 누구나 인간으로서의
> 존엄과 가치를 가지고 스스로의 책임에 따라 자신의 행동을 결정할 것을 보장하고 있는 헌법 제10조의
> 취지로부터 도출되는 원리이다.

02 책임의 근거

03 책임의 본질

> **판례연구** 규범적 책임론 관련판례
>
> 대법원 1984.2.28, 83도3007
> 인식 없는 과실에 있어서도 규범적 실재로서의 과실책임이 있다는 사례
> 소위 과실범에 있어서의 비난가능성의 지적 요소란 결과발생의 가능성에 대한 인식으로서 인식 있는
> 과실에는 이와 같은 인식이 있고, 인식 없는 과실에는 이에 대한 인식 자체도 없는 경우이나, 전자에
> 있어서 책임이 발생함은 물론, 후자에 있어서도 그 결과발생을 인식하지 못하였다는 데에 대한 부주의

즉 규범적 실재로서의 과실책임이 있다고 할 것이다. … 호텔 사장과 영선과장이 화재경보기를 정지시키고 방화문을 폐쇄하는 등 업무상 주의의무를 위반한 과실에 의하여 호텔 화재로 인한 숙박객의 사상이 발생한 경우, 호텔 사장과 영선과장이 결과발생을 인식하지 못하였다 하여도 인식 없는 과실에 의하여 책임이 인정된다.

제2절 책임능력

01 책임능력의 의의 · 본질 · 평가방법

02 형사미성년자

제9조【형사미성년자】 14세 되지 아니한 자의 행위는 벌하지 아니한다. [법원9급 07(상)]

판례연구 소년법에 의한 특별취급 관련판례

1 대법원 1983.2.8, 82도2889
부정기형 선고시 장기형과 단기형의 폭에 관한 기준의 유무
소년법 제54조에 의하여 부정기형을 선고할 때 그 장기와 단기의 폭에 관하여는 법정한 바 없으므로, 소년인 피고인에 대하여 선고한 형량의 장기가 3년, 단기가 2년 6월 이어서 그 폭이 6월에 불과하다 하여 소년법 제54조의 해석을 잘못한 위법이 있다고 할 수 없다.

2 대법원 1983.10.25, 83도2323
2개의 형을 선고하는 경우 단기형의 합계가 5년을 초과한 형의 양정의 적부
소년범에 대하여 형법 제37조 후단의 경합범에 해당한다 하여 2개의 형을 선고하는 경우에 그 단기형의 합계가 징역 5년을 초과하더라도 이는 소년법 제54조 제1항 단서의 규정에 저촉된다고 볼 수 없다.

3 대법원 1986.12.23, 86도2314
소년법 제53조 소정의 "사형 또는 무기형으로 처할 것인 때"는 법정형이 아니라 처단형을 말함
소년법 제53조 소정의 "사형 또는 무기형으로 처할 것인 때에는 15년의 유기징역으로 한다"라는 규정은 소년에 대한 처단형이 사형 또는 무기형일 때에 15년의 유기징역으로 한다는 것이지 법정형이 사형 또는 무기형인 경우를 의미하는 것은 아니다.

4 대법원 1990.10.23, 90도2083
무기징역형을 선택한 후 정기형을 선고한 것은 적법함
소년법 제54조 제1항의 규정에 의한 부정기형은 처단형이 아닌 법정형을 기준으로 하여 장기 2년 이상의 유기징역에 해당하는 죄를 범하였을 때 선고하도록 되어 있으므로, 소년이 범한 특정범죄가중

처벌등에관한법률 제5조의4 제3항의 죄에 대한 법정형인 사형, 무기 또는 10년 이상의 징역 가운데 무기징역을 선택한 다음 작량감경하여 정기의 유기징역형을 선고한 것은 옳다. [국가7급 08]

5 대법원 1991.3.8, 90도2826
소년에 대하여 유기징역형을 선택한 후 경합범가중을 하여 정기형을 선고한 것은 위법함

판결선고 당시 아직 미성년자인 피고인에 대하여 살인죄 등의 소정 형 중에서 각 유기징역형을 선택한 후 경합범가중을 하여 징역 20년을 선고한 것은, 소년이 법정형 장기 2년 이상의 유기형에 해당하는 죄를 범한 때에는 장기와 단기를 정하여 선고하되 장기는 10년, 단기는 5년을 초과할 수 없도록 제한한 소년법 제60조 제1항에 위반된다.

6 대법원 1991.4.9, 91도357
소년에 대하여 법정형 중에서 무기징역을 선택한 후 작량감경하여 부정기의 징역형을 선고할 수 없음

법정형 중에서 무기징역을 선택한 후 작량감경한 결과 유기징역을 선고하게 되었을 경우에는 피고인이 미성년자라 하더라도 부정기형을 선고할 수 없는 것이므로, 피고인에게 법정형 중 무기징역형을 선택한 후 작량감경을 하여 징역 10년의 정기형을 선고한 판결에 소년법 제59조, 제60조의 해석을 잘못한 위법이 없다.

7 대법원 2008.10.23, 2008도8090
소년의 범위를 20세 미만에서 19세 미만으로 축소한 개정 소년법은 소급적용된다는 사례

개정 소년법은 제2조에서 '소년'의 정의를 '20세 미만'에서 '19세 미만'으로 개정하였고, 이는 같은 법 부칙 제2조에 따라 위 법 시행 당시 심리 중에 있는 형사사건에 관하여도 적용된다. 제1심은 피고인을 구 소년법 제2조에 의한 소년으로 인정하여 구 소년법 제60조 제1항에 의하여 부정기형(不定期刑)을 선고하였고, 그 항소심 계속 중 개정 소년법이 시행되었는데 항소심판결 선고일에 피고인이 이미 19세에 달하여 개정 소년법상 소년에 해당하지 않게 되었다면, 항소심법원은 피고인에 대하여 정기형을 선고하여야 한다. [경찰채용 18 2차]

> 비교 항소심 판결선고 당시 미성년자로서 부정기형을 선고받은 피고인이 상고심 계속 중에 성년이 되었다 하더라도 항소심의 부정기형선고를 정기형으로 고칠 수는 없다(대법원 1990.11.27, 90도2225).

8 대법원 2009.5.28, 2009도2682,2009전도7
소년법상 소년인지는 사실심판결 선고시를 기준으로 판단한다는 사례

소년법이 적용되는 '소년'이란 심판시에 19세 미만인 사람을 말하므로, 소년법의 적용을 받으려면 심판시에 19세 미만이어야 한다. 따라서 소년법 제60조 제2항의 적용대상인 '소년'인지의 여부도 심판시, 즉 사실심판결 선고시를 기준으로 판단되어야 한다. 이러한 법리는 '소년'의 범위를 20세 미만에서 19세 미만으로 축소한 소년법 개정법률(2007.12.21. 개정)이 시행되기 전에 범행을 저지르고, 20세가 되기 전에 원심판결이 선고되었다고 해서 달라지지 아니한다. [경찰채용 10 1차 / 경찰승진 14 / 국가9급 09 / 국가7급 08 / 사시 14 / 변호사시험 14]

제10조【심신장애인】 ① 심신장애로 인하여 사물을 변별할 능력이 없거나 의사를 결정할 능력이 없는 자의 행위는 벌하지 아니한다.
[제목개정 2014.12.30.] [국가9급 21 / 법원9급 07(상)]

사례연구   큰 자와 작은 자 사례

甲은 1988년 2월 경부터 ○○교회에 가끔 다니면서 목사 乙(남, 83세)의 설교를 듣고서 결혼도 못하고 어렵게 살고 있는 자신의 처지를 비관하여 오던 중, 1989년 8월 27일 01:30경 자신의 집 뒤편 뒷산에서 산상기도를 하면서 갑자기 "乙목사는 사탄이고 큰 자이므로 작은 재(甲을 자칭함)가 살아 남는 길은 큰 자인 乙목사를 죽여야 한다. 공자, 맹자도 천당에 못 갔다는데 자신도 천당에 못 갈 것이 분명하므로 乙목사를 죽여야만 자신이 큰 자로 되어 천당에 갈 수 있다"고 잘못 생각하고 乙을 살해하기로 마음먹고, 자신의 집으로 돌아와 부엌에서 사용하던 식도를 허리춤에 넣은 후 같은 날 05:10경 위 ○○교회 예배당에 도착하여 신도 1,000여명을 모아 놓고 단상에서 설교하고 있는 乙에게 접근한 후 허리춤에서 위 식도를 꺼내어 오른손에 들고서 乙의 우측 가슴 등을 힘껏 3회 찔러 살해하였다(그런데 甲은 경찰진술에서부터 법정에 이르기까지 그 당시 乙을 살해한다는 명확한 인식이 있었고 범행의 발단과 전개과정을 소상히 기억하여 진술하였음). 甲의 형사책임은?

> 해결 범행 당시 정신분열증으로 심신장애의 상태에 있었던 피고인이 피해자를 살해한다는 명확한 의식이 있었고 범행의 경위를 소상하게 기억하고 있다고 하여 범행 당시 사물의 변별능력이나 의사결정능력이 결여된 정도가 아니라 미약한 상태에 있었다고 단정할 수는 없는 바, 피고인이 피해자를 '사탄'이라고 생각하고 피해자를 죽여야만 자신이 천당에 갈 수 있다고 믿어 살해하기에 이른 것이라면, 범행 당시 정신분열증에 의한 망상에 지배되어 사물의 선악과 시비를 구별할 만한 판단능력이 결여된 상태에 있었던 것으로 볼 수 있다(대법원 1990.8.14, 90도1328). [경찰승진(경위) 11 / 경찰승진(경감) 10 / 국가7급 10·11 / 사시 15]

---

04   한정책임능력자

1. 심신미약자

제10조【심신장애인】 ② 심신장애로 인하여 전항의 능력이 미약한 자의 행위는 형을 감경할 수 있다. 〈개정 2018.12.18.〉 [경찰채용 16 1차 / 경찰채용 14 2차 / 경찰간부 17 / 법원9급 20]
[제목개정 2014.12.30.]

판례연구   심신장애 관련판례

1 대법원 1968.4.30, 68도400
심신상실 또는 심신미약의 판단은 법률문제
본조에서 말하는 사물을 판별할 능력 또는 의사를 결정할 능력은 자유의사를 전제로 한 의사결정의 능력에 관한 것으로서, 그 능력의 유무와 정도는 감정사항에 속하는 사실문제라 할지라도 그 능력에 관한 확정된 사실이 심신상실 또는 심신미약에 해당하는 여부는 법률문제에 속하는 것인바 피고인의 범행 당시 정신상태가 심신미약인 상태에 해당되는 것으로 사료된다는 취지의 감정서의 기재 및 이에 대한 감정인의 증언은 감정결과인 인격해리상태에 대한 자신의 법률적 평가를 개진하였음에 불과하므로 그 정신상태에 관한 판단의 자료가 될 수 없다. [경찰채용 15 1차 / 경찰간부 17 / 국가9급 07·09·15 ·21 / 국가7급 07·10]

2 대법원 1983.7.26, 83도1239
심신장애 여부의 심리를 요하는 사정이 있다고 한 사례
피고인이 경찰 이래 제1심법정에 이르기까지 범행의 행적에 관하여 논리정연한 진술을 하였더라도 범행당시 약 19세의 고등학생으로서 전환신경증세로 정신병원에 입원했던 병력이 있고 사소한 주의만 받아도 간질환자와 같은 증상을 보이는 등 사정이 인정된다면 전문가에 의한 정신감정결과를 참작하여 범행당시 피고인의 심신장애여부를 심리하여야 할 것이다.

3 대법원 1983.10.11, 83도1897
범행시에 발작하지 않은 지병 사건
피고인이 평소 간질병 증세가 있었더라도 범행 당시에는 간질병이 발작하지 아니하였다면 이는 책임감면 사유인 심신장애 내지는 심신미약의 경우에 해당하지 아니한다. [경찰채용 11 2차 / 국가9급 09·15 / 국가7급 10 / 법원9급 13 / 사시 15]

4 대법원 1984.2.28, 83도3007
연속방화범행자를 심신미약자로 인정한 예
피고인의 정신상태가 정신분열증세와 방화에 대한 억제하기 어려운 충동으로 말미암아 사물을 변별하거나 의사를 결정할 능력이 미약한 상태에서 불과 6일간에 여덟 차례에 걸친 연속된 방화를 감행하였다면, 피고인을 심신미약자로 인정한 조치는 정당하다.

5 대법원 1984.5.22, 84도545
심신장애의 여부는 기록에 나타난 제반자료와 공판정에서의 피고인의 태도 등을 종합하여 판단하여도 무방하다. [경찰채용 11·14 2차 / 경찰승진(경감) 10]

6 대법원 1985.5.28, 85도361
사물변별능력은 기억능력과 일치하는 것은 아니라는 사례
형법상 심신상실자라고 하려면 그 범행당시에 심신장애로 인하여 사물의 시비선악을 변식할 능력이나 또 그 변식하는 바에 따라 행동할 능력이 없어 그 행위의 위법성을 의식하지 못하고 또는 이에 따라 행위를 할 수 없는 상태에 있어야 하며 범행을 기억하고 있지 않다는 사실만으로 바로 범행당시 심신상실 상태에 있었다고 단정할 수는 없다. [국가9급 07 / 법원9급 13 / 사시 15]

7 대법원 1992.8.18, 92도1425; 2002.5.24, 2002도1541
정신장애가 있어도 정상적인 사물변별·행위통제능력이 있다면 심신장애로 볼 수 없음
형법 제10조에 규정된 심신장애는 생물학적 요소로서 정신병 또는 비정상적 정신상태와 같은 정신적 장애가 있는 외에 심리학적 요소로서 이와 같은 정신적 장애로 말미암아 사물에 대한 변별능력과 그에 따른 행위통제능력이 결여되거나 감소되었음을 요하므로, 정신적 장애가 있는 자라고 하여도 범행 당시 정상적인 사물변별능력이나 행위통제능력이 있었다면 심신장애로 볼 수 없다. [경찰채용 15· 16 1차 / 경찰간부 17 / 국가9급 10·20·18 / 국가7급 07·11·13 / 법원행시 10·14·18 / 사시 11·13·14]

8 대법원 1994.5.13, 94도581
편집형 정신분열증환자로서 심신상실이라는 감정인의 의견을 배척하고 심신미약으로만 인정한 사례
형법 제10조 제1항 및 제2항 소정의 심신장애의 유무 및 정도의 판단은 법률적 판단으로서 반드시
전문감정인의 의견에 기속되어야 하는 것은 아니고, 정신분열병의 종류 및 정도, 범행의 동기 및 원인,
범행의 경위 및 수단과 태양, 범행 전후의 피고인의 행동, 증거인멸 공작의 유무, 범행 및 그 전후의
상황에 관한 기억의 유무 및 정도, 반성의 빛 유무, 수사 및 공판정에서의 방어 및 변소의 방법과
태도, 정신병 발병 전의 피고인의 성격과 그 범죄와의 관련성 유무 및 정도 등을 종합하여 법원이
독자적으로 판단할 수 있다(편집형 정신분열증 환자가 이혼한 전 남편의 술잔에 농약을 넣어 살해한 사례).
[국가9급 10 / 국가7급 08]

> 보충 행위자가 사건 범행 당시 피해망상을 주증상으로 하는 편집형 정신분열증을 지니고 있었다 하더라
> 도, 이로써 당연히 '심신상실'의 상태에 있었다고 단정할 수는 없는 것이고, 여러 가지 제반사정을
> 종합하면 심신미약으로 판단해야 할 경우도 있는 것이다(대법원 1994.5.13, 94도581). 이것은 정신
> 분열증과 같은 고정적 정신질환을 가지고 있는 자의 경우에도 마찬가지이다(대법원 1992.8.18,
> 92도1425).

9 대법원 2002.5.24, 2002도1541; 2006.10.13, 2006도5360; 1999.4.27, 99도693·99감도17
충동조절장애와 같은 성격적 결함(생리기간 중 충동 – 필자 주)을 심신장애로 볼 수 있는가의 사례
자신의 충동을 억제하지 못하여 범죄를 저지르게 되는 현상은 정상인에게서도 얼마든지 찾아볼 수
있는 일로서, 특단의 사정이 없는 한 성격적 결함을 가진 자에 대하여 자신의 충동을 억제하고 법을
준수하도록 요구하는 것이 기대할 수 없는 행위를 요구하는 것이라고는 할 수 없으므로, ① 원칙적으로
충동조절장애와 같은 성격적 결함은 형의 감면사유인 심신장애에 해당하지 아니한다고 봄이 상당하지만,
② 그 이상으로 사물을 변별할 수 있는 능력에 장애를 가져오는 원래의 의미의 정신병이 도벽의
원인이라거나 혹은 도벽의 원인이 충동조절장애와 같은 성격적 결함이라 할지라도 그것이 매우 심각하여
원래의 의미의 정신병을 가진 사람과 동등하다고 평가할 수 있는 경우에는 그로 인한 절도범행은
심신장애로 인한 범행으로 보아야 한다. … 피고인이 생리기간 중에 심각한 충동조절장애에 빠져 절도
범행을 저지른 것으로 의심이 되는데도 전문가에게 피고인의 정신상태를 감정시키는 등의 방법으로
심신장애 여부를 심리하지 아니한 원심판결은 심리미진과 심신장애에 관한 법리오해의 위법이 있다.
[경찰채용 11 2차 / 경찰간부 11·17·20 / 경찰승진(경사) 10 / 경찰승진(경위) 11 / 경찰승진 14 / 국가9급 0 / ·09·10·13·15 / 국가7급 10·11
·13 / 법원9급 13 / 법원행시 08·10·14 / 사시 13·14 / 변호사시험 21]

10 대법원 2005.12.9, 2005도7342; 1992.8.18, 92도1425
정신적 장애가 정신분열증 등 고정적 정신질환과 연관된 경우 심신미약으로 볼 수 있다는 사례
① 정신적 장애가 있는 자라도 범행 당시 정상적인 사물판별능력이나 행위통제능력이 있었다면 심신장애로
볼 수 없음은 물론이나, ② 정신적 장애가 정신분열증과 같은 고정적 정신질환의 경우에는 범행의
충동을 느끼고 범행에 이르게 된 과정에서의 범인의 의식상태가 정상인과 같아 보이는 경우에도
범행의 충동을 억제하지 못한 것이 정신질환과 연관이 있는 경우가 흔히 있고, 이 경우에는 정신질환으로
말미암아 행위통제능력이 저하된 것이어서 심신미약이라고 볼 수 있다. [경찰채용 11 2차]

11 대법원 2007.2.8, 2006도7900
소아기호증(Pedophilia)이 있다는 자체만으로 심신장애에 해당하는가의 사례
사춘기 이전의 소아들을 상대로 한 성행위를 중심으로 성적 흥분을 강하게 일으키는 공상, 성적 충동,
성적 행동이 반복되어 나타나는 소아기호증은 성적인 측면에서의 성격적 결함으로 인하여 나타나는
것으로서, ① 소아기호증과 같은 질환이 있다는 사정은 그 자체만으로는 형의 감면사유인 심신장애에
해당하지 아니한다고 봄이 상당하고, [변호사시험 21] ② 다만 그 증상이 매우 심각하여 원래의 의미의

정신병이 있는 사람과 동등하다고 평가할 수 있거나, 다른 심신장애사유와 경합된 경우 등에는 심신장애를 인정할 여지가 있다. [경찰승진(경위) 11 / 국가9급 10 / 국가7급 13 / 법원행시 08·10 / 사시 11·15]

12 대법원 2011.6.24, 2011도4398
정신지체 3급 장애인으로 정신박약과 주의력결핍 과잉행동장애(ADHD)가 있는 피고인이 흉기를 휴대하고 피해자를 강제추행하여 상해를 입혔다고 하여 성폭력범죄의 처벌 등에 관한 특례법 위반(강간등상해)으로 기소된 경우, 소년형사범인 피고인에 대하여 감정을 실시하지 아니한 채 범행 당시 심신장애 상태에 있지 아니하였다고 단정한 것은 위법하다.

13 대법원 2013.1.24, 2012도12689
특별한 사정이 없는 한 성격적 결함을 가진 사람에 대하여 자신의 충동을 억제하고 법을 준수하도록 요구하는 것이 기대할 수 없는 행위를 요구하는 것이라고는 할 수 없으므로, 무생물인 옷 등을 성적 각성과 희열의 자극제로 믿고 이를 성적 흥분을 고취시키는 데 쓰는 성주물성애증이라는 정신질환이 있다고 하더라도 그러한 사정만으로는 절도 범행에 대한 형의 감면사유인 심신장애에 해당한다고 볼 수 없고, 다만 그 증상이 매우 심각하여 원래의 의미의 정신병이 있는 사람과 동등하다고 평가할 수 있거나, 다른 심신장애사유와 경합된 경우 등에는 심신장애를 인정할 여지가 있다. [경찰채용 15 1차 / 변호사시험 20]

14 대법원 2021.9.9, 2021도8657
범행 당시 '경도 지적장애'가 있었다고 하더라도 그로 말미암아 사물에 대한 변별능력과 그에 따른 행위통제능력이 결여되거나 감소되었다고 볼 수 없다면 심신장애의 상태였다고 볼 수 없다.

판례연구 **명정(酩酊) 관련판례**

대법원 1967.6.13, 67도645; 1977.9.28, 77도2450
명정은 의식장애 내지 병적 정신장애와 관련되어 책임능력과 연관된다. 그리하여 판례는 범행 당시 술에 만취되어 정신이 없었다는 주장은 범죄성립을 조각하는 사유가 되므로 판결이유에서 이에 대한 판단을 명시할 것을 요구하고 있다(대법원 1969.3.31, 69도232 참조). 즉 범행 당시 술에 만취하였기 때문에 전혀 기억이 없다는 취지의 진술은 범행 당시 심신상실 또는 심신미약의 상태에 있었다는 주장으로서 형사소송법 제323조 제2항 소정의 법률상 범죄의 성립을 조각하거나 형의 감면의 이유가 되는 사실의 진술에 해당한다(대법원 1989.2.13, 89도2364 참조). [법원행시 14] 따라서 이에 대한 판단을 전혀 하지 않는 것은 소위 판단유탈의 위법이 있게 되는 것이다. … 다만 술에 취하여 기억이 없다고 한 진술을 그 진술의 전후맥락에 비추어 볼 때 심신장애로 인한 형의 감면을 주장하는 취지가 아니라 단순히 범행을 부인하는 취지에 지나지 않으며(대법원 1988.9.13, 88도1284 참조), [경찰간부 11 / 국가7급 07] 음주한 사실만으로 심신장애를 인정할 수는 없으므로(대법원 1967.6.13, 67도645 참조) 심신장애는 음주사실 그 자체로서만이 아니라 사물변별능력 내지 의사결정능력과 관련하여 평가되어야 한다. 즉, 만취하였다고 책임무능력이라고 단정할 수 없다. 또한, 음주로 인한 명정은 음주량이나 혈액 내의 알코올수치로 판단할 성질의 것은 아니고 구체적 행위에 있어서 사물의 변별능력 또는 의사결정능력과 관련해서 판단해야 한다.

2. 청각 및 언어 장애인

제11조 【청각 및 언어 장애인】 듣거나 말하는 데 모두 장애가 있는 사람의 행위에 대해서는 형을 감경한다. 〈우리말 순화 개정 2020.12.8.〉 [경찰채용 10 2차 / 경찰간부 17 / 경찰승진 14 / 법원9급 07(상) / 법원9급 07(하) / 법원9급 12·13 / 사시 13]

원인에 있어서 자유로운 행위

제10조【심신장애인】 ③ 위험의 발생을 예견하고 자의로 심신장애를 야기한 자의 행위에는 전2항의 규정을 적용하지 아니한다. [경찰채용 14 2차 / 경찰간부 16]
[제목개정 2014.12.30.]

사례연구   **대마초 흡연과 원인에 있어서 자유로운 행위**

甲은 상습적으로 대마초를 흡연하는 자인데, 乙을 살해하기로 결심한 후 대마초를 흡연하고 심신미약상태에서 乙을 잔인한 방법으로 살해하였다. 甲의 죄책은?

> **해결**   대마초 흡연시에 이미 범행을 예견하고도 자의로 심신장애를 야기한 경우에는 형법 제10조 제3항에 의하여 제10조 제2항의 심신장애로 인한 감경을 할 수 없다(대법원 1996.6.11, 96도857). 따라서 살인죄가 성립하며 그대로 처벌하면 된다. 이 판례는 이론적으로도 이중의 고의 즉, '대마초 흡연시에 범행을 예견하였다'는 점과 '자의로 심신장애를 야기하였다'는 점을 표현하고 있다는 점에서 다수설의 입장과 크게 다르지 않다.

판례연구   **음주운전과 과실에 의한 원인에 있어서 자유로운 행위**

대법원 1992.7.28, 92도999
음주운전 교통사고는 과실에 의한 원인에 있어서 자유로운 행위
음주운전을 할 의사를 가지고 음주만취한 후 운전을 결행하여 교통사고를 일으킨 경우, 피고인은 음주시에 교통사고를 일으킬 위험성을 예견했는데도 자의로 심신장애를 야기한 경우에 해당하므로 형법 제10조 제3항에 의해 심신장애로 인한 감경 등을 할 수 없다. [경찰채용 12·15·16 1차 / 경찰채용 18 2차 / 경찰채용 15 3차 / 경찰간부 12·16·18·20 / 경찰승진(경장) 10 / 경찰승진(경위) 11 / 경찰승진(경감) 11·10 / 경찰승진 13·15 / 국가9급 07·08·11·13·15·18 / 국가7급 11 / 법원행시 08·10 / 사시 12 / 변호사시험 21]

제3절   위법성의 인식

판례연구   **위법성의 인식 관련판례**

대법원 1987.3.24, 86도2673
범죄의 성립에 있어서의 위법성의 인식 정도
범죄의 성립에 있어서 위법의 인식은 그 범죄사실이 사회정의와 조리에 어긋난다는 것을 인식하는 것으로서 족하고 구체적인 해당 법조문까지 인식할 것을 요하는 것은 아니므로 설사 형법상의 허위공문서작성죄에 해당되는 줄 몰랐다고 가정하더라도 그와 같은 사유만으로는 위법성의 인식이 없었다고 할 수 없다. [경찰승진 16 / 국가9급 15 / 국가7급 12·14 / 사시 13]

제4절 법률의 착오

01 의 의

제16조 【법률의 착오】 자기의 행위가 법령에 의하여 죄가 되지 아니하는 것으로 오인한 행위는 그 오인에 정당한 이유가 있는 때에 한하여 벌하지 아니한다. [경찰채용 15 2차 / 경찰승진(경위) 10 / 경찰승진 11·13·14·16 / 국가7급 12 / 법원9급 07(하)]

02 유 형

판례연구 법률의 부지이므로 법률의 착오가 아니라고 한 사례

1 대법원 1985.4.9, 85도25
구 미성년자보호법(현 청소년보호법)에 대한 부지 : 천지창조 사례
형법 제16조에 자기의 행위가 법령에 의하여 죄가 되지 아니한 것으로 오인한 행위는 그 오인에 정당한 이유가 있는 때에 한하여 벌하지 아니한다고 규정하고 있는 것은 ① 단순한 법률의 부지의 경우를 말하는 것이 아니고, ② 일반적으로 범죄가 되는 행위이지만 자기의 특수한 경우에는 법령에 의하여 허용된 행위로서 죄가 되지 아니한다고 그릇 인식하고 그와 같이 그릇 인식함에 있어서 정당한 이유가 있는 경우에는 벌하지 아니한다는 취지이다. [법원9급 07(하)] 따라서 유흥접객업소의 업주가 경찰당국의 단속대상에서 제외되어 있는 만 18세 이상의 고등학생이 아닌 미성년자는 출입이 허용되는 것으로 알고 있었더라도 이는 미성년자보호법 규정을 알지 못한 단순한 법률의 부지에 해당하고, 이를 법률의 착오에 기인한 행위라고 할 수는 없다.[42] [경찰승진 13·16 / 국가9급 07·08 / 국가7급 07·12 / 법원9급 22 / 법원행시 07·09 / 사시 11·12]

2 대법원 1986.6.24, 86도810
당국의 허가를 얻어 벌채하고 남아 있던 잔존목을 허가 없이 벌채하는 것이 위법인 줄 몰랐던 경우에는 단순한 법률의 부지에 불과하며 형법 제16조에 해당하는 법률의 착오라 볼 수 없다. [국가9급 10]

3 대법원 1991.10.11, 91도1566; 1992.4.24, 92도245; 2000.9.29, 2000도3051; 2011.10.13, 2010도 15260
행정법규상의 허가대상인 것을 몰랐다는 사례
피고인이 자신의 행위가 건축법(국토이용관리법·파견근로자보호법)상의 허가대상인 줄을 몰랐다는 사정은 단순한 법률의 부지에 불과하고, 특히 법령에 의하여 허용된 행위로서 죄가 되지 않는다고 적극적으로 그릇 인식한 경우가 아니어서 이를 법률의 착오에 기인한 행위라고 할 수 없다.

---

42 보충 : 이 판례는 소위 천지창조(유흥업소 이름) 사건이라는 판례이다. 이 사건에서 대법원은 '법률의 부지'는 법률의 착오도 아니므로 업주는 유죄판결을 면할 수 없다고 보고 있다. 나아가 판례는 청소년유해업소 출입단속대상자가 만 18세 미만자와 고등학생이라는 내용의 공문이 경찰서에 하달된 사정을 안 업소주인은, 설령 "18세 이상인 대학생은 허용되고 구 미성년자보호법의 단속대상을 18세 미만이라고 생각하였다 하더라도" 정당한 이유가 있는 착오라고 할 수 없다고 판시하고 있다.

4 대법원 1992.8.18, 92도1140

무도교습소 학원인가와 검찰의 무혐의결정 사례

피고인이 한국무도교육협회의 정관에 따라 무도교습소를 운영하였고, 위 협회가 소속회원을 교육함에 있어서는 학원설립인가를 받을 필요가 없다고 한 검찰의 무혐의결정내용을 통지받은 사실만으로 피고인이 인가를 받지 않고 교습소를 운영한 것이 법률의 착오에 해당한다고 볼 수 없다.

5 대법원 1994.9.9, 94도1134

무도교습학원을 인수하면서 학원의 설립·운영에 관한 법률 소정의 등록을 하지 않은 사례

무도시설을 인수할 당시 무도학원이 학원의 설립·운영에 관한 법률 제5조 제1항의 규정에 따라 등록하지 않았다는 이유로 여러 차례 처벌받고 있었음에도 불구하고, 무도학원의 등록절차에 관한 법률적 의문을 해소하기 위하여 등록관청에 질의를 한 바도 없이 풍속영업신고의 신고자 명의만을 변경하여 영업을 한 것은 법률의 단순한 부지를 이용한 것이므로 법률의 착오가 아니다.

6 대법원 1995.12.12, 95도1891

토지의 소유명의자로부터 직접 매수한 자도 아니고 매수인의 상속인도 아닌 자가 부동산소유권이전등기 등에 관한 특별조치법에 따라 소유명의자로부터 직접 매수한 양 보증서를 작성, 행사하여 확인서를 발급받아 이를 행사하였다면, 설령 그로 인한 소유권이전등기가 실체관계에 부합되어 유효하다고 하더라도 부동산소유권이전등기에 관한 특별조치법 위반죄에 해당하고, 자신의 행위가 법에 위반되는지 몰랐다 하더라도 법률의 부지에 불과하여 정당한 이유가 되지 않는다.

7 대법원 1999.5.11, 99도499

공직선거법 소정의 기부행위를 한 날이 기부행위제한기간에 속한다는 사실을 몰랐던 사례

지방의회 의원인 피고인이 자신이 기부행위를 한 날이 법이 정하는 기부행위제한기간에 속한다는 사실을 몰랐다고 하더라도 이는 기부행위를 제한하는 법률의 부지와 유사한 것에 불과하여, 그와 같은 사정만으로 피고인에게 범의가 없었다거나 위법성의 인식이 없었다고 할 수 없다.

8 대법원 2001.6.29, 99도5026

피고인이 보험회사의 지점장 등과 장기 저축성 보험계약을 체결하고, 그들로부터 당해 보험계약과 관련하여 위 회사의 규정에 의하여 정하여진 이자를 초과하여 추가로 금원을 지급받은 것은 특경법위반죄에 해당되고 이는 단순한 법률의 부지에 해당하는 경우라고 할 것이다.

9 대법원 2006.11.23, 2005도5511

사회복지사업법위반죄에 있어서의 고의의 내용은 법인의 기본재산을 감독관청의 허가 없이 용도변경한 다는 사실에 대한 인식이 있으면 족하고, 피고인이 이 사건 보상금이 공소외 사회복지법인의 기본재산인 점에 대하여 인식하지 못하였다는 사정은 법률의 착오에 해당하지 않는다.

10 대법원 2007.5.11, 2006도1993

국내 입국시 관세신고를 하지 않아도 되는 것으로 착오한 사례

영리를 목적으로 관세물품을 구입한 것이 아니라거나 국내 입국시 관세신고를 하지 않아도 되는 것으로 착오하였다는 등의 사정만으로는 법률의 착오에 해당하지 않는다. [경찰채용 15 2차 / 경찰승진 14 / 국가9급 09 ·16 / 법원행시 09 / 사시 15].

대법원 1970.9.22, 70도1206
민사소송법 기타 공법의 부지는 형벌법규의 부지와 구별되어 범의를 조각한다는 사례
민사소송법 기타의 공법의 해석을 잘못하여 피고인이 (가압류당사자의 합의에 의하여) 가압류의 효력이 없는 것이라 하여 가압류가 없는 것으로 착오하였거나 또는 봉인 등을 손상 또는 효력을 해할 권리가 있다고 오신한 경우에는 민사소송령 기타 공법의 부지에 인한 것으로서 이러한 법령의 부지는 형벌법규의 부지와 구별되어 범의를 조각한다고 해석할 것이다.

> **보충** 이 판례는 착오론적으로는 사실의 착오에 해당하나, 법률의 착오에 정당한 이유가 인정되는 판례들과 더불어 무죄가 되는 판례이므로 독자들은 함께 정리해두는 것이 효과적이다.

사례연구   포섭의 착오ㅣ : 관례상 제공하면 뇌물이 아닌 것으로 오인

甲은 공군참모총장인 乙에게 부품납품 등에 따른 업무와 관련하여 금원을 제공하였으나 관례상 제공하는 것이기 때문에 죄가 되지 않는다고 생각하였다. 甲의 죄책은?

> **해결** 뇌물성을 인정하는 데에는 특별히 의무위반행위의 유무나 청탁의 유무 등을 고려할 필요가 없다. 위 금원공여행위가 관례를 좇은 것이라고 하더라도 그러한 사유만으로 피고인의 행위가 죄가 되지 않는 것으로 오인한 데에 정당한 이유가 있다고 할 수 없다(대법원 1995.6.30, 94도1017).

사례연구   포섭의 착오ㅣㅣ : 마약류취급면허 없이 마약판매

마약류취급면허가 없는 甲은 모 제약회사의 乙로부터 마약이 없어 약을 제조하지 못하니 구해달라는 부탁을 받았다. 이에 甲은 제약회사에서 쓰이는 마약은 죄가 되지 않는다고 생각하고 생아편 600g 정도를 돈을 받고 구해주었다. 甲의 죄책은?(참고 : 특가법 제11조의 아편판매죄)

> **해결** 피고인이 제약회사에 근무한다는 자로부터 마약이 없어 약을 제조하지 못하니 구해달라는 거짓부탁을 받고 제약회사에서 쓰는 마약을 구해주어도 죄가 되지 아니하는 것으로 믿고 생아편을 구해주었다 하더라도 피고인들이 마약취급의 면허가 없는 이상, 위와 같이 믿었다 하여 이러한 행위가 법령에 의하여 죄가 되지 아니하는 것으로 오인하였거나, 그 오인에 정당한 이유가 있는 경우라고 볼 수 없다(대법원 1983.9.13, 83도1927). [경찰승진 11·15 / 국가7급 13]

대법원 1993.6.22, 92도3160; 2007.12.14, 2006도2074; 2020.8.13, 2019도13404
위법성조각사유의 전제사실에 관한 착오에 대하여 위법성이 조각될 수 있다는 일부 판례
형법 제310조의 규정은 인격권으로서의 개인의 명예의 보호와 헌법 제21조에 의한 정당한 표현의 자유의 보장이라는 상충되는 두 법익의 조화를 꾀한 것이라고 보아야 할 것이므로, 두 법익간의 조화와 균형을 고려한다면 적시된 사실이 진실한 것이라는 증명이 없더라도 행위자가 진실한 것으로 믿었고 또 그렇게 믿을 만한 상당한 이유가 있는 경우에는 위법성이 없다고 보아야 할 것이다. [경찰채용 21 1차]

판례연구 **법률의 착오에 정당한 이유가 있는지 여부의 판단방법**

대법원 2006.3.24, 2005도3717[43]; 2008.10.23, 2008도5526; 2010.7.15, 2008도11679 등
형법 제16조에서 … 정당한 이유가 있는지 여부는 ① 행위자에게 자기 행위의 위법의 가능성에 대해
심사숙고하거나 조회할 수 있는 계기가 있어 ② 자신의 지적능력을 다하여 이를 회피하기 위한 진지한
노력을 다하였더라면 스스로의 행위에 대하여 위법성을 인식할 수 있는 가능성이 있었음에도 이를
다하지 못한 결과 자기 행위의 위법성을 인식하지 못한 것인지 여부에 따라 판단하여야 할 것이고,
③ 이러한 위법성의 인식에 필요한 노력의 정도는 구체적인 행위정황과 행위자 개인의 인식능력 그리고
행위자가 속한 사회집단에 따라 달리 평가되어야 한다. [경찰채용 15 2차 / 국가7급 18 / 법원행시 09 / 사시 13·15]

판례연구 **법률의 착오에 정당한 이유가 인정되지 못한 판례**

1 대법원 1978.6.27, 76도2196
진술조서를 폐기하고 새로 작성하는 행위와 법률의 착오
수사처리의 관례상 일부 상치된 내용을 일치시키기 위하여 적법하게 작성된 참고인 진술조서를 찢어버리
고 진술인의 진술도 듣지 아니하고 그 내용을 일치시킨 새로운 진술조서를 작성한 행위는 그 행위를
적법한 것으로 잘못 믿었다고 할지라도 정당한 이유가 있다고 볼 수 없다. [경찰채용 16 1차 / 경찰승진(경장)
10 / 경찰승진 14 / 국가9급 11]

2 대법원 1979.8.28, 79도1671
사람이 죽으면 당국에 신고한 후에 그 사체를 매장해야 한다는 것은 일반적인 상식에 속하므로 단순히
이를 몰랐다는 사실만으로는 정당한 이유가 있다고 할 수 없다. [법원행시 05]

3 대법원 1987.12.22, 86도1175
감독관청의 주선으로 면허대여를 받아 시공한 무면허건축업자 행위의 적부
건축업면허 없이 시공할 수 없는 건축공사를 피고인이 타인의 건설업면허를 대여받아 그 명의로 시공하였
다면 비록 위 면허의 대여가 감독관청의 주선에 의하여 이루어졌다 하더라도 그와 같은 사정만으로서는
피고인의 소위를 사회상규에 위배되지 않는 적법행위로 볼 수는 없을 뿐만 아니라, 피고인이 이를
적법행위로 오인하였다 하더라도 그 오인에 정당한 이유가 있다고 볼 수 없다.

---

43 보충 : 대법원 2006.3.24, 2005도3717 국회의원이 의정보고서를 발간하는 과정에서 선거법규에 저촉되지 않는다고 오인한 것에
형법 제16조의 정당한 이유가 없다고 한 사례인데, 판결이유를 살펴보면 다음과 같다. "피고인은 의정보고서의 내용이 선거운동의
실질을 갖추고 있는 한 허용될 수 없다는 것을 실제 경험한 변호사 자격을 가진 국회의원으로서 법률전문가라고 할 수 있는 바,
이러한 피고인으로서는 의정보고서에 앞서 본 바와 같은 내용을 게재하거나 전재하는 것이 허용되는지에 관하여 의문이 있을 경우,
관련판례나 문헌을 조사하는 등의 노력을 다 하였어야 할 것이고, 그렇게 했더라면, 낙천대상자로 선정된 이유가 의정활동에 관계있는
것이 아닌 한 낙천대상자로 선정된 사유에 대한 해명을 의정보고서에 게재하여 배부할 수 없고 더 나아가 낙천대상자 선정이 부당하다
는 취지의 제3자의 반론 내용을 싣거나 이를 보도한 내용을 전재하는 것은 의정보고서의 범위를 넘는 것으로서 허용되지 않는다는
것을 충분히 인식할 수 있었다고 할 것이다(위 판례의 판결이유 중에서)." [경찰승진 12 / 변호사시험 14]
참고 : 국회의원이 의정보고서를 제작하여 선거구민들에게 배부함에 있어 그 내용 중 선거구 활동 기타 업적의 홍보에 필요한 사항
등 의정활동보고의 범위를 벗어나서 선거에 영향을 미치게 하기 위하여 특정 정당이나 후보자를 지지·추천하거나 반대하는 내용이
포함되어 있다면 그 부분은 공직선거법 제93조 제1항에서 금지하고 있는 탈법방법에 의한 문서배부행위에 해당되어 위법하다(대법원
1997.9.5, 97도1294 등).

4 대법원 1987.4.14, 87도160; 1989.2.14, 87도1860

유선방송설비 등이 자가전기통신설비에 해당하지 않는다는 체신부장관의 질의회신을 믿은 사례
유선비디오 방송시설을 자신의 유선비디오방송업 경영을 위하여 설치 운영하였다면 이는 전기통신기본법 소정의 자가전기통신설비에 해당하고 당국의 허가 없이 이를 설치한 때에는 같은 법 위반죄에 해당되며, 유선비디오 방송업자들의 질의에 대하여 체신부장관이 유선비디오 방송은 자가통신설비로 볼 수 없어 같은 법 소정의 허가대상이 되지 않는다는 견해를 밝힌 바 있다 하더라도 체신부장관의 회신이나 견해가 법령의 해석에 관한 법원의 판단을 기속하는 것은 아니므로 그것만으로 피고인에게 범의가 없었다고 할 수 없다. [경찰채용 11 1차/경찰채용 13 2차/경찰채용 15 3차/경찰간부 15/경찰승진(경장) 10]

5 대법원 1990.10.16, 90도1604

가처분결정으로 집무집행정지 중에 있던 종단대표자가 종단소유의 보관금을 소송비용으로 사용함에 있어 변호사의 조언이 있었다는 것만으로 법률의 착오에 의한 것이라 할 수 없다.

6 대법원 1991.8.27, 91도1523

피고인이 비록 관계장관의 고시에 의하여 당국의 형식승인을 받지 아니한 전자오락기구를 사용하였다 하더라도 내세우는 사정만으로는 피고인의 행위가 죄가 되지 아니하는 것으로 오인하는 데 정당한 이유가 있다고 볼 수 없다. 또한 관계장관의 회신은 법원의 판단을 기속하는 것도 아니다.

7 대법원 1994.8.26, 94도780

통계청 발행의 총사업체 통계조사보고서에 탐정업이 적시되어 있고 민원사무담당공무원으로부터 탐정업이 인·허가사항도 아니라는 대답을 얻어 세무서에 사업자등록을 하고서 구 신용조사업법에 위반되는 특정인의 소재탐지나 사생활조사를 한 경우에는, 탐정업이 정부기관에 의하여 하나의 업종으로 취급되고 있다거나 세무서에서 사업자등록을 받아주었다고 하여 그것이 법률에서 금지하는 행위까지 할 수 있다는 취지는 아님이 분명하다. [경찰채용 14 1차/경찰채용 15 2차/경찰승진(경감) 10/경찰승진 12/사시 15]

8 대법원 1995.4.7, 94도1325

활법(정부공인체육종목)의 사회체육지도자 자격증을 취득한 후 진찰과 시술을 한 사례
활법(정부공인체육종목)의 사회체육지도자 자격증을 취득한 후 당국의 인가를 받아 활법원을 설립, 운영하면서 활법원을 찾아오는 사람들에게 진찰과 시술을 하고 대가를 받은 것은 무면허의료행위에 해당하고 죄가 되지 않는다고 믿었다 하더라도 그와 같이 믿은 데에 정당한 사유가 없다. [경찰승진(경감) 10/국가9급 07]

9 대법원 1995.6.16, 94도1793

검사의 무혐의처분 및 재기수사명령에 따라 기소된 것에 관한 정당한 이유 부정사례
검사가 피고인들의 행위에 대하여 범죄혐의 없다고 무혐의 처리하였다가 고소인의 항고를 받아들여 재기수사명령에 의한 재수사 결과 기소에 이른 경우, 피고인들의 행위가 불기소처분 이전부터 저질러졌다면 그 무혐의 처분결정을 믿고 이에 근거하여 이루어진 것이 아님이 명백하고, 무혐의 처분일 이후에 이루어진 행위에 대하여도 그 무혐의 처분에 대하여 곧바로 고소인의 항고가 받아들여져 재기수사명령에 따라 재수사되어 기소에 이르게 된 이상, 피고인들이 자신들의 행위가 죄가 되지 않는다고 그릇 인식하는 데 정당한 이유가 있었다고 할 수 없다.

10 대법원 1995.7.28, 95도1081

사안을 달리하는 사건에 관한 대법원 판례에 비추어 자신의 행위가 적법한 것으로 오인한 사례

피고인이 대법원의 판례에 비추어 자신의 행위가 무허가 의약품 제조·판매행위에 해당하지 아니하는 것으로 오인하였다고 하더라도, 이는 사안을 달리하는 사건에 관한 대법원의 판례의 취지를 오해하였던 것에 불과하여 그와 같은 사정만으로는 그 오인에 정당한 사유가 있다고 볼 수 없다. [국가9급 09·20 / 법원9급 13 / 법원행시 09]

11 대법원 1995.7.28, 95도702
피고인이 변리사로부터 등록상표 BIO TANK는 상품의 원재료인 bio ceramic과 용기인 tank임을 보통으로 표시하는 방법으로서 상표로서 효력이 없다는 자문과 감정을 받아 물통을 제작하여 의장등록을 한 경우라 하더라도 이는 기존의 등록상표와 유사한 상표이므로 상표법 위반에 해당하고 피고인이 변리사에게 자문하였다는 이유만으로 자기의 행위가 죄가 되지 아니한다고 믿었다 하더라도 그 위법의 인식을 기대할 수 없다고 단정할 수 없다. [국가7급 13]

> **보충** 지식재산권 분야의 전문가라 할 수 있는 변리사의 자문을 받았음에도 정당한 이유를 부정하였다는 점에서 그 인정범위를 지나치게 협소하게 파악하는 대법원의 입장이 잘 나타난 판례이다.

12 대법원 1995.11.10, 95도2088
경력 20년의 형사과 강력반장이 마약조직사범검거를 위해 노력하는 중 상황이 시급하므로 검사의 수사지휘대로만 하면 피의자신문조서를 허위로 작성하더라도 적법한 것으로 믿은 경우라 하더라도 그 오인에 정당한 이유가 없다. [경찰채용 10·11 1차 / 경찰승진 14·15 / 국가7급 13 / 법원9급 13]

> **보충** 대법원은 검사의 수사지휘만 받는다면 허위공문서작성행위도 죄가 되지 않는 것으로 잘못 인식할 가능성이 일반인에게 있을 수 있지만, 20년 이상 경력의 경찰관이라면 그 착오에 정당한 이유가 없다고 본 것이다.

13 대법원 1995.12.26, 95도2188
장애인복지법상 보장구 제조허가를 받은 자가 의료용구인 다리교정기를 제작·판매한 사례
장애인복지법에 의해 보장구 제조허가를 받았고 또 한국보장구협회에서 다리교정기와 비슷한 기구를 제작·판매하고 있던 자라 하더라도, 정형외과용 교정의료장치인 다리교정기가 의료용구에 해당되지 않는다고 믿은 데에 정당한 사유가 있다고 볼 수는 없다. [경찰채용 13 2차]

14 대법원 1996.5.10, 96도620
도의회의원 선거에 출마하려는 단위 농업협동조합장이 조합의 자금으로 노인대학을 운영, 관광을 제공하고 그 행사를 주관한 경우 공직선거법상 사전선거운동에 해당하고, 공직선거법에 관하여 비전문가인 스스로의 사고에 의하여 피고인의 행위들이 의례적인 행위로서 합법적이라고 잘못 판단하였다는 사정만으로는 정당한 이유가 있다고 볼 수 없다.

15 대법원 1997.4.25, 96도3409
토지대장원본에 없는 사항을 추가 기재하여 소유명의자가 전혀 다른 토지대장등본을 작성한 사례
담당자가 없는 사이에 신속한 민원해결의 필요성이 있었다고 할지라도, 제출된 바도 없는 소유명의인변경 등록신청서를 접수한 양, 허위의 접수인을 찍고 담당계장이 아닌 자의 직인을 찍어 신청서접수서를 허위로 작성하고 또한 접수대장까지 허위로 작성하면서 원본에도 없는 중요한 사항을 복사본에 추가 기재하여 원본과 소유명의자가 전혀 다른 토지대장등본을 작성하였다면 위법성을 인식하지 못한 데에 정당한 이유가 있다고 할 수 없다(공문서위조죄 성립).

16 대법원 1997.6.27, 95도1964
은행의 이익을 위하거나 형사재판에서의 방어를 위한 금융거래 자료제공행위 사례

① 긴급명령 위반행위 당시 긴급명령이 시행된 지 그리 오래되지 않아 금융거래의 실명전환 및 확인에만 관심이 집중되어 있었기 때문에 비밀보장의무의 내용에 관하여 확립된 규정이나 판례·학설은 물론 관계 기관의 유권해석이나 금융관행이 확립되어 있지 아니하였다는 사정은 단순한 법률의 부지에 불과하며 (신설된 법령에 대한 不知가 법률의 착오에 해당하지 않는다는 판례), ② 그 위반행위가 형사재판 변호인들의 자료 요청에서 기인하였다고 하더라도 변호인들에게 구체적으로 긴급명령 위반 여부에 관하여 자문을 받은 것은 아닌데다가, 해당 은행에서는 긴급명령상의 비밀보장에 관하여 상당한 교육을 시행하였음을 알 수 있어 피고인들의 행위가 죄가 되지 않는다고 믿은 데에 정당한 이유가 있는 경우에 해당하지 않는다. [경찰승진 12]

17 대법원 1998.6.23, 97도1189

관할 환경부가 특정폐기물 수집·운반차량증을 발급해 주었다는 사정만으로 실질적으로는 무허가업자에게 위탁하여 폐기물을 수집·운반하게 하는 행위까지 적법한 것으로 해석하였다고는 할 수 없으므로 그와 같이 믿는 데 정당한 이유가 있었다고 보기 어렵다.

18 대법원 2000.4.21, 99도5563; 1992.5.26, 91도894

공무원이 그 직무에 관하여 실시한 봉인 등의 표시를 손상 또는 은닉 기타의 방법으로 그 효용을 해함에 있어서 그 봉인 등의 표시가 법률상 효력이 없다고 믿은 것은 법규의 해석을 잘못하여 행위의 위법성을 인식하지 못한 것이라고 할 것이므로 그와 같이 믿은 데에 정당한 이유가 없는 이상, 그와 같이 믿었다는 사정만으로는 공무상 표시무효죄의 죄책을 면할 수 없다고 할 것이다. [경찰채용 13·15 1차/ 경찰간부 12·16/ 국가9급 07/ 국가7급 07/ 법원행시 05·17]

> 보충 위 판례는 표시의 효력이 없다고 믿은 것은 법률의 착오이지만 정당한 이유가 없다는 것으로, 민사소송법 기타 공법의 해석을 잘못하여 가압류의 효력이 없는 것으로 착오하였거나 봉인 등을 손상 또는 효력을 해할 권리가 있다고 오인한 경우에는 범의를 조각한다는 판례(대법원 1970.9.22, 70도1206)와는 구별을 요한다.

19 대법원 2000.8.18, 2000도2943

부동산중개업자가 부동산중개업협회의 자문을 통하여 인원수의 제한 없이 중개보조원을 채용하는 것이 허용되는 것으로 믿고서 제한인원을 초과하여 중개보조원을 채용함으로써 부동산중개업법 위반행위에 이르게 되었다고 하더라도 그러한 사정만으로 자신의 행위가 법령에 저촉되지 않은 것으로 오인함에 정당한 이유가 있는 경우에 해당한다거나 범의가 없었다고 볼 수는 없다. [경찰채용 13 2차/ 경찰승진(경감) 10/ 국가9급 16/ 국가7급 16/ 법원9급 17/ 법원행시 09·14/ 사시 15]

20 대법원 2002.5.10, 2000도2807

정부 공인의 체육종목인 '활법'의 사회체육지도자 자격증을 취득한 자의 척추교정시술 사례
이른바 '대체의학'이 사람의 정신적·육체적 고통을 해소하여 주는 기능이 전혀 없지 아니하다 하여도, 그것은 단순히 통증을 완화시켜 주는 정도의 수준을 넘어서서, 그 행위로 인하여 사람의 생명이나 신체 또는 공중위생의 위해라는 중대한 부작용을 발생시킬 소지가 크다 할 것이어서, 이는 쉽게 허용될 수 없다 할 것인 바, 기공원을 운영하면서 환자들을 대상으로 척추교정시술행위를 한 자가 정부 공인의 체육종목인 '활법'의 사회체육지도자 자격증을 취득한 자라 하여도 무면허 의료행위에 해당되지 아니하여 죄가 되지 않는다고 믿은 데에 정당한 사유가 있었다고 할 수 없다. [경찰승진 15/ 국가9급 11]

21 대법원 2003.5.13, 2003도939

자격기본법에 의한 민간자격관리자로부터 대체의학자격증을 수여받은 자가 침술원을 개설하였다고 하더라도 국가의 공인을 받지 못한 민간자격을 취득하였다는 사실만으로는 자신의 행위가 무면허

의료행위에 해당되지 않는다고 믿는 데에 정당한 사유가 있었다고 할 수 없다. [경찰채용 10 2차 / 경찰승진 11]

22 대법원 2006.3.24, 2005도3717

낙천대상자 국회의원의 탈법방법에 의한 의정보고서 배부 사례
시민단체의 낙천운동에 의하여 낙천대상자로 선정된 국회의원이 이에 대한 반론 보도를 게재한 의정보고서를 제작·배부하면서, 그 내용 중 선거구 활동 기타 업적의 홍보에 필요한 사항 등 의정활동보고의 범위를 벗어나서 선거에 영향을 미치게 하기 위하여 특정 정당이나 후보자를 지지·추천하거나 반대하는 내용이 포함되어 있다면, 이는 공직선거법에서 금지하는 탈법방법에 의한 문서배부행위에 해당하고, 국회의원이 의정보고서를 발간하는 과정에서 선거법규에 저촉되지 않는다고 오인한 것에는 형법 제16조의 정당한 이유가 없다. [경찰간부 16 / 경찰승진 12 / 변호사시험 14]

23 대법원 2006.4.28, 2003도4128

한국간행물윤리위원회나 정보통신윤리위원회가 이 사건 만화를 청소년유해매체물로 판정하였을 뿐 더 나아가 관계기관에 형사처벌 또는 행정처분을 요청하지 않았다 하더라도, 위 위원회들이 시정요구나 형사처벌 등을 요청하지 아니하고 청소년유해매체물로만 판정하였다는 점이 곧 그러한 판정을 받은 만화가 음란하지 아니하다는 의미는 결코 아니라고 할 것이므로, 피고인들의 행위가 죄가 되지 아니하는 것으로 오인한 데 정당한 이유가 있다고 볼 수 없다. [경찰채용 14 1차 / 국가9급 18 / 국가7급 16]

24 대법원 2006.5.11, 2006도631

폐기물인 것을 알지 못하였다고 주장하지만 정당한 이유가 없는 사례
피고인이 환경부 홈페이지 게시판에서 "자연 상태의 토사는 폐기물에 해당되지 않습니다"라는 게시물 등을 확인하고 이 사건 토사가 폐기물에 해당하지 않는 것으로 오인하게 되었다고 하더라도, 기록에 의하면 이 사건 토사는 자연 상태의 퇴적된 토사라고 할 수 없으므로 피고인이 위와 같이 오인하게 된 데에 정당한 사유가 있다고 보기 어렵다.

25 대법원 2007.9.20, 2006도9157; 2006.4.27, 2005도8074

임대업자가 임차인의 의무이행을 강요하고자 계약을 근거로 임차물에 대하여 단전·단수조치한 사례
임대를 업으로 하는 자가 임차인으로 하여금 계약상의 의무이행을 강요하기 위한 수단으로 계약서의 조항을 근거로 임차물에 대하여 일방적으로 단전·단수조치를 함에 있어 자신의 행위가 죄가 되지 않는다고 오인하더라도, 특별한 사정이 없는 한 그 오인에는 정당한 이유가 있다고 볼 수는 없다. [국가9급 10 / 국가7급 13·14]

26 대법원 2007.11.16, 2007도7205

지방자치단체장 간담회 명목의 업무추진비 지출이 행자부 업무추진비 집행기준을 준수한 사례
비록 여러 지방자치단체장들이 관행적으로 그와 같은 간담회 개최 및 음식물 제공을 하여 왔고 행정자치부에서 이를 금지하는 구체적인 지침이 없으며, 그 비용을 행정자치부에서 마련한 업무추진비 집행기준을 준수하여 적법한 절차에 따라 업무추진비에서 지출하여 옴으로써, 피고인이 공직선거법에서 정한 법령에 의한 금품제공행위와 동등하게 평가할 수 있는 행위에 해당하여 법령에 의하여 허용되는 행위라고 오인하였다고 하더라도 정당한 이유가 있다고 볼 수 없다. [국가9급 16 / 국가7급 16 / 사시 15]

27 대법원 2008.10.23, 2008도5526

경찰관이 타인을 고소하면서 수사과정 중 취득한 통화내역을 제출한 사례
경찰공무원이 甲을 위증죄로 고소하면서 수사과정에서 취득한 甲과 乙 사이의 통화내역을 첨부하여 제출한 행위는, 甲의 동의도 받지 아니하고 관련 법령에 정한 절차를 거치지 아니한 이상 부당한

목적 하에 이루어진 개인정보의 누설(공공기관의 개인정보보호에 관한 법률 위반죄)에 해당하고, 피고인이 이 사건 고소장을 제출하기 전에 변호사에게 자문을 구한 경위와 그 답변취지 및 경찰공무원으로서의 피고인의 경력이나 사회적 지위 등을 종합하여 이 사건 고소장 제출 당시 피고인에게 법률의 착오가 있었다고 볼 수도 없다.

28 대법원 2009.5.28, 2008도3598
대출신청인들의 동의 없이 스크린 스크래핑을 통해 고객 정보를 수집한 사례
대출회사가 '스크린 스크래핑 프로그램'을 이용하여 대출신청인들의 서면상의 요구나 동의 없이 금융기관들로부터 위 신청인들의 금융거래내역을 제공받은 경우, 금융기관에 대한 거래정보의 요구를 금지하는 금융실명법 위반죄가 성립하고, 스크린 스크래핑 프로그램 제작자가 변호사에게 위 프로그램을 통한 고객 정보 수집의 적법 여부만을 검토한 것만으로는 금융실명거래 및 비밀보장에 관한 법률 제4조 제1항 위반행위에 정당한 이유가 없어 법률의 착오에 해당하지 않는다.

29 대법원 2009.12.24, 2007도1915
장례식장의 식당(접객실) 부분을 증축한 사례
종합병원에서 의무적 설치 시설인 시체실에 더하여 '장례의식에 필요한 각종 부대시설' 등을 추가하여 장례식장의 용도로 변경·사용하는 경우, 이러한 장례식장은 건축법령에서 말하는 종합병원의 '부속용도'에 해당하지 않고, 증축 부분이 장례식장의 운영을 위한 부속시설인 식당(접객실)으로 증축되어 그러한 용도로만 사용되고 있다는 점에서 국토의 계획 및 이용에 관한 법률상 장례식장의 부속건축물로서 용도제한을 위반한 것이므로, 피고인 등이 장례식장의 식당(접객실) 부분을 증축함에 있어 지방자치단체와 협의를 거쳤다거나 건설교통부에 관련 질의를 하였다고 하더라도, 형법 제16조의 법률의 착오에 있어서 '정당한 이유'가 있다고 볼 수 없다. [경찰채용 13 1차]

30 대법원 2010.3.25, 2008도590
마취전문 간호사의 독자적 마취시술 사례
피고인이 의사의 지시 하에 마취행위를 하는 것이 무면허 의료행위에 해당하지 않는다고 믿은 데에 정당한 사유가 있다고 주장하면서 근거로 제시한 유권해석 등의 자료의 기재내용에 의하더라도 마취간호사는 의사의 구체적인 지시가 있어야 마취시술에서의 진료 보조행위를 할 수 있다는 것뿐이므로, 피고인이 집도의인 공소외인의 구체적인 지시 없이 독자적으로 마취약제와 양을 결정하여 피해자에게 직접 마취시술을 시행한 이상 그 오인에 정당한 사유가 없다. [사시 12]

31 대법원 2010.4.29, 2009도13868
상호저축은행법상 동일인 대출한도 제한규정 위반 사례
다른 상호저축은행들에서도 상호저축은행법상 동일인 대출한도 제한규정을 회피하기 위하여 실질적으로는 한 사람에게 대출금이 귀속됨에도 다른 사람의 명의를 빌려 그들 사이에 형식적으로만 공동투자약정을 맺고 동일인 한도를 초과하는 대출을 받는, 이른바 '사업자쪼개기' 방식의 대출이 관행적으로 이루어져 왔으며, 금융감독원도 2008년 이전에는 이를 적발하지 못하였다는 사정만으로는 이 사건 대출행위가 죄가 되지 않는다고 오인한 데 정당한 이유가 있다고 볼 수 없다. [경찰간부 17]

32 대법원 2010.7.15, 2008도11679
숙박업소에서 위성방송수신장치를 이용하여 수신한 외국의 음란한 위성방송프로그램을 투숙객 등에게 제공하는 풍속영업의 규제에 관한 법률 위반행위를 한 피고인이 그 이전에 그와 유사한 행위로 '혐의없음' 처분을 받은 전력이 있다거나 일정한 시청차단장치를 설치하였다는 등의 사정만으로는, 형법 제16조의 정당한 이유가 있다고 볼 수 없다. [사시 15]

33 대법원 2017.3.15, 2014도12773

사립학교경영자가 교비회계에 속하는 수입을 다른 회계에 전출하거나 대여한 사례

사립학교인 甲 외국인학교 경영자인 피고인이 甲 학교의 교비회계에 속하는 수입을 수회에 걸쳐 乙 외국인학교에 대여하는 것은 구 사립학교법 제29조 제6항에 따라 금지되며, 피고인이 위와 같은 대여행위가 법률상 허용되는 것으로서 죄가 되지 않는다고 그릇 인식하고 있었더라도 그와 같이 그릇된 인식에 정당한 이유가 없다.

34 대법원 2002.10.22, 2002도4260; 2021.11.25, 2021도10903

법률위반행위 중간에 일시적으로 판례가 처벌대상이 되지 않는 것으로 해석했던 사건

공중송신권을 침해하는 게시물인 영상저작물에 연결되는 링크를 자신이 운영하는 사이트에 영리적·계속적으로 게시한 행위는 공중송신권을 침해한 정범의 범죄를 방조한 행위에 해당하는바(대법원 2021.9.9, 2017도19025 전원합의체 참조), 링크 저작권 침해 게시물 등으로 연결되는 링크 사이트 운영 도중 일시적으로 판례에 따라 그 행위가 처벌대상이 되지 않는 것으로 해석되었던 적이 있었다는 사정이 있었다고 하더라도 그것만으로 자신의 행위가 처벌되지 않는 것으로 믿은 데에 정당한 이유가 있다고 할 수 없다. [법원9급 22]

판례연구 **법률의 착오에 정당한 이유가 인정된 판례들 : 부·법·초·군·허·향·한·비·변·교**

1 대법원 1971.10.12, 71도1356

부대장의 허가를 받아 부대 내에서 유류를 저장하는 것이 죄가 안 된다고 오인한 경우

2 법원의 판결을 신뢰한 경우, 즉 자신의 행위를 합법이라고 판시하는 일관된 판례 때문에 위법성을 인식하지 못한 행위자는 책임이 조각된다. [경찰채용 11 1차 / 경찰승진(경장) 10]

3 대법원 1972.3.31, 72도64

초등학교장이 도 교육위원회의 지시에 따라 교과내용으로 되어 있는 꽃양귀비를 교과식물로 비치하기 위하여 양귀비 종자를 사서 교무실 앞 화단에 심은 것이라면 이는 죄가 되지 아니하는 것으로 오인한 행위로서 그 오인에 정당한 이유가 있는 경우에 해당한다고 할 것이다. [경찰승진(경장) 10 / 경찰승진 13]

4 대법원 1974.7.23, 74도1399

군복무를 필한 이복동생 이름으로 해병대에 지원입대하여 복무하다가 휴가를 받아 이 사실을 알게 되어 부대에 복귀하지 않은 경우 [경찰간부 15 / 경찰승진(경장) 10]

5 대법원 1992.5.22, 91도2525

허가를 담당하는 공무원이 허가를 요하지 않는 것으로 잘못 알려주어 이를 믿었기 때문에 허가를 받지 아니한 것이라도, 허가를 받지 않더라도 죄가 되지 않는 것으로 착오를 일으킨 경우, 허가업무를 담당하는 공무원이 직접 잘못 알려주었고, 적극적으로 그릇 인식한 경우라고 볼 수 있으므로, 이 경우는 정당한 이유가 있는 법률의 착오에 해당한다고 볼 수 있다. [국가9급 07·09 / 국가7급 14 / 법원9급 07(하) / 법원9급 13 / 법원행시 05]

참조1 발가락양말 사례

변리사의 감정과 특허심판의 결과 등을 믿고 행한 의장법 위반행위가 법령에 의하여 죄가

되지 않는다고 오인함에 정당한 이유가 있는 때에 해당한다(대법원 1982.1.19, 81도646). [경찰승진 12·16]

참조 2 미숫가루 제조 사례

질의에 대한 구청의 공문이 자신들의 행위는 양곡관리법 및 식품위생법상의 허가대상이 아니라는 취지여서 별도의 허가를 얻을 필요는 없다고 믿고서 미숫가루를 제조한 경우에는 자기의 행위가 법령에 의하여 죄가 되지 않는 것으로 오인하였고 또 그렇게 오인함에 어떠한 과실이 있음을 가려낼 수 없어 정당한 이유가 있는 경우에 해당한다(대법원 1983.2.22, 81도2763).

참조 3 장의사 영업허가 사례

관할관청이 장의사 영업허가를 받은 상인에게 장의소요기구, 물품을 판매하는 도매업에 대하여는 가정의례에 관한 법률 제5조 제1항의 영업허가가 필요 없는 것으로 해석하여 영업허가를 해 주지 않고 있어 피고인 역시 영업허가 없이 이른바 도매를 해 왔다면 동인에게는 같은 법률위반에 대한 인식이 있었다고 보기 어렵다(대법원 1989.2.28, 88도1141). [법원행시 06 / 사시 15]

참조 4 시장이 산림법 적용이 배제된다고 한 것을 믿은 사례

피고인들이 산림훼손 등의 행위를 하기 직전에 제주시장에게 산림법 제90조에 의한 입목벌채허가 신청을 하였던바, 제주시장은 위 지역이 국토이용관리법에 의하여 관광휴양지역으로 결정·고시된 장소로서 산림법의 적용이 배제된다는 이유로 위 신청서를 반려하였고, 피고인들은 관광휴양지역 내에서는 산림법의 규정이 배제된다는 제주시장의 말을 믿은 때문이라면 정당한 이유가 있다(대법원 1992.5.22, 91도2525). [국가9급 07]

참조 5 산림과 공무원이 산림훼손허가가 필요 없다고 한 사례

피고인이 이 사건 자수정 채광 작업을 함에 있어 사전에 산림훼손허가가 필요한지 여부를 관계 행정청에 문의하여 별도의 허가가 불필요하다는 회답을 받고 이를 그대로 믿고 작업을 하였으므로 피고인이 자신의 행위가 죄가 되지 않는다고 오인함에 정당한 이유가 있다(대법원 1993.9.14, 92도1560). [경찰승진(경감) 10 / 경찰승진 10·15 / 국가7급 07·13 / 법원행시 14]

참조 6 건축허가 담당 공무원의 답변에 따른 사례

국유재산을 대부받아 주유소를 경영하는 자가 건축허가사무 담당 공무원에게 위 국유지상에 건축물을 건축할 수 있는지의 여부를 문의하여, 비록 국유재산이지만 위 국유재산을 불하받을 것이 확실하고 또 만일 건축을 한 뒤에 위 국유재산을 불하받지 못하게 되면 건물을 즉시 철거하겠다는 각서를 제출하면 건축허가가 될 수 있다는 답변을 듣고, 건물을 신축하여 준공검사를 받고 위 국유재산을 매수하였다면, 국유지상에 건물을 신축하여 그 국유재산을 사용·수익하는 것이 법령에 의하여 허용되는 것으로 믿었고 또 그렇게 믿을 만한 정당한 이유가 있었다고 볼 수 있다(대법원 1993.10.12, 93도1888).

참조 7 외국인 근로자 국내 알선소개 사례

직업안정법이 규정하고 있는 유료직업소개사업에 관한 허가규정은 외국인 근로자를 국내기업에 알선하여 주는 소개업에도 적용이 된다고 보아야 함에도, 허가를 담당하는 공무원이 허가를 요하지 않는 것으로 잘못 알려 주어 이를 믿었기 때문에 허가를 받지 아니하였다면 정당한 이유가 있다(대법원 1995.7.11, 94도1814).

참조 8 선관위 공무원의 지적에 따라 수정한 의정보고서 사례

광역시의회 의원이 선거구민들에게 의정보고서를 배부하기에 앞서 미리 관할 선거관리위원회 소속 공무원들에게 자문을 구하고 그들의 지적에 따라 수정한 의정보고서를 배부한 경우 형법 제16조에 해당하여 벌할 수 없다(대법원 2005.6.10, 2005도835). [경찰채용 14 1차 / 경찰간부 17 / 국가9급 11 ·16 / 사시 13·14·15]

참조9 공사에서 발생한 토석을 나대지에 쌓아둔 사례

피고인은 공사를 하는 과정에서 생긴 토석을 사실상 나대지(裸垈地) 상태인 위 임야에 적치할 계획을 가지고, 이에 관하여 양평군 산림과 담당공무원인 공소외인에게 문의하였던 바 산림법상 문제가 되지 않는다는 답변을 듣고 위 임야 상에 토석을 쌓아둔 것이라면, 피고인으로서는 위 토지상에 공사 중 발생하는 토석을 쌓아두는 행위가 죄가 되지 않거나, 적어도 당국의 허가를 받을 필요까지는 없는 것으로 착오를 일으킨 것으로서 거기에 정당한 사유가 있다고 볼 여지가 충분하다(대법원 2005.8.19, 2005도1697). [경찰승진 13 / 국가7급 16]

유사 선설치 후허가 사례

건설폐기물 처리업 허가를 받은 피고인이 예정사업지에 건설폐기물 처리시설을 설치한 후 변경허가를 받음으로써 변경허가 없이 그 시설의 소재지를 변경하였다고 하여 구 건설폐기물의 재활용촉진에 관한 법률 위반으로 기소된 경우, 피고인이 예정사업지에 시설 등을 미리 갖춘 후 실제 영업행위를 하기 전에 변경허가를 받으면 된다고 그릇 인식한 것은 정당한 이유 있는 법률의 착오에 해당한다(대법원 2015.1.15, 2013도15027).

6 대법원 1974.11.12, 74도2676

주민등록지를 이전한 이상 **향**토예비군설치법 시행령에 의하여 대원신고를 하여야 할 것이기는 하나, 이미 같은 주소에 대원신고가 되어 있었으므로 재차 동일주소에 대원신고(주소이동)를 하지 아니하였음이 같은 법 제15조 제6항에서 말한 정당한 사유가 있다고 오인한 데서 나온 행위였다면 이는 법률착오가 범의를 조각하는 경우에 해당한다. [경찰채용 11 1차]

7 대법원 1995.8.25, 95도717

가감삼십전대보초와 **한**약 가지 수에만 차이가 있는 십전대보초를 제조하고 그 효능에 관하여 광고를 한 사실에 대하여 이전에 검찰의 혐의없음 결정을 받은 적이 있다면, 피고인이 비록 한의사·약사·한약업사 면허나 의약품판매업 허가 없이 의약품인 가감삼십전대보초를 판매하였다고 하더라도 자기의 행위가 법령에 의하여 죄가 되지 않는 것으로 믿을 수밖에 없었고, 또 그렇게 오인함에 있어서 정당한 이유가 있는 경우에 해당한다. [국가9급 07 / 국가7급 12·18 / 법원행시 05]

8 대법원 2002.5.17, 2001도4077

비디오물감상실업자가 자신의 비디오물감상실에 18세 이상 19세 미만의 청소년을 출입시킨 사례

구 음반·비디오물 및 게임물에 관한 법률 및 같은 법시행령이 18세 미만의 자를 연소자로 규정하면서 비디오물감상실업자가 포함되는 유통관련업자의 준수사항 중의 하나로 출입자의 연령을 확인하여 연소자의 출입을 금지하도록 하고 출입문에는 '18세 미만 출입금지'라는 표시를 부착하여야 한다고 규정하고 있다면, 이로 인하여 피고인이 자신의 비디오물감상실에 18세 이상 19세 미만의 청소년을 출입시킨 행위가 관련 법률에 의하여 허용된다고 믿은 것은 정당한 이유가 있다. [경찰채용 15 3차 / 국가9급 10 / 국가7급 16 / 법원9급 07(하)]

9 대법원 1976.1.13, 74도3680

경제의 안정과 성장에 관한 긴급명령 공포 당시 기업사채의 정의에 대한 해석이 용이하지 않았던 사정 하에서 겨우 국문 정도 해독할 수 있는 60세의 부녀자가 채무자로부터 사채신고권유를 받았지만 지상에 보도된 내용을 참작하고 관할 공무원과 자기가 소송을 위임하였던 **변**호사에게 문의 확인한 바, 본건 채권이 이미 소멸되었다고 믿고 또는 그렇지 않다고 하더라도 신고하여야 할 기업사채에 해당하지 않는다고 믿고 신고를 하지 아니한 경우에는 이를 벌할 수 없다. [경찰간부 15]

비교1 가처분결정으로 직무집행정지 중에 있던 종단대표자가 종단소유의 보관금을 소송비용으로 사용함에 있어 변호사의 조언이 있었다는 것만으로 보관금 인출사용행위가 법률의 착오에 의한 것이라 할 수 없다(대법원 1990.10.16, 90도1604). → 법률의 부지로서 횡령죄가 성립한다는 판례임

비교2 피고인이 집달관이나 채권자의 동의나 허락을 받음이 없이 집달관과 채권자에게 일방적으로 압류물의 이전을 통고한 후 서울민사지방법원 소속 집달관의 관할구역 밖인 판시 장소로 압류표시된 물건을 이전한 이상 피고인에게 위 공무상비밀표시무효죄의 고의가 없다고 할 수 없고 피고인이 그와 같은 행위를 하기에 앞서 개인적으로 법률유관기관(변호사)에 자문을 구했다 해서 그 행위가 죄가 되지 않는다고 믿는 데에 정당한 이유가 있다고 볼 수도 없다(대법원 1992.5.26, 91도894). → 법률의 착오이지만 그 오인에 정당한 이유가 없어서 공무상 비밀표시무효죄가 성립한다는 판례임 [경찰간부 17 / 국가9급 07]

10 대법원 1975.3.25, 74도2882

교통부장관의 허가를 받아 설립된 한국교통사고상담센터의 직원이 피해자의 위임으로 사고회사와의 사이에 화해의 중재나 알선을 하고 피해자로부터 교통부장관이 승인한 조정수수료를 받은 것은 직무수행상의 행위로서 위법의 인식을 기대하기 어렵고 자기의 행위가 법령에 의하여 범죄가 되지 아니하는 것으로 오인한 데에 정당한 이유가 있다. [경찰채용 11·13 1차 / 경찰간부 15]

제5절 책임조각사유 : 기대불가능성

01 서 설

02 책임론에서의 체계적 지위

03 기대가능성의 판단기준

판례연구 평균인표준설을 보여주는 사례

1 대법원 1966.3.22, 65도1164
우연히 시험문제를 알게 된 응시자 사례
우연한 기회에 미리 출제될 문제를 알게 된 입학시험 응시자가 그 답을 암기하여 답안지에 기재한 경우에 암기한 답을 그 입학시험 답안지에 기재하여서는 아니 된다는 것을 그 일반수험자에게 기대한다는 것은 보통의 경우 도저히 불가능하다. [경찰간부 21 / 경찰승진(경사) 10 / 국가7급 10 / 법원9급 13]

2 대법원 2004.7.15, 2004도2965 전원합의체
양심적 병역거부자에게 그의 양심상의 결정에 반하는 적법행위를 기대할 가능성이 있는지 여부(적극)

양심적 병역거부자에게 그의 양심상의 결정에 반한 행위를 기대할 가능성이 있는지 여부를 판단하기 위해서는, 행위 당시의 구체적 상황 하에 행위자 대신에 사회적 평균인을 두고 이 평균인의 관점에서 그 기대가능성 유무를 판단하여야 할 것이다(병역법위반죄 인정). [국가7급 10·16 / 법원9급 09·13 / 법원행시 08 / 변호사시험 12]

04 기대불가능성으로 인한 책임조각사유

판례연구 **기대가능성이 없어 책임이 조각된 사례**

1 대법원 1967.10.4, 67도1115
북괴에 납치된 피고인의 북괴지역에서의 행위가 기대가능성이 없다고 인정되는 실례
동해방면에서 명태잡이를 하다가 기관고장과 풍랑으로 표류 중 북한괴뢰집단에 함정에 납치되어 북괴지역으로 납북된 후 북괴를 찬양, 고무 또는 이에 동조하고 우리나라로 송환됨에 있어 여러가지 지령을 받아 수락한 소위는 살기 위한 부득이한 행위로서 기대가능성이 없다고 할 것이다. [경찰간부 17 / 국가9급 09]

2 대법원 1980.3.11, 80도141
무장공비 탈출을 막기 위해 매복초소의 초병 2명이 만 4일 6시간 동안 총 3~5시간의 수면을 취한 상태에서 2시간씩 교대로 수면을 취한 경우, 특단의 사정이 없는 한 비난가능성이 있다고 단정할 수는 없는 것이므로 기대가능성이 없다.

3 대법원 1987.1.20, 86도874
나이트클럽 대학생 34명 중 1명의 미성년자 사례
수학여행을 온 대학교 3학년생 34명이 지도교수의 인솔 하에 피고인 경영의 나이트클럽에 찾아와 단체입장을 원하므로 그들 중 일부만의 학생증을 제시받아 확인하여 본즉 성년자임이 틀림없어 단체입장을 허용함으로써 그들 중에 섞여 있던 미성년자 1인을 위 업소에 출입시킨 결과가 되었다면, 피고인에게 위 학생들 중에 미성년자가 섞여 있을지도 모른다는 것을 예상하여 그들의 증명서를 일일이 확인할 것을 요구하는 것은 사회통념상 기대가능성이 없다고 봄이 상당하다. [경찰간부 17 / 경찰승진(경장) 10·11 / 국가9급 10 / 법원행시 08]

4 대법원 2001.2.23, 2001도204; 2008.10.9, 2008도5984; 2015.2.12, 2014도12753
근로기준법 위반죄의 책임조각의 사례
사용자가 기업이 불황이라는 사유만을 이유로 하여 임금이나 퇴직금을 지급하지 않거나 체불하는 것은 근로기준법이 허용하지 않는 바이나, 사용자가 모든 성의와 노력을 다했어도 임금의 체불이나 미불을 방지할 수 없었다는 것이 사회통념상 긍정할 정도가 되어 사용자에게 더 이상의 적법행위를 기대할 수 없다거나, 사용자가 퇴직금 지급을 위하여 최선의 노력을 다하였으나 경영부진으로 인한 자금사정 등으로 도저히 지급기일 내에 퇴직금을 지급할 수 없었다는 등의 불가피한 사정이 인정되는 경우에는 근로기준법 위반범죄의 책임이 조각된다. [경찰승진(경장) 11 / 국가9급 10 / 국가7급 20 / 사시 14]

5 대법원 2010.1.21, 2008도942 전원합의체

증언거부사유가 있음에도 증언거부권을 고지받지 못하여 증언거부권을 행사하지 못한 사례

헌법 제12조 제2항에 정한 불이익 진술의 강요금지 원칙을 구체화한 자기부죄거부특권 등 기타 증언거부 사유가 있음에도 증인이 증언거부권을 고지받지 못함으로 인하여 그 증언거부권을 행사하는 데 사실상 장애가 초래되었다고 볼 수 있는 경우에는 위증죄가 성립하지 않는다.[44] [국가7급 16·20 / 사시 14]

판례연구 **기대가능성이 있어 책임이 조각되지 않아 유죄가 된 사례**

1 대법원 1966.7.26, 66도914

탄약창고의 보초가 상급자들이 포탄피를 절취하는 현장을 목격하고도 그것을 제지하지 않았으며 상관에게 보고도 하지 않고 묵인한 행위는 그 절취자들이 비록 피고인을 명령·지휘할 수 있는 상급자들이었다 할지라도 기대가능성이 없는 불가피한 행위이었다고는 할 수 없다. [경찰간부 11 / 경찰승진(경장) 10]

2 대법원 1969.12.23, 69도2084

처자가 생활고로 행방불명이 된 사정이 있다고 하더라도 그 사정만으로서 군에 귀대할 수 있는 기대가능성 이 없어 군무이탈의 범의나 책임이 없다고 할 수 없다. [경찰간부 11]

3 대법원 1990.10.30, 90도1798

국토이용관리법에 의하면 신고지역으로 지정된 구역 안에 있는 토지 등의 거래계약을 체결하고자 하는 당사자는 공동으로 그 조항 소정의 신고를 하게 되어 있지 이전등기시에 하게 되어 있지는 않으므로 매수인이 토지를 신고하지 않고 미등기전매하는 경우라고 하여 매도인의 당초의 거래에 대한 신고의 기대가능성이 없다고 할 수는 없다(미신고 토지거래계약은 유죄). [법원행시 08]

4 대법원 1992.8.14, 92도1246

집시법은 제13조의 집회를 제외한 옥외집회에 대하여 관할경찰서장에게 신고할 것을 요구하고 있으므로, 단지 당국이 피고인이 간부로 있는 전교조나 기타 단체에 대하여 모든 옥내외 집회를 부당하게 금지하고 있다고 하여 그 집회신고의 기대가능성이 없다 할 수 없으므로, 위와 같은 이유만으로 관할경찰서장에게 신고하지 않고 옥외집회를 주최한 것이 죄가 되지 않는다고 할 수 없다. [경찰승진(경장) 10 / 법원행시 08 / 사시 14]

5 대법원 1998.6.9, 97도856

당직자회의장소가 아닌 음식점에서 참석 당직자만이 아닌 일반당원도 포함시켜 술 등 음식을 제공한 행위를 공직선거법에 의하여 허용되는 기부행위라고 볼 수 없고, 이를 의례적이거나 직무상의 행위로 사회상규에 위배되지 아니하거나 기대가능성이 없는 행위로 볼 수도 없다. [경찰승진(경장) 11]

6 대법원 2003.12.26, 2001도6484

남북교류협력에 관한 법률에 의하면, 남한의 주민이 북한 주민 등과 접촉할 의도나 계획을 가지고 있고 그러한 접촉 가능성이 객관적으로 존재하는 경우라면, 남한의 주민으로서는 그 접촉에 앞서 위 규정에 의한 통일원장관의 승인을 얻어야 하므로, 통일원장관의 접촉 승인 없이 북한 주민과 접촉한 행위는 정당행위 혹은 적법행위에 대한 기대가능성이 없는 경우에 해당하지 아니한다. [법원9급 09]

---

44 **보충** : 위 판례는 '재판장이 신문 전에 증인에게 증언거부권을 고지하지 않은 경우'에도 제반 사정을 전체적·종합적으로 고려하여 증인이 침묵하지 아니하고 진술한 것이 자신의 진정한 의사에 의한 것인지 여부를 기준으로 위증죄의 성립 여부를 판단하여야 한다고 판시하고 있다. 이러한 판례의 법리에 의하여 위증죄의 성립을 인정한 판례(대법원 2010.2.25, 2007도6273)와 인정하지 않은 판례(대 법원 2010.2.25, 2009도13257)가 판시되었다. 이에 대해서는 각론의 위증죄에서 검토한다.

7 대법원 2006.2.9, 2005도9230

피고인이 그가 인수받아 운영하던 회사의 경영상태가 계속 악화되자 경영부진을 이유로 근로자들을 권고사직시키는 등 인원감축에 치중하였을 뿐, 퇴직 근로자들에 대한 임금이나 퇴직금 등의 청산을 위한 변제노력이 있었다거나 장래의 변제계획이 구체적으로 제시된 바 없고 이와 관련하여 근로자측과 성실한 협의를 한 흔적이 없다면, 퇴직 근로자에 대하여 임금이나 퇴직금을 지급할 수 없었던 불가피한 사정이 있다고 인정하기 어렵다. [국가9급 10]

8 대법원 2008.10.23, 2005도10101

이미 유죄판결이 확정된 자가 공범자의 재판에서 위증한 사례

자기에게 형사상 불리한 진술을 강요당하지 아니할 권리가 결코 적극적으로 허위의 진술을 할 권리를 보장하는 취지는 아닌 점, 이미 유죄의 확정판결을 받은 경우에는 일사부재리의 원칙에 의해 다시 처벌되지 아니하므로 증언을 거부할 수 없는 바, 이는 사실대로의 진술 즉 자신의 범행을 시인하는 진술을 기대할 수 있기 때문인 점 등에 비추어 보면, 이미 강도상해죄로 유죄판결이 확정된 피고인에게 사실대로의 진술을 기대할 가능성이 없다고 볼 수는 없다. [경찰채용 16 1차 / 경찰승진(경정) 11 / 경찰승진(경사) 10 / 국가7급 10 / 법원9급 09 / 법원행시 18 / 사시 13·15 / 변호사시험 12·18]

9 대법원 2018.9.28, 2018도9828

담배제조업 허가를 받지 않고 전자장치를 이용하여 흡입할 수 있는 니코틴이 포함된 용액을 만든 사건

전자장치를 이용하여 호흡기를 통하여 체내에 흡입함으로써 흡연과 같은 효과를 낼 수 있도록 만든 '니코틴이 포함된 용액'이 그 자체로 담배사업법 제2조의 '담배'에 해당한다. … 피고인들이 공모하여, 고농도 니코틴 용액에 프로필렌글리콜(Propylene Glycol)과 식물성 글리세린(Vegetable Glycerin)과 같은 희석액, 소비자의 기호에 맞는 향료를 일정한 비율로 첨가하여 전자장치를 이용해 흡입할 수 있는 '니코틴이 포함된 용액'을 만드는 방법으로 담배제조업 허가 없이 담배를 제조하였다고 하여 담배사업법 위반으로 기소된 경우, 담배사업법의 위임을 받은 기획재정부가 전자담배제조업에 관한 허가기준을 마련하지 않고 있으나, 궐련담배제조업에 관한 허가기준은 이미 마련되어 있는 상황에서 담배제조업 관련 법령의 허가기준을 준수하거나 허가기준이 새롭게 마련될 때까지 법 준수를 요구하는 것이 죄형법정주의 원칙에 위반된다거나 기대가능성이 없는 행위를 처벌하는 것이라고는 볼 수 없다.

---

05 **강요된 행위**

제12조 【강요된 행위】 저항할 수 없는 폭력이나 자기 또는 친족의 생명, 신체에 대한 위해를 방어할 방법이 없는 협박에 의하여 강요된 행위는 벌하지 아니한다. [법원9급 07(하) / 법원행시 07·16]

판례연구 **형법 제12조(강요된 행위) 소정의 "저항할 수 없는 폭력"의 의미**

대법원 1983.12.13, 83도2276

심리적인 의미에 있어서 육체적으로 어떤 행위를 절대적으로 하지 아니할 수 없게 하는 경우와 윤리적 의미에 있어서 강압된 경우를 말한다. [국가7급 08 / 사시 10·11]

사례연구 **저항할 수 없는 '폭력'의 의미 : 심리적(강제적) 폭력**

甲은 乙로 하여금 그 친구 丙 명의의 사문서를 위조하라고 협박하였으나 乙이 말을 듣지 않자 乙의 손을 강한 힘으로 잡고 丙의 이름과 인장을 찍어 丙 명의의 사문서를 작성하였다. 甲과 乙의 형사책임은?

> **해결** 甲은 사문서위조죄가 성립한다. 乙은 구성요건적 행위를 하였다고 인정되지 않으므로 처음부터 구성요건해당성이 없다(행위론의 차원에서 구성요건 이전단계에서 이미 사회적으로 중요한 의미 있는 행태가 없었다고 설명할 수도 있을 것임). 이렇듯 乙의 행위에 대한 강요된 행위(제12조) 여부를 가리기 위하여는 우선 저항할 수 없는 '폭력'이 乙의 심리를 강제하는 의미의 폭력이어야 하며, 위 사례처럼 절대적 폭력은 이에 해당하지 않는다. [경찰채용 20 2차 / 경찰승진(경사) 11 / 국가9급 08 / 사시 10]

사례연구 **감금행위가 제12조의 '폭력'에 해당한다는 사례**

甲은 18세 소년으로서 취직할 수 있다는 제의에 속아 일본으로 건너간 후 조총련간부들에게 감금된 상태하에서의 강요에 못 이겨 공산주의자가 되어 북한에 갈 것을 서약하였다. 甲의 형사책임은?

> **해결** 甲의 행위는 당시 반공법 위반죄의 구성요건에 해당하고 위법성이 있지만 형법 제12조의 강요된 행위로서 적법행위의 기대가능성이 없으므로 책임이 조각된다. 판례는 다음과 같다 : 18세 소년이 취직할 수 있다는 감언에 속아 도일하여 조총련간부들의 감시 내지 감금 하의 강요에 못이겨 공산주의자가 되어 북한에 갈 것을 서약한 행위는 강요된 행위라고 볼 수밖에 없다(대법원 1972.5.9, 71도1178). [국가9급 09 / 국가7급 08]

> **보충** 강요된 행위 규정은 대체로 위 사례처럼 북한에 납북되는 과정이나 북한에 납북된 후 북한을 찬양·고무하는 국가보안법 위반 행위에 적용되어 왔다.

판례연구 **강요된 행위가 아니라는 사례**

1 대법원 1971.2.23, 70도2629
자진 월선조업한 자가 북한에 한 제보와 강요된 행위
어로저지선을 넘어 어로의 작업을 하면 북괴 구성원에게 납치될 염려가 있으며 만약 납치된다면 대한민국의 각종 정보를 북괴에게 제공하게 된다 함은 일반적으로 예견된다고 하리니 피고인이 그전에 선원으로 월선조업을 하다가 납북되었다가 돌아온 경험이 있는 자로서 월선하자고 상의하여 월선조업을 하다가 납치되어 북괴의 물음에 답하여 제공한 사실을 강요된 행위라 할 수 없다. [국가7급 08]

2 대법원 1973.1.30, 72도2585
자초한 강제상태 사건
반국가단체의 지배 하에 있는 북한지역으로 탈출하는 자는 특별한 사정이 없는 한, 북한 집단구성원과의 회합이 있을 것이라는 사실을 예측할 수 있고 자의로 북한에 탈출한 이상 그 구성원과의 회합은 예측하였던 행위이므로 강요된 행위라고 인정할 수 없다. [경찰승진 13 / 국가9급 08·09]

3 대법원 1990.3.27, 89도1670
확신을 가진 테러리스트 사건
형법 제12조에서 말하는 강요된 행위는 저항할 수 없는 폭력이나 생명, 신체에 위해를 가하겠다는 협박 등 다른 사람의 강요행위에 의하여 이루어진 행위를 의미하는 것이지 어떤 사람의 성장교육과정을 통하여 형성된 내재적인 관념 내지 확신으로 인하여 행위자 스스로의 의사결정이 사실상 강제되는 결과를 낳게 하는 경우까지 의미한다고 볼 수 없다. [경찰승진(경사) 11 / 국가9급 18 / 국가7급 08 / 법원행시 17 / 사시 10]

판례연구 **상관의 위법한 지시·명령을 이행한 부하의 행위와 강요된 행위**

1 대법원 1983.3.8, 82도2873
주종관계에 기한 지시에 의하여 한 뇌물공여와 기대가능성
비서라는 특수신분 때문에 주종관계에 있는 공동피고인들의 지시를 거절할 수 없어 뇌물을 공여한 것이었다 하더라도 뇌물공여 이외의 반대행위를 기대할 수 없는 경우였다고 볼 수 없다. [경찰간부 17 / 경찰승진(경사) 10 / 국가9급 10]

2 대법원 1983.12.13, 83도2543
휘발유 등 군용물의 불법매각이 상사인 포대장이나 인사계 상사의 지시에 의한 것이라 하여도 저항할 수 없는 폭력이나 자기 또는 친족의 생명, 신체에 대한 위해를 방어할 방법이 없는 협박에 상당한 것이라고 인정되지 않은 이상 강요된 행위로서 책임성이 조각된다고 할 수 없다. [국가9급 09]

3 대법원 1986.5.27, 86도614; 2005.7.29, 2004도5685; 2007.5.11, 2007도1373
제품검사의뢰서 변조 등 사례
직장 상사의 범법행위에 가담한 부하에 대하여 직무상 지휘·복종관계에 있다는 이유만으로 범법행위에 가담하지 않을 기대가능성이 없다고는 할 수 없다. [경찰간부 17 / 국가7급 10 / 법원9급 13 / 법원행시 08 / 변호사시험 18]

4 대법원 1999.4.23, 99도636
안기부 공무원 불법대선자료 배포 사례 : 상관의 위법명령에 대한 하관의 복종의무 유무(소극)
대통령선거를 앞두고 특정후보에 대하여 반대하는 여론을 조성할 목적으로 확인되지도 않은 허위의 사실을 담은 책자를 발간·배포하거나 기사를 게재하도록 하라는 것과 같이 명백히 위법·불법한 명령인 때에는 이는 직무상의 지시명령이라 할 수 없으므로 이에 따라야 할 의무가 없다. [국가9급 07 / 사시 15]

	목 차	난 도	출제율	대표지문
제1절 범행의 실현단계	01 범죄의사 및 예비·음모	下	★	• 범죄의 음모 또는 예비행위가 실행의 착수에 이르지 아니한 때에는 법률에 특별한 규정이 없는 한 벌하지 아니한다. (○)
	02 미 수	下	★	
	03 기 수	下	–	
	04 종 료	下	–	
제2절 예비죄	01 서 설	中	★★	• 형법각칙상 예비죄 규정은 죄형법정주의원칙상 기본적 구성요건과는 별개의 독립된 구성요건이라고 볼 수 없다. (○) • 형법각칙상 예비죄 규정은 독립된 구성요건의 개념에 포함시킬 수 있다. (×) • 과실에 의한 예비나 과실범의 예비는 불가벌이다. (○) • 정범이 실행에 착수하지 아니하는 한 예비의 공동정범은 성립할 수 없다. (×)
	02 법적 성격	中	★	
	03 예비죄의 성립요건	中	★★	
	04 관련문제	中	★★	
제3절 미수범의 일반이론	01 서 설	中	★★	• 현행형법에는 과실범의 미수를 처벌하는 규정이 없다. (○) • 미수범은 법률에 특별한 규정이 없는 한 벌하지 않는다. (○) • 야간에 아파트에 침입하여 물건을 훔칠 의도하에 아파트의 베란다 철제난간까지 올라가 유리창문을 열려고 시도하였다면 야간주거침입절도죄의 실행에 착수한 것이다. (○)
	02 미수범 처벌의 이론적 근거	下	★	
제4절 장애미수	01 서 설	下	★	• 소를 흥정하고 있는 피해자의 뒤에 접근한 다음 소지하고 있던 가방으로 돈이 들어 있는 피해자의 하의(下依) 주머니를 스치면서 지나간 경우 절도죄의 실행의 착수를 인정할 수 있다. (×) • 간첩의 목적으로 국외 또는 북한에서 국내에 침투 또는 월남하는 경우에는 기밀탐지가 가능한 국내에 침투함으로써 간첩죄의 실행에 착수가 있다. (○)
	02 성립요건	中	★★★	
	03 특수한 경우의 실행착수시기	中	★	
	04 미수범의 처벌	下	★	
제5절 중지미수	01 서 설	下	★	• 중지미수의 자의성에 대한 주관설은 자의성의 개념을 지나치게 확대한다는 비판을 받는다. (×) • 장롱 안에 있는 옷가지에 불을 놓아 건물을 불태우려 하였으나 불길이 치솟는 것을 보고 겁이 나서 물을 부어 불을 끈 것이라면 자의에 의한 중지미수라고는 볼 수 없다. (○)
	02 성립요건	中	★★★	
	03 공범과 중지미수	中	★★	
	04 중지미수의 처벌	下	★	
제6절 불능미수	01 서 설	中	★	• 치사량 미달의 독약으로 사람을 살해하려 한 경우 살인죄의 불능미수에 해당한다. (○) • 설탕으로도 사람을 죽일 수 있다고 생각하고 설탕을 먹인 경우 주관설에 따르면 불능미수이다. (○)
	02 성립요건	中	★★★	
	03 불능미수의 처벌	下	★	

구 분	경찰채용						경찰간부						경찰승진					
	17	18	19	20	21	22	17	18	19	20	21	22	17	18	19	20	21	22
제1절 범행의 실현단계	1	1								1	2		1	1	1	1		1
제2절 예비죄	1		1			1	1	1					1	1	1		1	
제3절 미수범의 일반이론	2	1																1
제4절 장애미수		2						1	2	1								
제5절 중지미수					1		1				1							
제6절 불능미수			1	2					1	1		1		1		1	1	1
출제빈도	14/220						14/240						14/240					

미수론

✔ 키포인트

	국가9급						법원9급						법원행시						변호사시험					
17	18	19	20	21	22	17	18	19	20	21	22	17	18	19	20	21	22	17	18	19	20	21	22
		1	1						1				1		1	1							
										1		1					1					1
						2						1							1	1		
			1										1									1
1								1				1				1					1	
				1									1	1						1		
5/120						5/150						10/240						6/140					

CHAPTER 05 미수론

제1절 범행의 실현단계

제2절 예비죄

01 서 설

제28조 【음모, 예비】 범죄의 음모 또는 예비행위가 실행의 착수에 이르지 아니한 때에는 법률에 특별한 규정이 없는 한 벌하지 아니한다. [국가9급 07 / 법원9급 14]

판례연구 **예비죄의 기본개념 관련판례**

1 대법원 1986.6.24, 86도437
밀항단속법상 밀항음모는 밀항예비와 구별되는 그 전 단계에 불과하다는 사례
일본으로 밀항하고자 공소외인에게 도항비로 일화 100만엔을 주기로 약속한 바 있었으나, 그 후 이 밀항을 포기하였다면 이는 밀항의 음모에 지나지 않은 것으로 밀항의 예비 정도에는 이르지 못한 것이다. [경찰승진(경위) 10 / 국가9급 09 / 법원9급 14]

2 대법원 1977.6.28, 77도251
예비·음모를 처벌한다는 규정은 있으나 그 형을 따로 정하지 않은 경우 처벌할 수 없다는 사례
부정선거관련자처벌법 제5조 제4항에 동법 제5조 제1항의 예비·음모는 이를 처벌한다고만 규정하고 있을 뿐이고 그 형에 관하여 따로 규정하고 있지 아니한 이상 죄형법정주의의 원칙상 위 예비음모를 처벌할 수 없다. [경찰간부 11 / 경찰승진(경사) 11 / 국가9급 14·15 / 법원행시 09 / 변호사시험 14]

3 대법원 1976.5.25, 75도1549
예비죄의 법적 성격에 관하여 발현형태설을 취하고 예비죄의 종범을 부정한 사례
형법 제32조 제1항의 타인의 범죄를 방조한 자는 종범으로 처벌한다는 규정의 타인의 범죄란 정범이 범죄를 실현하기 위하여 착수한 경우를 말하는 것이라고 할 것이므로 종범이 처벌되기 위하여는 정범의 실행의 착수가 있는 경우에만 가능하고 정범이 실행의 착수에 이르지 아니한 예비의 단계에 그친 경우에는 이에 가공하는 행위가 예비의 공동정범이 되는 경우(예비죄의 공동정범을 인정한 부분 [법원9급 14 / 사시 13 / 변호사시험 12·14·18])를 제외하고는 이를 종범으로 처벌할 수 없다고 할 것이다. 왜냐하면 범죄의 구성요건 개념상 예비죄의 실행행위는 무정형·무한정한 행위이고 종범의 행위도 무정형·무한정한 것이고 형법 제28조에 의하면 범죄의 음모 또는 예비행위가 실행의 착수에 이르지 아니한 때에는

법률에 특별한 규정이 없는 한 벌하지 아니한다고 규정하여 예비죄의 처벌이 가져올 범죄의 구성요건을 부당하게 유추 내지 확장해석하는 것을 금지하고 있기 때문에 형법각칙의 예비죄를 처단하는 규정을 바로 독립된 구성요건 개념에 포함시킬 수는 없다고 하는 것이 죄형법정주의의 원칙에도 합당하는 해석이라 할 것이기 때문이다. 따라서 형법 전체의 정신에 비추어 예비의 단계에 있어서는 그 종범의 성립을 부정하고 있다고 보는 것이 타당한 해석이라고 할 것이다. 본 건 강도예비죄가 형법상 독립된 구성요건에 해당하는 범죄라는 상고논지는 전술한 바와 같이 수긍할 수 없는 독자적인 견해라 할 것이고 원심의 판단취의는 이와 다소 다르다고 하더라도 예비죄의 종범의 성립을 부정한 결론에 있어서 정당하고 이를 논란하는 상고논지는 그 이유없다고 할 것이다. [경찰채용 14·22 1차 / 국가9급 08 / 국가7급 18 / 법원9급 13 / 변호사시험 17]

02 법적 성격

03 예비죄의 성립요건

판례연구 예비죄의 성립요건 관련판례

1 대법원 1992.3.31, 90도2033 전원합의체
예비죄의 기본범죄를 범할 목적은 미필적 인식으로 족하다는 사례
목적은 행위에 대한 적극적 의욕이나 확정적 인식까지는 필요 없고 미필적 인식으로 족한 것이다.
[경찰승진 13]

2 대법원 1959.7.31, 4292형상308
살해대상자가 누구인지조차 확정되지 못한 경우에는 살인예비죄가 성립할 수 없다는 사례
간첩이 불특정의 경찰관으로부터 체포를 당하게 될 위급한 때의 방어를 하기 위하여 무기를 휴대한 경우, 살인대상이 특정되지 아니한 한 살인예비죄의 성립을 인정할 수 없다.

3 대법원 1999.11.12, 99도3801
단순히 범죄결심을 외부에 표시·전달하는 것만으로는 음모죄가 성립하기에는 부족하다는 사례
형법상 음모죄가 성립하는 경우의 음모란 2인 이상의 자 사이에 성립한 범죄실행의 합의를 말하는 것으로, 범죄실행의 합의가 있다고 하기 위하여는 단순히 범죄결심을 외부에 표시·전달하는 것만으로는 부족하고, 객관적으로 보아 특정한 범죄의 실행을 위한 준비행위라는 것이 명백히 인식되고, 그 합의에 실질적인 위험성이 인정될 때에 비로소 음모죄가 성립한다(사병 2인이 수회에 걸쳐 '총을 훔쳐 전역 후 은행이나 현금수송차량을 털어 한탕하자'라는 말을 나눈 경우 강도음모죄의 성립을 부정한 판례). [경찰간부 11 ·18 / 경찰승진(경위) 10 / 경찰승진 13 / 국가9급 11·14 / 국가7급 09 / 법원행시 18]

판례연구 예비죄가 성립한다는 사례

1 대법원 1959.5.18, 4292형상34
적과 의사연락 없이 군사상의 기밀을 누설하기 위하여 수집한 행위와 법령의 적용
형법 제98조 제1항의 간첩이라 함은 적국의 지령 기타 의사연락 하에 군사상 기밀사항을 탐지 수집하는

것을 의미하므로 적측과 아무런 연락 없이 편면적으로 군사에 관한 정보를 수집하였다면 그는 본조 제2항의 군사상 기밀누설의 예비행위(간첩예비 – 필자 주)라고 볼 것이다.

2 대법원 1993.10.8, 93도1951
남북교류협력에 관한 법률에 의한 방북신청 행위가 국가보안법상 탈출예비죄에 해당한다고 한 사례
피고인이 북한공작원들과의 사전 연락 하에 주도한 민중당의 방북신청은 그러한 정을 모르는 다른 민중당 인사들에게는 남북교류협력의 목적이 있었다 할 수 있음은 별론으로 하고, 피고인 자신에 대한 관계에서는 위 법률 소정의 남북교류협력을 목적으로 한 것이라고 볼 수 없으므로, 피고인의 위 법률에 의한 방북신청은 국가보안법상의 탈출예비에 해당한다.

3 대법원 1999.4.9, 99도424
관세포탈죄의 예비죄 성립 : 과세가격 사전심사서 사례
관세를 포탈할 목적으로 수입할 물품의 수량과 가격이 낮게 기재된 계약서를 첨부하여 수입예정물량 전부에 대한 과세가격 사전심사를 신청함으로써 과세가격을 허위로 신고하고 이에 따른 과세가격 사전심사서를 미리 받아 두는 행위는 관세포탈죄의 실현을 위한 예비행위에 해당한다. [경찰채용 18 2차 / 경찰승진(경감) 10 / 국가7급 18 / 사시 16]

4 대법원 2009.10.29, 2009도7150
甲이 乙을 살해하기 위하여 丙, 丁 등을 고용하면서 그들에게 대가의 지급을 약속한 경우, 甲에게는 살인죄를 범할 목적 및 살인의 준비에 관한 고의뿐만 아니라 살인죄의 실현을 위한 준비행위를 하였음을 인정할 수 있으므로, 살인예비죄가 성립한다. [경찰채용 13 1차 / 국가9급 15 / 국가7급 11·20 / 사시 12·14 / 변호사시험 21]

04 관련문제

> **판례연구** **예비의 종범은 불가벌**
>
> 대법원 1976.5.25, 75도1549
> 종범이 처벌되기 위하여는 정범의 실행의 착수가 있는 경우에만 가능하고 정범이 실행의 착수에 이르지 아니한 예비의 단계에 그친 경우에는 이에 가공하는 행위가 예비의 공동정범이 되는 경우를 제외하고는 이를 종범으로 처벌할 수 없다. [경찰채용 14 1차 / 경찰채용 16 2차 / 경찰간부 11·13·18 / 경찰승진(경사) 11 / 경찰승진(경위) 10 / 경찰승진 14 / 국가9급 09·11·13·14·15 / 법원행시 09·18 / 사시 10·12·13·15 / 변호사시험 14]

> **판례연구** **예비의 중지는 부정**
>
> 대법원 1966.4.21, 66도152; 1999.4.9, 99도424
> 중지범은 범죄의 실행에 착수한 후 자의로 그 행위를 중지한 때를 말하는 것이므로 실행의 착수가 있기 전인 예비·음모의 행위를 처벌하는 경우에 있어서는 중지범의 관념을 인정할 수 없다. [경찰채용 2차 / 경찰간부 15·16·18 / 경찰승진(경사) 11 / 경찰승진(경위) 10 / 국가9급 09·14·15 / 국가7급 09·12 / 법원9급 07(하) / 법원9급 14·18 / 사시 12·13 / 변호사시험 15]

01 서 설

제25조【미수범】 ① 범죄의 실행에 착수하여 행위를 종료하지 못하였거나 결과가 발생하지 아니한 때에는 미수범으로 처벌한다.
② 미수범의 형은 기수범보다 감경할 수 있다.

02 성립요건

판례연구 **실행의 착수를 인정한 사례**

1 대법원 1958.10.10, 4291형상294; 1960.9.30, 4293형상508; 1964.9.22, 64도290; 1971.9.28, 71도1333; 1984.9.11, 84도1381
간첩죄의 실행의 착수시기에 관하여 주관설을 취한 판례
간첩의 목적으로 국외 또는 북한에서 국내에 침투 또는 월남하는 경우에는 기밀탐지가 가능한 국내에 침투함으로써 간첩죄의 실행에 착수하였다고 할 것이다. [경찰승진 15 / 국가7급 11 / 법원행시 08]

2 대법원 1966.5.3, 66도383
절도죄의 실행의 착수시기에 관하여 실질적 객관설(밀접행위설)을 취한 판례
피고인이 오전 11시경 피해자의 집에 침입하여 응접실에 있던 라디오를 훔치려고 라디오 선을 건드리다가 피해자에게 발견되어 절도의 목적을 달하지 못하였다면 이는 라디오에 대한 사실상의 지배를 침해하는 데 밀접한 행위라 할 수 있으므로 절도미수죄가 성립한다. [법원행시 05]

3 대법원 1966.9.20, 66도1108
절도의 의사로 타인의 주거에 침입하여 재물을 물색한 경우 절도의 실행착수가 인정된다.

4 대법원 1969.7.29, 69도984
기업체의 포탈사실을 국세청에 고발한다는 말을 기업주에게 전한 경우에는 공갈죄의 실행에 착수한 것으로 인정된다.

5 대법원 1977.7.26, 77도1802
현실적으로 절취목적물에 접근하지 못하였다 하더라도 야간에 타인의 주거에 침입하여 건조물의 일부인 방문고리를 손괴하였다면 형법 제331조의 특수절도죄의 실행에 착수한 것이다. [국가7급 13 / 법원9급 07(상)]

6 대법원 1983.4.26, 83도323

피고인이 피해자를 강간하려고 결의하고 주행 중인 자동차에서 탈출불가능하게 하여 공포를 느끼게 하고 50km를 운행하여 여관 앞으로 강제로 끌고가 강간하려다 미수에 그친 경우 위 협박은 감금죄의 실행의 착수임과 동시에 강간미수죄의 실행의 착수라고 볼 것이다. [국가7급 10]

7 대법원 1983.10.25, 83도2432

금품을 절취하기 위하여 고속버스 선반 위에 놓여진 손가방의 한쪽 걸쇠만 열었다 하여도 절도행위의 실행에 착수하였다 할 것이다. [경찰승진(경감) 10]

8 대법원 1984.7.24, 84도832

관세를 포탈할 범의를 가지고 선박을 이용하여 물품을 영해 내에 반입한 때에 관세포탈죄의 실행의 착수가 있었다고 할 것이고, 선박에 적재한 화물을 양육하는 행위가 있음을 요하지 아니한다.

9 대법원 1984.12.11, 84도2524

소매치기의 경우 피해자의 양복 상의 주머니로부터 금품을 취하려고 그 주머니에 손을 뻗쳐 그 겉을 더듬은 때에는 예비단계를 지나 실행에 착수하였다고 봄이 타당하다. [경찰채용 15 2차 / 경찰간부 14 / 경찰승진 16 / 국가7급 13 / 법원행시 14]

10 대법원 1984.12.26, 84도2433

야간에 타인의 재물을 절취할 목적으로 사람의 주거에 침입한 경우에는 주거에 침입한 행위의 단계에서 이미 형법 제330조의 야간주거침입절도죄라는 범죄의 실행에 착수한 것으로 볼 수 있다. [국가9급 10 / 법원행시 07]

11 대법원 1986.2.25, 85도2773

살인죄의 실행의 착수시기에 관하여 절충설을 취한 판례

피해자를 살해할 것을 마음먹고 낫을 들고 피해자에게 다가가려고 하였으나 제3자가 이를 제지하여 그 틈을 타서 피해자가 도망함으로써 살인의 목적을 이루지 못한 경우, 낫을 들고 피해자에게 접근함으로 써 실행행위에 착수하였다고 할 수 있다. [경찰승진 13]

12 대법원 1986.7.8, 86도843

두 사람이 공모 합동하여 절도의 의사로 한 사람은 망을 보고 또 한 사람은 기구를 가지고 출입문의 자물쇠를 떼어내거나 출입문의 환기창문을 열었다면 특수절도죄의 실행에 착수한 것이다. [경찰간부 16]

13 대법원 1986.9.9, 86도1273

야간에 절도의 목적으로 출입문에 장치된 자물통 고리를 절단하고 출입문을 손괴한 뒤 집안으로 침입하려 다가 발각된 것이라면 이는 특수절도죄의 실행에 착수한 것이다.

14 대법원 1987.5.12, 87도417

甲과 乙의 공동소유인 부동산의 매각처분권한을 乙에게 위임하였음에도 甲이 법원에 "乙이 아무런 권원없이 그 부동산을 불법매매하였다"고 허위의 사실을 주장하여 '소를 제기하였다'면 이는 법관으로 하여금 착오에 빠지게 하여 그 부동산을 영득하려 한 것이므로 사기미수죄에 해당한다.

15 대법원 1989.9.12, 89도1153

피고인 및 원심 공동피고인이 함께 담을 넘어 피해회사 마당에 들어가 그중 1명이 그곳에 있는 구리를 찾기 위하여 담에 붙어 걸어가다가 잡힌 이 사건에 있어서 절취대상품에 대한 물색행위가 없었다고 할 수 없다. → 특수절도(합동절도)미수죄 성립 [경찰채용 11 1차 / 경찰간부 16 / 경찰승진(경감) 10 / 경찰승진 16 / 국가7급 13]

16 대법원 1991.4.9, 91도288

피고인이 간음할 목적으로 새벽 4시에 여자 혼자 있는 방문 앞에 가서 피해자가 방문을 열어 주지 않으면 부수고 들어갈 듯한 기세로 방문을 두드리고 피해자가 위험을 느끼고 창문에 걸터앉아 가까이 오면 뛰어 내리겠다고 하는데도 베란다를 통하여 창문으로 침입하려고 하였다면 강간의 수단으로서의 폭행에 착수하였다고 할 수 있으므로 강간의 착수가 있었다고 할 것이다. [법원행시 10]

17 대법원 1991.4.23, 91도476

야간에 카페에 침입해 정기적금통장 등을 꺼내어 가지고 나오던 중 발각되어 되돌려 준 경우에는 야간주거침입절도죄의 실행에 착수했을 뿐만 아니라 기수에도 도달한 것이 된다. [국가7급 20 / 변호사시험 14]

18 대법원 1993.9.14, 93도915

권리가 존재하지 않는 사실을 알고 있으면서도 법원을 기망한다는 인식을 가지고 '소를 제기'하면 사기죄의 실행의 착수가 있다. [국가9급 09 / 법원9급 07(상) / 법원9급 15 / 법원행시 07]

> 보충 소송사기의 실행의 착수시기는 (원고는) 본안에 대하여 소송을 제기한 시점(피고가 범인인 경우에는 피고가 허위의 서류 등을 법원에 제출한 때 실행의 착수)이다. 따라서 가압류·가처분은 강제집행의 보전절차에 지나지 않으므로 청구의사를 표시한 것으로 볼 수 없어 가압류신청을 한 것만으로는 소송사기의 실행의 착수한 것으로 볼 수 없다(대법원 1989.9.13, 88도55). [경찰채용 16 2차 / 경찰승진 11·12 / 국가9급 09 / 법원행시 05]

19 대법원 1995.9.15, 94도2561

주거로 들어가는 문의 시정장치를 부수거나 문을 여는 등 침입을 위한 구체적 행위를 시작하였다면 주거침입죄의 실행의 착수는 있었다고 보아야 하고, 신체의 극히 일부분이 주거 안으로 들어갔지만 사실상 주거의 평온을 해하는 정도에 이르지 아니하였다면 주거침입죄는 미수에 그친다.[45] [경찰채용 15·16 1차 / 경찰승진 14 / 국가9급 11 / 법원행시 05]

20 대법원 2000.1.14, 99도5187

피고인이 잠을 자고 있는 피해자의 옷을 벗긴 후 자신의 바지를 내린 상태에서 피해자의 음부 등을 만지고 자신의 성기를 피해자의 음부에 삽입하려고 하였으나 피해자가 몸을 뒤척이고 비트는 등 잠에서 깨어 거부하는 듯한 기색을 보이자 더 이상 간음행위에 나아가는 것을 포기한 경우, 준강간죄의 실행에 착수하였다고 보아야 한다. [법원행시 07]

21 대법원 2001.7.27, 2000도4298

외환을 휴대하여 반출하는 경우 실행의 착수시기

외국환거래법에서 규정하는 신고를 하지 아니하거나 허위로 신고하고 지급수단·귀금속 또는 증권을 수출하는 행위는 지급수단 등을 국외로 반출하기 위한 행위에 근접·밀착하는 행위가 행하여진 때에

---

45 주의 : 사실 위 판례는 주거침입죄의 기수시점을 정한 사례이다. "야간에 타인의 집의 창문을 열고 집 안으로 얼굴을 들이미는 등의 행위를 하였다면 피고인이 자신의 신체의 일부가 집 안으로 들어간다는 인식하에 하였더라도 주거침입죄의 범의는 인정되고, 또한 비록 신체의 일부만이 집 안으로 들어갔다고 하더라도 사실상 주거의 평온을 해하였다면 주거침입죄는 기수에 이르렀다(대법원 1995.9.15, 94도2561)." [국가9급 11·20 / 법원행시 11]

그 실행의 착수가 있다고 할 것이다. 따라서 ① 기탁화물로 부칠 때에는 이미 국외로 반출하기 위한 행위에 근접·밀착한 행위가 이루어졌다고 보아 실행의 착수가 있었다고 할 것이지만, ② 휴대용 가방에 넣어 비행기에 탑승하려고 한 경우에는 그 휴대용 가방을 보안검색대에 올려 놓거나 이를 휴대하고 통과하는 때에 비로소 실행의 착수가 있다고 볼 것이다. [변호사시험 14]

22 대법원 2002.3.26, 2001도6641
방화죄의 실행의 착수시기에 관하여 형식적 객관설에 기초하나, 매개물 점화로도 이를 인정한 사례
매개물을 통한 점화에 의하여 건조물을 소훼함을 내용으로 하는 형태의 방화죄의 경우에, 범인이 그 매개물에 불을 켜서 붙였거나 또는 범인의 행위로 인하여 매개물에 불이 붙게 됨으로써 연소작용이 계속될 수 있는 상태에 이르렀다면, 그것이 곧바로 진화되는 등의 사정으로 인하여 목적물인 건조물 자체에는 불이 옮겨 붙지 못하였다고 하더라도, 방화죄의 실행의 착수가 있었다고 보아야 할 것이다.
[경찰채용 18 1차 / 경찰승진(경사) 10 / 국가9급 13 / 법원9급 14 / 사시 11]

23 대법원 2003.6.24, 2003도1985
야간이 아닌 주간에 절도의 목적으로 다른 사람의 주거에 침입하여 절취할 재물의 물색행위를 시작하는 등 그에 대한 사실상의 지배를 침해하는 데에 밀접한 행위를 개시하면 절도죄의 실행에 착수한 것으로 보아야 한다(주간에 절도의 목적으로 방 안까지 들어갔다가 절취할 재물을 찾지 못하여 거실로 돌아온 경우, 절도죄의 실행 착수가 인정된다고 한 사례). [국가7급 11 / 법원행시 06]

24 대법원 2003.10.24, 2003도4417
야간에 아파트에 침입하여 물건을 훔칠 의도 하에 아파트의 베란다 철제난간까지 올라가 유리창문을 열려고 시도하였다면 야간주거침입절도죄의 실행에 착수한 것으로 보아야 한다. [경찰채용 16 1차 / 경찰채용 10 2차 / 경찰간부 16 / 경찰승진(경사) 10 / 경찰승진(경감) 10 / 경찰승진 16 / 국가9급 09 / 국가7급 10·14 / 법원행시 09·17 / 사시 10]

25 대법원 2009.10.15, 2008도9433
부정경쟁방지법 제18조 제2항에서 정하고 있는 영업비밀부정사용죄[46]에 있어서는, 행위자가 당해 영업비밀과 관계된 영업활동에 이용 혹은 활용할 의사 아래 그 영업활동에 근접한 시기에 영업비밀을 열람하는 행위(영업비밀이 전자파일의 형태인 경우에는 저장의 단계를 넘어서 해당 전자파일을 실행하는 행위)를 하였다면 그 실행의 착수가 있다. [경찰채용 13 2차]

26 대법원 2012.6.14, 2012도4449; 2014.11.13, 2014도8385 등; 2021.3.25, 2021도749; 2021.8.12, 2021도7035
카메라 기능이 켜진 휴대전화를 화장실 칸 너머로 향하게 하여 용변을 보던 피해자를 촬영하려 한 사례
성폭력처벌법위반(카메라등이용촬영)죄는 카메라 등을 이용하여 성적 욕망 또는 수치심을 유발할 수 있는 타인의 신체를 그 의사에 반하여 촬영함으로써 성립하는 범죄이고, 여기서 '촬영'이란 카메라나 그 밖에 이와 유사한 기능을 갖춘 기계장치 속에 들어 있는 필름이나 저장장치에 피사체에 대한 영상정보를 입력하는 행위를 의미한다(대법원 2011.6.9, 2010도10677 참조). 따라서 ① 범인이 피해자를 촬영하기 위하여 육안 또는 캠코더의 줌 기능을 이용하여 피해자가 있는지 여부를 탐색하다가 피해자를 발견하지 못하고 촬영을 포기한 경우에는 촬영을 위한 준비행위에 불과하여 카메라등이용촬영죄의 실행에 착수한 것으로 볼 수 없다(대법원 2011.11.10, 2011도12415 참조). 이에 반하여 ② 범인이 카메라 기능이

설치된 휴대전화를 피해자의 치마 밑으로 들이밀거나, 피해자가 용변을 보고 있는 화장실 칸 밑 공간 사이로 집어넣는 등 카메라 등 이용 촬영 범행에 밀접한 행위를 개시한 경우에는 카메라등이용촬영죄의 실행에 착수하였다고 볼 수 있다.[47]

판례연구 **실행의 착수를 인정하지 않은 사례**

1 대법원 1959.7.31, 4292형상308
살해의 용도에 쓰기 위하여 흉기를 준비하였으나, 아직 살해대상자가 확정되지 않은 경우에는 살인예비죄로도 다스릴 수 없다. → 무죄 [법원9급 20]

2 대법원 1959.11.2, 4289형상249
군인복장을 갖추고 위조문서인 신분증을 휴대하고 각처를 배회한 사실만으로는 위조문서행사죄의 착수가 있다고 볼 수 없다.

3 대법원 1966.12.6, 66도1317
통화위조를 위하여 원판과 인화지를 위조한 경우에는 통화위조의 실행의 착수가 있다고 볼 수 없다.
→ 통화위조예비죄 ○ [사시 14]

4 대법원 1971.8.31, 71도1204
세관원에게 "잘 부탁한다"는 말을 하였다는 사실만으로서는 사위 기타 부정한 방법으로 관세를 포탈하는 범행의 방조행위에 해당된다든가 또는 그 범행의 실행에 착수하였다고 볼 수 없다. [경찰승진(경위) 10]

5 대법원 1983.3.8, 82도2944
평소 잘 아는 피해자에게 전화채권을 사주겠다고 하면서 골목길로 유인하여 돈을 절취하려고 기회를 엿본 행위만으로는 절도의 예비행위는 될지언정 절도의 실행의 착수로 볼 수 없다. [경찰간부 16 / 경찰승진 16 / 국가7급 13]

6 대법원 1983.11.22, 83도2590
피고인이 필로폰 제조원료 매입금으로 금 3백만 원을 공동피고인에게 제공하였는데 공동피고인이 그로써 매입할 원료를 물색 중 적발되었더라도 필로폰 제조의 실행에 착수하였다고 볼 수 없다.

7 대법원 1985.4.23, 85도464
노상에 세워져 있는 자동차 안에 있는 물건을 훔칠 생각으로 자동차의 유리창을 통하여 그 내부를 손전등으로 비추어 본 것에 불과하다면 비록 유리창을 따기 위하여 손장갑을 끼고 칼을 소지하고 있었더라도 절도의 예비행위로는 볼 수 있겠으나 절취행위의 착수에 이른 것이라고 볼 수 없다. [경찰채용 15 2차 / 경찰승진(경감) 10 / 경찰승진 15 / 국가7급 13 / 법원9급 07(상) / 법원9급 06·10·14·20 / 법원행시 06·11·16 / 변호사시험 15]

8 대법원 1986.10.28, 86도1753
절도의 목적으로 피해자의 집 현관을 통하여 그 집 마루 위에 올라서서 창고문 쪽으로 향하다가 피해자에게 발각, 체포되었다면 아직 절도행위의 실행에 착수하였다고 볼 수 없다. [사시 16]

---

47 보충 : ① 대법원 2021.3.25, 2021도749 : 휴대전화를 든 피고인의 손이 피해자가 용변을 보고 있던 화장실 칸 너머로 넘어온 점, 카메라 기능이 켜진 위 휴대전화의 화면에 피해자의 모습이 보인 점 등에 비추어 카메라등이용촬영죄의 실행의 착수를 인정한 사례이다. ② 대법원 2021.8.12, 2021도7035 : 편의점에서 카메라 기능이 설치된 휴대전화를 손에 쥔 채 치마를 입은 피해자들을 향해 쪼그려 앉아 피해자의 치마 안쪽을 비추는 등 행위를 한 피고인에 대해 카메라등이용촬영죄의 실행의 착수를 인정한 사례이다.

9 대법원 1986.11.11, 86도1109

소를 흥정하고 있는 피해자의 뒤에 접근하여 그가 들고 있던 가방으로 돈이 들어 있는 피해자의 하의 왼쪽 주머니를 스치면서 지나간 행위는 단지 피해자의 주의력을 흩트려 주머니 속에 들은 금원을 절취하기 위한 예비단계에 불과한 것이므로 실행의 착수에 이른 것이라고는 볼 수 없다. [경찰간부 14 ·16 / 국가7급 13]

10 대법원 1989.2.28, 88도1165

피해자의 집 부엌문에 시정된 열쇠고리의 장식을 뜯는 행위만으로는 (단순)절도죄의 실행행위에 착수한 것이라고 볼 수 없다.

11 대법원 1990.5.25, 90도607

피고인이 강간할 목적으로 피해자의 집에 침입하였다 하더라도 안방에 들어가 누워 자고 있는 피해자의 가슴과 엉덩이를 만지면서 간음을 기도하였다는 사실만으로는 강간의 수단으로 피해자에게 폭행이나 협박을 개시하였다고 하기는 어렵다. [경찰채용 12 1차 / 경찰승진(경사) 10 / 국가7급 10 / 법원9급 07(상) / 법원9급 20 / 법원행시 11 / 사시 13]

12 대법원 1990.8.28, 90도1217

국가보안법상 회합예비죄에 해당하나 회합죄의 실행의 착수는 부정한 사례

피고인들이 실제 북한과의 범민족단합대회추진을 위한 예비회담을 하기 위하여 판문점을 향하여 출발하려 하였다면 국가보안법상 회합예비죄에 해당하고, 회합장소인 판문점 평화의 집으로 가던 중 그에 훨씬 못 미치는 검문소에서 경찰의 저지로 그 뜻을 이루지 못한 것이라면 아직 반국가단체의 구성원과의 회합죄의 실행에 착수하였다고 볼 수 없다.

13 대법원 1991.11.22, 91도2296

특수강도죄에 있어서의 실행의 착수시기

특수강도의 실행의 착수는 강도의 실행행위 즉 사람의 반항을 억압할 수 있는 정도의 폭행 또는 협박에 나아갈 때에 있다 할 것이다.[48] 따라서 강도의 범의로 야간에 칼을 휴대한 채 타인의 주거에 침입하여 집안의 동정을 살피다가 피해자를 발견하고 갑자기 욕정을 일으켜 칼로 협박하여 강간한 경우, 야간에 흉기를 휴대한 채 타인의 주거에 침입하여 집안의 동정을 살피는 것만으로는 특수강도의 실행에 착수한 것이라고 할 수 없다(특수강도강간죄 부정). [경찰간부 20 / 법원행시 05]

14 대법원 2005.9.28, 2005도3065

병역법 제86조에 정한 '사위행위'의 실행의 착수시기

입영대상자가 병역면제처분을 받을 목적으로 병원으로부터 허위의 병사용진단서를 발급받았다고 하더라도 이러한 행위만으로는 병역법상 사위행위의 실행에 착수하였다고 볼 수 없다. [경찰채용 10 2차 / 법원9급 15]

---

48 **참고** : 특수강도죄의 실행착수시기에 관하여 주거침입시설을 취한 판례 형법 제334조 제1항 소정의 야간주거침입강도죄는 주거침입과 강도의 결합범으로서 시간적으로 주거침입행위가 선행되므로 주거침입을 한 때에 본죄의 실행에 착수한 것으로 볼 것인바, 같은 조 제2항 소정의 흉기휴대 합동강도죄에 있어서도 그 강도행위가 야간에 주거에 침입하여 이루어지는 경우에는 '주거침입을 한 때에 실행에 착수한 것'으로 보는 것이 타당하다(대법원 1992.7.28, 92도917). [경찰채용 18 3차]

조언 : 이렇듯 제334조 제1항의 특수강도죄의 실행착수시기에 대해서는 판례의 입장도 엇갈리고 있는바, 학설에서는 폭행·협박시설이 통설이다. 수험에서도 폭행·협박시설에 기준해서 정리하는 것이 보통이다.

15 대법원 2007.1.11, 2006도5288

범죄수익은닉처벌법에서 정한 범죄수익 등의 은닉에 관한 죄의 미수범으로 처벌하려면 그 실행에 착수한 것으로 인정되어야 하고, 위와 같은 은닉행위의 실행에 착수하는 것은 범죄수익 등이 생겼을 때 비로소 가능하므로, 아직 범죄수익 등이 생기지 않은 상태(장차 은행강도한 돈을 송금받을 계좌 개설)에서는 범죄수익 등의 은닉에 관한 죄의 실행에 착수하였다고 인정하기 어렵다. [국가9급 10 / 법원행시 08]

16 대법원 2007.2.23, 2005도7430

종량제 쓰레기봉투에 인쇄할 시장 명의의 문안이 새겨진 필름을 제조하는 행위는 시장 명의의 공문서인 종량제 쓰레기봉투를 위조하는 범행의 실행의 착수에 이른 것이 아니다. [경찰채용 12 2차 / 사시 10]

17 대법원 2008.3.27, 2008도917

야간에 다세대주택에 침입하여 물건을 절취하기 위하여 가스배관을 타고 오르다가 순찰 중이던 경찰관에게 발각되어 그냥 뛰어내렸다면, 야간주거침입절도의 실행의 착수에 이르지 못한 것이다. [경찰채용 20 2차 / 경찰승진 11 / 국가7급 10·14 / 법원행시 07·09·11]

18 대법원 2008.4.10, 2008도1464

침입 대상인 아파트에 사람이 있는지를 확인하기 위해 그 집의 초인종을 누른 행위만으로는 침입의 현실적 위험성을 포함하는 행위를 시작하였다거나, 주거의 사실상의 평온을 침해할 객관적인 위험성을 포함하는 행위를 한 것으로 볼 수 없다 할 것이다(주거침입의 실행착수 부정). [경찰채용 10·11 1차 / 경찰간부 20 / 국가7급 11 / 법원9급 10 / 법원행시 09]

19 대법원 2015.3.20, 2014도16920; 2008.5.29, 2008도2392

필로폰을 매수하려는 자에게서 필로폰을 구해 달라는 부탁과 함께 돈을 지급받았다고 하더라도, 당시 필로폰을 소지·입수한 상태에 있었거나 그것이 가능하였다는 등 매매행위에 근접·밀착한 상태에서 대금을 지급받은 것이 아니라 단순히 필로폰을 구해 달라는 부탁과 함께 대금 명목으로 돈을 지급받은 것에 불과한 경우에는 필로폰 매매행위의 실행의 착수에 이른 것이라 볼 수 없다. [경찰채용 18 1차 / 경찰승진 22]

20 대법원 2021.5.27, 2020도15529

부작위에 의한 업무상 배임죄의 실행의 착수의 판단기준

업무상배임죄는 타인과의 신뢰관계에서 일정한 임무에 따라 사무를 처리할 법적 의무가 있는 자가 그 상황에서 당연히 할 것이 법적으로 요구되는 행위를 하지 않는 부작위에 의해서도 성립할 수 있다(대법원 2012.11.29, 2012도10139 등 참조). 그러한 부작위를 실행의 착수로 볼 수 있기 위해서는 작위의무가 이행되지 않으면 사무처리의 임무를 부여한 사람이 재산권을 행사할 수 없으리라고 객관적으로 예견되는 등으로 구성요건적 결과 발생의 위험이 구체화한 상황에서 부작위가 이루어져야 한다. 그리고 행위자는 부작위 당시 자신에게 주어진 임무를 위반한다는 점과 그 부작위로 인해 손해가 발생할 위험이 있다는 점을 인식하였어야 한다. … 환지 방식에 의한 도시개발사업의 시행자인 피해자 乙 조합을 위해 환지계획 수립 등의 업무를 수행하던 피고인 甲은 사업 실시계획의 변경에 따른 일부 환지예정지의 가치상승을 청산절차에 반영하려는 조치를 취하지 않은 채 대행회사 대표이사직을 사임하였는데, 위 도시개발사업의 진행 경과 등 제반 사정을 위에서 본 법리에 비추어 살펴보면, 피해자 조합이 환지예정지의 가치상승을 청산절차에 반영하지 못할 위험이 구체화한 상황에서 피고인이 자신에게 부여된 작위의무를 위반하였다고 인정하기 어려워 피고인은 부작위로써 업무상배임죄의 실행에 착수하였다고 볼 수 없다.

04 미수범의 처벌

> **판례연구** 미수범 처벌규정이 없으면 미수범을 처벌할 수 없다는 사례
>
> **1** 대법원 1993.11.23, 93도604
> 절취한 신용카드로 대금을 결제하기 위하여 신용카드를 제시하였으나 확인과정에서 검거된 사례
> 피고인 자신이 절취한 신용카드로 대금을 결제하기 위하여 신용카드를 제시하였으나 카드확인과정에서
> 도난카드임이 밝혀져 매출표도 작성하지 못한 채 검거된 경우, 피고인의 행위가 신용카드 부정사용의
> 미수행위에 불과하다 할 것이고, 신용카드업법에서 위와 같은 미수행위를 처벌하는 규정을 두고 있지
> 아니한 이상 피고인을 신용카드업법위반죄로 처벌할 수 없다.
>
> **2** 대법원 2003.9.26, 2002도3924
> 형법 제315조의 입찰방해죄는 미수범 처벌규정이 없다는 사례
> 입찰자들의 전부 또는 일부 사이에서 담합을 시도하는 행위가 있었을 뿐 실제로 담합이 이루어지지
> 못하였고, 담합이 이루어진 것과 같은 결과를 얻어내거나 또 실제로 방해된 바도 없다면, 이로써 공정한
> 자유경쟁을 통한 적정한 가격형성에 부당한 영향을 주는 상태를 발생시켜 그 입찰의 공정을 해하였다고
> 볼 수 없어, 이는 입찰방해미수행위에 불과하고 입찰방해죄의 기수에 이르렀다고 할 수는 없다. →
> 입찰방해죄는 미수범 처벌규정이 없으므로 무죄

제5절 중지미수

01 서 설

> **제26조【중지범】** 범인이 실행에 착수한 행위를 자의(自意)로 중지하거나 그 행위로 인한 결과의 발생을 자의로 방지
> 한 경우에는 형을 감경하거나 면제한다. 〈우리말 순화 개정 2020.12.8.〉 [경찰채용 12 1차 / 법원9급 12]

02 성립요건

> **판례연구** 자의성이 인정되는 사례
>
> **1** 대법원 1993.10.12, 93도1851
> 다음에 만나 친해지면 응해 주겠다는 피해자의 간곡한 부탁에 따라 강간행위의 실행을 중지한 사례

피고인이 피해자를 강간하려다가 피해자의 다음번에 만나 친해지면 응해 주겠다는 취지의 간곡한 부탁으로 인하여 그 목적을 이루지 못한 후 피해자를 자신의 차에 태워 집에까지 데려다 주었다면, 피해자의 다음에 만나 친해지면 응해 주겠다는 취지의 간곡한 부탁은 사회통념상 범죄실행에 대한 장애라고 여겨지지는 아니하므로 피고인의 행위는 중지미수에 해당한다. [경찰채용 11 1차 / 경찰간부 13·14·18 / 경찰승진(경사) 10 / 경찰승진(경감) 10 / 국가9급 12·16 / 국가7급 08 / 법원9급 07(상) / 법원9급 07(하) / 법원9급 15 / 법원행시 06·13·17 / 사시 16]

2 대구고법 1975.12.3, 75노502
중지미수를 인정한 하급심 판례
피고인이 청산가리를 탄 술을 피해자 2명에게 나누어주어 마시게 하였다가 먼저 마신 피해자 1명이 술을 토하자 즉시 다른 피해자의 술을 거두어 가지고 밖으로 나가서 쏟아버림으로써 그 술을 마시지 못하게 하였다면 이는 자의로 실행에 착수한 행위를 중지한 이른바 중지미수에 해당한다.

판례연구 **자의성이 부정되는 사례**

1 대법원 1984.9.11, 84도1381
피고인이 기밀탐지임무를 부여받고 대한민국에 입국, 기밀을 탐지 수집 중 경찰관이 피고인의 행적을 탐문하고 갔다는 말을 전해 듣고 지령사항수행을 보류하고 있던 중 체포되었다면 피고인은 기밀탐지의 기회를 노리다가 검거된 것이므로 이를 중지범으로 볼 수는 없다. [사시 16]

2 대법원 1985.11.12, 85도2002
원료불량으로 인한 제조상의 애로, 제품의 판로문제, 범행탄로시의 처벌공포, 원심 공동피고인의 포악성 등으로 인하여 히로뽕 제조를 단념한 경우, 피고인 등은 염산에페트린으로 메스암페타민합성 중간제품을 만드는 과정에서 그 범행이 발각되어 검거됨으로써 메스암페타민 제조의 목적을 이루지 못하고 미수에 그쳤다는 것이므로 이를 중지미수라 할 수 없는 것이다. [경찰승진 12]

3 대법원 1986.1.21, 85도2339
범행 당일 미리 제보를 받은 세관직원들이 범행현장 주변에 잠복근무를 하고 있어 그들이 왔다갔다 하는 것을 본 피고인이 범행의 발각을 두려워한 나머지 자신이 분담하기로 한 실행행위에 이르지 못한 경우, 이는 피고인의 자의에 의한 범행의 중지가 아니어서 중지범에 해당하지 않는다. → 특가법 제6조의 관세포탈죄의 장애미수 [경찰승진(경사) 10 / 국가7급 07 / 법원9급 16]

4 대법원 1992.7.28, 92도917
"수술한 지 얼마 안 되어 배가 아프다"면서 애원하여 중단한 사례 : 자의성 부정
강도행위를 하던 중 피해자를 강간하려다가 피해자가 수술한 지 얼마 안 되어 배가 아프다면서 애원하는 바람에 간음행위를 중단한 것은 피해자를 불쌍히 여겨서가 아니라 피해자의 신체조건상 강간을 하기에는 지장이 있다고 본 데에 기인하는 것이므로, 이는 일반의 경험칙상 강간행위를 수행함에 장애가 되는 외부적 사정에 의하여 범행을 중지한 것에 지나지 않은 것이다. [경찰채용 18 3차 / 국가9급 09 / 법원행시 10·11 ·17]

5 대법원 1993.4.13, 93도347
강도가 강간하려고 하였으나 잠자던 피해자의 어린 딸이 잠에서 깨어 우는 바람에 도주하였고, 또 피해자가 시장에 간 남편이 곧 돌아온다고 하면서 임신 중이라고 말하자 도주한 경우에는 자의로 강간행위를 중지하였다고 볼 수 없다. [경찰채용 14 2차 / 경찰간부 13 / 경찰승진(경장) 10 / 경찰승진(경감) 10 / 국가9급 16 / 사시 11]

6 대법원 1997.6.13, 97도957

피고인이 장롱 안에 있는 옷가지에 불을 놓아 건물을 소훼하려 하였으나 불길이 치솟는 것을 보고 겁이 나서 물을 부어 불을 끈 것이라면, 치솟는 불길에 놀라거나 자신의 신체안전에 대한 위해 또는 범행발각시의 처벌 등에 두려움을 느끼는 것은 일반 사회통념상 범죄를 완수함에 장애가 되는 사정에 해당한다고 보아야 할 것이므로, 이를 자의에 의한 중지미수라고는 볼 수 없다. [경찰채용 18 1차 / 경찰채용 14 2차 / 경찰간부 13·14 / 경찰승진(경감) 10 / 국가9급 09·13·16 / 법원9급 07(상) / 법원9급 15 / 법원행시 06·10·13·17 / 사시 16]

7 대법원 1999.4.13, 99도640

피해자를 살해하려고 그의 목 부위와 왼쪽 가슴 부위를 칼로 수회 찔렀으나 피해자의 가슴 부위에서 많은 피가 흘러나오는 것을 발견하고 겁을 먹고 그만두는 바람에 미수에 그친 것이라면, 많은 피가 흘러나오는 것에 놀라거나 두려움을 느끼는 것은 일반 사회통념상 범죄를 완수함에 장애가 되는 사정에 해당한다고 보아야 할 것이므로 자의에 의한 중지미수라고 볼 수 없다. [경찰채용 14 1차 / 경찰채용 14 2차 / 경찰간부 13 / 경찰승진(경장) 10 / 경찰승진(경사) 10 / 경찰승진(경감) 10 / 국가9급 09·16 / 법원9급 07(하) / 법원9급 15 / 법원행시 13 / 사시 16]

8 대법원 2011.11.10, 2011도10539

A는 甲에게 위조한 예금통장 사본 등을 보여주면서 외국회사에서 투자금을 받았다고 거짓말하며 자금 대여를 요청하였으나, 甲과 함께 그 입금 여부를 확인하기 위해 은행에 가던 중 A는 범행이 발각될 것이 두려워 은행 입구에서 차용을 포기하고 돌아간 경우, 이는 피고인이 범행이 발각될 것이 두려워 범행을 중지한 것으로서, 일반 사회통념상 범죄를 완수함에 장애가 되는 사정에 해당한다고 보아야 할 것이므로, 이를 자의에 의한 중지미수라고는 볼 수 없다.

판례연구 **기수 이후에는 중지미수가 될 수 없다는 사례**

1 대법원 1983.12.27, 83도2629,83감도446

대마관리법 위반죄는 대마를 매매함으로써 성립하는 것이므로 설사 피고인이 대마 2상자를 사가지고 돌아오다 이 장사를 다시 하게 되면 내 인생을 망치게 된다는 생각이 들어 이를 불태웠다고 하더라도 이는 양형에 참작되는 사유는 될 수 있을지언정 이미 성립한 죄에는 아무 소장이 없어 이를 중지미수에 해당된다 할 수 없다. [경찰승진(경사) 10 / 법원9급 07(하) / 법원행시 06]

2 대법원 1978.11.28, 78도2175

타인의 재물을 공유하는 자가 공유자의 승낙을 받지 않고 공유대지를 담보에 제공하고 가등기를 경료한 경우 횡령행위는 기수에 이르고 그후 가등기를 말소했다고 하여 중지미수에 해당하는 것이 아니며 가등기말소 후에 다시 새로운 영득의사의 실현행위가 있을 때에는 그 두개의 횡령행위는 경합범 관계에 있다. [경찰승진 22 / 법원9급 16 / 법원행시 13 / 사시 11·16]

3 대법원 2008.12.24, 2008도9169

자동차회사 직원이 다른 직원의 아이디와 비밀번호로 회사의 전산망에 접속하여 영업비밀인 도면을 자신의 컴퓨터에 전송받았을 때, 이를 자신의 지배영역으로 옮겨와 자신의 것으로 사용할 수 있게 되었으므로, 구 부정경쟁방지 및 영업비밀에 관한 법률 제18조 제2항의 영업비밀취득죄가 기수에 이르며, 후에 이를 삭제하였더라도 미수로 평가할 수 없다.

사례연구 중지자만 중지미수, 나머지는 장애미수(소위 천광상회 사건)

甲은 乙과 함께 丙의 사무실의 금품을 절취하기로 공모한 후, 甲이 그 부근에서 망을 보고 있는 사이에 乙은 사무실의 열려진 출입문을 통하여 안으로 들어가 훔칠 물건을 물색하였다. 이때 甲은 가책을 느낀 나머지 丙에게 乙의 침입사실을 알리고 丙과 함께 乙을 체포하였다. 甲의 죄책은?

> **해결** 피고인은 원심 상피고인 乙과 함께 대전역 부근에 있는 공소외 丙이 경영하는 ○○상회 사무실의 금품을 절취하기로 공모하여 피고인은 그 부근 포장마차에 있고 위 乙은 ○○상회의 열려진 출입문을 통하여 안으로 들어가 물건을 물색하고 있는 동안 피고인은 자신의 범행전력 등을 생각하여 가책을 느낀 나머지 스스로 결의를 바꾸어 위 丙에게 위 乙의 침입사실을 알려 그와 함께 乙을 체포하여서 그 범행을 중지하여 결과발생을 방지하였다는 것이므로 피고인의 소위는 중지미수의 요건을 갖추었다고 할 것이다(대법원 1986.3.11, 85도2831). [경찰간부 18]

판례연구 공범자 중 일부가 중지를 하더라도 다른 공범자에 의하여 결과가 발생한 경우

1 대법원 1969.2.25, 68도1676
다른 공범자의 범행을 중지케 한 바 없으면 범의를 철회하여도 중지미수가 될 수 없다고 본 사례
피고인 甲이 중위 乙과 범행을 공모하여 乙 중위는 엔진오일을 매각 처분하고, 피고인은 송증정리를 하기로 한 것은 사후에 범행이 용이하게 탄로나지 아니 하도록 하는 안전방법의 하나이지, 위 중위가 보관한 위 군용물을 횡령하는데 있어 송증정리가 없어도 절대 불가능한 것은 아니며, 피고인은 후에 범의를 철회하고 송증정리를 거절하였다 하여도 공범자인 위 중위의 범죄 실행을 중지케 하였다는 것은 아니므로 피고인에게 중지미수를 인정할 수 없다(군용물횡령죄의 공동정범). [국가9급 14]

2 대법원 1984.1.31, 83도2941
망을 보기로 한 강도공모자가 타공모자들이 피해자의 집에 침입한 후 망을 보지 않은 경우
행위자 상호간에 범죄의 실행을 공모하였다면 다른 공모자가 이미 실행에 착수한 이후에는 그 공모관계에서 이탈하였다고 하더라도 공동정범의 책임을 면할 수 없는 것이므로 피고인 등이 금품을 강취할 것을 공모하고 피고인은 집 밖에서 망을 보기로 하였으나, 다른 공모자들이 피해자의 집에 침입한 후 담배를 사기 위해서 망을 보지 않았다고 하더라도, 피고인은 판시 강도상해죄의 공동정범의 죄책을 면할 수가 없다. [국가7급 10 / 법원승진 12 / 법원행시 12]

3 대법원 2005.2.25, 2004도8259
공범자가 이미 강간한 이후 피고인은 피해자의 설득에 의해 강간하지 않은 사례
甲(피고인)은 원심 공동피고인과 합동하여 피해자를 텐트 안으로 끌고 간 후 원심 공동피고인, 피고인의 순으로 성관계를 하기로 하고 피고인은 위 텐트 밖으로 나와 주변에서 망을 보고 원심 공동피고인은 피해자의 반항을 억압한 후 1회 간음하여 강간하고, 이어 피고인이 위 텐트 안으로 들어가 피해자를 강간하려 하였으나 피해자가 반항을 하며 강간을 하지 말아 달라고 사정을 하여 강간을 하지 않은 경우라 하더라도 중지미수에 해당하지 않는다(특수강간기수 성립). [경찰채용 18 1차 / 경찰채용 14·18 2차 / 국가9급 13 / 법원행시 06]

04 중지미수의 처벌

제6절 불능미수

01 서 설

> **제27조【불능범】** 실행의 수단 또는 대상의 착오로 인하여 결과의 발생이 불가능하더라도 위험성이 있는 때에는 처벌한다. 단, 형을 감경 또는 면제할 수 있다. [경찰채용 20 1차 / 국가9급 12 / 법원9급 07(하) / 사시 14]

02 성립요건

판례연구　　**수단 또는 대상의 착오로 결과의 발생이 불가능한 것이 아닌 경우**

대법원 2019.5.16, 2019도97
필로폰이 들어 있지 않은 워터볼 사건
甲은 베트남에 거주하는 乙과 필로폰이 용해되어 있는 워터볼(장난감)을 국제우편으로 반입한 다음 이를 판매하기로 공모하고 베트남에 있는 乙에게 국제우편을 받을 주소를 알려주어 보내도록 하는 방식으로 필로폰 수입 범행의 실행에 착수하였으나 乙이 보낸 워터볼에 필로폰이 들어 있지 않았다. … 불능미수란 행위자에게 범죄의사가 있고 실행의 착수라고 볼 수 있는 행위가 있더라도 실행의 수단이나 대상의 착오로 처음부터 결과발생 또는 법익침해의 가능성이 없지만 다만 그 행위의 위험성 때문에 미수범으로 처벌하는 경우를 말한다(대법원 1998.10.23, 98도2313 등 참조). 여기에서 '결과의 발생이 불가능'하다는 것은 범죄행위의 성질상 어떠한 경우에도 구성요건의 실현이 불가능하다는 것을 의미한다(원시적 불가능 – 필자 주). 마약류 관리에 관한 법률에서 정한 향정신성의약품 수입행위로 인한 위해 발생의 위험은 향정신성의약품의 양륙 또는 지상반입에 의하여 발생하고 그 의약품을 선박이나 항공기로부터 양륙 또는 지상에 반입함으로써 기수에 달한다(대법원 1998.11.27, 98도2734 등 참조). 그리고 이 사건과 같이 국제우편 등을 통하여 향정신성의약품을 수입하는 경우에는 국내에 거주하는 사람이 수신인으로 명시되어 발신국의 우체국 등에 향정신성의약품이 들어 있는 우편물을 제출할 때에 범죄의 실행에 착수하였다고 볼 수 있다. … (그리고) 피고인은 베트남에 거주하는 공소외인으로부터 필로폰을 수입하기 위하여 워터볼의 액체에 필로폰을 용해하여 은닉한 다음 이를 국제우편을 통해 받는 방식으로 필로폰을 수입하고자 하였다. 이러한 행위가 범죄의 성질상 그 실행의 수단 또는 대상의 착오로 인하여 결과의 발생이 불가능한 경우가 아님은 너무도 분명하다.

판례연구 　**구 객관설을 취한 과거의 판례의 예시**

1 대법원 1973.4.30, 73도354
우물과 펌프에 치사량 미달의 농약을 혼입한 사례 : 불능미수
피고인이 우물과 펌프에 혼입한 농약(스미치온)이 악취가 나서 보통의 경우 마시기가 어렵고 또 혼입한 농약의 분량으로 보아 사람을 치사에 이르게 할 정도는 아니라고 하더라도 위 농약의 혼입으로 살인의 결과가 발생할 위험성이 절대로 없다고 단정할 수 없으므로 상고논지는 이유 없다. [법원행시 05]

2 대법원 1985.3.26, 85도206
'히로뽕' 제조를 시도하였으나 약품배합 미숙으로 완제품을 제조하지 못한 경우의 죄책 : 불능미수
불능범은 범죄행위의 성질상 결과발생의 위험이 절대로 불능한 경우를 말하는 것인데 향정신성의약품인 메스암페타민(히로뽕) 제조를 위해 그 원료인 염산에페트린 및 수종의 약품을 교반하여 '히로뽕' 제조를 시도하였으나 그 약품배합 미숙으로 그 완제품을 제조하지 못하였다면, 그 성질상 결과발생의 위험성이 있다고 할 것이므로 습관성의약품제조 미수범으로 처단한 것은 정당하다. [경찰간부 13·17 / 경찰승진(경장) 11 / 경찰승진 13 / 국가7급 07 / 법원행시 05·14]

➡ 단 판례는 1984년 유사한 사안에서 '제조기술의 부족'의 경우 장애미수로 보았던 예도 있다 : "히로뽕 제조를 공모하고 그 제조원료인 염산에페트린과 파라디움, 에테르 등 수종의 화공약품을 사용하여 히로뽕 제조를 시도하였으나 그 '제조기술의 부족'으로 히로뽕 완제품을 제조하지 못하였다면 비록 미완성품에서 히로뽕 성분이 검출되지 아니하였다고 하여도 향정신성의약품제조미수죄의 성립에 소장이 있다고 할 수 없다(대법원 1984.10.10, 84도1793)." [경찰승진 12 / 법원행시 09]

판례연구 　**추상적 위험설을 취한 대부분의 판례의 예시**

1 대법원 1978.3.28, 77도4049
에페트린, 빙초산 등을 가열해 메스암페타민을 제조하려다 염산메칠에페트린만 생성한 사례 : 불능범
피고인이 에페트린과 빙초산 등 화공약품을 혼합하고 섭씨 80도~90도로 가열하여 메스암페타민(속칭 히로뽕) 1킬로그램을 제조했으나 그의 제조기술과 경험부족으로 히로뽕 완제품 아닌 염산메칠에페트린을 생성시켰을 뿐으로 미수에 그친 경우, 피고인의 행위의 위험성을 판단하려면 '피고인이 행위 당시에 인식한 사정' 즉 원심이 인정한 대로라면 에페트린에 빙초산을 혼합하여 80~90도의 가열하는 그 사정을 놓고 이것이 객관적으로 제약방법을 아는 일반인(과학적 일반인)의 판단으로 보아 결과발생의 가능성이 있느냐를 따졌어야 할 것이다(위험성이 부정되어 불능범에 불과함). [국가9급 12]

　보충 히로뽕 판례 정리 : 약품배합미숙 – 불능미수, 제조기술부족 – 장애미수, 염산메칠에페트린 – 불능범

2 대법원 2005.12.8, 2005도8105
소송비용을 편취할 의사로 손해배상청구의 소를 제기한 사례 : 불능범
불능범의 판단기준으로서 위험성 판단은 '피고인이 행위 당시에 인식한 사정'을 놓고 이것이 객관적으로 일반인의 판단으로 보아 결과발생의 가능성이 있느냐를 따져야 하고(추상적 위험설), 민사소송법상 소송비용의 청구는 소송비용액 확정절차에 의하도록 규정하고 있으므로 위 절차에 의하지 아니하고 손해배상금 청구의 소 등으로 소송비용의 지급을 구하는 것은 소의 이익이 없는 부적법한 소로서 허용될 수 없어, 소송비용을 편취할 의사로 소송비용의 지급을 구하는 손해배상청구의 소를 제기하였다고 하더라도 이는 객관적으로 소송비용의 청구방법에 관한 법률적 지식을 가진 일반인의 판단으로 보아 결과발생의 가능성이 없어 위험성이 인정되지 않는다고 할 것이다. [경찰채용 10 1차 / 경찰채용 20 2차 / 경찰승진(경장) 10·11 / 국가9급 09 / 국가7급 08 / 법원9급 07(하) / 법원9급 06 / 법원행시 09·10·14 / 사시 10·12·14 / 변호사시험 13]

판례연구 **위험성이 인정되어 불능미수가 성립한 사례**

1 대법원 1954.1.30, 4286형상103

권총에 탄자를 충전하여 발사하였으나 탄자가 불량하여 불발된 경우에도 이러한 총탄을 충전하여 발사하는 행위는 결과발생을 초래할 위험이 내포되어 있었다 할 것이므로 불능범이라 할 수 없다. [법원9급 16]

2 대법원 1984.2.14, 83도2967

피고인이 피해자를 배춧국에 농약을 넣어 독살하려 하였으나 동인이 토함으로써 그 목적을 이루지 못한 경우, 사용한 독의 양이 치사량 미달이어서 결과 발생이 불가능한 경우도 있을 것이고, 한편 형법은 장애미수와 불능미수를 구별하여 처벌하고 있으므로 원심으로서는 이 사건 독약의 치사량을 좀 더 심리하여 피고인의 소위가 위 미수 중 어느 경우에 해당하는지 가렸어야 할 것이다. [법원행시 05]

3 대법원 1984.2.28, 83도3331

이 사건 농약의 치사추정량이 쥐에 대한 것을 인체에 대하여 추정하는 극히 일반적·추상적인 것이어서 마시는 사람의 연령, 체질, 영양 기타의 신체의 상황 여하에 따라 상당한 차이가 있을 수 있는 것이라면 피고인이 요구르트 한 병마다 섞은 농약 1.6cc가 그 치사량에 약간 미달한다 하더라도 이를 마시는 경우 사망의 결과발생 가능성[49]을 배제할 수는 없다고 할 것이다. [경찰간부 14 / 국가9급 12 / 국가7급 07]

4 대법원 1986.11.26, 86도2090

피해자의 잠바 왼쪽 주머니에는 금품이 들어 있지 않았었다 하더라도 피고인의 판시 소위는 절도라는 결과발생의 위험성을 충분히 내포하고 있으므로 이를 절도미수로 본 것은 정당하다. [경찰채용 15 1차 / 경찰승진(경장) 11]

5 대법원 1990.7.24, 90도1149

피고인이 원심 피고인에게 피해자를 살해하라면서 피고인에게 치사량의 농약이 든 병을 주고, 또 피해자 소유의 승용차의 브레이크호스를 잘라 제동기능을 상실시켜 피해자가 차를 운전하다가 인도에 부딪히게 한 각 행위는 어느 것이나 사망의 결과발생에 대한 위험성을 배제할 수 없다 할 것이므로 각 살인미수죄를 구성한다.

→ 판례가 불능미수로 본 사안이나, 생각건대 위 사안의 행위는 장애미수로 보아야 한다(다수설).

6 대법원 2007.7.26, 2007도3687

일정량 이상을 먹으면 사람이 죽을 수도 있는 초우뿌리나 부자 달인 물을 마시게 하여 피해자를 살해하려다 피해자가 토하여 미수에 그친 행위는 불능범이 아닌 살인미수죄에 해당한다. [경찰승진(경장) 10·11 / 법원행시 11·14]

7 대법원 2019.3.28, 2018도16002 전원합의체

준강간의 불능미수 사건

피고인이 피해자가 심신상실 또는 항거불능의 상태에 있다고 인식하고 그러한 상태를 이용하여 간음할 의사로 피해자를 간음하였으나 피해자가 실제로는 심신상실 또는 항거불능의 상태에 있지 않은 경우에는,

---

49 판례는 위험성과 가능성이라는 용어를 혼용하여 쓰는 경향이다.

실행의 수단 또는 대상의 착오로 인하여 준강간죄에서 규정하고 있는 구성요건적 결과의 발생이 처음부터 불가능하였고 실제로 그러한 결과가 발생하였다고 할 수 없다. 피고인이 준강간의 실행에 착수하였으나 범죄가 기수에 이르지 못하였으므로 준강간죄의 미수범이 성립한다. 피고인이 행위 당시에 인식한 사정을 놓고 일반인이 객관적으로 판단하여 보았을 때 준강간의 결과가 발생할 위험성이 있었으므로 준강간죄의 불능미수가 성립한다. 형법 제27조에서 규정하고 있는 불능미수는 행위자에게 범죄의사가 있고 실행의 착수라고 볼 수 있는 행위가 있지만 실행의 수단이나 대상의 착오로 처음부터 구성요건이 충족될 가능성이 없는 경우이다. 다만 결과적으로 구성요건의 충족은 불가능하지만, 그 행위의 위험성이 있으면 불능미수로 처벌한다. … 형법 제27조에서 정한 '실행의 수단 또는 대상의 착오'는 행위자가 시도한 행위방법 또는 행위객체로는 결과의 발생이 처음부터 불가능하다는 것을 의미한다. 그리고 '결과 발생의 불가능'은 실행의 수단 또는 대상의 원시적 불가능성으로 인하여 범죄가 기수에 이를 수 없는 것을 의미한다고 보아야 한다. 한편 불능범과 구별되는 불능미수의 성립요건인 '위험성'은 피고인이 행위 당시에 인식한 사정을 놓고 일반인이 객관적으로 판단하여 결과 발생의 가능성이 있는지 여부를 따져야 한다(추상적 위험설 – 필자 주). … 피고인이 피해자가 심신상실 또는 항거불능의 상태에 있다고 인식하고 그러한 상태를 이용하여 간음할 의사를 가지고 간음하였으나, 실행의 착수 당시부터 피해자가 실제로는 심신상실 또는 항거불능의 상태에 있지 않았다면, 실행의 수단 또는 대상의 착오로 준강간죄의 기수에 이를 가능성이 처음부터 없다고 볼 수 있다. 이 경우 피고인이 행위 당시에 인식한 사정을 놓고 일반인이 객관적으로 판단하여 보았을 때 정신적·신체적 사정으로 인하여 성적인 자기방어를 할 수 없는 사람의 성적 자기결정권을 침해하여 준강간의 결과가 발생할 위험성이 있었다면 불능미수가 성립한다. [경찰채용 20 2차 / 경찰간부 20 / 국가7급 20 / 변호사시험 20]

판례연구 **위험성이 인정되지 않아 불능범에 불과하여 처벌하지 않은 사례**

1 대법원 1983.7.12, 82도2114
수입자동승인품목을 가사 수입제한품목이나 수입금지품목으로 잘못 알고 반제품인 양 가장하여 수입허가 신청을 하였더라도 그 수입물품이 수입자동승인품목인 이상 이를 무역거래법에 위반하여 사위 기타 부정한 행위로써 수입허가를 받은 경우에 해당한다고 볼 수 없다. [국가7급 07]

2 대법원 2002.2.8, 2001도6669
임대인과 임대차계약을 체결한 임차인이 임차건물에 거주하기는 하였으나 그의 처만이 전입신고를 마친 후에 경매절차에서 배당을 받기 위하여 임대차계약서상의 임차인 명의를 처로 변경하여 경매법원에 배당요구를 한 경우, 실제의 임차인이 전세계약서상의 임차인 명의를 처의 명의로 변경하지 아니하였다 하더라도 소액임대차보증금에 대한 우선변제권 행사로서 배당금을 수령할 권리가 있다 할 것이어서, 경매법원이 실제의 임차인을 처로 오인하여 배당결정을 하였더라도 이로써 재물의 편취라는 결과의 발생은 불가능하다 할 것이고, 이러한 임차인의 행위를 객관적으로 결과발생의 가능성이 있는 행위라고 볼 수도 없으므로 무죄를 선고하여야 한다. [경찰간부 20 / 법원9급 16 / 법원행시 09]

---

03 불능미수의 처벌

목 차		난 도	출제율	대표지문
제1절 정범과 공범의 일반이론	01 범죄참가형태	下	★	• 제한적 정범개념－간접정범의 정범성을 설명하는 데 어려움이 있다. (O) • 공범독립성설은 간접정범의 정범성을 인정하나, 공범종속성설은 간접정범을 공범 속에 흡수해야 한다고 본다. (×)
	02 정범과 공범의 구별	中	★★	
	03 공범의 종속성	中	★★	
	04 공범의 처벌근거	下	★	
	05 필요적 공범	中	★★	
제2절 간접정범	01 서 설	下	★	• 공무원이 아닌 자가 허위사실을 신고하여 면장의 거주확인증을 발급받더라도 허위공문서작성죄의 간접정범의 죄책을 지지 아니 한다. (O) • 피고인이 7세의 아들에게 함께 죽자고 하여 물속에 따라 들어오게 함으로써 익사하게 한 경우, 위계에 의한 승낙살인죄가 성립한다. (×)
	02 간접정범과 신분범 및 자수범	中	★★	
	03 간접정범의 성립요건	上	★★★	
	04 간접정범과 착오	中	★★	
	05 간접정범의 미수	下	★	
	06 과실에 의한 간접정범과 부 작위에 의한 간접정범	下	★	
	07 간접정범의 처벌	下	★	
	08 특수교사·방조	下	★	
제3절 공동정범	01 서 설	下	★	• 공동정범의 객관적 요건으로 "공동의사에 기한 기능적 행위지배를 통한 범죄의 실행사실"을 필요로 한다. (O) • 공동정범의 본질에 관한 범죄공동설에 따르면, 공동의 가담자들 사이에 서로 고의의 내용이 다른 경우에는 각자의 개별적인 고의범 의 동시범이 인정되게 된다. (O) • 형법 제263조의 동시범은 상해와 폭행죄에 관한 특별규정으로서 동 규정은 그 보호법익을 달리하는 강간치상죄에는 적용할 수 없다. (O)
	02 공동정범의 성립요건	上	★★★	
	03 공동정범과 착오	中	★★	
	04 공동정범의 처벌	下	★	
	05 동시범	中	★★	
	06 합동범	中	★★	
제4절 교사범	01 서 설	下	★	• 교사범이 성립하기 위해서는 교사자의 교사행위와 정범의 실행행 위가 있어야 하는 것이므로, 정범의 성립은 교사범의 구성요건의 일부를 형성하고 교사범이 성립함에는 정범의 범죄행위가 인정되 는 것이 그 전제요건이 된다. (O) • 협의의 교사의 미수라 함은 피교사자가 교사받은 범죄의 실행에 착수하였으나 범죄를 완성하지 못한 경우를 말한다. (O)
	02 교사범의 성립요건	上	★★★	
	03 교사의 착오	中	★★	
	04 교사범의 처벌	下	★	
	05 관련문제	中	★★	
제5절 종 범	01 서 설	下	★	• 이른바 편면적 종범에 있어서도 정범의 범죄행위 없이 방조범만이 성립될 수 없다. (O) • 예비죄의 공동정범은 물론 예비죄의 종범도 인정된다. (×)
	02 종범의 성립요건	上	★★★	
	03 종범의 착오	中	★★	
	04 종범의 처벌	下	★	
	05 관련문제	中	★★	
제6절 공범과 신분	01 신분의 의의 및 종류	中	★★	• 형법 제33조 소정의 이른바 신분관계라 함은 남녀의 성별, 내 ·외국인의 구별, 친족관계, 공무원의 자격과 같은 관계뿐만 아니라 널리 일정한 범죄행위에 관련된 범인의 인적관계인 특수한 지위 또는 상태를 지칭하는 것이다. (O)
	02 공범과 신분규정의 해석	上	★★★	
	03 소극적 신분과 공범	中	★★	

✔ 출제경향

구 분	경찰채용						경찰간부						경찰승진					
	17	18	19	20	21	22	17	18	19	20	21	22	17	18	19	20	21	22
제1절 정범과 공범의 일반이론			1		2									1		1		
제2절 간접정범		1	1											1				1
제3절 공동정범	1	2		2	1	1	1	1	1	1	1			1	1	1	1	2
제4절 교사범	2	1						1	1		1	1		1		1		1
제5절 종 범						1							1	1	1			
제6절 공범과 신분				1	1	1			1	1		1	1			1	1	1
출제빈도	19/220						14/240						19/240					

CHAPTER **06**

정범과 공범론

✔ **키포인트**

	국가9급						법원9급						법원행시						변호사시험					
17	18	19	20	21	22	17	18	19	20	21	22	17	18	19	20	21	22	17	18	19	20	21	22
					1	1		1															
		1											1		1					1			1
1	2	1	2		1			1				1	2	1	1	1	1		1		2	1	
									1	1						1							
			1					1	1			1											1
	1							1					1		2			1				1	
		11/120						8/150						14/240						9/140			

정범과 공범론

제1절 정범과 공범의 일반이론

01 범죄참가형태

02 정범과 공범의 구별 [국가9급 07]

03 공범의 종속성

> **판례연구** 공범종속성설을 취한 판례
>
> 대법원 1981.11.24, 81도2422 등
> 교사범·종범이 성립하려면 정범이 있어야 한다는 판례
> 정범의 성립은 교사범, 방조범의 구성요건의 일부를 형성하고 교사범, 방조범이 성립함에는 먼저 정범의
> 범죄행위가 인정되는 것이 그 전제요건이 되는 것은 공범의 종속성에 연유하는 당연한 귀결이며, 따라서
> 교사범, 방조범의 사실 적시에 있어서도 정범의 범죄 구성요건이 되는 사실 전부를 적시하여야 하고,
> 이 기재가 없는 교사범, 방조범의 사실 적시는 죄가 되는 사실의 적시라고 할 수 없다. [경찰승진(경감)
> 10/경찰승진 14/국가9급 16/법원9급 11·21/법원행시 12·16·12]

04 공범의 처벌근거 [국가9급 08]

05 필요적 공범

> **판례연구** 필요적 공범의 개념 및 요건 관련판례
>
> **1** 대법원 1991.1.15, 90도2257
> 방송프로듀서에게 담당 방송프로그램에 특정가수의 노래만을 자주 방송하여 달라고 청탁한 사례

형법 제357조 제1항의 배임수재죄와 동조 제2항의 배임증재죄는 통상 필요적 공범의 관계에 있기는 하나 이것은 반드시 수재자와 증재자가 같이 처벌받아야 하는 것을 의미하는 것은 아니고 증재자에게는 정당한 업무에 속하는 청탁이라도 수재자에게는 부정한 청탁이 될 수도 있는 것이다. [경찰채용 15 3차 / 법원9급 07(하)]

2 대법원 2008.3.13, 2007도10804
필요적 공범의 경우 협력자 전부에게 형사책임이 요구되는지 여부(소극)
필요적 공범의 성립에는 행위의 공동을 필요로 하는 것에 불과하고 반드시 협력자 전부가 책임이 있음을 필요로 하는 것은 아니므로, 오로지 공무원을 함정에 빠뜨릴 의사로 직무와 관련되었다는 형식을 빌려 그 공무원에게 금품을 공여한 경우에도 공무원이 그 금품을 직무와 관련하여 수수한다는 의사를 가지고 받아들이면 뇌물수수죄가 성립한다. [경찰채용 15 3차 / 경찰승진(경감) 10 / 법원행시 11·16 / 사시 10·12]

3 대법원 2017.11.14, 2017도3449
정치자금을 기부한 자와 기부받은 자 사건
구 정치자금법 제45조 제1항의 정치자금을 기부한 자와 기부받은 자는 이른바 대향범(對向犯)인 필요적 공범관계에 있다. 이러한 공범관계는 행위자들이 서로 대향적 행위를 하는 것을 전제로 하는데, 각자의 행위가 범죄구성요건에 해당하면 그에 따른 처벌을 받을 뿐이고 반드시 협력자 전부에게 범죄가 성립해야 하는 것은 아니다. 정치자금을 기부하는 자의 범죄가 성립하지 않더라도 정치자금을 기부받는 자가 정치자금법이 정하지 않은 방법으로 정치자금을 제공받는다는 의사를 가지고 받으면 정치자금부정수수죄가 성립한다.

판례연구 **필요적 공범의 내부관여자에게는 총칙상 공범이 성립하지 않는다는 판례**

1 대법원 1971.3.9, 70도2536
뇌물수수죄는 필요적 공범으로서 형법총칙의 공범이 아니므로 따로 본조를 적용할 필요 없다.

2 대법원 1985.3.12, 84도2747
외화취득의 대가로 원화를 지급하고 이를 영수한 경우 영수자는 외화취득대가지급죄의 공범 불성립
대향범은 대립적 범죄로서 2인 이상의 서로 대향된 행위의 존재를 필요로 하는 필요적 공범관계에 있는 범죄로 이에는 공범에 관한 형법총칙규정의 적용이 있을 수 없는 것이므로 피고인 甲이 피고인 乙에게 외화취득의 대상으로 원화를 지급하고 피고인 乙이 이를 영수한 경우 위 甲에게는 대상지급을 금한 외국환관리법 제22조 제1호, 乙에게는 대상지급의 영수를 금한 같은 조 제2호 위반의 죄만 성립될 뿐 각 상피고인의 범행에 대하여는 공범관계가 성립되지 않는다. [경찰승진(경감) 10]

3 대법원 1988.4.25, 87도2451
세관장 승인 없이 면세물품을 양수하는 행위를 권유하고 물품을 인도해 준 행위는 공동정범 불성립
피고인 甲은 주한 네덜란드대사관 직원인 乙의 매각위탁에 의하여 양도인인 위 대사관을 대리하는 입장에서 상피고인 丙에게 이 사건 승용차를 매수하도록 권유하여 이를 매수토록 하여 그 매매대금을 지급받고 위 乙로부터 위 승용차를 받아다가 丙에게 인도해준 경우, 丙에게는 관세법위반죄(면세물품의 용도외 사용)가 성립하는데, 피고인 甲에 대하여는 상피고인 丙의 양수행위에 수반된 위의 용도외 사용죄에 관한 공범으로서의 죄책을 지울 수는 없다(대향적 행위의 존재를 필요로 하는 이 사건과 같은 경우 양도인에게는 처벌규정을 두지 아니하고 있음).

4 대법원 2001.12.28, 2001도5158
대향적 공범에 대하여 공범에 관한 총칙규정이 적용되는지 여부(소극)

매도·매수와 같이 2인 이상의 서로 대향된 행위의 존재를 필요로 하는 관계에 있어서는 공범에 관한 형법총칙 규정의 적용이 있을 수 없고, 따라서 매도인에게 따로 처벌규정이 없는 이상 매도인의 매도행위(의약품 판매행위)는 그와 대향적 행위의 존재를 필요로 하는 상대방의 매수범행(판매목적의 의약품 취득범행)에 대하여 공범관계가 성립되지 아니한다. [법원행시 09]

5 대법원 2002.7.22, 2002도1696
자기자본 일정 부분 초과 신용 공여행위와 동일인 대출한도 위반행위는 각 대향범이라는 사례
자기자본의 100분의 25를 초과하는 신용 공여에 관한 종합금융회사에 관한 법률 위반의 점과 동일인에 대한 대출 등의 한도 위반에 관한 구 상호신용금고법 위반의 점은 대출을 하는 자와 대출을 받는 자의 대향적 행위의 존재를 필요로 하는 대립적 범죄로서, 일정한 경우 대출을 한 자를 처벌함으로써 그와 같은 대출의 발생을 방지하려는 데 목적이 있고, 대출 받은 자의 행위에 대하여는 상대방의 대출행위에 대한 형법총칙의 공범규정은 적용되지 않는다.

6 대법원 2004.10.28, 2004도3994
변호사 아닌 자가 변호사를 고용한 경우 변호사는 공범이 될 수 없다는 사례
변호사 아닌 자가 변호사를 고용하여 법률사무소를 개설·운영하는 행위에 있어서, 변호사가 변호사 아닌 자에게 고용되어 법률사무소의 개설·운영에 관여하는 행위는 위 범죄가 성립하는 데 당연히 예상되나 이를 처벌하는 규정이 없는 이상, 변호사 아닌 자에게 고용되어 법률사무소의 개설·운영에 관여한 변호사의 행위가 일반적인 형법총칙상의 공모, 교사 또는 방조에 해당된다고 하더라도 변호사를 변호사 아닌 자의 공범으로서 처벌할 수는 없다. [경찰채용 11 1차 / 경찰간부 17 / 경찰승진 12 / 국가9급 16 / 국가7급 08 · 14 · 20 / 법원9급 20 / 법원행시 13]

7 대법원 2005.11.25, 2004도8819
자가용화물자동차 소유자에게 대가를 지급하여 화물운송용역을 받은 행위는 공범 불성립
화물자동차 운수사업법에 의하여 처벌되는 행위인 자가용화물자동차의 소유자가 유상으로 화물을 운송하는 행위와 관련하여, 자가용화물자동차의 소유자에게 대가를 지급하고 운송을 의뢰하여 화물운송이라는 용역을 제공받은 상대방의 행위가, 자가용화물자동차 소유자와의 관계에서 일반적인 형법 총칙상의 공모, 교사 또는 방조에 해당된다고 하더라도 자가용화물자동차 소유자의 유상운송행위의 상대방을 자가용화물자동차 소유자의 유상운송행위의 공범으로 처벌할 수 없다.

8 대법원 2007.10.25, 2007도6712
세무사 등의 직무상 비밀누설행위와 대향범 관계에 있는 비밀을 누설받은 행위는 공동정범 불성립
세무사법은 세무사 등이 그 직무상 지득한 비밀을 누설하는 행위를 처벌하고 있을 뿐 비밀을 누설받는 상대방을 처벌하는 규정이 없고, 세무사의 사무직원이 직무상 지득한 비밀을 누설한 행위와 그로부터 그 비밀을 누설받은 행위는 대향범 관계에 있으므로, 세무사의 사무직원으로부터 그가 직무상 보관하고 있던 임대사업자 등의 인적사항, 사업자소재지가 기재된 서면을 교부받은 행위는 세무사법상 직무상 비밀누설죄의 공동정범에 해당하지 않는다. [법원행시 13 · 17]

9 대법원 2011.4.28, 2009도3642; 2017.6.19, 2017도4240
공무원 등의 직무상 비밀 누설행위와 대향범 관계에 있는 '비밀을 누설받은 행위'는 교사범 불성립
형법 제127조는 공무원 또는 공무원이었던 자가 법령에 의한 직무상 비밀을 누설하는 행위만을 처벌하고 있을 뿐 직무상 비밀을 누설받은 상대방을 처벌하는 규정이 없는 점에 비추어, 직무상 비밀을 누설받은 자에 대하여는 공범에 관한 형법총칙 규정이 적용될 수 없다고 보는 것이 타당하다(대법원 2009.6.23, 2009도544 참조). [법원9급 12] 따라서 변호사 사무실 직원인 피고인 甲이 법원공무원인 피고인 乙에게

부탁하여, 수사 중인 사건의 체포영장 발부자 53명의 명단을 누설받은 경우, 피고인 甲의 행위가 공무상비
밀누설교사죄에 해당한다고 본 것에는 위법이 있다. [경찰채용 20 1차 / 경찰간부 15 / 국가9급 22 / 법원행시 14 / 사시 12
·13·16 / 변호사시험 15]

10 대법원 2011.10.13, 2011도6287
의사가 직접 환자를 진찰하지 않고 처방전을 작성·교부한 행위와 대향범 관계에 있는 교부받은 행위
의료법은 의료업에 종사하고 직접 진찰한 의사가 아니면 처방전을 작성하여 환자 등에게 교부하지
못한다고 규정하면서, 위와 같이 작성된 처방전을 교부받은 상대방을 처벌하는 규정이 따로 없는
점에 비추어, 위와 같이 작성된 처방전을 교부받은 자에 대하여는 공범에 관한 형법총칙 규정이 적용될
수 없다고 보아야 한다.

11 대법원 2013.6.27, 2013도3246
거래당사자가 무등록 중개업자에게 중개를 의뢰한 경우 거래당사자의 공동정범 불성립
거래당사자가 개설등록을 하지 아니한 중개업자에게 중개를 의뢰하거나 미등기 부동산의 전매에
대하여 중개를 의뢰하였다고 하더라도, 공인중개사법은 중개행위를 처벌대상으로 삼고 있을 뿐이므로
그 중개의뢰행위 자체는 처벌 대상이 될 수 없으며, 또한 위와 같이 중개행위가 중개의뢰행위에 대응하여
서로 구분되어 존재하여야 하는 이상(대향범 관계에 있으므로 – 필자 주), 중개의뢰인의 중개의뢰행위를
중개업자의 중개행위와 동일시하여 중개행위에 관한 공동정범 행위로 처벌할 수도 없다.

12 대법원 2014.1.16, 2013도6969
금품 등 수수와 같은 대향적 범죄에 있어서 금품 등 공여자에게 따로 처벌규정이 없는 경우
금품 등의 수수와 같이 2인 이상의 서로 대향된 행위의 존재를 필요로 하는 관계에 있어서는 공범이나
방조범에 관한 형법총칙 규정의 적용이 있을 수 없다. 따라서 금품 등을 공여한 자에게 따로 처벌규정이
없는 이상, ① 그 공여행위는 그와 대향적 행위의 존재를 필요로 하는 상대방의 범행에 대하여 공범관계가
성립되지 아니하고, ② 오로지 금품 등을 공여한 자의 행위에 대하여만 관여하여 그 공여행위를 교사하거나
방조한 행위도 상대방의 범행에 대하여 공범관계가 성립되지 아니한다. [법원행시 16]

13 대법원 2020.6.11, 2016도3048
쟁의행위 기간 중 중단된 업무의 수행을 위하여 채용된 자와 대향범
(쟁의행위로 중단된 업무의 수행을 위하여 채용된 자에 대한 노조법위반죄의 공범의 성부) : 사용자는
쟁의행위 기간 중 그 쟁의행위로 중단된 업무의 수행을 위하여 당해 사업과 관계없는 자를 채용 또는
대체할 수 없고, 이를 위반한 자는 1년 이하의 징역 또는 1천만 원 이하의 벌금으로 처벌된다[노동조합
및 노동관계조정법(이하 '노조법') 제91조, 제43조 제1항]. 여기서 처벌되는 '사용자'는 사업주, 사업의
경영담당자 또는 그 사업의 근로자에 관한 사항에 대하여 사업주를 위하여 행동하는 자를 말한다(노조법
제2조 제2호). 노조법 제91조, 제43조 제1항은 사용자의 위와 같은 행위를 처벌하도록 규정하고 있으므로,
사용자에게 채용 또는 대체되는 자에 대하여 위 법조항을 바로 적용하여 처벌할 수 없음은 문언상
분명하다. 나아가 채용 또는 대체하는 행위와 채용 또는 대체되는 행위는 2인 이상의 서로 대향된 행위의
존재를 필요로 하는 관계에 있음에도 채용 또는 대체되는 자를 따로 처벌하지 않는 노조법 문언의 내용과
체계, 법 제정과 개정 경위 등을 통해 알 수 있는 입법 취지에 비추어 보면, 쟁의행위 기간 중 그
쟁의행위로 중단된 업무의 수행을 위하여 당해 사업과 관계없는 자를 채용 또는 대체하는 사용자에게
채용 또는 대체되는 자의 행위에 대하여는 일반적인 형법 총칙상의 공범 규정을 적용하여 공동정범,
교사범 또는 방조범으로 처벌할 수 없다고 판단된다(이른바 대향범에 관한 대법원 1988.4.25, 87도2451;
2004.10.28, 2004도3994 등 참조).

대향범 관계에 있는 행위 중 '사용자'만 처벌하는 노조법 제91조, 제43조 제1항 위반죄의 단독정범
이 될 수 없고, 형법총칙상 공범 규정을 적용하여 공동정범 또는 방조범으로 처벌할 수도 없으므로
피해자는 노조법 제91조, 제43조 제1항 위반에 따른 현행범인이 아니고, 피고인들이 피해자를
체포하려던 당시 상황을 기초로 보더라도 현행범인 체포의 요건을 갖추고 있었다고 할 수 없다.

판례연구　필요적 공범이 아니므로 공범성립이 가능하다는 판례

대법원 2012.9.13, 2012도5525
사생활 조사를 업으로 하는 행위와 그 의뢰행위는 대향범이 아니라는 사례
신용정보의 이용 및 보호에 관한 법률에서 처벌되는 신용정보회사 등이 아니면서 사생활 조사 등을
업으로 하는 행위에 그러한 행위를 의뢰하는 대향된 행위의 존재가 반드시 필요하다거나 의뢰인의
관여행위가 당연히 예상된다고 볼 수 없고, 따라서 사생활 조사 등을 업으로 하는 행위와 그 의뢰행위는
대향범의 관계에 있다고 할 수 없다.

제2절　간접정범

01　서 설

제34조【간접정범, 특수한 교사·방조에 대한 형의 가중】 ① 어느 행위로 인하여 처벌되지 아니하는 자 또는 과실범
으로 처벌되는 자를 교사 또는 방조하여 범죄행위의 결과를 발생하게 한 자는 교사 또는 방조의 예에 의하여 처벌
한다.

판례연구　의사지배를 인정한 예와 부정한 예의 예시

1 대법원 1997.4.17, 96도3376 전원합의체
의사지배를 인정한 12·12 내란사건 : 내란죄의 간접정범
1980.5.17. 당시 계엄법 등에 의하면, 비상계엄의 전국확대와 같은 법령이나 제도가 가지고 있는 위협적인
효과가 국헌문란의 목적을 가진 자에 의하여 그 목적을 달성하기 위한 수단으로 이용되는 경우에는
내란죄의 구성요건인 폭동의 내용으로서의 협박행위가 되므로 이는 내란죄의 폭동에 해당한다고 할
것이다. 한편 범죄는 '어느 행위로 인하여 처벌되지 아니하는 자'를 이용하여서도 이를 실행할 수 있으므로(형
법 제34조 제1항), 내란죄의 경우 '국헌문란의 목적'을 가진 자가 그러한 목적이 없는 자를 이용하여
이를 실행할 수도 있다고 할 것이다. [경찰채용 18 1차 / 경찰간부 13 / 법원행시 13 / 사시 11·15]

2 대법원 2001.3.9, 2000도938
의사지배를 부정한 예 : 허위내용의 증명원을 제출하여 담당공무원으로부터 증명서를 발급받은 사례
어느 문서의 작성권한을 갖는 공무원이 그 문서의 기재 사항을 인식하고 그 문서를 작성할 의사로써
이에 서명날인하였다면, 설령 그 서명날인이 타인의 기망으로 착오에 빠진 결과 그 문서의 기재사항이
진실에 반함을 알지 못한 데 기인한다고 하여도, 그 문서의 성립은 진정하며 여기에 하등 작성명의를

모용한 사실이 있다고 할 수는 없으므로, 공무원 아닌 자가 관공서에 허위 내용의 증명원을 제출하여 그 내용이 허위인 정을 모르는 담당공무원으로부터 그 증명원 내용과 같은 증명서를 발급받은 경우 공문서위조죄의 간접정범으로 의율할 수는 없다. [경찰채용 18 1차/경찰간부 12·16/경찰승진(경감) 10/법원행시 08· 11·18/사시 10]

02 간접정범과 신분범 및 자수범

판례연구 비신분자에게 신분범의 간접정범이 성립하지 않는다는 사례

대법원 2011.7.28, 2010도4183
레디믹스트콘크리트(레미콘) 제조업자인 피고인들이 한국산업규격을 위반한 레미콘을 생산하여 건설업체들에 공급하였다고 하여 건설기술관리법 위반으로 기소된 경우, 레미콘이 같은 법 시행령에서 정한 '부순 골재'나 '순환골재'에 해당하지 않는 이상 같은 법에 의하여 처벌할 수 없고, 건설업자 아닌 피고인들이 간접정범의 형태로 건설업자라는 일정한 신분을 요하는 신분범인 같은 법 위반죄를 범할 수도 없으므로, 무죄를 인정한 것은 정당하다.

판례연구 면의 호적계장이 면장의 결재를 받아 허위의 호적부를 작성한 사례

대법원 1990.10.30, 90도1912
보조공무원은 허위공문서작성죄의 간접정범이 될 수 있다는 판례
허위공문서작성죄의 주체는 직무상 그 문서를 작성할 권한이 있는 공무원에 한하고 작성권자를 보조하는 직무에 종사하는 공무원은 허위공문서작성죄의 주체가 되지 못하나 이러한 보조직무에 종사하는 공무원이 허위공문서를 기안하여 허위인 정을 모르는 작성권자에게 제출하고 그로 하여금 그 내용이 진실한 것으로 오신케 하여 서명 또는 기명날인케 함으로써 공문서를 완성한 때에는 허위공문서작성죄의 간접정범이 성립된다 할 것인 바, 면의 호적계장이 정을 모른 면장의 결재를 받아 허위내용의 호적부를 작성한 경우 허위공문서작성, 동행사죄의 간접정범이 성립된다. [국가7급 13·16/법원행시 10]

사례연구 부정수표단속법상 허위신고죄는 자수범

甲은 1987년 7월 4일 친구 乙에게 70만 원을 대여하면서 담보조로 乙이 발행한 백지가계수표를 타처에 할인하지 않는다는 조건으로 교부받았다. 그러나 甲은 그 수표의 금액란에 70만 원정이라고 기재하여 1개월간 은행에 제시하지 않는다는 조건으로 丙에게 할인의뢰하였고, 丙은 다시 丁에게 할인의뢰하였다. 그런데 丁은 1989년 7월 7일경 그 수표를 은행에 지급제시하였는데, 은행 측으로부터 연락을 받은 乙이 甲에게 왜 약속을 어기고 할인하였느냐고 항의하자 甲은 그 수표를 분실하였다고 거짓말을 하면서 네가 분실신고를 하라고 종용하였다. 이에 乙은 은행에 분실신고를 하였다. 甲의 형사책임은?

> **해결** 부정수표단속법의 목적이 부정수표 등의 발생을 단속 처벌함에 있고(제1조) 허위신고를 규정한 같은 법 제4조가 '수표금액의 지급 또는 거래정지처분을 면하게 할 목적'이라고 규정하지 않고 '수표금액의 지급 또는 거래정지처분을 면할 목적'이라고 규정하여 이를 요건으로 삼고 있는데, 수표금액의 지급책임을 부담하는 자 또는 거래정지처분을 당하는 자는 오로지 발행인에 국한되는

점에 비추어 볼 때, 발행인 아닌 자는 위 법조가 정한 허위신고죄의 주체가 될 수 없고, 허위신고의 고의 없는 발행인을 이용하여 간접정범의 형태로 허위신고죄를 범할 수도 없다(대법원 1992.11.10, 92도2342).[50]

03 간접정범의 성립요건 – 피이용자의 범위

1. 피이용자

(1) 어느 행위로 인하여 처벌되지 아니하는 자

① 구성요건에 해당하지 않는 경우

판례연구 자살 · 자상 · 자기추행을 강요 · 이용한 간접정범 사례

1 대법원 1970.9.22, 70도1638

피해자의 자상(콧등 절단)을 이용한 중상해죄의 간접정범 사례

피고인이 피해자를 협박하여 그로 하여금 자상케 한 경우에 피고인에게 상해의 결과에 대한 인식이 있고 또 그 협박의 정도가 피해자의 의사결정의 자유를 상실케 함에 족한 것인 이상 피고인에 대하여 상해죄를 구성한다. [국가9급 16 / 법원행시 06]

2 대법원 1987.1.20, 86도2395

자살을 이용한 간접정범 사례

자살의 의미를 이해할 능력이 없는 7세, 3세의 어린 자식들에게 함께 죽자고 권유하고 물 속에 따라 들어오게 하여 익사케 한 경우 살인죄의 간접정범이 성립한다. [국가7급 13 / 법원행시 09]

3 대법원 2018.2.8, 2016도17733

자기추행 강요 사건

강제추행죄는 사람의 성적 자유 내지 성적 자기결정의 자유를 보호하기 위한 죄로서 정범 자신이 직접 범죄를 실행하여야 성립하는 자수범이라고 볼 수 없으므로, 처벌되지 아니하는 타인을 도구로 삼아 피해자를 강제로 추행하는 간접정범의 형태로도 범할 수 있다. 여기서 강제추행에 관한 간접정범의

---

50 **보충** : 판례분석 부정수표단속법 제4조의 허위신고죄는 '자수범'이므로 이에 대한 간접정범이 성립할 수 없음을 밝히고 있는 판례이다. 이 경우 문제는 甲에게 교사범이나 방조범의 죄책을 인정할 수 있는가의 여부이다. 위 사안에서 乙은 허위신고의 고의를 가지고 있지 아니하므로(乙 무죄) 불법이 성립하지 아니하여 공범종속성의 기초가 없어 甲은 교사범 · 방조범이 될 수 없다. 따라서 간접정범의 형태가 아니고선 甲에게 책임을 물을 수 없으며, 허위신고죄를 자수범이라 인정하는 이상 직접적인 거동성을 가진 자라야만 이를 범할 수 있으므로 甲은 간접정범이 인정되지 않는다.
주의해야 할 판례 : ① 부정수표단속법상 허위신고죄를 자수범이리 인정하는 이상 직접 실행하지 않은 자는 공동정범 또한 성립할 수 없게 된다. 따라서 "수표가 제시된다고 하더라도 수표금액이 지출되거나 거래정지처분을 당하게 되는 자에 해당된다고 볼 수 없는 명의차용인은 부정수표단속법 제4조의 허위신고죄의 주체가 될 수 없다(대법원 2007.3.15, 2006도7318). 다만 ② 명의차용인이 발행명의인과 함께 공동하여 직접 신고하는 등 실행행위를 한 점이 인정된다면 자수범의 공동정범이 성립할 수 있다. 판례도 "타인으로부터 명의를 차용하여 수표를 발행한 자라 하더라도 수표의 발행명의인과 공모하여 부정수표단속법 제4조 소정의 허위신고죄의 주체가 될 수 있는 것(대법원 1995.12.12, 94도3348 참조)"이므로, 명의차용인인 피고인이 수표의 발행명의인과 허위신고의 점에 대하여 공모하였는지 심리 · 판단하지도 않고 피고인이 명의차용인이라는 이유만으로 허위신고죄에 대해 무죄를 선고한 것은 법리오해의 위법이 있다(대법원 2007.5.11, 2005도6360)."고 판시하고 있다.

훔쳐라. 그러면 장물은 내가 사 주겠다(사후종범적 의사에 불과하므로 공동정범은 부정되고 장물취득죄만 성립 – 필자 주).”는 것이었다고 보인다(대법원 1997.9.30, 97도1940). [경찰채용 11 2차 / 국가9급 13]

사례연구 공동가공의 의사에 관한 판례 관련사례 : 공무원시험 감독관 사례

甲은 乙에게 자신을 공무원시험의 특정 고사실에 감독관으로 배치하여 줄 것을 요청하자 乙이 甲에게 그 이유를 물었다. 이에 甲은 범행계획을 감추고 친구가 시험에 응시하는데 마음 편하게 시험을 볼 수 있도록 자신이 감독관으로 들어가려는 것이라고 대답했고, 乙은 甲의 요구를 들어 주었다. 그 후 甲은 다른 고사실에서 다른 응시자의 답안지를 빼내어 응시인인 丙과 丁에게 전달하였다. 甲과 乙의 형사책임은?

[해결] 공동정범이 성립하기 위하여는 2인 이상이 공동하여 죄를 범하여야 하는 것으로서 이에는 주관적 요건인 공동가공의 의사와 객관적 요건인 공동의사에 의한 기능적 행위지배를 통한 범죄의 실행사실이 필요한데, 공동가공의 의사는 타인의 범행을 인식하면서도 이를 저지하지 아니하고 용인하는 것만으로는 부족하고 공동의 의사로 특정한 범죄행위를 하기 위하여 일체가 되고 서로 다른 사람의 행위를 이용하여 자기의 의사를 실행에 옮기는 것을 내용으로 하는 것이어야 한다(대법원 1996.1.26, 95도2461). [경찰채용 14 1차 / 경찰채용 15 2차 / 법원행시 08] → 甲은 위계에 의한 공무집행방해죄의 정범(제137조), 乙은 위계에 의한 공무집행방해죄의 방조범에 불과하다.

판례연구 공동가공의 의사를 인정한 사례

1 대법원 1983.2.22, 82도3103
특수강도 범행모의 후 장물처분을 알선한 행위는 특수강도의 공동정범이라는 사례
특수강도의 범행을 모의한 이상 범행의 실행에 가담하지 아니하고, 공모자들이 강취해온 장물의 처분을 알선만 하였다 하더라도, 특수강도의 공동정범이 된다 할 것이므로 장물알선죄로 의율할 것이 아니다.

2 대법원 1983.7.12, 82도180
부동산이중매매의 제2매수인이 적극 공모하였다면 배임죄의 공동정범이 된다는 사례
점포의 임차인이, 임대인이 그 점포를 타에 매도한 사실을 알고 있으면서 점포의 임대차계약 당시 “타인에게 점포를 매도할 경우 우선적으로 임차인에게 매도한다”는 특약을 구실로 임차인이 매매대금을 일방적으로 결정하여 공탁하고 임대인과 공모하여 임차인 명의로 소유권이전등기를 경료하였다면 임대인의 배임행위에 적극가담한 것으로서 배임죄의 공동정범이 성립한다.[52]

3 대법원 2006.8.24, 2006도3070
공직선거후보자 도청 공모 사례
공모가 이루어진 이상 실행행위에 직접 관여하지 아니한 자라도 다른 공모자의 행위에 대하여 공동정범으로서의 형사책임을 진다. [법원행시 06] 이 사건에서 공직선거의 상대후보자 측을 도청하는 과정에서 행한 주거침입 및 도청행위(통신비밀보호법위반)의 실행에 대하여 선거 후보자, 선거조직본부장과 선거자금 조달·집행의 총 책임자 등 사이에 공모의 점이 인정된다.

---

52 사례 : 임차인 甲은 점포의 소유자 乙이 丙에게 乙의 점포를 매도하였고 丙이 다시 이를 丁에게 매도하였음을 알고 있었다(그러나 소유권이전등기는 이루어지지 않아 등기명의는 여전히 乙에게 있었음). 그런데 甲은 丙과 丁을 여러 차례 만나 그 점포를 매수하려 하였으나 가격이 예상보다 고가라서 매수하지 못하였다. 이에 甲은 임대차계약 당시 그 점포를 팔 때에는 임차인에게 팔기로 하였다는 특약을 구실로 대금을 일방적으로 결정하고 임차보증금 및 속초시에 납부한 불입금을 공제한 나머지 금액을 공탁하고 乙과 공모하여 그 점포에 관하여 甲 명의로 소유권이전등기를 경료하였다. 甲과 乙의 형사책임은?
해결 : 배임죄의 공동정범

1 대법원 1975.2.25, 74도2288

단순한 알선은 공모가 아니라는 사례 : 황소 매각알선 사례

피고인이 타인에게 황소를 훔쳐오면 문제없이 팔아 주겠다고 말한 사실이 있을 뿐이라면 이는 장물에 대하여 매각·알선의 의사표시를 한 것으로 볼 수 있을 뿐 황소절취행위를 공동으로 하겠다는 공모의 의사를 표시한 것이라고 할 수 없다.

2 대법원 1983.9.27, 83도1787

의사연락 없이 강간을 시도한 자 중의 1인의 강간치상죄에 대한 타방의 공동정범 성립 부정례

피고인이 1심 상피고인과 함께 술집에서 같이 자다가 깨어 옆에서 잠든 접대부를 강간하려다가 피해자의 반항으로 목적을 이루지 못하고 포기한 뒤, 뒤이어 잠을 깬 1심 상피고인이 피해자를 강간코자 하였으나 역시 피해자의 반항으로 목적을 이루지 못하고 피해자를 구타하는 것을 적극 만류하였다면, 피고인에게는 상피고인의 강간치상에 대한 공모공동정범의 죄책을 물을 수 없다.

3 대법원 1985.5.14, 84도2118

편면적으로는 공동정범이 성립할 수 없다는 사례

공동정범은 행위자 상호간에 범죄행위를 공동으로 한다는 공동가공의 의사를 가지고 범죄를 공동실행하는 경우에 성립하는 것으로서, 여기에서의 공동가공의 의사는 공동행위자 상호간에 있어야 하며 행위자 일방의 가공의사만으로는 공동정범관계가 성립할 수 없다. [경찰간부 12 / 법원9급 06·13]

4 대법원 1998.9.22, 98도1832

여권위조행위에 가담하였다고 하여 밀항행위를 공동했다고 볼 수 없다는 사례

밀항단속법 제3조 제1항에서 규율하는 밀항행위는 여권위조행위와는 전혀 별개의 행위로서 밀항에 반드시 위조여권이 필요한 것도 아니고 위조여권을 반드시 밀항행위에만 사용할 수 있는 것도 아니므로, 여권위조행위에 가담한 것만으로는 밀항행위에까지 공동가담하였다고 볼 수 없다.

5 대법원 1999.9.17, 99도2889

타인의 범행을 인식하면서도 제지하지 않고 용인하는 것만으로는 공동정범이 되기에는 부족하다는 사례

K주식회사의 이사 乙이 업무상 횡령을 해야겠다고 甲(K회사의 전직 대표이사이자 현직 고문)에게 보고하자 甲이 아무런 말도 없이 창밖만 쳐다보았으므로 乙은 甲이 이에 동의한 것으로 알아 횡령을 한 경우, 甲은 업무상 횡령죄의 공동정범이 성립하지 않는다. [경찰간부 11]

6 대법원 2003.3.28, 2002도7477

자신의 강간상대방에게는 신체적 접촉을 하지 않은 채 이야기만 나눈 사례

피해자 일행을 한 사람씩 나누어 강간하자는 乙(피고인) 일행의 제의에 아무런 대답도 하지 않고 따라다니다가 자신(甲)의 강간 상대방으로 남겨진 공소외인(丙)에게 일체의 신체적 접촉도 시도하지 않은 채 다른 일행이 인근 숲 속에서 강간을 마칠 때까지 甲은 丙과 이야기만 나눈 경우 甲은 강간죄의 공동정범이 될 수 없다. [경찰채용 16 2차 / 법원행시 14]

7 대법원 2000.4.7, 2000도576

밀수입해 올 테니 팔아달라는 제의에 대한 승낙한 것은 밀수를 공동으로 한다는 것은 아니라는 사례

전자제품 등을 밀수입해 올 테니 이를 팔아달라는 제의를 받고 승낙한 경우, 그 승낙은 물품을 밀수입해 오면 이를 취득하거나 그 매각알선을 하겠다는 의사표시로 볼 수 있을 뿐 밀수입범행을 공동으로 하겠다는 공모의 의사를 표시한 것으로는 볼 수 없다. [경찰간부 18 / 경찰승진(경위) 11 / 경찰승진(경감) 10]

8 대법원 2002.6.14, 99도3658

은행지점장에 대해 스포츠센터 업주와의 사기죄의 공동정범의 죄책을 부정한 사례

은행지점장이 스포츠센터 영업주가 과다한 대출원리금채무를 부담하고 있음을 알면서도 피해자들에게 그의 상환능력을 과장하여 설명하였다는 점만으로는 은행지점장이 스포츠센터 영업주와 공동으로 사기범행을 저질렀다고 단정할 수 없다.

9 대법원 2005.3.11, 2002도5112

병원장으로 취임한 후 진료비 수가항목 재검토를 지시하지 않은 병원장 사례

A의과대학부속병원의 乙 등 병원직원들은 보건복지부장관이 정한 기준을 위반하여 환자들로부터 진료비를 과다하게 징수하고 있었는데, 피고인(병원장 甲)이 병원장으로 취임한 후 각 수가항목 전부에 관하여 관련 부서에 전면 재검토하여 수가 조정이나 삭제를 지시·요청하지 아니하였다 하더라도 '묵인'의 방법으로 병원 직원들과 공모하여 편취 행위에 가담하였다고 볼 수 없다.

10 대법원 2008.3.27, 2006도3504

한의대 석·박사학위논문 심사 금품수수의 경우 배임수재의 공동정범 부정례

지도교수(B)는 대학원생들과 피고인(타 대학교수 A) 사이를 연결시켜주는 역할만을 하면서 대학원생들로부터 받은 돈을 전부 그대로 피고인 A에게 송금하였고 그 자신은 재물이나 재산상 이익을 전혀 취득한 바 없으므로, 지도교수(B)가 배임수재죄의 정범으로 되기 위해서는 사회통념상 피고인(A)이 위 대학원생들로부터 금원을 받은 것을 위 지도교수(B)가 직접 받은 것과 같이 평가할 수 있는 관계가 있거나 또는 위 지도교수들과 피고인 사이에 이 사건 배임수재의 범행을 공동으로 수행하기로 공모한 사실이 인정되어야 할 것이다.

11 대법원 2011.12.22, 2011도12927

소말리아 해적 중 1인이 선장 살해의도로 총격을 가한 것에 나머지 해적들에게 살인공모를 부정한 예

소말리아 해적 중 피고인 甲이 선장 乙에게 보복하기 위하여 그 원인을 제공한 이를 살해하는 것까지 다른 피고인 선원들이 공모한 것으로는 볼 수 없고, 당시 피고인 甲을 제외한 나머지 해적들은 두목의 지시에 따라 무기를 조타실 밖으로 버리고 조타실 내에서 몸을 숙여 총알을 피하거나 선실로 내려가 피신함으로써 저항을 포기하였고, 이로써 해적행위에 관한 공모관계는 실질적으로 종료하였으므로, 그 이후 자신의 생존을 위하여 피신하여 있던 나머지 피고인들로서는 피고인 甲이 乙에게 총격을 가하여 살해하려고 할 것이라는 점까지 예상할 수는 없었다고 해야 한다.

판례연구 **공동정범의 의사연락의 방법·시기 관련판례**

1 대법원 1961.7.12, 4294형상213

공동정범에 있어서 범죄의 공동실행의사는 범죄행위시에 존재하면 족하고 반드시 사전 공모함을 요하지 않는다. [경찰채용 10 2차 / 법원9급 06]

2 대법원 1979.9.25, 79도1698

살인의 공동가공의사의 묵시적 연락을 인정한 사례

피해자에게 가해할 것을 사전에 합의하여 식칼과 각목을 휴대하여 가해를 하여 사망하였다면 살해에 대한 미필적 고의가 있었다고 할 것이며 또 그 점에 대한 묵시의 연결이 있었다고 할 것이다.

3 대법원 1984.12.26, 82도1373

강간의 공동가공의사의 묵시적 연락을 인정한 사례

甲은 乙이 丙을 강간하기 위해 유인해 가는 것을 알고서 뒤를 따라가다가 乙이 강간을 위해 폭행할 무렵 나타나서 乙이 강간을 마치기를 기다렸다가 다시 강간을 했다면, 乙의 뒤를 따라갈 때까지는 강간의 모의가 있었다고는 할 수 없지만 乙이 강간의 실행에 착수할 무렵에는 암묵적으로 범행을 공동할 의사의 연락이 있었다고 볼 수 있다. [경찰채용 16 1차 / 경찰채용 15 2차 / 경찰채용 18 3차 / 경찰승진 13·16]

4 대법원 1994.3.8, 93도3154
입시부정을 지시하였다면 업무방해죄의 공모공동정범에 해당한다는 사례
공모가 이루어진 이상 실행행위에 관여하지 아니한 자라도 다른 공모자의 행위에 대하여 공동정범으로서의 책임을 지므로, 입시부정행위를 지시한 자가 부정행위의 방법으로서 사정위원들의 업무를 방해할 것을 특정하거나 명시하여 지시하지 않았더라도 업무방해죄의 공동정범에 해당한다. [경찰승진(경위) 11 / 국가9급 10]

5 대법원 1994.3.11, 93도2305
부정입학의 경우 위계에 의한 업무방해죄의 공동정범 사례
전체의 모의과정이 없었다고 하더라도 수인 사이에 의사의 연락이 있으면 공동정범이 성립될 수 있으므로, 피고인들(학부모들)과 대학교 교무처장 등에게 자녀들의 부정입학을 청탁하면서 피고인들로부터 부정입학을 알선의뢰받은 교수나 실제로 부정입학을 주도한 위 교무처장 등과의 사이에 서로 암묵적인 의사의 연락에 의한 순차공모관계가 있음을 인정하여, 피고인들에게 업무방해죄의 공동정범으로서의 죄책을 인정한 것은 정당하다.

6 대법원 1995.9.5, 95도577
범행 도중에 의사연락이 있었던 경우에도 공동정범이 성립한다는 사례
범인도피죄(제151조)는 범인을 도피하게 함으로써 기수에 이르지만 범인도피행위가 계속되는 동안에는 범죄행위도 계속되고 행위가 끝날 때 비로소 범죄행위가 종료되므로 공범자의 범인도피행위의 도중에 그 범행을 인식하면서 그와 공동의 범의를 가지고 기왕의 범인도피상태를 이용하여 스스로 범인도피행위를 계속한 자에 대해서도 범인도피죄의 공동정범이 성립한다고 해야 한다. [경찰채용 15 2차 / 경찰승진 14 / 법원행시 14]

7 대법원 1995.9.5, 95도1269
구청 세무계장·수납직원에게 세금횡령, 사문서위조·허위공문서작성, 동행사의 공동정범을 인정한 사례
구청 세무계장이 수납직원들로부터 수납한 세금과 관련 서류를 건네받아 서류를 조작하여 세금을 횡령하고 횡령한 세금 일부를 그 수납직원들에게 분배하여 주고, 수납직원들은 납세자로부터 수납한 세금과 관련 서류를 세무계장에게 갖다 주고 세무계장이 횡령한 세금의 일부를 분배받아 온 경우, 결국 세무계장과 수납직원들 사이에는 서류 조작을 통한 세금 횡령의 범죄를 실현하려는 점에 관하여 적어도 암묵적으로 의사가 상통하여 공모관계가 성립하였다고 보아야 한다.

8 대법원 1997.2.14, 96도1959; 1995.9.5, 95도577; 1985.8.20, 84도1373
신문사 사주 및 광고국장 사이에 공갈행위에 관한 암묵적인 의사연락이 있었던 사례
공범자가 공갈행위의 실행에 착수한 후 그 범행을 인식하면서 그와 공동의 범의를 가지고 그 후의 공갈행위를 계속하여 재물의 교부나 재산상 이익의 취득에 이른 때에는 공갈죄의 공동정범이 성립한다 할 것인 바, 피고인 1(신문사 사주)이 피해자를 외포시켜 동인으로부터 일간신문에 사과광고 신청을 할 것을 승낙 받은 후 피고인 2(신문사 광고국장)와 암묵적인 의사연락이 이루어져 피고인 2가 다시 동인에게 기자들의 강경 분위기를 전달하여 적정가 이상의 광고료를 지급하게 하고 사과광고를 게재하도록 한 이상 피고인들은 공갈죄의 공동정범의 죄책을 면할 수 없다. [사시 14]

9 대법원 2007.3.15, 2006도8929

성인오락실 업주, 상품권을 현금으로 환전한 자, 구 상품권을 신 상품권으로 할인·공급한 자의 공동정범 사례

피고인들은 적어도 게임장 손님들이 상품권을 액면가에서 할인된 금액으로 환전해 감으로써 발생하는 차액을 서로 분배하기로 하는 암묵적인 의사연락 아래 실행행위를 분담하였음을 충분히 인정할 수 있으므로, 피고인들을 사행행위처벌법 위반죄의 공동정범으로 의율한 것은 정당하다.

10 대법원 2011.12.22, 2011도9721

딱지어음 발행인과 딱지어음 취득자 간에 사기죄의 순차적·암묵적 공모가 인정된 사례

피고인 등과 乙 등 딱지어음 취득자들과 사이에 그들의 사기 범행에 관하여 직접 또는 중간 판매상 등을 통하여 적어도 순차적·암묵적으로 의사가 상통하여 공모관계가 성립되었다고 보아야 하므로, 피고인에게는 사기죄의 공동정범의 죄책이 인정되어야 한다. [법원9급 16]

11 대법원 2021.10.14, 2018도10327

도로교통법위반(공동위험행위)의 공동의사

도로교통법 제46조 제1항은 '자동차 등의 운전자는 도로에서 2명 이상이 공동으로 2대 이상의 자동차 등을 정당한 사유 없이 앞뒤로 또는 좌우로 줄지어 통행하면서 다른 사람에게 위해를 끼치거나 교통상의 위험을 발생하게 하여서는 아니 된다.'고 규정하고 있고, 제150조 제1호에서는 이를 위반한 사람에 대한 처벌규정을 두고 있다.[53] 위와 같은 도로교통법 위반(공동위험행위) 범행에서는 '2명 이상이 공동으로' 범행에 가담하는 것이 구성요건의 내용을 이루기 때문에 행위자의 고의의 내용으로서 '공동의사'가 필요하고, 위와 같은 공동의사는 반드시 위반행위에 관계된 운전자 전부 사이의 의사의 연락이 필요한 것은 아니고 다른 사람에게 위해를 끼치거나 교통상의 위험을 발생하게 하는 것과 같은 사태의 발생을 예견하고 그 행위에 가담할 의사로 족하다. 또한 그 공동의사는 사전 공모 뿐 아니라 현장에서의 공모에 의한 것도 포함된다(고의의 증명에 관한 대법원 2019.3.28, 2018도16002 전원합의체 등 참조).

2. 승계적 공동정범

> **판례연구** **기수 이후 가담자에게 공동정범 성립을 부정한 예**
>
> **1** 대법원 1953.8.4, 4286형상20
>
> 원래 공동정범관계는 범죄가 기수되기 전에 성립되는 것이고 횡령죄가 기수된 후에 그 내용을 지득하고 그 이익을 공동취득할 것을 승낙한 사실이 있더라도 공동정범관계는 성립될 수 없다.
>
> **2** 대법원 2003.10.30, 2003도4382
>
> 영업비밀 무단반출 이후 영업비밀을 취득하려고 한 자는 공동정범이 될 수 없다는 사례
>
> 회사직원이 영업비밀을 경쟁업체에 유출하거나 스스로의 이익을 위하여 이용할 목적으로 무단으로 반출한 때 업무상 배임죄의 기수에 이르렀다고 할 것이고, 그 이후에 위 직원과 접촉하여 영업비밀을 취득하려고 한 자는 업무상 배임죄의 공동정범이 될 수 없다. [경찰채용 12 1차 / 경찰간부 18 / 국가9급 15 / 변호사시험 12]

---

53 보충 : 도로교통법 제46조 제1항에서 말하는 '공동 위험행위'란 2인 이상인 자동차 등의 운전자가 공동으로 2대 이상의 자동차 등을 정당한 사유 없이 앞뒤로 또는 좌우로 줄지어 통행하면서 신호위반, 통행구분위반, 속도제한위반, 안전거리확보위반, 급제동 및 급발진, 앞지르기금지위반, 안전운전의무위반 등의 행위를 하여 다른 사람에게 위해를 주거나 교통상의 위험을 발생하게 하는 것으로, 2인 이상인 자동차 등의 운전자가 함께 2대 이상의 자동차 등으로 위의 각 행위 등을 하는 경우에는 단독으로 한 경우와 비교하여 다른 사람에 대한 위해나 교통상의 위험이 증가할 수 있고 집단심리에 의해 그 위해나 위험의 정도도 가중될 수 있기 때문에 이와 같은 공동 위험행위를 금지하는 것이다(대법원 2007.7.12, 2006도5993).

사례연구 **필로폰 제조가담 사례**

甲은 1981년 1월 초순경부터 乙의 집 지하실에 필로폰 제조기구를 설치하여 필로폰을 밀조하고 있었다. 丙은 1981년 2월 9일경 甲이 필로폰을 제조하고 있다는 사실을 알고 그때부터 甲의 제조행위에 가담하였다. 이 필로폰 제조일당은 경찰에 의해 1981년 2월 15일경 검거되었다. 丙의 형사책임은?

해결 1981년 2월 9일부터만 제조행위의 공동정범이다. 포괄적 일죄의 일부에 공동정범으로 가담한 자는 그가 그때에 이루어진 종전의 범행을 알았다 하여도 그 가담 이후의 범행에 대해서만 공동정범으로서의 책임을 진다(대법원 1982.6.8, 82도884). [경찰채용 21 2차 / 경찰간부 12·16·18 / 국가7급 14 / 법원승진 12 / 사시 10·11·14]

판례연구 **백미 외상판매 사례 : 업무상 배임죄의 공동정범에 있어서 가담한 이후의 행위만 공동정범으로 본 사례**

대법원 1997.6.2, 97도163
계속된 배임적 거래행위 도중에 공동정범으로 범행에 가담한 자는 비록 그가 그 범행에 가담할 때에 이미 이루어진 종전의 범행을 알았다 하더라도 그 가담 이후의 범행에 대하여만 공동정범으로 책임을 진다고 할 것이므로, 거래행위 전체가 포괄하여 하나의 죄가 된다 할지라도 그 가담 이전의 거래행위에 대하여서까지 유죄로 인정할 수는 없다고 해야 한다. [경찰채용 14 1차 / 경찰채용 16 2차 / 경찰승진(경사) 10 / 경찰승진 15·16 / 국가7급 09·10·16 / 법원9급 06·08·09·10 / 법원승진 12 / 법원행시 06·11·12 / 변호사시험 13·14]

판례연구 **전체범행에 대한 방조범은 가능하다는 사례 : 고 이윤상君 유괴살해 사례**

대법원 1982.11.23, 82도2024
특가법 제5조의2 제2항 제1호 소정의 죄는 형법 제287조의 미성년자 약취, 유인행위와 약취 또는 유인한 미성년자의 부모 기타 그 미성년자의 안전을 염려하는 자의 우려를 이용하여 재물이나 재산상의 이익을 취득하거나 이를 요구하는 행위가 결합된 단순일죄[54]의 범죄라고 봄이 상당하므로 비록 타인의 미성년자 약취·유인행위에는 가담한 바 없다 하더라도, 사후에 그 사실을 알면서 약취·유인한 미성년자를 이용하여 재물·이익을 취득하거나 요구하는 타인의 행위에 가담하여 이를 방조한 때에는, 단순히 재물 등 요구행위의 종범이 되는데 그치는 것이 아니라 종합범인 위 특가법 제5조의2 제2항 제호 위반죄의 종범에 해당한다.

---

3. 과실범의 공동정범

판례연구 **과실범의 공동정범을 인정한 사례 : 행위공동설**

1 대법원 1962.3.29, 61도598[55]
검문을 피하려다가 차에 매달린 경찰관이 사망한 사례 : "그대로 가자" 사건
2인 이상이 어떠한 과실행위를 서로의 의사연락 아래 하여 범죄되는 결과를 발생케 한 경우에는 과실범의 공동정범이 성립된다. [경찰채용 15 2차 / 경찰간부 16 / 경찰승진 12 / 국가9급 20 / 사시 15 / 변호사시험 15] 형법 제30조에 '공동하여 죄를 범한 때'의 '죄'는 고의범이고 과실범이고를 불문한다고 해석하여야 할 것이고, 따라서 공동정범의

---

54 판례도 인정하고 있다시피 결합범(종합범)이므로 엄밀히는 포괄일죄라는 용어를 쓰는 것이 올바르다.
55 참고 : "그대로 가자" 사건 이전과 이후의 판례 위 판례는 과실범의 공동정범을 긍정한 최초의 대법원 판례로 보인다. 참고로 위 판례 이전에는 과실범의 공동정범을 부정했었다. "(태신호) 선장 자신은 부하 선원인 등화단속책임자에 대하여 직무상 지휘·감독할

주관적 요건인 공동의 의사도 고의를 공동으로 가질 의사임을 필요로 하지 않고 고의행위이고 과실행위이고 간에 그 행위를 공동으로 할 의사이면 족하다. 따라서 甲은 乙이 운전하는 화물차에 장작을 싣고 오다가 검문소에 이르러 순경 P가 정지신호를 하며 접근하자, 甲은 살인의 고의 없고 단순히 검문을 피할 목적으로 "그대로 가자"고 말하였고 이에 乙은 그대로 속력을 내어 차를 달려 검문을 피해 통과하려 하였는 바, 이미 화물차에 올라와있던 P가 150m 이상 매달려가다가 추락하여 사망한 경우, 甲·乙에게 업무상 과실치사죄의 '공동정범'이 성립한다. [경찰채용 14 1차]

2 대법원 1978.9.26, 78도2082

초등학교의 아동급식용 식빵을 제조 공급하던 식품제조회사에서 선입선출의 원칙을 지키지 아니하여 상한 크림빵을 공급함으로써 식중독 사상사고를 낸 공장장과 해당 식품회사 대표이사는 빵을 제조·공급하는 행위를 공동으로 했으므로 업무상과실치사상죄의 공동정범이 성립한다.

3 대법원 1982.6.8, 82도781

피고인이 정기관사의 지휘·감독을 받는 부기관사이기는 하나 사고열차의 퇴행에 관하여 서로 상의·동의한 이상 퇴행에 과실이 있다면 과실책임을 면할 수 없다.

4 대법원 1994.5.24, 94도660

터널 굴착공사 도중 사망자가 발생하였을 경우 공사를 도급받은 건설회사의 현장소장과 그 공사를 발주한 자인 한국전력공사 지소장 사이에 과실범의 공동정범이 성립한다.

5 대법원 1996.8.23, 96도1231

건물(삼풍백화점) 붕괴의 원인이 건축계획의 수립, 건축설계, 건축공사공정, 건물 완공 후의 유지관리 등에 있어서의 과실이 복합적으로 작용한 데에 있다면, 각 단계별 관련자들을 업무상 과실치사상죄의 공동정범으로 처단할 수 있다.

6 대법원 1997.11.28, 97도1740

성수대교 붕괴 사건

교량이 그 수명을 유지하기 위하여는 건설업자의 완벽한 시공, 감독공무원들의 철저한 제작시공상의 감독 및 유지·관리를 담당하고 있는 공무원들의 철저한 유지·관리라는 조건이 합치되어야 하는 것이므로, 위 각 단계에서의 과실 그것만으로 붕괴원인이 되지 못한다고 하더라도, 그것이 합쳐지면 교량이 붕괴될 수 있다는 점은 쉽게 예상할 수 있고, 따라서 위 각 단계에 관여한 자는 전혀 과실이 없다거나 과실이 있다고 하여도 교량붕괴의 원인이 되지 않았다는 등의 특별한 사정이 있는 경우를 제외하고는 붕괴에 대한 공동책임을 면할 수 없다. 이 사건의 경우, 피고인들에게는 트러스 제작상, 시공 및 감독의 과실이 인정되고, 감독공무원들의 감독상의 과실이 합쳐져서 이 사건 사고의 한 원인이 되었으며, 한편 피고인들은 이 사건 성수대교를 안전하게 건축되도록 한다는 "공동의 목표"[56]와 의사연락이 있었다고

행정상의 책임은 있을지언정 등화단속 등에 대한 직접책임자는 아니고, 그 책임은 오로지 등화단속 책임자에게 있다 할 것이다. 그러므로 만일 선장에게 과실이 있다면 지휘·감독을 태만한 점에 대한 행정상의 과실이 있음에 불과하다 할 것이다. 그리고 과실에 있어서는 의사연락의 관념을 논할 수 없으므로 고의범과 같이 공동정범이 성립하지 않고 교사·방조도 있을 수 없다. 따라서 등화단속 책임자의 실화책임을 선장의 형사책임으로 돌릴 수 없다(대법원 1956.12.21, 4289형상276)." 위 판례(소위 '태신호 사건')는 대법원이 과실범의 공동정범에 대하여 최초로 그 입장을 밝힌 판례로서 부정설을 취했던 것이다. 다만, 오늘날에는 과실범의 공동정범에 관한 판례의 입장을 1962년 "그대로 가자" 판례부터 행위공동설에 의한 긍정설의 입장이라고 평가하는 것이 보통이다.

56 성수대교 사례나 삼풍백화점 사례 등에서 대법원 판례가 보여주는 논리이다. 이러한 판례의 입장을 공동목표설이라고 부르면서도 비판하는 견해로는 허일태, "과실범의 공동정범에 대한 대법원판례의 변천", 『동아법학』 제25호, 동아대학교 법학연구소, 1999.4, 195면

보아야 할 것이므로, 피고인들 사이에는 이 사건 업무상과실치사상 등 죄에 대하여 형법 제30조 소정의 공동정범의 관계가 성립된다. … 상호의사의 연락이 있어 공동정범이 성립한다면, 독립행위경합 등의 문제는 아예 제기될 여지가 없다. [경찰간부 11 / 법원9급 13 / 사시 12]

7 대법원 2009.6.11, 2008도11784
예인선 정기용선자의 현장소장과 예인선 선장 사례
예인선 정기용선자의 현장소장 甲은 사고의 위험성이 높은 해상에서 철골 구조물 및 해상크레인 운반작업을 함에 있어 선적작업이 지연되어 정조시점에 맞추어 출항할 수 없게 되었음에도, 출항을 연기하거나 대책을 강구하지 않고 예인선 선장 乙의 출항연기 건의를 묵살한 채 출항을 강행하도록 지시하였고, 예인선 선장 乙은 甲의 지시에 따라 사고의 위험이 큰 시점에 출항하였고 해상에 강조류가 흐르고 있었음에도 무리하게 예인선을 운항한 결과 무동력 부선에 적재된 철골 구조물이 해상에 추락하여 해상의 선박교통을 방해한 경우, 甲과 乙은 업무상과실일반교통방해죄의 공동정범으로 처벌된다.

판례연구 **과실범의 공동정범을 인정하지 않은 사례**

1 대법원 1974.7.23, 74도778
운전수가 불의의 발병으로 자동차를 운전할 수 없게 되자 동승한 운전경험이 있는 차주가 운전하다가 사고를 일으킨 경우에 차주의 운전상의 과실행위에 운전수와의 상호간의 의사연락이 있었다고 보거나 운전행위를 저지하지 않은 원인행위가 차주의 운전상의 부주의로 인한 결과발생에까지 미친다고 볼 수 없다.

2 대법원 1984.3.13, 82도3136
조수석에 동승하여 차량운전을 교정하여 준 자와 과실범의 공동정범 부정례
피고인이 운전자의 부탁으로 차량의 조수석에 동승한 후, 운전자의 차량운전행위를 살펴보고 잘못된 점이 있으면 이를 지적하여 교정해주려 했던 것에 그치고 전문적인 운전교습자가 피교습자에 대하여 차량운행에 관해 모든 지시를 하는 경우와 같이 주도적 지위에서 동 차량을 운행할 의도가 있었다거나 실제로 그 같은 운행을 하였다고 보기 어렵다면 그 같은 운행 중에 야기된 사고에 대하여 과실범의 공동정범의 책임을 물을 수 없다. [법원행시 16]

3 대법원 1986.5.27, 85도2483
운전병이 선임탑승자의 지시에 따라 차량 운행 중 지시와 무관하게 사고가 난 경우, 선임탑승자의 책임
군용차량의 운전병이 선임탑승자의 지시에 따라 철도선로를 무단횡단 중 운전부주의로 그 차량이 손괴된 경우, 그 손괴의 결과가 선임탑승자가 사고지점을 횡단하도록 지시한 과실에 인한 것이라고 볼 수 없고 선임탑승자가 운전병을 지휘감독할 책임있는 자라 하여 그 점만으로 곧 손괴의 결과에 대한 공동과실이 있는 것이라고 단정할 수도 없다. [국가9급 09]

4 대법원 2007.7.26, 2007도2919
교통사고운전자의 동승자와 도주차량운전죄의 공동정범 부정례
운전자가 아닌 동승자가 교통사고 후 운전자와 공모하여 운전자의 도주행위에 가담하였다 하더라도, 동승자에게 과실범의 공동정범의 책임을 물을 수 있는 특별한 경우가 아닌 한, 특정범죄가중처벌 등에 관한 법률위반(도주차량)죄의 공동정범으로 처벌할 수는 없다.

4. 객관적 요건 – 공동가공의 실행

> **판례연구**   다른 공범자의 실행착수 전 이탈한 경우로 인정되는 사례

1 대법원 1972.4.20, 71도2277

공모공동정범에 있어서도 다른 공모자가 실행행위에 이르기 전에 그 공모관계에서 이탈한 사례

피고인 甲은 피해자 1에 대한 치사의 범행이 있을 무렵 피해자 2를 데리고 인근 부락의 약방에 가고 없었으며 피해자 2가 상해를 입고 약방으로 가는 것에 자기의 잘못을 깨닫고 귀가하였고, 특수폭행치사는 피고인 甲이 위의 약국으로 간 뒤에 다른 공범자들만에 의하여 저질렀다면, 피고인 甲이 피해자 2에 대한 폭행치상에 가담하였다 하여도 피해자 1에 대한 특수폭행치사의 범행에 관하여는 피고인은 명시적 또는 묵시적으로 그 공모관계에서 이탈하였다고 볼 수 있을 것이다.

2 대법원 1985.3.26, 84도2956

실행행위를 분담한 협동행위가 없다 하여 특수강도의 합동범을 부정한 사례

피고인이 다른 피고인들과 택시강도를 하기로 모의한 일이 있다고 하여도 다른 피고인들이 피해자에 대한 폭행에 착수하기 전에 겁을 먹고 미리 현장에서 도주해 버렸다면 강도의 실행행위를 분담한 협동관계가 있었다고 보기는 어려우므로 피고인을 특수강도의 합동범으로 다스릴 수 없다. [법원행시 06]

3 대법원 1986.1.21, 85도2371

강도살인 탈퇴 사례

甲·乙·丙·丁은 강도범행의 피해자인 戊의 팔, 다리를 묶어 저수지 안에 던져 살해하기로 의견의 일치를 보았으나, 위 범행에 착수하기 전에 丁이 그 패거리에서 탈퇴해버렸다면, 丁은 살해모의에는 가담하였으나 다른 공모자들이 실행행위에 이르기 전에 그 공모관계에서 이탈하였으므로, 공동정범이 성립하지 아니한다(강도죄 및 살인음모죄 – 제255조 – 에 불과함). [경찰채용 18 2차 / 국가9급 09]

4 대법원 1996.1.26, 94도2654

피고인에게 범행에 가담하려는 의사가 있었다고 보기 어렵고, 가사 공모관계가 인정된다 하더라도 다른 조직원들이 범행에 이르기 전에 그 공모관계에서 이탈한 것으로 본 사례

시라소니파 폭력조직 조직원 2명이 반대파 조직원에게 칼에 찔려 다치게 되자, 시라소니파 조직원들은 보복을 하기로 결의하였으나 같은 조직원 甲은 범행에 가담하기를 꺼려하여 함께 술을 마시다가 일행들이 범행을 하려고 출발하는데 혼자 슬그머니 귀가해버리고 나머지 일행들은 반대파 조직 두목을 살해한 경우, (공모관계에서 이탈한) 甲에게는 살인죄의 공동정범의 죄책이 인정될 수 없다(살인예비·음모죄의 죄책을 검토해볼 수 있으나 이 사건의 甲은 이 점도 인정할 수 없어 무죄). [경찰승진(경사) 10 / 국가9급 08·15 / 법원행시 08·11 / 사시 14 / 변호사시험 12]

> **판례연구**   포괄일죄의 일부 실행 후 공모관계에서 이탈해도 이탈이 부정되어 공동정범이 성립한 사례

1 대법원 2002.8.27, 2001도513

포괄일죄인 다단계 피라미드 사기범죄의 일부 기수 이후 이탈하였으나 그 후에도 계속된 사례

피고인이 공범들과 다단계금융판매조직에 의한 사기범행을 공모하고 피해자들을 기망하여 그들로부터 투자금 명목으로 피해금원의 대부분을 편취한 단계에서 위 조직의 관리이사직을 사임한 경우, 피고인의 사임 이후 피해자들이 납입한 나머지 투자금명목의 편취금원도 같은 기망상태가 계속된 가운데 같은 공범들에 의하여 같은 방법으로 수수됨으로써 피해자별로 포괄일죄의 관계에 있으므로 이에 대하여도 피고인은 공범으로서의 책임을 부담한다. [법원행시 06]

2 대법원 2011.1.13, 2010도9927

주식 시세조종행위 일부 실행 후 이탈하였으나 나머지 시세조종행위가 계속된 사례

피고인이 甲 투자금융회사에 입사하여 다른 공범들과 특정 회사 주식의 시세조종 주문을 내기로 공모한 다음 시세조종행위의 일부를 실행한 후 공범관계로부터 이탈하였고, 다른 공범들이 그 이후의 나머지 시세조종행위를 계속한 경우, 피고인이 다른 공범들의 범죄실행을 저지하지 않은 이상 그 이후 나머지 공범들이 행한 시세조종행위에 대하여도 죄책을 부담한다. [경찰채용 18 3차 / 국가9급 15 / 국가7급 13 / 법원9급 16 / 법원승진 12 / 법원행시 12 / 사시 12]

판례연구 **주도적 참여자이고 적극적 범행저지의 노력이 없으므로 공모관계의 이탈이 부정되는 사례**

1 대법원 2008.4.10, 2008도1274

주도적 참여자의 공모관계로부터의 이탈은 원칙적으로 인정되지 않는다는 사례

공모에 주도적으로 참여하여 다른 공모자의 실행에 영향을 미친 공모자의 경우에는, 범행을 저지하기 위하여 적극적으로 노력하는 등 실행에 미친 영향력을 제거하지 않는 한 공모관계에서 이탈되었다고 할 수 없다. 甲은 21세로서 이 사건 강도상해의 범행 전날 밤 11시경에 14세 또는 15세의 공동피고인 乙, 丙, 丁과 강도 모의를 하였는데 이때 甲이 삽을 들고 사람을 때리는 시늉을 하는 등 주도적으로 그 모의를 하였고, 강도 대상을 물색하다가 乙, 丙이 피해자 A를 발견하고 쫓아가자 甲은 "어?"라고만 하고 위 丁에게 따라가라고 한 후 자신은 비대한 체격 때문에 위 乙, 丙을 뒤따라가지 못하고 범행현장에서 200m 정도 떨어진 곳에 앉아 있게 되었으며, 결국 위 乙, 丙은 A를 쫓아가 폭행하여 항거불능케 한 다음 A의 뒷주머니에서 지갑을 강취하고 A에게 약 7주간의 치료를 요하는 우측 무릎뼈골절 등의 상해를 입혔다. 그렇다면 피고인은 乙, 丙이 강도상해죄의 실행에 착수하기까지 범행을 만류하는 등으로 그 공모관계에서 이탈하였다고 볼 수도 없으므로 강도상해죄의 공동정범으로서의 죄책을 면할 수 없다. [경찰채용 10·16 2차 / 경찰간부 13·16 / 경찰승진 14·15·16 / 국가9급 09·12·15·17 / 국가7급 10·11·14·16 / 법원9급 05·13·16 / 법원행시 10 / 사시 13·14 / 변호사시험 14·15]

2 대법원 2010.9.9, 2010도6924

주도적으로 참여한 공모자가 공모관계에서 이탈하여 공동정범으로서 책임을 지지 않기 위한 요건

甲이 乙과 공모하여 가출 청소년 丙(여, 16세)에게 낙태수술비를 벌도록 해 주겠다고 유인하였고, 乙로 하여금 丙의 성매매 홍보용 나체사진을 찍도록 하였으며, 丙이 중도에 약속을 어길 경우 민형사상 책임을 진다는 각서를 작성하도록 한 후, 자신이 별건으로 체포되어 구치소에 수감 중인 동안 丙이 乙의 관리 아래 12회에 걸쳐 불특정 다수 남성의 성매수 행위의 상대방이 된 대가로 받은 돈을 丙, 乙 및 甲의 처 등이 나누어 사용한 경우, 丙의 성매매 기간 동안 甲이 수감되어 있었다 하더라도 위 甲은 乙과 함께 미성년자유인죄, 구 청소년의 성보호에 관한 법률 위반죄의 책임을 진다고 한 것은 정당하다. [국가9급 20 / 국가7급 20 / 변호사시험 13]

3 대법원 2011.12.22, 2011도12927

소말리아 해적 사건 중 '인간방패' 사용 관련 해상강도살인미수의 공모관계로부터의 이탈 부정

해적들 사이에는 해군이 다시 구출작전에 나설 경우 선원들을 인간방패로 사용하는 것에 관하여 사전 공모가 있었고, 해군의 총격이 있는 상황에서 선원들을 윙브리지로 내몰 경우 선원들이 사망할 수 있다는 점을 당연히 예견하고 나아가 이를 용인하였다고 할 것이므로 살인의 미필적 고의 또한 인정되며, 나아가 선원들을 윙브리지로 내몰았을 때 살해행위의 실행에 착수한 것으로 판단되고, 위와 같은 행위는 사전 공모에 따른 것으로서 피고인 2, 피고인 3 및 피고인 4가 당시 총을 버리고 도망갔다고 하더라도 그것만으로는 공모관계에서 이탈한 것으로 볼 수 없다. [경찰간부 20]

공동가공의 실행으로 볼 수 있는 사례

1 대법원 1961.11.9, 4294형상374
공범자가 야간에 창고에 침입하여 천막을 설취하고 피고인은 그것을 '운반하여 양여 또는 보관'하였다면 야간주거침입절도죄의 공동정범이 성립한다.

2 대법원 1984.6.12, 84도780
구성요건의 일부를 공동실행한 공동정범 사례
피고인과 공소외 甲이 공모하여 甲이 피해자를 강간하고 있는 동안 동 피해자가 반항하지 못하도록 그의 입을 손으로 틀어막고 주먹으로 얼굴을 2회 때렸다면 피고인은 강간죄의 공동정범의 죄책을 면할 수 없다.

3 대법원 1986.1.21, 85도2411
공범들과 함께 강도범행 후 신고를 막기 위하여 피해자를 옆방으로 끌고 가 강간한 때에 피고인은 자녀들을 감시하고 있었다면 강도강간죄의 공동정범이다. [법원승진 12 / 법원행시 12]

4 대법원 1987.10.13, 87도1240
두목이 전부 죽이라는 고함을 친 사건
부하들이 흉기를 들고 싸움을 하고 있는 도중에 폭력단체의 두목급 수괴의 지위에 있는 자가 그 현장에 모습을 나타내고 더욱이나 부하들이 흉기들을 소지하고 있어 살상의 결과를 초래할 것을 예견하면서도 전부 죽이라는 고함을 친 행위는 부하들의 행위에 큰 영향을 미치는 것으로서 이로써 위 싸움에 가세한 것이라고 보지 아니할 수 없고, 나아가 부하들이 칼, 야구방망이 등으로 피해자들을 난타, 난자하여 사망케 한 것이라면 살인죄의 공동정범으로서의 죄책을 면할 수 없다. [경찰승진 16 / 국가9급 09]

5 대법원 1994.8.23, 94도1484
안수기도에 참여하여 목사가 안수기도의 방법으로 폭행을 함에 있어서 신도 甲이 시종일관 목사의 폭행행위를 보조하였을 뿐만 아니라 더 나아가 스스로 피해자를 폭행하기도 하였다면, 甲은 목사의 폭행행위를 인식하고서도 이를 묵인함으로써 폭행행위에 관하여 묵시적으로 의사가 상통하였고 나아가 그 행위에 공동가공한 것이다(폭행치사). [국가9급 11]

6 대법원 1995.9.29, 95도803
허위작성된 유가증권을 피교부자가 그것을 유통하게 한다는 사실을 인식하고 교부한 때에는 허위작성유가증권행사죄에 해당하고, 행사할 의사가 분명한 자에게 교부하여 그가 이를 행사한 때에는 허위작성유가증권행사죄의 공동정범이 성립한다.

7 대법원 2007.6.28, 2006도4356
피고인 甲, 戊가 피고인 乙, 丙, 丁과 변호사법에 위반하는 법률사무 취급행위를 하기로 공모한 후 그들에게 자신들의 법무사 사무실 일부와 법무사 명의를 사용토록 하고 그 대가로 그들로부터 수임한 사건당 30만 원 내지 40만 원 또는 수익금 중 30%를 분배받았다면 甲과 戊는 변호사법 제109조 제1호 위반죄의 공동정범으로 처벌된다.

8 대법원 2009.12.10, 2008도6953
증권거래법상 미공개 내부정보이용 주식거래죄의 1차 정보수령자와 2차 정보수령자 사례

'1차 정보수령자'가 1차로 정보를 받은 단계에서 그 정보를 거래에 막바로 이용하는 행위에 '2차 정보수령자'가 공동 가담한 경우, '2차 정보수령자'를 구 증권거래법 제188조의2 제1항 위반죄의 공범으로 처벌할 수 있다.

9 대법원 2010.1.28, 2009도10139
위조된 부동산임대차계약서를 사용한 사기 사건에서 임대인 행세를 해준 사례
공동피고인이 위조된 부동산임대차계약서를 담보로 제공하고 피해자로부터 돈을 빌려 편취할 것을 계획하면서 피해자가 계약서상의 임대인에게 전화를 하여 확인할 것에 대비하여 피고인에게 미리 전화를 하여 임대인 행세를 하여달라고 부탁하였고, 피고인은 위와 같은 사정을 잘 알면서도 이를 승낙하여 실제로 피해자의 남편으로부터 전화를 받자 자신이 실제의 임대인인 것처럼 행세하여 전세금액 등을 확인함으로써 위조사문서의 행사에 관하여 역할분담을 한 경우, 피고인의 행위는 위조사문서행사에 있어서 기능적 행위지배의 공동정범 요건을 갖추었다고 할 것이다. [경찰채용 12 2차]

5. 공모공동정범

> **판례연구** **공동의사주체설에 의하여 공모공동정범을 인정한 사례 : 부산 미문화원 방화 사건**
>
> 대법원 1983.3.8, 82도3248
> 공모공동정범은 공동범행의 인식으로 범죄를 실행하는 것으로서 공동의사주체로서의 집단 전체의 하나의 범죄행위의 실행이 있음으로써 성립하고 공모자 모두가 그 실행행위를 분담하여 이를 실행할 필요가 없으므로, 공모에 의하여 수인 간에 공동의사주체가 형성되어 범죄의 실행행위가 있으면 공동의사주체로서 정범의 죄책을 면할 수 없다. [경찰승진 13 / 법원9급 05]
>
> 유사 딱지어음을 발행하여 매매한 이상 사기의 실행행위에 직접 관여하지 않더라도 공동정범으로서의 책임을 면하지 못하고, 딱지어음의 전전유통경로나 중간 소지인들 및 그 기망방법을 구체적으로 몰랐다고 하더라도 공모관계를 부정할 수는 없다(대법원 1976.12.14, 76도3375).

> **판례연구** **간접정범유사설에 의하여 공모공동정범을 인정한 사례**
>
> ### 1 대법원 1980.5.20, 80도306
> 공모공동정범에 있어서 공모는 2인 이상의 자가 협력해서 공동의 범의를 실현시키는 의사에 대한 연락을 말하는 것으로서 실행행위를 담당하지 아니하는 공모자에게 그 실행자를 통하여 자기의 범죄를 실현시킨다는 주관적 의사가 있어야 함은 물론이나, 반드시 배후에서 범죄를 기획하고 그 실행행위를 부하 또는 자기가 지배할 수 있는 사람에게 실행하게 하는 실질상의 괴수의 위치에 있어야 할 필요는 없다.
>
> ### 2 대법원 1988.4.12, 87도2368
> 공모에 참여한 사실이 인정되는 이상 직접 실행행위에 관여하지 않았다 하더라도 다른 사람의 행위를 자기의사의 수단으로 하여 범죄를 하였다는 점에서 자기의 직접 실행행위를 분담한 경우와 형사책임의 성립에 차이를 둘 이유가 없다.

기능적 행위지배설에 의한 제한적 긍정설의 판례 중 공모공동정범을 인정한 사례

1 대법원 2007.4.26, 2007도428

공모공동정범의 성립범위를 예견가능성이 인정되는 범위로 확장한 사례 : 건설노조 상급단체 간부 사례
공모자들이 그 공모한 범행을 수행하거나 목적 달성을 위해 나아가는 도중에 부수적인 다른 범죄가
파생되리라고 예상하거나 충분히 예상할 수 있는데도 그러한 가능성을 외면한 채 이를 방지하기에 족한
합리적인 조치를 취하지 아니하고 공모한 범행으로 나아간 경우에는 비록 그 파생적인 범행 하나하나에
대하여 개별적인 의사의 연락이 없었다 하더라도 당초의 공모자들 사이에 그 범행 전부에 대하여
암묵적인 공모는 물론 그에 대한 기능적 행위지배가 존재한다고 보아야 할 것이어서 예상되던 범행들에
대한 공동정범이 성립한다. [변호사시험 15]

2 대법원 2009.2.12, 2008도6551

주가조작 범행과 관련하여 자기 명의의 증권계좌와 자금을 교부하고 투자자 등을 유치·관리한 자 사례
피고인들은 미필적으로나마 공소외인 등의 주가조작 범행을 인식하면서 그 범행에 공동가공하려는
의사를 가지고 투자자 유치 등의 행위를 분담함으로써 기능적 행위지배를 통한 범죄실행에 나아갔다고
할 것이다. … 타인의 시세조종을 통한 주가조작 범행과 관련하여 자기 명의의 증권계좌와 자금을
교부하였을 뿐만 아니라 적극적으로 투자자 등을 유치·관리한 사람에게는 증권거래법 제188조의4
위반죄의 공모공동정범의 죄책이 인정된다. [국가9급 10]

3 대법원 2010.7.15, 2010도3544

건설 관련 회사의 유일한 지배자에게 뇌물공여죄의 공모공동정범을 인정한 사례
건설 관련 회사의 유일한 지배자가 회사 대표의 지위에서 장기간에 걸쳐 건설공사 현장소장들의 뇌물공여행
위를 보고받고 이를 확인·결재하는 등의 방법으로 위 행위에 관여한 경우, 비록 사전에 구체적인 대상
및 액수를 정하여 뇌물공여를 지시하지 아니하였다고 하더라도 그 핵심적 경과를 계획적으로 조종하거나
촉진하는 등으로 기능적 행위지배를 하였다고 보아 공모공동정범의 죄책을 인정하여야 한다. [경찰채용
14 1차 / 경찰채용 12 2차 / 경찰간부 18 / 법원행시 14]

4 대법원 2011.1.27, 2010도11030

금속노조 쌍용차지부장 자동차공장 점거파업 중 폭처법위반죄의 공모공동정범 사례
전국금속노동조합 쌍용자동차 지부의 자동차공장 점거파업과 관련하여, 위 노동조합 지부장 등 피고인
들이 위 점거파업 과정에서 벌어진 노조원들의 폭행, 체포, 상해 등의 범죄행위들 중 일부에 대하여
구체적으로 모의하거나 이를 직접 분담하여 실행한 바가 없었더라도, 각 범행에 대한 암묵적인 공모는
물론 그 범행들에 대한 본질적 기여를 통한 기능적 행위지배를 한 자에 해당하므로, 이들에 대해서는
폭처법위반죄의 공동정범이 성립한다.

5 대법원 2011.9.29, 2009도2821; 2008.6.26, 2007도6188; 1992.8.18, 92도1244

집시법상 시위 '주최자'와 미신고 옥외집회 또는 시위 주최행위에 대한 공모공동정범 성립 여부
미신고 옥외집회 또는 시위의 주최에 관하여 공동가공의 의사와 공동의사에 기한 기능적 행위지배를
통하여 그 실행을 공모한 자는 구체적 실행행위에 직접 관여하지 아니하였더라도 다른 공범자의 미신고
옥외집회·시위의 주최행위에 대하여 공모공동정범으로서의 죄책을 면할 수 없다. [경찰채용 15 2차 / 경찰승진
13]

6 대법원 2011.12.22, 2011도12927

소말리아 해적 사건 중 군인들에 대한 총격 관련 해상강도살인미수의 공모공동정범 사례

해적들의 공모내용에 군인들에 대한 총격행위도 포함되어 있고 이에 따라 피고인 2가 해군 리브보트를 향하여 조준사격을 하여 군인 3명이 총상을 입었으며, 피고인 3은 해적들 내부의 업무분담에 따라 소총을 소지한 채 외부 경계활동에도 가담하였음을 알 수 있으므로, 피고인이 이 부분 범행에 관한 실행행위를 직접 분담하지 아니하였다고 하더라도 이에 대한 본질적 기여를 통하여 위 해상강도살인행위에 대하여 기능적 행위지배를 한 공모자라고 보아야 할 것이므로, 위 해상강도살인미수에 대하여 공동정범의 죄책을 부담한다고 보아야 한다.

판례연구   **기능적 행위지배설에 의한 제한적 긍정설의 판례 중 공모공동정범을 인정하지 않은 사례**

1 대법원 2009.6.23, 2009도2994
전국노점상총연합회가 주관한 도로행진시위에 참가한 단순가담자 사례 : 공모공동정범 부정
전국노점상총연합회가 주관한 도로행진시위에 참가한 피고인이 다른 시위 참가자들과 함께 경찰관 등에 대한 특수공무집행방해 행위를 하던 중 체포된 경우, 단순가담자인 피고인은 그가 체포된 이후에 이루어진 다른 시위참가자들의 범행에 대하여는 본질적 기여를 통한 기능적 행위지배가 존재한다고 보기 어려워 공모공동정범의 죄책을 인정할 수 없다. [경찰승진 14 / 국가9급 10]

2 대법원 2011.11.10, 2010도11631
게임산업진흥법상 청소년게임제공업의 영업활동에 지배적으로 관여하지 아니한 자 사례
게임산업진흥법에서 '청소년게임제공업 등을 영위하고자 하는 자'란 청소년게임제공업 등을 영위함으로 인한 권리의무의 귀속주체가 되는 자(이하 '영업자')를 의미하므로, 영업활동에 지배적으로 관여하지 아니한 채 단순히 영업자의 직원으로 일하거나 영업을 위하여 보조한 경우, 또는 영업자에게 영업장소 등을 임대하고 사용대가를 받은 경우 등에는(게임기들을 설치할 장소와 이용할 전력을 제공하고 대가를 받음) 본질적인 기여를 통한 기능적 행위지배를 인정하기 어려워, 이들을 방조범으로 처벌할 수 있는지는 별론으로 하고 공모공동정범으로 처벌할 수는 없다.

3 대법원 2012.1.27, 2011도626
피고인이 공소외 4 회사에서 프로그램의 유지보수업무를 처리하였다는 사정만으로는 ○○마을프로그램의 개작권 침해에 관한 공모에 가담하였다거나 그 개작 과정을 지배 내지 장악하는 등의 영향력을 미쳤다고 단정할 수 없다.

판례연구   **기타 공모공동정범을 긍정한 사례**

1 대법원 1980.5.27, 80도907
피고인이 위조행위 자체에는 관여한 바 없다고 하더라도 타인에게 위조를 부탁하여 의사연락이 되고 그로 하여금 범행을 하게 하였다면 공모공동정범에 의한 공문서위조죄가 성립된다.

2 대법원 1985.8.20, 83도2575; 1983.2.8, 81도2344; 1980.5.27, 80도907
허위유가증권(先선하증권)작성죄의 공모공동정범 및 허위작성유가증권행사죄와 사기죄의 공동정범 사례
① 유가증권의 허위작성행위 자체에는 직접 관여한 바 없다 하더라도 타인에게 그 작성을 부탁하여 의사연락이 되고 그 타인으로 하여금 범행을 하게 하였다면 공모공동정범에 의한 허위작성죄가 성립한다. 또한 ② 허위의 선하증권을 발행하여 타인에게 교부하여 줌으로써 그 타인으로 하여금 이를 행사하여 그 선하증권상의 물품대금을 지급받게 한 소위는 허위작성유가증권행사죄와 사기죄의 공동정범을 인정하기에 충분하다.

3 대법원 1991.10.11, 91도1755

상해의 공모자 중 일부가 피해자를 상해하여 사망케 한 경우, 상해치사죄의 공동정범이 성립한다는 사례

피고인이 여러 공범들과 피해자를 상해하기로 공모하고, 피고인 등은 상피고인의 사무실에서 대기하고, 실행행위를 분담한 공모자 일부가 사건현장에 가서 위 피해자를 상해하여 사망케 하였다면 피고인은 상해치사범죄의 공동정범에 해당한다.

4 대법원 1992.3.31, 91도3279

시위에 참여하여 돌멩이를 던지는 등의 행위로 다른 사람의 화염병 투척을 용이하게 한 사례

화염병과 돌멩이들을 진압 경찰관을 향하여 무차별 던지는 시위 현장에 피고인도 이에 적극 참여하여 돌멩이를 던지는 등의 행위로 다른 사람의 화염병 투척을 용이하게 하고 이로 인하여 타인의 생명·신체에 대한 위험을 발생케 하였다면 비록 피고인 자신이 직접 화염병 투척의 행위는 하지 아니하였다 하더라도 그 화염병 투척(사용)의 공동정범으로서의 죄책을 면할 수는 없는 것이다.

5 대법원 1996.12.10, 96도2529

범죄공모 후 범행장소에 직접 가지 않은 자에게 폭처법위반죄의 공모공동정범을 인정한 사례

여러 사람이 폭력행위 등 처벌에 관한 법률 제2조 제1항에 열거된 죄를 범하기로 공모한 다음 그중 2인 이상이 범행장소에서 범죄를 실행한 경우에는 범행장소에 가지 아니한 자도 같은 법 제2조 제2항에 규정된 죄의 공모공동정범으로 처벌할 수 있다. [법원행시 06]

6 대법원 1998.7.28, 98도1395

변사체검시방해죄의 공모공동정범으로 처단한 사례

한총련 의장인 피고인이 주도한 한총련 중앙상임위원회에서 경찰에 대한 요구조건을 내걸고 그와 같은 요구조건이 받아들여지지 아니하면 변사체검사에 응하지 아니한다는 방침을 결정하였는데, 피고인에 대한 보고를 하지 아니한 채 한총련 산하 남총련 의장 등이 위 방침에 따라 변사체검시방해행위를 한 경우, 피고인은 변사체검시방해죄의 공모공동정범의 죄책을 진다.

7 대법원 2013.8.23, 2013도5080; 1997.9.12, 97도1706

사기의 공모공동정범이 기망방법을 구체적으로 몰랐던 경우 공동정범을 인정한 사례

공모가 이루어진 이상 실행행위에 직접 관여하지 아니한 사람이라도 다른 공범자의 행위에 대하여 공동정범으로서의 형사책임을 진다. 따라서 사기의 공모공동정범이 그 기망방법을 구체적으로 몰랐다고 하더라도 공모관계를 부정할 수 없다. [경찰채용 14 1차 / 경찰채용 15 2차 / 경찰승진(경위) 11 / 사시 16]

8 대법원 2018.4.19, 2017도14322 전원합의체

국가정보원 사이버팀의 인터넷 댓글 게시 등 사건

다수의견 국가정보원의 원장 피고인 甲, 3차장 피고인 乙, 심리전단장 피고인 丙이 심리전단 산하 사이버팀 직원들과 공모하여 인터넷 게시글과 댓글 작성, 찬반클릭, 트윗과 리트윗 행위 등의 사이버 활동을 함으로써 국가정보원 직원의 직위를 이용하여 정치활동에 관여함과 동시에 제18대 대통령선거와 관련하여 공무원의 지위를 이용한 선거운동을 하였다고 하여 구 국가정보원법 위반 및 구 공직선거법 위반으로 기소된 사안에서, 국가정보원의 정보기관으로서의 조직, 역량과 상명하복에 의한 업무수행 체계, 사이버팀 직원들이 범행을 수행한 구체적인 방법과 모습, 피고인들이 각각 국가정보원의 원장과 3차장, 심리전단장으로서 사이버팀을 지휘·감독하던 지위와 역할, 사이버 활동이 이루어질 당시 피고인 들이 회의석상에서 직원들에게 한 발언 및 지시 내용 등 제반 사정을 종합하면, 사이버팀 직원들이 한 사이버 활동 중 일부는 구 국가정보원법상 국가정보원 직원의 직위를 이용한 정치활동 관여 행위 및 구 공직선거법상 공무원의 지위를 이용한 선거운동에 해당하며, 이러한 활동을 구 국가정보원법에

따른 직무범위 내의 정당한 행위로 볼 수 없고, 피고인들이 실행행위자인 사이버팀 직원들과 순차 공모하여 범행에 대한 기능적 행위지배를 함으로써 범행에 가담하였다는 등의 이유로, 피고인들에게 구 국가정보원법 위반죄와 구 공직선거법 위반죄를 인정한 원심판단은 정당하다. [국가7급 18]

03 공동정범과 착오

판례연구 **공동정범의 구체적 사실의 착오**

대법원 2010.10.14, 2010도387
특경법 제5조에 정한 직무 관련 '수재'의 공모공동정범
특가법 제3조와 특경법 제7조의 알선수재 및 변호사법 제90조 제2호의 법률사건에 관한 화해·청탁 알선뿐 아니라 특경법 제5조의 수재의 공모공동정범에서, 공범자들 사이에 그 알선 등과 관련하여 금품이나 이익을 수수하기로 명시적 또는 암묵적인 공모관계가 성립하고 그 공모 내용에 따라 공범자 중 1인이 금품이나 이익을 수수하였다면, 사전에 특정 금액 이하로만 받기로 약정하였다든가 수수한 금액이 공모 과정에서 도저히 예상할 수 없는 고액이라는 등과 같은 특별한 사정이 없는 한, 그 수수한 금품이나 이익 전부에 관하여 위 각 죄의 공모공동정범이 성립하는 것이다. [변호사시험 13]

사례연구 **강도강간 질적 초과 사례**

甲·乙·丙은 새벽 무렵 丁(여)의 집 안방에 들어가 乙과 丙이 丁에게 과도를 들이대고 다시 乙이 전화선으로 丁의 손발을 묶고 乙이 주먹과 발로 丁을 수회 때려 반항을 억압하였다. 곧이어 乙은 장롱 등을 뒤져 빼앗을 물건을 찾기 시작하였다. 한편, 그 시간 丙은 丁의 머리 위에서 丁을 붙잡고 甲은 丁을 강간하였다. 51만 원 정도의 금품을 챙긴 乙이 돌아서 보니 甲은 강간을 하고 있어서 빨리 가자고 재촉하고 다 같이 그 집을 나왔다. 甲·乙·丙의 형사책임은?

　解決　판례는 이 사건에서는 乙에게 강도강간의 공모사실을 인정할 증거가 없다고 하지 않을 수 없다고 판시하고 있다(대법원 1988.9.13, 88도1114). [국가9급 13] 이에 甲과 丙은 강도강간죄의 공동정범, 乙은 강도죄의 공동정범(엄밀히는 특수강도죄)이 된다.

판례연구 **결과적 가중범의 공동정범에 관한 원칙적 판례 : 예견가능성 ○**

1 대법원 1984.2.14, 83도3120
공범자 중 수인이 강간의 기회에 상해의 결과를 야기하였다면, 다른 공범자가 그 결과의 인식이 없었더라도 강간치상죄의 공동정범의 책임이 없다고 할 수 없다. [국가7급 10]

2 대법원 1984.10.10, 84도1887
특수절도 범인들이 범행 후 다른 길로 도주하다가 그중 1인이 폭행하여 상해 : 강도상해죄의 공동정범
소매치기할 것을 공모하고 만일에 대비하여 각 식칼 1자루씩을 나누어 가진 후 합동하여 피해자 X의 손지갑을 절취하였으나 그 범행이 발각되자 두 갈래로 나누어 도주 중 원심 상피고인 乙은 피해자

Y와 Z의, 피고인 甲과 丙은 피해자 A와 B의 각 추격을 받게 되자 체포를 면탈할 목적으로 각 소지 중인 식칼을 추격자들을 향하여 휘두르고 상피고인 乙은 길에 있던 벽돌을 Y에게 던져 상해를 가한 경우, 피고인 甲이 공범자인 乙·丙과 공모합동하여 소매치기를 하고 발각되어 도망할 때에 乙이 그를 추격하는 피해자 Y에게 체포되지 아니하려고 위와 같이 폭행할 것을 '전연 예기치 못한 것으로는 볼 수 없다 할 것'이므로, 그 폭행의 결과로 발생한 상해에 관하여 피고인 甲에 대하여도 형법 제337조의 강도상해죄가 성립한다고 판단한 조치는 정당하다고 할 것이다. [국가7급 08·10]

→ 위 판례는 상해에 대한 예견가능성이 있다면 – 강도치상이 아니라 – 강도상해의 공동정범으로 보고 있다. 그 이유는 아마도 제337조에서 강도상해와 강도치상죄의 법정형이 동일하게 규정되어 있기 때문인 것으로 추론해볼 수 있다. 이러한 판례의 입장은 이론적으로 문제가 있다. 이와는 달리, 강도를 공모한 공범자 중 1인이 살인을 한 경우에는 다른 공범자는 강도치사죄가 성립한다는 판례(대법원 1990.11.27, 90도2262)도 있는데, 이는 제338 조에서 강도살인과 강도치사죄의 법정형이 서로 다르게 규정되어 있기 때문일 것이다.

3 대법원 1990.6.26, 90도765
결과적 가중범의 공동정범 : 예견가능성 있으면 성립하나, 최소한 기본범죄에 대한 공동은 필요
① 특수공무방해치사상과 같은 이른바 부진정결과적가중범[57]은 예견가능한 결과를 예견하지 못한 경우뿐만 아니라 그 결과를 예견하거나 고의가 있는 경우까지도 포함하는 것이므로, 공무집행을 방해하는 집단행위의 과정에서 일부 집단원이 고의행위로 살상을 가한 경우에도 다른 집단원에게 그 사상의 결과가 예견가능한 것이었다면 다른 집단원도 그 결과에 대하여 특수공무방해치사상의 책임을 면할 수 없다. 그러나 ② 방화행위 자체에 공모가담한 바 없는 이상 방화치사상죄로 의율할 수는 없다고 할 것이다(판례라고 하여 결과적 가중범의 공동정범을 무제한적으로 성립시키는 것은 아니고, 최소한 기본범죄에 대한 공동을 전제조건으로 요구하고 있는 것임). [국가7급 10 / 법원9급 22]

4 대법원 1990.11.27, 90도2262
등산용 칼을 이용하여 노상강도를 하기로 공모한 공범자 중 1인이 강도살인행위를 저지른 경우
피고인들이 등산용 칼을 이용하여 노상강도를 하기로 공모한 사건에서, 범행 당시 차안에서 망을 보고 있던 피고인 甲이나 등산용 칼을 휴대한 피고인 乙과 함께 차에서 내려 피해자로부터 금품을 강취하려 했던 피고인 丙으로서는 그때 우연히 현장을 목격하게 된 다른 피해자를 피고인 乙이 소지 중인 등산용 칼로 살해하여 강도살인행위에 이를 것을 전혀 예상하지 못하였다고 할 수 없으므로 피고인들 모두는 강도치사죄로 의율처단함이 옳다(乙 : 강도살인, 甲·丙 : 강도치사). [경찰간부 11]

5 대법원 1991.11.12, 91도2156
수인이 합동하여 강도를 한 경우 그중 1인이 사람을 살해한 경우 나머지 공범자의 죄책
수인이 합동하여 강도를 한 경우 그중 1인이 사람을 살해하면 그 범인은 강도살인죄의 기수·미수의 죄책을 지고 ① 다른 공범자도 살해행위에 관한 고의의 공동이 있었으면 그 또한 강도살인죄의 기수 ·미수의 죄책을 지는 것이 당연하나, ② 고의의 공동이 없었으면 피해자가 사망한 경우에는 강도치사의, ③ 강도살인이 미수에 그치고 피해자가 상해만 입은 경우에는 강도상해 또는 치상의, ④ 피해자가 아무런 상해를 입지 아니한 경우에는 강도의 죄책만 진다고 보아야 한다. [경찰간부 16 / 국가9급 12]

6 대법원 1991.11.26, 91도2267
합동절도를 하는 중 1인이 체포면탈 목적의 폭행을 가해 상처를 입힌 경우 나머지 공범자의 죄책

---

57 이 판례에서 특수공무방해치사상죄를 '부진정'결과적 가중범이라고 표현하고 있는데 이는 부정확한 것이다. 즉 판례가 −특수공무방해치상죄는 부진정결과적 가중범임을 인정한 것이나− 특수공무방해치사죄까지 부진정결과적 가중범으로 판시한 것은 아니라고 보아야 하며, 이는 대부분의 학자들도 지적하는 바이다.

피고인들 사이에 사전에 피해자를 밀어 넘어뜨려서 반항을 억압하기로 하는 구체적인 의사연락이 없었다고 하여도 합동하여 절도범행을 하는 도중에 피고인이 체포를 면탈할 목적으로 피해자에게 폭행을 가하여 상처를 입혔고 그 폭행의 정도가 피해자의 추적을 억압할 정도의 것이었던 이상, 피고인들은 강도상해의 죄책을 면할 수 없는 것이다. [법원9급 07(상)/법원행시 09]

7 대법원 1998.4.14, 98도356
강도합동범 중 1인이 피해자를 상해한 경우 상해까지는 공모하지 아니한 다른 공범자의 죄책
강도합동범 중 1인이 피고인과 공모한 대로 과도를 들고 강도를 하기 위하여 피해자의 거소를 들어가 피해자를 향하여 칼을 휘두른 이상 이미 강도의 실행행위에 착수한 것임이 명백하고, 그가 피해자들을 과도로 찔러 상해를 가하였다면 대문 밖에서 망을 본 공범인 피고인이 구체적으로 상해를 가할 것까지 공모하지 않았다 하더라도 피고인은 상해의 결과에 대하여도 공범으로서의 책임(강도상해죄의 공동정범)을 면할 수 없다.

8 대법원 2000.5.12, 2000도745; 1993.8.24, 93도1674; 1978.1.17, 77도2193
수인이 상해의 범의로 범행 중 한 사람이 살인 또는 상해치사한 경우 나머지 공범자의 죄책
결과적 가중범인 상해치사죄의 공동정범은 폭행 기타의 신체침해 행위를 공동으로 할 의사가 있으면 성립되고 결과를 공동으로 할 의사는 필요 없으며, [국가9급 08/국가7급 10] 여러 사람이 상해의 범의로 범행 중 한 사람이 피해자를 살해하거나 피해자에게 중한 상해를 가하여 사망에 이르게 된 경우 나머지 사람들은 상해나 폭행에 대해서는 인식이 있었다고 할 것이므로 사망의 결과를 예견할 수 없는 때가 아닌 한 상해치사의 공동정범의 죄책을 면할 수 없다. [경찰채용 16 1차/경찰채용 16 2차/경찰간부 12·15/경찰승진 10·15/국가9급 08·13·14/국가7급 07·10·13/법원9급 14·16/법원행시 10·14/사시 10/변호사시험 15]

판례연구 **공동정범의 실행의 양적 초과에 관한 예외적 판례 : 예견가능성 ✕**

1 대법원 1982.7.13, 82도1352
피해자가 절도범 중 1인을 먼저 체포하여 동네 사람들에게 인계한 후 다른 공범자에게 상해를 입은 사례
피해자 P는 피고인 甲 및 분리확정된 상피고인 乙이 자기 집에서 물건을 훔쳐 나왔다는 연락을 받고 도주로를 따라 추격하자, 범인들이 이를 보고 도주하므로 1km 가량 추격하여 피고인 甲을 체포하여 같이 추격하여 온 동네 사람들에게 인계하고, 1km를 더 추격하여 乙을 체포하여 가지고 간 나무몽둥이로 동인을 1회 구타하자 동인이 몽둥이를 빼앗아 피해자 P를 구타, 상해를 가하고 도주하였다면, 乙의 행위는 준강도상해죄에 해당되고, 피고인 甲으로서는 사전에 乙과의 사이에 상의한 바 없었음은 물론 체포현장에 있어서도 피고인 甲과의 사이에 전혀 의사연락 없이 위 乙이 피해자 P로부터 그가 가지고 간 몽둥이로 구타당하자, 돌연 이를 빼앗아 피해자를 구타하여 상해를 가한 것으로서 피고인이 이를 예기하지 못하였다고 할 것이므로 동 구타상해행위를 공모 또는 예기하지 못한 피고인 甲에게까지 준강도상해의 죄책을 문의할 수 없다고 해석함이 타당하다.

2 대법원 1984.2.28, 83도3321
절도를 위해 담배가게 앞에서 망을 보다가 도주한 후 다른 공범자가 상해를 입힌 사례
망을 보다가 도주한 후에 다른 절도의 공범자(乙)가 상해를 가한 때에는 도망간 자(甲)에 대하여는 예견가능성이 인정되지 않는다. ➔ 乙은 강도상해죄, 甲은 특수절도(미수)죄 [법원9급 15]

04 공동정범의 처벌

05 동시범 – 동시범의 특례

제19조【독립행위의 경합】동시 또는 이시의 독립행위가 경합한 경우에 그 결과발생의 원인된 행위가 판명되지 아니한 때에는 각 행위를 미수범으로 처벌한다. [법원행시 05]

제263조【동시범】독립행위가 경합하여 상해의 결과를 발생하게 한 경우에 있어서 원인된 행위가 판명되지 아니한 때에는 공동정범의 예에 의한다. [경찰채용 10 2차 / 국가9급 12 / 법원9급 07(상) / 법원9급 14 / 법원행시 05]

판례연구 **공동가공의 의사가 있는 경우 동시범의 성부 : 소극**

대법원 1985.12.10, 85도1892
2인 이상이 상호 의사의 연락 없이 동시에 범죄구성요건에 해당하는 행위를 한 경우 그 결과 발생의 원인이 된 행위가 분명하지 아니한 때에는 각 행위자를 미수범으로 처벌하고(독립행위의 경합), 이 독립행위가 경합하여 특히 상해의 결과를 발생한 경우에는 공동정범의 예에 따라 처단(동시범)하는 것이므로, 공범관계에 있어 공동가공의 의사가 있었다면 이에는 동시범 등의 문제는 제기될 여지가 없다. [경찰채용 10 2차 / 국가7급 09]

판례연구 **제263조의 동시범의 특례가 적용된 사례**

1 대법원 1981.3.10, 80도3321
상해치사죄에도 제263조가 적용된다는 사례
피고인 甲은 술에 취해 있던 피해자 丙의 어깨를 주먹으로 1회 때리고 쇠스랑 자루로 머리를 2회 강타하고 가슴을 1회 밀어 땅에 넘어뜨렸고, 그 후 3시간 가량 지나서 피고인 乙이 피해자의 멱살을 잡아 평상에 앉혀 놓고 피해자의 얼굴을 2회 때리고 손으로 2·3회 피해자의 가슴을 밀어 땅에 넘어뜨린 다음, 나일론 슬리퍼로 피해자의 얼굴을 수회 때렸는데 위와 같은 두 사람의 異時的인 상해행위로 인하여 피해자가 그로부터 6일 후에 뇌출혈을 일으켜 사망하기에 이르렀다는 것인 바, 피고인의 소위에 대하여 형법 제263조의 공동정범으로 의율처단한 원심의 조치는 정당하다. [국가7급 09]

2 대법원 2000.7.28, 2000도2466
독립된 상해행위나 폭행행위가 경합하여 피해자가 사망하고 그 사망의 원인이 밝혀지지 않은 경우의 죄책
시간적 차이가 있는 독립된 상해행위나 폭행행위가 경합하여 사망의 결과가 일어나고 그 사망의 원인된 행위가 판명되지 않은 경우에는 공동정범의 예에 의하여 처벌할 것이므로, 2시간 남짓한 시간적 간격을 두고 피고인이 두 번째의 가해행위인 이 사건 범행을 한 후 피해자가 사망하였고 그 사망의 원인을 알 수 없었다면 피고인을 폭행치사죄의 공동정범으로 본 것은 정당하다. [경찰간부 14·20 / 국가9급 12 / 국가7급 08 / 법원행시 08 / 사시 15]

판례연구 **제263조의 동시범의 특례가 적용되지 않은 사례**

1 광주고법 1961.2.20, 4293형공817
업무상 과실치사죄에 제263조의 동시범 특례는 적용되지 않고, 미수도 없으므로 무죄가 된다는 사례

이시(異時)의 독립행위가 경합하여 그 결과발생의 원인된 행위가 판명되지 아니한 경우, 업무상과실치사죄에 있어서는 미수범을 처벌하는 규정이 없으므로 형법 제19조를 적용할 바 못되고 상해죄와 같이 동시범처벌에 관한 특례도 없어 결국 피고인 2, 3의 업무상과실치사의 점은 그 증명이 없음에 귀착되므로 형사소송법 제325조를 적용하여 각 무죄를 선고할 것이다.

2 대법원 1984.4.24, 84도372
강간치상죄와 동시범 규정 적용 가부(소극)
형법 제263조의 동시범은 상해와 폭행죄에 관한 특별규정으로서 동 규정은 그 보호법익을 달리하는 강간치상죄에는 적용할 수 없다. [경찰간부 14 / 국가9급 12 / 국가7급 10]

3 대법원 1984.5.15, 84도488
가해행위를 한 것 자체가 불분명한 자에 대한 상해죄의 동시범으로 의율 가부
상해죄에 있어서의 동시범은 두 사람 이상이 가해행위를 하여 상해의 결과를 가져올 경우에 그 상해가 어느 사람의 가해행위로 인한 것인지가 분명치 않다면 가해자 모두를 공동정범으로 본다는 것이므로 가해행위를 한 것 자체가 분명치 않은 사람에 대하여는 동시범으로 다스릴 수 없다. [경찰간부 14 / 국가7급 09 / 사시 13]

4 서울고법 1990.12.6, 90노3345
상해죄의 동시범 처벌에 관한 특례를 인정한 형법 제263조가 강간치상죄에 대하여도 적용되는지 여부
피고인이 공소외 甲 및 그로부터 강간당한 피해인 乙과 함께 이야기하던 중 乙과 단둘이 있게 되자 甲으로부터 당한 강간으로 항거불능의 상태에 있던 乙을 다시 강간함으로써 乙이 회음부 찰과상을 입게 되었다 하더라도, 피고인과 甲이 강간을 공모하였음을 인정할 만한 증거가 없고 위 상처가 누구의 강간행위로 인하여 생긴 것인지를 인정할 자료가 없다면 치상의 공소사실에 대하여는 그 증명이 없는 때에 해당하고, 강간치상죄에 대하여는 상해죄의 동시범 처벌에 관한 특례를 인정한 형법 제263조가 적용되지 아니하는 것이므로 피고인은 단지 강간죄로밖에 처벌할 수 없다.

5 대법원 2007.10.26, 2005도8822
선행 교통사고와 후행 교통사고 중 어느 쪽이 원인인지 분명하지 않은 경우
선행 교통사고와 후행 교통사고 중 어느 쪽이 원인이 되어 피해자가 사망에 이르게 되었는지 밝혀지지 않은 경우 후행 교통사고를 일으킨 사람의 과실과 피해자의 사망 사이에 인과관계가 인정되기 위해서는 후행 교통사고를 일으킨 사람이 주의의무를 게을리 하지 않았다면 피해자가 사망에 이르지 않았을 것이라는 사실이 증명되어야 하고, 그 증명책임은 검사에게 있다(무죄). [경찰승진 14 / 법원행시 11]

06 합동범

판례연구 **합동범이 성립한다는 사례**

1 대법원 1986.7.8, 86도843
甲이 乙과 타인의 재물을 절취하기로 공모한 후 야간에 乙은 도구를 이용하여 당구장 출입문의 자물쇠를 떼어내고 甲은 그 부근에서 망을 본 경우 특수절도죄의 합동범이 성립한다.

2 대법원 1988.9.13, 88도1197

甲이 그 소유의 차를 운전하여 乙·丙이 인근 주택에 들어가 훔쳐온 물건들을 다른 도시로 운반하여 매각하기로 한 후, 乙·丙의 절도 범행 현장에서 400m 정도 떨어진 곳에서 乙·丙의 절도범행을 지켜보면서 대기하고 있던 경우 특수절도죄의 합동범이 성립한다.

3 대법원 1996.3.22, 96도313

甲이 乙과 함께 절도하기로 공모하고 乙의 형인 A의 집에 같이 들어갔으나 乙이 물건을 훔치는 동안 A의 집 안 가까운 곳에 대기하고 있다가 절취품을 가지고 같이 집을 나온 경우 특수절도죄의 합동범이 성립한다. [법원행시 09]

4 대법원 2004.8.20, 2004도2870

강간범행에 대하여 공모·협동관계가 있다고 보아 성폭법상 특수강간죄가 성립한다는 사례
피고인 등이 비록 특정한 1명씩의 피해자만 강간하거나 강간하려고 하였다 하더라도, 사전의 모의에 따라 강간할 목적으로 심야에 인가에서 멀리 떨어져 있어 쉽게 도망할 수 없는 야산으로 피해자들을 유인한 다음 곧바로 암묵적인 합의에 따라 각자 마음에 드는 피해자들을 데리고 불과 100m 이내의 거리에 있는 곳으로 흩어져 동시 또는 순차적으로 피해자들을 각각 강간하였다면, 그 각 강간의 실행행위는 시간적으로나 장소적으로 협동관계에 있었다고 보아야 할 것이므로, 피해자 3명 모두에 대한 합동범인 특수강간죄가 성립한다. [경찰채용 20 2차 / 변호사시험 13]

판례연구 **합동범이 성립하지 않는다는 사례**

대법원 2008.10.23, 2008도6080
특수절도죄의 합동범과 관련해서 합동실행의 시기는 점유 취득 이전에 함께 있어야 하므로, 공동피고인(乙)이 영산홍을 땅에서 완전히 캐낸 이후 비로소 피고인(甲)이 범행장소로 와서 공동피고인과 함께 그 영산홍을 승용차까지 운반한 경우, 甲의 행위가 다른 죄에 해당하는가는 별론으로 하고(장물운반죄의 죄책은 성립할 수 있음) 공동피고인과 합동하여 영산홍 절취행위를 한 것으로 볼 수는 없다(특수절도죄는 성립하지 않으며, 乙은 단순절도죄, 甲은 장물운반죄 성립). [경찰채용 11 1차 / 경찰승진 12 / 국가7급 10 / 변호사시험 13]

사례연구 **소위 삐끼 사례**

삐끼주점의 지배인인 甲은 피해자 A로부터 신용카드를 강취하고 신용카드의 비밀번호를 알아낸 후 현금자동지급기에서 인출한 돈을 삐끼주점의 분배관례에 따라 분배할 것을 전제로 하여 乙(삐끼), 丙(삐끼주점 업주) 및 丁(삐끼)과 甲은 삐끼주점 내에서 A를 계속 붙잡아 두면서 감시하는 동안 乙, 丙, 丁은 피해자의 위 신용카드를 이용하여 현금자동지급기에서 현금을 인출하기로 공모하였고, 그에 따라 乙, 丙, 丁이 1997.4.18. 04:08경 서울 강남구 삼성동 소재 엘지마트 편의점에서 합동하여 현금자동지급기에서 현금 4,730,000원을 절취하였다. 甲은 범행현장에 간 일이 없다. 현금 4,730,000원을 절취한 부분에 대한 甲, 乙, 丙, 丁의 죄책은?

해결 공동정범 이론을 형법 제331조 제2항 후단의 합동절도와 관련하여 살펴보면, 2인 이상의 범인이 합동절도의 범행을 공모한 후 1인의 범인만이 단독으로 절도의 실행행위를 한 경우에는 합동절도의 객관적 요건을 갖추지 못하여 합동절도가 성립할 여지가 없는 것이지만, ① 3인 이상의 범인이 합동절도의 범행을 공모한 후 ② 적어도 2인 이상의 범인이 범행 현장에서 시간적, 장소적으로 협동관계를 이루어 절도의 실행행위를 분담하여 절도 범행을 한 경우에는 ③ 공동정범의 일반이론(공모공동정범 긍정설)에 비추어 그 공모에는 참여하였으나 현장에서 절도의 실행행위를 직접

분담하지 아니한 다른 범인에 대하여도 그가 현장에서 절도 범행을 실행한 위 2인 이상의 범인의 행위를 자기 의사의 수단으로 하여 합동절도의 범행을 하였다고 평가할 수 있는 정범성의 표지를 갖추고 있다고 보여지는 한 ④ 그 다른 범인에 대하여 합동절도의 공동정범의 성립을 부정할 이유가 없다고 할 것이다(대법원 1998.5.21, 98도321 전원합의체).[58] [경찰간부 15 / 국가9급 07 / 국가7급 08 / 법원9급 13 / 법원행시 08·09 / 사시 10·15 / 변호사시험 13]

정답 乙·丙·丁은 특수절도죄(제331조 제2항), 甲은 특수절도죄의 공동정범(제331조 제2항, 제30조) 성립

판례연구 **3인 이상이 합동절도를 모의한 후 2인 이상이 범행을 실행한 경우, 합동범의 공동정범 긍정례**

대법원 2011.5.13, 2011도2021

A는 甲, 乙과 공모한 후 甲, 乙은 피해자 회사의 사무실 금고에서 현금을 절취하였다. 그런데 A는 그때 망을 본 일은 없었으나, 이 사건 범행을 직접 실행할 乙을 甲에게 소개하여 주었으며, 乙에게 범행 도구인 면장갑과 쇼핑백을 구입하여 건네주었고, 甲, 乙이 이 사건 범행을 종료할 때까지 기다려 그들과 함께 절취한 현금을 운반한 후 그중 일부를 분배받았다. 그렇다면 A는 단순한 공모자에 그치는 것이 아니라 이 사건 범행에 대한 본질적 기여를 통한 기능적 행위지배를 하였다고 할 것이므로, A는 甲·乙의 행위를 자기 의사의 수단으로 하여 합동절도의 범행을 하였다고 평가될 수 있는 정범성의 표지를 갖추었다고 할 것이어서, A는 甲·乙의 위 합동절도의 범행에 대하여 공동정범으로서의 죄책을 면할 수 없다. [경찰채용 18 2차 / 국가9급 13·18]

제4절 교사범

01 서 설

제31조 【교사범】 ① 타인을 교사하여 죄를 범하게 한 자는 죄를 실행한 자와 동일한 형으로 처벌한다. [법원행시 06]
② 교사를 받은 자가 범죄의 실행을 승낙하고 실행의 착수에 이르지 아니한 때에는 교사자와 피교사자를 음모 또는 예비에 준하여 처벌한다. [경찰간부 20 / 법원9급 21 / 법원행시 09 / 사시 13·14]
③ 교사를 받은 자가 범죄의 실행을 승낙하지 아니한 때에도 교사자에 대하여는 전항과 같다. [법원행시 06·14]

---

58 또 다른 논점 : 합동절도에서도 공동정범과 교사범·종범의 구별기준은 일반원칙에 따라야 하고, 그 결과 범행현장에 존재하지 아니한 범인도 공동정범이 될 수 있으며, 반대로 상황에 따라서는 장소적으로 협동한 범인도 방조만 한 경우에는 종범으로 처벌될 수도 있다. 이와 다른 견해를 표명하였던 대법원 1976.7.27, 75도2720 등은 이를 변경하기로 한다.

판례연구 **교사행위의 유형**

1 대법원 1967.12.19, 67도1281
대리응시자들의 육군간부후보생 시험장의 입장은 시험관리자의 승낙 또는 그 추정된 의사에 반한 불법침입이라 아니할 수 없고 이와 같은 침입을 교사한 이상 주거침입교사죄가 성립된다.

2 대법원 1969.4.22, 69도255
산림 내에서 부정임산물 등의 제재를 업으로 하여 오던 자에게 막연하게 도벌하라고 말한 것이 아니고, 백송을 도벌하여 해태상자 장함을 생산하여 달라고 말하였고 그 도벌자금을 제공한 경우에는 산림법위반의 교사죄가 성립한다.

3 대법원 1991.5.14, 91도542
교사행위는 완결될 것을 요하지는 않으므로 범행의 세부사항까지 특정할 필요는 없다는 사례
피고인이 乙·丙·丁이 절취하여 온 장물을 상습으로 19회에 걸쳐 시가의 3분의 1 내지 4분의 1의 가격으로 매수하여 취득하여 오다가, 乙·丙에게 일제 드라이버 1개를 사주면서 "丁이 구속되어 도망다니려면 돈도 필요할텐데 열심히 일을 하라(도둑질을 하라)"고 말하였다면 그 취지는 종전에 丁과 같이 하던 범위의 절도를 다시 계속하면 그 장물은 매수하여 주겠다는 것으로서 절도의 교사가 있었다고 보아야 한다. [경찰승진(경강) 10 / 경찰승진 16]

판례연구 **교사행위와 피교사자의 실행행위와의 인과관계**

1 대법원 1991.5.14, 91도542; 2012.11.15, 2012도7407
교사관계로부터의 이탈 : 교사자가 공범관계로부터 이탈하여 교사범의 죄책을 부담하지 않기 위한 요건
① 교사범이 그 공범관계로부터 이탈하기 위해서는 피교사자가 범죄의 실행행위에 나아가기 전에 교사범에 의하여 형성된 피교사자의 범죄 실행의 결의를 해소하는 것이 필요하고, [경찰채용 15 1차 / 국가9급 15] 이때 교사범이 피교사자에게 교사행위를 철회한다는 의사를 표시하고 이에 피교사자도 그 의사에 따르기로 하거나 또는 교사범이 명시적으로 교사행위를 철회함과 아울러 피교사자의 범죄 실행을 방지하기 위한 진지한 노력을 다하여 당초 피교사자가 범죄를 결의하게 된 사정을 제거하는 등 제반 사정에 비추어 객관적·실질적으로 보아 교사범에게 교사의 고의가 계속 존재한다고 보기 어렵고 당초의 교사행위에 의하여 형성된 피교사자의 범죄 실행의 결의가 더 이상 유지되지 않는 것으로 평가할 수 있다면, 설사 그 후 피교사자가 범죄를 저지르더라도 이는 당초의 교사행위에 의한 것이 아니라 새로운 범죄 실행의 결의에 따른 것이므로 교사자는 형법 제31조 제2항에 의한 죄책을 부담함은 별론으로 하고 형법 제31조 제1항에 의한 교사범으로서의 죄책을 부담하지는 않는다고 할 수 있다. [경찰채용 15 1차] 한편 ② 교사범이 성립하기 위해 교사범의 교사가 정범의 범행에 대한 유일한 조건일 필요는 없으므로, 교사행위에 의하여 피교사자가 범죄 실행을 결의하게 된 이상 피교사자에게 다른 원인이 있어 범죄를 실행한 경우에도 교사범의 성립에는 영향이 없다. [국가9급 16 / 법원행시 14·15·16 / 사시 16]

2 대법원 2013.9.12, 2012도2744
의사 낙태교사 사건 : 교사행위와 피교사자의 범행과의 인과관계
① 교사범이란 정범인 피교사자로 하여금 범죄를 결의하게 하여 그 죄를 범하게 한 때에 성립하는 것이므로, 교사자의 교사행위에도 불구하고 피교사자가 범행을 승낙하지 아니하거나 피교사자의 범행

결의가 교사자의 교사행위에 의하여 생긴 것으로 보기 어려운 경우에는 이른바 실패한 교사로서 형법 제31조 제3항에 의하여 교사자를 음모 또는 예비에 준하여 처벌할 수 있을 뿐이다. 한편, ② 피교사자가 범죄의 실행에 착수한 경우에 있어서 그 범행결의가 교사자의 교사행위에 의하여 생긴 것인지 여부는 교사자와 피교사자의 관계, 교사행위의 내용 및 정도, 피교사자가 범행에 이르게 된 과정, 교사자의 교사행위가 없더라도 피교사자가 범행을 저지를 다른 원인의 존부 등 제반 사정을 종합적으로 고려하여 사건의 전체적 경과를 객관적으로 판단하는 방법에 의하여야 하고, 이러한 판단방법에 의할 때 피교사자가 교사자의 교사행위 당시에는 일응 범행을 승낙하지 아니한 것으로 보인다 하더라도 이후 그 교사행위에 의하여 범행을 결의한 것으로 인정되는 이상 교사범의 성립에는 영향이 없다고 할 것이다. [경찰채용 15 3차 / 법원행시 16 / 사시 14]

판례연구 **교사범에 관한 특수한 경우 – 범인 자신이 정범은 될 수 없으나 자신을 위하여 타인을 교사하였고 피교사자의 행위가 불법하면 공범이 성립한다는 판례의 입장 : 범·위·증·무**

1 대법원 2000.3.24, 99도5275

자기의 형사 사건에 관한 증거를 인멸하기 위하여 타인을 교사하여 죄를 범하게 한 자에 대하여는 증거인멸교사죄가 성립한다. [경찰간부 20 / 경찰승진 13 / 법원9급 11 / 법원행시 09·16 / 사시 13]

2 대법원 2004.1.27, 2003도5114

피고인이 자기의 형사피고사건에서 증인을 교사하여 위증하게 한 사례

피고인이 자기의 형사사건에 관하여 허위의 진술을 하는 행위는 피고인의 형사소송에 있어서의 방어권을 인정하는 취지에서 처벌의 대상이 되지 않으나, 법률에 의하여 선서한 증인이 타인의 형사사건에 관하여 위증을 하면 형법 제152조 제1항의 위증죄가 성립되므로 자기의 형사사건에 관하여 타인을 교사하여 위증죄를 범하게 하는 것은 이러한 방어권을 남용하는 것이라고 할 것이어서 교사범의 죄책을 부담케 함이 상당하다. [사시 13]

3 대법원 2006.12.7, 2005도3707; 2000.3.24, 2000도20

범인이 타인을 교사하여 자신을 도피시키게 한 사례

범인이 자신을 위하여 타인으로 하여금 허위의 자백을 하게 하여 범인도피죄를 범하게 하는 행위는 방어권의 남용으로 범인도피교사죄에 해당하는 바, 이 경우 그 타인이 제151조 제2항에 의하여 처벌을 받지 아니하는 친족 또는 동거 가족에 해당한다 하여 달리 볼 것은 아니라 할 것이다. [경찰간부 18 / 경찰승진 15 / 법원행시 11·16 / 사시 13·16]

비교 범인이 도피를 위하여 타인에게 도움을 요청하는 행위가 범인 스스로의 도피행위의 범주에 속하는 한 처벌되지 아니하는 것이며, 범인의 요청에 응하여 범인을 도운 타인의 행위가 범인도피죄에 해당한다 하더라도 마찬가지이다(대법원 2014.4.10, 2013도12079).

4 대법원 2008.10.23, 2008도4852

제3자를 교사·방조하여 자신에 대한 허위의 사실을 신고하게 한 사례

스스로 본인을 무고하는 자기무고는 무고죄의 구성요건에 해당하지 아니하여 형법 제156조의 무고죄를 구성하지 않는다. 그러나 피무고자의 교사·방조 하에 제3자가 피무고자에 대한 허위의 사실을 신고한 경우에는 제3자의 행위는 무고죄의 구성요건에 해당하여 무고죄를 구성하므로, 제3자를 교사·방조한 피무고자도 교사·방조범으로서의 죄책을 부담한다. [경찰간부 13·15 / 국가7급 12 / 법원9급 22 / 법원행시 09·10·11 / 사시 11·12·13]

범인 자신을 위하여 타인을 교사하였으나 피교사자의 행위가 불법하지 않아 범인 자신에게 공범이 성립하지 않고, 범인 자신이 정범이 될 수 없어 간접정범도 성립하지 않는다는 사례

대법원 2011.7.14, 2009도13151
자신과 공범관계에 있는 형사사건에 관한 증거를 공범자에게 변조·사용케 범인 자신의 죄책
노동조합 지부장인 甲은 업무상 횡령 혐의로 조합원들로부터 고발을 당하자 乙과 공동하여 조합 회계서류를 무단 폐기한 후, 그 폐기에 정당한 근거가 있는 것처럼 乙로 하여금 조합 회의록을 조작하여 수사기관에 제출하도록 교사하여 증거변조 및 변조증거사용이 이루어졌다. 이 경우 회의록의 변조·사용은 피고인들이 공범관계에 있는 문서손괴죄 형사사건에 관한 증거를 변조·사용한 것으로 볼 수 있어 피고인 乙에게 증거변조죄 및 변조증거사용죄가 성립하지 않으며, 피교사자인 피고인 乙이 증거변조죄 및 변조증거사용죄로 처벌되지 않은 이상 피고인 甲에 대하여 공범인 교사범은 물론, (甲에게도 자기 증거에 해당하므로) 그 간접정범도 성립하지 않는다.

03 교사의 착오

교사의 실행의 양적 초과에서 결과에 대한 예견가능성이 인정되는 사례

1 대법원 1993.10.8, 93도1873
상해를 교사하였는데 살인을 실행한 경우 교사자의 죄책 : "그 친구 안 되겠어. 자네가 손 좀 봐줘" 사례
교사자가 피교사자(피해자와 사이가 안 좋은 자신의 경호원)에 대하여 상해 또는 중상해를 교사하였는데 피교사자가 이를 넘어 살인을 실행한 경우 일반적으로 교사자는 상해죄 또는 중상해죄의 교사범이 되지만, 이 경우 교사자에게 피해자의 사망이라는 결과에 대하여 과실 내지 예견가능성이 있는 때에는 상해치사죄의 교사범으로서의 죄책을 지울 수 있다. [경찰채용 10 1차 / 경찰승진 10 / 국가9급 09·10·20 / 국가7급 10 ·13 / 법원9급 07(상) / 법원9급 07(하) / 법원행시 08·09·11 / 변호사시험 14]

2 대법원 2002.10.25, 2002도4089
평생 후회하면서 살도록 병신을 만들라고 이야기한 사례
피고인 甲이 A 등에게 자신과 사업관계로 다툼이 있었던 피해자 X를 혼내 주되, 평생 후회하면서 살도록 허리 아래 부분을 찌르고, 특히 허벅지나 종아리를 찔러 병신을 만들라는 취지로 이야기하면서 경비를 주어 범행에 이르게 하였고, 피고인 乙은 甲이 A 등에게 범행을 지시할 때 연락하여 모이도록 하였으며, "甲을 좀 도와주어라" 등의 말을 하였고, 그 결과 A 등이 X의 종아리 부위 등을 20여 회나 칼로 찔러 살해하였다면, 乙 역시 공모관계에 있고, 甲·乙은 피해자가 죽을 수도 있다는 점을 예견할 가능성이 있었다고 판단하여, 상해치사죄로 의율한 조치는 정당하다. [경찰간부 13·16 / 경찰승진(경장) 11 / 경찰승진 12 / 법원9급 15 / 법원행시 11]

교사의 실행의 양적 초과에서 결과에 대한 예견가능성이 인정되지 않는다는 사례

대법원 1997.6.24, 97도1075
교사자가 피교사자에게 피해자를 "정신차릴 정도로 때려주라"고 교사하였으나 피교사자는 이를 넘어

살인을 실행한 경우, 교사자에게는 예견가능성이 없어 **상해교사죄가 성립한다.** [경찰간부 12 / 경찰승진(경감) 11 / 경찰승진(경사) 11 / 경찰승진(경감) 10 / 경찰승진 14 · 15 · 16 / 국가9급 09 / 국가7급 09 · 11 / 법원9급 21 · 22]

04 교사범의 처벌

05 관련문제

판례연구   간접교사도 교사범에 해당한다는 사례

대법원 1974.1.29, 73도3104
甲이 乙에게 범죄를 저지르도록 요청한다 함을 알면서 甲의 부탁을 받고 甲의 요청을 乙에게 전달하여 乙로 하여금 범의를 야기케 하는 것은 교사에 해당한다. [국가9급 20 / 국가7급 10 / 법원9급 14]

제5절   종 범

01 서 설

제32조【종 범】① 타인의 범죄를 방조한 자는 종범으로 처벌한다.
  ② 종범의 형은 정범의 형보다 감경한다.

---

02 종범의 성립요건

판례연구   종범의 방조행위에 해당한다는 사례

1 대법원 1957.5.10, 4290형상343
밀수출 물품 구입자금에 사용되는 정을 알고 제3자로부터 금원을 차용하여 교부한 결과 그 금원을 자금의 일부로 하여 물품을 구입, 밀수출케 한 경우 자금 제공자는 밀수출을 방조한 경우에 해당한다.

---

2 대법원 1970.7.28, 70도1218

도박하는 자리에서 도금으로 사용하리라는 정을 알면서 채무 변제조로 금원을 교부하였다면 도박을 방조한 행위에 해당한다(도박자금제공자 : 도박방조죄).

3 대법원 1982.9.14, 80도2566

피고인들이 정범의 변호사법 위반행위(금 2억 원을 제공받고 건축 사업허가를 받아 주려한 행위)를 하려한다는 정을 알면서 자금능력 있는 자를 소개하고 교섭한 행위는 그 방조행위에 해당한다.

4 대법원 1988.3.22, 87도2585

부동산소개업자로서 부동산의 등기명의수탁자가 그 명의신탁자의 승낙 없이 이를 제3자에게 매각하여 불법영득하려고 하는 점을 알면서도 그 범행을 도와주기 위하여 부동산명의수탁자에게 매수할 자를 소개하여 주었다면 이러한 부동산소개업자의 행위는 횡령죄의 방조범에 해당한다.

5 대법원 1995.9.29, 95도456

방조범의 성립에 있어서 방조행위의 완결성은 필요 없다는 사례

주식의 관리에 관한 일체의 절차를 정확하게 알고 있는 증권회사의 중견직원들이 정범에게 피해자의 주식을 인출하여 오면 관리하여 주겠다고 하고, 나아가서 부정한 방법으로 인출해 온 주식을 자신들이 관리하는 증권계좌에 입고하여 관리 운용하여 주었다면, 이는 주식 인출절차에 관련된 출고전표인 사문서의 위조, 동행사, 사기 등 상호 연관된 일련의 범행 전부에 대하여 방조행위가 된다.

6 대법원 1997.1.24, 96도2427

A도 핵폐기장 설치 반대시위의 일환으로 행하여진 대학생들의 인천시청 기습점거 시위에 대하여 전혀 모르고 있다가 시위 직전에 주동자로부터 지시를 받고 시위현장 사진촬영행위를 한 자는 시위행위에 대한 종범(무형적·정신적 방조)의 죄책을 부담한다.

7 대법원 2000.8.18, 2000도1914

형법상 방조행위는 정범이 범행을 한다는 정을 알면서 그 실행행위를 용이하게 하는 직접·간접의 모든 행위를 가리키는 것인바, 운전면허가 없는 자에게 승용차를 제공하여 그로 하여금 무면허운전을 하게 하였다면 이는 무면허운전 범행의 방조행위에 해당한다. [경찰채용 11 1차 / 경찰승진(경위) 11]

8 대법원 2007.10.26, 2007도4702

사행성유기기구인 '바다이야기' 등을 게임장에 비치하고 이용자들로 하여금 그 사행성유기기구를 이용하게 한 다음 경품으로 받은 상품권을 게임장 내지 환전소에서 상품권 1장당 현금 4,500원에 환전하여 줌으로써 고객들로 하여금 게임물을 이용하여 사행행위를 하게 한 경우, 환전행위를 통하여서만 비로소 사행성이 지나친 게임물을 이용하고자 하는 고객들을 현실적으로 유인할 수 있게 되는 점 등에 비추어 보면, 경품용 상품권인 해피머니의 발행업자인 대표이사인 피고인의 환전행위는 적어도 이 사건 사행행위의 실행을 용이하게 하는 방조행위에는 해당한다고 할 것이다.

9 대법원 2007.11.29, 2006도119

별정통신사업자등록을 하지 않은 개별사업자들이 기간통신사업자들로부터 임대한 060 전화정보서비스 회선설비를 이용하여 실시간 유료전화정보서비스 사업을 영위한 것은 전기통신사업법의 무등록 별정통신사업 경영행위에 해당하고, 060회선을 제공한 위 기간통신사업자와 그 담당직원 등 피고인의 행위는 그 방조행위에 해당한다. 또한 기간통신사업자의 담당직원이 무등록업자에게 060회선을 임대하여 실시간 1 : 1 증권상담서비스 사업을 영위하게 한 경우, 위 상담서비스는 투자자문업에 해당하므로 위 피고인의 행위는 증권거래법상 무등록투자자문업 방조에 해당한다.

10 대법원 2007.12.14, 2005도872

무료 MP3 파일 공유를 위한 P2P 프로그램인 소리바다 프로그램을 통하여 MP3 파일을 다운로드 받은 이용자의 행위는 저작권법상 복제행위에 해당하고, 소리바다 서비스 운영자의 행위는 저작권법상 복제권 침해행위의 방조에 해당한다. [경찰간부 13]

11 대법원 2012.8.30, 2012도6027

진범 아닌 자의 허위자백을 유지시킨 형사변호인에게 범인도피방조죄를 인정한 사례
공범자의 범인도피행위 도중에 그 범행을 인식하면서 그와 공동의 범의를 가지고 기왕의 범인도피상태를 이용하여 스스로 범인도피행위를 계속한 경우에는 범인도피죄의 공동정범이 성립하고(대법원 1995.9.5, 95도577 참조), [경찰승진 14] 이는 공범자의 범행을 방조한 종범의 경우도 마찬가지이며(계속범인 범인도피의 승계적 방조 O), 형사변호인이 의뢰인의 요청에 따른 변론행위라는 명목으로 수사기관·법원에 대하여 적극적으로 허위진술을 하거나 피고인·피의자로 하여금 허위진술을 하도록 하는 것은 허용되지 않으므로(변호인의 변론행위의 한계), 휴대전화 문자발송사기의 진범 乙을 은폐하기 위해 甲이 자신이 범행을 저질렀다고 허위자백을 하고 있는데 甲의 사기 피고사건 변호인으로 선임된 피고인 A가 위 허위자백을 유지하면서 甲과 乙 사이에서 양쪽의 의사를 전달하는 등의 행위를 하였다면 이는 정범인 甲에게 결의를 강화하게 한 방조행위로 평가될 수 있다.

12 대법원 2021.9.9, 2017도19025 전원합의체; 2021.9.30, 2016도8040

저작권 침해물 링크 사이트에서 공중송신권 침해 게시물로 연결되는 링크를 영리적·계속적으로 공중의 구성원에게 제공하는 행위는 저작권법상 공중송신권 침해의 방조에 해당할 수 있다는 사례
정범이 침해 게시물을 인터넷 웹사이트 서버 등에 업로드하여 공중의 구성원이 개별적으로 선택한 시간과 장소에서 접근할 수 있도록 이용에 제공하면, 공중에게 침해 게시물을 실제로 송신하지 않더라도 공중송신권 침해는 기수에 이른다. 그런데 정범이 침해 게시물을 서버에서 삭제하는 등으로 게시를 철회하지 않으면 이를 공중의 구성원이 개별적으로 선택한 시간과 장소에서 접근할 수 있도록 이용에 제공하는 가별적인 위법행위가 계속 반복되고 있어 공중송신권 침해의 범죄행위가 종료되지 않았으므로, 그러한 정범의 범죄행위는 방조의 대상이 될 수 있다. … 방조범은 정범에 종속하여 성립하는 범죄이므로 방조행위와 정범의 범죄 실현 사이에는 인과관계가 필요하다. 방조범이 성립하려면 방조행위가 정범의 범죄 실현과 밀접한 관련이 있고 정범으로 하여금 구체적 위험을 실현시키거나 범죄 결과를 발생시킬 기회(공중송신권 침해의 기회)를 현실적으로 증대시키는 등으로 정범의 범죄 실현에 현실적인 기여를 하였다고 평가할 수 있어야 한다(반면, 정범의 범죄 실현과 밀접한 관련이 없는 행위를 도와준 데 지나지 않는 경우에는 방조범이 성립하지 않는다). … 저작권 침해물 링크 사이트(링크를 온라인상 저작권 침해물의 유통 경로로 악용하는 이른바 '다시보기' 사이트 등의 링크 사이트)에서 침해 게시물에 연결되는 링크를 제공하는 경우 등과 같이, 링크 행위자가 정범이 공중송신권을 침해한다는 사실을 충분히 인식하면서 그러한 침해 게시물 등에 연결되는 링크를 인터넷 사이트에 영리적·계속적으로 게시하는 등으로 공중의 구성원이 개별적으로 선택한 시간과 장소에서 침해 게시물에 쉽게 접근할 수 있도록 하는 정도의 링크 행위를 한 경우에는 침해 게시물을 공중의 이용에 제공하는 정범의 범죄를 용이하게 하므로 공중송신권 침해의 방조범이 성립한다. … 불법성에 대한 피고인의 인식은 적어도 공중송신권 침해 게시물임을 명확하게 인식할 수 있는 정도가 되어야 한다(이상의 요건을 갖춘 예 : 저작권 침해물 링크 사이트에서 정범의 침해 게시물 등에 연결되는 링크를 영리적·계속적으로 게시하는 경우 등). (반면 위와 같은 정도에 이르지 않은 링크 행위는 정범의 공중송신권 침해와 밀접한 관련이 있고 그 법익침해를 강화·증대하는 등의 현실적인 기여를 하였다고 보기 어려운 이상 공중송신권 침해의 방조행위라고 쉽사리 단정해서는 안 된다) … 이와 달리 저작권자의 공중송신권을 침해하는 웹페이지 등으로 링크를 하는 행위만으로는 어떠한 경우에도 공중송신권 침해의 방조행위에 해당하지 않는다는 취지로 판단한 종전 판례인 대법원 2015.3.12, 2012도13748 판결 등은 이 판결의 견해에 배치되는 범위에서 이를 변경하기로 한다.

종범의 방조행위에 해당하지 않는다는 사례

1 대법원 1984.8.21, 84도781

주인의 지시에 따라 웨이터가 미성년자를 클럽에 출입시킨 사례 : 미성년자보호법위반방조 ✕
웨이터인 피고인들은 손님들을 단순히 출입구로 안내를 하였을 뿐 미성년자인 여부의 판단과 출입허용여
부는 2층 출입구에서 주인이 결정하게 되어 있었다면 피고인들의 위 안내행위가 곧 미성년자를 클럽에
출입시킨 행위 또는 그 방조행위로 볼 수 없다.

2 대법원 2021.9.16, 2015도12632

농성현장 독려행위와 집회 참가 및 공문 전달 행위의 구분
쟁의행위가 업무방해죄에 해당하는 경우 제3자가 그러한 정을 알면서 쟁의행위의 실행을 용이하게 한
경우에는 업무방해방조죄가 성립할 수 있다. 다만, 헌법 제33조 제1항이 규정하고 있는 노동3권을
실질적으로 보장하기 위해서는 근로자나 노동조합이 노동3권을 행사할 때 제3자의 조력을 폭넓게
받을 수 있도록 할 필요가 있고, 나아가 근로자나 노동조합에 조력하는 제3자도 헌법 제21조에 따른
표현의 자유나 헌법 제10조에 내재된 일반적 행동의 자유를 가지고 있으므로, 위법한 쟁의행위에
대한 조력행위가 업무방해방조에 해당하는지 판단할 때는 헌법이 보장하는 위와 같은 기본권이 위축되지
않도록 업무방해방조죄의 성립 범위를 신중하게 판단하여야 한다. 또한, 방조범은 정범에 종속하여
성립하는 범죄이므로 방조행위와 정범의 범죄 실현 사이에는 인과관계가 필요하다. 방조범이 성립하려면
방조행위가 정범의 범죄 실현과 밀접한 관련이 있고 정범으로 하여금 구체적 위험을 실현시키거나 범죄결과
를 발생시킬 기회를 높이는 등으로 정범의 범죄 실현에 현실적인 기여를 하였다고 평가할 수 있어야
한다. 정범의 범죄 실현과 밀접한 관련이 없는 행위를 도와준 데 지나지 않는 경우에는 방조범이 성립하지
않는다(대법원 2021.9.9, 2017도19025 전원합의체). ⋯ A노조 B자동차 비정규직지회 조합원들이 B자동
차 생산라인을 점거하면서 쟁의행위를 한 것(이는 업무방해죄에 해당함)과 관련하여, A노조 미조직비정규
국장인 甲은 ① B자동차 정문 앞 집회에 참가하여 점거 농성을 지원하고, ② 점거 농성장에 들어가
비정규직지회 조합원들을 독려하고, ③ A노조 공문을 비정규직지회에 전달하였다. 농성현장 독려
행위는 정범의 범행을 더욱 유지·강화시킨 행위에 해당하여 업무방해방조로 인정할 수 있지만(위 ②는
방조범 인정), 집회 참가 및 공문 전달 행위는 업무방해 정범의 실행행위에 해당하는 생산라인 점거로
인한 범죄 실현과 밀접한 관련성이 있다고 단정하기 어려워 방조범의 성립을 인정할 정도로 업무방해행위와
인과관계가 있다고 보기 어렵다(위 ①·③은 방조범 부정).

부작위에 의한 방조가 성립한다는 사례

1 대법원 1985.11.26, 85도1906

종범의 방조행위는 작위에 의한 경우 뿐만 아니라 부작위에 의한 경우도 포함하는 것으로서 법률상
정범의 범행을 방지할 의무있는 자가 그 범행을 알면서도 방지하지 아니하여 범행을 용이하게 한 때에는
부작위에 의한 종범이 성립한다. [경찰승진(경위) 11 / 변호사시험 15] 피고인은 이 사건 아파트 지하실의 소유자인
임대인으로서 임차인인 공소외 김 모의 건축법위반행위인 위 지하실에 대한 용도변경행위를 방지할
의무가 있음에도 불구하고 이를 묵시적으로 승인하여 방조한 사실이 넉넉히 인정된다.

2 대법원 1996.9.6, 95도2551

법원 경매계 총무의 입찰보증금 임시보전 용인 사례
법원 민사과 경매계 총무인 법원공무원 甲은 인천지방법원 집행관 합동사무소 사무원인 乙이 입찰보증
금 약 45억 원을 다른 곳에 소비하고 이미 소비하여 금액이 비는 곳에 이후에 실시할 입찰사건의
입찰보증금을 대신 충당하는 방법으로 계속 이전의 입찰보증금을 메꾸어나가는 사실을 알고 있었음

에도 이를 용인하였다면, 甲에게는 (부작위에 의한) 업무상 횡령죄의 방조범이 성립한다. [경찰채용 18 1차 / 국가9급 15 / 법원9급 13 / 법원행시 13 / 사시 10]

3 대법원 1997.3.14, 96도1639

백화점에서 바이어를 보조하여 특정매장에 관한 상품관리 및 고객들의 불만사항 확인 등의 업무를 담당하는 직원이 자신이 관리하는 특정매장의 점포에 가짜 상표가 새겨진 상품이 진열·판매되고 있는 사실을 발견하였음에도 이를 방치하였다면 자신의 근로계약상·조리상의 의무를 저버린 것으로 부작위에 의하여 점주의 상표법·부정경쟁방지법 위반행위를 방조한 것이다. [법원행시 09 / 사시 16]

4 대법원 2006.4.28, 2003도4128

인터넷 포털사이트 내 오락채널 총괄팀장과 위 오락채널 내 만화사업의 운영 직원인 피고인들에게, 콘텐츠제공업체들이 게재하는 음란만화의 삭제를 요구할 조리상의 의무가 있으므로, 음란만화를 삭제하지 않은 부작위에 의해 전기통신기본법 위반 방조죄가 성립하게 된다.

판례연구 **부작위에 의한 방조가 성립하지 않는다는 사례**

1 대법원 1978.3.28, 77도2269

선장으로서 그 소속선원들로부터 각자 소지한 일화의 신고를 받고도 이를 징수 보관하지 않은 점만 가지고 선원들의 밀수행위를 방조하였다고 볼 수 없다.

2 대법원 2004.6.24, 2002도995

보라매병원 사례 : 치료를 요하는 환자에 대하여 치료중단 및 퇴원을 허용하는 조치를 취한 의사 사례
보호자가 의학적 권고에도 불구하고 치료를 요하는 환자의 퇴원을 간청하여 담당 전문의와 주치의가 치료중단 및 퇴원을 허용하는 조치를 취함(작위)으로써 환자를 사망에 이르게 한 행위에 대하여 보호자, 담당 전문의 및 주치의가 부작위에 의한 살인죄의 공동정범으로 기소된 경우, 담당 전문의와 주치의에게 환자의 사망이라는 결과 발생에 대한 정범의 고의는 인정되나 환자의 사망이라는 결과나 그에 이르는 사태의 핵심적 경과를 계획적으로 조종하거나 저지·촉진하는 등으로 지배하고 있었다고 보기는 어려워 공동정범의 객관적 요건인 이른바 기능적 행위지배가 흠결되어 있다고 보아야 하므로 작위에 의한 살인방조죄만 성립한다(작위범 ○ → 부작위범 ×). [경찰승진 13 / 법원행시 14 / 변호사시험 13·14]

판례연구 **보라매병원 사례 : 방조행위와 정범의 실행행위 간의 인과관계를 검토한 사례**

대법원 2004.6.24, 2002도995
원심이 피고인들의 행위가 원심공동피고인의 부작위에 의한 살인행위를 방조한 것으로 본 데에 인과관계에 관한 법리오해 또는 채증법칙 위배로 인한 사실오인으로 판결 결과에 영향을 미친 위법이 없으며, 가사 피해자가 매우 위독한 상태에 있었다 하여도 회복할 가능성이 전혀 없었던 것이 아닌 이상 피고인들의 범행(퇴원허용조치)과 피해자의 사망 사이에 합법칙적 연관 내지 상당인과관계를 인정할 수 없다고는 보기 어렵다.

판례연구 **방조행위의 시기 관련판례**

1 대법원 1996.9.6, 95도2551

피방조자의 실행착수 전에 방조한 경우에도 방조범 성립이 가능하다는 사례

종범은 정범의 실행행위 중에 이를 방조하는 경우뿐만 아니라 실행착수 전에 장래의 실행행위를 예상하고 이를 용이하게 하는 행위를 한 경우에도 정범이 실행행위로 나아갔다면 성립한다. [경찰채용 10 1차 / 경찰간부 17 / 경찰승진(경위) 10·11 / 국가9급 15 / 국가7급 08·12 / 법원9급 07(상) / 법원9급 07(하) / 법원9급 13·15 / 법원행시 12·14·16 / 사시 10·13·16 / 변호사시험 12·15]

2 대법원 1982.4.27, 82도122
방조자의 계속범의 기수 이후 종료 이전에 방조한 승계적 방조 사건
진료부는 환자의 계속적인 진료에 참고로 공하여지는 진료상황부이므로 간호보조원의 무면허 진료행위가 있은 후에 이를 의사가 진료부에다 기재하는 행위는 정범의 실행행위종료 후의 단순한 사후행위에 불과하다고 볼 수 없고 무면허의료행위의 방조에 해당한다. [경찰간부 17 / 경찰승진 22 / 법원9급 20 / 사시 11 / 변호사시험 12]

판례연구 　　**방조범의 이중의 고의 관련 사례**

1 대법원 2005.10.28, 2005도4915
배임적 거래행위의 상대방은 종범의 고의 및 행위가 있어도 함부로 배임방조죄가 되지 않는다는 사례
자신의 이익을 추구하는 거래상대방의 대향적 행위의 존재를 필요로 하는 유형의 배임죄에 있어서 ① 거래상대방이 배임행위를 교사하거나 그 배임행위의 전 과정에 관여하는 등으로 배임행위에 적극 가담함으로써 배임죄의 교사범 또는 공동정범이 될 수 있음은 별론으로 하고, ② 관여의 정도가 거기에까지 이르지 아니하여 사회적 상당성을 갖춘 경우에 있어서는 비록 정범의 행위가 배임행위에 해당한다는 점을 알고 거래에 임하였다는 사정이 있어 외견상 방조행위로 평가될 수 있는 행위가 있었다 할지라도 범죄를 구성할 정도의 위법성은 없다고 봄이 상당하다 할 것이다.

2 대법원 2006.1.12, 2004도6557
입원치료 불필요한 환자들에게 입원확인서를 발급해준 의사에게 사기죄의 방조범을 인정한 사례
의사인 피고인이 입원치료를 받을 필요가 없는 환자들이 보험금 수령을 위하여 입원치료를 받으려고 하는 사실을 알면서도 입원을 허가하여 형식상으로 입원치료를 받도록 한 후 입원확인서를 발급하여 준 경우에는 사기방조죄가 성립한다. [경찰승진(경위) 10]

사례연구 　　**도박개장죄가 성립하지 않는 경우 도박개장방조 성부 사례**

甲은 A 인터넷 게임사이트의 온라인게임에서 통용되는 사이버머니를 구입하고자 하는 사람을 유인하여 돈을 받고 위 게임사이트에 접속하여 일부러 패하는 방법으로 사이버머니를 판매하였다. 甲에게는 도박개장방조죄가 성립하는가?

　[해결] 종범은 정범의 실행행위 전이나 실행행위 중에 정범을 방조하여 그 실행행위를 용이하게 하는 것을 말하므로 정범의 실행행위가 있어야 성립하는데, 위 사안에서 정범인 도박개장죄의 실행행위인 도박개장사실 즉, 위 게임사이트를 개설한 자가 위 게임을 그 회원들에게 단순 오락용 게임으로 제공하는 것을 넘어서 회원 간에 사이버머니를 현금화하는 것을 허용한다거나 사실상 현금처럼 사용하게 하는 등의 방법으로 위 게임을 도박의 수단으로 제공하고 그에 따른 이익을 취득하였다는 사실을 인정할 증거가 없기 때문에, 피고인의 도박개장방조죄도 성립할 수 없다(대법원 2007.11.29, 2007도8050). [사시 11]

　　　　　　　　　　　　　　　　　　　　　　　　[정답] 성립하지 않는다.

03 | 종범의 착오

> **판례연구** 각목을 건네준 방조의 경우 폭행치사방조가 아니라 (특수)폭행방조만 인정한 사례
>
> 대법원 1998.9.4, 98도2061
> 피고인은 처음에 폭행을 제지하였고, 상피고인이 취중에 남의 자동차를 손괴하고도 이를 꾸짖는 상급자에게 무례한 행동을 하는 피해자를 교육시킨다는 정도로 가볍게 생각하고 각목을 상피고인에게 건네주었던 것이고, 그 후에도 양인 사이에서 폭행을 제지하려고 애쓴 경우, 피고인으로서는 피해자가 상피고인의 폭행으로 사망할 것으로 예견할 수 있었다고 볼 수 없으므로, 특수폭행치사방조가 아닌 특수폭행의 방조가 인정된다. [사시 15]

04 | 종범의 처벌

05 | 관련문제

> **판례연구** 예비의 방조는 처벌할 수 없다는 사례
>
> 대법원 1976.5.25, 75도1549
> 피방조자의 실행착수 전에 방조한 경우에도 방조범 성립이 가능하다는 사례
> 형법 제32조 제1항의 타인의 범죄란 정범이 범죄의 실현에 착수한 경우를 말하는 것이므로 종범이 처벌되기 위하여는 정범의 실행의 착수가 있는 경우에만 가능하고 형법 전체의 정신에 비추어 정범이 실행의 착수에 이르지 아니한 예비의 단계에 그친 경우에는 이에 가공하는 행위가 예비의 공동정범이 되는 경우를 제외하고는 종범의 성립을 부정하고 있다고 보는 것이 타당하다. [경찰채용 14 1차 / 경찰간부 11·13·15·16 / 경찰승진(경사) 11 / 경찰승진(경위) 10 / 경찰승진 14·16 / 국가9급 09·11·14·18 / 국가7급 09·10 / 법원9급 13 / 법원행시 08·14 / 사시 10 / 변호사시험 15]
>
> > **유사** 예비행위의 방조행위는 방조범으로서 처단할 수 없는 것이고 그와 같은 법리는 특가법 및 관세법에 규정된 무면허수입 등 예비죄의 방조행위에 있어서도 마찬가지이다(대법원 1979.11.27, 79도2201). [사시 11]

제6절 | 공범과 신분

제33조 【공범과 신분】 신분이 있어야 성립되는 범죄에 신분 없는 사람이 가담한 경우에는 그 신분 없는 사람에게도 제30조부터 제32조까지의 규정을 적용한다. 다만, 신분 때문에 형의 경중이 달라지는 경우에 신분이 없는 사람은 무거운 형으로 벌하지 아니한다. 〈우리말 순화 개정 2020.12.8.〉

01 신분의 의의 및 종류

02 공범과 신분규정의 해석

판례연구 **제33조 본문에 의하여 진정신분범의 공범이 성립한다는 판례**

1 대법원 1971.6.8, 71도795
공무원 아닌 자도 작성권한 있는 공무원과 공모하여 허위공문서작성죄(제227조)의 공동정범이 성립할
수 있다.

2 대법원 1983.7.12, 82도180; 2003.10.24, 2003도4027
부동산이중매매에 의하여 매도인의 행위가 배임죄(제355조 제2항)를 구성하는 경우, 제2매수인이 매도인
(제1매수인의 재산을 보호하는 타인의 사무처리자)의 배임행위를 교사하거나 적극 공모가공하는 경우에는
배임죄의 교사범·공동정범의 죄책을 진다.

3 대법원 1992.1.17, 91도2837
공무원 아닌 자가 공문서 작성을 보좌하는 공무원과 공모하여 허위공문서를 작성케 한 사례
공문서의 작성권한이 있는 공무원(예비군동대장)의 직무를 보좌하는 자(예비군동대 방위병 乙)가 그 직위를
이용하여 행사할 목적으로 허위의 내용이 기재된 문서 초안을 그 정을 모르는 상사에게 제출하여
결재하도록 하는 등의 방법으로 허위의 공문서를 작성하게 한 경우, 乙은 허위공문서작성죄의 간접정범
이 성립되고 이와 공모한 자(예비군훈련을 받지 않은 자 甲) 역시 그 간접정범의 공범(공동정범)으로서의
죄책을 면할 수 없는 것이며, 여기서 말하는 공범은 반드시 공무원의 신분이 있는 자로 한정되는 것은
아니라고 할 것이다. [법원9급 11 / 법원행시 11·13]

4 대법원 1992.8.14, 91도3191
정부관리기업체의 과장대리급 이상이 아닌 직원도 다른 과장대리급 이상인 직원들과 함께 뇌물수수죄의
공동정범이 될 수 있다.

5 대법원 1992.12.24, 92도2346
군인 등 신분이 없다 하더라도 군무이탈죄의 공동정범이 될 수 있다는 사례
피고인은 군인이나 군무원 등 군인에 준하는 자에 해당되지 아니한다 할지라도 공소외인이 범행(군형법상
군무이탈죄) 당시 그와 같은 신분을 가지고 있었다면 형법 제33조가 적용되어 공범으로서의 죄책을
면할 수 없다.

6 대법원 1997.4.22, 95도748
병가 중의 공무원도 파업참가자들과의 공범관계가 인정된다면 직무유기죄의 공범이 된다는 사례
① 병가 중인 자의 경우 구체적인 작위의무 내지 국가기능의 저해에 대한 구체적인 위험성이 있다고
할 수 없어 직무유기죄의 주체로 될 수는 없다. 그러나 ② 쟁의행위에 참가한 일부 조합원이 병가
중이라 하더라도 직무유기죄의 주체가 되는 다른 조합원들과의 공범관계가 인정된다면 그 쟁의행위에
참가한 조합원들 모두 직무유기죄로 처단되어야 한다.

7 대법원 2004.6.11, 2001도6177
비거주자가 거주자 간의 대상지급행위에 공모한 사례

피고인 甲은 비거주자라 하더라도 거주자인 乙이 거주자인 환치기업자 丙 등에게 한 대상지급행위(외국환관리법위반)에 공모하여 가담한 이상, 형법 제33조, 제30조에 의하여 甲은 乙과 함께 공동정범으로서의 죄책을 면할 수 없다.

8 대법원 2006.5.11, 2006도1663

공무원의 재해대장 및 농가별농작물피해조사대장 허위작성에 공동한 일반인의 죄책

피고인(공무원 아닌 자)은 공소외인(공무원)이 재해대장 및 농가별농작물피해조사대장에 피고인의 비닐하우스가 설치된 지번을 허위로 기재하도록 하는 등의 방법으로 공소외인의 행위에 가공한 경우, 공무원이 아닌 자는 형법 제228조의 경우를 제외하고는 허위공문서작성죄의 간접정범으로 처벌할 수 없으나, 공무원이 아닌 자가 공무원과 공동하여 허위공문서작성죄를 범한 때에는 공무원이 아닌 자도 형법 제33조, 제30조에 의하여 허위공문서작성죄의 공동정범이 된다.[59] [국가9급 12 / 국가7급 13 / 법원9급 20]

9 대법원 2007.10.25, 2007도4069

공무원 아닌 자가 공무원의 선거운동 기획 참여행위에 공동한 사례

공직선거법에서는 공무원 등이 선거운동의 기획에 참여하거나 그 기획의 실시에 관여하는 행위를 금지하면서 이를 위반한 경우 처벌하고 있는데, 공무원 등 공적 지위에 있는 자가 아니라고 하더라도 공무원 등 공적 지위에 있는 자의 선거운동 기획에 참여하는 행위에 공동 가공하는 경우에는 공직선거법위반의 공동정범으로서의 죄책을 면할 수 없는 것이고, 이는 공무원이 자기 자신을 위한 다른 공무원의 선거운동 기획 참여행위에 공동 가공하는 경우에도 마찬가지이다. [경찰승진 12]

10 대법원 2009.1.30, 2008도8138

국회의원이 후원회 회원이 아닌 자와 공모하여 1인당 후원금 한도를 초과한 금액을 기부하게 한 사례

정치자금법상 후원인의 정치자금 초과기부행위죄에 있어서 그 신분을 갖추지 아니한 자라도 형법 제33조의 규정에 따라 그 신분을 가진 자와 공범으로는 처벌될 수 있다 할 것이므로, 후원회지정권자(국회의원 후보자 등)라 할지라도 후원인이나 후원회에 대해서 공범이 될 수 있다.

11 대법원 2012.6.14, 2010도14409

지방공무원법상 벌칙규정의 적용대상자가 아닌 특수경력직공무원이 경력직공무원의 범행에 가담한 사례

지방공무원의 신분을 가지지 아니하는 자가 지방공무원의 공무 외 집단행위를 금지하는 지방공무원법위반 범행에 가공한 경우, 형법 제33조 본문에 의해 공범으로 처벌받을 수 있으므로, 지방공무원법이 적용되지 않는 특수경력직공무원[60]의 경우에도 위 법조항을 위반한 경력직공무원의 공범으로 처벌받을 수 있다.

12 대법원 2021.9.16, 2021도5000

아동학대처벌법상 아동학대치사죄의 보호자 신분의 법적 성격

아동학대처벌법 제4조, 제2조 제4호 가목 내지 다목은 '보호자에 의한 아동학대로서 형법 제257조 제1항(상해), 제260조 제1항(폭행), 제271조 제1항(유기), 제276조 제1항(체포, 감금) 등의 죄를 범한 사람이 아동을 사망에 이르게 한 때'에 '무기 또는 5년 이상의 징역'에 처하도록 규정하고 있는데, 이는 형법 제33조 본문의 '신분관계로 인하여 성립될 범죄'에 해당한다. … 친모인 甲과 그 남자친구인 乙이 공모하여 甲의 아들 A를 학대하여 사망에 이르게 한 이 사건에서 甲에게는 아동학대처벌법위반(아동

---

59 유사 : 甲은 건축물조사 및 가옥대장 정리업무를 담당하는 지방행정서기 乙을 교사하여 무허가 건물을 허가받은 건축물인 것처럼 가옥대장 등에 등재케 하였다. 甲의 죄책은 허위공문서작성죄의 교사범이다(대법원 1983.12.13, 83도1458).

60 보충 : 특수경력직공무원에게 지방공무원법위반죄의 직접적용은 안 된다는 논점에 대한 판례는 죄형법정주의 중 명확성의 원칙 참조

학대치사)죄가 성립하는데, 乙에 대해서도 형법 제33조 본문에 따라 아동학대처벌법·위반(아동학대치사)죄의 공동정범이 성립하고 구 아동학대처벌법 제4조에서 정한 형에 따라 과형이 이루어져야 한다(상해치사죄가 아님).

판례연구 제33조 본문이 적용되지 않아 공범이 성립하지 않는다는 판례

1 대법원 2007.11.29, 2007도7062
정치자금법상 친족 간의 정치자금 기부행위 불벌과 관련하여 형법 제33조 본문의 적용을 배제한 사례
정치자금법 제45조 제1항 단서에서 "정치자금을 기부하거나 기부받은 자의 관계가 민법 제777조의 규정에 의한 친족인 경우"에는 처벌하지 않는 취지는 친족 간의 정의(情誼)를 고려할 때 정치자금법에서 정한 방법으로 돈을 주고받으리라고 기대하기 어려움을 이유로 책임이 조각되는 사유를 정한 것이지 범죄의 구성요건해당성이 조각되는 사유를 정한 것이 아니므로, 정치자금을 기부 받는 자와 친족관계에 있는 자가 그러한 친족관계 없는 자와 공모하여 정치자금법에 정하지 아니한 방법으로 정치자금을 기부한 경우에는 형법 제33조 본문에서 말하는 '신분관계로 인하여 성립될 범죄에 가공한 행위'에 해당한다고 볼 수 없으며, 친족관계에 있는 자의 책임은 조각된다.

2 대법원 2008.3.13, 2007도9507; 2007.4.26, 2007도309; 2006.1.26, 2005도8250 등
공직선거법상 기부행위제한위반죄의 신분에 유추해석금지원칙을 적용해 공동정범 성립을 배제한 사례
공직선거법상 기부행위제한위반의 죄는 같은 법 제113조 등에 한정적으로 열거·규정한 신분관계가 있어야만 성립하는 범죄이고 죄형법정주의의 원칙상 유추해석은 할 수 없으므로 위 각 해당 신분관계가 없는 자의 기부행위는 위 범죄로는 되지 아니하며, 각 기부행위의 주체로 인정되지 아니하는 자가 기부행위의 주체자 등과 공모하여 기부행위를 하였다고 하더라도 그 신분에 따라 각 해당법조로 처벌하여야 하며 기부행위의 주체자의 해당법조의 공동정범으로 처벌할 수 없다. [경찰채용 14 2차 / 경찰채용 12 3차 / 경찰승진(경위) 11]

판례연구 형법 제33조 단서가 적용된 사례

1 대법원 1984.4.24, 84도195
상습도박자가 단순도박자의 도박을 방조한 사례
상습도박의 죄나 상습도박방조의 죄에 있어서의 상습성은 행위의 속성이 아니라 행위자의 속성으로서 도박을 반복해서 거듭하는 습벽을 말하는 것인 바, 도박의 습벽이 있는 자가 타인의 도박을 방조하면 상습도박방조의 죄에 해당하는 것이며, 도박 습벽이 있는 자가 도박을 하고 또 도박방조를 하였을 경우 상습도박방조의 죄는 무거운 상습도박의 죄에 포괄시켜 1죄로서 처단하여야 한다. [경찰채용 20 1차 / 경찰채용 11 2차 / 법원행시 15 / 사시 13]

2 대법원 1989.10.10, 87도1901
面의 예산과는 별도로 면장이 면민 등으로부터 모금하여 그 개인 명의로 예금하여 보관하고 있던 체육대회 성금의 업무상 점유보관자는 면장(가중적 신분자)뿐이므로 면의 총무계장이 면장과 공모하여 업무상 횡령죄를 저질렀다 하여도 업무상 보관책임 있는 신분관계가 없는 총무계장에 대하여는 형법 제33조 단서에 의하여 형법 제355조 제1항(횡령죄)에 따라 처단하여야 한다.[61]

---

61 주의 : 업무상 횡령과 구별해야 할 군용물 횡령 판례 비점유자가 업무상점유자와 공모하여 횡령한 경우에 비점유자도 형법 제33조 본문에 의하여 공범관계가 성립되며 다만 그 처단에 있어서는 동조단서의 적용을 받는다 할 것이나 군용물횡령죄에 있어서는 업무상횡령이던 단순횡령이던 간에 본조에 의하여 그 법정형이 동일하게 되어 양죄 사이에 형의 경중이 없게 되었으므로 법률적용에 있어서

3 대법원 1994.12.23, 93도1002

형법 제33조 단서는 형법 제31조 제1항에 우선한다는 사례

형법 제31조 제1항은 협의의 공범의 일종인 교사범이 그 성립과 처벌에 있어서 정범에 종속한다는 일반적인 원칙을 선언한 것에 불과하고, 신분관계로 인하여 형의 경중이 있는 경우에 신분이 있는 자가 신분이 없는 자를 교사하여 죄를 범하게 한 때에는 형법 제33조 단서가 형법 제31조 제1항에 우선하여 적용됨으로써 신분이 있는 교사범이 신분이 없는 정범보다 중하게 처벌된다. 따라서 모해위증교사(제152조 제2항)에서 모해의 목적을 가진 제3자가 이러한 목적이 없는 자를 교사한 경우에 정범은 단순위증죄(제152조 제1항)로 처벌되는 데 반해 교사자는 모해위증교사죄(제152조 제2항)로 처벌된다. [경찰채용 22 1차 / 경찰채용 12 2차 / 경찰간부 17·18·20 / 경찰승진(경사) 10 / 국가9급 12 / 국가7급 14 / 법원9급 11 / 법원행시 05·08·09·14·15 / 사시 11·12·13·14 / 변호사시험 14]

4 대법원 1999.4.27, 99도883

비신분자가 신분자와 공모하여 업무상 배임죄를 범한 경우의 처단방법

업무상 배임죄는 업무상 타인의 사무를 처리하는 지위라는 점에서 보면 단순배임죄에 대한 가중규정으로서 신분관계로 인하여 형의 경중이 있는 경우라고 할 것이므로, 그와 같은 신분관계가 없는 자가 그러한 신분관계가 있는 자와 공모하여 업무상 배임죄를 저질렀다면(제33조 본문 : 업무상 배임죄 성립 ─ 필자 주) 그러한 신분관계가 없는 자에 대하여는 형법 제33조 단서에 의하여 단순배임죄에 정한 형으로 처단하여야 한다. [국가9급 12 / 법원행시 15 / 사시 11·13]

5 대법원 2007.2.8, 2006도483

업무상배임죄의 실행으로 인하여 이익을 얻게 되는 수익자가 실행행위자의 배임행위에 적극 가담한 사례

업무상배임죄의 실행으로 인하여 이익을 얻게 되는 수익자가 소극적으로 실행행위자의 배임행위에 편승하여 이익을 취득하는 데 그치지 않고 배임행위를 교사하거나 배임행위의 전 과정에 관여하는 등으로 실행행위자의 배임행위에 적극 가담한 경우에는 업무상배임죄의 공동정범이 된다. [국가9급 13 / 법원행시 10 / 사시 14]

6 대법원 2020.10.29, 2020도3972

대통령이 국정원장 등과 공모하여 국가정보원장 특별사업비를 횡령한 사건

횡령으로 인한 특정범죄 가중처벌 등에 관한 법률 위반(국고등손실)죄는 회계관계직원이라는 지위에 따라 형법상 횡령죄 또는 업무상횡령죄에 대한 가중처벌을 규정한 것으로서 신분관계로 인한 형의 경중이 있는 것이다. … 따라서 피고인이 국정원 등과 공모하여 국정원장 특별사업비에 대한 국고손실 범행을 저질러 그에게 특가법위반(국고등손실)죄가 성립한다고 하더라도, 피고인은 회계관계직원 또는 국가정보원장 특별사업비의 업무상 보관자가 아니므로 형법 제355조 제1항의 횡령죄에 정한 형으로 처벌된다.

사례연구 　　**아파트하자보수추진위 사례**

다음은 대법원 1999.4.27, 99도883 판례를 문제로 만든 것이다. 잘 읽고 물음에 답하시오.
A는 건설업에 종사하는 자이고, B는 백호아파트하자보수추진위원회 총무로서 위 아파트 보수공사의 시공업자 선정 및 그 공사대금 지출업무 등 실무를 총괄하였던 자이다. 그런데 A와 B는 위 하자보수 시공업자를 선정하면서 위 위원회의 이름으로 시공업자와 이중의 계약서를 작성하여 그 리베이트 형식으로

형법 제33조 단서의 적용을 받지 않는다(대법원 1965.8.24, 65도493).
보충 : 따라서 제33조 단서의 중한 형으로 벌하지 아니한다는 규정을 적용해야 한다는 변호인의 상고논지는 이유 없다(위 판례).

금원을 취득하기로 공모하여, B는 위원회의 총무로서 시공업자를 선정하고 그 공사 도급금액을 지출하기로 하였다. 이에 A는 건설업면허를 대여받은 C를 소개하여, C로 하여금 공사 도급금액 금 140,000,000원에 이 사건 아파트의 하자보수공사를 하게 하였음에도, C로 하여금 공사 도급금액 금 300,973,873원에 이 사건 아파트의 하자보수공사를 시공하게 한 것처럼 위 위원회와 계약을 작성하도록 하고 그 공사비를 지급받게 하였다.

제1문 배임증재죄를 범한 자라 하더라도 배임수재죄를 범한 자의 배임행위에 대한 공범이 성립할 수 있는가를 밝히고, 판례의 입장에 의한 A와 B의 죄책과 과형을 정확히 제시하시오.

해결 (배임수재죄와 배임증재죄 상호간은 필요적 공범 중 대향범이어서 상호간에 대한 총칙상 공범은 성립할 수 없으나) 업무상 배임죄와 배임증재죄는 별개의 범죄로서 배임증재죄를 범한 자라 할지라도 그와 별도로 타인의 사무를 처리하는 지위에 있는 사람과 공범으로서는 업무상 배임죄를 범할 수도 있는 것이다.

정답 배임행위에 대한 공범이 성립할 수 있다. 판례에 의할 때, A는 배임증재죄와 업무상 배임죄(업무상 배임죄는 B의 업무상 배임죄에 대한 공동정범으로서 성립하는 것)의 실체적 경합(다만 업무상 배임의 과형에 있어서는 단순배임죄의 형으로 처단함). B는 배임수재죄와 업무상 배임죄의 실체적 경합.

제2문 A를 업무상 배임의 형으로 처벌하는 것은 정당한가?

해결 업무상 배임죄의 업무자라는 신분관계가 없는 자가 그러한 신분관계가 있는 자와 공모하여 업무상 배임죄를 저질렀다면, 그러한 신분관계가 없는 자에 대하여는 형법 제33조 단서에 의하여 단순배임죄에 정한 형으로 처단하여야 할 것이다. [국가9급 12]

정답 정당하지 않다(단순배임죄의 형으로 처단하여야 한다).

03 소극적 신분과 공범

판례연구 소극적 신분자가 비신분자의 범행에 가담한 경우 공범성립 사례

1 대법원 1986.7.8, 86도749
간호보조원이 치과의사의 지시를 받아 치과환자에게 그 환부의 엑스레이를 촬영하여 이를 판독하는 등 초진을 하고 발치, 주사, 투약 등 독자적으로 진료행위를 한 것은 의료행위에 해당하므로, 치과의사가 치과기공사에게 진료행위를 하도록 지시한 것은 무면허의료행위의 교사에 해당한다. [경찰승진(경감) 10· 11/경찰승진(경사) 10/경찰승진 15]

2 대법원 1986.2.11, 85도448
소극적 신분자가 비신분자의 범행에 가담한 경우 공범이 성립한다는 사례
의료인일지라도 의료인이 아닌 자의 의료행위에 공모하여 가공하면 의료법 제25조 제1항이 규정하는 무면허의료행위의 공동정범으로서의 죄책을 진다. [경찰채용 14 2차/경찰승진(경감) 10/경찰승진 13/국가7급 13·14 ·20/법원9급 11/사시 11·12·13/변호사시험 16]

---

3 대법원 2007.1.25, 2006도6912

의료법위반교사의 죄책을 양벌규정상 책임에 의하여 면할 수 없다는 사례

의사인 피고인이 그 사용인 등을 교사하여 의료법 위반행위를 하게 한 경우 피고인은 의료법의 관련 규정 및 형법 총칙의 공범규정에 따라 의료법 위반 교사의 책임을 지게 된다고 할 것이다. 이와 달리 피고인이 의료법상 양벌규정에 따라 그 사용인 등의 의료법 위반행위에 대하여 책임을 지게 되므로 형법 총칙의 공범규정의 적용이 배제된다는 주장은 받아들일 수 없다.

4 대법원 2012.5.10, 2010도5964

간호사의 건강검진에 의사가 공모·가공한 사례

의사가 간호사에게 의료행위인 건강검진의 실시를 개별적으로 지시하거나 위임한 적이 없음에도 간호사가 그의 주도 아래 전반적인 의료행위의 실시 여부를 결정하고 간호사에 의한 의료행위의 실시과정에도 의사가 지시·관여하지 아니하였는데, 이러한 방식으로 의료행위가 실시되는 데 의사가 공모·가공하였다면 의사도 무면허의료행위의 공동정범의 죄책을 진다. [국가7급 20]

5 대법원 2017.4.7, 2017도378

의료인이 비의료인의 의료기관 개설행위에 공모가공한 사례

형식적으로만 적법한 의료기관의 개설로 가장한 것일 뿐 실질적으로는 비의료인이 주도적으로 의료기관을 개설·운영한 것으로 평가될 수 있는 경우에는 의료법에 위반된다. 또한 의료인이 의료인의 자격이 없는 일반인의 의료기관 개설행위에 공모하여 가공하면 구 의료법 제87조 제1항 제2호, 제33조 제2항 위반죄의 공동정범에 해당한다. [법원9급 20]

MEMO

✔ 아웃라인

목 차		난 도	출제율	대표지문
제1절 과실범과 결과적 가중범	01 과실범	中	★★★	• 형법은 인식 있는 과실을 인식 없는 과실보다 무겁게 처벌하고 있다. (×) • 형법 제268조의 업무상 과실의 유무를 판단함에는 같은 업무와 직무에 종사하는 일반적 보통인의 주의 정도를 표준으로 한다. (○) • 정신병동의 당직간호사 甲이 당직을 하던 중 그 정신병동에 입원 중인 환자가 완전감금병동의 화장실 창문을 열고 탈출하려다가 떨어져 사망한 경우 甲에게 과실이 인정된다. (×)
	02 결과적 가중범	中	★★	• 甲이 함께 술을 마신 乙과 도로 중앙선에 잠시 서 있다가 지나가는 차량의 유무를 확인하지 아니하고, 고개를 숙인 채 서 있는 乙의 팔을 갑자기 끌어당겨 도로를 무단횡단하던 도중에 지나가던 차량에 乙이 충격당하여 사망한 경우, 甲이 만취하여 사리분별능력이 떨어진 상태라면 甲에게 차량의 통행 여부 및 횡단가능 여부를 확인할 주의의무가 있다고 볼 수 없다. (×)
제2절 부작위범	01 부작위범의 일반이론	下	★	• 어떠한 범죄가 적극적 작위 또는 소극적 부작위에 의하여도 실현될 수 있는 경우에, 행위자가 자신의 신체적 활동이나 물리적, 화학적 작용을 통하여 적극적으로 타인의 법익상황을 악화시킴으로써 결국 그 타인의 법익을 침해하기에 이르렀다면, 이는 부작위에 의한 범죄로 봄이 타당하다. (×) • 형법에는 진정부작위범의 미수를 처벌하는 규정이 존재한다. (○) • 부작위에 의한 살인에 있어서 작위의무를 이행하였다면 사망의 결과가 발생하지 않았을 것이라는 관계가 인정될 경우, 부작위와 사망의 결과 사이에 인과관계가 인정된다. (○)
	02 부작위범의 성립요건	中	★★★	
	03 관련문제	中	★★	
	04 부작위범의 처벌	下	★	

✔ 출제경향

구 분	경찰채용						경찰간부						경찰승진					
	17	18	19	20	21	22	17	18	19	20	21	22	17	18	19	20	21	22
제1절 과실범과 결과적 가중범	2	1	1	3	1		1		1	1	2	3	1	2	1	1	2	1
제2절 부작위범		1	2		2	1			1	1		1	1		1	1	1	
출제빈도	14/220						11/240						12/240					

CHAPTER **07**

범죄의 특수한 출현형태론

국가9급						법원9급						법원행시						변호사시험					
17	18	19	20	21	22	17	18	19	20	21	22	17	18	19	20	21	22	17	18	19	20	21	22
2			1	1							1		1		1			1	1			1	1
2	1			1	1								1	1		1		1	1	1		1	
9/120						1/150						5/240						8/140					

---

01 과실범

1. 서 설

> 제14조 【과 실】 정상적으로 기울여야 할 주의(注意)를 게을리하여 죄의 성립요소인 사실을 인식하지 못한 행위는 법률에 특별한 규정이 있는 경우에만 처벌한다. 〈우리말 순화 개정 2020.12.8.〉 [법원9급 07(하) / 경찰 10 2차 / 경찰승진(경위) 10 / 경찰승진 10]

판례연구 업무상 과실 인정례

1 대법원 1972.5.9, 72도701

완구상 점원으로서 완구배달을 하기 위하여 자전거를 타고 소매상을 돌아다니는 일을 하고 있는 자가 부주의하여 횡단보도를 건너던 어린이를 부상시킨 경우 업무상 과실치상죄가 성립한다. [국가9급 11]

2 대법원 2007.5.31, 2006도3493

공휴일 또는 야간에 구치소 소장을 대리하는 당직간부인 교도관(矯導官)에게는 수용자들의 생명·신체에 대한 위험을 방지할 의무인 업무상과실치사죄에서 말하는 업무가 있다. [법원행시 14 / 사시 12]

판례연구 업무상 과실 부정례

대법원 2009.5.28, 2009도1040; 2017.12.5, 2016도16738

업무상 과실치상죄에 있어서의 '업무'란 수행하는 직무 자체가 위험성이 있어서 타인에 대한 안전배려를 의무의 내용으로 하는 경우는 물론 사람의 생명·신체의 위험을 방지하는 것을 의무내용으로 하는 업무도 포함되지만, 안전배려 내지 안전관리 사무에 계속적으로 종사하여 위와 같은 지위로서의 계속성을 가지지 아니한 채 단지 건물의 소유자로서 건물을 비정기적으로 수리하거나 건물의 일부분을 임대하였다는 사정만으로는 업무상과실치상죄에 있어서의 업무로 보기 어렵다. [경찰채용 20 1차 / 경찰간부 14]

> 비교 ① 전기배선이 벽 내부에 매립 설치되어 건물 구조의 일부를 이루고 있다면 그에 관한 관리책임은 일반적으로 소유자에게 있다고 보아야 할 것이고, 다만 ② 그 전기배선을 임차인이 직접 하였으며 그 이상을 미리 알았거나 알 수 있었다는 등의 특별한 사정이 있는 때에는 임차인에게도 그 부분의 하자로 인한 화재를 예방할 주의의무가 인정될 수 있다(대법원 2009.5.28, 2009도1040).

판례연구 중과실 인정례

1 대법원 1961.11.16, 4294형상312

농약을 평소에 신문지에 포장하여 판매하여 온 "중조"와 같은 모양으로 포장하여 점포 선반에 방치하고 가족에게 알리지 아니하여 사고가 발생하였다면 중과실치사의 죄책을 면할 수 없다.

2 대법원 1982.11.23, 82도2346

건물도괴에 관하여 건물관리인에게 중과실치상죄의 죄책을 인정한 사례

피고인이 관리하던 주차장 출입구 문주의 하단부분에 금이 가 있어 도괴될 위험성이 있었다면 피고인으로서는 소유자에게 그 보수를 요청하는 외에 건물 도괴로 인한 인명의 피해를 막도록 추가적인 조치를 하여야 할 주의의무가 있으므로, 소유자에게 그 보수를 요구하는 데 그쳤다면 그 주의의무를 심히 게을리 한 중대한 과실이 있다고 할 것이다.

3 대법원 1997.4.22, 97도538

84세·11세 사람을 상대로 한 안수기도 중 피해자가 사망한 사안에서, 중과실치사죄로 처단한 사례

피고인이 84세 여자 노인과 11세의 여자 아이를 상대로 안수기도를 함에 있어서 그들을 바닥에 반듯이 눕혀 놓고 기도를 한 후 "마귀야 물러가라", "왜 안 나가느냐"는 등 큰 소리를 치면서 한 손 또는 두 손으로 그들의 배와 가슴 부분을 세게 때리고 누르는 등의 행위를 약 20~30분간 반복하여 그들을 사망케 한 경우, 피고인에 대하여 중과실치사죄가 성립한다.

판례연구 중과실 부정례

1 대법원 1960.3.9, 4292형상761

인화물질이 없는 창고 내에 촛불을 켜놓고 나온 경우 중실화 부정례

피고인이 사용한 양촉은 신품으로 약 3시간 지속할 수 있고 창고 내에는 상자위에 녹여서 붙여 놓은 촛불 부근에 헌가마니, 쓰레기 등이 있을 뿐 휘발유 등 인화물질은 없었으며 양곡이 입고되어 있었고 약 30분 후에는 고사를 끝내고 고사에 사용한 쌀가마니를 입고할 예정으로 촛불을 끄지 아니하고 그대로 세워 놓고 창고 문을 닫고 나온 것이라면 이는 경과실에 불과하다.

2 대법원 1960.7.13, 4292형상580

교사가 국민학생(초등학생)에게 난로의 소화를 명하고 퇴거한 후 불이 난 경우 중실화죄의 죄책이 인정되지 않는다.

3 대법원 1984.1.24, 81도615; 1986.6.24, 85도2070

임대건물의 균열로 인한 가스중독 사고와 임대인의 수선의무의 범위

임차목적물에 있는 하자가 임차목적물을 사용할 수 없는 정도의 파손상태라거나 아니면 반드시 임대인에게 수선의무가 있는 대규모의 것이 아닌 한 이는 임차인의 통상의 수선 및 관리의무에 속한다 할 것이므로 특별한 사정이 없는 한 임대인에게 수선의무가 있다고 인정할 수 없다.

> 비교 연탄가스 중독사 사고에서 임대인에게 죄책을 인정한 사례 : 과실치사 ○
> 임차인으로부터 방바닥이 틈이 여러 군데 나 있고 연탄가스를 두 차례나 마셔 죽을 뻔하였으니 대규모의 수선이 필요하다는 요구를 수회 받고도 공사를 미루다가 임차인이 연탄가스 중독사한 경우에는 임대인에게 과실치사죄의 죄책이 성립한다(대법원 1993.9.10, 93도196).

4 대법원 1989.1.17, 88도643

연탄아궁이로부터 80센티미터 떨어진 곳에 쌓아둔 스펀지요, 솜 등이 연탄아궁이 쪽으로 넘어지면서 화재현장에 의한 화재가 발생한 경우라고 하더라도 중실화죄에 해당하지 아니한다. [경찰간부 11]

5 대법원 1989.10.13, 89도204

호텔오락실의 경영자가 그 오락실 천장에 형광등을 설치하는 공사를 하면서 그 호텔의 전기보안담당자에게 아무런 통고를 하지 아니한 채 무자격 전기기술자로 하여금 전기공사를 하게 하였더라도, 시공자의 부실공사가 그대로 방치되고 그로 인하여 전선의 합선에 의한 방화가 발생할 것 등을 쉽게 예견할 수 있었다고 보기는 어려우므로 중실화죄를 구성하지 아니한다.

6 대법원 1992.3.10, 91도3172

러시안 룰렛 게임 사례

동료 경찰관인 甲 및 乙과 함께 술을 많이 마셔 취하여 있던 중 갑자기 위 甲이 총을 꺼내 乙과 같이 총을 번갈아 자기의 머리에 대고 쏘는 소위 "러시안 룰렛" 게임을 하다가 乙이 자신이 쏜 총에 맞아 사망한 경우, 경찰관인 피고인들은 러시안 룰렛 게임을 공동으로 한 바가 없고 다만 위 게임을 제지하지 못하였을 뿐인데 보통사람의 상식으로서는 함께 수차에 걸쳐서 흥겹게 술을 마시고 놀았던 일행이 갑자기 자살행위와 다름없는 위 게임을 하리라고는 쉽게 예상할 수 없는 것이므로(신뢰의 원칙) 위 甲의 과실과 더불어 중과실치사죄의 죄책을 물을 수 없다.

7 대법원 1994.3.11, 93도3001

전기석유난로를 켜 놓은 채 귀가하여 전기석유난로 과열로 화재가 발생하였다 하여 중실화를 유죄로 인정한 원심판결은 화재발생원인의 인정에 있어 심리미진의 위법이 있다. [경찰채용 20 2차]

2. 과실범의 성립요건

판례연구 **객관적 주의의무위반을 인정한 판례**

1 대법원 1966.5.31, 66도548

자동차운전수가 전방만을 보고 좌우에 대한 주시의무를 태만히 하여 도로 좌측에서 우측으로 횡단하려는 피해자를 뒤늦게 발견한 탓으로 사고를 발생케 하였고 좌우를 살피면서 운행하였더라면 사고를 미연에 방지할 수 있었다면 운전수에게 과실이 있다 할 것이다.

2 대법원 1984.2.28, 83도3007

호텔 사장과 영선과장에게 호텔 화재로 인한 숙박객의 사상에 대해 업무상 과실치사상죄를 인정한 사례

호텔의 사장 또는 영선과장인 피고인들이 오보가 잦다는 이유로 자동화재조기탐지 및 경보시설인 수신기의 지구경종스위치를 내려 끈 채 봉하고, 영업상 미관을 해친다는 이유로 각층에 설치된 갑종방화문을 열어두게 하고 옥외피난계단으로 통하는 을종방화문은 도난방지 등의 이유로 고리를 끼워 피난구로서의 역할을 다하지 못하게 하였다면, 화재로 인한 숙박객 등의 사상이라는 결과는 충분히 예견가능한 것이라고 할 것이다.

비교 업무에 직접 관여하지 아니한 호텔 회장에게 업무상 과실치사상죄를 부정한 사례

호텔을 경영하는 주식회사에 대표이사가 따로 있고 각 업무담당자들이 별도로 존재한다면 위 회사의 업무에 전혀 관여하지 않고 있던 회장에게는 위 회사의 직원들에 대한 일반적·추상적

지휘감독의 책임은 있을지언정 동 호텔 종업원의 부주의와 호텔구조상의 결함으로 발생·확대된 화재에 대한 구체적이고도 직접적인 주의의무는 없다(대법원 1986.7.22, 85도108). [경찰간부 14]

3 대법원 1985.12.24, 85도1755
자동차를 운행하는 자는 매일 그 운행개시 전에 일상점검의 하나로 제동장치 중 제동파이프에 기름 누설이 없고 고정이 확실한 여부를 점검하여야 할 업무상 주의의무가 있다.

4 대법원 1986.7.22, 85도2223
소규모 현장건축물 안전관리를 총괄하는 현장소장의 감전사고방지를 위한 주의의무를 인정한 사례
현장건축물 시공업무, 임시동력선 배선공사 및 그와 관련된 안전관리를 총괄하는 지위에 있는 현장소장으로서는 그 현장이 직원 6명 정도의 비교적 소규모의 것이었다면 구체적인 전선설치 작업에 있어서도 전선의 상태를 점검하여 피복이 벗겨진 부분이 발견되면 이를 교체하는 등 필요한 조치를 취하여 감전사고를 미연에 방지하여야 할 주의의무가 있다.

5 대법원 1986.8.19, 86도915
자전거 전용통로에 도시가스배관, 철도횡단흉관 압입공사를 하기 위하여 너비 약 3미터, 깊이 약 1미터, 길이 약 5미터의 웅덩이를 파두어 야간에 그곳을 지나던 통행인이 위 웅덩이에 떨어져 상해를 입었다면 동 공사현장 감독에게는 공사현장의 보안관리를 소홀히 한 주의의무위반이 있다.

6 대법원 1986.10.14, 85도1789
필요한 정밀검사를 실시하지 않아 병명을 알지 못하고 수술한 경우 업무상 과실치사를 인정한 사례
갑상선비대증환자 등에 대하여는 편도선 절제수술이 금기사항이므로 의사로서는 환자를 진찰한 결과 환자의 갑성선과 심장이 보통사람의 그것에 비하여 많이 비대해져 있음을 발견하였으면 마땅히 정밀검사를 시행하였어야 할 터임에도, 사전에 이에 대한 정밀검사를 실시하지 아니한 과실로 환자가 갑상선수양암 및 관상동맥경화증 환자임을 알지 못한 채 동인의 편도선절제수술을 감행함으로써 수술 후 약 40분 후에 심장마비로 사망케 하였다면 업무상과실치사의 책임이 있다.

7 대법원 1987.2.10, 86도2514
야간에 가로등이 없는 곳에 비상등만 켜놓고 위험표지판을 설치하지 않고 정차한 트럭 운전사 사례
가시거리가 약 5~6미터 정도 밖에 되지 않는 야간에 가로등이 설치되어 있지 않고 차량통행이 빈번한 편도 2차선의 도로상에 적재한 원목 끝부분이 적재함으로부터 약 3~6미터 돌출되어 있는 트럭을 정차할 경우, 운전사로서는 비상등을 켜고 차량후방에 위험표지판을 설치한 후 뒤따라오는 차량에게 위험신호를 하여 주는 등으로 사고발생을 사전에 방지하여야 할 업무상 주의의무가 있다고 할 것임에도 단지 비상등만 켜놓은 채 그대로 정차하여 두었다면 업무상 과실이 있다. [경찰간부 21]

8 대법원 1988.9.27, 88도833
버스운전사에게는 전날 밤에 주차해둔 버스를 그 다음날 아침에 출발하기에 앞서 차체 밑에 장애물이 있는지 여부를 확인하여야 할 주의의무가 있다. [국가9급 07]

9 대법원 1990.2.27, 89도777
야간에 빗물로 노면이 미끄러운 고속도로에서 진행전방의 차량이 빗길에 미끄러져 비정상적으로 움직이고 있다면 앞으로의 진로를 예상할 수 없는 것이므로 그 후방에서 진행하고 있던 차량의 운전자로서는 이러한 사태에 대비하여 속도를 줄이고 안전거리를 확보해야 할 주의의무가 있다.

10 대법원 1990.5.22, 90도579

의사가 근육에 조직괴사를 일으킬 수 있는 마취제 에폰톨을 간호조무사에게 정맥주사하게 한 사례

마취제를 정맥주사할 경우 의사로서는 스스로 주사를 놓든가 부득이 간호사나 간호조무사에게 주사케 하는 경우에도 적절하고 상세한 지시를 함과 함께 스스로 그 장소에 입회하여야 할 주의의무가 있고, 사이드 인젝션(Side Injection)방법[62]이 직접 주사방법보다 안전하고 일반적인 것이라 할 것인 바, 산부인과 의사인 피고인이 피해자에 대한 임신중절수술을 시행하기 위하여 마취주사를 시주함에 있어 직접 주사하지 아니하고 만연히 간호조무사로 하여금 직접주사하게 하여 피해자에게 상해를 입혔다면 이에는 의사로서의 주의의무를 다하지 아니한 과실이 있다고 할 것이다.[63]

11 대법원 1990.11.13, 90도1987

부근에 고압전선이 설치되어 있는 건물옥상에 애드벌룬을 띄움에 있어서의 업무상 주의의무

광고업자가 건물 옥상에 고정수소 2,850기압을 주입한 애드벌룬을 공중에 띄움에 있어서 당시 강풍이 불고 있었고 그곳 부근에 22,900볼트의 고압전선이 설치되어 있었다면 그 안전여부를 확인하면서 주민들에게 위험을 알려주어 주의를 환기시키고 애드벌룬이 고압선에 감겼을 때에도 안전하게 이를 제거할 방법을 강구할 업무상 주의의무가 있다.

12 대법원 1990.12.26, 89도2589

사고지점 노면이 결빙된 데다가 짙은 안개로 시계가 20m 정도 이내였다면 고속도로의 제한시속에 관계없이 장애물발견 즉시 제동정지할 수 있을 정도로 속도를 줄이는 등의 조치를 취하였어야 할 것이므로 단순히 제한속도를 준수하였다는 사실만으로는 주의의무를 다하였다 할 수 없다. [법원행시 10]

13 대법원 1991.5.28, 91도840

야간에 시골 국도 운전 중 맞은편에 전조등을 켠 차량과 교행 직후 도로상에 누워있는 피해자를 친 경우

피고인이 맞은편에서 오는 차량과 교행시에 전조등을 하향조정하여 진로를 주시하였더라면 진행전방에 누워 있던 피해자를 상당한 거리에서 미리 발견할 수 있었는지 여부 등 피고인이 통상적으로 요구되는 운전상 주의의무를 다하였는데도 피해자를 미리 발견할 수 없었던 것인지의 여부를 심리함이 없이 피고인에게 과실이 없다고 판단한 것은 위법하다.

14 대법원 1994.4.26, 92도3283

마취환자의 마취회복업무를 담당한 의사로서는 마취환자가 수술 도중 특별한 이상이 있었던 경우에는 보통 환자보다 더욱 감시를 철저히 하고, 또한 마취환자가 의식이 회복되기 전에는 호흡이 정지될 가능성이 적지 않으므로 피해자의 의식이 완전히 회복될 때까지 주위에서 관찰하거나 적어도 환자를 떠날 때는 피해자를 담당하는 간호사를 특정하여 그로 하여금 환자의 상태를 계속 주시하도록 하여 만일 이상이 발생한 경우에는 즉시 응급조치가 가능하도록 할 의무가 있다.[64] [경찰승진 11 / 사시 10]

---

62 수액세트에 주사침을 연결하여 정맥 내에 위치하게 하고 수액을 공급하면서 주사제를 기존의 수액세트를 통하여 주사하는 정맥주사방법이다.

63 비교 : 다만, 간호사가 의사의 처방에 의한 정맥주사(Side Injection 방식)를 의사의 입회 없이 간호실습생(간호학과 대학생)에게 실시하도록 하여 발생한 의료사고에 대한 의사의 과실을 부정한 사례도 있다(대법원 2003.8.19, 2001도3667). 후술하는 객관적 주의의무위반을 인정하지 않은 판례 정리 참조

64 또 다른 논점 : 피해자를 감시하도록 업무를 인계받지 않은 간호사가 회복실 내의 모든 환자에 대하여 적극적, 계속적으로 주시 · 점검을 할 의무가 있다고 할 수 없다(대법원 1994.4.26, 92도3283). [사시 10]

15 대법원 1994.10.14, 94도2165

음주운전을 단속하며 정지신호를 보내오고 있는 경찰관을 발견한 운전자로서는 마땅히 차량을 정차시켜야 하고, 만일 계속 진행하더라도 속도를 줄이고 경찰관의 동태를 잘 살펴 안전하게 진행하여야 할 업무상 주의의무가 있다고 할 것인데, 그럼에도 불구하고 이에 위배하여 상당한 속도로 계속 진행함으로써 정차를 시키기 위하여 차체를 치는 경찰관으로 하여금 상해를 입게 한 운전자에게는 업무상 주의의무를 다하지 못한 과실이 있다. [경찰승진 11]

16 대법원 1994.12.9, 93도2524

조증환자에게 전해질이상 유무를 확인하지 않고 포도당액을 주사하여 환자를 사망에 이르게 한 사례
정신과질환인 조증으로 입원한 환자의 주치의사는 조증치료제인 클로르포르마진의 과다투여로 인하여 환자에게 기립성저혈압이 발생하게 되었다면 내과전문병원 등으로 전원조치를 하여야 할 것이나, 그러지 못하고 환자의 혈압상승을 위하여 포도당액을 주사하게 되었으면 그 과정에서 환자의 전해질이상 유무를 확인하고 투여하여야 함에도 의사에게 요구되는 이러한 일련의 조치를 취하지 아니한 과실이 있다면, 환자의 주치의사는 업무상과실치사죄의 책임을 면할 수는 없다. [사시 15]

17 대법원 1994.12.22, 93도3030

호흡장애환자의 상태를 확인 안 한 의사 및 의사를 불러달라는 보호자의 요청을 듣지 않은 간호사 사례
갑상선아전절제술 및 전경부임파절청소술을 받은 환자가 기도부종으로 인한 호흡장애로 식물인간상태에 이르게 된 경우, 환자의 호흡 곤란을 알고도 약 9시간 동안 환자의 상태를 확인하지 아니한 주치의 겸 당직의사와 그의 활력체크지시를 제대로 이행하지 아니하고 의사를 불러달라는 환자 보호자의 요청을 듣지 아니한 담당간호사들은 모두 업무상과실치상죄로 처단해야 한다.

18 대법원 1995.12.26, 95도715

운전자가 택시를 운전하고 제한속도가 시속 40km인 왕복 6차선 도로의 1차선을 따라 시속 약 50km로 진행하던 중, 무단횡단하던 보행자가 중앙선 부근에 서 있다가 마주 오던 차에 충격당하여 택시 앞으로 쓰러지는 것을 피하지 못하고 역과시킨 경우, 운전자가 통상적으로 요구되는 주의의무를 다하였는지 여부를 심리하지 아니한 채 업무상 과실이 없다고 판단한 것은 정당하지 않다. [국가9급 11]

19 대법원 1996.6.11, 96도1049

피해자가 운전하는 승용차가 중앙선에 근접하여 운전하여 오는 것을 상당한 거리에서 발견하고도 두 차가 충돌하는 것을 피하기 위하여 할 수 있는 적절한 조치를 취하지 아니하고 그대로 진행하다가 두 차가 매우 가까워진 시점에서야 급제동 조치를 취하며 조향장치를 왼쪽으로 조작하여 중앙선을 넘어가며 피해자의 승용차를 들이받은 경우에는, 피고인에게 과실이 있다고 해야 한다.

20 대법원 1999.1.15, 98도2605; 1981.12.8, 81도1808; 1975.9.23, 74도231 등

야간에 고속도로에서 차량을 운전하는 자는 주간과는 달리 노면상태 및 가시거리상태 등에 따라 고속도로 상의 제한 최고속도 이하의 속도로 감속·서행할 주의의무가 있으므로, 야간에 선행사고로 인하여 전방에 정차해 있던 승용차와 그 옆에 서 있던 피해자를 충돌한 경우 운전자에게 제한속도 이하로 감속운전하지 아니한 과실이 있다고 해야 한다.

21 대법원 2001.12.11, 2001도5005

선행차량에 이어 피고인 운전 차량이 피해자를 연속하여 역과하는 과정에서 피해자가 사망한 사례
야간인데다가 비까지 내려 시계가 불량하고 내린 비로 인하여 노면이 다소 젖어있는 상태에 비탈길의 고갯마루를 지나 내리막길이 시작되는 곳으로부터 가까운 지점을 앞차를 뒤따라 진행하는 차량의

운전사로서는 앞차에 의하여 전방의 시야가 가리는 관계상 앞차의 어떠한 돌발적인 운전 또는 사고에 의하여서라도 자기 차량에 연쇄적인 사고가 일어나지 않도록 앞차와의 충분한 안전거리를 유지하고 진로 전방좌우를 잘 살펴 진로의 안전을 확인하면서 진행할 주의의무가 있다. [경찰간부 11 / 국가9급 12 / 국가7급 14 / 법원9급 12]

22 대법원 2002.8.23, 2002도2800
중앙선에 서서 도로횡단을 중단한 피해자의 팔을 갑자기 잡아끌고 피해자로 하여금 도로를 횡단하게 만든 피고인으로서는 위와 같이 무단횡단을 하는 도중에 지나가는 차량에 충격당하여 피해자가 사망하는 교통사고가 발생할 가능성이 있으므로, 이러한 경우에는 피고인이 피해자의 안전을 위하여 차량의 통행 여부 및 횡단 가능 여부를 확인하여야 할 주의의무가 있다(과실치사). [경찰채용 21 2차 / 변호사시험 18]

23 대법원 2005.2.18, 2003도965
사고 당시 야간에 비까지 내리고 있다면 화물차량 운전업무 종사자로서는 평소보다 전방을 더욱 면밀히 주시하면서 시계가 불량한 경우 제한최고시속보다 더욱 감속하여 안전하게 운전함으로써 사고를 미연에 방지할 의무를 지게 되는 것이지, 그로 인하여 운전자의 전방주시의무나 안전운전의무가 감경되는 것으로는 볼 수 없다.

24 대법원 2005.3.24, 2004도8137
알코올중독자의 수용시설을 운영 또는 관리하던 피고인들로서는 알코올중독자의 금단증상에 대비하여 의사 등을 배치하고 금단증상을 보이는 알코올중독자를 즉시 병원으로 호송하여 치료를 받게 하는 등의 조치를 다할 주의의무가 있었음에도 피해자를 독방에 방치하여 그가 자살하였다면 피고인들의 과실과 사망 간에 인과관계가 인정되므로 업무상 과실치사죄가 인정된다.

25 대법원 2007.9.21, 2006도6949
강제도선구역 내에서 조기 하선한 도선사(導船士)에게는 하선 후 발생한 선박충돌사고에 대한 업무상 과실이 인정되므로 업무상 과실선박파괴죄가 성립한다.

26 대법원 2007.11.16, 2005도1796
산후조리원의 신생아의 집단관리 업무를 책임지는 사람으로서는 신생아의 건강관리나 이상증상에 관하여 일반인보다 높은 수준의 지식을 갖추어 신생아를 위생적으로 관리하고 건강상태를 면밀히 살펴 이상증세가 보이면 (산모에게 알리고 그 지시를 받는 것으로는 불충분하고) 의사나 한의사 등 전문가에게 진료를 받도록 하는 등 적절한 조치를 취하여야 할 업무상 주의의무가 있다. [국가7급 16 / 법원행시 13]

27 대법원 2009.12.24, 2005도8980
의사들의 주의의무 위반과 처방체계상의 문제점으로 인하여 피부암수술 후 회복과정에 있는 환자에게 인공호흡 준비를 갖추지 않은 상태에서는 사용할 수 없는 약제 근이완제인 베큐로니움 브로마이드 (Vecuronium Bromide)가 잘못 처방되었고, 종합병원의 간호사로서는 주의사항 등을 미리 확인·숙지하였다면 과실로 처방된 것임을 알 수 있었음에도 그대로 주사하여 환자가 의식불명 상태에 이르게 된 경우, 간호사에게도 업무상과실치상의 형사책임을 인정해야 한다. [국가7급 16]

28 대법원 2010.3.25, 2008도590
피고인은 마취전문 간호사로서 의사의 구체적 지시 없이 독자적으로 마취약제와 사용량을 결정하여 치핵제거수술을 받을 피해자에게 척수마취시술을 한 후 현장을 이탈하는 등 적절한 조치를 취하지 않았을 뿐 아니라, 수술을 받던 피해자가 하체를 뒤로 빼면서 극도의 흥분상태로 소리를 지르는 등

통증을 호소하고 출혈이 발생한 이후에도 마취전문 간호사로서의 필요한 조치를 다하지 아니한 업무상 과실이 있고, 그러한 업무상 과실과 집도의의 과실이 경합하여 결국 피해자가 사망에 이르게 되었다고 보아야 한다. [사시 12]

29 대법원 2010.4.29, 2009도7070
① 산부인과 의사인 피고인이 제왕절개수술을 시행 중 태반조기박리를 발견하고도 피해자의 출혈 여부 관찰을 간호사에게 지시하였다가 수술 후 약 45분이 지나 대량출혈을 확인하고 전원(轉院) 조치하였으나 그 후 피해자가 사망한 경우, 피고인은 신속한 수혈 및 전원의무를 게을리한 과실이 있다. 또한 ② 피고인이 전원(轉院)받는 병원 의료진에게 피해자가 고혈압환자이고 제왕절개수술 후 대량출혈이 있었던 사정을 설명하지 않은 경우, 피고인에게 전원과정에서 피해자의 상태 및 응급조치의 긴급성에 관하여 충분히 설명하지 않은 과실도 있다고 해야 한다. [경찰채용 13 1차 / 경찰간부 15 / 국가7급 16 / 사시 13]

30 대법원 2010.6.24, 2010도2615; 1994.12.27, 94도2513
건축법, 건축사법, 건설기술관리법 등의 관련 법령의 취지를 고려할 때, 공사감리자가 관계 법령과 계약에 따른 감리업무를 소홀히 하여 건축물 붕괴 등으로 인하여 사상의 결과가 발생한 경우에는 업무상과실치사상의 죄책을 면할 수 없다. [경찰승진 12]

31 대법원 2010.7.22, 2010도1911
골프장의 경기보조원인 피고인이 골프 카트에 피해자 등 승객들을 태우고 진행하기 전에 안전 손잡이를 잡도록 고지하지도 않고, 또한 승객들이 안전 손잡이를 잡았는지 확인하지도 않은 상태에서 만연히 출발하였으며, 각도 70°가 넘는 우로 굽은 길을 속도를 충분히 줄이지 않고 급하게 우회전함으로써 피해자를 골프 카트에서 떨어지게 하여 두개골골절, 지주막하출혈 등의 상해를 입게 하였다면 업무상 과실치상죄가 성립한다고 본 것은 정당하다. [경찰채용 12 3차 / 국가9급 11]

32 대법원 2010.10.28, 2008도8606
간호사가 의사의 진료를 보조할 경우 의사의 지시에 따를 의무가 있는지 여부(원칙적 적극)
간호사 甲, 乙이 수술 직후의 환자에 대한 진료를 보조하면서 1시간 간격으로 4회 활력징후를 측정하라는 담당 의사 A의 지시에 따르지 아니하였고 그 후 위 환자가 과다출혈로 사망한 경우, 의료법상 간호사가 의사의 진료를 보조할 경우에는 특별한 사정이 없는 한 의사의 지시에 따라 진료를 보조할 의무가 있으므로, 甲과 乙에게는 3회차 측정시각 이후 4회차 측정시각까지 활력징후를 측정하지 아니한 업무상 과실이 있다고 보아야 한다.

33 대법원 2010.11.11, 2009도13252
산업안전보건법위반죄는 안 되지만, 업무상 과실치사죄는 성립한다는 판례
교량기초케이슨 및 교각제작공사의 하도급업체 근로자가 철근조립작업 중 철근지지대의 수량부족 등으로 인해 넘어진 수직철근에 머리를 부딪쳐 사망한 경우, 위 하도급업체와 그 업체 종업원인 현장소장에게 구 산업안전보건법위반죄가 성립하지 않지만, 철근 붕괴 예방을 위하여 적절한 수량의 철근지지대가 충분히 설치되도록 감독하는 등 공사 실시의 관리·감독업무에 관한 주의의무 위반은 인정되므로 현장소장에게 업무상과실치사의 죄책이 인정된다고 보아야 한다.

34 대법원 2010.12.23, 2010도1448[65]; 2009.5.28, 2008도7030; 1996.1.26, 95도2263
도급계약의 경우 도급인의 안전조치에 관한 주의의무 판단기준

---

65 보충 : 하도급 공사현장에서 작업을 하던 하수급인인 피해자가 옥상 개구부를 통해 추락하여 상해를 입은 경우, 하도급인으로부터 위 공사현장의 소장 및 현장대리인으로서 안전보건총괄책임자로 지정된 피고인 甲의 업무상 과실이 인정된다는 사례이다.

도급계약의 경우 ① 원칙적으로 도급인에게는 수급인의 업무와 관련하여 사고방지에 필요한 안전조치를 취할 주의의무가 없으나 예컨대, 주택수리업자에게 주택수리를 의뢰한 도급인은 공사상 필요한 안전조치를 취할 업무상 주의의무를 부담하지 않는다(대법원 2002.4.12, 2000도3295). ② 법령에 의하여 도급인에게 수급인의 업무에 관하여 구체적인 관리·감독의무 등이 부여되어 있거나 도급인이 공사의 시공이나 개별 작업에 관하여 구체적으로 지시·감독하였다는 등의 특별한 사정이 있는 경우에는 도급인에게도 수급인의 업무와 관련하여 사고방지에 필요한 안전조치를 취할 주의의무가 있다고 할 것이다. [법원행시 09·16 / 변호사시험 18]

35 대법원 2011.5.26, 2010도17506

택시 운전자 甲은 심야에 밀집된 주택 사이의 좁은 골목길이자 직각으로 구부러져 가파른 비탈길의 내리막에 누워 있던 乙의 몸통 부위를 자동차 바퀴로 역과하여 사망에 이르게 하였다면, 사고 당시 피고인에게는 이러한 업무상 주의의무를 위반한 잘못이 있었다고 해야 한다. [경찰승진 15 / 사시 14]

36 대법원 2011.7.28, 2009도8222

교통사고처리특례법상 신호위반으로 인한 업무상 과실치상죄 사례

교차로의 차량신호등이 적색이고 교차로에 연접한 횡단보도 보행등이 녹색인 경우에 차량 운전자가 위 횡단보도 앞에서 정지하지 아니하고 횡단보도를 지나 우회전하던 중 업무상과실치상의 결과가 발생하면 교통사고처리 특례법 제3조 제1항, 제2항 단서 제1호의 '신호위반'에 해당하고, 이때 위 신호위반 행위가 교통사고 발생의 직접적인 원인이 된 이상 사고장소가 횡단보도를 벗어난 곳이라 하여도 위 신호위반으로 인한 업무상과실치상죄가 성립함에는 지장이 없다.

37 대법원 2018.5.11, 2018도2844

의료과오사건에서 의사의 과실을 인정하기 위한 요건

의료과오사건에서 의사의 과실을 인정하려면 결과 발생을 예견할 수 있고 또 회피할 수 있었는데도 예견하거나 회피하지 못한 점을 인정할 수 있어야 한다. 의사의 과실이 있는지는 같은 업무 또는 분야에 종사하는 평균적인 의사가 보통 갖추어야 할 통상의 주의의무를 기준으로 판단하여야 하고, 사고 당시의 일반적인 의학 수준, 의료환경과 조건, 의료행위의 특수성 등을 고려하여야 한다. 의사가 진찰·치료 등의 의료행위를 할 때는 사람의 생명·신체·건강을 관리하는 업무의 성질에 비추어 환자의 구체적 증상이나 상황에 따라 위험을 방지하기 위하여 요구되는 최선의 조치를 해야 한다. 의사에게 진단상 과실이 있는지를 판단할 때는 의사가 비록 완전무결하게 임상진단을 할 수는 없을지라도 적어도 임상의학 분야에서 실천되고 있는 진단 수준의 범위에서 전문직업인으로서 요구되는 의료상의 윤리, 의학지식과 경험에 기초하여 신중히 환자를 진찰하고 정확히 진단함으로써 위험한 결과 발생을 예견하고 이를 회피하는 데에 필요한 최선의 주의의무를 다하였는지를 따져 보아야 한다. 나아가 의사는 환자에게 적절한 치료를 하거나 그러한 조치를 하기 어려운 사정이 있다면 신속히 전문적인 치료를 할 수 있는 다른 병원으로 전원시키는 등의 조치를 하여야 한다. [국가9급 21]

38 대법원 2021.11.11, 2021도11547

포클레인 기사의 덤프트럭 토사 적재작업시의 주의의무

포클레인 기사 甲은 포클레인을 이용해 토사를 덤프트럭에 적재하는 작업을 하면서 작업범위 밖으로 토사 등이 떨어지지 않도록 충분한 주의를 기울여야 할 업무상 주의의무가 있음에도 이를 게을리한 채 포클레인으로 퍼서 올린 토사가 부근의 자전거도로로 떨어지게 하여 자전거를 타고 그곳을 지나던 乙이 떨어진 돌에 부딪혀 넘어지게 하여 상해를 입었다. … 공사현장에서 포클레인을 이용해 땅을 파서 흙을 트럭에 싣는 작업을 하는 경우 적재물이 낙하하여 사람이 다치거나 주변 통행에 방해가 되는 등의 사고가 발생할 수 있으므로 포클레인 기사는 낙하사고를 방지하기 위하여 필요한 조치를 취하여야 한다.

39 대법원 2022.1.14, 2021도15004

크레인 공사현장에서 중량물 취급 시에 필요한 안전조치의무 및 업무상 주의의무

공사 현장소장인 피고인이 25톤급 이동식 크레인을 사용하여 작업하기로 작업계획서를 작성하고도 실제 16톤급 이동식 크레인을 배치하고 피해자에게 적재하중을 초과하는 철근 인양작업을 지시하여 철근의 무게를 버티지 못한 이 사건 크레인이 전도되게 함으로써 사업주의 안전조치의무를 위반함과 동시에 업무상 과실로 피해자에게 상해를 입게 한 경우, 피고인의 업무상 과실이 인정되고 사고와의 사이에 인과관계도 인정된다.

판례연구 **객관적 주의의무위반을 부정한 판례**

1 대법원 1969.1.21, 68도1661

운행 중인 트럭의 뒤 또는 옆에서 쫓아와 발판에 뛰어오르려다 실족·추락하여 뒷바퀴에 치어 사망한 경우 운전사에게 과실 없다고 인정한 것은 정당하다.

2 대법원 1977.3.8, 76도4174

주행 중 사이드 브레이크를 조작하지 않은 것과 업무상 과실치상죄의 과실 유무

사이드 브레이크는 원래 주차용으로서 차량 주행 중에는 이를 사용할 수 없을 뿐더러 더욱이 경사진 곳에서 내려가는 경우에는 이를 사용하더라도 제동의 효과를 얻을 수 없으므로 차량 운행 도중 버스의 브레이크 마스터 롯트핀이 빠져 페달 브레이크 장치가 작동하지 아니하게 된 경우에 사이드 브레이크를 조작하지 아니하였다 하여 운전수에게 과실이 있다 할 수 없다.

3 대법원 1977.6.28, 77도523

버스의 진행 중 갑자기 차문을 열고 하차하려는 사람에 대한 버스 운전자의 주의의무

버스운전자는 차내의 승차자가 차의 진행 중에 개문 하차하리라고 예상하여 승차자의 동정을 주의 깊게 살펴야 할 주의의무가 있다고는 볼 수 없을 뿐만 아니라 갑자기 하차하려는 사람을 모르고 차를 운행한 데 과실이 있다고도 할 수 없다.

4 대법원 1979.9.11, 79도1616

중기인 쇼벨을 운전하여 쇼벨 버킷에 돌을 담아 들고 있다가 후진하여 오는 트럭의 적재함에 부어주는 자는 돌을 담아 들은 쇼벨 버킷을 공중에 멈춰둔 채 트럭 적재함 내에 사람이 누워 있는가의 여부 등 상태를 점검한 다음 비로소 돌을 부어 주어야 하는 주의의무까지 있다고 할 수 없다.

5 대법원 1983.5.24, 82도289

의사가 종합병원에서의 치료를 제시하고 괴사의 위험성을 경고하였음에도 민간요법에 의존한 사례

피해자는 피고인의 진찰을 받고 일단 종합병원에 가서 진단과 치료를 받을 것을 권고받았으나 경제적 사정을 호소하면서 피고인의 치료를 요구하여 피고인이 혈관질환에 의한 증상으로 판단하고 세균감염에 대비한 조치를 취하고 아울러 즉시 혈관촬영이 가능하고 수술시설이 갖추어진 종합병원으로 갈 것을 강력히 제시하고 괴사의 위험성이 있음을 경고하였으나, 피해자는 이에 불응하고 민간요법으로 치료를 계속하다가 타병원에서 괴사로 진행되고 있는 우측하지를 절단받기에 이른 경우라면 피고인에 있어서 치료시술상 요구되는 주의의무를 해태하였다고 볼 수 없다.

6 대법원 1983.6.14, 82도1925

피해자의 하차요청에 따라 피고인이 운전 중인 딸딸이차를 정차하려는 순간 피해자가 갑자기 뛰어

내리다가 지면에 부딪치게 되었다면, 운전자에게 그러한 결과발생까지 예상하여 승차자의 동정을 주의 깊게 살펴야 할 업무상 주의의무를 지울 수는 없는 것이다.

7 대법원 1983.8.23, 83도1328
차선을 변경하여 진입하는 차량에 대한 방어운전상의 주의의무 판단기준
2차선을 따라 정상적으로 운행하고 있던 트럭이 3차선으로부터 트럭의 진로전방으로 차선을 변경하여 진입해오는 버스와 충돌한 사고에 있어서 트럭운전자에게 그 충격방지를 위한 필요한 조치를 취할 주의의무가 있다고 하기 위해서는 위 버스가 차선을 변경하여 트럭의 진로전방에 진입한다는 사실을 예견할 수 있었다는 사정을 전제로 하여서만 가능한 것이다.

8 대법원 1984.2.14, 83도2982
장물 여부에 관한 중고품매입상의 주의의무
시계점을 경영하면서 중고시계의 매매도 하고 있는 피고인이 장물로 판정된 시계를 매입함에 있어 매도인에게 그 시계의 구입장소, 구입시기, 구입가격, 매각이유 등을 묻고 비치된 장부에 매입가격 및 주민등록증에 의해 확인된 위 매도인의 인적사항 일체를 사실대로 기재하였다면, 그 이상 위 매도인의 신분이나 시계출처 및 소지 경위에 대한 위 매도인의 설명의 진부에 대하여서까지 확인하여야 할 주의의무가 있다고는 보기 어렵다. [국가9급 09]

> 비교   장물인지 의심할 만한 특별한 사정이 있는 경우에는 매도인의 신원확인 외에 출처 및 소지경위 등에 대하여도 확인할 업무상 주의의무가 있다(대법원 2003.4.25, 2003도348). [변호사시험 18]

9 대법원 1984.7.10, 84도687
버스운전사로서는 버스를 발차하려는 순간에 운전사가 버스가 진행할 전방과 진입할 차도의 좌측을 주시하고 동시에 우측 후사경을 통하여 버스우측 뒷바퀴 밑 부분까지 주시한다는 것은 사실상 불가능한 일이므로, 피해자(4세)가 발차순간에 장난감을 주우려고 바퀴 밑으로 들어간 것이라면 운전사가 미처 이를 발견하지 못한 점에 과실이 있다고는 할 수 없을 것이다.

10 대법원 1984.10.10, 84도1868
덤프트럭의 운전석과 적재함 사이에 유리가 있어 후방 주시가 가능하다 하더라도 사고장소인 쓰레기하치장에 다른 주울 만한 쓰레기도 없었고 사고지점이 95센티미터 높이의 차체 위로서 고의로 뛰어 오르기 전에는 위 차량과 관계없이 쓰레기를 줍는 사람들이 접근할 이유와 필요성이 없는 곳이었다면 피해자가 위 차체와 적재함 사이에 끼어들어 사고가 발생하리라고 예견하기 어렵다 할 것이므로 그와 같은 적재함 사이의 차체를 확인하지 않고 덤프기어를 내렸다 하여 그 운전사에게 업무상 주의의무를 태만히 한 과실이 있다고 할 수는 없다.

11 대법원 1985.6.11, 85도934
과속으로 '중앙선'을 침범해오는 차량을 15미터 전방에서 목격한 운전자가 경적을 울리지 않은 사례
시속 40킬로미터로 주행하던 버스운전자가 15미터 전방에서 상대방 오토바이가 시속 약 60~70킬로미터로 달리면서 중앙선을 넘어오는 것을 발견하였다면 비록 경음기를 울렸다하여 위 오토바이운전자에게 경각심을 일깨워 줄 수 있었는가가 심히 의심스러워 경음기를 울리지 않았다 하여 자동차운전자로서의 주의의무를 게을리 하였다고 비난할 수 없다.

12 대법원 1985.7.9, 84도822
교사가 징계목적으로 학생의 손바닥을 때리기 위해 회초리를 들어올리는 것을 구경하던 사례

교사가 징계의 목적으로 회초리로 학생들의 손바닥을 때리기 위해 회초리를 들어올리는 순간 이를 구경하기 위해 옆으로 고개를 돌려 일어나는 다른 학생의 눈을 찔러 그로 하여금 우안실명의 상해를 입게 한 경우, 직접 징계당하는 학생의 옆에 있는 다른 학생이 징계 당하는 것을 구경하기 위하여 고개를 돌려 뒤에서 다가선다든가 옆자리에서 일어나는 것까지 예견할 수는 없다.

13 대법원 1985.11.12, 85도1831
포크레인은 작업당시 요란한 소리를 내면서 거대한 몸체가 움직이고 있어 일반인으로서는 누구나 그 작업반경내에 들어가면 충격사고의 위험을 예견할 수 있는 것이므로, 중기운전자로서는 작업시작 전에 그 작업반경 내에 장애물이 있는지 여부를 살피고 작업 도중 앞과 양옆을 면밀히 살핀 이상 통상의 주의의무를 다하였다고 할 것이고 그밖에 중기운전자가 살필 수 없는 몸체 뒷부분에 사람이 접근할 것을 예견하여 별도로 사람을 배치하여 그 접근을 막을 주의의무까지는 없다.

14 대법원 1986.8.19, 86도1123
버스정류장에서 버스를 타려고 뛰어가던 행인끼리 충돌하여 넘어지면서 순간적으로 막 출발하려는 버스의 앞바퀴와 뒷바퀴 사이로 머리가 들어가 사고가 발생한 경우, 위 버스운전사에게 피해자가 다른 행인과 부딪쳐 넘어지면서 동인의 머리가 위 버스 뒷바퀴에 들어 올 것까지 예견하여 사전에 대비하여야 할 주의의무까지는 없다. [법원행시 10]

15 대법원 1986.12.9, 86도1933
취객이 도로로부터 약 21미터 떨어진 자동차 승강기 설치 공사장에 파놓은 구덩이에 추락한 사례
승강기 설치장소의 입구 중앙의 상단에는 추락주의라는 표지판을 부착해 놓았을 뿐 아니라 사람의 출입을 막기 위하여 각목과 쇠파이프로 입구를 막아 놓았었기 때문에 그 위나 아래로 지나야만 승강기 설치장소에 들어갈 수 있다면 21.6미터나 떨어진 도로를 지나가던 술 취한 피해자가 쉬어 가기 위해 건물 내로 들어가려다 위 승강기 설치공사를 위해 파놓은 곳에 빠져 다친 결과는 공사 시공회사 직원의 주의의무 태만으로 인하여 발생한 것으로 볼 수 없다.

16 대법원 1987.5.26, 86도2707
피해자와 충돌을 예방하기 위한 급정차에 피해자가 놀라서 넘어져 다친 경우의 택시 운전수 사례
택시 운전수가 횡단보도가 아닌 차도를 무단횡단하는 피해자를 뒤늦게 발견하고 급정차 조치를 취하여 위 피해자와의 충돌을 사전에 예방하였다면 비록 피해자가 갑자기 급정차하는 위 택시를 보고 당황한 끝에 도로위에 넘어져 상해를 입었다고 하더라도 다른 특별한 사정이 없는 한 위 택시 운전수에게 형사상의 책임을 귀속시킬 업무상 과실이 있다고 단정할 수 없다.

17 대법원 1987.9.22, 87도1254
사람의 접근을 막기 위한 안전조치를 한 작업현장에서 후사경 없는 굴삭기 운전자 사례
작업현장에 경고표시판 및 안전망의 설치 등 충돌사고에 대비한 안전조치가 취해져 있었을 뿐만 아니라 굴삭기에의 접근을 예방하기 위하여 굴삭기의 전후에 신호수까지 배치해 두었다면 후사경이 붙어 있지 아니한 굴삭기를 운전하여 작업에 열중하고 있는 운전자에게 굴삭기의 후면에서 접근해오는 사람이 있는지의 여부까지 확인하면서 작업해야할 주의의무가 있다고는 볼 수 없다.

18 대법원 1989.1.31, 88도1683
공장 안전사고에 대하여 공장장에게 세부적인 안전대책을 강구할 직접적인 주의의무는 없다고 한 사례
회사관리담당상무의 지휘 감독을 받는 소속직원들의 작업 중 일어난 안전사고로서 그에 관한 안전관리책임은 안전관리과장이 부담하고 있다면, 공장장이 공장의 모든 일을 통괄하고 있다고 하더라도 직접적인 지휘 감독을 받지 않는 위 직원들에 대한 구체적이고 직접적인 주의의무는 없다.

19 대법원 1989.3.28, 89도108

담임교사가 학교방침에 따라 학생들에게 교실청소를 시켜왔고 유리창을 청소할 때에는 교실 안쪽에서 닦을 수 있는 유리창만을 닦도록 지시하였는데도 유독 피해자만이 수업시간이 끝나자마자 베란다로 넘어갔다가 밑으로 떨어져 사망하였다면 담임교사에게 그 사고에 대한 어떤 형사상의 과실책임을 물을 수 없다. [법원행시 10]

20 대법원 1990.9.25, 90도1482

화약류관리보관책임자가 광산보안법의 화약류취급에 관한 보안교육을 이수하여 화약류취급자격이 있는 광부에게 굴진 막장에서의 발파 및 천공작업을 지시하면서 동 발파작업에 입회 감독하지 아니하였다 하여도 화약류관리보관책임자로서의 안전상의 감독업무를 게을리 하였다고 할 수 없다.

21 대법원 1991.4.9, 91도415

황색실선의 중앙선을 침범하였다가 급히 자기 차선으로 복귀 중이던 원심공동피고인 운전의 버스와 반대차선을 운전면허 없는 피고인이 운전하던 봉고차가 충돌한 교통사고에 관하여 충돌 당시 위 각 차량의 중앙선침범 여부와 피고인이 위 버스를 미리 발견할 수 있었던 거리에서 피행운행이 가능하였는지의 여부를 심리하여 피고인의 과실 유무를 가려봄이 없이 운전기술의 미숙으로 제동조치를 하지 아니한 피고인의 과실이 경합되어 위 사고가 발생하였다고 판단한 것은 위법하다.

22 대법원 1991.9.10, 91도1746

방향지시등을 켜지 않은 채 2차선 도로의 1차선상에서 우회전하는 화물차와 같은 방향의 2차선상을 운행하는 승용차가 충돌한 경우 승용차 운전자의 과실을 인정하기 어렵다.

23 대법원 1991.12.10, 91도2044

기온의 급상승으로 인한 철로장출이 직접적인 원인이 되어 열차가 일부 탈선한 경우의 기관사 사례

기관사가 열차 운행 중 사고지점 부근이 좌우 진동이 심하다는 다른 열차로부터의 연락이 있으니 주의운전을 바란다는 무전만 받고 시속 약 85km로 운행하던 중 사고지점 약 50m 앞에서 궤도가 장출되어 있는 것을 발견하고 비상제동을 걸었으나 미치지 못하여 열차가 일부 탈선한 경우, 위 사고는 기온의 급상승으로 인한 철로장출이 그 직접적인 원인이 된 점 등에 비추어 보면 기관사에게 위 사고를 예상하고 충분히 감속하여 즉시 정차해야 할 주의의무가 있다고 할 수 없다.

24 대법원 1992.4.28, 91도1346

정신병동에 입원중인 환자가 완전감금병동의 화장실 창문을 열고 탈출하려다가 떨어져 죽은 사고에 있어서 위 병동의 당직간호사인 피고인이 피해자에 대한 동태관찰의무 및 화장실 창문 자물쇠의 시정상태 점검의무를 게을리 한 과실이 있다고 단정하기 어렵다. [국가7급 14]

25 대법원 1992.4.28, 92도56

시내버스 운전사가 버스정류장에서 승객을 하차시킨 후 통상적으로 버스를 출발시키던 중 뒤늦게 버스 뒤편 좌석에서 일어나 앞 쪽으로 걸어 나오던 피해자가 균형을 잃고 넘어진 경우, 특별한 사정이 없는 한 착석한 승객 중 더 내릴 손님이 있는지, 출발 도중 넘어질 우려가 있는 승객이 있는지 등의 여부를 일일이 확인하여야 할 주의의무가 없기 때문에, 운전사의 과실은 인정되지 않는다. [국가7급 14]

26 대법원 1992.11.13, 92도610

수영장 미끄럼틀 안전시설·안전요원 미배치 사례

수영장에 배치된 안전요원이 성인풀 쪽을 지키고 있는 사이에 피해자(9세)가 유아풀로 내려가는 미끄럼 틀을 타고 내려가 끝부분에 다다랐을 때 다가오는 어린아이에게 부딪치지 않으려고 몸을 틀다가

미끄럼틀 손잡이에 부딪쳐 상해를 입은 사고에 대하여 수영장 경영자에게 형사상 과실이 있다고 하기는 어렵다.

27 대법원 1994.9.27, 94도1629; 1996.6.11, 96도1049
운전자가 진행차선에 나타난 장애물을 피하기 위하여 다른 적절한 조치를 취할 겨를이 없었다거나, 자기 차선을 지켜 운행하려고 하였으나 운전자가 지배할 수 없는 외부적 여건으로 말미암아 어쩔 수 없이 중앙선을 침범하게 되었다는 등 중앙선 침범 자체에 대하여 운전자를 비난할 수 없는 객관적인 사정이 있는 경우에는 운전자가 중앙선을 침범하여 운행하였다 하더라도 그 중앙선 침범 자체만으로 그 운전자에게 어떠한 과실이 있다고 볼 수는 없다.

28 대법원 1996.7.9, 96도1198
내리막길에서 버스의 브레이크가 작동되지 아니하여 대형사고를 피하기 위하여 인도 턱에 버스를 부딪쳐 정차시키려고 하였으나 버스가 인도 턱을 넘어 돌진하여 보행자를 사망에 이르게 한 경우, 버스 운전자인 피고인에게 과실이 있다고 할 수 없다.

29 대법원 1997.1.24, 95도2125
차높이 제한표지를 설치하고 관리할 책임이 있는 행정관청은 차량의 통행에 장애가 없을 정도로 충분한 여유고를 두고 그 높이 표시를 하여야 할 의무가 있으므로, 차높이 제한표지가 설치되어 있는 지점을 통과하는 운전자들은 그 표지판이 차량의 통행에 장애가 없을 정도의 여유고를 계산하여 설치된 것이라고 믿고 운행하면 되는 것이다.

30 대법원 1997.4.8, 96도3082
특별한 사정이 없는 한 제왕절개수술 전 충분한 혈액을 준비할 의무는 없다고 본 사례
제왕절개분만을 함에 있어서 산모에게 수혈을 할 필요가 있을 것이라고 예상할 수 있었다는 사정이 보이지 않는 한, 산후과다출혈에 대비하여 제왕절개수술을 시행하기 전에 미리 혈액을 준비할 업무상 주의의무가 있다고 보기 어렵다.

> 비교 산모의 태반조기박리에 대한 대응조치로서 응급 제왕절개수술을 하는 산부인과 의사 사례
> 산부인과 의사가 산모의 태반조기박리에 대한 대응조치로서 응급 제왕절개수술을 시행하기로 결정하였다면, 산모에게 수혈을 할 필요가 있을 것이라고 예상되는 특별한 사정이 있어 미리 혈액을 준비하여야 할 업무상 주의의무가 있다(대법원 2000.1.14, 99도3621). [법원행시 14]

31 대법원 1997.10.10, 97도1678
출산 후 이완성 자궁출혈로 저혈량성 쇼크상태에 빠진 산모에게 진료담당 의사가 필요한 수액과 혈액을 투여한 후 폐부종이 발병하여 산모가 사망한 경우, 담당의사의 과실은 인정되지 않는다.

32 대법원 1998.4.10, 98도297
단순히 갑자기 진행차로의 정중앙에서 벗어나 다른 차로와 근접한 위치에서 운전하였다는 것(2차로 운전자가 1차로 쪽으로 근접 운전 – 필자 주)만으로는 다른 차로에서 뒤따라오는 차량과의 관계에서 운전자로서의 업무상의 주의의무를 위반한 과실이 있다고 할 수 없다.

33 대법원 1999.12.10, 99도3711
수술 도중에 수술용 메스가 부러지자 의사가 이를 찾아 제거하기 위한 최선의 노력을 다하였으나 찾지 못하여 부러진 메스조각을 그대로 둔 채 수술부위를 봉합한 후 환자가 신경불안증 및 요통 등의 상해를 입었다 하더라도 담당의사의 과실을 인정할 수 없다. [경찰승진 11]

34 대법원 2002.4.9, 2001도6601
파도수영장에서 물놀이하던 초등학교 6학년생이 수영장 안에 엎어져 있는 것을 수영장 안전요원이 발견하여 인공호흡을 실시한 뒤 의료기관에 후송하였으나 후송 도중 사망한 사고에 있어서 그 사망원인이 구체적으로 밝혀지지 아니한 상태에서 수영장 안전요원과 수영장 관리책임자에게 업무상 주의의무를 게을리 한 과실 및 사망과의 인과관계를 인정한 것은 위법하다. [경찰승진 13]

35 대법원 2003.8.19, 2001도3667
간호사가 의사 입회 없이 간호실무수습생에게 의사처방에 의한 정맥주사를 시킨 사례
간호사가 의사의 처방에 의한 정맥주사(Side Injection 방식)를 의사의 입회 없이 간호실습생(간호학과 대학생)에게 실시하도록 하여 발생한 의료사고의 경우, 피고인(의사)으로서는 자신의 지시를 받은 간호사가 자신의 기대와는 달리 간호실습생에게 단독으로 주사하게 하리라는 사정을 예견할 수도 없었다는 점 등을 고려하면 현장에 입회하여 간호사의 주사행위를 직접 감독할 업무상 주의의무가 있다고 보기 어렵다. [경찰간부 15·21]

36 대법원 2005.9.9, 2005도3108
건설회사가 건설공사 중 타워크레인의 설치작업을 전문업자에게 도급주어 타워크레인 설치작업을 하던 중 발생한 사고에 대하여 건설회사의 현장대리인에게 업무상과실치사상의 죄책을 물을 수 없다.

37 대법원 2006.10.26, 2004도486
산모가 제왕절개 수술 후 폐색전증으로 사망한 경우, 담당 산부인과 의사에게 형법 제268조의 업무상 과실이 인정되지 않는다. [경찰간부 12]

38 대법원 2006.12.7, 2006도1790
산모의 태아가 역위로 조기분만 되면서 태아가 난산으로 인하여 분만 후 사망한 경우, 비록 조산 위험이 있기는 하였으나 산모에게 분만진통이 있었다고 단정하기 어려워 그와 같은 상황에서 내진이나 초음파검사 없이 경과를 관찰하기로 한 산부인과 의사의 행위를 진료행위에 있어서 합리적인 재량의 범위를 벗어난 것이라고 보기 어렵다.

39 대법원 2007.5.10, 2006도6178
혈액원 소속의 검사자들이 채혈한 혈액의 검사를 잘못한 상태에서 부적격 혈액들을 출고하여 이를 수혈받은 피해자들로 하여금 C형 간염 등이 감염되는 상해를 입게 한 경우, 혈액원장에게 업무상과실치상의 죄책이 인정된다. 그러나 혈액원 소속의 검사과장에게 혈액검사결과의 정확성, 혈액 적격 여부에 대한 업무상 주의의무가 있다고 단정할 수 없고, 혈액원장에게 업무상과실치상의 죄책을 인정하는 경우, 당연히 검사과장에게도 업무상 과실치상의 죄책을 인정하여야 하는 것은 아니다.

40 대법원 2007.9.20, 2006도294
야간 당직간호사가 당직의사에게 제대로 알리지 않은 경우 의사의 과실
피고인 2(야간 당직간호사)는 피해자가 심근경색을 의심할 수 있는 증상을 계속 보이고 있었고 피해자 가족으로부터도 의사를 불러달라는 요청을 수차 받았는데도 피고인 1(당직의사)에게 제대로 알리지 않음으로써 즉시 필요한 조치를 취하지 못하게 한 것은 (병원의 야간당직 운영체계상) 피고인 2에게 업무상 과실이 인정되지만, 피고인 1은 통상의 능력을 갖춘 의사로서 심근경색 또는 패혈증에 관한 일련의 조치에 관하여 주의의무를 게을리 하였다고 단정하기 어렵다.

41 대법원 2008.6.12, 2007도5389
가해차량 자체에서 발생한 피고인이 통제할 수 없는 어떤 불가항력적인 상황(차량 급발진)에 의해 위와

같이 상상하기 어려운 속력의 역주행이 일어났을 가능성이 있는 것으로 합리적인 의심을 할 여지가 있다고 볼 수 있는 여러 정황들이 확인되고 있는바, 사정이 이러하다면 피고인의 업무상 과실의 점 등을 인정할 만한 다른 증거가 없다.

42 대법원 2008.8.11, 2008도3090; 2007.5.31, 2005다5867 등

백혈병환자 항암치료 사례 : 쇄골하 정맥을 10회 정도 찌른 점 등과 진료방법의 선택에 대한 의사의 재량

의사는 진료를 행함에 있어 환자의 상황과 당시의 의료수준 그리고 자기의 지식경험에 따라 적절하다고 판단되는 진료방법을 선택할 상당한 범위의 재량(裁量)을 가진다고 할 것이고, 그것이 합리적인 범위를 벗어난 것이 아닌 한 진료의 결과를 놓고 그중 어느 하나만이 정당하고 이와 다른 조치를 취한 것은 과실이 있다고 말할 수는 없다. [경찰간부 12]

43 대법원 2010.2.11, 2009도9807

술을 마시고 찜질방에 들어온 甲이 찜질방 직원 몰래 후문으로 나가 술을 더 마신 다음 후문으로 다시 들어와 발한실(發汗室)에서 잠을 자다가 사망한 경우, 甲이 처음 찜질방에 들어갈 당시 술에 만취하여 목욕장의 정상적 이용이 곤란한 상태였다고 단정하기 어렵고, 찜질방 직원 및 영업주에게 손님이 몰래 후문으로 나가 술을 더 마시고 들어올 경우까지 예상하여 직원을 추가로 배치하거나 후문으로 출입하는 모든 자를 통제·관리하여야 할 업무상 주의의무가 있다고 보기 어렵다. [경찰채용 14 1차 / 경찰간부 15·16 / 경찰승진 14·16 / 사시 14]

44 대법원 2011.9.8, 2009도13959

병원 인턴인 피고인이, 응급실로 이송되어 온 익수(溺水)환자 甲을 담당의사 乙의 지시에 따라 구급차에 태워 다른 병원으로 이송하던 중 산소통의 산소잔량을 체크하지 않은 과실로 산소 공급이 중단된 결과 甲을 폐부종 등으로 사망에 이르게 하였다고 기소된 경우, 乙에게서 이송 도중 甲에 대한 앰부 배깅(ambu bagging)과 진정제 투여 업무만을 지시받은 피고인에게 일반적으로 구급차 탑승 전 또는 이송 도중 산소통의 산소잔량을 확인할 주의의무가 있다고 보기는 어렵다. [경찰간부 12 / 국가7급 16 / 사시 14]

사례연구 **고속도로에서의 신뢰의 원칙과 상당인과관계**

甲은 1999년 5월 8일 22:25경 프라이드 웨곤 승용차를 운전하고 정읍시 소재 호남고속도로 하행선 회덕기점 119.8km 지점을 1차로로 고속버스를 따라가면서 안전거리를 확보하지 아니하고 전방 주시를 태만히 한 채 고속버스를 추월하기 위하여 2차로로 진로를 변경하여 시속 약 120km로 진행하다가 때마침 진행방향 우측에서 좌측으로 무단횡단하는 乙(여, 52세)을 뒤늦게 발견하고 급제동조치도 취하지 못한 채 위 차량 우측 앞범퍼 부분으로 乙의 다리부위를 들이받아 그로 하여금 그 자리에서 두개골파열 등으로 사망에 이르게 하였다. 甲의 형사책임은?

해결 고속도로를 무단횡단하는 보행자를 충격하여 사고를 발생시킨 경우라도 운전자가 상당한 거리에서 보행자의 무단횡단을 미리 예상할 수 있는 사정이 있었고, 그에 따라 즉시 감속하거나 급제동하는 등의 조치를 취하였다면 보행자와의 충돌을 피할 수 있었다는 등의 특별한 사정이 인정되는 경우에만 자동차 운전자의 과실이 인정될 수 있다(대법원 1998.4.28, 98다5135 참조). [법원행시 10] 피고인이 급제동 등의 조치로 피해자 등과의 충돌을 피할 수 있는 상당한 거리에서 피해자 등의 무단횡단을 미리 예상할 수 있었다고 할 수 없고, 피고인에게 제한최고속도를 시속 20km 초과하여 고속버스를 추월한 잘못이 있더라도, 피고인의 위와 같은 잘못과 이 사건 사고결과와의 사이에 상당인과관계 가 있다고 할 수도 없다(무죄)(대법원 2000.9.5, 2000도2671). [경찰간부 11·12 / 경찰승진 11·15 / 국가9급 12]

도로교통에 관하여 신뢰의 원칙이 적용된 판례들 : 고·자·인·무·신·중·육·횡·교·소[66]

1 대법원 1977.3.8, 77도409

'교차로'의 선순위운전자는 후순위차량의 행동을 예견해야 할 주의의무가 없다.

> 비교 노폭이 좁은 도로에서 대로인 국도로 연결되는 교차로상에서의 우선통행권과 과실
>
> 사고지점은 피고인이 진행 중인 폭이 좁은 도로인 진입로로부터 소외인이 진행하고 있던 폭이
> 넓은 도로인 국도에 연결되는 곳으로서 도로교통법상의 우선통행권은 일응 소외인에게 있다고
> 할 것이다. 그러나 피고인이 국도에 좌회전하여 진입하기 전에 일단 정지하며 좌측을 살피고
> 진행하여 오는 차량이 시계에 나타나지 않음을 확인한 연후에 좌회전하면서 "국도에 진입하고
> 있는 상태에서는 이미 도로교통법상의 우선통행권은 오히려 피고인에게 있다"(대법원 1983.8.23,
> 83도1288). [국가7급 07]

2 대법원 1977.6.28, 77도403

고속도로에서는 보행으로 통행·횡단하거나 출입하는 것이 금지되어 있으므로 고속국도를 주행하는
차량의 운전자는 도로양측에 휴게소가 있는 경우에도 동 도로상에 보행자가 있음을 예상하여 감속
등 조치를 할 주의의무가 있다 할 수 없다. [경찰간부 11 / 경찰승진 11·14]

3 대법원 1980.8.12, 80도1446

(과거에) 서울시 소재 잠수교 노상은 자전거의 출입이 금지된 곳(자동차전용도로)이므로 자동차의 운전수로
서는 자전거를 탄 피해자가 갑자기 차도 상에 나타나리라고는 예견할 수 없다.

4 대법원 1982.4.13, 81도2720

상대방 차량이 중앙선을 침범하여 진입할 것까지 예견하고 감속하는 등 조치를 강구하여야 할 주의의무
는 없다.

5 대법원 1983.9.13, 83도1537

버스 운전자에게 가로수에 구부리고 기대어 있던 성년남자인 피해자가 버스통과 순간에 '인도'상에서
갑자기 차도 쪽으로 쓰러지거나 또는 버스 쪽으로 달려 들어올 것까지 예상할 의무는 없다.

6 대법원 1983.4.26, 83도629

오토바이가 앞서 가는 택시를 추월하기 위하여 제한속도를 크게 넘는 과속으로 '중앙선'을 침범하여
피고인이 운전하는 화물자동차의 진행방향으로 진행하여 충돌한 경우, 그 사고는 피해자인 오토바이
운전사 자신의 과실에 기인하는 것으로 화물자동차 운전사의 잘못은 사고발생의 원인이 될 수 없다.

7 대법원 1984.5.29, 84도483

'무모한 추월'을 시도한 후방차량에 대한 선행차량 운전자의 업무상 주의의무
피고인 甲이 봉고트럭을 운전하고 도로 2차선상으로, 피고인 乙이 버스를 운전하고 도로 3차선상으로
거의 병행운행하고 있을 즈음 도로 3차선에서 乙의 버스 뒤를 따라 운행하여 오던 피해자 운전의
오토바이가 버스를 '앞지르기 위해' 도로 2차선으로 진입하여 '무모하게' 위 트럭과 버스 사이에 끼어들어

---

66 암기요령 : '고' : 고속도로, '자' : 자동차전용도로 및 자전거, '인' : 인도, '무' : 무모한 추월 및 무단횡단, '신' : 신호(등), '중' : 중앙선,
'육' : 육교 밑, '횡' : 횡단보도 건너편, '교' : 교차로, '소' : 소방도로

이 사이를 빠져 나가려 한 경우에 있어서는 선행차량이 속도를 낮추어 앞지르려는 피해자의 오토바이를 선행하도록 하여 줄 업무상 주의의무가 있다고 할 수 없다. [경찰간부 17 / 국가7급 07]

8 대법원 1984.5.29, 84도520

고속도로상에서 운행 중인 피고인에게 반대차선에서 진행해 오던 차량이 갑자기 중앙선을 침범하여 피고인의 운행차선으로 들어올 것까지 예상하고 운전해야 할 주의의무가 있다고 할 수 없다.

9 대법원 1984.7.10, 84도813

오토바이가 도로에 박힌 돌에 충돌하면서 운전자가 튕겨져 '반대차선'으로 넘어진 것을 역과한 사례
피고인의 진행차선의 반대차선에서 피해자가 오토바이를 타고 진행하다가 도로변 땅에 박힌 돌을 오토바이 앞바퀴로 충돌하면서 그 충격으로 피해자가 반대차선에서 운행 중인 피고인 차량 전방 1~2미터 지점까지 튀어 들어와 넘어짐으로써 피고인이 자동차 앞바퀴 부분으로 피해자를 역과하여 사망케 한 경우, 피고인에게는 '반대방향 차선' 도로변으로 오토바이를 운행해 오던 피해자가 갑자기 도로변의 돌에 부딪쳐 넘어지면서 그 충격으로 (**중**앙선을 넘어) 피고인 운행차선까지 튀어 들어올 것을 미리 예견하여 운전하여야 할 업무상 주의의무를 인정할 수 없다.

10 대법원 1984.9.25, 84도1695

운전자에게 야간에 무등화인 자전거를 타고 차도를 **무**단횡단하는 경우까지를 예상하여 제한속력을 감속하고 잘 보이지 않는 반대차선상의 동태까지 살피면서 서행운행할 주의의무가 있다고 할 수 없다.

11 대법원 1985.1.22, 84도1493

'**신**호등'에 의하여 교통정리가 행하여지고 있는 교차로를 녹색등화에 따라 직진하는 차량운전자는 특별한 사정이 없는 이상, 다른 차량들도 교통법규를 준수하고 충돌을 피하기 위하여 적절한 조치를 취할 것으로 믿고 운전하면 족하고, 다른 차량이 신호를 위반하고 직진하는 차량의 앞을 가로 질러 좌회전할 경우까지를 예상하여 방어운전해야 할 의무는 없다. [경찰승진 11 / 법원행시 10]

12 대법원 1985.3.12, 84도3031

'**중**앙선'을 침범하였다가 자기 차선으로 되돌아 간 오토바이가 다시 중앙선을 침범한 사례
자동차운전자가 자기차선을 시속 50킬로미터의 속도로 운행하고 있을 때 약 100미터 앞에서 오토바이가 황색중앙선을 넘어 동 자동차의 차선을 따라 진행해 오는 것을 발견하고 시속 30킬로미터 정도로 서행하다가 위 오토바이가 자기차선으로 되돌아가는 것을 보고 다시 가속하는 순간 약 10미터 앞에서 위 오토바이가 다시 중앙선을 넘어 위 차량 쪽으로 달려들어 피하지 못하고 충돌하게 된 경우, 위 운전자로서는 자기차선으로 되돌아간 오토바이가 다시 중앙선을 침범하여 달려들 경우까지 예상하여 이에 대비할 주의의무는 없다.

13 대법원 1985.9.10, 84도1572

'**육**교' 밑 차도를 주행하는 자동차운전자가 전방 보도위에 서있는 피해자를 발견했다하더라도 일반적으로 동인이 차도로 뛰어 들어오리라고 예견하기 어려운 것이므로, 운전자로서는 일반보행자들이 육교를 이용하여 횡단할 것을 신뢰하여 운행하면 족하다 할 것이고 불의에 뛰어드는 보행자를 예상하여 이를 사전에 방지해야 할 조치를 취할 업무상 주의의무는 없다. [경찰채용 20 2차 / 경찰승진 11 / 국가9급 22 / 사시 16]

14 대법원 1986.9.9, 86도163

교통정리가 행하여지고 있지 아니한 '교차로'에서 이미 교차로 안으로 진입하여 좌회전을 거의 끝마칠 상태에 있는 차량의 운전자에게 아직 위 교차로 안으로 진입하지도 아니한 반대차선의 직진차량을 위하여 좌회전 도중이라도 일단 정차하여 동 차량의 우선통행을 방해하지 않아야 할 업무상 주의의무가 있다고 보기는 어렵다.

15 대법원 1987.9.22, 87도516

'중앙선' 상에 서 있던 자가 뒷걸음질치다가 차에 충격되어 갑자기 자신의 차량 앞으로 떨어진 경우
甲이 택시를 운전하여 시속 40킬로미터 속도로 운행하던 중 차도를 무단횡단하기 위하여 중앙선 상에 서 있던 피해자가 뒷걸음질을 치다가 반대방향에서 달려오는 乙 운전의 차량에 충격되면서 '중앙선을 넘어' 甲이 운전하던 위 차량의 전면 바로 앞에 떨어지는 바람에 이를 피하지 못하고 위 피해자를 충격하여 사고가 발생한 경우라면 甲에게 위 피해자가 자기 운행차선으로 튕겨져 나오는 것까지 예상하면서 이에 대비하여야 할 주의의무가 있다고는 할 수 없다.

16 대법원 1989.3.14, 88도2527

피해자가 오토바이 뒤에 다른 피해자를 태우고 술에 취한 나머지 흔들거리면서 '중앙선'을 50센티미터쯤 침범하여 방향표시 깜박등도 켜지 않은 채 진행해 오는 것을 그 반대방향에서 차선을 따라 자동차를 운행하던 운전자가 35~40미터 앞에서 보고 그 오토바이의 진행방향을 가늠할 수 없어 급정차하였는데[67] 급정차한 자동차를 위 오토바이가 충격하여 사고가 일어났다면 자동차 운전자에게 어떠한 과실책임을 물을 수 없다.

17 대법원 1989.3.28, 88도1484

'도로교통법상 자동차 전용도로(강변도로)'는 자동차만이 다닐 수 있도록 설치된 도로로서 보행자 또는 자동차 외의 차마는 자동차 전용도로로 통행하거나 횡단할 수 없도록 되어 있으므로 자동차 전용도로를 운행하는 자동차의 운전자로서는 특별한 사정이 없는 한 무단횡단하는 보행자가 나타날 경우를 미리 예상하여 급정차할 수 있도록 운전해야 할 주의의무는 없다. [경찰간부 17 / 국가9급 09 / 법원9급 12]

18 대법원 1992.7.26, 92도1137

중앙선이 표시되어 있지 아니한 비포장도로라고 하더라도 승용차가 넉넉히 서로 마주보고 진행할 수 있는 정도의 너비가 되는 도로를 정상적으로 진행하고 있는 자동차의 운전자로서는, 특별한 사정이 없는 한 마주 오는 차도 교통법규를 지켜 우측통행을 할 것으로 신뢰하는 것이 보통이다. [법원행시 16]

19 대법원 1993.2.23, 92도2077

차량의 운전자로서는 횡단보도의 신호가 적색인 상태에서 반대차선상에 정지하여 있는 차량의 뒤로 보행자가 건너오지 않을 것이라고 신뢰하는 것이 당연하고 그렇지 아니할 사태까지 예상하여 그에 대한 주의의무를 다하여야 한다고는 할 수 없다. [경찰승진 16 / 국가9급 09 / 국가7급 07 / 법원9급 08·12]

20 대법원 1994.4.26, 94도548

제한속도를 준수하며 진행하는 피고인으로서는 신호기의 차량진행신호에 따라 그대로 진행하면 족하고

---

67 100미터 앞에서 중앙선을 침범하여 진행하는 오토바이에 대해 자신의 차량을 그대로 진행하여 충격한 경우에는 신뢰의 원칙의 적용한 계를 벗어나 과실을 인정한 판례(대법원 1986.2.25, 85도2651)도 있다.

위 피해자 운전의 오토바이가 '신호를 무시'하고 갑자기 위 횡단보도를 무단횡단할 경우까지를 예상하여 사고예방을 위한 필요한 조치를 위하여야 할 업무상 주의의무는 없다.

21 대법원 1994.6.28, 94도995

이 사건 사고지점은 "ㅓ"자형 교차로로서, 피고인이 비록 교차로 직전에 일시정지하거나 서행하지 아니하고 그대로 진행하였다고 하여도 왼쪽 도로에서 나와 함덕읍 쪽으로 우회전하는 피해자 운전의 오토바이가 핸들을 제대로 조작하지 못하여 피고인 진행차선 부분으로 넘어올 것까지 예측하여 이를 피양할 조치를 취할 의무는 없다.

22 대법원 2007.4.26, 2006도9216

편도 5차선 도로의 1차로를 신호에 따라 진행하던 피고인으로서는 피해자가 편도 5차선 도로의 오른쪽에 연결된 소방도로에서 오토바이를 운전하여 맞은편 쪽으로 가기 위해서 편도 5차선 도로를 대각선 방향으로 가로질러 진행하는 경우까지 예상을 하여 진행할 주의의무가 없다. [사시 10]

판례연구　　도로교통에 관하여 신뢰의 원칙이 적용되지 않은 판례들

1 대법원 1975.9.23, 74도231
제한시속 100킬로미터로 자동차를 운행할 수 있도록 허용된 고속도로에서의 운전이라 해도 주위가 어두운 야반에 가시거리 60미터의 전조등을 단 차를 조정운전하는 특수상황아래에서는 운전사가 제한시속 100킬로미터를 다 내어 운행함은 60미터 앞에 장해물 있음(피해자가 고속도로 길 가운데 서 있었음 – 필자 주)을 발견하고 급정차조치를 하여도 충돌을 면할 수 없는 과속도가 되므로 이러한 경우에 운전자는 사고방지의무를 다하지 못한 업무상 과실책임을 면치 못한다.

2 대법원 1980.5.27, 80도842
사고당시의 시간이 통행금지시간이 임박한 23:45경이라면 일반적으로 차량의 통행이 적어 통금에 쫓긴 통행인들이 도로를 횡단하는 것이 예사이고, 이 사건 사고 당시와 같이 사고지점의 3차선 상에 버스들이 정차하고 있었다면 버스에서 내려 버스사이로 뛰어나와 도로(횡단보도 아닌 곳 – 필자 주)를 횡단하려고 하는 사람이 있으리라는 것은 우리의 경험상 능히 예측할 수 있는 일이다.

3 대법원 1981.3.24, 80도3305
고속도로상을 운행하는 자동차운전자는 통상의 경우 보행인이 그 도로의 중앙방면으로 갑자기 뛰어드는 일이 없으리라는 신뢰하에서 운행하는 것이지만 위 도로를 횡단하려는 피해자를 그 차의 제동거리 밖에서 발견하였다면 피해자가 반대 차선의 교행차량 때문에 도로를 완전히 횡단하지 못하고 그 진행차선 쪽에서 멈추거나 다시 되돌아 나가는 경우를 예견해야 하는 것이다. [국가7급 14 / 법원9급 07(상) / 법원9급 08]

4 대법원 1986.5.27, 86도549
보행자 신호가 녹색신호에서 정지신호로 바뀔 무렵 전후에 횡단보도를 통과하는 자동차 운전자는 보행자가 교통신호를 철저히 준수할 것이라는 신뢰만으로 자동차를 운전할 것이 아니라 좌우에서 이미 횡단보도에 진입한 보행자가 있는지 여부를 살펴보고 또한 그의 동태를 두루 살피면서 서행하는 등하여 그와 같은 상황에 있는 보행자의 안전을 위해 어느 때라도 정지할 수 있는 태세를 갖추고 자동차를 운전하여야 할 업무상의 주의의무가 있다. [법원9급 08]

5 대법원 2003.10.23, 2003도3529

횡단보도가 교차로에 인접하여 설치되어 있고 그 교차로의 차량신호등이 차량진행신호였다고 하더라도 이러한 경우 그 차량신호등은 교차로를 진행할 수 있다는 것에 불과하지, 보행등이 설치되어 있지 아니한 횡단보도를 통행하는 보행자에 대한 보행자보호의무를 다하지 아니하여도 된다는 것을 의미하는 것은 아니므로 달리 볼 것은 아니다. [법원9급 08]

판례연구 의료영역에서 신뢰의 원칙이 적용된 판례

1 대법원 1976.2.10, 74도2046

약사는 의약품을 판매·조제함에 있어서 그 의약품이 그 표시·포장상에 있어서 약사법 소정의 검인 합격품이고 또한 부패·변질·변색되지 아니하고 유효기간이 경과되지 아니함을 확인하고 조제·판매한 경우에는 특별한 사정이 없는 한 관능시험 및 기기시험까지 할 주의의무가 없으므로 그 약의 표시를 신뢰하고 이를 사용한 경우에는 과실이 없다(제약회사 직원이 침강탄산칼슘이라고 판매하여 약사가 감기약으로 조제하였으나 사실은 독극물인 화공약품 탄산바륨이었던 사례).

2 대법원 2003.1.10, 2001도3292

내과의사가 신경과 전문의에 대한 협의진료 결과 피해자의 증세와 관련하여 신경과 영역에서 이상이 없다는 회신을 받아 그 회신을 신뢰하여 뇌혈관계통 질환의 가능성을 염두에 두지 않고 내과 영역의 진료 행위를 계속하다가 피해자의 증세가 호전되기에 이르자 퇴원하도록 조치한 경우, 피해자의 지주막 하출혈을 발견하지 못한 데 대하여 내과의사의 업무상 과실은 인정되지 않는다.

판례연구 의료영역에서 신뢰의 원칙이 적용되지 않은 판례

1 대법원 1998.2.27, 97도2812

간호사가 다른 환자에게 수혈할 혈액을 당해 환자에게 잘못 수혈하여 환자가 사망한 사례
간호사로 하여금 의료행위에 관여하게 하는 경우에도 그 의료행위는 의사의 책임 하에 이루어지는 것이고 간호사는 그 보조자에 불과하므로, 의사는 간호사가 과오를 범하지 않도록 충분히 지도·감독을 하여 사고의 발생을 미연에 방지하여야 할 주의의무가 있고, 이를 소홀히 한 채 만연히 간호사를 신뢰하여 간호사에게 당해 의료행위를 일임함으로써 간호사의 과오로 환자에게 위해가 발생하였다면 의사는 그에 대한 과실책임을 면할 수 없다. [경찰간부 14·17 / 경찰승진 16 / 국가9급 09 / 국가7급 14]

2 대법원 2007.2.22, 2005도9229

주치의와 수련의 사이에 신뢰의 원칙이 원칙적으로 적용될 수 없다는 사례
환자 丙의 주치의 겸 정형외과 전공의인 甲은 같은 과 수련의 乙의 처방에 대한 감독의무를 소홀히 한 나머지, 환자 丙이 수련의 乙의 잘못된 처방으로 상해를 입은 경우, 의사가 다른 의사와 의료행위를 분담하는 경우에도 자신이 환자에 대하여 주된 의사의 지위에 있거나 다른 의사를 사실상 지휘·감독하는 지위에 있다면, 의사는 다른 의사가 하는 의료행위의 내용이 적절한 것인지의 여부를 확인하고 감독하여야 할 업무상 주의의무가 있다(전공의 甲은 업무상과실치상죄). [국가9급 16·20 / 법원9급 13]

판례연구 신뢰의 원칙의 적용한계 관련판례

1 대법원 1970.2.24, 70도176

중앙선을 약간 침범하였지만 후방차량의 무모한 추월로 사고가 일어난 경우 신뢰의 원칙이 적용됨

같은 방향으로 달려오는 후방차량이 교통법규를 준수하여 진행할 것이라고 신뢰하여 우측 전방에 진행 중인 손수레를 피하기 위하여 중앙선을 약간 침범하였다 하더라도, 후방에서 오는 차량의 동정을 살펴 그 차량이 무모하게 추월함으로써 야기될지도 모르는 사고를 미연에 방지하여야 할 주의의무까지 있다고는 볼 수 없다(스스로 교통규칙을 위반하였으나 그것이 사고발생의 직접적 원인이 아니라면 신뢰의 원칙이 적용될 수 있음).

2 대법원 1984.3.13, 83도1859; 1984.4.10, 84도79
상대방이 이미 도로중앙선을 침범한 경우 신뢰의 원칙이 제한된다는 사례
상대방이 도로중앙선을 넘어 자기의 진로에 따라 자동차를 운행하고 있거나 이와 같은 사정이 예상되는 객관적 사정이 있는 때에는 그와 같은 신뢰는 기대할 수 없기 때문에 그 대향운전자로서도 경적을 울린다거나 감속서행, 일단정지 또는 가능한 한 도로의 우측으로 피하여 자동차를 운행하는 등의 적절한 조치를 취함으로써 상호 간의 충돌을 방지할 업무상 주의의무가 있다고 할 것이다. [경찰간부 17]

3 대법원 1986.2.25, 85도2651
100m 전방 중앙선 침범 오토바이 사건
침범금지의 황색중앙선이 설치된 도로에서 자기차선을 따라 운행하는 자동차운전수는 반대방향에서 오는 차량도 그쪽 차선에 따라 운행하리라고 신뢰하는 것이 보통이나, 다만 반대방향에서 오는 차량(오토바이)이 100m 전방에서 이미 중앙선을 침범하여 비정상적인 운행을 하고 있음을 목격한 경우에는 자기의 진행전방에 돌입할 가능성을 예견하여 그 차량의 동태를 주의 깊게 살피면서 속도를 줄여 피행하는 등 적절한 조치를 취함으로써 사고발생을 방지할 업무상 주의의무가 있다. [국가7급 07 / 사시 16]

판례연구   **과실범의 인과관계를 인정한 사례**[68]

1 대법원 1989.9.12, 89도866
열차건널목 사례 : 직접 충돌하지 않아도 상당인과관계를 인정할 수 있다는 사례
피고인 甲이 자동차를 몰고 가다가 주의의무를 게을리 하여 열차건널목을 그대로 건너는 바람에 그 자동차가 열차 좌측 모서리와 충돌하여 20여 미터쯤 열차 진행방향으로 끌려가면서 튕겨나갔고 피해자 乙이 타고 가던 자전거에서 내려 위 자동차 왼쪽에서 열차가 지나가기를 기다리고 있다가 위 충돌사고로 놀라 넘어져 상처를 입은 경우, 비록 위 자동차와 피해자가 직접 충돌하지는 아니하였다 하더라도 피고인의 행위와 피해자가 입은 상처 사이에는 상당한 인과관계가 있다. [사시 13]

2 대법원 2010.4.29, 2009도7070
제왕절개수술 후 대량출혈이 있었던 피해자를 전원지체하여 신속한 수혈조치가 지연된 사례
피고인의 전원지체 등의 과실로 피해자에 대한 신속한 수혈 등의 조치가 지연된 이상 피해자의 사망과 피고인의 과실 사이에는 인과관계를 부정하기 어렵고, ○○병원의료진의 조치가 다소 미흡하여 피해자가 ○○병원응급실에 도착한 지 약 1시간 20분이 지나 수혈이 시작되었다는 사정만으로 피고인의 과실과 피해자 사망 사이에 인과관계가 단절된다고 볼 수 없다. [사시 13]

3 대법원 2012.3.15, 2011도17117
(신호예측운행으로 인한) 신호위반행위가 교통사고 발생의 직접적인 원인이 되었다고 본 사례
피고인의 택시가 차량 신호등이 적색 등화임에도 횡단보도 앞 정지선 직전에 정지하지 않고 상당한 속도로 정지선을 넘어 횡단보도에 진입하였고, 횡단보도에 들어선 이후 차량 신호등이 녹색 등화로

---

68 과실범의 인과관계 관련 대부분의 판례는 제2장 구성요건론 중 상당인과관계설에 의한 판례 정리 참조

바뀌자 교차로로 계속 직진하여 교차로에 진입하자마자 교차로를 거의 통과하였던 甲의 승용차 오른쪽 뒤 문짝 부분을 피고인 택시 앞 범퍼 부분으로 충돌한 점 등을 종합할 때, 피고인이 적색 등화에 따라 정지선 직전에 정지하였더라면 교통사고는 발생하지 않았을 것임이 분명하여 피고인의 신호위반행위는 교통사고 발생의 직접적인 원인이 되었으므로 피고인의 신호위반행위와 교통사고 사이에 인과관계가 인정된다고 해야 한다. [경찰채용 13 1차]

판례연구　　**과실범의 인과관계를 부정한 사례**

1 대법원 1996.5.28, 95도1200
피고인이 좌회전 금지구역에서 좌회전한 것은 잘못이나 이러한 경우에도 피고인으로서는 50여 미터 후방에서 따라오던 후행차량이 중앙선을 넘어 피고인 운전차량의 좌측으로 돌진하는 등 극히 비정상적인 방법으로 진행할 것까지를 예상하여 사고발생 방지조치를 취하여야 할 업무상 주의의무가 있다고 할 수는 없으므로,[69] 좌회전 금지구역에서 좌회전한 행위와 사고발생 사이에 상당인과관계가 인정되지 아니한다. [법원9급 15]

2 대법원 1997.6.13, 96도3266
교통사고처리특례법에서 말하는 '도로교통법의 규정에 의한 승객의 추락방지의무를 위반하여 운전한 경우'라 함은 도로교통법에서 규정하고 있는 대로 '차의 운전자가 타고 있는 사람 또는 타고 내리는 사람이 떨어지지 아니하도록 하기 위하여 필요한 조치를 하여야 할 의무'를 위반하여 운전한 경우를 말하는 것이 분명하고, 차의 운전자가 문을 여닫는 과정에서 발생한 일체의 주의의무를 위반한 경우를 의미하는 것은 아니므로, 승객이 차에서 내려 도로상에 발을 딛고 선 뒤에 일어난 사고는 승객의 추락방지의무를 위반하여 운전함으로써 일어난 사고에 해당하지 아니한다.

3 대법원 2011.4.14, 2010도10104; 2015.6.24, 2014도11315
의사의 설명의무위반과 환자의 상해·사망 간의 인과관계를 인정하지 않은 사례
의사가 설명의무를 위반한 채 의료행위를 하였다가 환자에게 상해 또는 사망의 결과가 발생한 경우 의사에게 업무상 과실로 인한 형사책임을 지우기 위해서는 의사의 설명의무 위반과 환자의 상해 또는 사망 사이에 상당인과관계가 존재하여야 한다. 따라서 의사 甲이 고령의 간경변증 환자 A에게 수술과정에서 출혈 등으로 신부전이 발생하여 생명이 위험할 수 있다는 점에 대하여 설명하지 아니하고 수술하던 도중 출혈 등으로 A가 사망한 경우, A가 당해 수술의 위험성을 충분히 인식하고 있어 甲이 설명의무를 다하였더라도 A가 수술을 거부하지 않았을 것으로 인정된다면, 甲의 설명의무위반과 A의 사망 사이에 인과관계가 인정되지 아니한다. [국가7급 18/변호사시험 17]

판례연구　　**과실범의 위법성 조각 관련판례 : 운동경기와 사회적 상당성의 범위**

대법원 2008.10.23, 2008도6940
골프와 같은 개인 운동경기에 참가하는 자는 자신의 행동으로 인해 다른 사람이 다칠 수도 있으므로, 경기 규칙을 준수하고 주위를 살펴 상해의 결과가 발생하는 것을 미연에 방지해야 할 주의의무가 있다. 이러한 주의의무는 경기보조원에 대하여도 마찬가지로 부담한다. 운동경기에 참가하는 자가 ① 경기규칙을 준수하는 중에 또는 그 경기의 성격상 당연히 예상되는 정도의 경미한 규칙위반 속에 제3자에게

---

69 보충 : 이 부분에서는, 기술한 신뢰의 원칙의 적용한계에서 '스스로 교통규칙을 위반하였으나 그것이 사고발생의 직접적 원인이 아니라면 신뢰의 원칙이 적용될 수 있다'는 법리가 나타나고 있다.

상해의 결과를 발생시킨 것으로서, 사회적 상당성의 범위를 벗어나지 아니하는 행위라면 과실치상죄가 성립하지 않는다. 그러나 ② 골프경기를 하던 중 골프공을 쳐서 아무도 예상하지 못한 자신의 등 뒤편으로 보내어 등 뒤에 있던 경기보조원(캐디)에게 상해를 입힌 경우에는 주의의무를 현저히 위반하여 사회적 상당성의 범위를 벗어난 행위로서 과실치상죄가 성립한다. [경찰간부 12 / 경찰승진 11·16 / 국가9급 10 / 법원9급 15 / 시시 14]

02 결과적 가중범

1. 서 설

제15조【사실의 착오】② 결과 때문에 형이 무거워지는 죄의 경우에 그 결과의 발생을 예견할 수 없었을 때에는 무거운 죄로 벌하지 아니한다. 〈우리말 순화 개정 2020.12.8.〉 [경찰채용 10 2차 / 경찰승진(경위) 10]

2. 종 류

판례연구 **부진정결과적 가중범 관련판례**

1 대법원 1983.1.18, 82도2341

현주건조물방화치사죄와 살인죄는 법조경합관계로서 현주건조물방화치사죄의 1죄만 성립한다는 사례

형법 제164조 후단(현행 형법 제164조 제2항)이 규정하는 현주건조물방화치사상죄는 사형, 무기 또는 7년 이상의 징역의 무거운 법정형을 규정하고 있는 취의에 비추어 보면 과실이 있는 경우뿐 아니라 고의가 있는 경우도 포함된다고 볼 것인데, 이와 다른 견해에서 형법 제164조 후단의 범죄는 과실의 경우에만 적용되는 것으로 판정하여 피고인을 현주건조물에의 방화죄와 살인죄의 상상적 경합으로 의율한 원심판결은 결국 형법 제164조 후단의 법리를 오해한 것이다. [경찰채용 11 2차 / 국가9급 13 / 법원9급 07(하) / 시시 10·11]

→ 다만 사람을 살해할 목적으로 방화를 하였으나 피해자가 집밖으로 빠져나오려고 하자 다시 집안으로 밀어 넣어 살해한 경우, 현주건조물방화죄와 살인죄 : 실체적 경합(위 판례)[70]

2 대법원 1998.12.8, 98도3626

피해자의 재물을 강취한 후 그를 살해할 목적으로 현주건조물에 방화하여 사망에 이르게 한 경우 피고인의 위 행위는 강도살인죄와 현주건조물방화치사죄의 상상적 경합범에 해당한다. [경찰간부 13 / 국가7급 12 / 법원9급 07(상) / 법원9급 09·10 / 법원행시 08·11·13·14 / 변호사시험 14]

---

70 판례 : 현주건조물에 방화하여 동 건조물에서 탈출하려는 사람을 막아 소사케 한 경우, 현주건물방화죄와 살인죄와의 관계 현주건조물방화죄와 살인죄의 보호법익은 서로 다르므로, 불을 놓은 집에서 빠져 나오려는 피해자들을 막아 소사케 한 행위는 1개의 행위가 수개의 죄명에 해당하는 경우라고 볼 수 없고, 위 방화행위와 살인행위는 법률상 별개의 범의에 의하여 별개의 법익을 해하는 별개의 행위라고 할 것이니, 현주건조물방화죄와 살인죄는 실체적 경합관계에 있다(대법원 1983.1.18, 82도2341). [국가9급 13 / 국가7급 20]

3 대법원 2008.11.27, 2008도7311
부진정결과적 가중범과 고의범의 죄수에 관한 공식[71]

기본범죄를 통하여 고의로 중한 결과를 발생하게 한 경우에 가중처벌하는 부진정결과적 가중범에서, 고의로 중한 결과를 발생하게 한 행위가 별도의 구성요건에 해당하고 ① 그 고의범에 대하여 결과적 가중범에 정한 형보다 더 무겁게 처벌하는 규정이 있는 경우(부진정결과적 가중범 < 고의범 – 필자 주)에는 그 고의범과 결과적 가중범이 상상적 경합관계에 있다고 보아야 할 것이지만(대법원 1995.1.20, 94도2842; 1996.4.26, 96도485[72] 등 참조), [경찰간부 11 / 국가9급 13] ② 위와 같이 고의범에 대하여 더 무겁게 처벌하는 규정이 없는 경우(부진정결과적 가중범 ≥ 고의범 – 필자 주)에는 결과적 가중범이 고의범에 대하여 특별관계에 있다고 해석되므로 결과적 가중범만 성립하고 이와 법조경합의 관계에 있는 고의범에 대하여는 별도로 죄를 구성한다고 볼 수 없다. 따라서 직무를 집행하는 공무원에 대하여 위험한 물건을 휴대하여 고의로 상해를 가한 경우에는 부진정결과적 가중범인 특수공무집행방해치상죄(3년 이상의 징역)가 성립하는데, 이와는 별도로 폭처법위반(집단·흉기 등 상해)죄(3년 이상의 징역)를 구성하는 것으로 볼 수 없다. [경찰채용 11 1차 / 경찰간부 11·12·18 / 국가9급 07·13·15·21 / 국가7급 20 / 법원9급 16·20·22 / 법원행시 09·13·14 / 사시 10·11 / 변호사시험 13·15]

3. 구성요건

사례연구 **교통방해치사상죄의 상당인과관계**

A는 고속도로 2차로를 따라 자동차를 운전하다가 1차로를 진행하던 甲의 차량 앞에 급하게 끼어든 후 곧바로 정차하여, 甲의 차량 및 이를 뒤따르던 차량 두 대는 급정차하였으나, 그 뒤를 따라오던 乙의 차량이 앞의 차량들을 연쇄적으로 추돌케 하여 乙을 사망에 이르게 하고 나머지 차량 운전자 등 피해자들에게 상해를 입혔다. A에게는 교통방해치사상죄의 죄책이 성립하는가?

해결 형법 제188조에 규정된 교통방해에 의한 치사상죄는 결과적 가중범이므로, 위 죄가 성립하려면 교통방해 행위와 사상(死傷)의 결과 사이에 상당인과관계가 있어야 하고 행위 시에 결과의 발생을 예견할 수 있어야 한다. 그리고 교통방해 행위가 피해자의 사상이라는 결과를 발생하게 한 유일하거나 직접적인 원인이 된 경우만이 아니라, 그 행위와 결과 사이에 피해자나 제3자의 과실 등 다른 사실이 개재된 때에도 그와 같은 사실이 통상 예견될 수 있는 것이라면 상당인과관계를 인정할 수 있다. … 편도 2차로의 고속도로 1차로 한가운데에 정차한 피고인은 현장의 교통상황이나 일반인의 운전 습관·행태 등에 비추어 고속도로를 주행하는 다른 차량 운전자들이 제한속도 준수나 안전거리 확보 등의 주의의무를 완전하게 다하지 않을 수도 있다는 점을 알았거나 충분히 알 수 있었으므로, 피고인의 정차 행위와 사상의 결과 발생 사이에 상당인과관계가 있고, 사상의 결과 발생에 대한 예견가능성도 인정되므로 피고인에게는 일반교통방해치사상죄의 죄책이 인정된다(대법원 2014.7.24, 2014도6206). [경찰채용 15 3차 / 국가7급 20 / 법원9급 16·22]

정답 성립한다.

---

71 **사례**: 甲은 승용차를 운전하던 중 음주단속을 피하기 위하여 위험한 물건인 승용차로 단속 경찰관 乙을 들이받아 위 경찰관의 공무집행을 방해하고 위 경찰관에게 상해를 입게 하였다. 이에 대해 검사는 폭력행위 등 처벌에 관한 법률 위반(집단·흉기 등 상해)죄와 특수공무집행방해치상죄의 상상적 경합으로 공소를 제기하였다.
   판례의 결론: 법조경합으로서 특수공무집행방해치상죄의 1죄만 성립한다. [경찰채용 11 1차 / 법원행시 09·13·14 / 사시 10 / 변호사시험 13]

72 **판례**: 현주건조물방화치사상죄와 살인죄 및 존속살인죄의 죄수관계 ① 사람을 살해할 목적으로 현주건조물에 방화하여 사망에 이르게 한 경우에는 현주건조물방화치사죄로 의율하여야 하고 이와 더불어 살인죄와의 상상적 경합범으로 의율할 것은 아니며, [경찰승진 15] 다만 ② 존속살인죄와 현주건조물방화치사죄는 상상적 경합범 관계에 있으므로, 법정형이 중한 존속살인죄로 의율함이 타당하다 (대법원 1996.4.26, 96도485). [국가7급 09·12·13 / 법원9급 11]

1 대법원 1957.9.20, 4290형상249
뺨을 강타하여 사망하였다면 그 사이에는 인과관계가 있다고 봄이 타당하다.

2 대법원 1961.9.21, 4294형상447
범인의 상해행위가 피해자의 사망의 단독원인이 아니고 피해자의 불충분한 치료가 사망의 공동원인을 구성한 경우에 있어서도 범인의 상해행위와 사망 간에는 인과관계가 존재한다.

3 대법원 1972.3.28, 72도296
피고인의 강타로 인하여 임신 7개월의 피해자가 지상에 넘어져 4일 후에 낙태하고 위 낙태로 유발된 심근경색증으로 죽음에 이르게 된 경우 구타행위와 사망 간에는 인과관계가 있다(상해치사). [경찰채용 15 2차]

4 대법원 1972.11.28, 72도2201
어린애를 업은 사람을 밀어 넘어뜨려 그 결과 어린애가 사망하였다면 폭행치사죄가 성립된다.

5 대법원 1978.7.11, 78도1331
폭행·협박을 가하여 간음하려는 행위와 이에 극도의 흥분을 느끼고 공포심에 사로잡혀 이를 피하려다 사상에 이르게 된 사실과는 상당인과관계가 있다 할 것이므로 강간치상죄가 성립한다. [법원9급 13]

6 대법원 1979.10.10, 79도2040
피해자가 평소 병약한 상태에 있었고 피고인의 폭행으로 그가 사망함에 있어서 지병이 또한 사망 결과에 영향을 주었다고 하여 폭행과 사망 간에 인과관계가 없다고 할 수 없다(폭행치사). [법원행시 11]

7 대법원 1984.6.26, 84도831
피고인이 주먹으로 피해자의 복부를 1회 힘껏 때려 장파열로 인한 복막염으로 사망에 이르게 한 경우, 피해자의 사망은 결국 피고인의 폭행행위에 의한 결과라고 봄이 상당하고, 비록 의사의 수술지연 등의 과실이 피해자 사망의 공동원인이 되었다 하더라도 역시 피고인의 행위가 사망의 결과에 대한 유력한 원인이 된 이상, 그 폭행행위와 치사의 결과 사이에 인과관계는 있다 할 것이고, 피고인은 피해자의 사망의 결과에 형사책임(폭행치사죄)을 져야 함은 당연하다 할 것이다. [경찰채용 15 1차 / 국가7급 13 / 법원행시 08 / 사시 13·14]

8 대법원 1984.12.11, 84도2183
피고인은 과거에 동거하던 피해자에게 다시 동거할 것을 요구하며 서로 말다툼을 하다가 주먹으로 얼굴과 가슴을 수없이 때리고 머리채를 휘어잡아 방 벽에 여러 차례 부딪치는 폭행을 가하여 두개골결손, 뇌경막하출혈 등으로 2일 후 사망케 한 경우, 사람의 얼굴과 가슴에 대한 가격은 신체기능에 중대한 지장을 초래할 수 있고 더구나 두뇌부위에 대하여 두개골 결손을 가져올 정도로 타격을 가할 경우에 치명적인 결과를 가져올 수 있다는 것은 '누구나' 예견할 수 있는 일이라고 할 것이므로 피고인을 상해치사죄로 의율한 조치는 정당하다.

> **보충** 위 판례에서 '누구나' 예견할 수 있는 일이라는 표현이나 아래 90도767 판례에서 '일반경험칙'상 넉넉히 예상할 수 있는 것이라고 판시한 것은 객관적 예견가능성을 검토한 것으로 이해된다.

9 대법원 1984.12.11, 84도2347

피해자의 머리를 한번 받고 경찰봉으로 때린 구타행위와 피해자가 외상성 뇌경막하 출혈로 사망할 때까지 사이 약 20여 시간이 경과하였다 하더라도 그 사이 피해자는 머리가 아프다고 누워 있었고 그 밖에 달리 사망의 중간요인을 발견할 자료가 없다면 위 시간적 간격이 있었던 사실만으로 피고인의 구타와 피해자의 사망 사이에 인과관계가 없다고 할 수 없다(폭행치사). [경찰간부 14 / 법원행시 05]

10 대법원 1985.1.15, 84도2397

강도치상죄에 있어서의 상해는 강도의 기회에 범인의 행위로 인하여 발생한 것이면 족한 것이므로, 피고인이 택시를 타고 가다가 요금지급을 면할 목적으로 소지한 과도로 운전수를 협박하자 이에 놀란 운전수가 택시를 급우회전하면서 그 충격으로 피고인이 겨누고 있던 과도에 어깨부분이 찔려 상처를 입었다면, 피고인의 위 행위를 강도치상죄에 의율함은 정당하다. [경찰간부 11 / 경찰승진(경사) 11 / 경찰승진 14 · 16]

11 대법원 1986.9.9, 85도2433

피해자를 2회에 걸쳐 두 손으로 힘껏 밀어 땅바닥에 넘어뜨리는 폭행을 가함으로써 그 충격으로 인한 쇼크성 심장마비로 사망케 하였다면 비록 위 피해자에게 심관성동맥경화 및 심근섬유화 증세 등의 심장질환의 지병이 있었고 음주로 만취된 상태였으며 그것이 피해자가 사망함에 있어 영향을 주었다고 해서 폭행과 피해자의 사망 간에 상당인과관계가 없다고 할 수 없다(폭행치사).

12 대법원 1989.10.13, 89도556

피고인 甲이 피해자 乙의 멱살을 잡아 흔들고 주먹으로 가슴과 얼굴을 1회씩 구타하고 멱살을 붙들고 부근의 통나무를 쌓아놓은 곳으로 넘어뜨리는 등 피해자의 신체 부위에 외상이 생길 정도로 심하게 폭행을 가하였다면, 비록 평소에 오른쪽 관상동맥폐쇄 및 심실의 허혈성근섬유화증세 등의 심장질환(특이 체질)을 앓고 있던 피해자가 관상동맥부전과 허혈성심근경색 등으로 사망하였다고 하더라도, 상당인과 관계 및 예견가능성이 있어 폭행치사죄가 성립한다. [경찰간부 21 / 경찰승진 15 / 법원승진 14 / 사시 11]

13 대법원 1990.6.22, 90도767

가연물질이 많은 대학도서관 옥내에서 공무집행을 방해할 목적으로 화염병을 투척한 사례
피고인들이 도서관에 농성 중인 학생들과 함께 경찰의 진입에 대항하여 장애물을 설치하고, 화염병이 든 상자 등 가연물질이 많이 모여 있는 7층 복도 등에는 석유를 뿌려놓아 가연물질이 많은 옥내에 화염병이 투척되면 화염병이 불씨에 의하여 발화할 가능성이 있고 행동반경이 좁은 고층건물의 옥내인 점을 감안하여 볼 때, 불이 날 경우 많은 사람이 다치거나 사망할 수 있다는 것은 '일반경험칙'상 넉넉히 예상할 수 있는 것이므로 피고인들에게 위와 같은 화재로 인한 사망 등의 결과발생에 관하여 예견가능성이 없었다고는 할 수 없다(특수공무방해치사상죄).

14 대법원 1990.10.16, 90도1786

피고인들이 공동하여 피해자를 폭행하여 당구장 3층에 있는 화장실에 숨어 있던 피해자를 다시 폭행하려고 피고인 甲은 화장실을 지키고, 피고인들은 당구치는 기구로 문을 내려쳐 부수자, 위협을 느낀 피해자가 화장실 창문 밖으로 숨으려다가 실족하여 떨어짐으로써 사망한 경우에는 피고인들의 폭행행위와 피해자의 사망 사이에는 인과관계가 있다(폭행치사의 공동정범). [경찰채용 14 1차 / 경찰채용 15 2차 / 법원승진 14 / 법원행시 13 / 사시 14]

15 대법원 1991.10.25, 91도2085

아파트 안방에 감금된 피해자가 가혹행위를 피하려고 창문을 통하여 아파트 아래 잔디밭에 뛰어 내리다가

사망한 경우, 중감금행위와 피해자의 사망 사이에 인과관계가 있어 중감금치사죄가 성립된다. [경찰채용 15 2차 / 경찰채용 15 3차 / 법원행시 05·13]

16 대법원 1995.5.12, 95도425
피고인이 자신이 경영하는 속셈학원의 강사로 피해자를 채용하고 학습교재를 설명하겠다는 구실로 유인하여 호텔 객실에 감금한 후 강간하려 하자, 피해자가 완강히 반항하던 중 피고인이 대실시간 연장을 위해 전화하는 사이에 객실 창문을 통해 탈출하려다가 지상에 추락하여 사망한 경우, 강간미수행위와 사망 사이에 상당인과관계가 있다(강간치사). [법원9급 15 / 법원행시 06·14]

17 대법원 1996.5.10, 96도529
甲은 계속 교제하기를 원하는 자신의 제의를 乙녀가 거절한다는 이유로 인도에서 乙녀의 머리카락을 잡아 흔들고 주먹으로 얼굴을 수회 때리고 발로 배를 수회 차는 등 폭행을 가하자 이에 견디지 못한 乙녀는 甲의 폭행을 피하려고 도로를 건너 도주하다가 차도에서 지나가던 차량에 치어 사망한 경우, 상해행위와 피해자의 사망 사이에는 상당인과관계가 인정된다(상해치사). [경찰채용 15 2차 / 경찰채용 15 3차 / 국가9급 07 / 법원9급 14 / 법원행시 07·11]

18 대법원 1996.7.12, 96도1142
폭행 또는 협박으로 타인의 재물을 강취하려는 행위와 이에 극도의 흥분을 느끼고 공포심에 사로잡혀 이를 피하려다 상해에 이르게 된 사실과는 상당인과관계가 있다 할 것이고 이 경우 강취 행위자가 상해의 결과의 발생을 예견할 수 있었다면 이를 강도치상죄로 다스릴 수 있다.[73] [경찰승진 15 / 법원9급 22]

19 대법원 2008.2.29, 2007도10120
피고인들은 의도적으로 피해자(女, 13세)를 술에 취하도록 유도하고 수차례 강간한 후 의식불명 상태에 빠진 피해자를 비닐창고로 옮겨 놓아 피해자가 저체온증으로 사망한 경우, 강간치사상죄에 있어서 사상의 결과는 간음행위 그 자체로부터 발생한 경우나 강간의 수단으로 사용한 폭행으로부터 발생한 경우는 물론 강간에 수반하는 행위에서 발생한 경우도 포함한다(강간치사). [법원행시 08·10]

20 대법원 2012.3.15, 2011도17648
다른 원인과 결합한 경우의 상해치사죄의 인과관계 문제
피고인이 甲의 뺨을 1회 때리고 오른손으로 목을 쳐 甲으로 하여금 뒤로 넘어지면서 머리를 땅바닥에 부딪치게 하여 상해를 가하고 그로 인해 사망에 이르게 한 경우, 甲이 두부 손상을 입은 후 병원에서 입원치료를 받다가 합병증으로 사망에 이르게 되었다 하여도, 피고인의 범행과 甲의 사망 사이에 인과관계를 부정할 수 없고, 사망 결과에 대한 예견가능성도 있었다고 볼 수 있다. [사시 14·16]

21 대법원 2015.3.26, 2014도13345
특가법 제5조의10 제2항의 운전자폭행·협박치사상죄의 성립요건
특가법 제5조의10 제1항은 "운행 중인 자동차의 운전자를 폭행하거나 협박한 사람은 5년 이하의 징역 또는 2천만 원 이하의 벌금에 처한다."고 규정하고, 제2항은 "제1항의 죄를 범하여 사람을 상해에 이르게 한 경우에는 3년 이상의 유기징역에 처하고, 사망에 이르게 한 경우에는 무기 또는 5년 이상의 징역에 처한다."고 규정하고 있다(2007.1.3. 법률 제8169호 개정·신설). 위 죄는 이른바 추상적 위험범에 해당하고, 그중 제2항은 제1항의 죄를 범하여 사람을 상해나 사망이라는 중한 결과에 이르게 한 경우 제1항에 정한 형보다 중한 형으로 처벌하는 결과적 가중범 규정으로 해석할 수 있다. 따라서 운행

---

[73] 도박을 하다 돈을 잃자 식칼을 들고 이를 빼앗으려고 한 사례로서, 각론의 강도치상죄 참조

중인 자동차의 운전자를 폭행하거나 협박하여 운전자나 승객 또는 보행자 등을 상해나 사망에 이르게 하였다면 (반드시 교통사고의 발생을 요하지 않고) 이로써 특가법 제5조의10 제2항의 구성요건을 충족한다.

판례연구 **결과적 가중범의 상당인과관계를 인정하지 않은 판례**

1 대법원 1967.10.31, 67도1151
구조행위를 하였다 하더라도 응급치료가 불가능했던 경우 : 유기치사죄 ×, 유기죄 ○
청산가리가 이미 혈관에 흡수되어 피고인이 피해자를 변소에서 발견했을 때의 피해자의 증상처럼 환자의 안색이 변하고 의식을 잃었을 때에는 우리의 의학기술과 의료시설로는 그 치료가 불가능하여 결국 사망하게 되는 것이고, 또 일반적으로 병원에서 음독환자에게 위세척, 호흡촉진제, 강심제 주사 등으로 응급가료를 하나, 이것이 청산가리 음독인 경우에는 아무런 도움도 되지 못하므로, 피고인의 유기행위와 피해자의 사망 사이에는 상당인과관계가 존재하지 아니한다. [사시 11]

2 대법원 1978.11.28, 78도1961
고등학교 교사가 제자의 잘못을 징계하고자 왼쪽 뺨을 때려 뒤로 넘어지면서 사망에 이르게 한 경우
위 피해자는 두께 0.5mm밖에 안 되는 비정상적인 얇은 두개골이었고 또 뇌수종을 가진 심신허약자로서 좌측 뺨을 때리자 급성뇌성압상승으로 넘어지게 된 것이라면 위 소위와 피해자의 사망 간에는 이른바 인과관계가 없는 경우에 해당한다(폭행치사 ×, 폭행 ○). [경찰간부 15 / 국가9급 07]

3 대법원 1982.11.23, 82도144
강간을 당한 피해자가 집에 돌아와 음독자살하기에 이른 원인이 강간을 당함으로 인하여 발생하였다 하여도, 그 강간행위와 자살행위 사이에 인과관계가 인정될 수 없다(강간치사 ×, 강간 ○). [경찰간부 11·15 / 경찰승진 15 / 국가9급 10·22 / 법원9급 08·13 / 법원행시 06·11·13 / 사시 10]

4 대법원 2009.7.23, 2009도1934
甲이 피해자 乙을 폭행하여 상해를 가하고 그 직후 새로운 범의를 일으켜 강제추행한 경우, 위 상해는 강제추행과 인과관계가 없으므로 결과적 가중범인 강제추행치상죄가 성립할 수 없다.[74]

판례연구 **결과적 가중범의 상당인과관계는 인정되나 예견가능성이 인정되지 않은 판례**

1 대법원 1966.6.28, 66도1
피해자가 진화작업에 열중한 나머지 화상을 입게 된 경우에 방화자에게는 중한 결과인 상해에 대한 예견가능성이 없다고 보아야 하므로 방화치상죄의 죄책은 부정된다(방화치상 ×, 방화 ○). [경찰간부 11]

2 대법원 1981.1.12, 81도1811
특이체질자에 대한 '경미'한 폭행(부정) : 폭행치상죄 ×, 폭행죄 ○
피고인은 피해자의 왼쪽 어깻죽지를 잡고 약 7m 정도 걸어가다가 피해자를 놓아주는 등 폭행을 하자 피해자가 그 곳에 있는 평상에 앉아 있다가 쓰러져 약 2주일간의 안정가료를 요하는 뇌실질 내 혈종의 상해를 입었는데, 피해자는 60세의 노인으로서 외견상 건강해 보이지만 평소 고혈압증세가 있어 급성뇌

---

74 **보충** : 뿐만 아니라, 위 판례는 고의범인 상해죄로 의율하여 처벌한 상해를 다시 결과적 가중범인 강제추행치상죄의 상해로 인정하여 이중으로 처벌할 수는 없다고 한 사례이다.

출혈에 이르기 쉬운 체질이었던 경우, 만약 피해자가 피고인의 욕설과 폭행으로 충격을 받은 나머지 상해를 입게 된 것이라 하더라도(상당인과관계 ○) 일반경험칙상 욕설을 하고 피해자의 어깻죽지를 잡고 조금 걸어가다가 놓아준 데 불과한 정도의 폭행으로 인하여 피해자가 상해를 입을 것이라고 예견할 수는 없다(예견가능성 ×).

3 대법원 1985.4.23, 85도303
피고인의 폭행 정도가 서로 시비하다가 피해자를 떠밀어 땅에 엉덩방아를 찧고 주저앉게 한 정도에 지나지 않은 것이었고, 또 피해자는 외관상 건강하여 전혀 병약한 흔적이 없는 자인데 사실은 관상동맥경화 및 협착증세를 가진 특수체질자이었기 때문에 그 정도의 폭행에 의한 충격에도 심장마비를 일으켜 사망하게 된 것이라면, 피고인에게 사망의 결과에 대한 예견가능성이 있었다고 보기 어려워 결과적 가중범인 폭행치사죄로 의율할 수는 없다(폭행치사 ×, 폭행 ○).

4 대법원 1985.10.8, 85도1537
피고인과 피해자가 여관에 투숙하여 별다른 저항이나 마찰 없이 성행위를 한 후, 피고인이 잠시 방밖으로 나간 사이에 피해자가 방문을 안에서 잠그고 구내전화를 통하여 여관종업원에게 구조요청까지 한 후라면, 일반경험칙상 이러한 상황아래에서 피해자가 피고인의 방문 흔드는 소리에 겁을 먹고 강간을 모면하기 위하여 3층에서 창문을 넘어 탈출하다가 상해를 입을 것이라고 예견할 수는 없다고 볼 것이므로 이를 강간치상죄로 처단할 수 없다(강간치상 ×).

5 대법원 1988.4.12, 88도178
피고인과 (피고인의 일행과 성교를 한 술집 작부인) 피해자(女)가 봉고차에 마주앉아 가다가 피고인이 장난삼아 피해자의 유방을 만지고 피해자가 이를 뿌리치자 발을 앞으로 뻗어 치마를 위로 걷어 올리고 구둣발로 그녀의 허벅지를 문지르는 등 그녀를 강제로 추행하자, 그녀가 욕설을 하면서 갑자기 차의 문을 열고 뛰어 내림으로써 부상을 입고 사망한 경우, 이와 같은 상황에서는 피고인이 그때 피해자가 피고인의 추행행위를 피하기 위하여 달리는 차에서 뛰어내려 사망에 이르게 될 것이라고 예견할 수 없고 달리 이를 인정할 만한 증거가 없다(강제추행치사 ×, 강제추행 ○). [경찰간부 11]

6 대법원 1990.9.25, 90도1596
동료 사이에 말다툼을 하던 중 피고인이 삿대질하는 것을 피하고자 피해자 자신이 두어 걸음 뒷걸음치다가 회전 중이던 십자형 스빙기계 철받침대에 걸려 넘어진 정도라면, 당시 바닥에 장애물이 있어서 뒷걸음치면 장애물에 걸려 넘어질 수 있다는 것까지는 예견할 수 있었다고 하더라도 그 정도로 넘어지면서 머리를 바닥에 부딪혀 두개골절로 사망한다는 것은 이례적인 일이어서 통상적으로 일반인이 예견하기 어려운 결과라고 하지 않을 수 없다(폭행치사 ×, 폭행 ○). [경찰승진 16 / 국가9급 14 / 법원행시 07 / 사시 15]

7 대법원 1993.4.27, 92도3229
(카바레에서 춤을 추면서 알게 된) 피해자가 피고인과 만나 큰 저항 없이 여관방에 함께 들어갔으며, 피고인이 강간을 시도하면서 한 폭행 또는 협박의 정도가 강간의 수단으로는 비교적 경미하였고, 피해자가 여관방 창문을 통하여 아래로 뛰어내릴 당시에는 피고인이 소변을 보기 위하여 화장실에 가 있는 때이었으며, 무엇보다도 4층에 위치한 위 방에서 밖으로 뛰어내리는 경우에는 크게 다치거나 심지어는 생명을 잃는 수도 있는 것인 점을 아울러 본다면, 이러한 상황 아래에서 피해자가 강간을 모면하기 위하여 4층에서 창문을 넘어 뛰어내리거나 또는 이로 인하여 상해를 입기까지 되리라고는 예견할 수 없다고 봄이 경험칙에 부합한다(강간치상 ×).

8 대법원 2010.5.27, 2010도2680

'생일빵'을 한다는 명목하에 피해자를 가격하여 사망에 이르게 한 사례 : 폭행치사죄 ×, 폭행죄 ○
비록 피고인의 폭행과 피해자의 사망 간에 인과관계는 인정되지만 판시와 같은 폭행의 부위와 정도,
피고인과 피해자의 관계, 피해자의 건강상태 등 제반 사정을 고려하여 볼 때 피고인이 폭행 당시
피해자가 사망할 것이라고 예견할 수 없었다고 해야 한다.

4. 관련문제

> **판례연구** **기본범죄가 미수이어도 결과적 가중범의 미수는 부정된다는 사례**
>
> **1** 대법원 1972.7.25, 72도1294
> 강간미수에 그친 경우라도 강간의 수단이 된 폭행으로 피해자가 상해를 입었다면 강간치상죄가 성립한
> 다. [경찰승진 15·16 / 국가9급 14 / 사시 15]
>
> **2** 대법원 1986.7.23, 86도1526
> 강도상해·치상죄는 재물강취의 기수와 미수를 불문하고 범인이 강도범행의 기회에 사람을 상해하거나
> 치상케 하면 성립한다.
>
> **3** 대법원 2008.4.24, 2007도10058
> 성폭법상 특수강간상해·치상죄에 대한 미수범 처벌규정은 특수강간치상의 미수를 정한 것은 아님
> 성폭력범죄의 처벌 및 피해자보호 등에 관한 법률 제9조 제1항에 의하면 같은 법 제6조 제1항에서
> 규정하는 특수강간의 죄를 범한 자뿐만 아니라, 특수강간이 미수에 그쳤다고 하더라도 그로 인하여
> 피해자가 상해를 입었으면 특수강간치상죄가 성립하는 것이고, 같은 법 제12조에서 규정한 위 제9조
> 제1항에 대한 미수범 처벌규정은 제9조 제1항에서 특수강간치상죄와 함께 규정된 특수강간상해죄의
> 미수에 그친 경우, 즉 특수강간의 죄를 범하거나 미수에 그친 자가 피해자에 대하여 상해의 고의를
> 가지고 피해자에게 상해를 입히려다가 미수에 그친 경우 등에도 적용된다. … 위험한 물건인 전자충격기
> 를 사용하여 강간을 시도하다가 미수에 그치고, 피해자에게 약 2주간의 치료를 요하는 안면부 좌상
> 등의 상해를 입힌 경우 (특수강간치상의 미수가 아니라) 특수강간치상죄가 성립한다. [국가7급 18·20 / 법원9급
> 16 / 법원승진 14 / 사시 11·12·13 / 변호사시험 14·15·18]

제2절 부작위범

제18조 【부작위범】 위험의 발생을 방지할 의무가 있거나 자기의 행위로 인하여 위험발생의 원인을 야기한 자가 그
위험발생을 방지하지 아니한 때에는 그 발생된 결과에 의하여 처벌한다.

01 부작위범의 일반이론

부진정부작위범에 있어서 부작위범의 보충성

대법원 2004.6.24, 2002도995
작위와 부작위가 있는 경우 작위범으로 보는 게 원칙이라는 사례
어떠한 범죄가 적극적 작위에 의하여 이루어질 수 있음은 물론 결과의 발생을 방지하지 아니하는 소극적 부작위에 의하여도 실현될 수 있는 경우에, 행위자가 자신의 신체적 활동이나 물리적·화학적 작용을 통하여 적극적으로 타인의 법익 상황을 악화시킴으로써 결국 그 타인의 법익을 침해하기에 이르렀다면, 이는 작위에 의한 범죄로 봄이 원칙이고, 작위에 의하여 악화된 법익 상황을 다시 되돌이키지 아니한 점에 주목하여 이를 부작위범으로 볼 것은 아니며, 나아가 악화되기 이전의 법익 상황이 그 행위자가 과거에 행한 또 다른 작위의 결과에 의하여 유지되고 있었다 하여 이와 달리 볼 이유가 없다. [경찰채용 10 1차 / 경찰채용 14 2차 / 경찰간부 13·15 / 경찰승진 13 / 국가9급 12·14·16 / 국가7급 10 / 법원행시 14 / 사시 14 / 변호사시험 12·13·14]

진정부작위범 관련판례

대법원 1994.4.26, 93도1731
부작위범의 종류에 관하여 형식설을 취한 판례
일정한 기간 내에 잘못된 상태를 바로잡으라는 행정청의 지시를 이행하지 않았다는 것을 구성요건으로 하는 범죄는 이른바 진정부작위범으로서 그 의무이행기간의 경과에 의하여 범행이 기수에 이름과 동시에 작위의무를 발생시킨 행정청의 지시 역시 그 기능을 다한 것으로 보아야 한다. [경찰채용 13 1차 / 경찰채용 15 2차 / 경찰승진 12·16 / 국가9급 11 / 법원행시 09·10]

> 유사 공중위생관리법상 신고의무위반죄도 그 규정 형식 및 취지에 비추어 구성요건이 부작위에 의해서만 실현될 수 있는 진정부작위범에 해당한다(대법원 2008.3.27, 2008도89).

02 부작위범의 성립요건

부작위범의 공통의 구성요건요소 중 개별적 행위가능성 관련판례

1 대법원 1983.3.8, 82도2873
대출을 받은 회사가 부도 위기에 처하여 상환능력이 없음을 알면서도 상환조치를 취하지 않은 은행장
은행장인 피고인이 은행보증회사채의 상환금을 발행회사로 하여금 자체자금으로 상환하게 하는 조치를 취하지 아니하였다 하여도 위 회사가 그 당시 은행보증회사채의 채무를 자체자금으로 상환할 수 있는 능력이 있었다는 사실이 전제되지 않는 이상 그러한 조치는 불가능하거나 실효성이 없는 것으로 피고인의 이러한 소위가 은행에 대한 업무상배임죄가 된다고 볼 수 없다.

2 대법원 2010.1.14, 2009도12109,2009감도38
모텔 중실화 사건

모텔 방에 투숙하여 담배를 피운 후 재떨이에 담배를 끄게 되었으나 담뱃불이 완전히 꺼졌는지 여부를 확인하지 않은 채 불이 붙기 쉬운 휴지를 재떨이에 버리고 잠을 잔 과실로 담뱃불이 휴지와 침대시트에 옮겨 붙게 함으로써 화재가 발생한 경우, 위 화재가 중대한 과실 있는 선행행위로 발생한 이상 화재를 소화할 법률상 의무는 있다 할 것이나, 화재 발생 사실을 안 상태에서 모텔을 빠져나오면서도 모텔 주인이나 다른 투숙객들에게 이를 알리지 아니하였다는 사정만으로는 화재를 용이하게 소화할 수 있었다고 보기 어렵기 때문에, 부작위에 의한 현주건조물방화치사상죄의 공소사실에 대해 무죄를 선고한 원심의 판단은 정당하다. [경찰채용 12 1차/법원행시 13/변호사시험 13]

판례연구 **부진정부작위범의 작위의무의 발생근거에 대한 형식설에 의한 판례**

대법원 1992.2.11, 91도2951; 1997.3.14, 96도1639; 2003.12.12, 2003도5207
형법이 금지하고 있는 법익침해의 결과발생을 방지할 법적인 작위의무를 지고 있는 자가 그 의무를 이행함으로써 결과발생을 쉽게 방지할 수 있었음에도 불구하고 그 결과의 발생을 용인하고 이를 방관한 채 그 의무를 이행하지 아니한 경우에, 그 부작위가 작위에 의한 법익침해와 동등한 형법적 가치가 있는 것이어서 그 범죄의 실행행위로 평가될 만한 것이라면, 작위에 의한 실행행위와 동일하게 부작위범으로 처벌할 수 있고, [국가9급 12] 여기서 작위의무는 성문법과 불문법, 공법과 사법을 불문하고 법령, 법률행위, 선행행위로 인한 경우는 물론, 기타 신의성실의 원칙이나 사회상규 혹은 조리상 작위의무 가 기대되는 경우에도 인정된다 할 것이다. [경찰채용 10·11 1차/국가9급 11·14·21/국가7급 14/법원행시 10·13·14 /사시 10·14/변호사시험 12]

판례연구 **법령에 의한 작위의무 관련판례**

1 대법원 2002.5.24, 2000도1731
귀책사유 없는 사고차량의 운전자의 도로교통법상 구호조치의무 및 신고의무
위 의무는 교통사고를 발생시킨 당해 차량의 운전자에게 그 사고발생에 있어서 고의·과실 혹은 유책 ·위법의 유무에 관계없이 부과된 의무라고 해석함이 상당할 것이므로,[75] [국가9급 11·21/국가7급 11·14] 당해 사고에 있어 귀책사유가 없는 경우에도 위 의무가 없다고 할 수 없고, 또 위 의무는 신고의무에 한정되는 것이 아니므로 타인에게 신고를 부탁하고 현장을 이탈한 경우 위 의무를 다한 것이라 할 수 없다.[76]

[경찰채용 14·15 2차/경찰승진 11]

---

[75] **유기죄** : 귀책사유 없는 사고차량의 운전자도 유기죄의 주체가 될 수 있음 예를 들어, 육교 밑으로 갑자기 뛰어든 행인을 친 경우처럼, 운전자에게 업무상 과실이 없다 하더라도 도로교통법 제54조가 정한 교통사고발생시의 구호조치의무 및 신고의무는 인정되어야 하므로(대법원 2002.5.24, 2000도1731), 구호조치를 취하지 않은 운전자에게는 형법상 유기죄(제271조 제1항 : 법률상 보호의무 있는 자의 요부조자에 대한 유기) 및 도로교통법상 구호조치의무불이행죄(동법 제116조)가 인정된다. [국가7급 14]
살인죄 : 위법한 선행행위가 필요함 반면, 업무상 과실로 교통사고를 일으켜 사람을 치상케 한 운전자가 구호의무를 이행하지 않아 피해자가 사망에 이르게 된 경우에는 '위법한 선행행위'의 경우이므로(형식설과 실질설에 의할 때 모두 작위의무가 인정되게 되므로 더욱 확실한 부작위범 성립의 근거가 발생하게 됨) 운전자에게 살인의 고의가 있는 경우에는 형법상 업무상 과실치상죄와 부작위에 의한 살인죄가 성립하게 되고, 살인의 고의가 없는 경우에는 특가법상 도주차량운전죄(동법 제5조의3)에 해당되게 된다.
[76] **유사** : 연쇄충돌을 야기케 한 제1차 충돌운전자의 구호조치의무 피고인이 2차선 도로의 3차선에서 운전하던 버스가 트럭이 운행하는 2차선 전방에 갑자기 진입하여 트럭과 충돌하면서 이를 피하려던 그 트럭이 중앙선을 넘어서 마주오던 승용차와 충돌한 사고가 발생된 사실을 알면서 그대로 진행해 갔다면 사상자에 대한 구호조치를 취함이 없이 도주한 경우에 해당한다(대법원 1983.8.23, 83도1328).
비교 : 교통상 위해가 될 만한 사정이 없는 경우 도로교통법상 조치불이행죄 × 사고 운전자가 교통사고 현장에서 경찰관에게 동승자가 사고차량의 운전자라고 진술하거나 허위신고를 하도록 하였더라도, 사고 직후 피해자가 병원으로 후송될 때까지 사고장소를 이탈하지 아니한 채 경찰관에게 위 차량이 가해차량임을 밝히고 경찰관의 요구에 따라 동승자와 함께 조사를 받기 위해 경찰 지구대로 동행한 경우, 특가법 제5조의3의 '도주'에 해당하지 않는다. [변호사시험 16] 또한 사고 운전자가 사고로 손괴된 피해자의 오토바이에 대한

2 대법원 2008.2.14, 2007도3952

유기죄의 법률상 보호의무 : 치사량의 필로폰을 복용한 내연녀를 구조하지 않은 사례(유기치사 ✕)

유기죄가 성립하려면 행위자가 형법 제271조 제1항에 의한 '노유, 질병 기타 사정으로 인하여 부조를 요하는 자를 보호할 만한 법률상 또는 계약상 의무 있는 자'에 해당하여야 하는데, [경찰채용 15 2차] 법률상 보호의무 가운데는 민법 제826조 제1항에 근거한 부부간의 부양의무도 포함되며, 나아가 법률상 부부는 아니지만 사실혼 관계에 있는 경우에도 법률상 보호의무의 존재를 긍정하여야 하지만, 단순한 동거 또는 간헐적인 정교관계를 맺고 있다는 사정만으로는 부족하다. [경찰채용 11 1차 / 경찰간부 20 / 법원9급 13]

판례연구 **계약 등 법률행위에 의하여 작위의무가 인정되는 사례**

1 대법원 1997.3.14, 96도1639

백화점 입점점포의 위조상표 부착상품 판매사실을 알고도 방치한 사례

근로계약 및 조리상 작위의무를 가지고 있는 백화점 직원인 피고인은 부작위에 의하여 공동피고인인 점주의 상표법위반 및 부정경쟁방지법위반 행위를 방조하였다고 인정할 수 있다.

2 대법원 2008.2.28, 2007도9354

자신이 법무사가 아니라는 사실을 밝히지 않은 채 근저당권설정계약서를 작성한 사례

피고인은 자신이 A법무사가 아님을 밝히지 아니한 채 A법무사 행세를 하면서 본인 확인절차를 거친 다음 공소외 5로부터 근저당권설정계약서에 서명날인을 받았는데, 피고인은 자신이 법무사가 아님을 밝힐 계약상 또는 조리상의 법적인 작위의무가 있다고 할 것임에도, 이를 밝히지 아니한 채 A법무사 행세를 하면서 등기위임장 및 근저당권설정계약서를 작성함으로써 자신이 공소외 법무사로 호칭되도록 계속 방치한 것은 작위에 의하여 법무사의 명칭을 사용한 경우와 동등한 형법적 가치가 있는 것으로 볼 수 있다(부작위에 의한 법무사법 제3조 제2항 위반죄 성립). [경찰승진 11 / 사시 10·14 / 변호사시험 13]

판례연구 **조리 내지 신의칙에 의하여 작위의무가 인정되는 사례**

1 대법원 1981.8.20, 81도1638

토지를 매도함에 있어서 채무담보를 위한 가등기와 근저당권설정등기가 경료되어 있는 사실을 숨기고 이를 고지하지 아니하여 매수인이 알지 못하고 그 토지를 매수하였다면 사기죄를 구성한다.

2 대법원 1996.7.30, 96도1081

어떤 물품의 국내의 독점판매계약을 하는 피해자로서는 이미 다른 회사가 같은 제품을 국내에 판매하고 있는 것을 알았다면 독점판매계약을 체결할 리가 없다고 보는 것이 경험칙상 명백하므로 피고인으로서는 피해자와 이 사건 계약을 체결함에 있어서 이를 신의칙상 고지할 의무가 있다.

3 대법원 1996.9.6, 95도2551

작위의무는 법적인 의무이어야 하므로 단순한 도덕상 또는 종교상의 의무는 포함되지 않으나 작위의무가 법적인 의무인 한, 성문법이건 불문법이건 상관이 없고 또 공법이건 사법이건 불문하므로, 법령·법률행위·선행행위로 인한 경우는 물론이고 기타 신의성실의 원칙이나 사회상규 혹은 조리상 작위의무가 기대되는 경우에도 법적인 작위의무는 있다. [경찰채용 13 1차 / 경찰채용 15 2차 / 경찰간부 20 / 경찰승진 10·12·13 ·14·16 / 국가9급 08·12·16 / 국가7급 07·10·16 / 사시 11·14]

조치를 직접 취하지 않았더라도 사고현장을 떠나기 전에 이미 구조대원 등 다른 사람이 위 오토바이를 치워 교통상 위해가 될 만한 다른 사정이 없었던 경우, 도로교통법 제106조 위반죄로 처벌할 수 없다(대법원 2007.10.11, 2007도1738).

4 대법원 2006.4.28, 2003도4128; 2006.4.28, 2003도80

인터넷 포털사이트 주식회사나 대표이사 또는 오락채널 총괄팀장과 위 오락채널 내 만화사업의 운영 직원인 피고인들에게는 콘텐츠제공업체들이 게재하는 음란만화의 삭제를 요구할 조리상의 의무가 있기 때문에, 이를 이행하지 않은 경우에는 구 전기통신기본법 위반 방조죄가 성립한다. [국가9급 16]

판례연구 **선행행위에 의하여 작위의무가 인정되는 사례**

1 대법원 1992.2.11, 91도2951

선행행위 인정례Ⅰ : 숙부의 조카 저수지 인도 사례

피해자의 숙부로서 익사의 위험에 대처할 보호능력이 없는 나이 어린 피해자를 익사의 위험이 있는 저수지로 데리고 갔던(선행행위를 한 – 필자 주) 피고인으로서는 피해자가 물에 빠져 익사할 위험을 방지하고 피해자가 물에 빠지는 경우 그를 구호하여 주어야 할 법적인 작위의무가 있다고 보아야 할 것이고, 피해자가 물에 빠진 후에 피고인이 살해의 범의를 가지고 그를 구호하지 아니한 채 그가 익사하는 것을 용인하고 방관한 행위(부작위)는 살인의 실행행위라고 보아야 한다. [경찰채용 11 2차 / 경찰승진 15 / 법원9급 05 / 법원행시 05·09·13·14]

2 대법원 1982.11.23, 82도2024

선행행위 인정례Ⅱ : 주교사 이윤상 군 유괴살해 사건

피고인이 미성년자를 유인하여 포박·감금한 후 단지 그 상태를 유지하였을 뿐인 데도 피감금자가 사망에 이르게 된 것이라면 감금치사죄에 해당한다 하겠으나, 나아가서 그 감금상태가 계속된 어느 시점에서 피고인에게 살해의 범의가 생겨 피감금자에 대한 위험발생을 방지함이 없이 포박·감금상태에 있던 피감금자를 그대로 방치함으로써 사망케 하였다면(선행행위에 의한 작위의무를 이행하지 않은 – 필자 주) 피고인의 부작위는 부작위에 의한 살인죄를 구성한다. [사시 11 / 변호사시험 14]

3 대법원 1978.9.26, 78도1996

선행행위 인정례 Ⅲ : 이리역 폭파 사례

폭약을 호송하는 자가 화차 내에서 촛불을 켜 놓은 채 잠자다가 폭약상자에 불이 붙는 순간 이를 쉽게 진화할 수 있는데도 도주하였다면 부작위에 의한 폭발물파열죄가 성립한다.

판례연구 **작위의무의 발생근거에 관한 결합설(형식설+실질설)이 나타난 것으로 보이는 판례**

대법원 2005.7.22, 2005도3034

압류된 골프장시설을 보관하는 회사의 대표이사가 골프장을 개장하여 봉인이 훼손된 사례

압류시설의 보관자 지위에 있는 회사로서는 압류시설을 선량한 관리자로서 보관할 주의의무가 있다 할 것이고, 그 대표이사인 피고인은 적절한 조치를 취할 위임계약 혹은 조리상의 작위의무가 존재한다고 보아야 할 것인데(형식설), 이러한 작위의무의 내용 중에는 적어도 위 압류·봉인에 의하여 사용이 금지된 골프장 시설물에 대하여 위 시설물의 사용 및 그 당연한 귀결로서 봉인의 훼손을 초래하게 될 골프장의 개장 및 그에 따른 압류시설 작동을 제한하거나 그 사용 및 훼손을 방지할 수 있는 적절한 조치를 취할 의무는 존재한다고 보아야 할 것이고(실질설), 그럼에도 피고인이 그러한 조치 없이 위 개장 및 압류시설 작동을 의도적으로 묵인 내지 방치함으로써 예견된 결과를 유발한 경우에는 부작위에 의한 공무상표시무효 죄(제140조 제1항)의 성립을 인정할 수 있다고 보아야 할 것이다. [경찰간부 13 / 법원9급 13 / 법원행시 09]

　세월호 사건 : 대법원 2015.11.12, 2015도6809 전원합의체 [경찰승진 16 / 국가9급 16 / 국가7급 18 / 법원행시 17·18 / 사시 16 / 변호사시험 18]

선박침몰 등과 같은 급박한 상황이 발생한 경우에 선박의 운항을 지배하고 있는 선장 甲이 자신에게 요구되는 개별적·구체적인 구호의무를 이행함으로써 사망의 결과를 쉽게 방지할 수 있음에도 이를 방관하여 승객의 사망을 초래한 경우, 甲은 부작위에 의한 살인죄가 성립하는가?

해결　[1] 선장은 승객 등 선박공동체의 안전에 대한 총책임자로서 선박공동체가 위험에 직면할 경우 그 사실을 당국에 신고하거나 구조세력의 도움을 요청하는 등의 기본적인 조치뿐만 아니라 위기상황의 태양, 구조세력의 지원 가능성과 규모, 시기 등을 종합적으로 고려하여 실현가능한 구체적인 구조계획을 신속히 수립하고 선장의 포괄적이고 절대적인 권한을 적절히 행사하여 선박공동체 전원의 안전이 종국적으로 확보될 때까지 적극적·지속적으로 구조조치를 취할 법률상 의무가 있다. 또한 선장이나 승무원은 수난구호법 제18조 제1항 단서에 의하여 조난된 사람에 대한 구조조치의무를 부담하고, 선박의 해상여객운송사업자와 승객 사이의 여객운송계약에 따라 승객의 안전에 대하여 계약상 보호의무를 부담하므로, 모든 승무원은 선박 위험 시 서로 협력하여 조난된 승객이나 다른 승무원을 적극적으로 구조할 의무가 있다. 따라서 선박침몰 등과 같은 조난사고로 승객이나 다른 승무원들이 스스로 생명에 대한 위협에 대처할 수 없는 급박한 상황이 발생한 경우에는 선박의 운항을 지배하고 있는 선장이나 갑판 또는 선내에서 구체적인 구조행위를 지배하고 있는 선원들은 적극적인 구호활동을 통해 보호능력이 없는 승객이나 다른 승무원의 사망 결과를 방지하여야 할 작위의무가 있으므로, 법익침해의 태양과 정도 등에 따라 요구되는 개별적·구체적인 구호의무를 이행함으로써 사망의 결과를 쉽게 방지할 수 있음에도 그에 이르는 사태의 핵심적 경과를 그대로 방관하여 사망의 결과를 초래하였다면, 부작위는 작위에 의한 살인행위와 동등한 형법적 가치를 가지고, 작위의무를 이행하였다면 결과가 발생하지 않았을 것이라는 관계가 인정될 경우에는 작위를 하지 않은 부작위와 사망의 결과 사이에 인과관계가 있다.

다수의견　(부작위에 의한 살인죄의 죄책은 선장에게는 인정되나 항해사들에게는 인정되지 않음) 항해 중이던 선박의 선장 피고인 甲, 1등 항해사 피고인 乙, 2등 항해사 피고인 丙이 배가 좌현으로 기울어져 멈춘 후 침몰하고 있는 상황에서 피해자인 승객 등이 안내방송 등을 믿고 대피하지 않은 채 선내에 대기하고 있음에도 아무런 구조조치를 취하지 않고 퇴선함으로써, 배에 남아있던 피해자들을 익사하게 하고, 나머지 피해자들의 사망을 용인하였으나 해경 등에 의해 구조되었다고 하여 살인 및 살인미수로 기소된 경우, 피고인 乙, 丙은 간부 선원이기는 하나 나머지 선원들과 마찬가지로 선박침몰과 같은 비상상황 발생 시 각자 비상임무를 수행할 현장에 투입되어 선장의 퇴선명령이나 퇴선을 위한 유보갑판으로의 대피명령 등에 대비하다가 선장의 실행지휘에 따라 승객들의 이동과 탈출을 도와주는 임무를 수행하는 사람들로서, 임무의 내용이나 중요도가 선장의 지휘 내용이나 구체적인 현장상황에 따라 수시로 변동될 수 있을 뿐 아니라 퇴선유도 등과 같이 경우에 따라서는 승객이나 다른 승무원에 의해서도 비교적 쉽게 대체 가능하고, 따라서 승객 등의 퇴선을 위한 선장의 아무런 지휘·명령이 없는 상태에서 피고인 乙, 丙이 단순히 비상임무 현장에 미리 가서 추가 지시에 대비하지 아니한 채 선장과 함께 조타실에 있었다거나 혹은 기관부 선원들과 함께 3층 선실 복도에서 대기하였다는 사정만으로, 선장과 마찬가지로 선내 대기 중인 승객 등의 사망 결과나 그에 이르는 사태의 핵심적 경과를 계획적으로 조종하거나 저지·촉진하는 등 사태를 지배하는 지위에 있었다고 보기 어려운 점 등 제반 사정을 고려하면, 피고인 乙, 丙이 간부 선원들로서 선장을 보좌하여 승객 등을 구조하여야 할 지위에 있음에도 별다른 구조조치를 취하지 아니한 채 사태를 방관하여 결과적으로 선내 대기 중이던 승객 등이 탈출에 실패하여 사망에 이르게 한 잘못은 있으나(특가법상 유기치사의 죄책은 인정되나),

그러한 부작위를 작위에 의한 살인의 실행행위와 동일하게 평가하기 어렵고, 또한 살인의 미필적 고의로 피고인 甲의 부작위에 의한 살인행위에 공모 가담하였다고 단정하기도 어려우므로, 피고인 乙, 丙에 대해 부작위에 의한 살인의 고의를 인정하기 어렵다.

정답 성립한다.

판례연구　부진정부작위범의 행위정형의 동가치성 관련판례

대법원 2017.12.22, 2017도13211
건축자재를 치우지 않은 것만으로는 업무방해죄의 위력으로 볼 수 없다는 사례
업무방해죄와 같이 작위를 내용으로 하는 범죄를 부작위에 의하여 범하는 부진정 부작위범이 성립하기 위해서는 부작위를 실행행위로서의 작위와 동일시할 수 있어야 한다. … 피고인이 일부러 건축자재를 甲의 토지 위에 쌓아 두어 공사현장을 막은 것이 아니라 당초 자신의 공사를 위해 쌓아 두었던 건축자재를 공사 완료 후 치우지 않은 것에 불과하므로, 비록 공사대금을 받을 목적으로 건축자재를 치우지 않았더라도, 피고인이 자신의 공사를 위하여 쌓아 두었던 건축자재를 공사 완료 후에 단순히 치우지 않은 행위는 위력으로써 甲의 추가 공사 업무를 방해하는 업무방해죄의 실행행위로서 甲의 업무에 대하여 하는 적극적인 방해행위와 동등한 형법적 가치를 가진다고 볼 수 없다. [국가9급 22]

03　관련문제

판례연구　과실의 부진정부작위범 : 발 옆의 촛불 사례

대법원 1994.8.26, 94도1291
피고인들이 자신들과 함께 술을 마시고 만취되어 의식이 없는 피해자를 부축하여 학교선배인 장ㅇㅇ의 자취집에 함께 가서 촛불을 가져오라고 하여 장ㅇㅇ이 가져온 촛불이 켜져 있는 방안에 이불을 덮고 자고 있는 피해자를 혼자 두고 나옴에 있어, 그 촛불이 피해자의 발로부터 불과 약 70 내지 80cm 밖에 떨어져 있지 않은 곳에 마분지로 된 양촛갑 위에 놓여 있음을 잘 알고 있었던 피고인들로서는 피해자를 혼자 방에 두고 나오면서 촛불을 끄거나 양초가 쉽게 넘어지지 않도록 적절하고 안전한 조치를 취하여야 할 주의의무가 있다 할 것인바, 비록 피고인들이 직접 촛불을 켜지 않았다 할지라도 위와 같은 주의의무를 다하지 않은 이상, 피고인들로서는 이 사건 화재발생과 그로 인한 피해자의 사망에 대하여 과실책임을 면할 수는 없다 할 것이다(실화죄와 과실치사죄 성립 – 필자 주). [경찰채용 20 2차 / 법원행시 14 / 사시 15]

판례연구　부작위범의 공동정범 부정례

❶ 대법원 2008.3.27, 2008도89
공통된 작위의무와 공통의 이행가능성이 있어야 부작위범의 공동정범이 성립한다는 사례
부작위범 사이의 공동정범은 다수의 부작위범에게 공통된 의무가 부여되어 있고 그 의무를 공통으로 이행할 수 있을 때에만 성립한다. 그런데 공중위생영업의 신고의무는 '공중위생영업을 하고자 하는 자'에게 부여되어 있고, 여기서 '영업을 하는 자'란 영업으로 인한 권리의무의 귀속주체가 되는 자를

의미하므로, 영업자의 직원이나 보조자의 경우에는 영업을 하는 자에 포함되지 않는다. [경찰채용 10·11·13 1차 / 경찰채용 10·12 2차 / 경찰채용 15 3차 / 경찰간부 12 / 경찰승진 10 / 국가9급 09·21 / 국가7급 10·12·13 / 법원9급 13 / 법원행시 10·13·14 / 사시 10·12 / 변호사시험 12]

2 대법원 2021.5.7, 2018도12973

병원장과 병원 소속 전문의의 부작위범의 공동정범 성부

구 정신보건법 제24조 제1항은 "정신의료기관 등의 장은 정신질환자의 보호의무자 2인의 동의(보호의무자가 1인인 경우에는 1인의 동의로 한다)가 있고 정신건강의학과 전문의가 입원 등이 필요하다고 판단한 경우에 한하여 당해 정신질환자를 입원 등을 시킬 수 있으며, 입원 등을 할 때 당해 보호의무자로부터 보건복지부령으로 정하는 입원 등의 동의서 및 보호의무자임을 확인할 수 있는 서류를 받아야 한다."라고 정하고, 제57조 제2호는 제24조 제1항을 위반하여 입원동의서 또는 보호의무자임을 확인할 수 있는 서류를 받지 아니한 자를 처벌한다고 정하고 있다. 그런데 정신병원 소속 봉직의인 피고인들이 보호의무자에 의한 입원 시 보호의무자 확인 서류를 수수하지 않았다. … 보호의무자 확인 서류 등 수수 의무 위반으로 인한 구 정신보건법 위반죄는 구성요건이 부작위에 의해서만 실현될 수 있는 진정부작위범에 해당한다. 진정부작위범인 위 수수 의무 위반으로 인한 구 정신보건법 위반죄의 공동정범은 그 의무가 수인에게 공통으로 부여되어 있는데도 수인이 공모하여 전원이 그 의무를 이행하지 않았을 때 성립할 수 있다. 그리고 위 규정에 따르면 보호의무자 확인 서류 등의 수수 의무는 '정신의료기관 등의 장'에게만 부여되어 있고, 정신의료기관 등의 장이 아니라 그곳에 근무하고 있을 뿐인 정신건강의학과 전문의는 위 규정에서 정하는 보호의무자 확인 서류 등의 수수 의무를 부담하지 않는다고 보아야 한다. 그렇다면 이 위반행위에 관하여 피고인들은 정신병원의 장과 부작위범의 공동정범이 성립하지 않는다.

목 차		난 도	출제율	대표지문
제1절 죄수론의 일반이론	01 죄수론의 의의	下	–	• 미성년자의제강간죄 또는 미성년자의제강제추행죄는 행위시마다 한 개의 범죄가 성립한다. (O)
	02 죄수결정의 기준	中	★	
제2절 일 죄	01 서 설	下	–	• 법조경합은 한 개의 행위가 외관상 여러 개의 죄의 구성요건에 해당하는 것처럼 보이나 실질적으로 1죄만 구성하는 경우를 말한 다. (O)
	02 법조경합	中	★★	• 향정신성의약품수수의 죄가 성립되는 경우에는 그에 수반되는 향정신성의약품의 소지행위는 수수죄의 불가벌적 수반행위로서 수수죄에 흡수되고 별도로 범죄를 구성하지 않는다. (O)
	03 포괄일죄	中	★★	• 범죄단체를 구성하거나 이에 가입한 자가 더 나아가 구성원으로 활동하는 경우, 이는 포괄일죄의 관계에 있다. (O)
제3절 수 죄	01 상상적 경합	中	★★	• 실체적 경합관계에 있는 공도화변조죄와 동행사죄가 수뢰후부정처 사죄와 각각 상상적 경합관계에 있다면 종국적으로 3개의 범죄 중에서 가장 무거운 죄에 정한 형으로 처단하면 족하다. (O)
	02 경합범(실체적 경합)	中	★★	• 피고인이 슈퍼마켓사무실에서 식칼을 들고 피해자를 협박한 행위 와 식칼을 들고 매장을 돌아다니며 손님을 내쫓아 그의 영업을 방해한 행위는 협박죄와 업무방해죄의 실체적 경합범이다. (O)

✔ 출제경향

구 분	경찰채용						경찰간부						경찰승진					
	17	18	19	20	21	22	17	18	19	20	21	22	17	18	19	20	21	22
제1절 죄수론의 일반이론		2	1	1					1		1			1				
제2절 일 죄	2						1	1	1		1			1		1	1	
제3절 수 죄	1		1	1	1	1	1			1		1	1	3				1
출제빈도	11/220						9/240						9/240					

CHAPTER **08**

죄수론

	국가9급						법원9급						법원행시						변호사시험					
17	18	19	20	21	22	17	18	19	20	21	22	17	18	19	20	21	22	17	18	19	20	21	22
													1										
		1				1	1	1	1	1		1		3	2				1		1		
1		1			1	1	1				1	1		1	2	1	5	1		1	1	1	2
		4/120						9/150						17/240						8/140			

CHAPTER 08 죄수론

제1절 죄수론의 일반이론

01 죄수론의 의의

02 죄수결정의 기준

> **판례연구** 행위표준설의 판례
>
> **1** 대법원 1982.12.14, 82도2442
> 미성년자의제강간죄 또는 미성년자의제강제추행죄는 행위시마다 1개의 범죄가 성립한다. [법원행시 13]
>
> **2** 대법원 1982.12.14, 82도2448
> 간통죄는 성교행위마다 1개의 간통죄가 성립한다. [법원행시 13]
> → 이상 행위표준설은 주로 합의에 의한 성관계로 범죄를 구성하는 경우에 적용(판례)
>
> **3** 대법원 1991.2.26, 90도2900
> 히로뽕 반제품으로 나중에 완제품을 제조한 행위의 죄수
> 히로뽕 완제품을 제조할 때 함께 만든 액체 히로뽕 반제품을 땅에 묻어 두었다가 약 1년 9월 후에
> 앞서 제조시의 공범 아닌 자 등의 요구에 따라 그들과 함께 위 반제품으로 그 완제품을 제조한 경우
> 포괄일죄를 이룬다고 할 수 없으므로 형법 제37조 전단의 경합범으로 의율처단하여야 한다. [시시 13]
>
> **4** 대법원 1992.9.14, 92도1534
> 상관으로부터 집총을 하고 군사교육을 받으라는 명령을 수회 받고도 그때마다 이를 거부한 경우에는
> 그 명령 횟수만큼의 항명죄가 즉시 성립하는 것이지, 집총거부의 의사가 단일하고 계속된 것이며 피해법익
> 이 동일하다고 하여 하나의 항명죄만 성립한다고 할 수는 없다. [경찰간부 12]
>
> **5** 대법원 1999.4.23, 98도4455
> 자동차관리법을 위반한 해체행위는 각 해체행위마다 1개의 죄가 성립하는 것이므로, 각 해체행위마다
> 그 일시·장소·방법을 구체적으로 명백히 하여야만 공소사실이 특정되어 있다고 할 것이다.

6 대법원 2000.11.10, 99도782

수입물품의 수입신고를 하면서 과세가격 또는 관세율 등을 허위로 신고하여 수입하는 경우에는 그 수입신고시마다 당해 수입물품에 대한 정당한 관세의 확보라는 법익이 침해되어 별도로 구성요건이 충족되는 것이므로 각각의 허위 수입신고시마다 1개의 죄가 성립한다. [국가7급 16]

유사 관세법상 무신고수입죄의 죄수도 마찬가지이다(대법원 2000.5.26, 2000도1338).

판례연구 **법익표준설의 판례**

1 대법원 1979.7.10, 79도840

위조통화행사죄와 사기죄는 보호법익을 달리하므로 위조통화를 행사하여 재물을 불법영득한 때에는 위조통화행사죄와 사기죄의 양죄는 경합범의 관계에 있다(다수설은 상상적 경합). [경찰채용 15 2차 / 경찰간부 15 / 국가9급 10 / 법원행시 05·06·13 / 사시 10·13 / 변호사시험 12]

→ 위 판례와 같이 대법원에서는 ~행사죄와 사기죄, 신용카드부정사용죄와 사기죄·절도죄의 관계에 있어서 법익표 준설을 중시하여 실체적 경합으로 판시한 예가 많다.

2 대법원 1982.6.8, 82도486

흉기로 찔러 죽인다고 해악을 고지하여 협박한 후 다시 주먹과 발로 수회 구타하여 상해를 입힌 경우에는 다른 법익을 침해한 것이므로 위 행위들이 같은 무렵에 같은 장소에서 행해진 것이라 하여도 위 두 행위(협박과 상해)는 별개의 독립된 행위로서 실체적 경합의 관계에 있다.

→ 원래 상해시의 협박은 상해에 흡수된다는 점에서 위 판례는 주의해야 한다.

3 대법원 1994.5.13, 93도3358

아파트의 각 세대를 분양받은 각 피해자에 대하여 소유권이전등기절차를 이행하여 주어야 할 업무상의 임무가 있었다면, 각 피해자의 보호법익은 독립된 것이므로, 피해자별로 독립한 수개의 업무상 배임죄의 관계에 있게 되는 것이다(배임죄의 죄수판단기준은 피해자와의 신임관계의 수).

4 대법원 1996.7.30, 96도1285

강도가 시간적으로 접착된 상황에서 가족을 이루는 수인에게 폭행·협박을 가하여 집안에 있는 재물을 탈취한 경우 그 재물은 가족의 공동점유 아래 있는 것으로서, 이를 탈취하는 행위는 그 소유자가 누구인지에 불구하고 단일한 강도죄의 죄책을 진다. [법원행시 11·13·14]

5 대법원 2001.12.28, 2001도6130

수인의 피해자에 대하여 각별로 기망행위를 하여 각각 재물을 편취한 경우에는 범의가 단일하고 범행방법이 동일하더라도 각 피해자의 피해법익은 독립한 것이므로 이를 포괄일죄로 파악할 수 없고 피해자별로 독립한 사기죄가 성립된다. [법원9급 05]

6 대법원 2007.8.23, 2007도2551

주민등록법위반죄는 사문서위조·동행사죄에 흡수되지 않는다는 사례

주민등록법위반죄는 문서의 진정에 대한 공공의 신용을 그 직접적 보호법익으로 하는 사문서위조죄·동행사죄와 그 보호법익 및 구성요건의 내용을 서로 달리하는 것이므로, 주민등록법의 규정이 형법상 문서죄에 흡수되는 관계라기보다는 각기 독립된 별개의 구성요건이라 할 것이다.

수인의 사업자로부터 재화를 공급받는 자가 각 그 납세의무자와 공모하여 부가가치세를 포탈한 경우에도
조세포탈의 주체는 어디까지나 각 납세의무자이고 재화를 공급받는 자는 각 납세의무자의 조세포탈에
가공한 공범에 불과하므로, 그 죄수는 각 납세의무자별로 각각 1죄가 성립하고 이를 포괄하여 1죄가
성립하는 것은 아니다.

사례연구 | **신용카드부정사용죄와 사기죄의 죄수**

甲은 乙의 신용카드를 절취한 직후 약 2시간 20분 동안에 카드가맹점 7곳에서 합계 금 2,008,000원
상당의 물품을 구입하면서 마치 자신이 신용카드의 소유자인 것처럼 행세하여 위 물품의 각 구입대금을
동종의 신용카드로 결제하였다(甲이 신용카드를 훔친 목적은 이를 사용하여 신용카드의 가맹점들에서
물품을 구입하는 데 있었고, 같은 날 신용카드에 대한 도난·분실신고가 될 것을 염려하여 즉시 신속하게
카드가맹점들을 계속 돌아다니며 신용카드를 각 사용한 것이었음). 甲의 형사책임은?

> 해결 甲은 신용카드부정사용죄와 사기죄의 경합범이다. "피고인이 동일한 신용카드를 위와 같이 부정사
> 용한 행위는 포괄일죄에 해당하고, 신용카드를 부정사용한 결과가 사기죄의 구성요건에 해당하고
> 그 각 사기죄가 실체적 경합관계에 해당한다고 하여도 신용카드부정사용죄와 사기죄는 그 보호법
> 익이나 행위의 태양이 전혀 달라 실체적 경합관계에 있다(대법원 1996.7.12, 96도1181)." [경찰간부
> 16 / 경찰승진 10]

판례연구 | **의사표준설의 판례**

1 대법원 1982.10.26, 81도1409
피고인(공무원)이 약 5개월간 7회에 걸쳐 같은 공동피고인으로부터 등기사건처리명목으로 금원을
교부받았다면, 이는 피고인이 뇌물수수의 단일한 범의의 계속 하에 일정기간 동종행위를 같은 장소에서
반복한 것이 분명하므로 피고인의 수회에 걸친 뇌물수수행위는 포괄일죄를 구성한다.

2 대법원 1996.7.12, 96도1181
절취한 신용카드로 가맹점들로부터 물품을 구입하겠다는 단일한 범의를 가지고 그 범의가 계속된
가운데 동종의 범행인 신용카드 부정사용행위를 동일한 방법으로 반복하여 행하였고, 또 위 신용카드의
각 부정사용의 피해법익도 모두 위 신용카드를 사용한 거래의 안전 및 이에 대한 공중의 신뢰인
것으로 동일하므로, 피고인의 동일한 신용카드 부정사용 행위는 포괄일죄에 해당한다.

판례연구 | **구성요건표준설의 판례**

1 대법원 1968.12.24, 68도1501
예금통장과 인장을 절취한 행위와 저금환급금수령증을 위조한 행위는 각각 별개의 범죄구성요건을
충족하는 각 독립된 행위라 할 것이므로 경합범이 성립한다.

2 대법원 2007.2.15, 2005도9546 전원합의체; 2011.9.29, 2009도3355
특가법 제8조 제1항에서 말하는 '연간 포탈세액 등(이 일정액 이상)'은 각 세목의 과세기간에 관계없이
각 연도별(1.1.부터 12.31.까지)로 포탈한 또는 부정 환급받은 모든 세액을 합산한 금액을 의미한다. 따라서
특가법 제8조 제1항을 적용함에 있어 해당 연도분 부가가치세 중 제1기분 부가가치세 포탈범행과

제2기분 부가가치세 포탈범행이 각각 같은 연도에 기수에 이른 경우, 전부를 포괄하여 하나의 죄로 의율하여야 함에도 이를 실체적 경합범으로 처단한 원심판결은 위법하다.

> 비교 매월분 소득세 미원천징수와 연말정산분 소득세 미원천징수는 실체적 경합
>
> 매월분의 근로소득을 지급할 때 소득세를 원천징수하지 아니한 죄와 연말정산에 따른 소득세를 원천징수하지 아니한 죄는 실체적 경합범의 관계에 있다(대법원 2011.3.24, 2010도13345).

3 대법원 2009.8.20, 2008도9634
조세범처벌법은 재화·용역을 공급하지 아니하고 매출·매입처별세금계산서합계표를 허위기재하여 정부에 제출한 행위를 처벌하는바, 하나의 매출·매입처별세금계산서합계표에 여러 가지 사항에 관하여 허위의 사실을 기재하였더라도 전체로서 하나의 매출·매입처별세금계산서합계표를 허위로 작성하여 정부에 제출하는 것이므로 하나의 조세범처벌법 위반죄가 성립한다.

제2절 일 죄

01 서 설

02 법조경합

판례연구 **특별관계를 인정한 판례 : 법조경합으로서의 1죄**

1 대법원 2005.12.23, 2005도6484
귀금속 등의 수출입 및 통관에 관한 한 외국환거래법은 관세법의 특별법으로 보아야 할 것이므로, 통관에 필요한 절차를 거치지 않고 귀금속 등을 수출입한 행위에 대해서는 외국환거래법상 무허가·신고 수출입죄에 의하여 처벌할 수 있을 뿐 관세법상 무신고 수출입죄는 적용할 수 없다.

2 대법원 2008.9.11, 2008도3932; 2007.7.26, 2007도2032
입찰방해죄와 건설산업기본법상 허위견적제출죄의 관계는 특별관계
건설공사의 입찰에 있어 허위로 견적을 제출한 건설산업기본법위반의 죄는 건설공사의 입찰에 있어 입찰의 공정을 해치는 행위를 하는 건설업자들을 특별히 가중처벌하기 위한 것으로서 입찰방해죄를 규정한 형법 제315조의 특별규정이라 할 것이다.

3 대법원 2008.11.27, 2008도7311
직무를 집행하는 공무원에 대하여 위험한 물건을 휴대하여 고의로 상해를 가한 경우 특수공무집행방해치상죄만 성립할 뿐, 별도로 폭처법위반(집단·흉기 등 상해)죄를 구성한다고 볼 수 없다. [경찰채용 16 1차 / 경찰채용 18 2차 / 경찰간부 11·12 / 국가9급 14 / 법원행시 09·13·14 / 사시 10·11 / 변호사시험 13]

4 대법원 2008.12.11, 2008도9182

교특법위반죄(업무상과실치사상)와 특가법상 위험운전치사상죄[77]는 흡수관계(내지 특별관계)

음주로 인한 특정범죄가중처벌 등에 관한 법률 위반(위험운전치사상)죄는 형법 제268조에서 규정하고 있는 업무상과실치사상죄의 특례를 규정하여 가중처벌함으로써 피해자의 생명·신체의 안전이라는 개인적 법익을 보호하기 위한 것이다. 따라서 그 죄가 성립하는 때에는 차의 운전자가 형법 제268조의 죄를 범한 것을 내용으로 하는 교통사고처리특례법 위반죄는 그 죄에 흡수된다. [국가7급 12 / 변호사시험 21]

> 비교 특가법상 위험운전치사상죄와 도로교통법상 음주운전죄의 죄수
>
> 음주로 인한 특정범죄가중처벌 등에 관한 법률 위반(위험운전치사상)죄와 도로교통법 위반(음주운전)죄는 입법 취지와 보호법익 및 적용영역을 달리하는 별개의 범죄이므로, 양 죄가 모두 성립하는 경우 두 죄는 실체적 경합관계에 있다(대법원 2008.11.13, 2008도7143). [법원9급 20 / 법원행시 13 / 변호사시험 12·13]

5 대법원 2010.5.13, 2010도2468

영리목적 무면허의료행위에 의한 보건범죄단속에 관한 특별조치법 위반죄와 의료법 위반죄의 죄수

영리를 목적으로 무면허 의료행위를 업으로 하는 자가 일부 돈을 받지 아니하고 무면허 의료행위를 한 경우에도 보건범죄단속에 관한 특별조치법 위반죄의 1죄만이 성립하고 별개로 의료법 위반죄를 구성하지 않는다고 보아야 한다.[78]

판례연구 **특별관계를 부정한 판례 : 상상적 경합 내지 실체적 경합 인정**

1 대법원 1961.10.12, 4293형상966

1개의 행위로서 본법의 구성요건과 행정적 처벌법규의 구성요건에 각 해당하는 경우에 이 양자 간의 관계는 특별관계 또는 흡수관계 등 법조경합으로 볼 것이 아니라 상상적 경합으로 보아야 할 것이다.

2 대법원 1983.9.27, 82도671

형법 제189조 제2항의 업무상과실자동차파괴등죄는 교통방해죄의 한 태양으로서 공중교통안전을 그 보호법익으로 하는 공공위험죄에 속하는데 반해 도로교통법 제74조는 차량운행에 수반되는 위험성에 비추어 운전자에게 고도의 주의의무를 강조하고 나아가 차량운행과 직접 관계없는 제3자의 재물을 보호하는 데 있어 그 보호법익을 달리하는 점 등에 비추어 위 양 법규는 일반법과 특별법관계가 아닌 별개의 독립된 구성요건으로 해석함이 상당하다.

3 대법원 1997.6.27, 97도1085

형법 제238조 제1항의 공기호부정사용죄와 자동차관리법위반죄는 그 보호법익을 달리하고 있는 점 등에 비추어 보면, 자동차관리법 제78조, 제71조가 형법 제238조 제1항 소정의 공기호부정사용죄의 특별법 관계에 있다고는 보이지 아니한다. [법원행시 12]

---

77 **특가법 제5조의11(위험운전치사상)** 음주 또는 약물의 영향으로 정상적인 운전이 곤란한 상태에서 자동차(원동기장치자전거를 포함한다)를 운전하여 사람을 상해에 이르게 한 자는 1년 이상 15년 이하의 징역 또는 1천만 원 이상 3천만 원 이하의 벌금에 처하고, 사망에 이르게 한 자는 무기 또는 3년 이상의 징역의 징역에 처한다.

78 **보충** : 따라서, 같은 장소에서 같은 방법으로 동일한 범의를 가지고 한 일련의 무면허 의료행위 중 '돈을 빈은 행위'와 '돈을 받지 않은 행위'를 구분하여 전자는 보건범죄단속에 관한 특별조치법 위반죄, 후자는 의료법 위반죄를 각 구성한다고 보고 이를 실체적 경합범 관계로 인정한 것은 정당하지 않다(위 판례).

4 대법원 2003.4.8, 2002도6033

공직선거법과 정당법은 각기 그 입법목적 및 보호법익을 달리하고 있을 뿐만 아니라 구체적인 구성요건에 많은 차이가 있어, 정당법의 구성요건이 공직선거법의 구성요건의 모든 요소를 포함하는 외에 다른 요소를 구비하는 경우에 해당한다고 볼 수 없다(특별관계 ×, 상상적 경합 ○).

5 대법원 2006.5.26, 2006도1713

정치자금에 관한 법률 위반죄와 형법 제132조의 알선수뢰죄는 그 보호법익을 달리하고 있을 뿐 아니라 구체적인 구성요건에 있어서 많은 차이가 있어, 정치자금에 관한 법률의 규정이 형법 제132조의 규정에 대하여 특별관계에 있다고는 볼 수 없다.

6 대법원 2006.6.15, 2006도1667

공직선거법의 선거의 자유방해죄와 형법 제314조 제1항의 업무방해죄는 그 보호법익과 구성요건을 서로 달리 그 보호법익과 구성요건을 서로 달리하는 것이므로, 위 양죄의 관계를 위 선거의 자유방해죄가 성립할 경우 업무방해죄가 이에 흡수되는 법조경합관계라고 볼 수는 없다. [법원행시 14]

7 대법원 2008.9.11, 2008도3932

건설산업기본법위반죄(배임수재)는 개인적 법익에 대한 범죄가 아니라 건설업의 부조리를 방지하여 건설산업의 건전한 발전을 도모하고자 하는 사회적 법익을 그 보호법익으로 하는 것으로서, 형법상 배임수재죄와 달리 필요적 몰수·추징에 관한 규정도 두지 않은 점 등을 종합적으로 고려하여 보면, 건설산업기본법위반죄는 형법상 배임수재죄의 특별규정이 아니다.

판례연구 **불가벌적 수반행위 인정례**

1 대법원 1976.12.14, 76도3375

상해＋협박＝상해(예외도 있음)

같은 시간, 같은 장소에서 상해를 입히고 협박을 한 경우에 특별한 사정이 없는 한 위 협박행위는 상해와 동일 범의 하에서 이루어진 폭언에 불과하여 위 상해죄에 포함되는 행위라고 봄이 타당하다.

> [비교] 협박＋상해=실체적 경합
> 흉기로 찔러 죽인다고 말하여 협박한 후 주먹과 발로 구타하여 상해를 입힌 경우 협박죄와 상해죄의 실체적 경합이 된다(대법원 1982.6.8, 82도486).

2 대법원 1977.12.13, 77도1380

마약성분추출죄와 매매목적소지죄는 실체적 경합범 관계에 있으며 마약의 매매행위가 성립하는 경우에는 매매를 목적으로 마약을 일시 소지하는 행위는 위 매매행위에 흡수된다.

3 대법원 1996.9.24, 96도2151

피고인이 피해자에 대하여 금전채권이 있다고 하더라도, 그 권리행사를 빙자하여 사회통념상 용인되기 어려운 정도를 넘는 협박을 수단으로 사용하였다면, 공갈죄가 성립한다. [국가9급 13]

4 대법원 1997.4.17, 96도3376 전원합의체

반란에 수반하여 행한 지휘관계엄지역수소이탈 및 불법진퇴가 반란죄에 흡수되는지 여부(적극)

지휘관계엄지역수소이탈 및 불법진퇴는 반란의 진행과정에서 수반하여 일어난 것으로서, 반란 자체를 실행하는 전형적인 행위라고 인정되므로, 반란죄에 흡수되어 별죄를 구성하지 아니한다.

5 대법원 2021.7.8, 2021도2993

아청법상 아동·청소년이용음란물제작·배포죄와 음란물소지죄의 관계

구 아청법 제11조 제5항 위반(음란물소지)죄는 아동·청소년이용음란물임을 알면서 이를 소지하는 행위를 처벌함으로써 아동·청소년이용음란물의 제작을 근원적으로 차단하기 위한 처벌규정이다. 그리고 구 아청법 제11조 제1항 위반(음란물제작·배포등)죄의 법정형이 무기징역 또는 5년 이상의 유기징역인 반면, 음란물소지죄의 법정형이 1년 이하의 징역 또는 2천만 원 이하의 벌금형이고, 아동·청소년이용음란물 제작행위에 아동·청소년이용음란물 소지행위가 수반되는 경우 아동·청소년이용음란물을 제작한 자에 대하여 자신이 제작한 아동·청소년이용음란물을 소지하는 행위를 별도로 처벌하지 않더라도 정의 관념에 현저히 반하거나 해당 규정의 기본취지에 반한다고 보기 어렵다. 따라서 아동·청소년이용음란물을 제작한 자가 그 음란물을 소지하게 되는 경우 음란물소지죄는 음란물제작·배포등죄에 흡수된다고 봄이 타당하다(다만 사회통념상 새로운 소지가 있었다고 평가할 수 있는 별도의 소지행위를 개시하였다면 음란물제작·배포등죄와 별개의 음란물소지죄에 해당함).

판례연구   불가벌적 수반행위 부정례

1 대법원 1980.5.13, 80도716

방카씨(C)유에 저질유를 혼합하거나 감량하는 석유사업법 위반행위나 계량법 위반행위가 타인으로부터 금원을 편취하기 위한 목적이 있었다 하더라도 그 각 위반행위가 사기죄에 당연히 흡수되지 아니하며 위 두 죄는 서로 경합범 관계에 있다.

2 대법원 1989.8.8, 88도2209

사문서위조·동행사죄가 조세범처벌법 소정의 조세포탈의 수단으로 행해진 경우 : 흡수 ✕

사문서위조 및 동행사죄가 조세범처벌법 제9조 제1항 소정의 "사기 기타 부정한 행위로써 조세를 포탈"하기 위한 수단으로 행하여졌다고 하여 그 조세포탈죄에 흡수된다고 볼 수 없다.

3 대법원 1995.7.28, 95도869

매입한 향정신성의약품을 처분함이 없이 계속 소지하고 있는 경우, 그 소지행위가 매매행위와 불가분의 관계에 있는 것이라거나, 매매행위에 수반되는 필연적 결과로서 일시적으로 행하여진 것에 지나지 않는다고 평가되지 않는 한 그 소지행위는 매매행위에 포괄 흡수되지 아니하고 향정신성의약품의 매매죄와는 별도로 향정신성의약품의 소지죄가 성립한다고 보아야 한다.

4 대법원 1996.4.12, 96도304

매매할 목적으로 마약을 소지한 자가 그 마약을 매도하거나 매매행위에 착수하였으나 미수에 그친 경우에는, 그 소지행위가 매매실행행위와 불가분의 관계에 있거나 사회통념상 매매실행행위의 일부로 평가되는 것뿐이 아닌 한, 마약법상 마약매매죄(또는 미수죄)와 마약매매목적소지죄가 성립하고, 두 죄는 실체적 경합범의 관계에 있다(마약의 소지행위가 매도행위의 준비의 일환으로 일시적으로 이루어진 것이라고 하더라도, 매매죄와 별도로 소지죄가 성립함).

5 대법원 1998.10.13, 98도2584

수인이 공모공동하여 향정신성의약품을 매수한 후 그 공범자 사이에 그중 일부를 수수하는 경우에 있어서, 그 수수행위와 매매행위가 불가분의 관계에 있는 것이라거나 매매행위에 수반되는 필연적 결과로서 일시적으로 행하여진 것에 지나지 않는다고 평가되지 아니하는 한, 그 수수행위는 매매행위에 포괄 흡수되지 아니하고 향정신성의약품매매죄와는 별도로 향정신성의약품수수죄가 성립하고, 두 죄는 실체적 경합관계에 있다.

6 대법원 2007.5.11, 2006도9478

공동재물손괴의 범행은 업무방해의 과정에서 그 소란의 일환으로 저지른 것이기는 하지만, 양 죄는 피해자가 다를 뿐 아니라, 업무방해의 범행은 공동재물손괴의 범행 외에 장시간에 걸쳐 집단적으로 한국철도공사 사업본부장실을 점거하고 구호를 제창하는 등의 위력을 행사하는 방법으로 저지른 것이어서 행위의 태양이 다르다고 할 것이고, 따라서 양 죄는 실체적 경합범의 관계에 있다.

7 대법원 2012.10.11, 2012도1895

업무방해죄와 폭행죄는 구성요건과 보호법익을 달리하고 있고, 업무방해죄의 성립에 일반적·전형적으로 사람에 대한 폭행행위를 수반하는 것은 아니며, 폭행행위가 업무방해죄에 비하여 별도로 고려되지 않을 만큼 경미한 것이라고 할 수도 없으므로, 설령 피해자에 대한 폭행행위가 동일한 피해자에 대한 업무방해죄의 수단이 되었다고 하더라도 그러한 폭행행위가 이른바 불가벌적 수반행위에 해당하여 업무방해죄에 대하여 흡수관계에 있다고 볼 수는 없다. [경찰채용 16 2차 / 경찰채용 18 3차 / 경찰간부 16 / 국가9급 13 / 법원9급 18 / 법원승진 13 / 법원행시 14 / 사시 14]

사례연구   **절도죄의 불가벌적 사후행위 Ⅰ**

甲은 절취한 乙의 자기앞수표로 고급 이탈리아식당에서 음식을 주문하여 먹은 후 음식대금 6만 원을 위 자기앞수표로 계산한 후 거스름돈 4만 원을 받고 그곳을 나왔다. 甲의 형사책임은?

해결 금융기관발행의 자기앞수표는 그 액면금액을 즉시 지급받을 수 있어 현금에 대신하는 기능을 하고 있으므로 절취한 자기앞수표를 환금하거나 현금 대신으로 교부한 행위는 절도행위에 대한 가벌적 평가에 당연히 포함되는 것으로 봄이 상당하다. 따라서 절취한 자기앞수표를 음식대금으로 교부하고 거스름돈을 환불받은 행위는 절도의 불가벌적 사후처분행위로서 사기죄가 되지 아니한다(대법원 1982.7.27, 82도822; 1987.1.20, 86도1728). [경찰채용 14 1차 / 경찰간부 13 / 경찰승진 10 / 법원9급 08 / 법원행시 05·06]

사례연구   **절도죄의 불가벌적 사후행위 Ⅱ**

甲은 乙의 집에 주간에 들어가서 乙의 금목걸이를 乙이 낮잠을 자고 있는 틈에 몰래 가지고 나왔다. 그리고 이 금목걸이를 목에 걸고 다니다가 이를 사고 싶어 하는 자신의 친구 丙에게 금 오십만 원을 받고 팔았다. 甲의 형사책임은?

해결 甲은 주거침입죄, 절도죄, 사기죄의 경합범이다. 위와 같은 도품은 丙이 2년간 乙에게서부터 반환청구권을 행사당할 수 있기 때문에(민법 제250조 제1항) 재산상의 위험이 존재한다고 볼 수 있어 사기죄의 재산상 손해가 있다고 인정되기 때문이다. 또한 丙은 장물이라는 점에 대한 고의가 없으므로 장물취득죄가 성립하지 않음은 물론이다.

사례연구   **절도죄와 장물취득죄 및 불가벌적 사후행위 Ⅲ**

甲은 乙의 지갑에서 현금 삼십만 원을 훔쳐 이를 가지고 인근 옷가게에 가서 이십만 원어치 옷을 구입하였다. 옷가게 주인 丙은 위 현금으로 자신의 거래처 사장 丁에게 채무를 변제하였다(丙과 丁은 위 돈이 절도로 인하여 취득한 재물임을 모르고 있었음). 甲과 丙과 丁의 형사책임은?

해결 甲은 절도죄만 성립한다. 여기에서 甲이 丙에 대하여 사기죄가 성립하지 않는다는 점을 주의하자. 丙은 당해 현금 이십만 원의 소유권을 유효하게 취득하고, 乙에게 그 반환을 청구당하지 않는다. 현금은 도품·유실물 특칙의 적용대상이 아니기 때문이다. 따라서 丙은 장물취득죄도 성립하지 않는다. 이미 적법하게 취득함을 인정한 것이므로 丁의 장물취득죄 여부도 논의할 필요가 없다.

사례연구 **독자적인 피해자가 존재하여 사기와 사기의 실체적 경합이 된 사례**

甲은 乙을 기망하여 어음을 편취한 후 이를 숨기고 丙으로부터 할인을 받았다. 다만 위 약속어음의 발행인이나 배서인은 어음금을 지급할 의사와 능력이 있었다. 甲의 죄책은?(판례에 의함)

해결 甲은 (乙에 대한) 사기죄와 (丙에 대한) 사기죄의 실체적 경합이다. 불가벌적 사후행위가 되려면 제3자의 독자적 법익을 침해해서는 안 되기 때문이다.

참조 편취한 약속어음을 그와 같은 사실을 모르는 제3자에게 편취사실을 숨기고 할인받는 행위는 당초의 어음편취와는 별개의 새로운 법익을 침해하는 행위로서 새로운 사기죄를 구성한다(대법원 2005.9.30, 2005도5236). [경찰승진 11 / 사시 10] ➔ 대법원 1983.4.26, 82도3079 판례와는 구별할 것

판례연구 **법조경합의 흡수관계 인정 : 불가벌적 사후행위를 인정한 예**

1 대법원 1970.11.24, 70도1998
부동산이중매매 관련 불가벌적 사후행위
피고인이 甲과 공동으로 불하받기로 하되 편의상 그 명의로 불하받은 부동산을 乙에게 자의로 매도하여 甲에 대한 배임행위로 처벌받은 후 乙에 대한 소유권이전등기의무를 지닌 채 위 부동산을 두고 이해관계인 간에 민사소송이 제기되어 화해가 성립됨으로써 결국 피고인이 재매도하는 형식이 되었다 하여도 이는 불가벌적 사후행위로서 특별히 죄가 되지 않는다. [경찰승진 12]

2 대법원 1974.10.22, 74도2441
피고인들이 절취한 원목에 관하여 합법적으로 생산된 것인 것처럼 관계당국을 기망하여 산림법 소정의 연고권자로 인정받아 수의계약의 방법으로 이를 매수하였다 하더라도 이는 상태범인 산림절도죄의 성질상 하나의 불가벌적 사후행위로서 별도로 사기죄가 구성되지 않는다.

3 대법원 1975.8.29, 75도1996
열차승차권은 무기명증권이므로 이를 곧 사용하여 승차하거나 권면가액으로 양도할 수 있고 매입금액의 환불을 받을 수 있는 것으로서 열차승차권을 절취한 자가 환불을 받음에 있어 비록 기망행위가 수반한다 하더라도 절도죄 외에 따로 사기죄가 성립하지 아니한다. [경찰승진 22 / 법원9급 07(하) / 법원행시 05 / 사시 14]

4 대법원 1976.11.23, 76도3067; 2004.4.9, 2003도8219
절도범인으로부터 장물보관의뢰를 받은 자가 그 정을 알면서 이를 인도받아 보관하고 있다가 임의처분하였다 하여도 장물보관죄가 성립되는 때에는 이미 그 소유자의 소유물추구권을 침해하였으므로 그 후의 횡령행위는 불가벌적 사후행위에 불과하여 별도로 횡령죄가 성립하지 않는다. [경찰간부 13 / 경찰승진(경감) 11 / 경찰승진 12 / 국가9급 11 / 국가7급 11·13·20 / 법원9급 07(상) / 법원9급 10·12·14 / 법원행시 05·06·08·12 / 사시 10]

5 대법원 1978.11.28, 78도2175

횡령죄는 상태범이므로 횡령행위의 완료 후에 행하여진 횡령물의 처분행위는 그것이 그 횡령행위에 의하여 평가되어 버린 것으로 볼 수 있는 범위 내의 것이라면 소위 불가벌적 사후행위가 된다. [경찰간부 18]

6 대법원 1983.4.26, 82도3079

편취한 약속어음을 사기죄의 피해자에 대한 채권변제에 충당한 사례

피고인이 당초부터 피해자를 기망하여 약속어음을 교부받은 경우에는 그 교부받은 즉시 사기죄가 성립하고 그 후 이를 피해자에 대한 피고인의 채권의 변제에 충당하였다 하더라도 불가벌적 사후행위가 됨에 그칠 뿐 별도로 횡령죄를 구성하지 않는다. [경찰채용 15 3차 / 경찰승진(경감) 11 / 법원행시 05·06]

7 대법원 1993.3.9, 92도2999

미등기건물의 관리를 위임받아 보관하고 있는 자가 임의로 건물에 대하여 자신의 명의로 보존등기를 한 때 이미 횡령죄는 완성되었다 할 것이므로, 횡령행위의 완성 후 근저당권설정등기를 한 행위는 피해자에 대한 새로운 법익의 침해를 수반하지 않는 불가벌적 사후행위에 불과하다. [법원9급 09]

8 대법원 1993.11.23, 93도213

금융기관 발행의 자기앞수표는 그 액면금을 즉시 지급받을 수 있는 점에서 현금에 대신하는 기능을 가지고 있어서 장물인 자기앞수표를 취득한 후 이를 현금 대신 교부한 행위는 장물취득에 대한 가벌적 평가에 당연히 포함되는 불가벌적 사후행위로서 별도의 범죄를 구성하지 아니한다. [법원9급 07(상) / 법원9급 05 / 법원행시 08·11 / 사시 10]

9 대법원 1997.2.25, 94도3346

특가법 소정의 배임에 의한 국고손실죄의 공동정범인 공무원이 다른 공범으로부터 그 범행에 의하여 취득한 금원의 일부를 받은 경우, 그 금원의 성격은 그 성질이 공동정범들 사이의 내부적 이익분배에 불과한 것이고 별도로 뇌물수수죄(사후수뢰죄)에 해당하지 않는다.

10 대법원 2006.10.13, 2006도4034

명의신탁받아 보관 중이던 토지를 임의로 매각하여 이를 횡령한 경우에 그 매각대금을 이용하여 다른 토지를 취득하였다가 이를 제3자에게 담보로 제공하였다고 하더라도 이는 횡령한 물건을 처분한 대가로 취득한 물건을 이용한 것에 불과할 뿐이어서 별개의 횡령죄를 구성하지 않는다. [사시 10·15]

11 대법원 2008.1.17, 2006도455

무신고 다이아몬드 수입 후 취득·양여한 행위의 불가벌적 사후행위 여부 사례

신고 없이 물품을 수입한 본범이 그 물품에 대한 취득·양여 등의 행위를 하는 경우 밀수입행위에 의하여 이미 침해되어 버린 적정한 통관절차의 이행과 관세수입의 확보라는 보호법익 외에 새로운 법익의 침해를 수반한다고 보기 어려우므로 이는 불가벌적 사후행위에 불과하다.

12 대법원 2010.2.25, 2010도93

공동상속인 중 1인이 상속재산인 임야를 보관 중 다른 상속인들로부터 매도 후 분배 또는 소유권이전등기를 요구받고도 그 반환을 거부한 경우 이때 이미 횡령죄가 성립하고, 그 후 그 임야에 관하여 다시 제3자 앞으로 근저당권설정등기를 경료해 준 행위는 불가벌적 사후행위이다. [국가7급 12 / 법원9급 14·18 / 법원행시 12·15]

13 대법원 2012.11.29, 2012도10980

회사 대표이사가 자신의 채권자에게 회사의 정기예금을 질권 설정한 후 당해 예금을 인출케 한 사례

甲 주식회사 대표이사인 피고인이 자신의 채권자 乙에게 차용금에 대한 담보로 甲 회사 명의 정기예금에 질권을 설정하여 주었는데, 그 후 乙이 차용금과 정기예금의 변제기가 모두 도래한 이후 피고인의 동의하에 정기예금 계좌에 입금되어 있던 甲 회사 자금을 전액 인출한 경우, 민법 제353조에 의하면 질권자는 질권의 목적이 된 채권을 직접 청구할 수 있으므로, 피고인의 예금인출동의행위는 이미 배임행위로써 이루어진 질권설정행위의 사후조처에 불과하여 새로운 법익의 침해를 수반하지 않는 이른바 불가벌적 사후행위에 해당하고, 별도의 횡령죄를 구성하지 아니한다. [경찰채용 13 2차 / 경찰채용 15 3차 / 법원9급 14 / 법원승진 13 / 법원행시 14·15·17 / 사시 13]

14 대법원 2015.9.10, 2015도8592

종친회에 대한 사기죄가 성립하였으므로 별도의 횡령죄는 성립하지 않는다는 사례

乙 종친회 회장인 甲이 위조한 종친회 규약 등을 공탁관에게 제출하는 방법으로 乙 종친회를 피공탁자로 하여 공탁된 수용보상금을 출급받아 편취하고, 이를 종친회를 위하여 업무상 보관하던 중 반환을 거부하여 횡령하였다는 내용으로 기소된 경우, 피고인 甲이 공탁관을 기망하여 공탁금을 출급받음으로써 乙 종친회를 피해자로 한 사기죄가 성립하고, 그 후 乙 종친회에 대하여 공탁금 반환을 거부한 행위는 새로운 법익의 침해를 수반하지 않는 불가벌적 사후행위에 해당할 뿐 별도의 횡령죄가 성립하지 않는다.

15 대법원 2008.3.27, 2007도9328

근저당권 설정 약속을 미끼로 기망하고 나서 부동산 이중저당으로 나아간 사례

근저당권 설정을 약정하는 방법으로 피해자를 기망하여 돈을 편취한 후 그 부동산에 관하여 제3자 명의로 근저당권설정등기를 마쳐준 경우, 사기죄만 성립한다(2019도14340 전원합의체 판결에 의하여 변경됨). [경찰채용 12 2차 / 경찰간부 13 / 경찰승진(경감) 11 / 경찰승진 10 / 법원9급 09·14 / 법원행시 08·12·15 / 사시 10·12]

판례연구　　법조경합의 흡수관계 부정 : 불가벌적 사후행위를 부정한 예

1 대법원 1964.8.27, 64도267

절취한 소를 도축장이나 수육가공장이 아닌 장소에서 도살하거나 해체하는 행위는 불가벌적 사후행위가 아니라 별개의 구 축산물가공처리법위반죄를 구성한다.

2 대법원 1978.11.28, 78도2175

타인의 재물을 공유하는 자가 공유대지를 임의로 담보에 제공하고 가등기를 경료한 경우 횡령행위는 기수에 이르고 그 후 가등기를 말소했다고 하여 중지미수에 해당하지 않으며 [법원행시 13 / 사시 11] 가등기말소 후에 다시 새로운 영득의사의 실현행위가 있을 때에는 그 두개의 횡령행위는 경합범 관계에 있다.

3 대법원 1980.10.14, 80도2155

절취한 전당표를 제3자에게 교부하면서 자기 누님의 것이니 찾아 달라고 거짓말을 하여 이를 믿은 제3자가 전당포에 이르러 그 종업원에게 전당표를 제시하여 기망케 하고 전당물을 교부받게 하여 편취하였다면 이는 사기죄를 구성하는 것이다. [경찰채용 14 1차]

4 대법원 1980.11.25, 80도2310

절도범인이 그 절취한 장물을 자기 것인 양 제3자(선의의 제3자)를 기망하여 금원을 편취한 경우에는 장물에 관하여 소비 또는 손괴하는 경우와는 달리 제3자에 대한 관계에 있어서는 새로운 법익의 침해가 있다고 할 것이므로 절도죄 외에 사기죄의 성립을 인정해야 한다. [국가9급 11 / 사시 13]

5 대법원 1983.7.26, 83도706

문화재를 문화재보호법 소정의 각 규정에 위반하여 취득하고 양도하는 행위는 별개의 구성요건을 충족하는 것으로써 문화재양도행위는 그 취득행위의 불가벌적 사후행위가 아니다.

6 대법원 1983.11.8, 83도2031

판매목적으로 향정신성의약품(히로뽕)을 제조하여 이를 판매한 경우에 그 제조행위와 제조품의 판매행위는 각각 독립된 가벌적 행위로서 별개의 죄를 구성한다고 봄이 상당하고 판매행위가 판매목적의 제조행위에 흡수되는 불가벌적 사후행위라고 볼 수 없으므로 경합범으로 처단하여야 한다.

7 대법원 1984.10.23, 84도1945

보건범죄단속에 관한 특별조치법 제3조 제1항 규정의 취지는 무허가의약품의 제조행위와 판매행위를 개별적으로 가중처벌하는 것이라고 보아야 할 것이어서 허가없이 판매의 목적으로 의약품을 제조하여 이를 판매한 경우에도 그 제조행위와 판매행위는 각각 독립된 행위로서 별개의 죄를 구성하고 위 판매행위가 판매목적의 제조행위에 흡수되는 불가벌적 사후행위는 아니다.

8 대법원 1985.10.22, 85도759

타인의 명의를 참칭하여 그 명의로 여권을 발급받은 행위는 여권법 제13조 제2항 제1호에 해당하고 위와 같이 부정하게 발급받은 여권을 이용하여 출국절차를 밟아 출국하거나 그 출국을 방조한 행위는 각 여권법위반죄와 밀항단속법위반죄를 구성하고 양죄는 실체적 경합관계에 있다.

9 대법원 1986.9.9, 86도1273

범죄집단의 일원으로부터 장물을 취득한 경우, 장물취득죄가 성립한다는 사례

평소 본범과 공동하여 수차 상습으로 절도 등 범행을 자행함으로써 실질적인 범죄집단을 이루고 있었다 하더라도, 당해 범죄행위의 정범자(공동정범이나 합동범)로 되지 아니한 이상 이를 자기의 범죄라고 할 수 없고 따라서 그 장물의 취득을 불가벌적 사후행위라고 할 수 없다. [법원행시 09/변호사시험 20]

10 대법원 1988.10.11, 88도994

동일인이 법정환율과 취급수수료에 의하지 아니하고 동일한 외국통화를 매입하고 다시 이를 매도하는 경우에 있어서 그 매입·매도 행위는 각각 별개의 외국환관리법 제5조 제4항 위반죄를 구성하고 그 매도행위가 매입행위의 불가벌적 사후행위에 해당한다 할 수 없다.

11 대법원 1989.10.24, 89도1605

대표이사 등이 회사의 대표기관으로서 피해자들을 기망하여 교부받은 금원은 그 회사에 귀속되는 것인데, 그 후 대표이사 등이 이를 보관하고 있으면서 횡령한 것이라면 이는 위 사기범행과는 침해법익을 달리하므로 횡령죄가 성립되는 것이고, 이를 단순한 불가벌적 사후행위로만 볼 수 없다. [경찰승진(경사) 11]

유사1 1인 회사의 주주 겸 대표이사가 회사의 사업 진행 중 편취한 자금을 횡령한 사례

1인 회사의 주주 겸 대표이사가 회사의 상가분양 사업을 수행하면서 수분양자들을 기망하여 편취한 분양대금은 회사의 소유로 귀속되는 것이므로, 대표이사가 그 분양대금을 횡령하는 것은 사기 죄와는 별도로 회사를 피해자로 하는 횡령죄가 성립되는 것이다(대법원 2005.4.29, 2005도741). [경찰채용 11 1차/국가7급 12/사시 14]

유사2 주식회사 대표이사가 기망으로 신주 인수케 한 후 신주인수대금을 횡령한 사례

주식회사의 주주 겸 대표이사가 장차 신주발행절차에서 자신이 취득하게 될 주식을 타인에게

매도하고자 하면서 다만 양도소득세 등의 부담을 피하기 위해 주식매수인이 회사에 대해 직접 신주를 인수하는 절차를 취한 경우, 회사에 대한 관계에서 신주인수인은 대표이사가 아니라 주식매수인이므로 대표이사가 주식매수인으로부터 받은 주식매매대금은 신주인수대금으로서 이를 보관 중 개인적인 용도로 사용하였다면 횡령죄를 구성한다(대법원 2006.10.27, 2004도6503).
[경찰간부 18 / 법원9급 12 / 법원승진 13 / 법원행시 09·10·18 / 사시 10]

12 대법원 1990.7.10, 90도1176; 1974.11.26, 74도2817
강취(또는 절취)한 은행예금통장을 이용하여 은행직원을 기망하여 진실한 명의인이 예금의 환급을 청구하는 것으로 오신케 함으로써 예금의 환급 명목으로 금원을 편취하는 것은 다시 새로운 법익을 침해하는 행위이므로 장물의 단순한 사후처분과는 같지 아니하고 별도의 사기죄를 구성한다. [경찰채용 12 2차 / 법원행시 05]

13 대법원 1990.7.27, 90도543
매입한 대마를 처분함이 없이 계속 소지하고 있는 경우에 있어서 (그 소지행위가 매매행위와 불가분의 관계에 있는 것이라거나, 매매행위에 수반되는 필연적 결과로서 일시적으로 행하여진 것에 지나지 않는다고 평가되지 않는 한) 그 소지행위는 매매행위에 포괄흡수되지 아니하고 대마매매죄와는 달리 대마소지죄가 성립한다(흡연목적으로 대마를 매입한 후 주머니에 넣고 다닌 경우).

> 유사   대마취급자가 아닌 자가 절취한 대마를 흡입할 목적으로 소지하는 행위는 절도죄 외에 별개의 죄를 구성한다(절도죄와 무허가대마소지죄는 경합범)(대법원 1999.4.13, 98도3619). [경찰간부 13 / 국가9급 08 / 법원9급 06 / 법원행시 10]

14 대법원 1992.3.10, 92도147
회사 대표자가 회사자금을 인출하여 횡령함에 있어 경비지출을 과다계상하여 장부에 기장하고 나아가 이를 토대로 법인세 등의 조세를 납부한 경우 국가의 조세수입의 감소를 초래하여 조세를 포탈하였다고 할 것이다(횡령죄와 조세포탈죄의 실체적 경합).

15 대법원 1996.7.12, 96도1181
신용카드를 절취한 후 이를 사용한 경우 신용카드의 부정사용행위는 새로운 법익의 침해로 보아야 하고 그 법익침해가 절도범행보다 대체로 커서 불가벌적 사후행위가 되는 것은 아니다. [경찰승진 10 / 법원9급 08 / 법원행시 05]

16 대법원 1997.7.25, 97도1142; 1984.11.27, 84도2263
사람을 살해한 자가 그 사체를 다른 장소로 옮겨 유기하였을 때에는 별도로 사체유기죄가 성립하고, 이와 같은 사체유기를 불가벌적 사후행위로 볼 수는 없다(페스카마15호 사건). [경찰채용 14 1차 / 경찰채용 12 2차 / 국가9급 11 / 법원9급 05 / 법원행시 08·10·17 / 변호사시험 12]

17 대법원 1998.4.10, 97도3057
위탁자로부터 당좌수표 할인을 의뢰받은 피고인이 제3자를 기망하여 당좌수표를 할인받은 다음 그 할인금을 임의소비한 경우, 제3자에 대한 사기죄와 별도로 위탁자에 대한 횡령죄가 성립한다.

18 대법원 1999.8.20, 99도1744
향정신성의약품수수죄와는 별도로 향정신성의약품소지죄가 성립한다는 사례
수수한 메스암페타민을 장소를 이동하여 투약하고서 잔량을 은닉하는 방법으로 소지한 행위는 그 소지의 경위나 태양에 비추어 볼 때 당초의 수수행위에 수반되는 필연적 결과로 볼 수는 없고, 사회통념상 수수행위와는 독립한 별개의 행위를 구성한다고 보아야 한다. [경찰채용 16 2차 / 국가7급 16 / 법원9급 18]

19 대법원 2001.11.27, 2000도3463

명의수탁자가 신탁 받은 부동산의 일부에 대한 토지수용보상금 중 일부를 소비하고, 이어 수용되지 않은 나머지 부동산 전체에 대한 반환을 거부한 경우, 그 횡령죄가 성립된 이후에 수용되지 않은 나머지 부동산 전체에 대한 반환을 거부한 것은 새로운 법익의 침해가 있는 것으로서 별개의 횡령죄가 성립하는 것이지 불가벌적 사후행위라 할 수 없다. [경찰채용 11 1차 / 국가9급 11 / 사시 14 / 변호사시험 12]

20 대법원 2004.4.16, 2004도353

컴퓨터등사용사기죄의 범행으로 예금채권을 취득한 다음 자기의 현금카드를 사용하여 현금자동지급기에서 현금을 인출한 경우, 현금자동지급기 관리자의 의사에 반하거나 기망행위·처분행위도 없었으므로 별도로 절도죄나 사기죄의 구성요건에 해당하지 않는다 할 것이고(처음부터 구성요건해당성이 없어 불가벌적 사후행위 ×), 그 결과 그 인출된 현금은 재산범죄에 의하여 취득한 재물이 아니므로 장물이 될 수 없다(불가벌적 사후행위도 없어 장물죄의 본범이 없기 때문임). [국가9급 13 / 국가7급 07 / 법원행시 05·08·09·11·12]

21 대법원 2004.5.28, 2004도1297

편취하거나 장물로 취득한 해상용 면세 경유를 판매한 행위(부가가치세포탈)는 국가의 조세수입 확보라는 새로운 법익을 침해하는 행위로서 사기·장물취득의 불가벌적 사후행위라고 할 수 없다.

22 대법원 2005.10.28, 2005도4915

1인 회사의 주주가 자신의 개인채무를 담보하기 위하여 회사 소유의 부동산에 대하여 근저당권설정등기를 마쳐 주어 배임죄가 성립한 이후에 그 부동산에 대하여 새로운 담보권을 설정해 주는 행위는 선순위 근저당권의 담보가치를 공제한 나머지에 대한 별도의 배임죄가 성립한다. [법원행시 10·12]

23 대법원 2006.9.8, 2005도9861

피고인이 보석에 의한 석방을 위하여 변호사 비용으로 지출한 회사 자금은 그 전에 구속적부심사에서의 석방을 위한 변호사 비용으로 지출한 회사 자금과는 그 지출 목적 및 금원의 출처가 다르므로, 이의 지출은 회사에 대하여 새로운 법익의 침해로서 별도의 업무상횡령죄를 구성한다.

24 대법원 2007.9.6, 2007도4739

자동차를 절취한 후 자동차등록번호판을 떼어내고(자동차관리법위반죄) 이를 다른 차에 부착하고(공기호부정사용죄) 운행한(부정사용공기호행사죄) 행위는 새로운 법익의 침해로 보아야 하므로 절도범행의 불가벌적 사후행위가 되는 것이 아니다. [경찰간부 13 / 경찰승진 10 / 국가7급 20 / 사시 10·15 / 변호사시험 12·20]

25 대법원 2008.5.8, 2008도198

채무자가 자신의 부동산에 甲명의로 허위의 금전채권에 기한 담보가등기를 설정하고 이를 乙에게 양도하여 乙명의의 본등기를 경료하게 한 경우, 甲명의 담보가등기 설정행위로 강제집행면탈죄가 성립해도 그 후 乙명의로 이루어진 본등기 경료행위가 불가벌적 사후행위가 되는 것은 아니다.

26 대법원 2008.9.11, 2008도5364

영업비밀에 대한 절도죄와 영업비밀부정사용죄가 별도로 성립한다는 사례

부정한 이익을 얻거나 기업에 손해를 가할 목적으로 그 기업에 유용한 영업비밀이 담겨 있는 타인의 재물을 절취한 후 그 영업비밀을 사용하는 경우, 영업비밀의 부정사용행위는 새로운 법익의 침해로 보아야 하므로 부정사용행위가 절도범행의 불가벌적 사후행위가 되는 것은 아니다. [경찰채용 14·16 1차 / 경찰채용 15 3차 / 법원9급 18 / 법원행시 09·10·18 / 사시 10]

27 대법원 2011.4.14, 2011도277

회사로 하여금 자신의 채무에 관하여 연대보증채무를 부담하게 한 다음 회사의 자금을 인출·사용한 사례

회사에 대한 관계에서 타인의 사무를 처리하는 자가 임무에 위배하여 회사로 하여금 자신의 채무에 관하여 연대보증채무를 부담하게 한 다음, 회사의 금전을 보관하는 자의 지위에서 회사의 자금을 자기의 소유인 경우와 같이 임의로 인출한 후 개인채무의 변제에 사용한 행위는, 연대보증채무 부담으로 인한 배임죄와 다른 새로운 보호법익을 침해하는 것으로서 배임 범행의 불가벌적 사후행위가 되는 것이 아니라 별죄인 횡령죄를 구성한다(횡령행위로 인출한 자금이 선행 임무위배행위로 인하여 회사가 부담하게 된 연대보증 채무의 변제에 사용되어도 결론은 수죄). [법원9급 12 / 법원행시 14]

28 대법원 2012.9.27, 2010도16946

무역거래자가 외화도피의 목적으로 물품 등의 수입 가격을 조작하는 방법으로 피해은행을 기망하여 피해은행으로 하여금 신용장을 개설하게 한 후 그 신용장대금을 수령한 경우에, 이러한 외화도피 목적의 수입 가격 조작행위는 사기범행과는 별도로 대외무역법 위반죄를 구성한다. [법원행시 15]

29 대법원 2013.2.21, 2010도10500 전원합의체

새로운 위험 : 명의신탁받아 보관 중이던 토지에 대하여 근저당권설정등기 경료 후 매도한 사례

후행 처분행위가 선행 처분행위로 예상할 수 없는 새로운 위험을 추가함으로써 법익침해에 대한 위험을 증가시키거나 선행 처분행위와는 무관한 방법으로 법익침해의 결과를 발생시키는 경우라면, 이는 선행 처분행위에 의하여 이미 성립된 횡령죄에 의해 평가된 위험의 범위를 벗어나는 것이므로 특별한 사정이 없는 한 별도로 횡령죄를 구성한다. 따라서 타인으로부터 명의신탁받아 보관 중이던 토지에 대하여 피해자인 명의신탁자의 승낙 없이 제3자에게 근저당권설정등기를 경료해 주면 그 때에 그 토지에 대한 횡령죄가 성립하고, 그 후 피해자의 승낙 없이 그 토지를 다른 사람에게 매도하였다면 이는 근저당권으로 인해 예상될 수 있는 범위를 넘어 새로운 위험을 발생시킨 것이므로 별개의 횡령죄를 구성한다. [경찰채용 18 1차 / 경찰채용 11 2차 / 경찰채용 15 3차 / 국가7급 14 / 법원행시 08·09·10·12·15]

> 유사 위 2010도10500 전원합의체에 의하여 변경된 판례[79]
>
> ① 명의신탁받아 보관 중이던 토지를 피해자의 승낙 없이 제3자에게 근저당권설정등기를 경료해 준 뒤 다른 사람에게 근저당권설정등기를 경료해준 사례(대법원 1996.11.29, 96도1755; 1999.4.27, 99도5), ② 명의신탁받은 토지를 승낙 없이 제3자에게 근저당권을 설정한 뒤 다시 타인에게 매도한 사례(대법원 1998.2.24, 97도3282; 1999.11.26, 99도2651), [사시 12] ③ 부동산의 명의수탁자가 근저당권설정등기를 경료했다가 말소하고 소유권이전등기를 경료한 사례(대법원 2000.3.24, 2000도 310) 등 [법원9급 12]

---

79 보충 : ① 새로운 위험 판례에 의하여 변경된 판례들은 모두 부동산 명의수탁자의 선행 처분행위에 이은 후행 처분행위가 '새로운 위험'을 낳은 것으로 볼 수 있는 경우들이다. 이에 비해 ② 변경되지 않은 판례들은 행위주체가 부동산명의수탁자가 아니거나, 선행행위 가 이미 횡령물 전체에 대한 위험을 발생시켰다고 볼 수 있어 후행행위가 이에 더해 새로운 위험을 발생시킨 것으로 평가할 수 없는 경우들이다.

판례연구 **포괄일죄 중 결합범 관련판례**

1 대법원 1983.6.28, 83도1210
절취의 범행 중에 죄적을 인멸할 목적으로 사람을 살해한 경우는 강도살인죄(결합범)가 성립한다.
[경찰간부 20]

2 대법원 1988.9.9, 88도1240
강도강간죄는 강도라는 신분을 가진 범인이 강간죄를 범하였을 때 성립하는 범죄이다(결합범). ①
강간범이 강간행위 후에 강도의 범의를 일으켜 그 부녀의 재물을 강취하는 경우 강도강간죄가 아니라
강도죄와 강간죄의 경합범이 성립될 수 있을 뿐이나, ② 강간범이 강간행위 종료 전, 즉 그 실행행위의
계속 중에 강도의 행위를 할 경우에는 바로 강도의 신분을 취득하는 것이므로 이후에 그 자리에서
강간행위를 계속하는 때에는 강도가 부녀를 강간한 것이므로 강도강간죄를 구성한다.

판례연구 **계속범[80]을 인정하여 포괄일죄로 처리한 판례**

1 대법원 2007.7.26, 2007도4404
하나의 음주운전죄의 계속범 사례
혈중알콜농도 0.05% 이상의 음주상태로 동일한 차량을 일정기간 계속하여 운전하다가 1회 음주측정을
받았다면 이러한 음주운전행위는 동일 죄명에 해당하는 연속된 행위로서 단일하고 계속된 범의 하에
일정기간 계속하여 행하고 그 피해법익도 동일한 경우이므로 포괄일죄에 해당한다. 따라서 음주상태로
자동차를 운전하다가 제1차 사고를 내고 그대로 진행하여 제2차 사고를 낸 후 음주측정을 받아 도로교통
법 위반(음주운전)죄로 약식명령을 받아 확정되었는데, 그 후 제1차 사고 당시의 음주운전으로 기소된
경우에는 위 공소사실이 약식명령이 확정된 음주운전죄와 포괄일죄 관계에 있다고 볼 수 있다.[81]
[경찰간부 14 / 경찰승진 11]

2 대법원 2009.4.16, 2007도6703 전원합의체
무허가농지전용죄의 성격 : 즉시범과 계속범
농지법상 '농지의 전용'이 이루어지는 태양은, 농지에 대하여 외부적 형상의 변경을 수반하지 않거나
외부적 형상의 변경을 수반하더라도 사회통념상 원상회복이 어려운 정도에 이르지 않은 상태에서 그
농지를 다른 목적에 사용하는 경우 등이 있을 수 있다.[82] 이렇게 당해 토지를 농업생산 등 외의 다른
목적으로 사용하는 행위를 여전히 농지전용으로 볼 수 있는 때에는 그 토지를 다른 용도로 사용하는
한 가벌적인 위법행위가 계속 반복되고 있는 계속범이라고 보아야 한다.

---

80 정리 : 계속범의 예와 그렇지 않은 예 체포·감금, 주거침입·퇴거불응, 약취·유인, 직무유기죄, 범인은닉죄는 계속범이다. 한편 판례가
   계속범이 아닌 것으로 판시한 형법상 예로는 내란죄, 도주죄, 범죄단체조직죄, 학대죄, 횡령죄 등이 있다. 판례는 위 내란죄 등을
   즉시범 내지 상태범으로 보고 있는 것이다.
81 평석 : 위 판례는 계속범으로 본 것인지 연속범으로 본 것인지가 분명히 나타나 있지는 않다. 이론적으로는 계속범으로 보아야 할
   것이다.
82 또 다른 논점 : 무허가농지전용죄의 유형은 이외에도 농지에 대하여 절토, 성토 또는 정지를 하거나 농지로서의 사용에 장해가 되는
   유형물을 설치하는 등으로 농지의 형질을 외형상으로뿐만 아니라 사실상 변경시켜 원상회복이 어려운 상태로 만드는 경우가 있는데,
   이는 즉시범에 해당한다.

1 대법원 1992.2.25, 91도3192

폭력행위 등 처벌에 관한 법률 소정의 단체 등의 조직죄는 같은 법에 규정된 범죄를 목적으로 한 단체·집단을 구성함으로써 즉시 성립하고 그와 동시에 완성되는 즉시범이지 계속범이 아니다. [국가9급 20]

2 대법원 2008.5.29, 2008도2099

타인의 신용카드 정보를 자신의 메일계정에 보유한 행위에 대해서 여신전문금융업법위반죄로 처벌받은 후 계속하여 위 신용카드 정보를 보유한 경우, 별개의 범죄로서 기판력이 미치지 않는다.

3 대법원 2011.2.10, 2010도16742

'자신의 집에 메스암페타민을 숨겨두어 소지한 행위(1차 소지행위)'와 그 후 '투약하고 남은 것을 일반 투숙객들의 사용에 제공되는 모텔 화장실 천장에 숨겨두어 소지한 행위(2차 소지행위)' 사례

1차 소지행위와 2차 소지행위가 시간적으로 하나의 계속성을 가지는 소지행위에 포섭되는 것이긴 하지만, 피고인은 2차 소지행위를 통하여 1차 소지행위와는 별개의 실력적 지배관계를 객관적으로 드러냈다고 평가하기에 충분하므로 2차 소지행위는 별개의 독립한 범죄로 보아야 한다.

---

1 대법원 1970.9.29, 70도1516

피해자를 위협하여 항거불능케 한 후 1회 간음하고 200m쯤 오다가 다시 1회 간음한 경우에 있어 피고인의 의사 및 그 범행 시각과 장소로 보아 두 번째의 간음행위는 처음 한 행위의 계속으로 볼 수 있어 이를 단순일죄로 처단한 것은 정당하다. [국가9급 16 / 법원행시 08·13]

2 대법원 1979.10.10, 79도2093

특수강도의 소위가 동일한 장소에서 동일한 방법에 의하여 시간적으로 접착된 상황에서 이루어진 경우에는 피해자가 여러 사람이더라도 단순일죄가 성립한다(아래 대법원 1991.6.25, 91도643 판례와 구별).

---

1 대법원 1987.5.12, 87도694

피고인이 피해자(여, 20세)를 강간할 목적으로 도망가는 피해자를 추격하여 머리채를 잡아끌면서 블럭조각으로 피해자의 머리를 수회 때리고 손으로 목을 조르면서 항거불능케 한 후 그녀를 1회 간음하여 강간하고 이로 인하여 그녀로 하여금 요치 28일간의 전두부 타박상을 입게 한 후 약 1시간 후에 그녀를 피고인 집 작은방으로 끌고가 앞서 범행으로 상처를 입고 항거불능상태인 그녀를 다시 1회 간음하여 강간한 경우, 이를 그 범행 시각과 장소를 각 달리하고 있을 뿐만 아니라 각 별개의 범의에서 이루어진 행위로 보아 형법 제37조 전단의 실체적 경합으로 처단한 조치는 옳다. [법원9급 13 / 법원승진 12]

2 대법원 1991.6.25, 91도643

강도가 동일한 장소에서 동일한 방법으로 시간적으로 접착된 상황에서 수인의 재물을 강취하였다고 하더라도, 수인의 피해자들에게 폭행·협박을 가하여 그들로부터 그들이 각기 점유·관리하고 있는 재물을 각각 강취하였다면, 피해자들의 수에 따라 수개의 강도죄를 구성하는 것이고, 다만 강도범인이 피해

자들의 반항을 억압하는 수단인 폭행·협박행위가 사실상 공통으로 이루어졌기 때문에, 법률상 1개의 행위로 평가되어 상상적 경합으로 보아야 될 경우가 있는 것은 별문제이다. [경찰승진 13 / 법원9급 12]

사례연구   수뢰죄의 연속범 사례

공무원 甲은 건축업자 乙로부터 그의 담당업무인 허가와 관련하여 협조를 부탁한다는 청탁과 함께 1980년 12월 10일 한 번, 동년 동월 17일 甲의 자택에서 한 번, 동년 동월 하순(일자불상)경 한 번 금원을 각각 교부받았다. 甲의 형사책임은?

> 해결   甲은 수뢰죄의 연속범으로서 포괄일죄가 된다(대법원 1983.11.8, 83도711; 1979.8.14, 79도1393)(공무원
> 의 일정 기간 동안 17회에 걸친 뇌물수수행위를 포괄일죄로 본 판례는 대법원 1990.9.25, 90도1588)(참고로
> 수뢰죄는 상습범 처벌규정이 없음).

사례연구   가루로 만들어 버리겠다 사례

甲은 같은 학원에 다니면서 알게 된 乙과 부산 등지로 여행하던 중 부산 소재 모 여관에서 乙에게 현금카드를 빌려 주지 않으면 부산에 있는 아는 깡패를 동원하여 가루로 만들어 버리겠다고 말하여 이에 겁을 먹은 乙로부터 즉석에서 현금카드 1장을 교부받았다. 甲은 그 이후 17회에 걸쳐 현금카드를 이용하여 현금자동지급기에서 도합 7백 5십만 원을 인출하였다. 甲의 형사책임은?

> 해결   甲은 공갈죄의 연속범으로서 포괄일죄가 성립한다. 또한 현금카드는 도난 또는 분실된 신용카드가
> 아니므로 신용카드부정사용죄가 적용되지 않는다는 점을 주의하자. 그리고 갈취한 현금카드로
> 현금인출을 받은 행위는 절도죄 그 자체를 구성하지 않는다(대법원 1996.9.20, 95도1728).

판례연구   연속범 인정례 : 포괄일죄 인정

1 대법원 1965.9.28, 65도695
살해의 목적으로 동일인에게 일시 장소를 달리하고 수차에 걸쳐 단순한 예비행위를 하거나 또는 공격을 가하였으나 미수에 그치다가 드디어 그 목적을 달성한 경우에 그 예비행위 내지 공격행위가 동일한 의사발동에서 나왔고 그 사이에 범의의 갱신이 없는 한 각 행위가 같은 일시 장소에서 행하여졌거나 또는 다른 장소에서 행하여졌거나를 막론하고 그 살해의 목적을 달성할 때까지의 행위는 모두 실행행위의 일부로서 이를 포괄적으로 보고 단순한 한 개의 살인기수죄로 처단할 것이지 살인예비 내지 미수죄와 동 기수죄의 경합죄로 처단할 수 없는 것이다. [경찰간부 15 / 법원행시 09]

2 대법원 1974.7.26, 74도1477
형법 제98조 제1항의 간첩죄를 범한 자가 그 탐지수집한 기밀을 누설한 경우 또는 국가보안법 제3조 제1호의 국가기밀을 탐지수집한 자가 그 탐지수집한 기밀을 누설한 경우 등에는 포괄하여 1죄를 범한 것으로 보아야 하고 간첩죄와 군사기밀누설죄 또는 국가기밀 탐지수집죄와 국가기밀누설 등 두 가지 죄를 범한 것으로 인정할 수 없다. [법원9급 05]

3 대법원 1983.3.8, 83도122
피고인이 무허가로 소유자를 달리하는 수 필지의 임야를 파헤쳐 도로를 개설함으로써 임야를 훼손하였다 하더라도 피고인의 산림훼손 행위는 단일한 의사로 행하여진 이상 포괄일죄를 구성한다.

4 대법원 1984.8.14, 84도1139; 2000.1.21, 99도4940

업무상 횡령의 소위는 피해법익이 단일하며, 단일 또는 계속된 범의의 발동에 의하여 이루어진 범행이라면 그 행위가 복수인 경우에도 이를 포괄적으로 파악하여 일죄로 인정할 수 있으므로 업무상 횡령사실이 비록 약 4년 3개월간에 걸친 것이라 하여도 그 기간 내의 횡령범행이 전 기간을 통하여 접속되어 있고 그 횡령사실이 모두 甲은행을 위하여 업무상 보관관리하고 있는 돈을 횡령한 것이라면 그 피해법익이 단일하다 할 것이므로 이를 일죄로 파악한 것은 정당하다.

> 유사 　1인의 피해자에 대한 여러 번의 사기회사의 대표이사의 회사공금 반복 인출·사용
> 회사의 대표이사가 재직 중 회사공금을 가지급금 등의 명목으로 반복하여 인출, 사용한 경우에는, 가지급금 명목이든 부외자금 명목이든 피고인의 횡령이 단일하고도 계속된 범의 아래 일정기간 반복하여 저질러졌고 그 피해법익도 동일하므로, 특경법위반(횡령)죄의 포괄일죄에 해당한다(대법원 2009.10.29, 2009도8069; 1960.8.3, 4293형상64).

5 대법원 1995.9.5, 95도1269

직할시세, 구세, 국세를 계속적으로 업무상 횡령한 경우는 수죄, 같은 피해법익 내에서는 포괄일죄
① 횡령 세금에 직할시세인 취득세, 등록세 등과 구세인 재산세, 종합토지세 등 및 국세인 방위세 또는 교육세가 포함되어 있는 경우, 그 피해법익별로(즉 직할시세, 구세 및 국세별로) 구분하여 별개의 죄가 성립하며, ② 이 경우 같은 직할시세 또는 같은 구세 중에서 구체적인 세목을 달리하거나 수개의 행위 도중에 공범자에 변동이 있고 때로는 단독범인 경우도 있다 하더라도 그것이 단일하고 계속된 범의 하에 행하여진 것이라면 별개의 죄가 되는 것이 아니라 포괄일죄가 된다.

6 대법원 1996.4.9, 95도2466

대금결제의사·능력 없이 자기 명의 신용카드를 사용하여 현금서비스·물품구입한 경우의 죄수
피고인은 카드사용으로 인한 대금결제의 의사와 능력이 없으면서도 있는 것 같이 가장하여 카드회사를 기망하고(피기망자 : 카드회사), 카드회사는 이에 착오를 일으켜 일정 한도 내에서 카드사용을 허용해 줌으로써 피고인은 기망당한 카드회사의 신용공여라는 하자 있는 의사표시에 편승하여(처분행위자 : 카드회사) 자동지급기를 통한 현금대출도 받고, 가맹점을 통한 물품구입대금 대출도 받아 카드발급회사로 하여금 같은 액수 상당의 피해를 입게 함으로써(피해자 : 카드회사), 카드사용으로 인한 일련의 편취행위가 포괄적으로 이루어진 것이다. 따라서 모두가 피해자인 카드회사의 기망당한 의사표시에 따른 카드발급에 터잡아 이루어지는 사기의 포괄일죄이다. [법원행시 07]

> 유사 　1인의 피해자를 상대로 여러 번에 걸쳐 기망행위를 하여 재산을 편취한 경우 사기죄의 포괄일죄가 된다(대법원 2002.7.12, 2002도2029).

7 대법원 2000.4.25, 99도5479

동일한 기회를 이용하여 단일한 의사로 다량의 물품에 대한 밀수입의 예비를 하고 그 물품 중 일부만 양륙에 착수하였거나 일부만 양륙을 완료하였더라도 예비죄, 미수죄, 기수죄의 수죄가 성립하는 것이 아니라 포괄하여 1개의 관세법위반죄가 성립한다고 보아야 한다.

8 대법원 2002.6.14, 2002도1256

피고인은 단일하고 계속된 범의 하에 일정 기간 동안 대량의 허수매수주문을 내어 주가를 상승시킨 후 매수주식을 고가에 매도하는 등 동일한 방법으로 합계 7,542회에 걸쳐 168개 종목에 관하여 시세조종행위를 하였다면 증권거래법상 시세조종행위금지위반죄의 일죄가 성립한다.

> 유사1 　주식을 대량으로 매집하여 그 시세를 조종하려는 목적으로 불공정거래행위를 반복한 경우 : 증권거래법상 불공정거래행위금지위반죄의 포괄일죄(대법원 2002.7.22, 2002도1696)

유사2 주식시세조종의 목적으로 허위매수주문행위, 고가매수주문행위 및 통정매매행위 등을 반복한 경우 : 증권거래법상 불공정거래행위금지위반죄의 포괄일죄(대법원 2009.4.9, 2009도675; 2002.7.26, 2002도1855; 2011.10.27, 2011도8109[83]). [국가7급 20]

9 대법원 2006.5.11, 2006도1252

유사석유제품의 보관·판매로 인한 석유사업법 위반죄의 포괄일죄 사례

피고인은 2004년 11월 유사휘발유보관·판매로 인한 석유사업법 위반죄로 벌금형이 확정되었는데, 2004년 6~7월에 범한 유사석유제품보관·판매로 공소가 제기된 경우, 이는 단일하고 계속된 범의 하에 동종의 범행을 동일하거나 유사한 방법으로 일정기간 반복적으로 행한 것으로 볼 수 있으므로 결국 위 각 범죄는 포괄일죄의 관계에 있다고 봄이 상당하다(면소판결).

10 대법원 2007.7.12, 2007도2191

농업협동조합법상의 호별방문죄는 연속적으로 두 집 이상을 방문으로써 성립하는 범죄로서 선거운동을 위하여 다수의 조합원을 호별로 방문한 때에는 포괄일죄로 보아야 한다.

비교 공직선거법상 호별방문죄 판례에서는 호별방문행위의 시간적 간격이 매우 커서 포괄일죄로 볼 수 없다고 판시한 예도 있다(대법원 2007.3.15, 2006도9042). [경찰간부 14]

11 대법원 2009.2.26, 2009도39

17개월 동안 피해자의 휴대전화로 거의 동일한 내용을 담은 문자메시지를 발송함으로써 이루어진 정보통신망법 위반행위(사이버스토킹) 중 일부 기간의 행위에 대하여 먼저 유죄판결이 확정된 후, 판결확정 전의 다른 일부 기간의 행위가 다시 기소된 경우, 이는 판결이 확정된 위 법률 위반죄와 포괄일죄의 관계이므로 확정판결의 기판력이 미친다고 보아야 한다.

12 대법원 2013.2.28, 2012도15689

공직선거법에서는 선거운동과 관련하여 금품 기타 이익의 제공 또는 그 제공의 의사를 표시하거나 그 제공을 약속하는 행위를 처벌대상으로 하고 있는데, 선거운동과 관련하여 금품제공을 약속한 후 이를 제공한 경우 그 약속은 제공에 흡수되나, 금품제공을 약속한 후 실제로는 그 일부만을 제공한 경우에 있어서는 금품제공약속행위 전부가 금품제공행위에 흡수된다고 볼 수는 없고, 금품제공약속행위 전부와 금품제공행위를 포괄하여 공직선거법위반죄의 1죄가 성립한다고 해야 한다.

13 대법원 2015.9.10, 2015도7081

범죄단체구성·가입죄와 범죄단체구성원활동죄의 죄수

폭처법 제4조 제1항의 범죄단체의 구성이나 가입은 범죄행위의 실행 여부와 관계없이 범죄단체 구성원으로서의 활동을 예정하는 것이고, 범죄단체 구성원으로서의 활동은 범죄단체의 구성이나 가입을 당연히 전제로 하는 것이므로, 양자는 모두 범죄단체의 생성 및 존속·유지를 도모하는, 범죄행위에 대한 일련의 예비·음모 과정에 해당한다는 점에서 범의의 단일성과 계속성을 인정할 수 있을 뿐만 아니라 피해법익도 다르지 않다. 따라서 범죄단체를 구성하거나 이에 가입한 자가 더 나아가 구성원으로 활동하는 경우, 이는 포괄일죄의 관계에 있다. [경찰간부 17 / 법원행시 18]

---

83 판례 : 주식시세조종 등의 목적으로 자본시장법 제176조와 제178조에 해당하는 수개의 행위를 단일하고 계속된 범의 아래 일정기간 계속하여 반복한 경우, 자본시장법 제176조와 제178조에서 정한 시세조종행위 및 부정거래행위 금지 위반의 포괄일죄가 성립한다(대법원 2011.10.27, 2011도8109).

14 대법원 2021.2.4, 2020도12103

단일한 범의하의 수뢰 후 부정처사 이후의 뇌물수수가 포괄일죄를 구성하는가의 사건

수뢰후부정처사죄를 정한 형법 제131조 제1항은 공무원 또는 중재인이 형법 제129조(수뢰, 사전수뢰) 및 제130조(제3자뇌물제공)의 죄를 범하여 부정한 행위를 하는 것을 구성요건으로 하고 있다. 여기에서 '형법 제129조 및 제130조의 죄를 범하여'란 반드시 뇌물수수 등의 행위가 완료된 이후에 부정한 행위가 이루어져야 함을 의미하는 것은 아니고, 결합범 또는 결과적 가중범 등에서의 기본행위와 마찬가지로 뇌물수수 등의 행위를 하는 중에 부정한 행위를 한 경우도 포함하는 것으로 보아야 한다. 따라서 단일하고도 계속된 범의 아래 일정 기간 반복하여 일련의 뇌물수수 행위와 부정한 행위가 행하여졌고 그 뇌물수수 행위와 부정한 행위 사이에 인과관계가 인정되며 피해법익도 동일하다면, 최후의 부정한 행위 이후에 저질러진 뇌물수수 행위도 최후의 부정한 행위 이전의 뇌물수수 행위 및 부정한 행위와 함께 수뢰후부정처사 죄의 포괄일죄로 처벌함이 타당하다. … 공무원 甲이 단일하고도 계속된 범의 하에 뇌물을 여러 차례 수수하면서 일련의 부정한 행위를 저지른 경우, 시간적으로 제일 마지막에 저질러진 부정한 행위 이후의 뇌물수수 행위도 위 부정한 행위 이전의 뇌물수수 행위와 마찬가지로 형법 제131조 제1항에 따른 수뢰후부정처사죄의 포괄일죄를 구성할 수 있다.

15 대법원 2021.9.9, 2021도2030

국군기무사령관의 온라인 여론조작 활동지시 사건

직권남용권리행사방해죄는 국가기능의 공정한 행사라는 국가적 법익을 보호하는 데 주된 목적이 있으므로, 공무원이 동일한 사안에 관한 일련의 직무집행 과정에서 단일하고 계속된 범의로 일정 기간 계속하여 저지른 직권남용행위에 대하여는 설령 그 상대방이 여러 명이더라도 포괄일죄가 성립할 수 있다. 다만 개별 사안에서 포괄일죄의 성립 여부는 직무집행 대상의 동일 여부, 범행의 태양과 동기, 각 범행 사이의 시간적 간격, 범의의 단절이나 갱신 여부 등을 세밀하게 살펴 판단하여야 한다(직권남용으로 인한 국가정보원법 위반죄에 관한 대법원 2021.3.11, 2020도12583 참조). 피고인의 관련 행위(온라인 여론조작 활동 지시 또는 불법 신원조회 활동지시)는 동일한 사안에 관한 일련의 직무집행 과정에서 단일하고 계속된 범의로 일정 기간 계속하여 저지른 직권남용행위에 해당하므로 그 전체 범행에 대하여 포괄하여 하나의 직권남용죄가 성립한다. 따라서 직권남용행위의 상대방별로 별개의 죄가 성립함을 전제로 일부 상대방에 대한 범행에 대하여 별도로 공소시효가 완성되었다고 판단한 원심판결에는 직권남용죄의 죄수에 관한 법리를 오해한 잘못이 있다.

판례연구 **연속범 부정례 : 실체적 경합**

1 대법원 1958.4.11, 4290형상360

동일인에 대하여 여러 차례에 걸쳐 금전갈취를 위한 협박의 서신이나 전화를 한 경우 포괄일죄가 아니라 1개의 협박행위마다 1개의 공갈미수죄가 성립한다(행위표준설).

2 대법원 1976.9.28, 76도2143

동일한 사실에 관하여 직무를 유기하고 직무유기의 교사를 한 경우 포괄일죄를 부정한 사례

피고인에 대한 직무유기의 죄는 피고인 본인의 수천만 원대 녹용밀수 사실 등의 수사사무 보고의무 및 수사의무를 유기한 데 대한 죄책이고 직무유기교사죄는 피고인이 위 사실에 관한 제3자의 조사사무 보고의무 및 조사의무를 유기하도록 교사한 행위에 대한 죄책으로서 이를 포괄하여 하나의 죄로서 처벌될 성질의 것은 아니라 할 것이다.

3 대법원 1982.11.9, 82도2055

반복된 히로뽕 제조행위 간에 9개월의 간격이 있고 범행장소가 상이하여 포괄일죄로 보기 어렵다고 한 사례

피고인의 원판시 (가)의 히로뽕 제조행위와 (나)의 히로뽕 제조행위를 서로 비교하여 보면 그 사이에 약 9개월의 간격이 있고 범행장소도 상이하여 범의의 단일성과 계속성을 인정하기 어려우므로 이들 두 죄를 포괄일죄라고 보기는 어려우니 경합가중을 한 원심조치는 정당하다.

4 대법원 1983.1.18, 82도2823,82감도611
수차에 걸친 약취·유인 미수와 기수행위 사이에 범의의 갱신이 있으면 포괄일죄에 해당하지 않는다.

5 대법원 1989.11.28, 89도1309
동일한 피해자에 대한 3회의 금원편취행위를 실체적 경합범으로 본 사례
피고인이 동일한 피해자로부터 3회에 걸쳐 돈을 편취함에 있어서 그 시간적 간격이 각 2개월 이상이 되고 그 기망방법에 있어서도 서로 다르며 피고인에게 범의의 단일성과 계속성이 있었다고 보이지 아니하므로 각 범행은 실체적 경합범에 해당한다.

6 대법원 2000.7.7, 2000도1899; 2003.4.8, 2003도382
의사가 단일하더라도 사기죄의 피해자가 수인인 경우처럼 법익이 다르면 수죄
① 단일한 범의를 가지고 상대방(동일인)을 기망하여 착오에 빠뜨리고 그로부터 동일한 방법에 의하여 여러 번에 걸쳐 재물을 편취하면 포괄일죄로 되지만, ② 수인의 피해자에 대하여 각별로 기망행위를 하여 각각 재물을 편취한 경우에는 범의가 단일하고 범행방법이 동일하더라도 각 피해자의 피해법익은 독립한 것이므로 피해자별로 독립한 사기죄가 성립된다. [국가9급 12 / 국가7급 10]

7 대법원 2004.4.28, 2004도927
수 개의 배임적 대출행위에 있어서 대출의 상대방·일시 등이 상이한 경우 및 초과대출행위의 죄수
① 피고인의 특경법위반(배임)의 범죄사실은 A, B, C에 대한 배임적 대출행위인 반면, 확정된 판결의 경우에는 D에 대한 대출행위로서 대출의 상대방이나 대출의 일시 등이 상이하여 단일한 범의에 기한 일련의 배임행위로서 포괄일죄의 관계에 있다고 보기 어렵다. 또한 ② 상호신용금고가 실질적으로 동일한 채무자에게 동일인 대출한도를 초과하여 대출한 것으로 인정된다면 위 대출행위는 상호신용금고법 규정에 위배되는 행위로서 대출한도를 초과하는 대출시마다 같은 죄가 성립한다 할 것이므로, 각 초과대출 행위는 실질적인 경합범에 해당한다고 할 것이다.

8 대법원 2005.9.15, 2005도1952
수개의 범죄행위를 포괄하여 하나의 죄로 인정하기 위하여는 범의의 단일성 외에도 각 범죄행위 사이에 시간적·장소적 연관성이 있고 범행의 방법 간에도 동일성이 인정되는 등 수개의 범죄행위를 하나의 범죄로 평가할 수 있는 경우에 해당하여야 한다. 따라서 공직선거법상 선전행위 등이 서로 다른 장소에서 별개의 사람들을 대상으로 이루어졌고 그 구체적인 행위 역시 서로 동일성이 인정되기 어려운 다양한 행위들이라면 일죄가 된다고 볼 수 없다.

9 대법원 2005.9.30, 2005도4051
컴퓨터로 음란 동영상을 제공한 제1범죄행위로 서버컴퓨터가 압수된 이후 다시 장비를 갖추어 동종의 제2범죄행위를 하고 제2범죄행위로 인하여 약식명령을 받아 확정된 경우, 피고인에게 범의의 갱신이 있어 제1범죄행위는 약식명령이 확정된 제2범죄행위와 실체적 경합관계에 있다고 보아야 할 것이기 때문에, 포괄일죄를 구성한다고 판단한 원심판결은 파기해야 한다. [경찰간부 12·14 / 국가7급 08 / 법원승진 12 / 법원행시 12]

10 대법원 2005.10.28, 2005도5996

피고인의 각 부당대출 행위(업무상 배임)가 서로 다른 일자에 독립하여 이루어졌고, 담보도 별도로 제공되었다면 이는 포괄일죄가 아니라 실체적 경합범에 해당한다.

11 대법원 2006.9.8, 2006도3172

위험물인 유사석유제품을 제조한 석유사업법 위반 및 소방법 위반의 범행(제1 범죄행위)으로 경찰에 단속된 후 기소중지되어 1달 이상 범행을 중단하였다가 다시 위험물인 유사석유제품을 제조함으로써 석유 및 석유대체연료 사업법 위반 및 위험물안전관리법 위반의 범행(제2 범죄행위)을 하였다면 제1, 2 범죄행위 사이에 시간적·장소적 접근성을 인정할 수 없고 범의가 갱신되었다는 보아야 하기 때문에 제1, 2 범죄행위가 포괄일죄를 구성한다고 볼 수 없다(기판력 ×).

12 대법원 2007.2.22, 2006도7834

안전인증을 받지 아니한 채 안전인증대상전기용품을 제조한 전기용품 안전관리법 위반행위와 안전인증의 표시 등이 없는 전기용품을 판매한 같은 법 위반행위는, 벌칙도 따로 규정하고 있을 뿐 아니라 일반적으로 물건의 제조행위와 판매행위는 독립된 행위로서 별죄를 구성한다.

13 대법원 2008.12.11, 2008도6987

수인으로부터 각각 같은 종류의 부정한 청탁과 함께 금품을 받은 배임수재행위는 포괄일죄 부정 타인의 사무를 처리하는 자가 ① 동일인으로부터 그 직무에 관하여 부정한 청탁을 받고 여러 차례에 걸쳐 금품을 수수한 경우 단일하고 계속된 범의 아래 일정기간 반복하여 이루어진 것이고 그 피해법익도 동일한 때에는 포괄일죄로 보아야 한다. [사시 10] 다만, ② 여러 사람으로부터 각각 부정한 청탁을 받고 그들로부터 각각 금품을 수수한 경우에는 비록 그 청탁이 동종의 것이라고 하더라도 단일하고 계속된 범의 아래 이루어진 범행으로 보기 어려워 그 전체를 포괄일죄로 볼 수 없다. [경찰승진 11 / 법원9급 09·15]

14 대법원 2010.5.27, 2007도10056

'가장거래에 의한 사기죄'와 '분식회계에 의한 사기죄'는 범행 방법이 동일하지 않아 그 피해자가 동일하더라도 포괄일죄가 성립한다고 할 수 없다.

15 대법원 2011.7.14, 2009도10759

수개의 등록상표에 대하여 상표권침해행위가 계속하여 행하여진 경우에는 각 등록상표 1개마다 포괄하여 1개의 범죄가 성립하므로, 특별한 사정이 없는 한 상표권자가 동일하다는 이유로 등록상표를 달리하는 수개의 상표권침해 행위를 포괄하여 하나의 죄가 성립하는 것으로 볼 수 없다. [경찰간부 17]

16 대법원 2010.11.11, 2007도8645

피고인이 운영한 게임장이 단속되어 관련 증거물이 압수된 후 영업을 재개할 때마다 범의의 갱신이 있고 별개의 범죄가 성립한다.

17 대법원 2011.5.26, 2010도6090

약식명령이 확정된 구 성매매알선 등 행위의 처벌에 관한 법률 위반죄의 범죄사실인 '영업으로 성매매에 제공되는 건물을 제공하는 행위'와 위 약식명령 발령 전에 행해진 같은 법 위반의 공소사실인 '영업으로 성매매를 알선한 행위'의 경우, 건물제공행위와 성매매알선행위의 경우 성매매알선행위가 건물제공행위의 필연적 결과라거나 반대로 건물제공행위가 성매매알선행위에 수반되는 필연적 수단이라고도 볼 수 없으므로 서로 독립된 가벌적 행위로서 별개의 죄를 구성한다.

18 대법원 2011.7.28, 2009도8265

수개의 업무상 횡령행위가 '포괄일죄'로 되지 않는다는 사례

甲 주식회사가 지식경제부 산하 여러 기관들과 각각 다른 시기에 서로 다른 내용의 협약을 체결하여 정부과제사업 9건을 부여받고 각 과제별로 정부출연금을 교부받았는데 甲 회사의 대표이사 또는 자금담당 임원으로 정부출연금을 보관하는 지위에 있는 피고인들이 위탁 취지에 반하여 자금을 처분한 경우, 특별한 사정이 없는 한 甲 회사와 위 기관들 사이에는 각 과제별로 별개의 정부출연금 위탁관계가 성립한다고 보는 것이 타당하므로 포괄일죄로 볼 수 없다.

19 대법원 2018.11.29, 2018도10779

비의료인이 의료기관을 개설하여 운영하는 도중 개설자 명의를 다른 의료인 등으로 변경한 사례

의료기관의 개설자 명의는 의료기관을 특정하고 동일성을 식별하는 데에 중요한 표지가 되는 것이므로, 비의료인이 의료기관을 개설하여 운영하는 도중 개설자 명의를 다른 의료인 등으로 변경한 경우에는 그 범의가 단일하다거나 범행방법이 종전과 동일하다고 보기 어렵다. 따라서 개설자 명의별로 별개의 범죄가 성립하고 각 죄는 실체적 경합범의 관계에 있다고 보아야 한다. [경찰간부 20]

판례연구   **집합범 인정례 : 포괄일죄 인정**

1 대법원 1960.5.31, 4293형상170

아편·헤로인 매수·판매 사실을 의당 반복을 예상할 수 있는 직업적 또는 영업적 소위로 간주하고 포괄일죄로 인정하여 경합범 가중을 하지 않은 원심의 조치는 정당하다.

2 대법원 1966.9.20, 66도928

무면허의료행위는 범죄의 구성요건 성질이 동종행위의 반복을 예상하고 있으므로 반복된 수개의 행위는 포괄적으로 1개의 범죄를 구성한다.

> 유사   위법 양곡도매행위(대법원 1980.8.26, 80도47), 양담배 판매행위(대법원 1984.5.15, 84도233), 무허가 유료직업소개행위(대법원 1993.3.26, 92도3405), 가짜벌꿀 매입행위(대법원 1995.1.12, 93도3213), 불량 만화 제작행위(대법원 1996.4.23, 96도417)

3 대법원 1975.5.27, 75도1184

甲은 1974년 9월 중 약 20일의 기간 동안 특수절도 3회, 특수절도미수 2회, 야간주거침입절도 1회, 절도 1회를 범하였다. 위에서 본 7가지의 사실이 상습적으로 반복된 것으로 볼 수 있다고 하면, 이러한 경우에는 그중 법정형이 가장 중한 상습특수절도의 죄에 나머지의 행위를 포괄시켜 하나의 죄만이 성립된다고 보는 것이 상당하다. 따라서 甲은 상습특수절도죄의 일죄가 된다. [법원9급 05]

> 비교   특가법 제5조의4 제5항(누범절도)와 절도죄와의 관계는 포괄일죄 부정
>
> 특가법 제5조의4 제5항은 상습범이 아니므로, 피고인에게 절도의 습벽이 인정되더라도 위 조항으로 처벌받은 확정판결의 기판력은 다른 절도범행에 미치지 않는다(대법원 2008.11.27, 2008도7270).

4 대법원 1984.12.26, 84도1573 전원합의체

특가법 제5조의4 제1항에 규정된 상습절도죄를 범한 범인이 그 범행의 수단으로 주거침입을 한 경우에, 주거침입행위는 상습절도죄에 흡수되어 별개로 주거침입죄를 구성하지 않는다. [법원행시 09]

> 비교   특가법 제5조의4 제5항 위반(누범절도)죄와 주거침입죄의 관계는 실체적 경합
>
> 특가법 제5조의4 제5항은 범죄경력과 누범가중에 해당함을 요건으로 하는 반면 같은 조 제1항은

상습성을 요건으로 하고 있어 그 요건이 서로 다르므로, 절도 범인이 그 범행수단으로 주거침입을 한 경우에 그 주거침입행위는 절도죄에 흡수되지 아니한다(대법원 2008.11.27, 2008도7820).

5 대법원 1993.3.26, 92도3405

무허가유료직업소개 행위는 범죄구성요건의 성질상 동종행위의 반복이 예상되는데, 반복된 수개의 행위 상호간에 일시·장소의 근접, 방법의 유사성, 기회의 동일, 범의의 계속 등 밀접한 관계가 있어 전체를 1개의 행위로 평가함이 상당한 경우에는 포괄적으로 한 개의 범죄를 구성한다.

6 대법원 1998.5.29, 97도1126

의료기관 또는 의료인이 자신에게 환자를 소개·알선 또는 유인한 자에게 법률상 의무 없이 사례비, 수고비, 세탁비, 청소비, 응급치료비 기타 어떠한 명목으로든 돈을 지급하면서 앞으로도 환자를 데리고 오면 돈을 지급하겠다는 태도를 취하였다면, 의료법 제25조 제3항이 금지하고 있는 사주행위(의료매개사주행위)에 해당하고 이는 포괄일죄를 구성한다.

7 대법원 2001.8.21, 2001도3312

약사법 제35조 제1항은 '약국개설자가 아니면 의약품을 판매하거나 판매의 목적으로 취득할 수 없다.'고 규정하고 있는데, 약국개설자가 아님에도 단일하고 계속된 범의 하에 일정기간 계속하여 의약품을 판매하거나 판매의 목적으로 취득함으로써 약사법 제35조 제1항에 위반된 행위를 한 경우, 이는 모두 포괄하여 약사법위반죄의 일죄를 구성한다.

> 유사 약국개설자가 의료기관개설자와 처방전 알선의 대가로 금원을 제공하기로 공모하고 단일하고 계속된 범의 하에 담합행위를 한 경우 약사법위반죄의 포괄일죄를 구성한다(대법원 2003.12.26, 2003도6288).

8 대법원 2003.2.28, 2002도7335

직계존속인 피해자를 폭행하고, 상해를 가한 것이 존속에 대한 동일한 폭력습벽의 발현에 의한 것으로 인정되는 경우, 그 중 법정형이 더 중한 상습존속상해죄의 포괄일죄만 성립한다. [경찰채용 10·15 2차/ 국가7급 10 / 법원행시 07]

9 대법원 2003.3.28, 2003도665

특가법 제5조의4 제3항에 규정된 상습강도죄를 범한 범인이 그 범행 외에 상습적인 강도의 목적으로 강도예비를 하였다가 강도에 이르지 아니하고 강도예비에 그친 경우에도 그것이 강도상습성의 발현이라고 보여지는 경우에는 흡수되어 상습강도죄와 별개로 강도예비죄를 구성하지 아니한다. [국가7급 09 / 법원행시 09]

10 대법원 2004.7.22, 2004도2390

영업범이란 집합범의 일종으로 구성요건의 성질에서 이미 동종행위가 반복될 것으로 당연히 예상되는 범죄를 가리키는 것인바, 피고인의 판시 사기 범행이 비록 동종의 행위를 반복한 것으로 되어 있더라도 구성요건의 성질상 동종행위가 반복될 것이 예상되는 범죄라고 볼 수는 없어 영업범이라고 할 수는 없다.

11 대법원 2006.9.8, 2006도2860

상습사기에 있어서의 상습성은 반복하여 사기행위를 하는 습벽으로서 행위 그 자체의 속성에서 나아가 행위자의 속성을 말하고, 이러한 습벽의 유무를 판단함에 있어서는 사기의 전과가 중요한 판단자료가 되나 사기의 전과가 없다고 하더라도 범행의 횟수, 수단과 방법, 동기 등 제반 사정을 참작하여 사기의 습벽이 인정되는 경우에는 상습성을 인정하여야 한다.[84]

12 대법원 2007.3.29, 2007도595
게임장에서 사행성간주게임물인 게임기에 경품으로 문화상품권을 넣은 후 점수에 따라 손님들에게 제공함으로써 문화관광부장관이 고시하는 방법에 의하지 아니하고 경품을 제공하였다는 동일한 공소사실로 두 차례 기소되었다면, 게임장 경품제공영업의 영업범으로서 포괄일죄에 해당한다.

13 대법원 2008.8.21, 2008도3657
폭처법상 상습상해와 폭처법상 공동공갈의 포괄일죄 사례
폭처법 제2조 제1항에서 말하는 '상습'이란 같은 항 각 호에 열거된 각 범죄행위 상호간의 상습성만을 의미하는 것이 아니라, 같은 항 각 호에 열거된 모든 범죄행위를 포괄한 폭력행위의 습벽을 의미하는 것이라고 해석함이 상당하므로, 위와 같은 습벽을 가진 자가 폭처법 제2조 제1항 각 호에 열거된 형법 각 조 소정의 다른 수종의 죄를 범하였다면 그 각 행위는 그 각 호 중 가장 중한 법정형의 상습폭력범죄의 포괄일죄에 해당한다. [사시 15]

14 대법원 2009.2.12, 2008도11550
범행 당시 심신미약 등 정신적 장애상태에 있었다는 사정만으로 상습성을 부정할 수 없다는 사례
행위자가 범죄행위 당시 심신미약 등 정신적 장애상태에 있었다고 하더라도 그 이유만으로 그 범죄행위가 상습성이 발현된 것이 아니라고 단정할 수 없고 다른 사정을 종합하여 상습성을 인정할 수 있어 심신미약의 점이 상습성을 부정하는 자료로 삼을 수 없는 경우가 있는가 하면(대법원 2007.8.23, 2007도3820,2007감도8 참조), 때에 따라서는 심신미약 등 정신적 장애상태에 있었다는 점이 다른 사정들과 함께 참작되어 그 행위자의 상습성을 부정하는 자료가 될 수도 있다 할 것이다(대법원 2005.6.9, 2005도2357 참조).
[경찰채용 12 1차/ 경찰간부 11]

15 대법원 2010.11.25, 2010도1588
동일 죄명에 해당하는 수개의 행위를 단일하고 계속된 범의 아래 일정기간 계속하여 행하고 그 피해법익도 동일한 경우에는 이들 각 행위를 통틀어 포괄일죄로 처단하여야 할 것이고, [경찰승진 14/ 국가9급 12] 이는 방조범의 경우에도 마찬가지이다(위디스크 운영자에게 음란물유포방조죄의 포괄일죄를 인정함).

16 대법원 2010.11.25, 2010도11620
특가법상 상습절도미수에 대한 형법상 미수감경 허용 여부
특가법 제5조의4 제1항에 의한 상습절도죄의 경우 상습절도미수 행위 자체를 범죄의 구성요건으로 정하고 그에 관하여 무기 또는 3년 이상의 징역형을 법정하고 있는 점 등을 고려할 때, 형법 제25조 제2항에 의한 '미수감경'이 허용되지 않는다. [경찰채용 13 2차/ 법원행시 12]

17 대법원 2014.1.16, 2013도11649
영리목적 무면허 의료행위 중 일부에 보건범죄단속법위반죄가 아니라 의료법위반죄로 판결이 확정된 경우

---

84 판례 : 상습사기에 있어서 사기의 전과가 중요한 판단자료가 되나 사기의 전과가 없다고 하더라도 범행의 횟수, 수단과 방법, 동기 등 제반 사정을 참작하여 사기의 습벽이 인정되는 경우에는 상습성을 인정하여야 한다(상당한 자금을 투자하여 성인사이트를 개설하고 직원까지 고용하였음을 고려하여 상습성 인정).

영리를 목적으로 무면허 의료행위를 업으로 하는 자의 여러 개의 무면허 의료행위가 포괄일죄 관계에 있고 [법원9급 15] 그 중 일부 범행이 보건범죄단속법 제5조 제1호 위반죄가 아니라 단순히 의료법 제27조 제1호 위반으로 기소되어 판결이 확정된 경우에도, 그 확정판결의 기판력은 사실심 판결선고 이전에 범한 보건범죄단속법 제5조 제1호 위반 범행에 미친다. [경찰채용 21 1차]

판례연구　　**집합범 부정례 : 포괄일죄 부정**

1 대법원 1990.9.28, 90도1365
상습강도죄와 강도상해죄의 죄수 : 포괄일죄도 아니고 상상적 경합도 아니라는 사례
형법 제333조, 제334조, 제337조, 제341조, 특가법 제5조의4 제3항, 제5조의5의 각 규정을 살펴보면 강도죄와 강도상해죄는 따로 규정되어 있고 상습강도죄(형법 제341조)에 강도상해죄가 포괄흡수될 수는 없는 것이므로 위 2죄는 상상적 경합범 관계가 아니다.

2 대법원 2001.11.30, 2001도5657
흉기휴대 폭력행위와 흉기 미휴대 폭력행위는 폭처법 제2조 제1항의 상습폭력죄의 포괄일죄 부정
상습적으로 흉기 또는 위험한 물건을 휴대하여 폭처법 제2조 제1항의 죄를 범한 자에 대하여는 폭처법 제3조 제3항에서 무기 또는 7년 이상의 징역에 처하도록 별도로 규정하고 있으므로, 흉기를 휴대하여 저지른 폭력행위의 각 범행이 흉기 등을 휴대하지 않은 범행들과의 사이에 같은 법 제2조 제1항 소정의 상습폭력죄의 포괄일죄의 관계에 있는 것으로 볼 수는 없다.

3 대법원 2010.4.29, 2010도1099
강도가 피해자에게 상해를 입혔으나 재물의 강취에는 이르지 못하고 그 자리에서 항거불능 상태에 빠진 피해자를 간음한 경우에는 강도상해죄와 강도강간죄만 성립하고(대법원 1988.6.28, 88도820), 그 실행행위의 일부인 강도미수 행위는 위 각 죄에 흡수되어 별개의 범죄를 구성하지 않는다. 또한, 위 각 죄의 일부로서 그에 흡수된 강도미수 행위만을 따로 떼어 강도 등의 상습범에 관한 위 가중처벌 규정을 적용할 수도 없다.

4 대법원 2012.5.10, 2011도12131
상습성은 있으나 상습범 처벌규정이 없는 경우의 처리 : 포괄일죄 ×, 경합범 ○
① 상습성이 있는 자가 같은 종류의 죄를 반복하여 저질렀다 하더라도 상습범 처벌규정이 없는 한 각 죄는 원칙적으로 별개의 범죄로서 경합범으로 처단할 것이다(수회에 걸쳐 저작권법위반죄를 상습범이 아니라 경합범으로 처리함). [경찰채용 16 1차/법원행시 16/변호사시험 14] 또한 ② 저작재산권 침해행위는 저작권자 가 같더라도 저작물별로 침해되는 법익이 다르므로, ㉠ 각각의 저작물에 대한 침해행위는 원칙적으로 각 별개의 죄를 구성하므로, 수개의 저작물에 대한 저작재산권 침해행위의 원칙적인 죄수 관계는 경합범 관계에 있다. [변호사시험 14] 다만 ㉡ 단일하고도 계속된 범의 아래 동일한 저작물에 대한 침해행위가 일정기간 반복하여 행하여진 경우에는 포괄하여 하나의 범죄가 성립한다고 볼 수 있다. [경찰채용 12 2차/경찰간부 17/경찰승진 13/변호사시험 14]

5 대법원 2015.1.15, 2011도14198
당사자와 내용을 달리하는 법률사건에 관한 법률사무를 취급한 행위는 포괄일죄 부정
변호사가 아니면서 금품·향응 또는 그 밖의 이익을 받거나 받을 것을 약속하고 또는 제3자에게 이를 공여하게 하거나 공여하게 할 것을 약속하고 법률사건에 관하여 감정·대리·중재·화해·청탁·법률상담 또는 법률 관계 문서 작성, 그 밖의 법률사무를 취급하거나 이러한 행위를 알선하는 변호사법 제109조

제1호 위반행위에서 당사자와 내용을 달리하는 법률사건에 관한 법률사무 취급은 각기 별개의 행위라고 할 것이므로, 변호사가 아닌 사람이 각기 다른 법률사건에 관한 법률사무를 취급하여 저지르는 위 변호사법위반의 각 범행은 특별한 사정이 없는 한 실체적 경합범이 되는 것이지 포괄일죄가 되는 것이 아니다. [법원행시 16]

6 대법원 2020.5.14, 2020도1355
임대차계약의 방법으로 장소제공의 성매매알선행위를 수회 한 사례
포괄일죄의 관계에 있는 범행 일부에 대하여 판결이 확정된 경우에는 사실심 판결선고 시를 기준으로 그 이전에 이루어진 범행에 대하여는 확정판결의 기판력이 미쳐 면소의 판결을 선고하여야 할 것인데, 동일 죄명에 해당하는 여러 개의 행위 혹은 연속된 행위를 단일하고 계속된 범의하에 일정 기간 계속하여 행하고 그 피해법익도 동일한 경우에는 이들 각 행위를 통틀어 포괄일죄로 처단하여야 할 것이나, 범의의 단일성과 계속성이 인정되지 아니하거나 범행방법 및 장소가 동일하지 않은 경우에는 각 범행은 실체적 경합범에 해당한다(대법원 2013.5.24, 2011도9549 등 참조). … 확정된 위 각 약식명령은 '영업이 아닌 단순 성매매장소 제공행위 범행'으로 처벌된 것이고, 이 사건 역시 영업이 아닌 단순 성매매장소 제공행위 범행으로 기소된 것이어서 그 구성요건의 성질상 동종 행위의 반복이 예상되는 경우라고 볼 수 없다. 또한 성매매장소 제공행위와 성매매알선행위의 경우 성매매알선행위가 장소제공행위의 필연적 결과라거나 반대로 장소제공행위가 성매매알선행위에 수반되는 필연적 수단이라고 볼 수도 없다. … 확정된 위 각 약식명령과 이 사건 범행의 장소제공행위는, 장소를 제공받은 성매매업소 운영주가 성매매알선 등 행위로 단속되어 기소·처벌을 받는 과정에서 함께 처벌을 받게 된 것으로, 피고인은 그때마다 새로운 성매매업소 운영주와 사이에 다시 임대차계약을 체결하여 온 것으로 보인다. 위와 같이 피고인이 수사기관의 단속 등으로 인해 새로운 임대차계약을 체결하여 온 것으로 보이는 이상, 그와 같이 성매매장소를 제공한 수개의 행위가 동일한 범죄사실이라고 쉽게 단정하여 포괄일죄로 인정을 하면, 자칫 범행 중 일부만 발각되어 그 부분만 공소가 제기되어 확정판결을 받게 된 후에는 나중에 발각된 부분을 처벌하지 못하여 그 행위에 합당한 기소와 양형이 불가능하게 될 수 있는 불합리가 나타나 이 사건 처벌규정을 둔 입법취지가 훼손될 여지도 있다(포괄일죄 ×, 기판력 ×).

판례연구 포괄일죄 도중에 다른 종류의 죄에 대한 판결이 확정된 경우의 처리

1 대법원 2001.8.21, 2001도3312
포괄일죄로 되는 개개의 범죄행위가 다른 종류의 죄의 확정판결의 전후에 걸쳐서 행하여진 경우에는 그 죄는 2죄로 분리되지 않고 확정판결 후인 최종의 범죄행위시에 완성되는 것이다. [법원9급 07(상) / 법원행시 12 / 사시 15 / 변호사시험 15]

2 대법원 2003.8.22, 2002도5341
외국환관리법 제27조 제1항 제5호, 제8조 제1항의 규정에 따라 처벌되는 무등록 외국환업무행위는 영업범으로서 그 각 외국환업무를 통틀어 포괄일죄로 처단하여야 하고,[85] 그 개개의 범죄행위 중에 다른 종류의 죄에 대한 확정판결이 있더라도 그 죄는 2죄로 분리되지 않고 확정판결 후인 최종의 범죄행위시에 완성된다고 보아야 하므로 형법 제37조 후단 경합범으로 처단할 것은 아니다.

---

85 유사 : 수개의 무등록 외국환업무를 단일하고 계속된 범의 하에 일정기간 계속하여 행할 경우 그 각 행위는 포괄일죄를 구성한다(대법원 2009.10.15, 2008도10912).

01 상상적 경합

> **제40조【상상적 경합】** 한 개의 행위가 여러 개의 죄에 해당하는 경우에는 가장 무거운 죄에 대하여 정한 형으로 처벌한다. 〈우리말 순화 개정 2020.12.8.〉 [법원9급 16 / 법원행시 07]

판례연구 **작위범과 부작위범은 상상적 경합이 인정되지 않는다는 사례**

1 대법원 1980.3.25, 79도2831

건축법위반교사+직무유기＝건축법위반교사

위법건축물이 발생하지 않도록 예방단속하게 하여야 할 직무상 의무 있는 자가 위법건축을 하도록 타인을 교사한 경우 위 직무위배의 위법상태는 건축법위반 교사행위에 내재하고 있는 것이므로 건축법위반교사죄와 직무유기죄는 실체적 경합범이 되지 아니한다.

2 대법원 2008.2.14, 2005도4202

직무유기죄와 허위공문서작성·행사죄의 구성요건 중 하나의 죄로만 공소를 제기할 수 있는지 여부(적극)

경찰관이 불법체류자의 신병을 출입국관리사무소에 인계하지 않고 훈방하면서 이들의 인적사항조차 기재해 두지 아니하였다면 직무유기죄가 성립한다. … 하나의 행위가 부작위범인 직무유기죄와 작위범인 허위공문서작성·행사죄의 구성요건을 동시에 충족하는 경우, 공소제기권자는 재량에 의하여 작위범인 허위공문서작성·행사죄로 공소를 제기하지 않고 부작위범인 직무유기죄로만 공소를 제기할 수 있다. [경찰간부 12·15 / 법원행시 14 / 사시 10 / 변호사시험 12]

사례연구 **강간하기 위하여 감금한 경우의 죄수**

甲은 밤 11시경 길가에서 택시를 기다리는 乙(여)을 강제로 팔을 잡아당겨 자신의 차에 태운 다음 내려 달라는 乙의 요구를 거절한 채 야외로 나가 차 안에서 乙에게 "말을 듣지 않으면 가만두지 않겠다."고 하며 간음을 시도하였으나, 乙의 저항으로 인하여 실패하였다. 甲의 형사책임은?

> **해결** 甲은 강간미수와 감금죄의 상상적 경합의 죄책을 진다(대법원 1983.4.26, 83도323). [경찰승진 12 / 국가9급 13 / 국가7급 08·10·13 / 법원행시 08 / 사시 13] 다수설도 계속범의 위법상태의 계속이 다른 범죄를 실현하기 위한 수단이 되는 경우에는 상상적 경합이 된다는 입장이다.

판례연구 **연결효과에 기한 상상적 경합**

1 대법원 1983.7.26, 83도1378

예비군 중대장의 수뢰 후 부정처사 사건

예비군 중대장이 그 소속예비군으로부터 금원을 교부받고 그 예비군이 예비군훈련에 불참하였음에도 불구하고 참석한 것처럼 허위내용의 중대학급편성명부를 작성, 행사한 경우라면 수뢰후 부정처사죄 외에 별도로 허위공문서작성 및 동행사죄가 성립하고 이들 죄와 수뢰후 부정처사죄는 각각 상상적 경합관계에 있다고 할 것이다. 허위공문서작성죄와 동행사죄가 수뢰후 부정처사죄와 각각 상상적 경합관계에 있을 때에는 허위공문서작성죄와 동행사죄 상호간은 실체적 경합범관계에 있다고 할지라도 상상적 경합범관계에 있는 수뢰후 부정처사죄와 대비하여 가장 중한 죄에 정한 형으로 처단하면 족한 것이고 따로이 경합가중을 할 필요가 없다. [법원9급 07(상) / 법원9급 11]

2 대법원 2001.2.9, 2000도1216
공도화변조죄와 동행사죄 상호간은 실체적 경합범 관계에 있다고 할지라도 상상적 경합범 관계에 있는 수뢰 후 부정처사죄와 대비하여 가장 중한 죄에 정한 형으로 처단하면 족한 것이고 따로 경합범 가중을 할 필요가 없다. [국가7급 12 / 법원9급 07(상) / 법원9급 11 / 법원행시 08]

판례연구   **기타 상상적 경합을 인정한 판례**

1 대법원 1961.9.28, 4294형상415
여러 사람이 함께 공무를 집행하는 경우에 이에 대하여 폭행을 하고 공무집행을 방해하는 경우에는 피해자의 수에 따라 여러 죄가 성립하는 것이 아니고 하나의 행위로서 여러 죄명에 해당하는 소위 상상적 경합관계에 있게 되는 것이다. [경찰채용 10 1차 / 경찰채용 15 2차 / 법원9급 10]

2 대법원 1961.10.12, 4293형상966
1개의 행위로서 본법(형법)의 구성요건과 행정적 처벌법규(농지개혁법)의 구성요건에 각 해당하는 경우에 이 양자 간의 관계는 특별관계 또는 흡수관계 등 법조경합으로 볼 것이 아니라 상상적 경합으로 보아야 할 것이다.

3 대법원 1962.1.31, 4294형상106
수출입금지품의 밀수출행위와 관세포탈행위는 상상적 경합관계에 있다.

4 대법원 1974.4.9, 73도2334
여권법위반죄와 공정증서원본부실기재죄는 형법 제40조 소정의 상상적 경합범으로 보아야 한다.

5 대법원 1977.9.13, 77도2055
법인의 사용인이 관세품을 절취하는 방법으로 인취한 경우에는 관세법위반죄와 절도죄는 상상적 경합범의 관계가 된다.

6 대법원 1980.12.9, 80도384
유사휘발유판매행위(석유사업법위반죄)와 사기죄는 상상적 경합의 관계에 있다.

7 대법원 1982.12.28, 81도1875
밀수품이 강도행위에 의하여 취득된 경우에는 관세법위반(관세장물취득)죄와 강도죄가 성립하고, 양죄는 상상적 경합범의 관계에 있다 할 것이다.

8 대법원 1983.6.14, 83도424
소요죄와 위 포고령위반죄는 형법 제40조의 상상적 경합범의 관계에 있다.

9 대법원 1987.2.24, 86도2731
무면허인데다가 술이 취한 상태에서 오토바이를 운전하였다는 것은 분명히 1개의 운전행위라 할 것이고 이 행위에 의하여 도로교통법 제111조 제2호, 제40조와 제109조 제2호, 제41조 제1항의 각 죄에 동시에 해당하는 것이니 두 죄는 형법 제40조의 상상적 경합관계에 있다고 할 것이다. [사시 16]

10 대법원 1987.7.21, 87도564

수인 명의의 1장의 문서위조 : 문서위조죄의 죄수결정기준은 명의(名義)의 수

문서에 2인 이상의 작성명의인이 있을 때에는 각 명의자마다 1개의 문서가 성립되므로 2인 이상의 연명으로 된 문서를 위조한 때에는 작성명의인의 수대로 수개의 문서위조죄가 성립하고 또 그 연명문서를 위조하는 행위는 자연적 관찰이나 사회통념상 하나의 행위라 할 것이어서 수개의 문서위조죄는 형법 제40조가 규정하는 상상적 경합범에 해당한다. [법원행시 06·09·11 / 사시 15]

11 대법원 1987.11.24, 87도558

무인가환전상업무를 행한 외국환관리법위반죄와 기준환율과 취급수수료에 의하지 아니하고 외국통화를 거래한 동법위반죄는 상상적 경합관계에 있다.

12 대법원 1988.6.28, 88도820

강도가 재물강취의 뜻을 재물의 부재로 이루지 못한 채 미수에 그쳤으나 그 자리에서 항거불능의 상태에 빠진 피해자를 간음할 것을 결의하고 실행에 착수했으나, 역시 미수에 그쳤더라도 반항을 억압하기 위한 폭행으로 피해자에게 상해를 입힌 경우에는 강도강간미수죄와 강도치상죄가 성립되고 이는 1개의 행위가 2개의 죄명에 해당되어 상상적 경합관계가 성립된다. [경찰간부 15 / 법원행시 11 / 사시 12]

13 대법원 1990.1.25, 89도252

계주가 단일하고 계속된 범의로 같은 장소에서 반복하여 여러 사람으로부터 계불입금을 편취한 소위는 피해자별로 포괄하여 1개의 사기죄가 성립하고, 포괄일죄 상호간은 상상적 경합이 된다. [법원행시 06]

14 대법원 1990.7.27, 89도1829

주차장법과 건축법은 그 보호법익을 달리한다고 볼 것이므로 주차장법의 처벌법규는 건축법상의 처벌법규에 대한 특별법규가 아니라 각기 독립된 별개의 구성요건이라고 보는 것이 상당하고, 따라서 건축물 부설 주차장의 용도를 허가 없이 변경한 행위에 대한 주차장법위반죄와 건축법위반죄는 상상적 경합관계에 있다 할 것이다.

15 대법원 1991.6.25, 91도643

피고인이 여관에서 종업원을 칼로 찔러 상해를 가하고 객실로 끌고 들어가는 등 폭행·협박을 하고 있던 중, 마침 다른 방에서 나오던 여관의 주인도 같은 방에 밀어 넣은 후, 주인으로부터 금품을 강취하고, 1층 안내실에서 종업원 소유의 현금을 꺼내 갔다면, 여관종업원과 주인에 대한 각 강도행위가 각별로 강도죄를 구성하되 피고인이 피해자인 종업원과 주인을 폭행·협박한 행위는 법률상 1개의 행위로 평가되는 것이 상당하므로 위 2죄는 상상적 경합범 관계에 있다고 할 것이다. [경찰승진 13 / 법원행시 12·14]

16 대법원 1991.12.10, 91도2642

도로공사의 현장소장이 지반붕괴에 대한 위험방지조치를 취하지 아니함으로써 산업안전보건법을 위반하고 업무상과실로 인하여 근로자를 사망에 이르게 한 경우, 위의 산업안전보건법상의 위험방지조치의무와 업무상주의의무가 일치하고 이는 1개의 행위가 2개의 업무상과실치사죄와 산업안전보건법위반죄에 해당하는 경우이다.

17 대법원 1993.4.13, 92도3035; 2007.11.15, 2007도7140

한국소비자보호원을 비방할 목적으로 18회에 걸쳐서 출판물에 의하여 공연히 허위의 사실을 적시 유포함으로써 한국소비자보호원의 명예를 훼손하고 업무를 방해하였다는 각 죄는 1개의 행위가 2개의 죄에 해당하는 형법 제40조 소정의 상상적 경합의 관계에 있다. [사시 15]

18 대법원 1993.5.11, 93도49

차의 운전자가 업무상 주의의무를 게을리하여 사람을 상해에 이르게 함과 아울러 물건을 손괴하고도 피해자를 구호하는 등 도로교통법의 규정에 의한 조치를 취하지 아니한 채 도주한 때에는, 특정범죄가중처벌 등에 관한 법률위반죄와 물건손괴 후 필요한 조치를 취하지 아니함으로 인한 도로교통법 제106조 소정의 죄는 1개의 행위가 수개의 죄에 해당하는 상상적 경합범의 관계에 있다.[86]

19 대법원 1993.9.14, 93도1790

진료거부로 인한 의료법 위반죄와 응급조치불이행으로 인한 의료법 위반죄는 포괄일죄의 관계에 있는 것이 아니라 상상적 경합관계에 있다.

20 대법원 1994.8.26, 92도3055

3층을 무단증축한 건축법위반죄와 그로 말미암아 높이제한 규정에 위반하게 된 건축법위반죄는 1개의 행위가 2개의 범죄로 되는 상상적 경합범 관계에 있다.

21 대법원 1997.11.28, 97도1740

업무상과실로 인하여 교량을 손괴하여 자동차의 교통을 방해하고 그 결과 자동차를 추락시킨 경우에는 업무상과실일반교통방해죄와 업무상과실자동차추락죄의 상상적 경합이 성립한다.

22 대법원 1998.3.24, 97도2956

명예훼손죄와 공직선거법의 후보자비방죄는 별개의 범죄로서 상상적 경합의 관계에 있다. [법원행시 09·14]

23 대법원 2002.7.18, 2002도669 전원합의체

사기죄와 업무상 배임죄는 그 구성요건을 달리하는 별개의 범죄이고 형법상으로도 각각 별개의 장에 규정되어 있어, 1개의 행위에 관하여 사기죄와 업무상 배임죄의 각 구성요건이 모두 구비된 때에는 양 죄를 법조경합 관계로 볼 것이 아니라 상상적 경합관계로 봄이 상당하다 할 것이고, 나아가 업무상배임죄가 아닌 단순배임죄라고 하여 양 죄의 관계를 달리 보아야 할 이유도 없다. [국가7급 11·16 / 법원9급 11 / 법원행시 06·09·11·12·14 / 사시 11·13·14 / 변호사시험 12]

24 대법원 2004.5.13, 2004도1299

당좌수표를 조합 이사장 명의로 발행하여 그 소지인이 지급제시기간 내에 지급제시하였으나 거래정지처분의 사유로 지급되지 아니하게 한 사실(부정수표단속법 위반죄)과 동일한 수표를 발행하여 조합에 대하여 재산상 손해를 가한 사실(업무상 배임죄)은 사회적 사실관계가 기본적인 점에서 동일하다고 할 것이어서 1개의 행위가 수 개의 죄에 해당하는 경우로서 상상적 경합관계에 있다. [국가7급 14 / 법원9급 21 / 사시 11]

25 대법원 2004.7.9, 2004도810

신탁회사가 신탁재산으로 불량한 유가증권을 매입한 행위는 신탁회사에 대하여는 업무상배임행위가 됨과 동시에 수익자에 대하여는 증권투자신탁업법의 수익자 외의 자의 이익을 위한 행위가 되고, 위탁회사에 대한 배임행위의 피해자는 위탁회사이지만, 수익자보호의무위반에 의한 증권투자신탁업법위반죄의 피해자는 수익자로서 서로 다르므로, 두 죄는 상상적 경합관계에 있다.

---

86 또 다른 논점 : 다만, 위의 2개의 죄와 같은 법 제113조 제1호 소정의 제44조 위반죄(안전운전의무위반죄)는 주체·행위 등 구성요건이 다른 별개의 범죄이므로 실체적 경합범의 관계에 있다(위 판례).

26 대법원 2004.11.11, 2004도4049

선거운동기간위반죄를 규정하고 있는 공직선거법 제254조는 사전선거운동에 관한 처벌규정으로서 기본적 구성요건에 해당하는 제3항과 사전선거운동 중 특정 유형의 행위에 관한 가중적 구성요건에 해당하는 제2항을 두고 있고, 공직선거법 제254조 제3항에 해당하는 행위가 같은 법 소정의 다른 처벌규정에 해당하는 경우 이는 상상적 경합에 해당한다. [경찰승진 11]

27 대법원 2005.9.28, 2005도3929

특정경제범죄 가중처벌 등에 관한 법률 위반(횡령)죄와 교비회계수입 전출로 인한 사립학교법 위반죄는 보호법익과 구성요건의 내용이 서로 다른 별개의 범죄로서 상상적 경합의 관계에 있다.

28 대법원 2007.9.20, 2007도5669; 2007.6.29, 2007도3038; 2001.9.28, 2001도4172

학교환경위생정화구역 내에서의 단일한 노래연습장의 무등록 영업행위는 음반·비디오물 및 게임물에 관한 법률(현 영화 및 비디오물의 진흥에 관한 법률)과 학교보건법 소정의 각 범죄구성요건에 해당하는 상상적 경합의 관계에 있다.

29 대법원 2007.9.12, 2007도4724

선거일 후에 선거구민 등에게 금품 또는 향응을 제공한 행위가 공직선거법 제113조 제1항 소정의 후보자 등의 기부행위제한 위반죄와 같은 법 제118조 소정의 선거일 후 답례금지 위반죄에 동시에 해당할 때 양 죄의 관계는 형법 제40조 소정의 상상적 경합관계라고 보아야 한다.

30 대법원 2007.12.14, 2006도4662

서울 소공동의 왕복 4차로의 도로 중 편도 3개 차로 쪽에 차량 2, 3대와 간이테이블 수십개를 이용하여 길가쪽 2개 차로를 차지하는 포장마차를 설치하고 영업행위를 한 것은, 비록 행위가 교통량이 상대적으로 적은 야간에 이루어졌다 하더라도 형법 제185조의 일반교통방해죄를 구성한다. … 형법상의 일반교통방해죄와 도로교통법 제109조 제5호 위반죄의 관계는 상상적 경합이다.

31 대법원 2008.1.24, 2007도9580

공갈죄에 있어서 공갈행위의 수단으로 상해행위가 행하여진 경우에는 공갈죄와 별도로 상해죄가 성립하고, 이들 죄는 상상적 경합관계에 있다고 할 것이다.

32 대법원 2008.7.24, 2007도9684

게임장운영업자가 같은 일시, 장소에서 손님에게 같은 게임기를 이용하여 게임하게 하고 그 결과에 따라 상품권을 제공한 경우, 이는 모두 피고인이 같은 일시, 장소에서 같은 게임기를 이용하여 게임의 결과에 대하여 상품권을 제공한 1개의 행위에 의하여 실현된 경우로서 게임산업진흥에 관한 법률 위반죄와 사행행위 등 규제 및 처벌특례법 위반죄의 상상적 경합에 해당한다.

33 대법원 2009.4.9, 2008도5634

회사 명의의 합의서를 임의로 작성·교부한 행위에 대하여 약식명령이 확정된 사문서위조·동행사죄의 범죄사실과 그로 인하여 회사에 재산상 손해를 가하였다는 업무상 배임의 공소사실은 그 객관적 사실관계가 하나의 행위이므로 상상적 경합관계에 있다.

34 대법원 2009.4.23, 2009도834

국회의원 선거에서 정당의 공천을 받게 하여 줄 의사나 능력이 없음에도 이를 해 줄 수 있는 것처럼 기망하여 공천과 관련하여 금품을 받은 경우, 공직선거법상 공천관련금품수수죄와 사기죄가 모두 성립하고 양자는 상상적 경합의 관계에 있다. [경찰채용 10 1차 / 경찰채용 16 2차 / 법원9급 10 / 법원행시 12]

35 대법원 2009.5.14, 2008도11040

공직선거법상 매수 및 이해유도죄와 정치자금법상 정치자금부정수수죄는 그 보호법익 및 구성요건의 내용이 서로 다른 별개의 범죄로서 상상적 경합의 관계에 있다.

36 대법원 2009.12.10, 2009도11151

무허가 카지노영업으로 인한 관광진흥법위반죄와 도박개장죄는 상상적 경합범 관계에 있다.

37 대법원 2010.1.14, 2009도10845

음주 또는 약물의 영향으로 정상적인 운전이 곤란한 상태에서 자동차를 운전하여 사람을 상해에 이르게 함과 동시에 다른 사람의 재물을 손괴한 때에는 특가법위반(위험운전치사상)죄 외에 업무상과실 재물손괴로 인한 도로교통법 위반죄가 성립하고, 위 두 죄는 1개의 운전행위로 인한 것으로서 상상적 경합관계에 있다.[87] [경찰채용 18 2차 / 국가7급 14]

38 대법원 2010.3.25, 2009도1530

전자금융거래법 제6조 제3항의 접근매체 양도죄는 각각의 접근매체마다 1개의 죄가 성립하는 것이고, 다만 위와 같이 수개의 접근매체를 한꺼번에 양도한 행위는 하나의 행위로 수개의 전자금융거래법 위반죄를 범한 경우에 해당하여 각 죄는 상상적 경합관계에 있다고 해석함이 상당하다.

39 대법원 2011.2.24, 2010도13801; 2008.7.10, 2008도3357; 2012.6.28, 2012도2087

동일인 한도초과 대출로 상호저축은행에 손해를 가하여 상호저축은행법 위반죄와 업무상 배임죄가 모두 성립한 경우, 두 죄는 형법 제40조에서 정한 상상적 경합관계에 있고, [법원행시 13·14] 형법 제40조의 상상적 경합관계의 경우에는 그중 1죄에 대한 확정판결의 기판력은 다른 죄에 대하여도 미친다.

40 대법원 2011.8.25, 2008도10960

피고인이 야간옥외집회에 참가하여 교통을 방해한 경우, 집회 및 시위에 관한 법률 위반죄와 그로 인하여 성립하는 일반교통방해죄는 상상적 경합관계에 있다고 보는 것이 타당하므로, 양 죄가 실체적 경합관계에 있다는 전제에서 각 별개의 형을 정한 것은 적법하지 않다.

41 대법원 2012.3.15, 2012도544,2012전도12

피고인이 피해자의 주거에 침입하여 강간하려다 미수에 그침과 동시에 자기의 형사사건의 수사 또는 재판과 관련하여 수사단서를 제공하고 진술한 것에 대한 보복 목적으로 그를 폭행한 경우, 특가법위반(보복범죄등)죄 및 성폭법위반(주거침입강간등)죄의 상상적 경합이 성립한다. [사시 14]

42 대법원 2012.6.28, 2012도3927

금융회사 등의 임직원의 직무에 속하는 사항에 관하여 알선할 의사와 능력이 없음에도 알선을 한다고 기망하고 금품 등을 수수한 경우, 사기죄와 특경법위반(알선수재)죄가 성립하고, 두 죄의 죄수 관계는 상상적 경합이 인정된다. [경찰간부 13]

43 대법원 2020.11.12, 2019도11688

(하나의 유사상표 사용행위로 수개의 등록상표를 동시에 침해한 경우의 죄수관계는 상상적 경합) 수개의 등록상표에 대하여 상표법 제230조의 상표권 침해 행위가 계속하여 이루어진 경우에는 등록상표마다 포괄하여

---

87 정리요령 : 특가법상 위험운전치사상+도교법상 업무상과실재물손괴죄 : 상상적 경합, 특가법상 위험운전치사상(○)+교특법상 업무상과실치사상(×) : 1죄, 특가법상 위험운전치사상(○)+도교법상 음주운전죄(○) : 실체적 경합

1개의 범죄가 성립한다(대법원 2011.7.14, 2009도10759 참조). 그러나 하나의 유사상표 사용행위로 수개의 등록상표를 동시에 침해하였다면 각각의 상표법 위반죄는 상상적 경합의 관계에 있다.

판례연구 **상상적 경합의 법적 효과**

1 대법원 1984.2.28, 83도3160

상상적 경합은 전체적 대조주의(결합주의)에 의하여 처리한다는 사례

형법 제40조가 규정하는 1개의 행위가 수개의 죄에 해당하는 경우에는 "가장 중한 죄에 정한 형으로 처벌한다" 함은 그 수개의 죄명 중 가장 중한 형을 규정한 법조에 의하여 처단한다는 취지와 함께 다른 법조의 최하한의 형보다 가볍게 처단할 수는 없다는 취지 즉, 각 법조의 상한과 하한을 모두 중한 형의 범위 내에서 처단한다는 것을 포함하는 것으로 새겨야 할 것이다. [경찰채용 10 2차 / 법원행시 06·07·08]

2 대법원 2006.1.27, 2005도8704

상상적 경합의 관계에 있는 사기죄와 변호사법 위반(알선수재)죄에 대하여 형이 더 무거운 사기죄에 정한 형으로 처벌하기로 하면서도, 필요적 몰수·추징에 관한 구 변호사법 제116조, 제111조에 의하여 청탁 명목으로 받은 금품 상당액을 추징한 것은 정당하다. [경찰승진(경사) 11 / 경찰승진 12 / 법원행시 08]

3 대법원 2008.12.24, 2008도9169

상상적 경합관계에 있는 업무상배임죄와 영업비밀 국외누설로 인한 부정경쟁방지법 위반죄에 대하여 형이 더 무거운 업무상배임죄에 정한 형으로 처벌하기로 하면서, 징역형과 벌금형을 병과할 수 있도록 규정한 위 특별법에 의하여 벌금형을 병과할 수 있다. [국가9급 08]

---

02 **경합범**(실체적 경합)

제37조 【경합범】 판결이 확정되지 아니한 수개의 죄 또는 금고 이상의 형에 처한 판결이 확정된 죄와 그 판결확정 전에 범한 죄를 경합범으로 한다. [법원9급 08·16 / 법원행시 07·09]

사례연구 **경합범의 개념**

피고인 A가 범한 甲죄, 乙죄, 丙죄의 범행일시는 모두 피고인의 丁죄 등에 대한 판결(이하 '제1판결'이라 한다) 확정 이후이고, 그중 甲죄와 乙죄의 범행일시는 피고인의 戊죄에 대한 판결(이하 '제2판결'이라 한다) 확정 전인 반면 丙죄의 범행일시는 그 이후인데, 戊죄의 범행일시가 제1판결 확정 전인 경우이다. 그렇다면, 제2판결의 확정을 전후한 甲·乙죄와 丙죄 사이에는 ① 형법 제37조 전단의 경합범의 관계인가, ② 형법 제37조 후단의 경합범의 관계인가, 아니면 ③ 형법 제37조 전단·후단의 어느 경합범 관계도 성립할 수 없는가? (①, ②, ③ 중 택일)

[해결] 戊죄와 甲죄 및 乙죄는 처음부터 동시에 판결할 수 없었던 경우여서, 경합범 중 판결을 받지 아니한 죄에 대하여 형을 선고할 때는 그 죄와 판결이 확정된 죄를 동시에 판결할 경우와

형평을 고려하도록 한 형법 제39조 제1항은 여기에 적용될 여지가 없으나, 그렇다고 마치 확정된 제2판결이 존재하지 않는 것처럼 甲죄 및 乙죄와 丙죄 사이에 형법 제37조 전단의 경합범 관계가 인정되어 형법 제38조가 적용된다고 볼 수도 없으므로, 확정된 제2판결의 존재로 인하여 이를 전후한 甲죄 및 乙죄와 丙죄 사이에는 형법 제37조 전·후단의 어느 경합범 관계도 성립할 수 없고, 결국 각각의 범죄에 대하여 별도로 형을 정하여 선고할 수밖에 없다(대법원 2011.6.10, 2011도2351).

정답 ③

판례연구   **사후적 경합범에 해당하지 않는다는 사례**

1 대법원 2014.3.27, 2014도469
아직 판결을 받지 아니한 죄가 이미 판결이 확정된 죄와 동시에 판결할 수 없었던 경우 사후적 경합범이 성립할 수 없다는 사례

형법 제37조 후단 및 제39조 제1항의 문언, 입법 취지 등에 비추어 보면, 아직 판결을 받지 아니한 죄가 이미 판결이 확정된 죄와 동시에 판결할 수 없었던 경우에는 형법 제37조 후단의 경합범 관계가 성립할 수 없고 형법 제39조 제1항에 따라 동시에 판결할 경우와 형평을 고려하여 형을 선고하거나 그 형을 감경 또는 면제할 수도 없다고 해석함이 상당하다(대법원 2011.10.27, 2009도9948; 2012.9.27, 2012도9295 참조). 한편 아직 판결을 받지 아니한 수개의 죄가 판결 확정을 전후하여 저질러진 경우 판결 확정 전에 범한 죄를 이미 판결이 확정된 죄와 동시에 판결할 수 없었던 경우라고 하여 마치 확정된 판결이 존재하지 않는 것처럼 그 수개의 죄 사이에 형법 제37조 전단의 경합범 관계가 인정되어 형법 제38조가 적용된다고 볼 수도 없으므로, 판결 확정을 전후한 각각의 범죄에 대하여 별도로 형을 정하여 선고할 수밖에 없다(대법원 2011.6.10, 2011도2351 참조). [경찰간부 16 / 법원9급 14·16 / 법원행시 16]

2 대법원 2019.6.20, 2018도20698 전원합의체
유죄의 확정판결 후 별개의 후행범죄를 저질렀는데 유죄의 확정판결에 대하여 재심판결이 확정되어도 사후적 경합범이 성립하지 않는다는 사례

유죄의 확정판결을 받은 사람이 그 후 별개의 후행범죄를 저질렀는데 유죄의 확정판결에 대하여 재심이 개시된 경우, 후행범죄가 재심대상판결에 대한 재심판결 확정 전에 범하여졌다 하더라도 아직 판결을 받지 아니한 후행범죄와 재심판결이 확정된 선행범죄 사이에는 형법 제37조 후단에서 정한 경합범 관계(이하 '후단 경합범')가 성립하지 않는다. 재심판결이 후행범죄 사건에 대한 판결보다 먼저 확정된 경우에 후행범죄에 대해 재심판결을 근거로 후단 경합범이 성립한다고 하려면 재심심판법원이 후행범죄를 동시에 판결할 수 있었어야 한다. 그러나 아직 판결을 받지 아니한 후행범죄는 재심심판절차에서 재심대상이 된 선행범죄와 함께 심리하여 동시에 판결할 수 없었으므로 후행범죄와 재심판결이 확정된 선행범죄 사이에는 후단 경합범이 성립하지 않고, 동시에 판결할 경우와 형평을 고려하여 그 형을 감경 또는 면제할 수 없다. 재심판결이 후행범죄에 대한 판결보다 먼저 확정되는 경우에는 재심판결을 근거로 형식적으로 후행범죄를 판결확정 전에 범한 범죄로 보아 후단 경합범이 성립한다고 하면, 선행범죄에 대한 재심판결과 후행범죄에 대한 판결 중 어떤 판결이 먼저 확정되느냐는 우연한 사정에 따라 후단 경합범 성립이 좌우되는 형평에 반하는 결과가 발생한다.

3 대법원 2021.10.14, 2021도8719
이미 판결이 확정된 죄가 공직선거법에 따라 분리 선고되어야 하는 공직선거법 위반죄인 경우, 형법 제39조 제1항에 따라 동시에 판결할 경우와 형평을 고려하여 형을 선고하거나 형을 감경·면제할 수 없음

형법 제37조 후단 및 제39조 제1항의 문언, 입법 취지 등에 비추어 보면, 아직 판결을 받지 아니한 죄가 이미 판결이 확정된 죄와 동시에 판결할 수 없었던 경우에는 형법 제39조 제1항에 따라 동시에 판결할 경우와 형평을 고려하여 형을 선고하거나 그 형을 감경 또는 면제할 수 없다(대법원 2011.10.27, 2009도9948; 2012.9.27, 2012도9295; 2014.3.27, 2014도469 등 참조). 한편 공직선거법 제18조 제1항 제3호에서 '선거범'이라 함은 공직선거법 제16장 벌칙에 규정된 죄와 국민투표법 위반의 죄를 범한 자를 말하는데(공직선거법 제18조 제2항), 공직선거법 제18조 제1항 제3호에 규정된 죄와 다른 죄의 경합범에 대하여는 이를 분리 선고하여야 한다(공직선거법 제18조 제3항 전단). 따라서 판결이 확정된 선거범죄와 확정되지 아니한 다른 죄는 동시에 판결할 수 없었던 경우에 해당하므로 형법 제39조 제1항에 따라 동시에 판결할 경우와의 형평을 고려하여 형을 선고하거나 그 형을 감경 또는 면제할 수 없다고 해석함이 타당하다.

판례연구　　**실체적 경합을 인정한 판례**

1 대법원 1969.6.24, 69도692
횡령 교사를 한 후 횡령한 물건을 취득한 때에는 횡령교사죄와 장물취득죄의 경합범이 성립된다. [경찰승진(경감) 11 / 경찰승진 12 / 법원9급 20 / 법원승진 14 / 법원행시 09·10 / 사시 14]

2 대법원 1984.11.27, 84도2263
사람을 살해한 다음 그 범죄의 흔적을 은폐하기 위하여 그 시체를 다른 장소로 옮겨 유기하였을 때에는 살인죄와 사체유기죄의 경합범이 성립하고 사체유기를 불가벌적 사후행위라 할 수 없다. [국가9급 08 / 법원행시 08·10 / 변호사시험 12]

3 대법원 1988.12.13, 88도1807,88감도130
야간에 흉기를 들고 사람의 주거에 침입하여 강간을 한 경우에는 폭력행위등처벌에관한법률위반(주거침입)죄와 강간죄가 성립하고 이 경우 두 죄는 실체적 경합관계에 있다.

4 대법원 1989.11.28, 89도1309; 1995.8.22, 95도594; 1996.2.13, 95도2121; 1995.8.22, 95도594; 　　2000.2.11, 99도4862; 2000.7.7, 2000도1899; 2003.4.8, 2003도382; 2010.4.29, 2010도2810
동일한 피해자 또는 수인의 피해자에 대한 수개의 사기행위의 죄수
① 사기죄에 있어서 동일한 피해자에 대하여 수회에 걸쳐 기망행위를 하여 금원을 편취한 경우, 범의가 단일하고 범행 방법이 동일하다면 사기죄의 포괄일죄만이 성립하고, 범의의 단일성과 계속성이 인정되지 아니하거나 범행 방법이 동일하지 아니하다면 각 범행은 실체적 경합범에 해당한다(대법원 1989.11.28, 89도1309; 1997.6.27, 97도508 참조). 또한 ② 사기죄에 있어서 수인의 피해자에 대하여 각 피해자별로 기망행위를 하여 각각 재물을 편취한 경우에 그 범의가 단일하고 범행방법이 동일하다고 하더라도 포괄1죄가 성립하는 것이 아니라 피해자별로 1개씩의 죄가 성립하는 것으로 보아야 할 것이다(대법원 1996.2.13, 95도2121; 1995.8.22, 95도594; 1997.6.27, 97도508; 2000.2.11, 99도4862; 2000.7.7, 2000도 1899; 2003.4.8, 2003도382 참조). [국가9급 12 / 국가7급 07 / 법원9급 10 / 법원행시 14] 따라서 ③ 백화점 식품부 차장이 전날 판매하고 남은 재고품을 재포장하고 가공일자가 재포장일자로 기재된 바코드라벨을 부착하여 마치 신선한 식품인 것처럼 수많은 고객들에게 판매한 경우도 피해자별로 1개씩의 사기죄가 성립하고(대법원 1995.8.22, 95도594 참조), ④ 다수의 계(契)를 조직하여 수인의 계원들을 개별적으로 기망하여 계불입금을 편취한 경우에도, 각 피해자별로 독립하여 사기죄가 성립하고 그 사기죄 상호간은 실체적 경합범 관계에 있다(대법원 2010.4.29, 2010도2810 참조). [경찰간부 12 / 경찰승진 13]

5 대법원 1991.1.29, 90도2445

피고인이 슈퍼마켓사무실에서 식칼을 들고 피해자를 협박한 행위와 식칼을 들고 매장을 돌아다니며 손님을 내쫓아 그의 영업을 방해한 행위는 별개의 행위이다. [경찰채용 20 2차 / 국가7급 07]

6 대법원 1991.9.10, 91도1722

피고인이 예금통장을 강취하고 예금자 명의의 예금청구서를 위조한 다음 이를 은행원에게 제출행사하여 예금인출금 명목의 금원을 교부받았다면 강도, 사문서위조, 동행사, 사기의 각 범죄가 성립하고 이들은 실체적 경합관계에 있다 할 것이다. [경찰채용 15 2차 / 법원9급 05]

7 대법원 1992.11.13, 92도1749

甲은 운전 중 과실로 乙을 치어 상해를 입혔는데, 甲은 아무런 조치도 취하지 않고 현장에서 즉시 도주해버렸고 乙은 사망하였다. 甲에게는 도주차량운전죄(특가법 제5조의3 제1항)와 신고의무위반죄(도로교통법 제50조 제2항)가 성립하며 두 죄는 실체적 경합관계에 해당된다.

8 대법원 1993.12.24, 92도3334

① 공무원이 직무유기의 위법사실을 적극적으로 은폐할 목적으로 허위공문서를 작성·행사한 경우에는 직무위배의 위법상태는 허위공문서작성 당시부터 그 속에 포함되는 것으로 작위범인 허위공문서작성, 동행사죄만이 성립하고 부작위범인 직무유기죄는 따로 성립하지 아니하나, ② 위 복명서 및 심사의견서를 허위작성한 것이 농지일시전용허가를 신청하자 이를 허가하여 주기 위하여 한 것이라면 직접적으로 농지불법전용 사실을 은폐하기 위하여 한 것은 아니므로 위 허위공문서작성, 동행사죄와 직무유기죄는 실체적 경합범의 관계에 있다.

9 대법원 2001.3.27, 2000도5318

방문판매 등에 관한 법률상 무등록영업행위와 사실상 금전거래만을 하는 영업행위는 각 그 구성요건이, 등록을 하지 않고 다단계판매업을 하거나(제28조 제1항) 다단계조직을 이용하여 금전거래만을 하는 행위(제45조 제2항 제1호)로서 서로 실체적 경합의 관계에 있다.[88]

10 대법원 2001.6.12, 2000도3559

여신전문금융업법상 불법자금융통죄(제70조 제2항 제3호)는 신용카드를 이용한 자금융통행위 1회마다 하나의 죄가 성립한다고 할 것이고, 일정기간 다수인을 상대로 동종의 자금융통행위를 계속하였다고 하더라도 그 범의가 단일하다고 할 수 없으므로 포괄일죄가 성립한다고 할 수 없다.

11 대법원 2002.7.23, 2001도6281

사회통념상 운전한 날을 기준으로 운전한 날마다 1개의 운전행위가 있다고 보는 것이 상당하므로 운전한 날마다 무면허운전으로 인한 도로교통법 위반의 1죄가 성립한다고 보아야 할 것이고, 여러 날에 걸쳐 무면허운전행위를 반복하였다 하더라도 이를 포괄하여 1죄로 볼 수는 없다. [경찰채용 16 1차 / 경찰간부 11 / 경찰승진 11 / 국가9급 16 / 법원9급 07(상) / 법원9급 07(하) / 법원9급 06 / 법원행시 11·18 / 사시 13·15]

---

88 판례 : 무등록다단계판매업 영위죄의 죄수 독립된 법인격을 갖춘 여러 법인 명의로 다단계판매업을 영위하려는 자가 다단계판매업 등록을 받기 위해서는 법인별로 법 제13조 제1항의 등록요건과 법 제14조의 자격요건을 갖추어야 하고, 법인별로 다단계판매업 등록을 하지 아니한 채 그 각 법인 명의로 다단계판매조직을 개설·관리 또는 운영하는 행위를 한 경우에는 법인별로 법 제51조 제1항 제1호, 제13조 제1항 위반의 죄가 성립하며 이는 서로 실체적 경합관계에 있다(대법원 2013.7.26, 2011도1264).

12 대법원 2002.7.23, 2000도1094

서로 다른 시기에 수회에 걸쳐 이루어진 수출용원재료에 대한 관세 등 환급에 관한 특례법 시행령 제16조에서 정한 간이정액환급절차에 의한 관세부정환급행위는 그 행위의 태양, 수법, 품목 등이 동일하다 하더라도 원칙적으로 별도로 각 1개의 관세부정환급죄를 구성한다.

13 대법원 2003.1.10, 2002도4380

감금행위가 단순히 강도상해 범행의 수단이 되는 데 그치지 아니하고 강도상해의 범행이 끝난 뒤에도 계속된 경우에는 1개의 행위가 감금죄와 강도상해죄에 해당하는 경우라고 볼 수 없고, 이 경우 감금죄와 강도상해죄는 형법 제37조의 경합범 관계에 있다. [경찰승진 14 / 국가9급 09·15 / 법원9급 06 / 법원행시 12 / 사시 11 ·12·13·15 / 변호사시험 18]

14 대법원 2004.1.15, 2001도1429

사기죄와 보건범죄단속에 관한 특별조치법위반죄(무허가의약품제조)는 실체적 경합관계이다.

15 대법원 2004.6.25, 2004도1751

사기의 수단으로 발행한 수표가 지급거절된 경우 부정수표단속법위반죄와 사기죄는 그 행위의 태양과 보호법익을 달리하므로 실체적 경합범의 관계에 있다. [경찰채용 10 1차 / 경찰간부 13·15 / 법원행시 12]

16 대법원 2004.11.12, 2004도5257

주취운전과 음주측정거부는 반드시 동일한 법익을 침해하거나 주취운전의 불법·책임내용이 일반적으로 음주측정거부에 포섭되는 것이라 단정할 수 없으므로, 양 죄는 실체적 경합관계에 있다. [법원9급 05 / 법원행시·09]

17 대법원 2004.12.24, 2004도5494

정치자금법상 정치자금 수수죄, 회계장부 허위기재죄와 허위 회계보고죄는 실체적 경합이다.

18 대법원 2005.5.13, 2004도8620

근로기준법상 퇴직금미지급죄와 임금미지급죄는 실체적 경합관계에 있다.

19 대법원 2005.9.30, 2005도4051

컴퓨터로 음란 동영상을 제공한 제1범죄행위로 서버컴퓨터가 압수된 이후 다시 장비를 갖추어 동종의 제2범죄행위를 하고 제2범죄행위로 인하여 약식명령을 받아 확정된 경우, 피고인에게 범의의 갱신이 있어 제1범죄행위는 약식명령이 확정된 제2범죄행위와 실체적 경합관계에 있다. [경찰간부 12·14 / 법원승진 12 / 법원행시 12]

20 대법원 2007.2.15, 2005도9546 전원합의체

대외무역법 위반죄는 법률이 예정하고 있는 외화획득행위를 하지 않음으로써 처벌되는 것임에 비하여 조세범처벌법 위반죄는 조세의 부과 및 징수를 불가능하게 하거나 현저히 곤란하게 하는 위계 기타 부정한 적극적인 행위를 처벌 대상으로 삼는 것이므로, 양자는 그 직접적인 보호법익, 위반행위의 내용 및 태양, 가벌성의 근거 및 정도 등을 달리하는 별개의 행위로 인한 범죄이다.

21 대법원 2007.5.11, 2006도9478

공동재물손괴의 범행이 업무방해의 과정에서 저지른 것이기는 하지만, 양 죄는 피해자가 다를 뿐 아니라, 업무방해는 장시간 점거를 통해 위력을 행사하는 방법으로 저지른 것이어서 행위의 태양이 다르다고 할 것이므로 양 죄는 실체적 경합범의 관계에 있다. [국가7급 20]

22 대법원 2007.4.27, 2006도5579

농업협동조합법 제50조 제1항 제3호가 같은 항 제1호에 규정된 금품 등을 제공받는 등의 행위를 따로 금지하고 있는 점에 비추어 보면, 같은 항 제1호에 규정된 금품 등의 제공행위에 의한 농업협동조합법 위반죄는 그 상대방마다 별개의 죄가 성립한다.

23 대법원 2007.10.26, 2007도5954

부동산등기법상 미등기전매행위와 조세범처벌법상 조세포탈행위는 행위태양 등이 서로 달라 1개의 행위로 범한 것으로 볼 수 없어 상상적 경합이 아니라 실체적 경합관계에 있다고 보아야 한다.

24 대법원 2008.2.29, 2007도10414

유사수신행위의 규제에 관한 법률 제3조에서 금지하고 있는 유사수신행위 그 자체에는 기망행위가 포함되어 있지 않고, 이러한 위 법률 위반죄와 특정법위반(사기)죄는 각 그 구성요건을 달리하는 별개의 범죄로서, 서로 행위의 태양이나 보호법익을 달리하고 있어 양 죄는 상상적 경합관계가 아니라 실체적 경합관계로 봄이 상당하다.

25 대법원 2009.4.23, 2008도8527

○○작가협회회원이 타인의 명의를 도용하여 협회 교육원장을 비방하는 내용의 호소문을 작성한 후 이를 협회 회원들에게 우편으로 송달한 경우, 사문서위조죄와 명예훼손죄가 각 성립하고, 이는 실체적 경합관계에 있다. [법원행시 16]

26 대법원 2010.5.13, 2009도13463

회사의 대표이사가 업무상 보관하던 회사 자금을 빼돌려 횡령한 다음 그중 일부를 더 많은 장비 납품 등의 계약을 체결할 수 있도록 해달라는 청탁과 함께 배임증재에 공여한 경우, 위 횡령의 범행과 배임증재의 범행은 서로 범의 및 행위의 태양과 보호법익을 달리하는 별개의 행위이다. 따라서 위 횡령의 점에 대하여 약식명령이 확정되었다고 하더라도 그 기판력은 배임증재의 점에는 미치지 아니한다. [국가9급 12]

> 비교 형사소송법 제326조 제1호에 정한 면소사유인 '확정판결이 있는 때'에는 공소가 제기된 공소사실을 확정판결이 있는 종전 사건의 공소사실과 비교해서 그 사실의 기초가 되는 자연적·사회적 사실관계가 기본적인 점에서 동일한 경우도 포함된다. 주식회사의 대표이사가 노조위원장에게 부정한 청탁을 하면서 회사공금을 노조위원장측에게 송금한 행위로 배임증재죄의 확정판결을 받은 후 같은 송금행위에 대하여 업무상횡령으로 기소된 경우, 두 개의 공소사실은 하나의 동일한 송금행위에 의하여 실현된 것으로서 자연적·사회적 사실관계가 기본적인 점에서 동일하여 형사소송법 제326조 제1호의 '확정판결이 있는 때'에 해당할 여지가 있다(대법원 2008.11.13, 2006도4885)(업무상횡령을 유죄로 인정한 원심판결을 파기한 사례).

27 대법원 2010.11.11, 2010도10690; 1987.4.28, 83도1568

본인에 대한 배임행위가 본인 이외의 제3자에 대한 사기죄를 구성한다 하더라도 그로 인하여 본인에게 손해가 생긴 때에는 사기죄와 함께 배임죄가 성립한다. [사시 12/변호사시험 20]

28 대법원 2012.9.27, 2012도6079

범죄수익규제법 제3조 제1항 제1호는 '범죄수익 등의 취득 또는 처분에 관한 사실을 가장하는 행위'를 처벌하고 있는데, 이러한 행위에는 다른 사람 이름으로 된 계좌에 범죄수익 등을 입금하는 행위와 같이 범죄수익 등이 제3자에게 귀속되는 것처럼 가장하는 행위가 포함될 수 있는데, 이러한 범죄수익규제법위반죄는 특가법위반(뇌물)죄와 실체적 경합범 관계에 있다.

대법원 2013.12.12, 2013도6608

금고형과 징역형을 선택하여 경합범 가중을 하는 경우에는 형법 제38조 제2항에 따라 금고형과 징역형을 동종의 형으로 간주하여 징역형으로 처벌하여야 하고, 형기의 변경 없이 금고형을 징역형으로 바꾸어 집행유예를 선고하더라도 불이익변경금지 원칙에 위배되지 않는데, 제1심판결을 파기하면서 제1심의 위법을 시정하지 아니한 원심판결에는 경합범 가중에 관한 법리오해의 잘못이 있다. 따라서 피고인에게 금고 5월을 선고한 제1심판결에 대해 피고인만이 항소하였는데, 원심이 제1심과 마찬가지로 유죄를 인정하여 甲죄에 대하여는 금고형을, 乙죄와 丙죄에 대하여는 징역형을 선택한 후 각 죄를 형법 제37조 전단 경합범으로 처벌하면서 피고인에게 금고 5월, 집행유예 2년, 보호관찰 및 40시간의 수강명령을 선고한 것은 적법하지 않다.

제39조【판결을 받지 아니한 경합범】 ① 경합범 중 판결을 받지 아니한 죄가 있는 때에는 그 죄와 판결이 확정된 죄를 동시에 판결할 경우와 형평을 고려하여 그 죄에 대하여 형을 선고한다. 이 경우 그 형을 감경 또는 면제할 수 있다. 〈개정 2005.7.29.〉 [국가9급 08 / 법원9급 08·16 / 법원행시 07 / 사시 14]

② 제39조 제2항을 삭제한다. 〈개정 2005.7.29.〉

(참고 : 개정 전 형법 제39조 ① 경합범 중 판결을 받지 아니한 죄가 있는 때에는 그 죄에 대하여 형을 선고한다)

1 대법원 2007.10.25, 2007도6868

형법 제39조 제1항을 적용하여 그 형을 감경·면제할 수 있는 여지가 있다고 하더라도 어디까지나 임의적인 것이므로 형법 제39조 제1항을 적용하면서 형을 감경·면제하지 않았다고 하더라도 거기에 어떠한 잘못이 있다고 할 수 없다.

2 대법원 2008.9.11, 2006도8376

제39조 제1항 본문의 '형평을 고려하여' 형을 선고한다고 정한 취지는 판결을 받지 아니한 죄와 판결이 확정된 죄의 두 죄에 형법 제38조를 적용하여 산출한 처단형의 범위 내에서 전체형을 정한 다음 그 전체형에서 판결이 확정된 죄에 대한 형을 공제한 나머지를 판결을 받지 아니한 죄에 대한 형으로 선고해야 하는 것도 아니고, 두 죄에 대한 선고형의 총합이 두 죄에 대하여 형법 제38조를 적용하여 산출한 처단형의 범위 내에 속하도록 형을 선고하는 방법으로 전체형을 정하거나 처단형의 범위를 제한하는 것은 아니다.[89] [법원9급 14] 따라서 무기징역의 판결이 확정된 죄와 형법 제37조 후단 경합범의 관계에 있는 죄[90]에 대하여 공소가 제기된 경우, 법원은 형을 필요적으로 면제하여야 하는 것은 아니며 형을 감면하는 것은 어디까지나 법원의 재량이다. [법원9급 14 / 법원행시 16]

3 대법원 2008.10.23, 2008도209

유죄판결이 확정된 죄와 사후적 경합범인 죄에 대한 형을 선고하면서 유죄판결이 확정된 죄에 대한 전과 기재를 누락한 것은 위법하다는 사례

항소심법원이 유죄판결이 확정된 甲·乙·丙 세 개의 죄와 형법 제37조 후단의 경합범 관계에 있는 丁죄에 대한 형을 선고하면서 판결 이유의 '법령의 적용' 부분에서 乙·丙죄에 대한 전과 기재를 누락하고

---

[89] 판결이유 : (독일식의 전체형주의를 우리 형법 제39조 제1항의 '형평 고려'의 의미로 수용하게 되면) 이미 판결이 확정된 죄에 대하여 일사부재리 원칙에 반할 수 있고, 먼저 판결을 받은 죄에 대한 형이 확정됨에 따라 뒤에 판결을 선고받는 후단 경합범에 대하여 선고할 수 있는 형의 범위가 지나치게 제한되어 책임에 상응하는 합리적이고 적절한 선고형의 결정이 불가능하거나 현저히 곤란하게 될 우려가 있다.

[90] 참고로, 동시적 경합범으로 위 두 죄를 처리하면 무기징역형으로 처벌하면 된다. 제38조 제1항 제1호의 흡수주의가 적용된 결과이다.

전과의 구체적 내용을 심리하지 아니한 경우, 이는 형법 제37조 후단 경합범에서 당해 사건 범죄와 이미 판결이 확정된 죄를 동시에 판결할 경우와 형평을 고려하여 당해 사건 범죄에 대하여 형을 선고할 것을 요구하는 형법 제39조 제1항을 위반하여 위법하다. [경찰간부 14]

4 대법원 2011.9.29, 2008도9109

제39조 제1항 단서의 '감경' 또는 '면제'는 판결이 확정된 죄의 선고형에 비추어 후단 경합범에 대하여 처단형을 낮추거나 형을 추가로 선고하지 않는 것이 형평을 실현하는 것으로 인정되는 경우에만 적용할 수 있다.

5 대법원 2012.1.27, 2011도15914

상고기각결정 등본의 송달시기를 심리해야 한다는 사례

甲은 별개의 사건에서 징역형의 집행유예 등을 선고받고 상고하였으나 대법원이 결정으로 상고를 기각하였는데, 그 결정일을 전후하여 피고인이 유사석유제품을 판매 및 보관하였다고 하여 석유사업법 위반으로 기소된 경우, 상고기각결정 등본의 송달 시기(판결확정시기) 등에 관하여 심리하지 아니한 채 형법 제37조 후단, 제39조 제1항을 적용함이 없이 형을 정한 것은 위법하다.[91] [경찰간부 14]

6 대법원 2019.4.18, 2017도14609 전원합의체

사후적 경합범의 형의 감경방법

법정형에 하한이 설정된 형법 제37조 후단 경합범(금고 이상의 형에 처한 판결이 확정된 죄의 그 판결확정 전에 범한 죄)에 대하여 형법 제39조 제1항 후문에 따라 형을 감경할 때에도 법률상 감경에 관한 형법 제55조 제1항이 적용되어 유기징역을 감경할 때에는 그 형기의 2분의 1 미만으로는 감경할 수 없다. [경찰간부 20]

---

91 보충 : 위 상고기각결정의 등본이 피고인에게 송달되는 등으로 그 결정이 피고인에게 고지된 시기가 피고인의 유사석유제품 판매 및 보관 행위 시 이후이어서 그때 위 판결이 확정되었다면 피고인의 범죄는 '금고 이상의 형에 처한 판결이 확정된 죄'와 '그 판결 확정 전에 범한 죄'의 관계에 있게 되어 형법 제37조 후단에서 정하는 경합범관계에 해당하므로, 그에 대한 형을 정할 때 형법 제39조 제1항에 따라 판결이 확정된 죄를 동시에 판결할 경우와 형평을 고려하여야 하기 때문이다.

PART 03

형벌론

✔ 아웃라인

목차		난도	출제율	대표지문
제1장 형벌의 의의와 종류	01 서설	下	–	• 헌법재판소의 다수견해에 의하면 생명권 역시 대한민국헌법 제37조 제2항에 의한 일반적 법률유보의 대상이므로, 사형제도는 예외적인 경우에만 적용되는 한 기본권의 본질적 내용침해금지를 규정한 대한민국헌법 제37조 제2항 단서에 위반되지 아니한다. (○) • 압수물을 매각한 경우, 그 대가보관금은 몰수할 수 없다. (×)
	02 사형	下	–	
	03 자유형	下	★	
	04 재산형	中	★★	
	05 명예형	下	★	
제2장 형의 경중	01 형의 경중의 기준	下	★	• 형의 종류가 무거운 순서는 사형–징역–금고–자격상실–자격정지–벌금–구류–과료–몰수 순이다. (○)
	02 처단형·선고형의 경중	下	–	
제3장 형의 양정	01 의의	下	–	• 형법 제38조 제1항 제3호에 의하여 징역형과 벌금형을 병과하는 경우 징역형에만 정상참작감경을 하고 벌금형에는 정상참작감경을 하지 아니할 수 있다. (○) • 수사기관의 직무상 질문 또는 조사에 응하여 범죄사실을 인정하는 경우 자수에 해당한다. (×)
	02 단계	下	–	
	03 형의 가중·감경·면제	中	★★	
	04 형의 양정의 예	下	★	
	05 양형	下	★	
	06 판결선고 전 구금일수의 산입과 판결의 공시	下	★	
제4장 누범	01 서설	下	★	• 금고 이상의 형을 받은 자가 특별사면을 받아 형의 집행을 면제받았다 하더라도 그로부터 3년 이내에 금고 이상에 해당하는 죄를 범한 자는 누범으로 처벌한다. (○) • 누범의 형은 그 죄에 정한 법정형의 장기만을 2배로 가중하며 단기까지 가중하는 것은 아니다. (○)
	02 성립요건	中	★★	
	03 효과	下	★	
	04 판결선고 후의 누범발각	下	★	
제5장 집행유예·선고유예·가석방	01 집행유예	上	★★★	• 집행유예의 선고를 받은 자가 유예기간 중 과실로 범한 죄로 금고 이상의 실형을 선고받아 그 판결이 확정된 경우에도 그 집행유예의 선고는 효력을 잃는다. (×) • 집행유예기간 중에 범한 죄에 대하여 공소가 제기된 후 그 재판 도중에 집행유예기간이 경과한 경우에는 그 집행유예기간 중에 범한 죄에 대하여 다시 집행유예를 선고할 수 있다. (○)
	02 선고유예	中	★★	
	03 가석방	中	★★	
제6장 형의 시효·소멸·기간	01 형의 시효	下	–	• 형의 시효가 완성되면 형의 선고는 효력을 잃는다. (×) • 벌금, 과료, 몰수와 추징에 있어서는 강제처분을 개시함으로 인하여 형의 시효가 중단된다. (○)
	02 형의 소멸·실효·복권	下	–	
	03 형의 기간	下	–	
제7장 보안처분	01 의의	下	–	• 보안처분은 범죄자의 사회적 위험성에 초점을 두고 사회방위와 범죄인의 개선을 주목적으로 한다. (○) • 보안처분은 책임원칙을 그 한계원리로 한다. (×) • 형의 선고를 유예하는 경우 재범방지를 위하여 필요한 때에는 보호관찰을 받을 것을 명할 수 있고 그 기간은 법원이 형법 제51조의 사항을 참작하여 재량으로 정한다. (×)
	02 형벌과의 관계	下	★	
	03 지도원리	下	★	
	04 종류	下	–	
	05 현행법상 보안처분	下	–	

✔ 출제경향

구 분	경찰채용						경찰간부						경찰승진					
	17	18	19	20	21	22	17	18	19	20	21	22	17	18	19	20	21	22
제1장 형벌의 의의와 종류		1									1			1				
제2장 형의 경중																		
제3장 형의 양정				1	1						1			1				
제4장 누범									1									
제5장 집행유예·선고유예·가석방		1	1				1	1	1	1	1		1	1	1	1		
제6장 형의 시효·소멸·기간	1																	
제7장 보안처분																		
출제빈도	6/220						8/240						6/240					

PART **03**

형벌론

✔ 키포인트

제1장 형벌의 의의와 종류
- 형벌과 보안처분
- 사형범죄
- 사형제도 존폐론
- 징역과 금고와 구류
- 벌금형제도의 개선책
- 황제노역 방지규정
- 몰수의 법적 성질
- 임의적 몰수와 필요적 몰수
- 몰수의 대물적 요건
- 몰수의 대인적 요건
- 추징·징벌적 추징
- 몰수·추징의 부가성과 예외
- 자격상실
- 자격정지

제2장 형의 경중
- 구체적인 경중의 비교

제3장 형의 양정
- 법정형·처단형·선고형
- 형의 가중사유
- 법률상 감경사유
- 정상참작감경
- 형의 면제사유
- 자수와 자복
- 양형의 조건
- 미결구금일수의 산입
- 법정산입

제4장 누 범
- 누범가중의 위헌성
- 누범과 상습범
- 누범의 요건
- 누범의 효과

제5장 집행유예·선고유예·가석방
- 집행유예의 요건
- 가석방의 요건
- 가석방의 효과
- 보호관찰·사회봉사명령·수강명령
- 집행유예의 실효
- 집행유예의 취소
- 집행유예의 효과
- 선고유예의 요건
- 선고유예의 실효
- 선고유예의 효과
- 제62조 제1항 단서의 의미
- 자격정지 이상의 형을 받은 전과
- 집행유예기간 중의 집행유예

제6장 형의 시효·소멸·기간
- 형의 시효
- 국외도피기간 시효정지규정
- 형의 소멸
- 형의 실효
- 형의 기간
- 복 권

제7장 보안처분
- 치료감호법
- 형벌과 보안처분의 관계
- 치료감호 대상자의 요건
- 보호관찰
- 치료감호의 절차와 내용
- 대인적 보안처분과 대물적 보안처분
- 전자장치부착명령

국가9급						법원9급						법원행시						변호사시험					
17	18	19	20	21	22	17	18	19	20	21	22	17	18	19	20	21	22	17	18	19	20	21	22
1	1		1	1		1	1			1	1	1	1	1	2	1		1					
															1								
		1	1				1	1		1	1	1		1	2	2							1
								1					1		1	1							
		1	1			1				1		1	2			1					1		
													2			1							
					1						1					1							
9/120						12/150						25/240						3/140					

형벌의 의의와 종류

CHAPTER 01

제1절 서 설

제2절 사 형

> **판례연구** **사형제도는 합헌이라는 판례**
>
> 헌법재판소 1996.11.28, 95헌바1
>
> ① [1] 생명권 역시 헌법 제37조 제2항에 의한 일반적 법률유보의 대상이 될 수밖에 없는 것이나, 생명권에 대한 제한은 곧 생명권의 완전한 박탈을 의미한다 할 것이므로, 사형이 비례의 원칙에 따라서 최소한 동등한 가치가 있는 다른 생명 또는 그에 못지 아니한 공공의 이익을 보호하기 위한 불가피성이 충족되는 예외적인 경우에만 적용되는 한, 그것이 비록 생명을 빼앗는 형벌이라 하더라도 헌법 제37조 제2항 단서에 위반되는 것으로 볼 수는 없다. [국가7급 12]
>
> [2] 모든 인간의 생명은 자연적 존재로서 동등한 가치를 갖는다고 할 것이나 그 동등한 가치가 서로 충돌하게 되거나 생명의 침해에 못지아니한 중대한 공익을 침해하는 등의 경우에는 국민의 생명·재산 등을 보호할 책임이 있는 국가는 어떠한 생명 또는 법익이 보호되어야 할 것인지 그 규준을 제시할 수 있는 것이다. 인간의 생명을 부정하는 등의 범죄행위에 대한 불법적 효과로서 지극히 한정적인 경우에만 부과되는 사형은 죽음에 대한 인간의 본능적 공포심과 범죄에 대한 응보욕구가 서로 맞물려 고안된 "필요악(必要惡)"으로서 불가피하게 선택된 것이며 지금도 여전히 제 기능을 하고 있다는 점에서 정당화될 수 있다. 따라서 사형은 이러한 측면에서 헌법상의 비례의 원칙에 반하지 아니한다 할 것이고, 적어도 우리의 현행 헌법이 스스로 예상하고 있는 형벌의 한 종류이기도 하므로 아직은 우리의 헌법질서에 반하는 것으로 판단되지 아니한다.
>
> ② 형법 제250조 제1항이 규정하고 있는 살인의 죄는 인간생명을 부정하는 범죄행위의 전형이고, 이러한 범죄에는 그 행위의 태양이나 결과의 중대성으로 미루어 보아 반인륜적 범죄라고 규정지을 수 있는 극악한 유형의 것들도 포함되어 있을 수 있는 것이다. 따라서 사형을 형벌의 한 종류로서 합헌이라고 보는 한 그와 같이 타인의 생명을 부정하는 범죄행위에 대하여 행위자의 생명을 부정하는 사형을 그 불법효과의 하나로서 규정한 것은 행위자의 생명과 그 가치가 동일한 하나의 혹은 다수의 생명을 보호하기 위한 불가피한 수단의 선택이라고 볼 수밖에 없으므로 이를 가리켜 비례의 원칙에 반한다고 할 수 없어 헌법에 위반되는 것이 아니다.

01 의 의

02 형법상의 재산형

1. 벌 금

제45조【벌 금】 벌금은 5만 원 이상으로 한다. 다만, 감경하는 경우에는 5만 원 미만으로 할 수 있다. [법원행시 07 · 11]

제69조【벌금과 과료】 ① 벌금과 과료는 판결 확정일로부터 30일 내에 납입하여야 한다. 단, 벌금을 선고할 때에는 동시에 그 금액을 완납할 때까지 노역장에 유치할 것을 명할 수 있다. [국가9급 08·10 / 국가7급 12 / 법원9급 12]
② 벌금을 납입하지 아니한 자는 1일 이상 3년 이하, 과료를 납입하지 아니한 자는 1일 이상 30일 미만의 기간 노역장에 유치하여 작업에 복무하게 한다. [국가9급 10 / 법원행시 11 / 사시 11]

제70조【노역장 유치】 ① 벌금이나 과료를 선고할 때에는 이를 납입하지 아니하는 경우의 노역장 유치기간을 정하여 동시에 선고하여야 한다. 〈우리말 순화 개정 2020.12.8.〉 [국가9급 10 / 국가7급 12]
② 선고하는 벌금이 1억 원 이상 5억 원 미만인 경우에는 300일 이상, 5억 원 이상 50억 원 미만인 경우에는 500일 이상, 50억 원 이상인 경우에는 1천일 이상의 노역장 유치기간을 정하여야 한다. 〈신설 2014.5.14, 우리말 순화 개정 2020.12.8.〉
[제목개정 2020.12.8.]

제71조【유치일수의 공제】 벌금이나 과료의 선고를 받은 사람이 그 금액의 일부를 납입한 경우에는 벌금 또는 과료액 과 노역장 유치기간의 일수(日數)에 비례하여 납입금액에 해당하는 일수를 뺀다. 〈우리말 순화 개정 2020.12.8.〉

판례연구 벌금형의 환형유치기간 관련판례

1 대법원 1971.3.30, 71도251; 2016.8.25, 2016도6466
벌금을 납입하지 아니하는 경우의 유치기간으로 3년을 초과하는 기간을 정할 수 없다는 사례
형법 제69조 제2항, 제70조 제1항에 의하면 벌금을 선고할 때에는 납입하지 아니하는 경우의 유치기간을 정하여 동시에 선고하여야 하고, 그 유치기간은 1일 이상 3년 이하의 기간 내로만 정할 수 있으며, 3년을 초과하는 기간을 벌금을 납입하지 아니하는 경우의 유치기간으로 정할 수 없다.

2 대법원 2014.12.24, 2014오2
소위 황제노역 방지규정에 관한 비상상고 사례
피고인이 특정범죄 가중처벌 등에 관한 법률 위반(허위세금계산서교부등)으로 기소되었는데, 원심이 벌금 24억 원을 병과하면서 800만 원을 1일로 환산한 기간 노역장유치를 명한 경우, 2014.5.14. 법률 제12575호로 개정된 형법 시행 후에 공소가 제기되었으므로 개정 형법 제70조 제2항에 따라 500일 이상의 유치기간을 정하였어야 함에도, 300일의 유치기간만을 정한 것은 심판이 법령에 위반한 경우에 해당한다.

3 대법원 2018.2.13, 2017도17809

황제노역 방지규정은 당해 규정제정 전 행위에 대해서는 적용될 수 없다는 사례

1억 원 이상의 벌금형을 선고하는 경우 노역장유치기간의 하한을 정한 형법 제70조 제2항('노역장유치조항')의 시행 전에 행해진 피고인의 범죄행위에 대하여, 원심이 피고인을 징역 5년 6개월과 벌금 13억 1,250만 원에 처하면서 형법 제70조 제1항, 제2항을 적용하여 '벌금을 납입하지 않는 경우 250만 원을 1일로 환산한 기간 노역장에 유치한다'는 내용의 판결을 선고하였는데(이렇게 되면 노역장유치기간은 525일이 된다 – 필자 주), 원심판결 선고 후 헌법재판소가 형법 제70조 제2항을 시행일 이후 최초로 공소 제기되는 경우부터 적용하도록 한 형법 부칙(2014.5.14.) 제2조 제1항이 헌법상 형벌불소급원칙에 위반되어 위헌이라고 판단한 경우, 헌법재판소의 위헌결정 선고로 위 부칙조항은 헌법재판소법 제47조 제3항 본문에 따라 효력을 상실하였으므로, 노역장유치조항을 적용하여 노역장유치기간을 정한 원심판결은 유지될 수 없다.

보충1 헌법재판소는 원심판결 선고 후인 2017.10.26. 다음과 같은 이유로 1억 원 이상의 벌금형을 선고하는 경우 노역장유치기간의 하한을 정한 형법 제70조 제2항(이하 '노역장유치조항'이라 한다)을 시행일 이후 최초로 공소 제기되는 경우부터 적용하도록 한 형법 부칙 제2조 제1항('이 사건 부칙조항')이 헌법상 형벌불소급원칙에 위반되어 위헌이라고 판단하였다(헌법재판소 2017.10.26, 2015헌바239,2016헌바177). 이에 2020.10.20. 개정형법에 의하여 위 부칙 조항의 "공소가 제기되는 경우부터"라는 문구는 "저지른 범죄부터"라는 내용으로 개정되었다.

보충2 노역장유치는 그 실질이 신체의 자유를 박탈하는 것으로서 징역형과 유사한 형벌적 성격을 가지므로 형벌불소급원칙의 적용대상이 된다. 노역장유치조항은 1억 원 이상의 벌금형을 선고받는 자에 대하여 유치기간의 하한을 중하게 변경시킨 것이므로, 이 조항 시행 전의 범죄행위에 대해서는 범죄행위 당시에 존재하였던 법률을 적용하여야 한다. [경찰간부 20]

2. 과 료

제47조【과 료】 과료는 2천 원 이상 5만 원 미만으로 한다. [법원행시 07·11]

3. 몰수와 추징

제48조【몰수의 대상과 추징】 ① 범인 외의 자의 소유에 속하지 아니하거나 범죄 후 범인 외의 자가 사정을 알면서 취득한 다음 각 호의 물건은 전부 또는 일부를 몰수할 수 있다. 〈우리말 순화 개정 2020.12.8.〉

1. 범죄행위에 제공하였거나 제공하려고 한 물건
2. 범죄행위로 인하여 생겼거나 취득한 물건
3. 제1호 또는 제2호의 대가로 취득한 물건

② 제1항 각 호의 물건을 몰수할 수 없을 때에는 그 가액(價額)을 추징한다. 〈우리말 순화 개정 2020.12.8.〉

③ 문서, 도화(圖畵), 전자기록(電磁記錄) 등 특수매체기록 또는 유가증권의 일부가 몰수의 대상이 된 경우에는 그 부분을 폐기한다. 〈우리말 순화 개정 2020.12.8.〉 [법원행시 11]

제49조【몰수의 부가성】 몰수는 타형에 부가하여 과한다. 단, 행위자에게 유죄의 재판을 아니할 때에도 몰수의 요건이 있는 때에는 몰수만을 선고할 수 있다. [법원행시 11]

판례연구 **몰수의 형벌적 성질에 관련된 사례**

1 대법원 1970.2.10, 69다2051

형사법상 몰수는 제3자의 소유권에 영향을 미치지 아니한다. [법원행시 05]

---

2 대법원 1970.3.24, 70다245

몰수선고의 효력은 유죄판결을 받은 피고인에 대하여서만 발생하므로 피고인 이외의 제3자는 몰수의 대상이 된 선박의 소유자로서 민사소송으로 국가에 대하여 그 반환을 청구할 수 있다.

3 대법원 1999.5.11, 99다12161

형사법상 몰수는 공소사실에 관하여 형사재판을 받는 피고인에 대한 유죄의 판결에서 다른 형에 부가하여 선고되는 형인 점에 비추어, 피고인 이외의 제3자의 소유에 속하는 물건에 대하여 몰수를 선고한 판결의 효력은 원칙적으로 몰수의 원인이 된 사실에 관하여 유죄의 판결을 받은 피고인에 대한 관계에서 그 물건을 소지하지 못하게 하는 데 그치고 그 사건에서 재판을 받지 아니한 제3자의 소유권에 어떤 영향을 미치는 것은 아니다. [법원행시 05·15]

4 대법원 2003.5.30, 2003도705

몰수는 반드시 압수되어 있는 물건에 대하여서만 하는 것이 아니므로, 몰수대상물건이 압수되어 있는가 하는 점 및 적법한 절차에 의하여 압수되었는가 하는 점은 몰수의 요건이 아니다. 따라서 이미 그 집행을 종료함으로써 효력을 상실한 압수·수색영장에 기하여 다시 압수·수색을 실시하면서 몰수대상물건을 압수한 경우, 압수 자체가 위법하게 됨은 별론으로 하더라도 그것이 위 물건의 몰수의 효력에는 영향을 미칠 수 없다. [경찰간부 16 / 국가9급 15·20 / 법원9급 08 / 법원행시 13 / 사시 12·14]

판례연구 **범죄행위에 제공하였거나 제공하려고 한 물건으로서 몰수의 대상임을 인정한 사례**

1 대법원 2001.12.28, 2001도2572

구 관세법상 무신고수입죄의 미수범이 점유하는 물품이 몰수대상에 해당하는지 여부(적극)

무신고수입죄의 미수범은 구 관세법 제182조 제2항에 의하여 본범에 준하여 처벌되므로 같은 법 제137조의 신고를 하지 아니하고 물품을 국내에 반입하려다가 미수에 그친 것과 같은 미수행위가 있는 때에는 관세범칙물들의 몰수에 관하여 규정한 같은 법 제198조 제2항에서 말하는 '같은 법 제179조 제2항의 경우'에 해당한다.

2 대법원 2002.9.4, 2000도515

외국환관리법 소정의 허가 없이 수출한 대상물을 형법 제48조에 의하여 몰수할 수 있는지 여부(적극)

피고인이 그 소유의 토지개발채권을 외국환관리법 제19조 소정의 허가 없이 휴대하여 외국으로 출국하려다가 적발되어 미수에 그친 경우, 위 채권은 허가 없는 수출미수행위로 인하여 비로소 취득하게 된 것에 해당한다고 할 수 없으므로 구 외국환관리법 제33조에 따라 이를 몰수하거나 그 가액을 추징할 수 없다고 할 것이나, 다만 위 채권은 피고인의 허가 없는 수출미수행위에 제공된 것에는 해당된다고 할 것이고, 따라서 형법 제48조 제1항 제1호, 제2항에 의한 몰수 또는 추징의 대상이 되는 것으로 보아야 한다. [경찰채용 11 1차 / 법원9급 11]

3 대법원 2006.9.14, 2006도4075

대형할인매장에서 수회 상품을 절취하여 자신의 승용차에 싣고 간 경우, 위 승용차는 형법 제48조 제1항 제1호에 정한 범죄행위에 제공한 물건으로 보아 몰수할 수 있다. [경찰채용 14 1차 / 경찰간부 16 / 국가9급 20 / 법원9급 07(상) / 법원9급 08·12 / 법원승진 12 / 법원행시 08·09·13]

4 대법원 2006.12.8, 2006도6400

사행성 게임기의 기판뿐만 아니라 본체도 몰수의 대상이 되는지 여부(적극)

사행성 게임기는 기판과 본체가 서로 물리적으로 결합되어야만 비로소 그 기능을 발휘할 수 있는 기계로서, 당국으로부터 적법하게 등급심사를 받은 것이라고 하더라도 본체를 포함한 그 전부가 범죄행위에 제공된 물건으로서 몰수의 대상이 된다. [법원9급 08]

5 대법원 2013.5.23, 2012도11586

성매매 알선행위에 제공된 성매매업소 건물을 몰수한 사례

몰수가 비례의 원칙에 위반되는 여부를 판단하기 위해서는, 몰수 대상 물건이 범죄 실행에 사용된 정도와 범위 및 범행에서의 중요성, 물건의 소유자가 범죄 실행에서 차지하는 역할과 책임의 정도, 범죄 실행으로 인한 법익 침해의 정도, 범죄 실행의 동기, 범죄로 얻은 수익, 물건 중 범죄 실행과 관련된 부분의 별도 분리 가능성, 물건의 실질적 가치와 범죄와의 상관성 및 균형성, 물건이 행위자에게 필요불가결한 것인지 여부, 물건이 몰수되지 아니할 경우 행위자가 그 물건을 이용하여 다시 동종 범죄를 실행할 위험성 유무 및 그 정도 등 제반 사정이 고려되어야 할 것이다.

6 대법원 2020.10.15, 2020도960

성매매 알선영업에 사용한 오피스텔의 임대차보증금반환채권에 대한 몰수 사건

피고인들이 각자 역할을 분담하여 성매매 알선영업을 하고 전체 업소 수익금을 나누어 가지기로 한 다음 2018.12.경부터 2019.7.25.경까지 오피스텔 호실 여러 개를 임차한 후 여성 종업원을 고용하여 영업으로 성매매를 알선하였다는 공소사실 등으로 기소된 경우, 검사는 피고인들의 행위를 성매매처벌법 제2조 제1항 제2호 (가)목에 해당하는 행위(성매매를 알선하는 행위)로 기소하였지만 피고인들의 행위가 성매매처벌법 제2조 제1항 제2호 (다)목의 행위(성매매에 제공되는 사실을 알면서 자금을 제공하는 행위)로도 인정되는 이상 이 부분 공소사실은 범죄수익은닉규제법에 따른 몰수의 대상이 되는 성매매처벌법 제2조 제1항 제2호 (다)목의 행위와 관련성이 인정되므로, 이 사건 임대차보증금반환채권은 범죄수익은닉규제법 제2조 제2호 (나)목 1)에서 범죄수익으로 정한 '성매매에 제공되는 사실을 알면서 자금을 제공하는 행위에 관계된 자금 또는 재산'으로 범죄수익은닉규제법 제8조 제1항 제1호에 따라 범죄수익으로 몰수될 수 있다

판례연구 **범죄행위에 제공하였거나 제공하려고 한 물건이 아니어서 몰수의 대상이 아니라고 본 사례**

1 대법원 1974.6.11, 74도352

관세법 제188조 제1호의 소정 허위신고죄에 있어서 대상물을 형법 제48조에 의하여 몰수할 수 있는가 여부

관세법 제188조 제1호 소정의 물품에 대한 수입신고를 함에 있어서 주요사항을 허위로 신고한 경우에 위 물건은 신고의 대상물에 지나지 않아 신고로서 이루어지는 허위신고죄의 범죄행위 자체에 제공되는 물건이라고 할 수 없으므로 형법 제48조 제1항의 몰수요건에 해당한다고 볼 수 없다.[92]

2 대법원 1992.7.28, 92도700

공소사실이 인정되지 않는 경우, 몰수나 추징만을 선고할 수 있는지 여부(소극)

몰수나 추징을 선고하기 위하여서는 몰수나 추징의 요건이 공소가 제기된 공소사실과 관련되어 있어야 한다 [경찰간부 13 / 법원승진 11·12 / 법원행시 08·12·14]

---

92 사실관계 : 甲은 일제 오토바이 등(시가 542,200원 상당)을 몰래 수입하기 위하여 세관에 乙의 이사화물이라고 허위신고하였다. 만약 위 甲의 행위가 허위신고수입죄(관세법 제188조 제1호)에 해당된다면 형법 제48조 제1항의 총칙상 임의적 몰수규정에 의하여 몰수할 수 있는가?
해결 : 몰수할 수 없다.

판례연구 범죄행위로 인하여 취득한 물건으로서 몰수의 대상임을 인정한 사례

1 대법원 1967.2.7, 66오2
구 부정임산물단속에 관한 법률에 위반하여 취득한 임산물은 몰수할 수 있다.

2 대법원 1969.5.27, 69도551
불법벌채한 목재는 범죄행위로 인하여 취득한 물건이므로 몰수할 수 있다.

3 대법원 1976.9.28, 75도3607
몰수의 대상인 물건은 유체물에 한하지 않고 권리 또는 이익도 포함된다.

4 대법원 1995.5.23, 93도1750
통일부장관의 반입승인 없이 북한으로부터 수입한 물건이 항만에 도착하자 이를 인수, 취득하여 보세장치에 장치하였다면, 그 물건은 남북교류협력에 관한 법률 제27조 제1항 제2호 위반의 미수에 그친 범죄행위로 인하여 취득한 것으로 형법 제48조 제1항 제2호의 몰수의 대상이 된다.

5 대법원 1996.11.12, 96도2477
관세법 제198조 제2항에 따라 몰수하여야 할 압수물이 멸실, 파손 또는 부패의 염려가 있거나 보관하기에 불편하여 이를 형사소송법 제132조의 규정에 따라 매각하여 그 대가를 보관하는 경우에는, 몰수와의 관계에서는 그 대가보관금을 몰수 대상인 압수물과 동일시할 수 있다. [법원9급 12]

6 대법원 2001.12.28, 2001도5158
항정신성의약품을 타인에게 매도한 경우에 있어 매도의 대가로 받은 대금 등은 마약류관리에 관한 법률 제67조에 규정된 범죄행위로 인한 수익금으로서 필요적으로 몰수하여야 하고 몰수가 불가능할 때에는 그 가액을 추징하여야 한다. [법원9급 10·13]

7 대법원 2018.5.30, 2018도3619
비트코인 몰수 사건
범죄수익은닉규제법에 정한 중대범죄에 해당하는 범죄행위에 의하여 취득한 것으로 재산적 가치가 인정되는 무형재산도 몰수할 수 있다. 피고인이 음란물유포 인터넷사이트를 운영하면서 정보통신망 이용촉진 및 정보보호 등에 관한 법률 위반(음란물유포)죄와 도박개장방조죄에 의하여 비트코인(Bitcoin)을 취득한 경우, 피고인의 정보통신망 이용촉진 및 정보보호 등에 관한 법률 위반(음란물유포)죄와 도박개장방조죄는 범죄수익은닉의 규제 및 처벌 등에 관한 법률에 정한 중대범죄에 해당하며, 비트코인은 재산적 가치가 있는 무형의 재산이라고 보아야 하고, 몰수의 대상인 비트코인이 특정되어 있으므로, 피고인이 취득한 비트코인은 몰수할 수 있다.

판례연구 범죄행위로 인하여 취득한 물건이 아니어서 몰수의 대상이 아니라고 본 사례

1 대법원 1979.8.31, 79도1509
외국환을 수출하는 행위의 외국환
외국환관리법 제36조의2에서 몰수 또는 추징의 대상으로 삼는 것은 "범인이 당해 행위로 인하여 취득한" 외국환 기타 지급수단이므로 외국환을 수출하는 행위에 있어서는 그 행위 자체로 인하여는 취득한 외국환이 있을 수 없으므로 몰수나 추징은 부당하다.

2 대법원 1982.3.9, 81도2930

외국환관리법에 의해 등록하지 않은 미화는 몰수할 수 없다고 본 사례

美貨를 구 외국환관리법 제18조 규정에 따라 등록하지 않은 경우에 있어서도 미등록행위 자체에 의하여 취득하지 않았으며, 범죄에 제공되거나 제공하려 한 물건도 아니므로 몰수할 수 없다.

3 대법원 1998.12.22, 98도2460

외국환관리법의 몰수·추징 대상이 되는 대외지급수단으로 인정되려면 현실적으로 대외거래에서 채권·채무의 결제 등을 위한 지급수단으로 사용할 수 있으며 또한 그 사용이 보편성을 가지고 있어야 한다. 따라서 카지노에서 사용되는 '칩'은 그것에 표시된 금액 상당을 카지노에서 보관하고 있다는 증표에 지나지 않기 때문에, 외국환관리법 소정의 대외지급수단에 해당하지 않는다.

4 대법원 2006.12.8, 2006도6410

부패방지법에 의한 필요적 몰수 또는 추징은, 범인 또는 그 정을 아는 제3자가 취득한 재물 또는 재산상 이익을 그들로부터 박탈하여 범인 또는 그 정을 아는 제3자로 하여금 부정한 이익을 보유하지 못하게 함에 그 목적이 있는 점에 비추어 볼 때, 범인이라 하더라도 범행으로 취득한 당해 재물 또는 재산상 이익을 보유하지 아니한 자라면 그로부터 이를 몰수·추징할 수는 없다.

5 대법원 2001.5.29, 2001도1570

변호사법상 필요적 몰수 또는 추징의 대상(=차용금에 대한 금융이익 상당액)

변호사법에 의한 필요적 몰수 또는 추징은 받은 이익을 박탈하여 부정한 이익을 보유하지 못하게 함에 그 목적이 있는 것이고, 같은 법 제90조 제2호에 규정한 죄를 범하고 이자 및 반환에 관한 약정을 하지 아니하고 금원을 차용하였다면 범인이 받은 실질적 이익은 이자 없는 차용금에 대한 금융이익 상당액이므로 이 경우 위 법조에서 규정한 몰수 또는 추징의 대상이 되는 것은 차용한 금원 그 자체가 아니라 위 금융이익 상당액이다.

> 유사 정치자금법의 필요적 몰수·추징은 같은 법을 위반한 자에게 제공된 금품 기타 재산상 이익을 박탈하여 그들로 하여금 부정한 이익을 보유하지 못하게 함에 그 목적이 있고, 금품의 무상대여를 통하여 위법한 정치자금을 기부받은 경우 범인이 받은 부정한 이익은 무상대여금에 대한 금융이익 상당액이라 할 것이므로, 여기서 몰수 또는 추징의 대상이 되는 것은 무상으로 대여받은 금품 그 자체가 아니라 위 금융이익 상당액이다(대법원 2007.3.30, 2006도7241). [경찰간부 12·17 / 법원행시 09·12 / 사시 10]

6 대법원 2007.12.14, 2007도7353

부동산 미등기 전매계약에 의하여 제3자로부터 받은 대금을 몰수·추징할 수 있는지 여부(소극)

부동산의 소유권을 이전받을 것을 내용으로 하는 계약(1차 계약)을 체결한 자가 그 부동산에 대하여 다시 제3자와 소유권이전을 내용으로 하는 계약(전매계약)을 체결한 것이 부동산등기 특별조치법 제8조 제1호 위반행위에 해당하는 경우, 전매계약에 의하여 제3자로부터 받은 대금은 위 조항의 처벌대상인 '1차 계약에 따른 소유권이전등기를 하지 않은 행위'로 취득한 것이 아니므로 형법 제48조에 의한 몰수나 추징의 대상이 될 수 없다.

판례연구 몰수의 대인적 요건에 해당된다고 본 사례

1 대법원 1984.5.29, 83도2680

기소중지된 공범자의 소유물이 몰수의 대상이 되는지 여부(적극)

형법 제48조 제1항의 "범인" 속에는 "공범자"도 포함되므로 범인 자신의 소유물은 물론 공범자의 소유물도 그 공범자의 소추 여부를 불문하고 몰수할 수 있다고 할 것이다. [경찰채용 10·11 1차 / 국가9급 15 ·20 / 법원9급 10·11·22 / 법원행시 09·14]

2 대법원 1984.5.29, 82도2609; 1994.2.8, 93도1483
① 외국환관리법에 위반하여 외화를 비거주자에게 증여한 경우에는 증여한 범인의 입장에서는 몰수대상인 외국환 등의 취득이 없어 그 가액에 해당하는 추징을 할 수 없다. ② 피고인이 공소외 회사의 기관으로서 외환을 차용하고 몰수대상물인 외국환 등을 수수하였다면 그 차용금에 관한 권리는 위 회사에 귀속한다 하더라도 피고인으로부터 위 외국환 등을 몰수 또는 추징할 수 있다.

3 대법원 2004.3.26, 2003도8014
관세법상 몰수는 범인 점유 물품이면 소유자 또는 소유자의 선의·악의를 불문하고 몰수한다는 사례
관세법 제282조 제2항에서 정한 몰수는 형법총칙의 몰수에 대한 특별규정으로서 필요적인 몰수에 관한 규정이라 할 것이고, 같은 조항이 같은 법 제269조 제2항 및 제3항, 제274조 제1항 제1호의 경우에는 '범인이 소유 또는 점유하는 그 물품을 몰수한다'고 규정한 이상 범인이 점유하는 물품은 누구의 소유에 속함을 불구하고 소유자가 선의든가 악의든가를 가리지 않고 그 사실에 관하여 재판을 받는 범인에 대한 관계에서 이를 몰수하여야 한다고 해석할 것이다.

4 대법원 2017.9.29, 2017모236
제3자의 소유에 속하더라도 필요적 몰수의 대상이 된다는 사례
관세법 제269조 제3항 제2호는 '수출의 신고를 하였으나 해당 수출물품과 다른 물품으로 신고하여 수출한 자 등은 3년 이하의 징역 등에 처한다'고 규정하고 있고, 제282조 제2항은 '제269조 제3항 등의 경우에는 범인이 소유하거나 점유하는 그 물품을 몰수한다'고 규정하고 있다. 따라서 범인이 직접 또는 간접으로 점유하던 밀수출 대상 물품을 압수한 경우에는 그 물품이 제3자의 소유에 속하더라도 필요적 몰수의 대상이 된다. … 또한, 피고인 이외의 제3자의 소유에 속하는 물건의 경우, 몰수를 선고한 판결의 효력은 원칙적으로 몰수의 원인이 된 사실에 관하여 유죄의 판결을 받은 피고인에 대한 관계에서 그 물건을 소지하지 못하게 하는 데 그치고, 그 사건에서 재판을 받지 아니한 제3자의 소유권에 어떤 영향을 미치는 것은 아니다.

판례연구 **몰수의 대인적 요건에 해당되지 않는다고 본 사례**

1 대법원 1957.8.2, 4290형상190; 1959.6.30, 4292형상177; 1961.2.24, 4293형상759
부실기재된 등기부, 허위신고에 의하여 작성된 가호적부, 국고에 환부해야 할 국고수표는 몰수할 수 없다.

2 대법원 1982.9.28, 82도1669
피고인이 다른 공동 피고인들에게 도박자금으로 금원을 대여하였다면 그 금원은 그 때부터 피고인의 소유가 아니라 동 공동 피고인들의 소유에 귀속하게 되므로 그것을 동 공동 피고인들로부터 몰수함은 모르되 피고인으로부터 몰수할 성질의 것은 아니다.

3 대법원 1983.6.14, 83도808
군 피.엑스(P.X)에서 공무원인 군인이 그 권한에 의하여 작성한 월간판매실적보고서의 내용에 일부 허위기재된 부분이 있더라도 이는 공무소인 소관 육군부대의 소유에 속하는 것이므로 이를 허위공문서

작성의 범행으로 인하여 생긴 물건으로 누구의 소유도 불허하는 것이라 하여 형법 제48조 제1항 제1호를 적용, 몰수하였음은 부당하다. [법원9급 10·12 / 사시 12]

> 유사 재산범죄로 인하여 군부에서 부정유출된 소위 장물에 해당한다고 인정한 이상 이는 몰수할 수 없는 것이고 피해자에게 환수하여야 할 것이다(대법원 1960.12.21, 4293비상1).

4 대법원 1990.10.10, 90도1904

강도상해의 범행에 사용된 자동차에 관하여 피고인은 원심법정에서 피고인의 처 소유라고 진술하고 있고 실제로도 처 명의로 등록되어 있는데도 원심이 그 의미가 분명하지 아니한 '제 소유 자동차'라는 피고인이 경찰에서 범행방법에 관한 진술시에 한 표현을 근거로 위 자동차가 피고인 이외의 자에 속하지 아니하는 것으로 단정하여 이를 몰수한 것은 위법하다.

판례연구 **추징할 수 있다는 사례**

1 대법원 1983.4.12, 82도812

피해변상 혹은 고소의 취소가 있는 경우 추징의 당부

범인이 피해자로부터 받은 금품을 소비하고 나서 그에 상당한 금품을 반환하였을 경우나 상호합의에 이르러 고소를 취소한 경우에도 이를 범인으로부터 추징하여야 한다. [경찰간부 11]

2 대법원 1992.12.8, 92도1995

뇌물로 교부한 당좌수표가 부도가 나서 다시 현금·유가증권을 교부한 사례

증뢰자가 교부한 당좌수표가 부도나자 부도된 당좌수표를 반환받고 그 수표에 대체하여 수표의 액면가액에 상응하는 현금이나 유가증권을 수뢰자에게 다시 교부하고 수뢰자가 이를 수수하였다면, 형법 제134조의 규정취지가 수뢰자로 하여금 불법한 이득을 보유시키지 않으려는 데에 있는 점에 비추어 볼 때, 이 현금이나 유가증권이 몰수, 추징의 대상이 된다.

3 대법원 1996.5.14, 96모14

징역형의 집행유예와 추징 선고를 받은 사람에 대하여 징역형 선고의 효력을 상실케 하는 동시에 복권하는 특별사면이 있은 경우에 추징에 대하여도 형 선고의 효력이 상실된다고 볼 수는 없다. [경찰승진 12 / 국가7급 14]

4 대법원 1996.11.29, 96도2490; 2016.11.25, 2016도11514

변호사법상 필요적 몰수·추징은 (형법과 마찬가지로) 범죄수익만 박탈하는 몰수·추징임

변호사법에 의한 필요적 몰수·추징은 같은 법을 위반한 자 또는 그 정을 아는 제3자가 받은 금품 기타 이익을 그들로부터 박탈하여 그들로 하여금 부정한 이익을 보유하지 못하게 함에 그 목적이 있는 것이므로(범죄수익박탈적 추징), 수인이 공동하여 공무원이 취급하는 사건 또는 사무에 관하여 청탁을 한다는 명목으로 받은 금품을 분배한 경우에는 각자가 실제로 분배받은 금품만을 개별적으로 몰수하거나 그 가액을 추징하여야 한다(몰수·추징의 범위 : 피고인이 실질적으로 취득하거나 그에게 귀속된 이익에 한정됨). [법원행시 06·12]

5 대법원 2005.7.15, 2003도4293

범죄행위로 취득한 주식의 판결 선고시의 주가·처분가액을 알 수 없는 경우 최저가를 기준한다는 사례

피고인이 범죄행위로 취득한 주식이, 판결 선고 전에 그 발행회사가 다른 회사에 합병됨으로써 판결 선고시의 주가를 알 수 없을 뿐만 아니라, 무상증자 받은 주식과 다시 매입한 주식까지 섞어서 처분되

어 그 처분가액을 정확히 알 수 없는 경우, 주식의 시가가 가장 낮을 때를 기준으로 산정한 가액을 추징하여야 한다. [경찰간부 11]

6 대법원 2009.5.14, 2009도2223

범행에 지출된 세금, 임대료 등 필요경비는 추징액에서 공제할 수 없다는 사례

성매매알선처벌법에 의한 추징의 범위는 범인이 실제로 취득한 이익에 한정되고(범죄수익박탈적 추징), 다만 범인이 성매매알선 등 행위를 하는 과정에서 지출한 세금 등의 비용은 성매매알선의 대가로 취득한 금품을 소비하거나 자신의 행위를 정당화시키기 위한 방법의 하나에 지나지 않아 추징액에서 이를 공제할 것은 아니므로, 그 업소건물의 임대료도 이 사건 범행에 소요된 필요경비에 해당하고 따라서 이를 추징액에서 공제할 수 없다.

> **유사** 특가법상 알선 대가로 수수한 금품에 관하여 소득신고를 하고 법인세 등 세금을 납부하였다고 하더라도 이를 추징에서 제외할 것은 아니다(대법원 2010.3.25, 2009도11660).[93]

> **비교1** 특가법·특경법상 알선수재한 급여에서 원천징수된 근로소득세 등과 추징액
> 특가법·특경법상 알선수재죄에서 공무원·금융기관임직원의 직무에 속한 사항에 관한 알선의 대가를 형식적으로 체결한 고용계약에 터 잡아 급여의 형식으로 지급한 경우, 알선수재자가 수수한 알선수재액은 명목상 급여액이 아니라 원천징수된 근로소득세 등을 제외하고 알선수재자가 실제 지급받은 금액으로 보아야 하고, 위 금액만 몰수·추징해야 한다(대법원 2012.6.14, 2012도534). [법원행시 13·18]

> **비교2** 관세법상 밀수입죄 추징금액인 국내도매가격에 부가가치세 제외되지 않음
> 관세법 제282조 제3항은 관세법상 밀수입죄의 경우 추징금액을 '국내도매가격'으로 정하고 있고, 여기서 국내도매가격이란 '물품의 도착원가에 관세 등의 제세금과 통관절차비용, 기업의 적정이윤까지 포함한 국내도매물가 시세인 가격'을 의미하므로(대법원 1993.3.23, 93도164 등 참조), 특별한 사정이 없는 한 이러한 국내도매가격에 부가가치세가 제외된다고 볼 수 없다(대법원 2016.1.28, 2015도13591).

7 대법원 2015.1.15, 2012도7571

추징의 상대방 및 대상

甲 주식회사 대표이사인 피고인이 금융기관에 청탁하여 乙 주식회사가 대출을 받을 수 있도록 알선행위를 하고 그 대가로 용역대금 명목의 수수료를 甲 회사 계좌를 통해 송금받아 특정경제범죄 가중처벌 등에 관한 법률 위반(알선수재)죄가 인정된 경우, 피고인이 甲 회사의 대표이사로서 같은 법 제7조에 해당하는 행위를 하고 당해 행위로 인한 대가로 수수료를 받았다면, 수수료에 대한 권리가 甲 회사에 귀속된다 하더라도 행위자인 피고인으로부터 수수료로 받은 금품을 몰수 또는 그 가액을 추징할 수 있으므로, 피고인이 개인적으로 실제 사용한 금품이 없더라도 마찬가지라고 본 원심판단은 정당하다. 또한 뇌물수수나 알선수재에 이용된 공급계약이 실제 공급이 없는 형식적 계약에 불과하여 부가가치세 과세대상이 아니라면 그에 관한 납세의무가 없으므로, 설령 부가가치세 명목의 금전을 포함한 대가를 받았다고 하더라도 그 일부를 부가가치세로 거래 징수하였다고 할 수 없어 수수한 금액 전부가 범죄로 얻은 이익에 해당하여 추징대상이 되며, 그 후에 이를 부가가치세로 신고·납부하였다고 하더라도 달리 볼 수 없다. [경찰간부 17 / 법원행시 18 / 사시 16]

---

93 또 다른 논점 : 알선수재의 방법으로 용역계약을 체결하고 그에 따른 용역대금 및 부가가치세 상당액을 교부받은 경우 위 부가가치세 상당액도 수재금액에 포함된다.

8 대법원 2017.9.21, 2017도8611

추징가액이 몰수선고시 잃게 될 이득상당액을 초과할 수 없다는 사례

몰수의 취지가 범죄에 의한 이득의 박탈을 목적으로 하는 것이고 추징도 이러한 몰수의 취지를 관철하기 위한 것이라는 점을 고려하면 몰수하기 불능한 때에 추징하여야 할 가액은 범인이 그 물건을 보유하고 있다가 몰수의 선고를 받았더라면 잃게 될 이득상당액을 의미하므로, 추징하여야 할 가액이 몰수의 선고를 받았더라면 잃게 될 이득상당액을 초과하여서는 아니 된다.

9 대법원 2018.2.8, 2014도10051

죄수가 실체적 경합이어도 전액 추징을 명한 사례

피고인이 마사지를 제외한 유사성교행위의 요금을 따로 정하지 아니하고 마사지가 포함된 전체 요금만을 정해 두고 영업을 한 점 등에 비추어 볼 때, 피고인 운영의 안마시술업소에서 행한 마사지와 유사성교행위가 의료법 위반죄와 성매매알선 등 행위의 처벌에 관한 법률 위반죄의 실체적 경합관계에 있더라도 손님으로부터 지급받는 서비스대금은 그 전부가 마사지 대가이면서 동시에 유사성교행위의 대가이므로 유사성교행위가 포함된 서비스대금 전액의 추징을 명한 것은 정당하다.

판례연구   추징할 수 없다는 사례

1 대법원 2000.9.8, 2000도546

다만 히로뽕을 수수하여 그중 일부를 직접 투약한 경우에는 수수한 히로뽕의 가액만을 추징할 수 있고 직접 투약한 부분에 대한 가액을 별도로 추징할 수는 없다. [경찰채용 11 1차 / 경찰채용 15 3차]

2 대법원 2007.10.12, 2007도6019

형법상 도박개장죄에 의하여 생긴 재산은 범죄수익은닉법에 의한 추징 대상이고, 이는 부정한 이익을 박탈하여 이를 보유하지 못하게 하는 데 그 목적이 있으므로, 수인이 공모하여 도박개장을 하여 이익을 얻은 경우 실질적으로 귀속된 이익이 없는 피고인에 대하여는 추징을 할 수 없다.

3 대법원 2021.4.29, 2020도16369

방조범이 정범과 공동으로 취득하였다고 평가할 수 없는 경우 방조범에 대한 추징의 범위

마약거래방지법 제6조를 위반하여 마약류를 수출입·제조·매매하는 행위 등을 업으로 하는 범죄행위의 정범이 그 범죄행위로 얻은 수익은 마약거래방지법 제13조부터 제16조까지의 규정에 따라 몰수·추징의 대상이 된다. 그러나 위 정범으로부터 대가를 받고 판매할 마약을 공급하는 방법으로 위 범행을 용이하게 한 방조범은 정범의 위 범죄행위로 인한 수익을 정범과 공동으로 취득하였다고 평가할 수 없다면 위 몰수·추징 규정에 의하여 정범과 같이 추징할 수는 없고, 그 방조범으로부터는 방조행위로 얻은 재산 등에 한하여 몰수, 추징할 수 있다고 보아야 한다.

4 대법원 2021.10.14, 2021도7168

범죄행위에 이용한 웹사이트 매각대금을 형법 제48조 제1항 제2호, 제2항에 따라 추징할 수 없음

형법 제48조 제1항은 '범죄행위로 인하여 생(生)하였거나 이로 인하여 취득한 물건'으로서 범인 이외의 자의 소유에 속하지 아니하거나 범죄 후 범인 이외의 자가 정을 알면서 취득한 물건의 전부 또는 일부를 몰수할 수 있다고 규정하면서(제2호), 제2항에서는 제1항에 기재한 물건을 몰수하기 불능한 때에는 그 가액을 추징하도록 규정하고 있다. 이와 같이 형법 제48조는 몰수의 대상을 '물건'으로 한정하고 있다. 이는 범죄행위에 의하여 생긴 재산 및 범죄행위의 보수로 얻은 재산을 범죄수익으로 몰수할 수 있도록 한 「범죄수익은닉의 규제 및 처벌 등에 관한 법률」이나 범죄행위로 취득한 재산상 이익의 가액을 추징할 수 있도록 한 형법 제357조 등의 규정과는 구별된다. 민법 제98조는 물건에

관하여 '유체물 및 전기 기타 관리할 수 있는 자연력'을 의미한다고 정의하는데, 형법이 민법이 정의한 '물건과 다른 내용으로 '물건'의 개념을 정의하고 있다고 볼 만한 사정도 존재하지 아니한다. … 피고인이 범죄행위에 이용한 웹사이트는 형법 제48조 제1항 제2호에서 몰수의 대상으로 정한 '범죄행위로 인하여 생(生)하였거나 이로 인하여 취득한 물건'에 해당하지 않으므로, 그 웹사이트 매각을 통해 취득한 대가는 형법 제48조 제1항 제2호, 제2항이 규정한 추징의 대상에 해당하지 않는다

판례연구 **징벌적 추징 사례 : 마·국·관·외·밀 → 징**

대법원 1995.3.10, 94도1075
소유·점유·이익취득한 바 없어도 가액 전부 추징
피고인에 대한 추징은 특경법에 의한 것으로서 형법상의 몰수·추징과는 달리 범죄로 인한 이득의 박탈을 목적으로 한 것이라기보다는 재산국외도피사범에 대한 징벌의 도를 강화하여 범행대상인 재산을 필요적으로 몰수하고 그 몰수가 불능인 때에는 그 가액을 납부하게 하는 징벌적 성질의 처분이라고 봄이 상당하므로 그 도피재산이 피고인들이 아닌 회사의 소유라거나 피고인들이 이를 점유하고 그로 인하여 이득을 취한 바가 없다고 하더라도 피고인들 모두에 대하여 그 도피재산의 가액 전부의 추징을 명하여야 한다. [경찰채용 18 2차]

> **유사1** 외국환관리법상의 몰수와 추징은 징벌적 제재의 성격을 띠므로, 여러 사람이 공모하여 범칙행위를 한 경우 몰수대상인 외국환 등을 몰수할 수 없을 때에는 각 범칙자 전원에 대하여 그 취득한 외국환 등의 가액 전부의 추징을 명하여야 하고, 그중 한 사람이 추징금 전액을 납부하였을 때에는 다른 사람은 추징의 집행을 면할 것이나, 그 일부라도 납부되지 아니하였을 때에는 그 범위 내에서 각 범칙자는 추징의 집행을 면할 수 없다(대법원 1998.5.21, 95도2002 전원합의체).

> **유사2** 마약류관리법상 몰수·추징(대법원 2001.12.28, 2001도5158 : 향정신성의약품). [법원9급 05 / 법원승진 12]

> **유사3** 관세법상 몰수·추징(대법원 2007.12.28, 2007도8401; 1976.6.22, 73도2625 전원합의체). [경찰간부 12 / 법원9급 05]

> **유사4** 밀항단속법상의 몰수·추징(대법원 2008.10.9, 2008도7034).[94] [경찰채용 12 2차 / 법원9급 15]

판례연구 **몰수·추징에 대한 상소의 효과**

대법원 2008.11.20, 2008도5596 전원합의체
몰수 또는 추징에 관한 부분만을 불복대상으로 삼아 상소가 제기된 경우의 처리
피고사건의 재판 가운데 몰수 또는 추징에 관한 부분만을 불복대상으로 삼아 상소가 제기되었다 하더라도, 상소심으로서는 이를 적법한 상소제기로 다루어야 하는 것이지 몰수 또는 추징에 관한 부분만을 불복대상으로 삼았다는 이유로 그 상소의 제기가 부적법하다고 보아서는 아니 되고, 그 부분에 대한 상소의 효력은 그 부분과 불가분의 관계에 있는 본안에 관한 판단 부분에까지 미쳐 그 전부가 상소심으로 이심되는 것이다(상소불가분의 원칙 적용 - 필자 주).[95]

---

94 징벌적 추징 관련판례는 이외에도 대법원 1989.12.8, 89도1920; 1999.7.9, 99도1695; 2005.4.29, 2002도7262; 2010.8.26, 2010도7251 등 참조

95 보충 : 불가분의 관계에 있는 재판의 일부만을 불복대상으로 삼은 경우 그 상소의 효력은 상소불가분의 원칙(형사소송법 제342조 제2항)상 피고사건 전부에 미쳐 그 전부가 상소심에 이심되는 것이다. 여기에는 일부 상소가 피고사건의 주위적 주문과 불가분적 관계에 있는 주문에 대한 것, 일죄의 일부에 대한 것, 경합범에 대하여 1개의 형이 선고된 경우 경합범의 일부 죄에 대한 것 등에 해당하는 경우를 들 수 있다(위 판례).

몰수·추징의 부가성 관련판례

1 대법원 2016.12.15, 2016도16170

마약류 관리에 관한 법률 제67조의 몰수나 추징을 선고하기 위해서는 몰수나 추징의 요건이 공소가 제기된 범죄사실과 관련되어 있어야 하므로, 법원으로서는 범죄사실에서 인정되지 아니한 사실에 관하여는 몰수나 추징을 선고할 수 없다. [경찰채용 18 3차 / 법원행시 18]

2 대법원 1978.4.25, 76도2262

필요적 몰수의 경우라도 주형을 선고유예하는 경우에는 몰수나 이에 갈음하는 추징도 선고유예를 할 수 있다. [국가7급 13 / 법원9급 06 / 사시 14]

3 대법원 1988.6.21, 88도551

형법 제59조에 의하더라도 몰수는 선고유예의 대상으로 규정되어 있지 아니하고 다만 몰수 또는 이에 갈음하는 추징은 부가형적 성질을 띠고 있어 그 주형에 대하여 선고를 유예하는 경우에는 그 부가할 몰수 추징에 대하여도 선고를 유예할 수 있으나, 그 주형에 대하여 선고를 유예하지 아니하면서 이에 부가할 몰수 추징에 대하여서만 선고를 유예할 수는 없다. [경찰채용 18 1차 / 경찰승진 12 / 법원9급 18 / 법원행시 05·15 / 사시 11·12]

제5절 명예형

형의 경중

제50조 【형의 경중】 ① 형의 경중은 제41조 각 호의 순서에 따른다. 다만, 무기금고와 유기징역은 무기금고를 무거운 것으로 하고 유기금고의 장기가 유기징역의 장기를 초과하는 때에는 유기금고를 무거운 것으로 한다. 〈우리말 순화 개정 2020.12.8.〉 [경찰승진 10 / 국가9급 07]

② 같은 종류의 형은 장기가 긴 것과 다액이 많은 것을 무거운 것으로 하고 장기 또는 다액이 같은 경우에는 단기가 긴 것과 소액이 많은 것을 무거운 것으로 한다. 〈우리말 순화 개정 2020.12.8.〉

③ 제1항 및 제2항을 제외하고는 죄질과 범정(犯情)을 고려하여 경중을 정한다. 〈우리말 순화 개정 2020.12.8.〉

제41조 【형의 종류】 형의 종류는 다음과 같다. [경찰채용 11 1차 / 경찰승진 10 / 국가9급 07]

1. 사형   2. 징역   3. 금고   4. 자격상실   5. 자격정지   6. 벌금
7. 구류   8. 과료   9. 몰수

> **판례연구** 형의 경중 관련판례
>
> **1** 대법원 2013.12.12, 2012도7198
> 1심의 실형을 항소심에서 집행유예하면서 벌금형 추가시 불이익변경금지원칙 위반 여부
> 제1심에서 징역 1년 6월을 선고하였는데 피고인만 항소한 항소심에서 징역 1년 6월에 집행유예 3년에 벌금 5천만 원을 병과한 것은 불이익변경금지원칙에 위반되는가에 관하여, 불이익변경금지의 원칙을 적용함에 있어서는 주문을 개별적·형식적으로 고찰할 것이 아니라 전체적·실질적으로 고찰하여 그 경중을 판단하여야 하는바, 선고된 형이 피고인에게 불이익하게 변경되었는지의 여부는 일단 형법상 형의 경중을 기준으로 하되, 한 걸음 더 나아가 병과형이나 부가형, 집행유예, 노역장 유치기간 등 주문 전체를 고려하여 피고인에게 실질적으로 불이익한가의 여부에 의하여 판단하여야 한다(대법원 1998.3.26, 97도1716 전원합의체; 2004.11.11, 2004도6784 등 참조). … 제1심이 선고한 '징역 1년 6월'의 형과 원심이 선고한 '징역 1년 6월에 집행유예 3년'의 형만을 놓고 본다면 제1심판결보다 원심판결이 가볍다 할 수 있으나, 원심은 제1심이 선고하지 아니한 벌금 50,000,000원(1일 50,000원으로 환산한 기간 노역장 유치)을 병과하였는바, 집행유예의 실효나 취소가능성, 벌금 미납시의 노역장 유치 가능성

및 그 기간 등을 전체적·실질적으로 고찰하면 원심이 선고한 형은 제1심이 선고한 형보다 무거워 피고인에게 불이익하다고 할 것이다.

2 대법원 2020.10.22, 2020도4140 전원합의체
부정기형과 정기형의 형의 경중의 비교

부정기형은 장기와 단기라는 폭의 형태를 가지는 양형인 반면 정기형은 점의 형태를 가지는 양형이므로 불이익변경금지 원칙의 적용과 관련하여 양자 사이의 형의 경중을 단순히 비교할 수 없는 특수한 상황이 발생한다. 결국 피고인이 항소심 선고 이전에 19세에 도달하여 부정기형을 정기형으로 변경해야 할 경우 불이익변경금지 원칙에 반하지 않는 정기형을 정하는 것은 부정기형과 실질적으로 동등하다고 평가될 수 있는 정기형이 부정기형의 장기와 단기 사이의 어느 지점에 존재하는지를 특정하는 문제로 귀결된다. 형벌은 책임에 기초하고 그 책임에 비례하여야 한다는 책임주의 원칙과 상소심에서 실질적으로 불이익한 형을 선고받을 수 있다는 우려로 인하여 상소권의 행사가 위축되는 것을 방지하기 위해 채택된 불이익변경금지 원칙은 형사법의 대원칙이다. 이 사건 쟁점은 부정기형의 단기부터 장기에 이르는 수많은 형 중 어느 정도의 형이 책임주의 원칙과 불이익변경금지 원칙의 제도적 취지 사이에서 조화를 이룰 수 있는 적절한 기준이 될 수 있는지, 즉 항소심법원이 더 이상 소년법을 적용받을 수 없게 된 피고인에 대하여 책임주의 원칙에 따라 적절한 양형재량권을 행사하는 것을 과도하게 제한함으로써 피고인에게 부당한 이익을 부여하게 되는 결과를 방지하면서도, 피고인만이 항소한 사건에서 제1심법원이 선고한 부정기형보다 중한 형이 선고될 위험으로 인해 상소권의 행사가 위축되는 것을 방지할 수 있는 기준이 될 수 있는지를 정하는 '정도'의 문제이지, 부정기형의 장기와 단기 중 어느 하나를 택일적으로 선택하여 이를 정기형의 상한으로 정하는 문제가 아니다. 부정기형을 정기형으로 변경할 때 불이익변경금지 원칙의 위반 여부는 부정기형의 장기와 단기의 중간형을 기준으로 삼는 것이 부정기형의 장기 또는 단기를 기준으로 삼는 것보다 상대적으로 우월한 기준으로 평가될 수 있음은 분명하다고 볼 수 있다.

> **보충** 살인죄 및 사체유기죄를 범한 피고인에 대한 제1심판결은 징역 장기 15년, 단기 7년의 부정기형 선고, 피고인만 항소, 항소심은 최단기형 기준설에 의해 징역 7년 선고, 대법원은 판례를 변경하여 중간형 기준설 채택하여 징역 11년(=장기 15년+단기 7년/2)까지를 선고할 수 있었다는 이유로 원심에 불이익변경금지 원칙에 대한 법리를 오해하여 판결에 영향을 미친 잘못이 있다고 판단하여 파기환송함.

CHAPTER 03 형의 양정

제1절	의 의

제2절	단 계

제3절	형의 가중·감경·면제

판례연구 **임의적 감경에 관한 현재 실무 및 대법원 판례의 유지**

대법원 2021.1.21, 2018도5475 전원합의체

형의 양정은 법정형 확인, 처단형 확정, 선고형 결정 등 단계로 구분된다. 법관은 형의 양정을 할 때 법정형에서 형의 가중·감경 등을 거쳐 형성된 처단형의 범위 내에서만 양형의 조건을 참작하여 선고형을 결정해야 한다(대법원 2008.9.11, 2006도8376 등 참조). 형법 제25조는 범죄의 실행에 착수하여 행위를 종료하지 못하였거나 결과가 발생하지 아니한 때에는 미수범으로 처벌하고(제1항), 미수범의 형은 기수범보다 감경할 수 있다(제2항)고 규정하고 있다. 형법 제25조 제2항에 따른 형의 감경은 법률상 감경의 일종으로서 재판상 감경인 작량감경(형법 제53조)과 구별된다. 법률상 감경에 관하여 형법 제55조 제1항은 형벌의 종류에 따른 감경의 방법을 규정하고 있다. 법률상 감경사유가 무엇인지와 그 사유가 인정될 때 반드시 감경을 하여야 하는지는 형법과 특별법에 개별적이고 구체적으로 규정되어 있다. 이와 같은 감경 규정들은 법문상 형을 '감경한다'라거나 형을 '감경할 수 있다'라고 표현되어 있는데, '감경한다'라고 표현된 경우를 필요적 감경, '감경할 수 있다'라고 표현된 경우를 임의적 감경이라 한다. 형법 제25조 제2항에 따른 형의 감경은 임의적 감경에 해당한다. 필요적 감경의 경우에는 감경사유의 존재가 인정되면 반드시 형법 제55조 제1항에 따른 법률상 감경을 하여야 함에 반해, 임의적 감경의 경우에는 감경사유의 존재가 인정되더라도 법관이 형법 제55조 제1항에 따른 법률상 감경을 할 수도 있고 하지 않을 수도 있다. 나아가 임의적 감경사유의 존재가 인정되고 법관이 그에 따라 징역형에 대해 법률상 감경을 하는 이상 형법 제55조 제1항 제3호에 따라 상한과 하한을 모두 2분의 1로 감경한다. 이러한 현재 판례와 실무의 해석은 여전히 타당하다. [법원9급 22]

판례연구 **형면제의 선고를 위하여는 법률의 규정에 근거하여야 하며, 법관의 재량에 의하여 이를 선고할 수는 없다고 본 사례**

대법원 1994.10.14, 94오1

형사재판에서 형면제를 선고하려면 적용법률에 형면제를 선고할 근거가 있거나 형법이 인정하는 자수, 자복 등 형면제사유가 있어야 할 것이다.

판례연구 기타 양형 관련판례

1 대법원 2000.12.22, 2000도4267; 2010.4.29, 2009도14993; 2011.2.24, 2010도7404
법정형에 징역형과 벌금형을 병과할 수 있도록 규정되어 있는 경우, 법원의 재량으로 벌금형의 병과
여부

법정형에 징역형과 벌금형을 병과할 수 있도록 규정되어 있는 경우, 법원은 공소장에 기재된 적용법조나
검사의 구형과 관계없이 재량으로 벌금형의 병과 여부를 정할 수 있다.

2 대법원 2009.12.10, 2009도11448
대법원 양형위원회의 양형기준의 소급적용

법원조직법에 의하여 마련된 대법원 양형위원회의 양형기준은 법관이 합리적인 양형을 정하는 데
참고할 수 있는 구체적이고 객관적인 기준으로 마련된 것으로서, 법적 구속력을 가지지 아니하고(같은
법 제81조의7 제1항 단서), 법관의 양형에 있어서 그 존중이 요구되는 것일 뿐이다. 따라서 '양형기준'이
발효하기 전에 공소가 제기된 범죄에 대하여 위 '양형기준'을 참고하여 형을 양정한 경우에도, 피고인에게
불리한 법률을 소급하여 적용한 위법이 있다고 할 수 없다. [경찰채용 11·16·22 1차 / 경찰채용 14 2차 / 경찰승진 14
/ 국가7급 14 / 법원행시 11 / 변호사시험 12]

제5절 양 형

제6절 판결선고 전 구금일수의 산입과 판결의 공시

판례연구 미결구금일수 산입 관련 사례

1 대법원 1996.5.10, 96도800
법원이 판결선고 전의 구금일수를 구속영장이 발부되지 아니한 다른 범죄사실에 관한 죄의 형에 산입할
수 있다.

> **보충** 구속영장의 효력은 원칙적으로 사건단위설에 의하나, 미결구금일수의 산입에 있어서는 예외적으
> 로 인단위설을 고려한 판례이다.

2 대법원 1999.4.15, 99도357 전원합의체
판결선고 전 구금일수 전부를 본형에 산입하면서 판결에서 그 산입일수를 명시하지 않고 단지 그
전부를 산입한다고 표시하는 것이 위법하지 않다.

> **보충** 소송기록을 대조하여 살펴보면 알 수 있기 때문이라고 한다.

3 대법원 2002.6.20, 2002도807 전원합의체

경합범 관계에 있는 공소사실 중 일부에 대하여 유죄, 일부에 대하여 무죄의 각 판결이 선고되어 유죄 부분에 대하여는 피고인이, 무죄 부분에 대하여는 검사가 각 상고를 제기한 경우, 쌍방의 상고를 모두 기각하는 때의 상고제기 후의 미결구금일수는 전부 산입한다(법정통산).

4 대법원 2009.12.10, 2009도11448

판결선고 전 미결구금일수 산입에 관한 판단 요부

형법 제57조 제1항 중 '또는 일부' 부분은 헌법재판소 2009.6.25, 2007헌바25 위헌결정으로 효력이 상실되었으므로, 판결선고 전 미결구금일수는 그 전부가 법률상 당연히 본형에 산입하게 되었으므로, 판결에서 별도로 미결구금일수 산입에 관한 사항을 판단할 필요가 없다고 할 것이다.

5 대법원 2010.9.9, 2010도6924; 2010.1.28, 2008도11726; 1996.1.26, 95도2263

병과형 또는 수개의 형이 선고된 경우 판결선고 전의 구금일수를 어느 형에 산입하는지 명시 불요

헌법재판소는 형법 제57조 제1항 중 '또는 일부' 부분은 헌법에 위반된다고 선언하였는바(헌법재판소 2009.6.25, 2007헌바25 참조), 이로써 판결 선고 전의 구금일수는 그 전부가 유기징역, 유기금고, 벌금이나 과료에 관한 유치기간 또는 구류에 당연히 산입되어야 하게 되었고, 병과형 또는 수개의 형으로 선고된 경우 어느 형에 미결구금일수를 산입하여 집행하느냐는 형집행 단계에서 형집행기관이 할 일이며(대법원 1989.11.10, 89도808 참조), 법원이 주문에서 이에 관하여 선고하였더라도 이는 마찬가지라 할 것이므로 그와 같은 사유만으로 원심판결을 파기할 수는 없다 할 것이다. [법원행시 11]

CHAPTER 04 누범

제1절 서 설

제35조【누 범】 ① 금고(禁錮) 이상의 형을 선고받아 그 집행이 종료되거나 면제된 후 3년 내에 금고 이상에 해당하는 죄를 지은 사람은 누범(累犯)으로 처벌한다. 〈우리말 순화 개정 2020.12.8.〉 [법원행시 06·10·11]

② 누범의 형은 그 죄에 대하여 정한 형의 장기(長期)의 2배까지 가중한다. 〈우리말 순화 개정 2020.12.8.〉 [경찰채용 10 1차/ 법원행시 06·07·08·09·10·11]

제2절 성립요건

> **판례연구** 재심판결의 확정과 누범전과의 제외
>
> 대법원 2017.9.21, 2017도4019
> 재심판결이 확정되면 종전의 확정판결은 누범전과에 해당하지 않는다는 사례
> 유죄의 확정판결에 대하여 재심개시결정이 확정되어 법원이 그 사건에 대하여 다시 심판을 한 후 재심의 판결을 선고하고 그 재심판결이 확정된 때에는 종전의 확정판결은 당연히 효력을 상실한다(대법원 2005.9.28, 2004모453 등 참조). 피고인이 폭력행위 등 처벌에 관한 법률 위반(집단·흉기 등 재물손괴 등)죄 등으로 징역 8월을 선고받아 판결이 확정되었는데(이하 '확정판결'이라고 한다), 그 집행을 종료한 후 3년 내에 상해죄 등을 범하였다는 이유로 제1심 및 원심에서 누범으로 가중처벌된 경우, 피고인이 누범전과인 확정판결에 대해 재심을 청구하여, 재심개시절차에서 재심대상판결 중 헌법재판소가 위헌결정을 선고하여 효력을 상실한 구 폭력행위 등 처벌에 관한 법률(2014.12.30. 법률 제12896호로 개정된 것) 제3조 제1항, 제2조 제1항 제1호, 형법 제366조를 적용한 부분에 헌법재판소법 제47조 제4항의 재심사유가 있다는 이유로 재심대상판결 전부에 대하여 재심개시결정이 이루어졌고, 상해죄 등 범행 이후 진행된 재심심판절차에서 징역 8월을 선고한 재심판결이 확정됨으로써 확정판결은 당연히 효력을 상실하였으므로, 더 이상 상해죄 등 범행이 확정판결에 의한 형의 집행이 끝난 후 3년 내에 이루어진 것이 아니라고 하여야 한다. [경찰간부 20]

제3절 효 과

제4절 판결선고 후의 누범발각

집행유예·선고유예·가석방

CHAPTER 05

제1절 집행유예

제62조【집행유예의 요건】 ① 3년 이하의 징역이나 금고 또는 500만 원 이하의 벌금의 형을 선고할 경우에 제51조의 사항을 참작하여 그 정상에 참작할 만한 사유가 있는 때에는 1년 이상 5년 이하의 기간 형의 집행을 유예할 수 있다. 다만, 금고 이상의 형을 선고한 판결이 확정된 때부터 그 집행을 종료하거나 면제된 후 3년까지의 기간에 범한 죄에 대하여 형을 선고하는 경우에는 그러하지 아니한다. 〈개정 2016.1.6.〉 [국가9급 07 / 법원9급 08·14·16 / 법원행시 06·07·11]

② 형을 병과할 경우에는 그 형의 일부에 대하여 집행을 유예할 수 있다. [경찰간부 13 / 법원행시 11]

판례연구 집행유예기간 중의 집행유예 관련판례

1 대법원 1989.9.12, 87도2365 전원합의체

집행유예기간 중이라 하더라도 여죄에 대해서는 다시 집행유예를 선고할 수 있다는 사례

(형법 제62조 제1항 단서에서 규정한 "금고 이상의 형"은 실형선고를 받은 경우뿐만 아니라 형의 집행유예를 선고받고 그 유예기간이 경과하지 않은 경우를 포함하나) 형법 제37조의 경합범관계에 있는 수죄가 전후로 기소되어 각각 별개의 절차에서 재판을 받게 된 결과 어느 하나의 사건에서 먼저 집행유예가 선고되어 그 형이 확정되었을 경우 다른 사건의 판결에서는 다시 집행유예를 선고할 수 없다면 그 수죄가 같은 절차에서 동시에 재판을 받아 한꺼번에 집행유예를 선고받을 수 있었던 경우와 비교하여 현저히 균형을 잃게 되므로 이러한 불합리가 생기는 경우에 한하여 위 단서 규정의 "형의 선고를 받아"라는 의미는 실형이 선고된 경우만을 가리키고 형의 집행유예를 선고받은 경우는 포함되지 않는다고 해석함이 상당하다. [법원행시 10]

2 대법원 2007.2.8, 2006도6196

집행유예 기간 중에 범한 죄에 대하여 공소가 제기된 후 그 재판 도중에 집행유예 기간이 경과한 경우 집행유예 기간 중에 범한 죄에 대하여 다시 집행유예를 선고할 수 있다는 사례

집행유예 기간 중에 범한 죄에 대하여 형을 선고할 때에, 집행유예의 결격사유를 정하는 형법 제62조 제1항 단서 소정의 요건에 해당하는 경우란, 이미 집행유예가 실효 또는 취소된 경우와 그 선고 시점에 미처 유예기간이 경과하지 아니하여 형 선고의 효력이 실효되지 아니한 채로 남아 있는 경우로 국한되고, 집행유예가 실효 또는 취소됨이 없이 유예기간을 경과한 때에는, 형의 선고가 이미 그 효력을 잃게 되어 '금고 이상의 형을 선고'한 경우에 해당한다고 보기 어려울 뿐 아니라, 집행의 가능성이 더 이상 존재하지 아니하여 집행종료나 집행면제의 개념도 상정하기 어려우므로 위 단서 소정의 요건에 해당하지 않는다고 할 것이므로, 집행유예 기간 중에 범한 범죄라고 할지라도 집행유예가 실효 취소됨이 없이 그 유예기간이 경과한 경우에는 이에 대해 다시 집행유예의 선고가 가능하다. [국가9급 14 / 법원행시 10·11·14 / 사시 10]

집행유예기간 중의 집행유예 : 판례는 원칙적 소극, 예외적으로 기간경과 후에는 가능

다음은 대법원 2007.7.27, 2007도768 판례를 문제로 만든 것이다. 잘 읽고 물음에 답하시오.
피고인은 폭처법위반(야간·공동폭행)죄로 2003.9.24. 징역 1년 6월에 집행유예 3년의 판결을 선고받아
같은 해 10.2. 위 판결이 확정된 전력이 있는 자로서, 그 집행유예기간 중인 2004.8.26. 및 같은 해
11.16.에 이 사건 각 범죄를 저질렀다. 그런데 위 집행유예기간이 경과하기 전이자 이 사건 제1심판결
선고 전인 2006.4.18. 보호관찰준수사항 위반 등의 이유로 위 집행유예의 취소결정이 확정된 상태였다.

제1문 형의 집행유예를 선고받고 그 유예기간이 경과하지 않은 경우가 구 형법 제62조 제1항 단서에서
정한 집행유예 결격사유에 원칙적으로 해당하는가?

해결 구 형법 제62조 제1항 단서에서 규정한 '금고 이상의 형의 선고를 받아 집행을 종료한 후 또는
집행이 면제된 후로부터 5년을 경과하지 아니한 자'라는 의미는 실형선고를 받고 집행종료나
집행면제 후 5년을 경과하지 않은 경우만을 가리키는 것이 아니라, 형의 집행유예를 선고받고
그 유예기간이 경과하지 않은 경우도 특별한 사정(여죄설의 경우)이 없는 한 여기에 포함된다.
[국가7급 09]

정답 원칙적으로 해당한다.

제2문 현행 형법 제62조의 해석상 집행유예기간 중에 범한 죄에 대하여 공소가 제기된 후 그 재판 도중에
집행유예기간이 경과한 경우, 다시 집행유예를 선고할 수 있는가?

해결 ① 원칙적으로 금고 이상의 형의 선고를 받은 전력이 있는 경우에는 집행유예를 선고할 수
없는 것으로 하되, 다만 ② 금고 이상의 형의 선고를 받은 전력이 있더라도, 그 전력이 형의
집행유예를 선고받은 것으로서 그 집행유예가 실효·취소됨이 없이 그 유예기간을 이미 경과한
경우에는 다시 집행유예를 선고할 수 있는 것으로 해석함이 상당하다. [법원9급 14 / 법원행시 10·11]

정답 다시 집행유예를 선고할 수 있다.

제3문 위 사안에서 피고인이 집행유예기간 중에 범한 범죄에 대해서는 집행유예가 가능한가?

해결 구 형법 시행 중 범한 범죄에 대하여 형을 선고함에 있어, 범죄 당시 집행유예기간 중이었고
그 유예기간 경과 전에 집행유예 취소결정이 확정되었다면 구 형법 제62조의 규정에 의하든 현행
형법 제62조에 의하든 모두 집행유예 결격사유에 해당한다. [법원승진 12]

정답 집행유예가 가능하지 않다.

제37조 후단 경합범관계에 있는 두 개의 범죄에 대하여 하나의 판결을 내리는 경우

대법원 2001.10.12, 2001도3579
형법 제37조 후단의 경합범관계에 있는 두 개의 범죄에 대하여 하나의 판결로 두 개의 자유형을 선고하는
경우, 그 두 개의 자유형은 각각 별개의 형이므로 형법 제62조 제1항에서 정한 집행유예의 요건에
해당하면 그 각 자유형에 대하여 각각 집행유예를 선고할 수 있는 것이고, 또 그 두 개의 징역형
중 하나의 징역형에 대하여는 실형을 선고하면서 다른 징역형에 대하여 집행유예를 선고하는 것도 우리
형법상 이러한 조치를 금하는 명문의 규정이 없는 이상(제62조 제1항 단서에 위반되지 않는다 – 필자
주) 허용되는 것으로 보아야 할 것이다. [법원9급 08·12·16 / 법원행시 10 / 사시 11·14 / 변호사시험 14]

대법원 2020.11.5, 2017도18291

(사회봉사명령의 특별준수사항으로 "2017년 말까지 이 사건 개발제한행위 위반에 따른 건축물 등을 모두 원상복구할 것"을 부과할 수 없다는 사례) 보호관찰 등에 관한 법률(이하 '보호관찰법') 제59조 제1항 등의 규정을 종합하면, 법원이 형의 집행을 유예하는 경우 명할 수 있는 사회봉사는 다른 법률에 특별한 규정이 없는 한 500시간 내에서 시간 단위로 부과될 수 있는 일 또는 근로활동을 의미하는 것으로 해석된다(대법원 2008.4.11, 2007도8373; 2008.4.24, 2007도8116 등 참조). ··· (한편) 보호관찰법 제32조 제3항이 보호관찰 대상자에게 과할 수 있는 특별준수사항으로 정한 "범죄행위로 인한 손해를 회복하기 위하여 노력할 것(제4호)" 등 같은 항 제1호부터 제9호까지의 사항은 보호관찰 대상자에 한해 부과할 수 있을 뿐, 사회봉사명령·수강명령 대상자에 대해서는 부과할 수 없다. 한편 보호관찰법 제32조 제3항 제4호는 보호관찰 대상자에게 과할 수 있는 특별준수사항으로 '범죄행위로 인한 손해를 회복하기 위해 노력할 것'을 정하고 있는데, 이 사건 특별준수사항은 범죄행위로 인한 손해를 회복하기 위하여 노력할 것을 넘어 일정 기간 내에 원상회복할 것을 명하는 것으로서 보호관찰법 제32조 제3항 제4호를 비롯하여 같은 항 제1호부터 제9호까지 정한 보호관찰의 특별준수사항으로도 허용될 수 없음을 밝혀 둔다.

> 보충 | 대법원은 사회봉사명령의 특별준수사항으로 위와 같은 내용을 부과할 수 없다고 보아 파기환송한 것이다. 나아가 대법원은 보호관찰의 특별준수사항으로도 위와 같은 내용을 부과할 수 없음도 밝히고 있다.

제2절   선고유예

제59조【선고유예의 요건】 ① 1년 이하의 징역이나 금고, 자격정지 또는 벌금의 형을 선고할 경우에 제51조의 사항을 고려하여 뉘우치는 정상이 뚜렷할 때에는 그 형의 선고를 유예할 수 있다. 다만, 자격정지 이상의 형을 받은 전과가 있는 사람에 대하여는 예외로 한다. 〈우리말 순화 개정 2020.12.8.〉 [법원행시 07·11]
② 형을 병과할 경우에도 형의 전부 또는 일부에 대하여 선고를 유예할 수 있다. 〈우리말 순화 개정 2020.12.8.〉 [법원행시 08]

판례연구   **형법 제37조 후단의 '금고 이상의 형에 처한 판결이 확정된 죄'의 형도 선고유예의 결격사유에 포함 ○**

대법원 2010.7.8, 2010도931

형법 제39조 제1항은 경합범 중 판결을 받지 아니한 죄가 있는 때에는 그 죄와 판결이 확정된 죄를 동시에 판결할 경우와 형평을 고려하여 그 죄에 대하여 형을 선고하여야 하는데 이미 판결이 확정된 죄에 대하여 금고 이상의 형이 선고되었다면 나머지 죄가 위 판결이 확정된 죄와 동시에 판결되었다고 하더라도 선고유예가 선고되었을 수 없을 것인데 나중에 별도로 판결이 선고된다는 이유만으로 선고유예가 가능하다고 하는 것은 불합리한 점 등을 종합하여 보면, 형법 제39조 제1항에 의하여 형법 제37조 후단 경합범 중 판결을 받지 아니한 죄에 대하여 형을 선고하는 경우에 있어서 형법 제37조 후단에 규정된 금고 이상의 형에 처한 판결이 확정된 죄의 형도 형법 제59조 제1항 단서에서 정한 '자격정지 이상의 형을 받은 전과'에 포함된다고 봄이 상당하다. [경찰간부 14 / 국가7급 11 / 법원9급 14 / 변호사시험 14]

대법원 2014.11.13, 2014도3564; 2014.12.24, 2014도13529

성폭법 제16조 제2항, 제42조 제1항, 제2항, 제43조 제1항, 제3항, 제4항, 제45조 제1항의 내용 및 형식, 그 취지와 아울러 선고유예 판결의 법적 성격 등에 비추어 보면, ① 등록대상자의 신상정보 제출의무는 법원이 별도로 부과하는 것이 아니라 등록대상 성범죄로 유죄판결이 확정되면 성폭력 특례법의 규정에 따라 당연히 발생하는 것이고, 위 유죄판결에서 선고유예 판결이 제외된다고 볼 수 없다. 따라서 등록대상 성범죄에 대하여 선고유예 판결이 있는 경우에도 선고유예 판결이 확정됨으로써 곧바로 등록대상자로 되어 신상정보를 제출할 의무를 지게 되며, 다만 ② 선고유예 판결 확정 후 2년이 경과하여 면소된 것으로 간주되면 등록대상자로서 신상정보를 제출할 의무를 면한다고 해석된다. [법원행시 15] ③ 그리고 이와 같이 등록대상자의 신상정보 제출의무는 법원이 별도로 부과하는 것이 아니므로, 유죄판결을 선고하는 법원이 하는 신상정보 제출의무 등의 고지는 등록대상자에게 신상정보 제출의무가 있음을 알려 주는 것에 의미가 있을 뿐이다. 따라서 설령 법원이 유죄판결을 선고하면서 고지를 누락하거나 고지한 신상정보 제출의무 대상이나 내용 등에 잘못이 있더라도, 그 법원은 적법한 내용으로 수정하여 다시 신상정보 제출의무를 고지할 수 있고, 상급심 법원도 그 사유로 판결을 파기할 필요 없이 적법한 내용의 신상정보 제출의무 등을 새로 고지함으로써 잘못을 바로잡을 수 있으므로, 제1심 또는 원심의 신상정보 제출의무 고지와 관련하여 그 대상, 내용 및 절차 등에 관한 잘못을 다투는 취지의 상고이유는 판결에 영향을 미치지 않는 사항에 관한 것으로서 적법한 상고이유가 되지 못한다.

제3절 가석방

제72조 【가석방의 요건】 ① 징역이나 금고의 집행 중에 있는 사람이 행상(行狀)이 양호하여 뉘우침이 뚜렷한 때에는 무기형은 20년, 유기형은 형기의 3분의 1이 지난 후 행정처분으로 가석방을 할 수 있다. 〈우리말 순화 개정 2020.12.8.〉
[경찰간부 20 / 법원9급 07(상) / 법원9급 05 / 법원행시 11]

② 제1항의 경우에 벌금이나 과료가 병과되어 있는 때에는 그 금액을 완납하여야 한다. 〈우리말 순화 개정 2020.12.8.〉
[법원9급 07(상)]

형의 시효·소멸·기간

제1절 형의 시효

01 의 의

02 시효기간

03 시효의 효과

04 시효의 정지 및 중단

1. 시효의 정지

2. 시효의 중단

(1) 사 유

> **판례연구** 형의 시효의 중단 관련판례
>
> **1** 대법원 1979.3.29, 78도8
> 강제처분 개시는 형의 시효의 중단사유
> 검사의 명령에 의해 집행관이 벌금형의 집행에 임했으나 압류대상 물건의 평가액이 집행비용에도 미달되어 집행불능이 된 경우도 강제처분을 개시한 것으로 해석되므로, 벌금형의 시효중단이 된다.[96]
>
> **2** 대법원 2001.8.23, 2001모91
> 수형자 아닌 제3자가 수형자의 의사와는 무관하게 벌금 일부를 납부한 경우 형의 시효의 중단 여부(소극)
> 벌금의 일부를 납부한 경우에는 이로써 집행행위가 개시된 것으로 보아 그 벌금형의 시효가 중단되고, 이 경우 벌금의 일부 납부란 벌금의 일부를 수형자 본인 또는 그 대리인이나 사자가 수형자 본인의

---

96 이러한 이유로 벌금형의 미납자에 대해 형사소송법 제492조에 의해 노역장 유치의 집행을 할 수 있다는 판례는 대법원 1992.12.28, 92모39 참조

의사에 따라 이를 납부한 경우를 말하는 것이고, 수형자 본인의 의사와는 무관하게 제3자가 이를 납부한 경우는 포함되지 아니한다. [법원행시 14 / 사시 12]

3 대법원 2006.1.17, 2004모524
유체동산 경매의 방법으로 추징형을 집행하는 경우 시효중단의 시점
형법 제80조에서 추징에 있어서의 시효는 강제처분을 개시함으로 인하여 중단된다고 규정하고 있는바, 여기에서 유체동산 경매의 방법으로 추징형을 집행하는 경우에는 검찰징수사무규칙 제17조에 의한 검사의 징수명령서를 집행관이 수령하는 때에 강제처분의 개시가 있는 것으로 보아야 하고, 다만 집행관이 그 후에 집행에 착수하지 못하면 시효중단의 효력이 없어진다(집행관이 추징의 시효 만료 전에 징수명령서를 수령하고, 그 후 상당한 기간이 경과되기 전에 징수명령이 집행되었다면 추징의 시효가 완성된 후의 집행이 아니라고 한 사례).

4 대법원 2009.6.25, 2008모1396
압류신청을 하였으나 집행불능이 된 경우 이미 발생한 시효중단의 효력이 소멸하는지 여부(소극)
일응 수형자의 재산이라고 추정되는 채권에 대하여 압류신청을 한 이상 피압류채권이 존재하지 아니하거나 압류채권을 환가하여도 집행비용 외에 잉여가 없다는 이유로 집행불능이 되었다고 하더라도 이미 발생한 시효중단의 효력이 소멸하지는 않는다.

(2) 중단사유 소멸의 효과
다시 새롭게 시효의 전 기간이 경과되어야 시효가 완성된다.

제2절 형의 소멸·실효·복권

> **판례연구**   집행유예판결을 선고받은 경우 형의 재판상 실효 여부(소극)
>
> 대법원 1983.4.2, 83모8
> 형의 집행종료 후 7년 이내에 집행유예의 판결(따라서 징역 또는 금고의 형선고가 있었음 – 필자 주)을 받고 그 기간을 무사히 경과하여 7년을 채우더라도 형법 제81조의 '(자격정지 이상의 – 필자 주) 형을 받음이 없이 7년을 경과'하는 때에 해당하지 아니하여 형의 실효를 선고할 수 없다.[97] [법원행시 13]

제3절 형의 기간

---

[97] 유사 : 피고인이 징역 8월에 집행유예 1년을 선고받은 후 그 집행유예의 선고가 실효 또는 취소됨이 없이 유예기간을 경과함으로써 위 형의 선고가 효력을 잃은 경우에는 형실효법 제7조 제1항에 의하여 위 형이 실효될 여지는 없는 것이고, 가사 형실효법 제7조 제1항에 의하여 위 형이 실효되었다고 하더라도 그 형의 선고가 있었다는 기왕의 사실 자체까지 소멸하는 것은 아니다(대법원 2007.5.11, 2005도5756).

CHAPTER 07 보안처분

제1절 의 의

제2절 형벌과의 관계

제3절 지도원리

제4절 종 류

판례연구 성폭력범죄를 저지른 정신성적 장애자에 대하여 치료감호와 치료명령이 함께 청구된 경우, 치료감호와 함께 치료명령을 선고하기 위한 요건

대법원 2014.12.11, 2014도6930

치료감호법 제2조 제1항 제3호는 성폭력범죄를 저지른 성적 성벽이 있는 정신성적 장애자를 치료감호대상자로 규정하고 있는데, 성폭력범죄자의 성충동 약물치료에 관한 법률(이하 '성충동약물치료법') 제2조 제1호, 제4조 제1항은 치료감호법 제2조 제1항 제3호의 정신성적 장애자를 약물치료명령의 대상이 되는 성도착증 환자의 한 유형으로 규정하고 있다. 따라서 성폭력범죄를 저지른 정신성적 장애자에 대하여는 치료감호와 치료명령이 함께 청구될 수도 있는데, 피청구자의 동의 없이 강제적으로 이루어지는 치료명령 자체가 피청구자의 신체의 자유와 자기결정권에 대한 중대한 제한이 되는 점, 치료감호는 치료감호법에 규정된 수용기간을 한도로 피치료감호자가 치유되어 치료감호를 받을 필요가 없을 때 종료되는 것이 원칙인 점, 치료감호와 치료명령이 함께 선고된 경우에는 성충동약물치료법 제14조에 따라 치료감호의 종료·가종료 또는 치료위탁으로 석방되기 전 2개월 이내에 치료명령이 집행되는 점 등을 감안하면, 치료감호와 치료명령이 함께 청구된 경우에는, 치료감호를 통한 치료에도 불구하고 치료명령의 집행시점에도 여전히 약물치료가 필요할 만큼 피청구자에게 성폭력범죄를 다시 범할 위험성이 있고 피청구자의 동의를 대체할 수 있을 정도의 상당한 필요성이 인정되는 경우에 한하여 치료감호와 함께 치료명령을 선고할 수 있다고 보아야 한다.

판례연구 **재범의 위험성 판단기준**

대법원 2003.4.11, 2003감도8
사회보호법 제8조 제1항 제2호 소정의 '재범의 위험성'이라 함은 피감호청구인이 장차 그 물질 등의 주입 등 습벽 또는 중독증세의 발현에 따라 다시 범죄를 저지를 것이라는 상당한 개연성이 있는 경우를 말한다.

> **보충** 피감호청구인에게 메스암페타민에 대한 습벽 및 재범의 위험성이 충분히 있다고 보아 치료감호청구를 기각한 원심판결을 파기한 사례이다.

판례연구 **치료감호 관련판례**

1 대법원 1998.4.10, 98도549
법원으로서는 감정의견을 참작하여 객관적으로 판단한 결과 정신질환이 계속되어 피고인을 치료감호에 처함이 상당하다고 인정될 때에는 치료 후의 사회복귀와 사회안전을 도모하기 위하여 별도로 보호처분이 실시될 수 있도록 검사에게 치료감호청구를 요구할 수 있다.

2 대법원 1999.8.24, 99도1194
사회보호법 제15조 제1호는 검사가 당초부터 피의자에 대하여 공소를 제기하지 아니하는 결정을 하는 경우에만 감호의 독립청구를 할 수 있는 것으로 제한하여 해석할 것이 아니라 공소가 제기된 피고사건에 관하여 심신상실을 이유로 한 무죄판결이 확정되어 다시 공소를 제기할 수 없는 경우를 포함하는 것으로 해석함이 상당하므로, 피고인에 대한 치료감호처분이 반드시 필요하다고 인정되는 경우 검사는 사회보호법 제15조 제1호의 규정에 따라 치료감호를 독립하여 청구할 수 있다. [국가7급 07]

3 대법원 2006.9.14, 2006도4211; 2007.4.26, 2007도2119
법원은 공소제기된 사건의 심리결과 치료감호에 처함이 상당하다고 인정할 때에는 검사에게 치료감호청구를 요구할 수 있는바, 이러한 치료감호법 제4조 제7항이 법원에 대하여 치료감호청구 요구에 관한 의무를 부과하고 있는 것으로 볼 수 없다.

4 대법원 2007.7.27, 2007감도11
하급심법원의 재판이 피치료감호청구인에게 불이익하지 아니하면 이에 대하여 피치료감호청구인은 상소권을 가질 수 없는 것이다(치료감호법 제14조 제1항, 대법원 2005.9.15, 2005도4866 등 참조). 항소심법원에서 피고사건에 대하여 유죄판결을 선고하면서 치료감호청구 부분에 대한 검사의 항소를 항소이유 미기재를 이유로 기각한 경우, 피치료감호청구인은 항소심판결 중 치료감호청구 부분에 대한 상고권이 없다.

MEMO

APPENDIX

부록

APPENDIX

APPENDIX

APPENDIX

APPENDIX

APPENDIX

APPENDIX

MEMO

MEMO